한국의 경제학과 경제학자

어디로 가고 있는가, 그리고 어디로 가야 하는가?

홍훈 지음

도서출판 해남

한국의 경제학과 경제학자

어디로 가고 있는가, 그리고 어디로 가야 하는가?

초판1쇄 인쇄 2020년 2월 3일
초판1쇄 발행 2020년 2월 14일

지은이 홍훈
발행인 노현철
발행처 도서출판 해남

출판등록 1995. 5. 10 제1-1885호
주 소 서울특별시 마포구 마포대로8길 9 영명빌딩 405호
전 화 739-4822 **팩스** 720-4823
이 메 일 haenamin30@naver.com
홈페이지 www.hpub.co.kr

ISBN 978-89-6238-142-9 93320

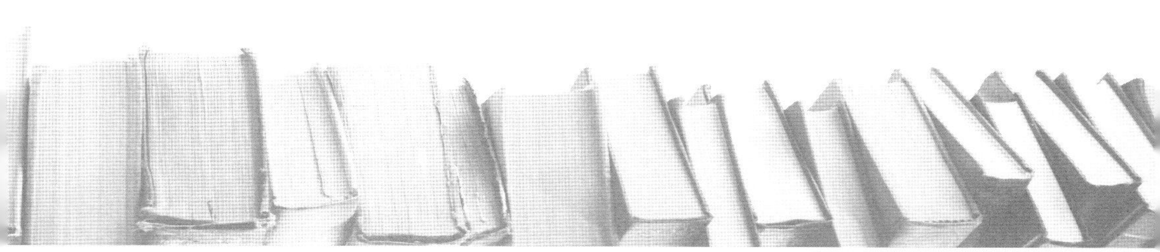

이 책의 출간을 앞두고, 독자들에게

이 책은 정년퇴임을 앞둔 경제학자 홍훈 선생님의 글들 중 일부를 몇몇 제자들이 함께 골라 엮은 결과물이다. 지난 여름 인사동의 어느 음식점에서, 우리들은 선생님에게 30년 넘게 쓰고 발표했던 논문들을 "선집"의 형식을 빌어 세상에 다시 내놓을 것을 강권하였다. 이후 몇 달 동안 스승과 제자들의 공동작업이 펼쳐졌고, 그 선별과 편집과 토론 및 교정 과정의 결실이 바로 이 책이다.

이 책의 출간은 평생 동안 학문의 한길만을 밟고 있는 선생님에게 작은 선물을 드리고 싶다는 뜻에서 처음 구상되었다. 홍훈 선생님은 매일매일 읽고 사색하고 쓰는 "루틴"을 젊은 시절부터 한결같이 반복하고 있다. 그렇게 해서 나온 글들이 충분히 읽혀지고 제대로 토론되지 못했다는 안타까운 마음에, 그 일부만이라도 숨결을 다시 불어넣고 싶었다.

이 책의 출간에는 스승에 대한 제자들의 선물이라는 사적 의미에 더해 우리 학계에서는 찾아보기 힘든 학자의 자취를 기록하고 재확인함으로써 한국경제학 및 사회과학의 생태계를 다채롭게 다듬는다는 공적인 의의도 깃들어 있다고 믿는다. 오늘날, 글의 주제나 내용 그 자체보다 "어떤 목록에 등재된, 영향력 얼마짜리 학술지"에 실렸는지에 따라 논문의 가치를 매기는 것이 우리

학계의 관행처럼 되었다. 오늘날 우리 경제학계는, 세상을 보다 체계적으로 이해하고 해명하는 학문으로서의 역할을 어떻게 수행해야 하는지에 대해 천착하기보다는, 수리적 모델의 정교화라는 미명 아래 현실과의 거리를 더욱 키우거나 세상의 모든 문제에 대한 해답을 제공해 준다며 미리 정해져 있는 답들을 내놓는 데 훨씬 더 관심이 많다. 반면, 홍훈 선생님은 경제학 고전들을 원재료로 삼아 경제학의 연구 방법론을 집요하게 해명하고, 대부분의 사람들이 당연한 것으로 받아들이는 서양의 사상이나 현대의 경제이론들을 그 뿌리부터 재구성하고 재해석하려 하였다. 그리고 이러한 연구들을 토대로 한국의 사회·경제 현상들을 총체적으로 해명하는 작업에 평생을 바쳐 왔다. 이 점에서 선생님은, 실례가 될지는 모르겠으나, 한국의 경제학자들 중에서 대단히 희귀한 존재로 보인다. 그 자취와 흔적을 기록하고 보존하는 일은 자체로도 의미가 클 뿐 아니라 우리 학계를 한층 아름답고 풍성하게 가꾸는 작업이기도 하다. 이것이 선생님의 여러 논문들을 하나의 독립된 책으로 묶어서 출간하게 된 또 다른 이유이다.

독자들의 이해를 돕기 위해서 이 책에 실린 논문들에 대해 아주 간략하나마 안내를 드리는 게 좋겠다. 선생님은 1981년 밀튼 프리드먼의 경제학 방법론에 관한 주제의 석사논문으로 학문의 길에 들어선 이래, 올해까지 모두 40편의 학술지 논문, 7권의 단독저서, 3권의 역서, 그리고 21권의 공동저서를 펴냈다. 이 책에는 40편의 논문 및 21권의 공동저서 수록 북 챕터들 중에서 선정된 17편의 논문들이 1부와 2부로 나뉘어 실려 있다. 제1부는 경제사상에 관한 12편의 글로 구성되어 있는데, 초창기의 글이 상대적으로 더 많으며 1990년대에 쓰여진 글도 5편이나 된다. 제2부는 한국의 경제학 연구 및 교육 문제에 관한 글들로 구성되어 있는데, 모두가 2000년대에 집필된 글이다.

“경제사상 연구”라는 제목으로 집약될 수 있는 1부 논문들을 관통하는 핵심 키워드는 마르크스라고 할 수 있다. 마르크스는 1980년대 한국의 대학 사회를 상징하는 대표적 단어의 하나였으며, 1980년대 말 연세대학교 경제학과 대학원생들과 새로 부임한 정치경제학 전공 홍훈 교수를 연결해 준 공통분모이기도 했다. 홍훈 선생님이 미국 유학을 막 마치고 연세대학교 경제학과에 최초의 “정치경제학” 전공 교수로 부임했던 것은, 학생운동이 전두환 정권을 무너뜨리고 노동해방의 꿈을 키워 가고 있던 1989년이었다. 당시는 수많은 젊은이들이 정치경제학으로 대표되는 마르스크주의를 어두운 밤길을 안내해 줄 별자리 삼아 노동해방의 꿈을 이루려던 시절이었다. 연세대학교 경제학과에서도 수십 명의 대학원생들이 자생적인 선후배 네트워크를 통해 『자본론』과 정치경제학을 독학으로 공부하고 있었다.

새로 부임한 정치경제학 전공 교수와 대학원생들 사이의 만남에는 모종의 긴장도 없지 않았다. 대학원생들의 다수가 『자본론』에서 자본에 의한 노동의 착취를 없애고, 현실의 문제를 해결할 수 있는 강력한 실천적 지침을 찾아내거나 확인받기를 희망했다면, 정치경제학 전공 교수는 『자본론』으로부터 가장 높은 수준의 경제학 방법론을 읽어 내고 이를 체계화하는 데 더 관심이 컸다. 동구권의 몰락, 문민정부의 출범, 정치 민주화의 진전 등과 함께 『자본론』에 대한 대학원생들의 관심은 서서히 줄어들었지만, 마르크스에 대한 홍훈 선생님의 연구는 중단되지 않았다.

이러한 시기를 대표하는 글들이 바로 「가치형태론에 존재하는 한 가지 이질성에 관한 연구」, 「가치, 노동, 그리고 경제관계」, 「마르크스의 비판방법에

대한 연구: 스미스와 리카도에 대한 비판을 중심으로」와 같은 논문들이다. 이 중에서도 스미스와 리카도에 대한 마르크스의 비판에 초점을 맞추었던 세 번째 논문은 홍훈 선생님의 경제학자로서의 면모를 보여 주는 대표적인 글이라고 할 수 있다. 이 논문은 1981년 "밀튼 프리드먼의 실증경제학 방법론에 관한 비판적 연구"를 통해 본격적으로 움텄던 연구 방법론에 대한 오랜 관심이 응축된 결과물이자 마르크스의 주요 텍스트들에 대한 10년에 가까운 집요한 독해와 분석의 종합판이라고 할 수 있다. 마르크스가 어떤 정답을 제시해 주느냐를 찾아내거나 마르크스가 옳았다거나 틀렸다거나 하는 식의 양자택일 식의 판정이 아니라, 그가 어떤 질문을 던졌고 그 질문들을 어떻게 풀어 나갔는지, 그 방법이 스미스와 리카도와는 어떻게 차별화되고, 어떤 의미에서 발전이라고 할 수 있는지를 치밀하게 점검하였다. 이를 통해 마르스크가 어떤 점에서 가장 높은 수준의 경제학 방법론을 구현한 경제학자로 평가될 수 있는지도 설득력 있게 보여 주고 있다.

홍훈 선생님의 마르크스 연구와 관련해 관찰되는 가장 큰 특징은 연구대상과의 "적절한 거리두기"와 분석대상에 대한 "개방성"이다. 선생님이 마르크스에 대해 관심을 가졌던 것은 그가 실망스러운 신고전학파 경제학에 대한 가장 강력한 비판자라고 여겼음과 동시에 서양 사상의 정수라고 보았기 때문이었던 것 같다. 그런데 선생님은 그와 함께 서양 사상의 무비판적인 수용도 경계하였고, 마르크스를 포함한 서양 사상에 대한 이해만으로는 우리 문제의 진정한 해결은 불가능하다는 생각도 함께 지녔던 것으로 보인다. 서양 사상에 대한 적절한 거리두기는 대가들의 주장 못지않게 그 주장을 이끌어 내는 과정, 곧 연구방법이 더 중요하다는 인식으로 이어졌다. 이러한 거리두기는 또한 마르크스 이외에 다양한 경제학자들이나 사상가들의 이론에도 열린 자세로 편견 없이 다가설 수 있는 토대가 되었다.

이처럼 연구대상을 유연하게 확대해 가면서, 선생님의 연구 범위는 멩거와 오스트리아학파, 아리스토텔레스, 베버 등 여러 학자군으로 확장됨과 동시에 자연·인공의 담론이나 불평등 문제 등 다양한 주제군으로도 뻗어 나갔다. 첫 번째 유형의 확장을 대표하는 논문들이 바로 "Marx and Menger on Value: As Many Similarities as Difference", 「아리스토텔레스의 도덕적인 가계경제와 마르크스의 자본주의 생산경제」, 「베버의 『유교와 도교』 한국 경제사회에 주는 함의」, 「현대 경제학의 세 가지 학파」 등이다. 이 중에서 비주류경제학을 대표하는 학술지인 *Cambridge Journal of Economics*에 게재된 첫 번째 논문이 특히 흥미롭다. 마르크스는 멩거와 이념적·정치적 관점에서 반대편에 서 있지만, 방법론의 측면에서는 같은 노동가치론의 전통 위에 서 있는 스미스나 리카도보다 더 많은 공통점을 보인다는 것이다. 이들 두 경제학자의 경우, 경제현상의 이면에 관철되는 구조적인 힘과 개별 경제주체의 자율성 사이의 긴장관계에 초점을 맞추고, 심층과 표층의 이들 두 영역을 연계하는 가치형태나 화폐에 대한 분석의 중요성에 주목한다는 공통점도 강조되었다.

선생님은 1989년 대학에 부임한 이래 2000년대 중반까지는 주로 텍스트 분석 작업에 주력하였다. 일차적으로는 마르크스의 텍스트가 분석대상이었고, 마르크스와 직간접적으로 관련된 스미스, 리카도, 멩거, 아리스토텔레스 등 불멸의 서양 사상가들이 저술한 텍스트들도 치밀하게 해부되었다. 이들 작업은 단어–문장–문단–절–장–부–권의 전체 체계를 종횡으로 연결하는 가운데 행간의 숨은 맥락까지 읽어 내면서 텍스트 전체에 적극적으로 의미를 부여했다는 점에서 인상적이었다. 이러한 연구방식은 2000년대 중반 이후에는 이론적으로나 현실적으로나 의의가 큰 특정한 주제들을 해명하는 데도 적용되기 시작했는데, “Rethinking the Notion of the Natural in Classical Political Economy”, 「피케티의 소득분배 가설에 대한 이론사적 조망」, 「경제민주화의 사상적 배경」 등이 대표적인 논문이다.

그 과정에서 지적 관심의 무게중심이 서양 고전에서 현실의 사회·경제 현상 쪽으로 점점 더 이동하기 시작하였다. 같은 시기에 홍훈 선생님의 가슴 속에 자리하던 “표준” 또는 “준거”에도 마침내 변화가 일어나지 않았나 생각된다. “마르크스”가 차지하던 자리를 “행동경제학”이 물려받기 시작하였고, 이론에 대한 평가의 우선순위도 “내재적 비판”과 “총체성”으로부터 “현실 설명력” 쪽으로 옮겨 갔던 듯싶다. 그럼에도 불구하고 마르크스가 선생님의 학문에 여전히 중요한 준거로 남아 있다는 점은 2017년에 발표된 「『자본론』: 신고전학파 경제학 비판의 기반」을 통해 잘 확인된다.

홍훈 선생님의 텍스트 분석이 높은 수준의 성취를 거둘 수 있었던 것은 마르크스의 텍스트들과 함께 한 오랜 사유와 반추의 시간들 덕분일 것이다. 마르크스를 비롯한 고전 텍스트를 원문으로 읽기 위해 언어에 공을 들였던 것도 선생님으로부터 배우고 싶은 점이다. 『자본론』을 독일어와 프랑스어로까지 읽으며 의미를 더 정확하게 파악하려 했고, 이후 연구대상을 서양 고전이나 동양 고전으로 확대하는 과정에서는 한문, 희랍어, 라틴어 등에도 관심을 기울였다. 오랜 기간 마르크스 연구를 통해 발전시킨 분석적 틀을 마르크스와 직간접적으로 연관이 있는 학자들에 새롭게 적용함으로써 우리나라 경제사상사 연구의 수준을 높이기도 하였다. 이러한 성취는 『마르크스와 오스트리아학파의 경제사상』, 『경제학의 역사』, 『인간을 위한 경제학』, 『경제의 교양을 읽는다』(공저) 등의 저작들에 잘 나타나 있다.

이 책의 제1부가 "마르크스"를 키워드 삼아 서양 사상, 경제학 방법론, 텍스트 분석 등에 초점을 맞추고 있다면, 제2부는 "우리"를 키워드 삼아 한국의 경제학계, 서양 경제학의 한국적 수용, 한국의 교육 문제에 초점을 맞추고 있다. 제2부의 첫 글 "경제학설사"는 해방 이후 현재까지 한국의 학계 혹은 한국인 학자가 이루어 낸 경제사상사·학설사 분야의 연구들을 평가하고 있다. 양적 측면에서 성장한 것은 사실이지만, 학문의 자생력이나 토착화 측면에서 한계가 크다는 점이 지적되고 있다. 앞으로 한국의 경제사상사·학설사 연구자들은 우리나라의 경제주체들이 지니고 있는 가치·사상·관념을 명시적인 연구대상으로 삼고, 역사학·철학·심리학 등 인문과학과의 연계에도 적극 나서야 한다는 제언에 특히 눈길이 간다. "신고전학파 경제학의 변화와 한국학계의 수용"에서는 1960년부터 2006년까지의 기간을 대상으로 신고전학파 경제학에서 어떠한 이론적 변화가 일어났고, 그러한 변화가 우리나라의 경제학계에서는 얼마나 수용되고 있는지를 진단하고 있다. 홍훈 선생님에 따르면, 신고전학파 경제학은 신고전학파는 선호나 기술 등 외생변수들을 내생화하고, 여타 학문의 대상들을 자신의 영역으로 흡수하고 있으며, 인간의 합리성과 이에 근거한 기대효용이론에 강한 의문을 제기하는 방향으로의 이론적 혁신이 진행 중이다. 특히, 행동경제학은 인간의 행위에 있어 무의식적인 과정과 감성을 강조하고, 판단이나 의사결정이 준거점이나 문맥에 의존한다는 점을 강조하고 있다. 그럼에도 불구하고, 한국의 경제학계는 이념적 경직성, 현실로부터의 괴리, 문제의식의 결핍, 비판능력의 결여 등으로 인해 이런 발전 양상을 제대로 반영하지 못하고 있다는 것이다. 행동경제학 연구는 홍훈 선생님의 전체 연구에서 마르크스 다음으로 비중이 높은 분야이다. 행동경제학 관련 연구로는 『신고전학파 경제학과 행동경제학』, 『홍훈교수의 행동경제학 강의』 등의 저서가 있다. "The Diffusion of Western Economics in South Korea"는 동아시아에서의 서양 경제학 수용과 확산이라는 맥락에서 한국의 상황을 정리한 글이다.

홍훈 선생님은 '학벌없는사회'라는 시민단체 공동대표를 역임하면서 한국의 교육 문제, 특히 한국에서 학벌이 주는 의미 등에 관한 고민을 학문적으로 풀어내고자 노력하였다. 「학벌·학력의 정치경제학」과 「교육은 상품이 될 수 있는가?」는 그런 노력의 결과이다. 이 글들은 한국 사회에서 학벌·학력 문제가 가지는 심각성을 지적하고 한국 사회에서 학력과 학벌은 다른 국가에서는 찾아볼 수 없는 사회경제적 가치를 가지게 되었음을 서술하고 있다.[1] 또한 정치경제학적 관점에서 교육과 교육장을 상품일반과 시장과 대비시켜, 이들 사이의 차이점을 제시하고 이것이 한국의 교육현실에 어떤 함의를 가지고 있는지를 보여 주고 있다. 선생님의 교육에 대한 관심은 베블런의 『미국의 고등교육』(*The Higher Learning in America*)의 번역 작업에서도 확인된다.

여전히 왕성한 학문 활동을 하고 있는 홍훈 선생님의 글들 중 일부를 한 권의 책으로 묶어 출간하는 것은 학문적·실천적 고민의 결과를 더 많은 사람들과 공유하고 싶다는 바람 때문이다. 아무쪼록 이 책이 선생님에게도 의미 있는 선물이 되는 것은 물론, 경제학이나 사회과학에 관심을 가진 많은 분들과

1 홍훈 선생님과 이 책의 출간에 힘을 보탠 제자들 모두 같은 대학교 같은 학과 졸업생이다. 이 점에서 이 책이 "학연(緣)"으로부터 자유롭다고 할 수는 없을 것이다.

우리 학계에도 선물이 될 수 있기를 희망해 본다. 좋은 기회를 마련해 준 도서출판 해남의 노현철 대표님께 고맙다는 말씀을 드린다. 선생님의 글을 최초에 출간했던 곳에서 다시 수록하도록 허용해 주지 않았다면 이 책이 완성될 수 없었을 것이다. 이 책에 다시 실린 글들이 처음 어디에 게재되었는지를 아래에 기록하며 해당 학술지와 출판사에도 감사의 마음을 전한다.

1장: 「마르크스의 비판방법에 대한 연구: 스미스와 리카도에 대한 비판을 중심으로」, 『경제학연구』, 제45집 제4호, 1997, 303~330.

2장: 「가치형태론에 존재하는 한 가지 이질성에 관한 연구」, 『연세경제연구』, 제1권, 1994, 39~71.

3장: 「가치, 노동, 그리고 경제관계」, 『사회경제평론』, 제10호(『노동가치론의 재평가』), 1997, 89~112.

4장: 「『자본론』: 신고전학파 경제학 비판의 기반」, 『사회경제평론』, 제53호, 2017, 29~48.

5장: "Rethinking the Notion of the Natural in Classical Political Economy," *Korean Economic Review*, Volume 22, Number 2, 2006, 367~408.

6장: 「아리스토텔레스의 도덕적인 가계경제와 마르크스의 자본주의 생산경제」, 『서양고전학연구』, 제26권, 2006, 153~191.

7장: "Marx and Menger on Value: As Many Similarities as Differences," *Cambridge Journal of Economics*, Volume 24, Issue 1, 2000, 87~105.

8장: 「베버의 『유교와 도교』: 한국 경제사회에 주는 함의」, 『한국경제학보』, 제21권 제2호, 2014, 173~205.

9장: 「피케티의 소득분배 가설에 대한 이론사적인 조망」, 『사회경제평론』, 제45호, 2014, 133~159.

10장: 「현대 경제학의 세 가지 학파: 방법론, 이론, 그리고 사회철학의 세 가지 관점에서」, 『산업과 경영』, 제27권 제2호, 1990, 389~409.

11장: 「경제민주화의 사상적인 배경」, 『연세경영연구』 12월, 제31권 제2호, 1994, 13~77.

12장: 「세계화에 대한 이해」, 신동천 외 지음, 『세계화와 남북한 사회·경제 구조 변화』, 아르케, 2004, 17~45.

13장: 「경제학설사」, 『한국의 학술연구: 경제학』, 서울: 대한민국학술원(이 글은 대한민국학술원 학술연구지원사업에 의해 수행된 결과임), 2005, 188~204.

14장: 「신고전학파 경제학의 변화와 한국학계의 수용(1960~2006년)」, 『사회경제평론』, 제29권 제1호, 2007, 89~130.

15장: "The Diffusion of Western Economics in South Korea," *The Diffusion of Western Economic Ideas in East Asia*(Malcolm Warner 편집), London: New York, NY: Routledge, 2016, 117~134.

16장: 「학벌·학력의 정치경제학: 시론」, 『한국경제학보』, 제12권 제1호, 2005, 409~437.

17장: 「교육은 상품이 될 수 있는가?」, 『동향과 전망』, 제74호, 2008, 189~228.

2020년 2월

발간위원을 대표하여 박종현·황재홍 씀

한국의 경제학과 경제학자
-어디로 가고 있는가, 그리고 어디로 가야 하는가?

지난 30년 동안 경제학에 대해 글을 쓰고 경제학을 가르쳐 왔다. 이 일이 시작된 것은 잘 알지도 못하면서 경제학을 전공하게 된 일로 거슬러 올라간다. 그리고 입시경쟁과 학벌에 시달리는 한국 사회에서 그것은 고등학교 교육으로부터 시작된다. 입시의 힘든 상황에서도 나에게 과목별 "선호"는 분명히 있었다. 고등학교 때 나는 분명한 문과였다. 어릴 때부터 기계를 싫어하였고, 물리를 좋아하지 않았으며, 그나마 좋아한 것은 생물이었다. 이보다 영어와 한문을 좋아하였고, 일반사회 혹은 사회탐구와 역사를 좋아하였다. 수학은 좋아할 때도 있고 싫어할 때도 있었다.

특히, 중요 과목이 아니어서 점심 직후에 진행된 세계사 시간에 많은 학생들은 식곤증으로 졸고 있을 때 나는 졸지 않았다. 나폴레옹의 패배를 광야의 사자가 사라진 것으로 비유한 선생님의 웅변에 감동했던 기억이 아직도 남아 있다. 다만 확연하게 문과 취향이면서도 국어는 놀라울 정도로 일관되게 좋아하지도 않았고 잘 한 적도 없었다. "다음 글의 제목으로 적당한 것이 무엇인가?"와 같은 식의 문제는 언제나 나에게 수수께끼와 같았다. 물론 이보다 더 못한 것은 미술과 체육이었다.

무엇보다 정치사회 문제에 대한 관심이 높았던 것 같다. 고등학교 때 도서

관에 가면 가방을 놔두고 모여서, 2~3시간씩 다른 학생들과 "세계정세에 대해 논의해서" 입시를 위한 면학분위기를 해친다고 입시에 열중하는 동료들로부터 쫓겨날 뻔한 적도 있다. 이런 관심들이 겹쳐져 인문계 중에서도 문학 쪽은 아니고 사회과학 쪽으로 기울었다. 그중에서 정치, 사회보다는 경제였다. 여기에는 아버지의 조언이 크게 작용하였다. 먹고 사는 것과 학문적인 품위가 겹쳐 상대의 경제학을 전공하게 되었다.

중·고교와 달리 대학의 자유로운 분위기는 너무 좋았다. 그렇지만 문제도 대학 때부터 본격적으로 시작되었다. 경제학 수업들이 대단히 생경하게 느껴졌다는 것이었다. 현실과 연결되지도 않았고 내적으로 연결되지도 않는 단편적인 지식들을 익혀야 했다. 무차별곡선이 무엇이고 그것의 속성들은 알겠지만, 그것이 왜 필요하고 어디서 나왔는지를 알 수 없었다. 그것이 시장에서 진행되는 합리적 선택을 위한 과정이고, 온도를 따지는 것과 비슷하게 수량의 다과를 따지는 방식이라는 점이 거의 언급되지 않았다.

이 점에서 대학의 수업에 은근히 기대를 걸었던 나는 크게 실망하였다. 대학교의 수업이 중·고교의 수업과 크게 다르지 않다는 느낌이었다. 물론 평소부터 교과서적이던 나에게 남들보다 술을 좀 더 많이 마시는 것 이외에 커다란 일탈은 없었다. 그래서 큰 흥미는 없었지만 평균 3.0(4.0만점) 이상의 학점은 유지하였다.

결국 대학교 재학시절에는 경제학이 그런 것이고 학문이 그런 것이고 나는 학문하고는 맞지 않는다고 판단하게 되었다. 더 이상 고등학교식의 공부를 할 수는 없었기 때문이었다. 그래서 좋아하던 정치사회 문제에 대한 관심을 키우면서 영어공부만 열심히 하였다. 그러던 중 다시 집에서 공무원이 안정적이라는 말을 들었다. 다시 선택하였다. 회사 취직보다는 공무원이 나을 것이고 경제학 전공과 영어에 대한 취미를 고려해 외무고시를 치기로 하였다. 잠시 유신헌법 책을 들고 다녀야 했기에 선후배들의 비난이 있었다. 불가피한 일이었지만 이 점은 나에게 아직도 오점으로 남아 있다.

외무부 생활은 오래가지 못하였다. 대학을 다니면서 더욱 자라난 자유분방한 성격이 규격화된 생활과 충돌하였다. 더구나 승진이 모든 것인 공무원 생활은 견디기 힘들었다. 유학을 못가더라도 대학에서 교수직을 얻을 수 있다는 가능성이 확인되었다. 그래서 집안의 반대에도 불구하고 대학원에 진학해서 자유로움을 얻었다. 이즈음에 대학 때 만나다가 헤어진 아내를 다시 만나 심리적으로 안정을 되찾고 있었다.

그리고 이때부터 경제학, 학문, 정치경제학, 경제사상, 철학 등의 지적인 세계를 본격적으로 접하게 되었다. 프랑크푸르트학파에서 시작된 공부가 헤겔로, 그리고 곧 맑스로 이어졌고, 맑스의 『자본론』에서 일차적으로 지적인 안정감을 찾았다. 이에 비하면 애덤 스미스의 『국부론』 등은 밋밋해서 끌어당기는 맛이 없었다.

무엇보다 이 시절에 얻은 것은, 내가 배웠던 경제학이 반드시 옳다고 단정할 수 없으며, 최소한 한국의 경제학 교육이 정상이 아니라는 깨달음이었다. 특히, 경제학 이론과 개념이 그것의 가정이나 전제 혹은 맥락과 무관하게 제시되었고, 상식이나 직관과는 무관하게 기계적으로 전달되고 있다고 판단하게 되었다.

가령, 많은 경제학과 학생들은 잘 이해도 못하면서 당시 경제학의 대표적인 교과서이자 "성경책"인 새뮤엘슨의 『경제학』(*Economics*)을 들고 다녔다. 영어로 쓰여 있고 크기와 무게가 상당한 이 책은 당시 학생들에게 약간의 허영을 불어넣어, 경제학도의 상징처럼 여겨졌다. 실상 전후 맥락이나 역사를 무시한 채 단편적인 지식의 전달로 강의가 이루어졌기 때문에 많은 학생들은 이 책을 제대로 이해하지 못하였다. 이미 은퇴하신 한 경제학 교수님께서 몇 년 전에 나에게 고백하였다. 본인도 학교 다닐 때 이 책을 들고는 다녔지만, 이해할 수 없는 것이 너무 많았다고 ….

또 다른 증거도 있다. 당시에 거시경제학 책에 흔히 등장했던 것이 45도선을 그려서 총수요의 수준에 따라 국민소득이 결정되는 케인스의 이론이었다. 그런데 여기에는 케인스가 대공황에 대해 상정하였던 물가불변이라는 가정이 깔려 있었다. 이 가정을 말하지 않은 채 계속 강의가 진행되고 있었다. 미국에 유학가자마자 이런 가정이 있다는 것을 알았다. 나와 교류했던 다른 대학 교수도 유학가자마자 똑같은 깨달음을 경험했다고 나에게 말하였다. 완전한 우연의 일치였다. 이것은 이런 문제가 당시 한국의 특정 대학이 아니라 대다수 대학들의 공통적인 문제였다는 것을 알려준다.

이런 이유 등으로 나는 이런 것들을 다루는 경제사상사와 정치경제학으로 생각이 흘러가게 되었다. 외국어, 역사, 사회, 경제학이 겹치면서 경제사상사에 관심이 형성된 것으로 보인다. 그런데 애당초 유학을 가지 않으려고 생각했으나, 교수님들의 권유로 유학을 결심하게 되었다. 다행이 국비장학생이 되어 학교를 선택할 수 있었고, 뉴욕의 New School for Social Research로 가게 되었다. 수업 내용은 더 없이 맘에 들었지만, 뉴욕의 물가는 비싸서 가족들이 고생하였다.

유학을 통해 여러 학파의 다양한 시각을 확인한 것이 가장 큰 소득이었다. 동일한 현상에 대한 서로 다른 견해들이 주류경제학의 가정이나 전제를 들추어내어 명확하게 이해하는 데 도움을 주었다. 유학 중의 일화는 한국인 친구가 오면 내가 일어나 고개를 숙여 절하는 것을 같이 있던 서양 학생들이 의아하게 생각하며 이에 대해 물어 온 것이다. 나는 당연하게 생각하는 것이 이들의 눈에는 전혀 당연하지 않았다. 주류경제학이 당연시하는 것이 다른 학파에서는 전혀 당연한 것이 아니었다.

개인적으로는 서양에 대한 관심이 많아 미국에 적응이 잘 될 줄 알았는데 그렇지 않았다. 내가 유학에서 확인한 것은 내가 다른 누구보다 더 확실하게 한국인이라는 것이었다. 한 번은 슈퍼마켓에 가서 식품들을 사가지고 나왔는데 내가 샀다고는 믿을 수 없는 물건이 들어 있었다. 평소에 별로 먹지도 않았고 좋아하지도 않았던 피클이었다. 나도 모르게 이것을 산 이유를 생각해 보았다. 유학 중에도 주기적으로 김치를 먹고 있었는데, 그 즈음에 여러 이유로 오랜 동안 김치를 먹지 못해, 무의식적으로 김치에 가까운 "대체재"를 찾은 것이었다.

이 사건을 나는 10년 전부터 관심을 기울이게 된 행동경제학에서 합리적 선택에서 벗어나는 사례로 들고 있다. 그런데 학생들은 이에 대해 별 반응을 보이지 않고 있다. 그냥 썰렁한 농담 정도로 생각하는 것 같아서, 날씨가 추울 때는 이 예를 되도록 피하려고 노력한다.

드디어 1988년에 귀국하였다. 다행히 모교에 자리도 얻었다. 이제부터 아무 제약 없이 내가 하고 싶은 공부를 할 수 있게 되었다. 『자본론』과 여타 맑스의 저작들을 당시 정치경제학에 매료된 열성적인 대학원생들과 파헤치고 다녔다. 가장 행복한 시절이 아니었나 싶다. 독일어, 영어, 프랑스어, 일본어판을 비교하면서 힘들지만 즐거운 연구를 10년 정도 계속하였다. 다른 학파의 경제사상들에 대해서도 가능한대로 원전을 읽고 해석하고 정리하였다.

이 과정에서 고전강독의 방법을 나름대로 체득하게 되었던 것 같다. 아마 인문학자들이 말하는 '문리'(文理)가 그런 것이 아닐까 생각해 본다. 다른 경제학자들이 물리(物理)를 추구하고 있을 때, 나는 문리를 추구했던 것 같다. 아직도 이런 식의 작업만은 멈추고 싶지 않다.

그리고 이런 공부를 통해 쌓인 생각들을 책으로 남겨야 한다고 생각하게 되었다. 그 결과 1994년 『맑스 경제사상의 구조와 한계』를 내게 되었다. 맑스의 한계보다 나의 한계를 더 많이 느낀 첫 번째 책이었다. 참으로 힘들었다. 이때 쉽게 글을 쓰려면 더 철저하게 파악해야 한다는 것도 알게 되었다. 그리고 이후부터 "어렵게 쓰기는 쉽고 쉽게 쓰기는 어렵다"가 좌우명이 되었다.

맑스 다음으로는 오스트리아학파가 흥미로웠다. 멩거, 뵘바베르크, 비이저, 미제스, 그리고 하이에크가 이해와 비판의 대상이었다. 맑스와 정반대 입장에 있으면서도 개념에 충실하다는 것이 오스트리아학파의 특징이었다. 특히, 사회학에서 베버가 부르주아 맑스이듯이, 경제사상에서 뵘바베르크가 부르주아 맑스였다. 이런 이유로 맑스는 제번스나 마셜, 클라크보다 뵘바베르크와 대비된다. 부카린은 『유한계급의 경제이론』에서 이 점을 드러내고 있었다.

또한 신고전학파와 대부분 결론은 같지만 이르는 과정이나 방법이 전혀 다른 것이 오스트리아학파였다. 가령, 하이에크와 프리드먼은 시장을 극단적으로 옹호한다는 정치적 입장은 비슷하지만, 이를 정당화하는 방식, 역사와 이론에 대한 의존도, 균형 개념 등에 있어 달랐다. 이를 통해 정치적 입장을 떠나 신고전학파의 문제들 중 하나는 개념에 취약하다는 점이라는 입장에 도달하게 되었다.

이를 통해 여러 사상들을 비교하는 일이 나의 주요 작업으로 자리 잡게 되었다. 그리고 이즈음부터 서양의 사상가들을 가능한 한 이해하고 정리하는 것이 일생의 작업이 되어야 한다고 생각하게 되었다. 물론 이 일은 끝나지 않을 일이다. 여기서 고전에 대한 작업과 관련해 한두 가지 오해들을 지적해 두고 싶다.

우선 수리적 모형과 계량적 모형을 다루는 경제학자들이 가지고 있는 오해는 고전을 해석하는 것을 소설 읽는 것과 비슷하게 취급하는 것이다. 고전 해석에 분석이나 종합이 필요 없는 것으로 착각하는 것이다. 이는 마치 일반 독자가 소설책을 읽으면서 즐기는 것과 평론가가 이것을 해석하고 평가하는 것을 동일시하는 것과 같다. 정치경제학이나 경제사상을 주요 관심으로 삼는 사람들 대부분은 이런 착각을 하지 않는다.

그런데 이와 무관하지 않은 또 다른 오해도 있다. 그리고 다수의 독자들이 이런 오해를 공유하고 있다. 고전 번역을 고전에 대한 주해나 해석과 동일시하고, 번역자가 곧 이에 대한 전문가라고 착각하는 것이다. 번역이 해석에 도움을 줄 수 있으며, 번역자가 전문가일 가능성이 있다. 인문학은 물론이고, 이보다 덜하지만, 사회과학에서도 이것은 사실이다. 그렇지만 엄밀하게 말해 번역은 고전에 대한 진지한 해석의 필요조건이 아니고, 충분조건은 더욱 아니다.

구체적으로 고전을 전체적으로 이해하고 해석하려는 고통스런 노력을 거치지 않은 기계적인 번역은 고전에 대한 전문가적인 지식을 낳지 않는다. 고전에 대한 전문가적인 지식의 기준은 해당 고전을 들고 처음부터 구절구절을 풀어낼 수 있고, 동시에 고전 전체를 몇 분 안에 집약할 수도 있는 수준에 이르는 것이다. 그리고 매번의 해석이 기계적인 요약이 아니라 그때마다 새로운 측면을 보이는 능동성을 지녀야 한다.

이 두 가지 오류는 모두 고전 해석이 어떤 작업인지에 대해 충분한 이해가 없기 때문에 발생한다. 번역과정을 거치든 그렇지 않든, 고전 하나를 관통하는 주장을 추출한다는 것은, 먼저 그것을 여러 차례 읽고 부분들을 요약하고 해석하는 과정을 필요로 한다. 그리고 군데군데 풀리지 않는 매듭들을 풀어내기 위해 노력해야 한다. 이를 위해서는 해당 부위를 여러 가상적인 문맥들 속에 집어넣고 이리저리 해석하면서 가장 적절한 해석을 찾으려고 노력해야 한다.

궁극적으로는 고전의 주요 부분들을 모두 이해시켜 주는 사상가의 주장을 끄집어내는 데 성공해야 한다. 때로 이런 노력이 실패로 끝나기도 한다. 그리고 최종적으로는 이 고전을 다른 고전들과 비교해 전체 사상사에서 자리매김해야 한다. 이런 고통스런 과정을 독자의 소설책 읽기나 단순한 번역이나 요약과 동일할 수는 없다.

어떻든 이런 독해를 통해 맑스와 오스트리아학파를 비교하는 한 권의 책과 두 편의 영어논문을 쓰게 되었다. 먼저 맑스와 멩거를 비교하는 영어논문을 썼고, 이어 맑스와 오스트리학파를 비교하는 책을 썼다. 2000년에 출간한 『마르크스와 오스트리아학파의 경제사상』은 첫 번째 책과는 달리 훨씬 흐름이 순조로웠다. 이 책을 쓰고 난 후 학회에 가기 위해 비행기를 타고 가다, 맑스와 하이에크에 대한 착상이 생겨 다시 영어논문을 쓰게 되었다.

그 다음으로 독일의 역사학파와 미국의 제도학파를 검토하였다. 역사학파는 싫지는 않았지만, 긴 논의에 비해 얻는 것이 별로 없어 지루함이 있었다. 이에 비하면 제도학파의 베블런은 흥미롭고 비판적인 통찰들을 많이 보여 주었다. 『유한계급론』에서 일상적인 것에 대해 그가 보여 준 분석은 그가 경제학자이기 이전에 사회학자나 문학가라고 생각하게 만들었다. 이에 더해 박종현 교수와 공역한 『미국의 고등교육』은 입시와 학벌로 시달리는 한국 사회에 상당한 함의를 지니고 있었다.

그 후에 애덤 스미스, 리카도, 케인스 등 영국의 사상들로 되돌아가 다시 읽었다. 여전히 평이하게 느껴졌다. 특히, 케인스는 맘에 들지 않았다. 정리되어 있지 않았고 독일적인 철저함이 보이지 않았다. 흔히 한국의 철학자들이 영미철학은 별개 없다고 사석에서 말하는 것이 이해가 갔다. 그렇더라도 당면한 대공황의 문제를 해결해야 한다는 문제의식이 논리적인 철저함의 부족을 보상해 준다고 판단하게 되었다. 더구나 주류경제사상을 지배하던 것은 영국의 경제학자였기 때문에 이들의 의미를 규정하려고 어느 정도는 노력하였다.

이로부터 영국과 독일 혹은 영미와 대륙의 차이가 드러났다. 비유하자면, 영국 사상이 그다지 견고하지 않은 기초 위에 조그만 여러 개의 집들을 짓는다면, 독일 사상은 견고한 기초를 깔고 그 위에 커다란 하나의 집을 짓는다. 사실 영국과 독일 혹은 대륙은 철학, 정치사상, 법 등에 있어 차이를 보인다. 입장에 관계없이 하이에크가 이런 점을 상당 부분 드러내고 있었다.

그 사이에 이런저런 경제사상들에 관해 논문과 책을 통해 출판하였다. 그리고 이런 글을 쓰는 것이 일상의 고통이면서도 즐거움이었다. 그래서 재화는 쾌락이나 효용이고 노동은 고통이나 비효용이라는 철저한 이분법에 근거한 공리주의가 나 자신의 경우에도 명확히 적용되지 않는다는 생각을 하게 되었다. 그렇게 2000년대 중반까지 흘러왔다.

그렇지만 2007년에 출간한 『경제학의 역사』를 쓸 때는 공리주의가 맞았다. 그것은 순전히 고통이었다. 오랫동안 책 없이 수업을 진행해 왔기 때문에 책이 있어야 한다는 압박을 강하게 느끼고 있었다. 그렇지만 책이 너무 불완전하다는 생각이 수시로 끼어들어 중도에 포기해야 겠다고 여러 차례 생각했었다. 그리고 이즈음에 흰머리가 부쩍 늘어났던 것 같다. 그럼에도 불구하고 교과서가 있어야 하고 누군가는 이런 책을 써야 한다는 판단, 그리고 나중에 개정한다는 위안으로, 스스로를 억누르고 끝내 출판하였다.

이 책은 아직까지 개정하지 못하였다. 은퇴하면 그간 적어 놓은 다른 글들을 모으고, 추가로 공부해 이 책을 경제사상의 대전(大典)으로 만들어 본다는 야무진 꿈을 키우고 있다. 여기에 들어갈 추가적인 문헌으로 서양의 정치사회 등에 관한 이차적인 고전들, 현대 경제이론, 동양의 고전, 한국 소설의 경제사상 등을 생각하고 있다. 루터에서 경제사상을 읽어 내는 맑스나 무한대의 독서를 지향한 슘페터가 이런 노력의 표본일 것 같다.

서양 사상에 대해 글을 쓰고 가르치면서 서양인들의 사고방식에 대해 생각해 보았다. 잠정적으로 어떤 현상이나 입장에 대해 철저하게 규명해야 하는 원리주의로 규정하는 것이 맞는 것 같다. 원리주의는 영미보다 대륙 쪽에 두드러지지만, 이 점이 아리스토텔레스, 칸트, 맑스뿐만 아니라 일반균형체계를 관통하는 것 같다.

온갖 복잡한 개념들을 동원해 인간의 인식을 설명하려는 칸트나 자본주의를 규정하려는 맑스는 이 점에서 별 차이가 없어 보인다. 또한 수학을 동원해 여러 가정들을 설정하면서 시장의 작동과 효율성을 규정하려는 일반균형체계도 끝까지 가보아야 진위를 가릴 수 있다는 전제를 깔고 있다. 커다란 진폭을 지닌 운동과 그것의 반대운동이 서양의 특징처럼 보인다. 이에 비해 동양의 지적인 운동과 그것의 반대운동은 진폭이 적은 것 같다.

현대이론에 대해서는 2007년에 행동경제학을 검토하면서부터 보다 진지한 관심을 가지게 되었다. 1980년대 이후 확산된 행동경제학이 구체적이고 일상적이라는 것이 맘에 들었다. 또한 신고전학파 경제학보다 현실적이라는 점도 좋았다. 20년 이상 고전을 다루면서 너무 추상적이어서 모르는 사이에 마음속에서 구체적인 것에 대한 갈증이 쌓이고 있었던 것 같다.

무엇보다 행동경제학은 표준이론의 합리적인 경제인을 비판하면서 인간에 대해 보다 넓고 깊게 파고든다는 점이 맘에 들었다. 인간에 대해 “이기적이다”, “합리적이다” 등 너무 간단히 처리해 인간에 대한 무관심을 보이는 표준이론의 문제를 행동경제학이 어느 정도 해소시켜 주었다. 특히, 행동경제학이 지적하는 일상적인 해결방법(heuristic) 등이 역사와 문화의 차이로 연결될 수 있는 것 같아 좋았다.

그런데 현대경제학의 판도에서 행동경제학이 유일한 새로움은 아니다. 거의 온갖 문제들에 대한 논의들이 진행되고 있다는 점에서 1990년대 이후의 현대경제학은 만화경(Guckkasten)에 가깝다. 이것은 전통적인 미시, 거시, 계량의 범위를 훨씬 넘어선다.

우선 일반균형체계 등이 주어진 것으로 보았던 선호, 기술, 제도 등을 설명하려고 노력하고 있다. 또한 자원배분, 가격결정, 고용, 물가, 성장뿐만 아니라 기업과 화폐, 그리고 출산, 범죄, 투표, 법, 윤리, 관습, 문화, 종교 등 광범위한 주제들을 대상으로 삼고 있다. 경제학은 원래 '물리학에 대한 질투'(physics envy)로 시작해, 사회과학의 '여왕'으로 불렸다. 그런데 이제 이런 변화로 인해, 경제학은 '제국주의'(economics imperialism)라는 혐의를 받고 있다.

방법에 있어서는 계량과 함께 실험, 현장 연구, 뇌신경 촬영 등을 함께 사용하고 있다. 나아가 경제성장이론을 매개로 경제이론과 경제사가 다시 수렴하고, 경험적인 연구가 늘고 있다. 또한 문화에 대한 관심이 크게 늘어나고 있다.[1] 더구나 2007~2008년의 대침체(the Great Recession) 이후로는 표준이론의 거시경제학과 금융경제학에 대한 비판이 여기저기서 블로그를 통해 등장하고 있다.

소로스(George Soros)가 세운 *Institute for New Economic Thinking*, 아세모글루(Daron Acemoglu)가 참여하고 있는 *Economics for Inclusive Prosperity*, 크루그먼(Paul Krugman)이 가담하고 있는 *Evonomics*가 그런 것들이다. 특히, 급진적인 경제학자들이 아닌 스티글리츠와 같은 경제학자들이 기존 경제학에 극단적인 비판을 서슴지 않고 있다. 이들의 공약수는 완전경쟁이나 완전정보를 가정하는 '시장물신'(market fetish)을 버리자는 것이다.

1 Economics after Neoliberalism, Boston Review 2019 Summer(http://bostonreview.net/forum/suresh-naidu-dani-rodrik-gabriel-zucman-economics-after-neoliberalism).

그래서 요사이 경제학에는 읽을거리가 넘친다. 그리고 재미가 있다. 나에게 경제학, 적어도 비판적인 경제학이 필요하다고 생각한 것은 오래되었다. 그렇지만 경제학이 재미있다고 느끼기 시작한 것은 최근의 일이다. 만약 40여 년 전에 경제학이 현재와 같이 다양하였고, 그런 상황이 나에게 전달되었더라면, 보다 즐겁게 경제학을 공부했을 것이고, 쉽게 대학원에 진학하겠다고 결심했을 것 같다. 그리고 심지어 수학을 더 열심히 공부해서 적어도 젊었을 때는 경제사상이 아니라 경제이론을 전공으로 삼았을 가능성도 적지 않았을 것이다.

경제학은 물리학에 질투를 느끼면서 이것을 좇아가려고 노력해 왔다. 그렇지만 이제는 심리학이나 생물학과의 교류가 적지 않다. 더구나 경제학의 회귀방정식 등은 외견상의 과학성에도 불구하고 수사에 지나지 않는다고 주장하는 사람도 있다. 그렇지는 않더라도 경제학은 역사 등 인문학과 과학의 양면성을 지닌다고 보아야 할 것이다. 이는 케인스와 알레(Maurice Allais)가 주장한 바이고, 아마도 이제 아세모글루도 부정하지 않을 것이라고 추정된다.

15년 전 쯤 더 이상 공부를 하지 않겠다고 생각한 적이 있다. 열정적으로 읽어 주는 독자들도 없고 의견을 나눌 수 있는 동료들도 많지 않은 것이 그 이유였다. 그런데 막상 공부를 접으려니 내가 할 수 있는 일이 별로 없었다. 그래서 공부를 포기하는 일을 포기하게 되었다.

고등학교 때부터 머리에 맴도는 구절이 두 가지이다. 한문을 배운 세대라면 누구나 아는 유명한 문구들이다. 배우고 때때로 익히면 즐겁지 아니한가?(學而時習之不亦樂乎?), 그리고 자신을 알아주는 친구가 멀리서 오니 즐겁지 아니한가?(有朋自遠方來不亦樂乎?) 생각이나 이념의 차이로 점점 친구가 줄어들고 있다. 알아주는 사람도 별로 없고 친구도 줄어드니 결국 남은 것은 그나마 앞 구절뿐인 것 같다.

미국, 유럽, 일본과 같이 경제사상을 연구하는 사람들이 몇 백 명 정도 된다면, 내가 이런 생각을 아예 하지 않았을 것 같다. 솔직히 이들이 부럽다. 이런 상황이었다면 내가 무슨 주장을 해도 적어도 몇 명은 알아듣고 이에 대해 논평해 주었을 터이니 말이다. 그렇지 않은 한국 학계에 있으니, 그나마 경제학이 이제 재미있어 졌다는 것이 나에게 커다란 위안이다.

한국의 경제학은 그간 양적으로 크게 발전하였고, 국제적인 명성을 지닌 학자들도 늘었다. 그렇지만 여전히 학문을 내적으로 재생산하지 못하고 있다. 주요 대학에서 국내의 대학원보다 외국의 대학원에 진학하기를 권유한다. 그리고 국내 대학원의 역할에 크게 개의하지 않고 있다. 국내 대학에서 경제학의 후속 세대는 일부 전공을 제외하고는 거의 재생산되지 않고 있다. 거의 오로지 외국 유명 대학과 외국 유명 학술지 출판에 집중하고 있을 뿐이다. 이런 이유로 한국 내의 학회는 진정한 동의나 반박, 그리고 감동을 제공하지 못한다.

한국 사회는 압축적인 민주주의의 정착과 압축적인 자본주의 혹은 시장경제의 발전을 특징으로 삼는다. 입시경쟁과 학벌이 지배하는 한국 사회의 또 다른 특징은 압축적인 교육과 학문의 육성이다. 현재 한국 경제학계의 실정은 이런 문제에서 비롯된다고 생각한다. 이제 중고등학교뿐만 아니라 대학교에까지 확장된 주입식 교육이 감동이 없는 교육과 학문을 당연시하게 되었다고 생각한다.

같은 이유로 서양, 특히 미국에서 학문의 내용, 방향, 구분을 거의 그대로 수용하고 있다. 정치, 사회, 문화, 역사와 분리되지 않는 정치경제나 사회경제가 한국의 현실임에도 불구하고 한국의 경제학계에서는 다수의 학자들이 별 생각 없이 "순수" 경제(학)를 고집해 왔다. 그리고 그것이 "착실한" 학생과 "성실한" 교수들의 표상으로 되어 있다. 서양 경제학에 대한 거의 교조적인 수용이 지난 반세기 동안 한국 경제학계가 안고 있는 또 다른 문제이다.

1970년대에는 가수나 배우가 외국 가수나 배우를 흉내 낸다는 비난이 빈번하였다. 가수나 배우는 이제 독자적인 모습을 지니게 되었다. 경제나 기업들도 이제 어느 정도 독자적인 모습을 추구하고 있다. 이에 비하면 경제학자를 포함해 사회과학자들은 예나 지금이나 너무 많은 것을 모방하고 있다. 이를 벗어나려면 서양 이론의 구조나 틀에 대한 폭넓고 깊이 있는 성찰이 지속적으로 이루어져야 한다. 구체적으로 이용될 수 있는 이론이나 방법에 대한 수용만큼이나 이것이 중요하다. 그래야만 경제와 정치, 그리고 경제 정책에 보다 견고한 근거도 제공할 수 있다.

그렇다면 우리는 어디로 가야 할까? 외국 문헌들과 국내 연구들을 정기적으로 비판적으로 검토해서 경제학자들과 일반 독자들에게 전달하는 서베이 전문지가 필요할 것 같다. 한국판 *Journal of Economic Literature*나 *Journal of Economic Perspectives*라고 불러도 좋을 것이다.

현재 한국 학계의 위상으로 볼 때 경제이론을 주도적으로 만들어 나가기는 힘들다. 이에 비추어 이를 위한 기반을 다질 필요가 있다. 아마도 경험연구와 지역연구, 그리고 특히 한국 경제에 초점을 맞추는 연구들을 육성하고, 이것에 국내 대학원을 전문화할 필요가 있을 것 같다. 석박사 과정이 이를 특화하고 서양 이론과 방법을 이런 관점에서 수용해야 할 것 같다.

별로 공헌하지 못했지만 압축적인 학문 성장으로 인한 서양 학문의 생경함을 해소하려고 노력한 것이 나의 작업이라고 판단해 왔다. 고전학파나 한계효용학파 혹은 캠브리지 대학이나 미국 제도학파의 경제학자들이 거친 서술적인 논쟁의 과정을 우리는 거친 적이 없기 때문이다. 이런 과정 없이 우리는 바로 무차별곡선과 IS-LM곡선을 만났다. 그리고 아직도 새로운 이론들이 우리에게 이와 같이 던져진다. 뿌리나 큰 줄기가 없는 잔가지들이 여러 개 산발적으로 던져지는 것이다.

SSCI 논문을 써야 하는 젊은 층의 학자들은 아니더라도 장년층이나 노년층의 학자들은 뿌리나 줄기로 파고들어야 하지 않을까? 이것이 한국에서 평생에 걸친 학문 연구의 자연스런 배합이 아닐까 생각해 본다. 최소한 자신이 많은 논문들을 쓴 분야에서 해당 문헌들을 포괄적으로 다루는 서베이 논문들을 정기적으로 펴낸다면, 학자, 관료, 기자, 기업가, 일반 대중 사이의 연결고리를 만들고 학문의 기반을 굳건히 하는 데 도움이 될 수 있을 것이라고 생각해 본다.

평생 노력했다고 하지만 그동안 해 온 일은 백사장에서 몇 알의 모래를 주어 올린 데 불과한 것 같다. 그것마저도 동료들이 없었다면 어려웠을 것이다. 먼저 이 책을 만드는 데 여러 가지로 수고한 박종현, 황재홍, 이규상, 조필규, 이상훈, 백명호, 류승민, 김석희에게 감사드린다. 또한 살아오면서 수시로 경제와 경제학에 대해 이야기했던, 서정익, 유병하, 서한석, 유정식, 이상헌, 이

태수, 장종익 교수께도 감사드린다. 은퇴하면 경제사상의 범위를 넓히고, 그동안 소홀히 해 왔던 현실 경제의 움직임을 파악하면서, 이들과 함께 그동안의 연구를 깊이 있게 만들어 보고 싶다.

경제뿐만 아니라 정치, 사회와 인생에 대해 포괄적으로 이야기해 온 김일중 교수님, 신태영 박사님, 박명수 박사님께도 많은 배움과 위안을 주신 것에 대해 감사드린다. 끝으로 40년 이상의 세월을 함께 하며 여러 가지로 부족한 사람에게 헌신해 준 아내 김경에게 때늦은 고마움을 보낸다.

신촌에서

2020년 1월 22일에

홍훈

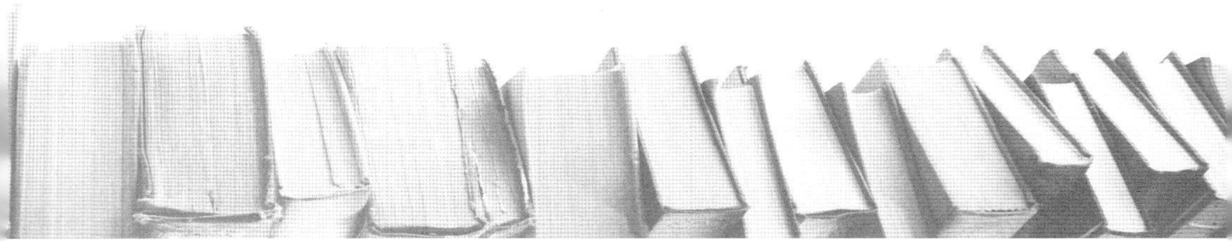

차례

제2부 한국 사회, 그리고 거기서의 경제학에 대한 연구

제 1 부

경제사상 연구

chapter 01

마르크스의 비판방법에 대한 연구: 스미스와 리카도에 대한 비판을 중심으로

동구의 몰락과 함께 마르크스주의는 종래의 대안적인 위치를 잃어 가고 있다. 그렇지만 다른 조류와 이합집산하면서 새로운 입장을 형성할 수 있는 가능성을 보이고 있다. 특히, 방법론이나 인식론의 관점에서는 이런 경향이 보다 두드러진다고 볼 수 있다. 이러한 흐름의 한 예로서, 마르크스주의와 오스트리아학파, 특히 마르크스와 하이에크를 한꺼번에 묶으려는 비판적 실재주의(critical realism)를 지적할 수 있다(Sayer, 1979; T. Lawson, 1989, 1994; C. Lawson, 1996; Fleetwood, 1997). 이런 맥락에서 마르크스의 방법론을 재조명한다는 것은 의미 있는 일이다.

그런데 철학자들이 제시한 마르크스의 방법론이나 인식론들은 그의 경제학적인 저술과 연관되어 있는 경우가 드물어 지나치게 사변적이고 현실적인 연구와 직접 연관시키기 힘들다. 이 논문에서는 그의 경제학 저술에 스며들어 있는 것들을 파헤쳐 보고자 한다. 이런 목적에 가장 부합하는 저술이 『잉여가치학설사』(*Theorien über Mehrwert*)이다. 『자본론』이 주로 자본주의 경제에 대한 비판적인 분석이라면, 『학설사』는 자본주의에 대한 여러 경제학자들의 이론을 비판적으로 분석한 것이다. 『학설사』에서 마르크스는 다른 경제학자들의 이론을 비판하는 과정을 통해 자신의 방법론이 어떤 것인지 극명하게 드러내고 있다. 더구나 마르크스의 『학설사』는 근대에 슘페터(J. A. Schumpeter)가 저술한 *History of Economic Analysis*를 능가하는 깊이와 폭을 지닌 저작이다. 그럼에도 불구하고 마르크스 고유의 난해함과 난삽함이 겹쳐 『학설사』는 지금까지 쉽게 정리되지 않았다.

마르크스는 『학설사』에서 스미스와 리카도(이하 SR로 약칭함)에 가장 큰 지면을 할애하고 있다. 그렇기 때문에 스미스와 리카도에 대한 비판에서 우리는 마르크스의 비판방법을 가장 깊이 있게 확인할 수 있다. 이 논문에서는 스미스와 리카도에 대한 마르크스의 비판을『학설사』를 중심으로 살펴보면서 마르크스의 비판방식에 대해 분석해 보고자 한다. 이런 목적을 위해, 우선 마르크스 이전에 존재하였던 모든 경제학자들에 대해 마르크스가 제기하였던 총론적인 비판을 제시하고, 둘째 스미스에 대한 비판을 개별적으로 분석하며, 셋째 리카도에 대한 비판을 검토하고, 넷째 이러한 논의에 근거해 마르크스적인 비판의 특징을 추출하고, 끝으로 마르크스의 비판방식이 주는 의미를 제시하고자 한다.[1]

1. 경제학에 대한 마르크스의 총괄적인 비판

마르크스의『학설사』는 '총평'이라는 제목하에 제시된 반 페이지 정도의 짧은 주장으로 시작된다(Marx, 1권: 40). 또한 총평과 같은 취지의 논평들이『학설사』의 여타 부분에서도 발견된다(1권: 88; 2권: 373). 이런 진술들을 통해 마르크스는 모든 경제학자들의 공통적인 문제점으로 잉여가치를 제대로 개념화하지 못한 것을 지적하고 있다.

모든 경제학자들은 잉여가치를 그 자체로서, 순수한 형태로서 연구하지

1 이 글은『잉여가치학설사』를 대상으로 하지만『자본론』등 여타 저작에 포함되어 있는 학설사적인 논의도 고려하였다. 또한 이후의 논의에서 별도로 명시되지 않은 모든 인용구는『잉여가치학설사』(*Theories of Surplus Value*, Part I, II, III, Progress Publishers)에서 따온 것이다. 그리고 마르크스의『잉여가치학설사』,『정치경제학비판』, 리카도의『경제학 및 조세의 원리』는 각기『학설사』,『비판』,『원리』로 약칭된다.

않고 이윤 및 지대라는 개별적인 형태 속으로 그것을 연구하는 오류를 범했다. …

마르크스는 모든 경제학자들이 적어도 명시적으로는 잉여가치를 독자적인 범주(개념)로 설정하지 못했다고 주장하였다. 이들은 모두 이윤, 지대, 이자 등 제반 소득 개념들을 그 자체로서만 논의해 이것들이 잉여가치의 구체적인 형태에 불과하며 구체적인 형태와 분리되는 보편적인 범주로서 잉여가치가 존재한다는 것을 인식하지 못했다고 마르크스는 비판하고 있다. 익히 알려진 대로 마르크스의 잉여가치는 자본가가 노동자에게 지불한 것 이상으로 노동자로부터 추출해 낸 노동, 즉 부불노동(unpaid labor)이 생산한 가치를 의미한다. 따라서 자본주의가 자본가와 노동자 간의 계급관계에 근거한 착취를 기반으로 한다는 점을 포착하는 개념이 잉여가치이다. 이와 같이 마르크스는 노동자에 대한 착취로 잉여가치가 창출되고, 잉여가치가 이윤으로 전화되며, 여기서 다시 기업가 이윤, 이자, 그리고 지대가 파생된다고 보았다. 이와 같은 논리에 따라 마르크스는 잉여가치라는 개념에 어느 정도 근접했는지를 모든 경제학자에 대한 비판의 기준으로 삼고 있다. 이러한 비판의 기준은 『학설사』의 구체적인 논의 속에서 끊임없이 반복되고 있으며, 개별적인 양상과 정도의 차이는 있지만 SR에게도 적용된다.

그런데 마르크스는 주로 『자본론』을 통해 또 다른 비판을 제기하고 있다. 제1권 제1장에서 마르크스는 경제학자들이 자본주의의 역사성을 간과하고 있다는 점을 지적하고 있다. 이러한 문제는 자본주의에 내재된 상품물신성 때문에 발생한다고 마르크스는 생각하였다. 물신성으로 인해 경제주체와 경제학자들은 자본주의의 역사적인 생산관계를 자연적인 존재로 취급하게 된다는 것이다. 이 때문에 가치를 자연의 산물로 보거나, 화폐를 금이나 은의 천연적 속성으로 설명하거나(『자본론』 1권: 82), 나아가서 자본을 기계 등 물체로 환원시키는 인식상의 오류들을 범하고 있다는 것이다. 이러한 인식을 타파하는 개념으로 마르크스는 가치형태를 제시하고 있다(『자본론』 1권: 80, 80~81 각주 2, 80 각주 1). 가치형태는 가치가 표현되어 구체적으로 나타난 모든 모습을 포괄한다.

> 정치경제학은 비록 불완전하나마 가치와 가치의 크기에 대해 진정으로 분석했으며, 이들 형태 밑에 깔려 있는 것을 발견하였다. 그러나 정치경제학은 왜 노동이 노동생산물의 가치에 의해 대표되고, 왜 노동시간이 그러한 가치의 크기에 의해 대표되는지에 대해서는 의문조차 제기하지 않았다. …(p. 80).

> 고전경제학의 주요 결함 중 하나는 상품, 그리고 특히 가치에 대한 자신들의 분석을 통해 가치가 교환가치가 되는 형태를 발견하는 데 결코 성공하지 못했다는 것이다. 고전경제학의 최고 대표자들인 스미스와 리카도조차도 가치형태를 전혀 중요하지 않은 것, 상품의 내적인 성격과는 전혀 무관한 것으로 취급하고 있다. … 그래서 만약 우리가 자본주의 생산양식을 모든 상태의 사회에 자연적으로 고착되어 있는 영구적인 것으로 취급하게 되면 가치형태의 고유한 성격을 필연적으로 간과할 수밖에 없다. …(pp. 80~81 각주 2).

『자본론』의 이와 같은 지적을 등에 업고 『학설사』를 강독해 보면 적어도 몇 군데에서 유사한 지적이 등장하고 있다는 것을 알 수 있다(1권: 92). 이 기준 역시 SR을 포함하는 모든 경제학자들에게 적용된다. 다만, 가치형태가 『학설사』에서 본격적으로 등장하지 않는 이유는 가치형태라는 개념이 잉여가치 개념보다는 나중에 형성되었기 때문이다. 가치형태는 겨우 『비판』(pp. 39~48)에서 본격적으로 나타나며 비로소 『자본론』(1권 1장 3절)에 이르러 안정적인 개념으로 정착하게 된다.

이렇게 볼 때 우리는 잉여가치 개념의 결여와 가치형태에 대한 간과가 모든 경제학자들에 대해 마르크스가 공통적으로 적용한 비판점이라고 종합할 수 있다. 마르크스는 정치경제학을 비판하는 데 있어서 이 두 가지 기준을 '두루거리'로 이용하고 있다. 그렇지만 이 기준들이 고전경제학과 속류경제학에 동일하게 적용되었던 것은 아니다. 마르크스의 평가에 따르면 고전경제학은 불완전하나마 과학성을 지니고 있는 데 비해, 속류경제학은 자본주의의 이념에 불과하다. 양자에 대한 비판의 구체적인 차이를 살펴봄으로써 SR에 대한 마르크스의 비판을 부각시키고자 한다.

우선, 잉여가치 개념에 대한 논의에 있어 고전경제학은 그 이전의 경제사상이나 속류경제학과 구분된다. 고전경제학이 비록 잉여가치 개념을 설정한 것은 아니지만 잉여가치라는 개념을 모색하거나 이 개념에 상당히 접근했다고 볼 수 있다. 이에 비해 고전경제학 이전의 경제사상이나 속류경제학에는 잉여가치에 대한 관념이 전혀 존재하지 않거나 이러한 관념에 배치되는 논리가 전개되고 있다.

보다 구체적으로 스튜어트(J. Steuart)를 포함한 중상주의자들은 가치의 창출이 국내 및 국제 간의 교환과정에서 매매를 통해 발생한다고 생각해 잉여가치가 생산과정에서 발생한다는 것을 부정하고 있다(1권 1장). 이 점에서 그의 논리는 마르크스의 잉여가치 개념과 상당한 거리를 두고 있다. 또한 속류경제학자 시니어(N. Senior)의 제욕설(abstinence theory)은 심리적인 요인에 의해 이윤을 설명하고 있어 잉여가치 개념에 적극적으로 배치된다(1권: 287~292). 나아가서 속류경제학 전체를 대변하는 논리로 알려진 삼위일체론(Trinity Formula)은 토지, 노동, 그리고 자본의 세 가지 생산요소가 모두 가치와 잉여가치 생산에 공헌하는 것으로 보기 때문에 마르크스의 잉여가치와는 대립되는 논리라고 할 수 있다(3권: 453~540).

이에 비해 고전경제학은 전반적으로 생산과정에서 가치가 증가한다고 생각해 잉여가치 개념에 친화적이다. 물론 중농주의를 대표하는 케네(F. Quesnay)는 농업이라는 특정 부문 또는 산업에만 집착해 지대라는 개념 속에 잉여가치를 숨기고 있기 때문에 잉여가치를 일반적인 범주로 설정하지 못하였다(1권: 47). 또한 농업이 아니라 전체 산업에 생산적 성격을 부여함으로써 잉여가치의 개념에 보다 근접하게 된 SR도(1권: 85) 잉여가치를 이윤과 동일시해 별도의 개념으로 설정하지 못하였다(1권: 82~83, 89, 373~374). 그렇지만 이들은 잉여가치를 대신하는 개념들을 구사하면서 이것을 생산과정과 연관시켰다는 점에서 마르크스에 보다 가깝다고 볼 수 있다.

둘째, 가치형태의 간과라는 기준을 적용하는 데 있어서도 고전경제학과 속류경제학 사이에 유의미한 차이가 존재한다. 고전경제학이 가치형태라는 개념에 배치되는 논리를 전개하지 않은 데 비해, 속류경제학은 이러한 개념을 적극적으로 배제하는 논리를 제시하였다. 고전경제학은 가치의 실체에 대해 불완전하나마 상세한 논의를 전개하였으며, 전반적으로 자본주의의 생산연관에 대해 과학적으로 규명하려고 노력하였다. 이에 비해 속류경제학은 노동가치설을 처음부터 부정하고 수요·공급의 논리에 근거해 자본주의에 대해 표피적인 옹호론을 전개하였다.[2]

잉여가치에 상응하여 속류경제학이 제시한 것이 삼위일체론이라면 가치나 가치형태에 상응하여 속류경제학이 제시한 것이 수요·공급론이다. 특히, 베일리(S. Bailey) 등은 인식의 차원에서 자본가 등 경제주체와 동일한 수준에 있었기 때문에 가치실체라는 것에 대해 막연하나마 생각조차 할 수 없었다. 그는 가격이라는 표면적인 현상에 함몰되어 가치형태를 개념화할 가능성을 처음부터 상실했다고 볼 수 있다(2권: 172; 3권: 124~168). 고전경제학이 가치실체에 집착해 가치형태를 간과하고 있었지만 속류경제학은 가격에 집착해 가치실체에 대한 문제의식 자체를 갖고 있지 않았다. 이 때문에 속류경제학이 가격을 가치형태로 재정립한다는 것은 근본적으로 불가능한 일이었다고 마르크스는 생각하였다.

종합하자면, 마르크스는 SR을 포함한 모든 경제학자에 대해 잉여가치 개념의 결여와 가치형태의 간과를 지적하고 있는데, 속류경제학의 경우 잉여가치나 가치형태 등에 적극적으로 배치되는 논리를 전개한다고 보았던 반면, 고전경제학에 대해서는 이들 개념에 어느 정도 접근했다며 훨씬 긍정적으로 평가하였다.

2 삼위일체론 및 수요·공급론은 신고전학파 경제학의 한계생산력설 및 수요·공급이론과 밀접한 유사성을 가지고 있다는 점에서 속류경제학과 신고전학파 경제학 간의 친화력을 확인할 수 있다. 또한 속류경제학은 현상의 표면에 머물러 개인의 합리적인 행동에 의해 경제현상을 설명하려고 한다는 점에서 경제의 구조를 완전히 개인의 행동으로 환원시키는 합리적인 기대가설 같은 논리와 연결될 가능성이 있다.

2. 스미스에 대한 비판

이제 SR에 대한 마르크스의 비판으로 논의를 좁혀 보자. SR에 대한 비판에 있어서도 마르크스는 잉여가치와 가치형태를 비판의 기준으로 삼고 있다. 그렇지만 SR은 이들 개념들에 상당히 접근해 있었다는 것이 마르크스의 평가이다. 그렇기 때문에 마르크스는 SR을 부르주아 경제학의 최고봉이라고 평가해 SR에 대한 일반적인 평가와 결론적으로는 동조하고 있다. 이 절에서는 우선 스미스에 대한 비판을 살펴보고 다음 절에서 리카도에 대한 비판을 논의하고자 한다.

스미스의 가치론에 투하노동가치론, 지배노동가치설, 그리고 생산비설(adding-up theory)이 공존하고 있다는 것은 이미 잘 알려진 사실이다(『국부론』, 6~7장; Dobb, 2장). 우선 투하노동가치론은 상품의 가격이 그것에 투하된 노동량에 의해 결정된다는 주장이다. 그러나 스미스는 이 원리가 문명화되기 이전의 시대에만 적용된다고 보았다. 자본축적과 토지사유가 지배하는 문명사회에는 이 원리가 적용될 수 없다는 것이다. 본격적인 논의의 대상이라고 볼 수 있는 자본주의 경제에서는 오히려 투하노동가치론이 아니라 지배노동가치설이 유효하다고 생각하였다. 지배노동가치설이란 상품에 투하된 노동량이 아니라 그 상품과 교환되는 노동자의 숫자 또는 노동시간이 상품의 가격을 규정한다는 것이다. 끝으로 스미스는 자본주의의 현상에 대한 관찰에 근거해 생산비설을 주장했는데, 이 학설은 상품의 가격이 임금, 이윤, 그리고 지대로 구성되며 이것들이 합쳐져 가격을 이루게 된다는 논리이다.

이 세 가지 주장은 서로 다른 논리이고, 스미스의 가치론에서 이들이 전혀 결합되지 않은 채 병존하고 있다는 것이 통상적인 평가이다. 이러한 평가에 대해 마르크스도 부인하지 않는다. 이러한 평가를 논의하기 위해서는 투하노동가치론을 생산비설 및 지배노동가치설과 각기 비교할 필요가 있다.

우선 생산비설은 가격과 같은 수준에 있는 임금, 이윤 및 지대로 가치를 설명하려고 한다는 점에서 '순환론'이라는 비판을 받을 수 있다.[3] 나아가서 투하노동가치론과 생산비설은 상호 모순된다는 주장이 제기될 수 있다. 마르크스도 생산비설이 스미스가 애당초 제기한 투하노동가치론과는 무관한 논리로서 구체적인 가격현상에 대해 속류적인 묘사로 전락할 가능성을 내포하고 있다고 주장하였다. 투하노동가치론은 노동자가 생산한 가치 중에서 임금, 이윤 및 지대가 파생된다고 보는 데 비해, 생산비설은 거꾸로 임금, 이윤 및 지대가 독자적으로 가치를 창출하고 이것들이 모여 상품의 가치를 구성한다고 보기 때문이다.

지배노동가치설은 가격을 결정하는 궁극적인 요인을 제시하지 않는다는 점에서 가치론의 요건을 갖추지 못한 것으로 평가되고 있다. 이 학설은 상품의 가격을 상품에 투입된 노동량에 의해 결정하는 것이 아니라 가격을 단순히 노동 단위로 표현한 것에 불과하므로 가격이나 이윤에 대한 어떠한 설명도 담고 있지 않다는 것이다. 또한 스미스는 노동의 가치가 변동하지 않기 때문에 상품의 가격을 여타 상품으로 표현하는 것보다 지배노동으로 표현하는 것이 가치

3 여기서 '순환성'(circularity), '순환논리'(circular reasoning), 그리고 '동시결정'(simultaneous determination)이 구분되어야 한다. 우선 순환성은 가치방정식이나 생산가격방정식에서 나타나는 것처럼 투입가격과 산출가격들이 상호 환류(feedback)한다는 것을 의미한다. 순환논리는 수리적 논리를 포함해 논리 일반에 있어서 결론이나 이에 상당하는 명제를 미리 끌어들여 원하는 결론을 얻어 내는 오류를 의미한다. 끝으로 동시결정은 신고전학파의 일반균형이나 숙련노동의 환원계수 결정에서 나타나는 것처럼 연립방정식 체계에서 모든 변수들이 상호 의존하고 있다는 것을 뜻한다. 고전학파와 마르크스는 이들 3자를 일반적으로 혼용하고 있는 것이 아닌가 생각된다. 이에 대해 다소 상세히 논하고 있는 것으로 홍훈(1993)을 참고하기 바란다.

의 척도로서 보다 우위에 있다고 생각하였다. 그러나 이에 대해서도 노동(력)의 가치도 변동하기 때문에 노동에 의한 상품의 가치표현(p_i/w)이 그 자체로서 여타 표현방법(p_i/p_j)보다 나을 이유가 없다는 것이 일반적인 평가이다.

문제는 마르크스가 지배노동가치설에 대한 이런 부정적인 평가를 부인하지 않으면서도 동시에 독특한 방법으로 긍정적인 측면을 제시하고 있는 것이다. 마르크스는 스미스가 투하노동가치론을 주창했던 사실을 고려할 때 스미스가 지배노동에 집착한 데는 나름대로 이유가 있다고 생각했다. 또한 이러한 이유로 인해 스미스가 리카도보다 우월하다고 마르크스는 주장하고 있다.

마르크스의 주장은 여타 상품으로 표현된 가격이 상품 간의 교환을 대변하고 있는 데 비해, 지배노동가치는 '산' 노동과 '죽은' 노동 간의 교환, 또는 보다 발전시키자면 노동력이라는 상품과 자본의 교환을 대변한다는 것이다. 스미스가 노동에 대한 지배 또는 노동과의 교환량으로 표현되는 상품의 가치에 집착한 것은 생산과정의 결과로 나온 상품들이 이전보다 많은 양의 노동과 교환된다는 것을 암시한다는 것이다. 그렇기 때문에 지배노동가치에는 잉여가치의 비밀이 숨겨져 있다는 것이다. 비록 이러한 잉여가치의 비밀을 스미스가 인식하지는 못했지만 적어도 느끼고 있었다는 것이 마르크스의 해석이다 (독일어판 1권: 59).

마르크스는 스미스가 다음과 같은 상황에 빠져 있었던 것으로 보고 있다. 마르크스는 등가교환인 단순상품교환에 투하노동가치론을 확고하게 적용했지만, 자본주의적 생산에 이것을 적용하려고 했을 때는 부등가교환이 되어 버린다는 직감을 갖게 된다. 그렇지만 스미스는 노동력이라는 상품의 존재와 '결과'가 아닌 '과정'으로서의 잉여가치 창출에 대해 확고하게 인식하지 못하고 있었다. 이 때문에 논의가 진행되면서 스미스에 있어서 투하노동가치론이 희석되고 과정을 추적하려는 노력이 사라지게 되었다. 이런 상황에서 단지 과정의 결과로 파악된 잉여가치 혹은 가치의 증가에 초점을 맞춤으로써 지배노동가치설이 생겨나게 된 것이라고 마르크스는 해석하고 있다. 다시 말해, 지배노동가치설은 투하노동가치론의 자취와, 결과로 나타나는 잉여가치에 대한 관찰이 결합되어 발생했다는 것이다. 마르크스의 이러한 생각은 아래 인용구에서 드러난다(1, 3장 1절: 86~88).

> … 사실상(노동력의 판매에 함축되어 있는 매개운동은 결과에 있어서는 소멸되는 것임) …(p. 86(독일어판, p. 58)).

> … 자본의 축적 및 토지사유의 등장과 함께 – 즉, 노동조건들이 노동 그 자체에 대해 자립적인 존재가 될 때 – 새로운 일이 발생한다. 아마도 (그리고 결과적으로는 실제로도 그런데) 가치법칙이 그 반대로 돌변한다는 것을 강조하고 있다는 것이 – 그리고 이것은 명백히 그를 당황하게 만들고 있는 데 – 그의 장점이다. 이러한 모순을 그가 느끼며 강조하고 있다는 것이 그의 이론적인 강점이면서, 이러한 모순으로 심지어 단순상품교환에 대해서조차 보편적인 법칙에 대한 그의 신뢰가 동요받고 있다는 것이 그의 이론적인 약점이다. …(pp. 87~88).

보다 넓게 본다면 마르크스는 투하노동가치론이 잉여가치 개념의 전제가 되며, 투하노동가치론에 이미 잉여가치의 개념이 잉태되어 있다고 생각하였다. 또한 잉여가치라는 개념도 사용가치적인 측면이나 잉여발생의 우연성을 시사하는 잉여물(surplus)이나 잉여생산물(surplus product)과 달리 이미 가치 개념을 포용하고 있다. 마르크스는 스미스의 경우, 투하노동가치론과 추가된 노동에서 이윤이 발생한다는 것을 이미 간파하고 있었다는 점을 명시적으로 지적하고 있다(1권: 79). 이렇게 볼 때 스미스에게 결여되어 있었던 것은 투하노동가치론 자체나 잉여물 혹은 잉여생산물에 대한 인식, 또는 노동에 의해 이윤이 창출된다는 생각이 아니라 투하노동가치론과 노동에 의한 이윤창출 간의 결합이라고 볼 수 있다. 이 같은 결합의 핵심이 되는 것이 노동력이라는 상품의 설정 및 노동자 계급의 착취에 기반한 잉여가치의 창출과정이다.

이 두 가지를 제대로 설정하지 못한 스미스에 있어서 투하노동가치론과 잉여가치의 개념이 수미쌍괄하게 연결되지 않았다. 이로 인해 발생하는 논리적 부담이 가치론에 전가되었고, 이러한 전가가 지배노동가치설로 일차 등장했다가, 궁극적으로는 생산비설을 초래하게 된다고 볼 수 있다. 마르크스의 비판을 정리하자면 자본주의적 생산의 도입 → 부등가교환에 대한 발견 → 잉여가치 개념의 결여 → 투하노동가치와 잉여생산물 간의 모순 → 지배노동가치설로의 이동 → 생산비설의 제시가 될 것이다.

물론 스미스가 상품의 가치결정론으로 지배노동가치를 강력히 주장한 것은 지배노동가치설이 가치론이 아니라 가치의 표현에 불과하다는 점에서 잘못된 것이다. 그렇지만 마르크스는 이 같은 스미스의 오류를 단순히 우연으로 처리하거나, 지적인 능력의 부족 등 개인적인 요인 혹은 당대의 사회경제적인 배경 등으로 돌리지 않고, 스미스가 전개한 논리의 전체적인 흐름에 비추어 해명하고 있다. 다시 말해, 이러한 마르크스의 해석은 지배노동가치설 그 자체가 아니라 스미스의 가치론 전반에 대한 검토에서 비롯된 것이었다.

이와 같은 스미스의 논리전개에 대해 마르크스는 다시 방법론적으로 재해석하고 있다. 마르크스에 의하면 스미스의 이론체계에는 자본주의의 내재적인 것(esoteric)과 외면적인 것(exoteric)에 대한 서술이 결합되지 않은 채 병존하고 있다(2권: 165). 내재적인 것은 자본주의 생산관계의 핵심이고 외면적인 것은 경쟁 속에서 개별 주체가 관찰하는 대로의 구체적인 현상이다.[4] 마르크스에 의하면 이것들은 각기 자본주의의 본질(essence)과 외양(appearance)에 해당되는 것인데, 본질에 관한 법칙에 근거해 외양이나 현상이 설명되며 외양은 본질과 필연적으로 연관되어 있지만 어느 정도 자율적인 존재이다. 그런데 스미스에 있어서는 양자가 서로 결합되지 않은 채 병존하고 있다는 것이 마르크스의 논평이다.

이런 이유로 스미스는 한편으로 자본주의의 본질을 이론적으로 설명하지만 다른 한편으로는 이 이론적 설명과 아무런 연관없이 자본주의의 외면을 묘사하는 작업으로 '건너뛰고' 있다. 또한 그는 양자가 서로 충돌할 때에도 이에 대해 방관하고 있다는 것이다. 그 결과 스미스에 있어 경제현상은 부당한 자율성을 가지게 되며 완전히 설명되지 않은 채 우연적인 부분을 남기게 된다.

이런 방법론적인 설명은 『학설사』 2권에 나타나고 스미스에 대한 이론적인 논의는 1권에 등장하므로 방법론적인 설명이 이론적인 논의에서 도출된 것이라고 추측할 수 있다. 이러한 방법론적인 비판을 가치론에 적용해 보면 본질과 외양은 각기 투하노동가치론과 생산비설(혹은 그것에 근거한 자연가격 및 시장가격)과 연관될 것이다. 따라서 본질과 외양의 괴리는 가치의 실체와 가치형태

4 내재·외면의 구분에 대해 특별히 주목하고 있는 최근의 논자로는 리피에츠(A. Lipietz)를 들 수 있다(1장).

혹은 노동가치와 가격이 상호 연관 없이 분리되어 취급된 것을 의미한다. 이런 해석을 가능하게 하는 1권의 전거는 다음과 같다(1권: 90~91, 96~97).

> … 여기서 이윤은 더 이상 잉여가치의 성격에 의해 설명되지 않고 자본가의 '이익'에 의해 설명되고 있다. …

> … 사실상 처음에 스미스는 바로 상품의 가치가 임금, 이윤, 그리고 지대를 규제하는 것으로 간주했었다. 그러나 그리고 나서 그는 그 반대방향으로 연구하기 시작해서(이것은 경험적인 관찰이 보여 주는 것과 일상적인 생각에 보다 가까운 것인데), 이제 상품의 자연가격이 임금, 이윤, 그리고 지대의 자연율을 합산함으로써 계산되고 발견되는 것으로 간주하고 있다. …(밑줄친 부분은 추가됨).

스미스에 대한 마르크스의 비판은 세 가지로 요약된다. 우선 투하노동가치론과 이윤의 발생에 대한 생각이 제대로 결합되어 잉여가치를 내포하는 투하노동가치 또는 투하노동가치를 전제로 하는 이윤론으로 이어지지 못했기 때문에 그 논리적인 부담이 가치론의 붕괴를 낳게 되었다는 것이다. 또한 생산비설에 근거해 자연가격이 설정되고 이에 근거해 시장가격이 논의되고 있으므로 가격을 이미 붕괴된 가치론 위에 구축하는 격이 되었다. 끝으로 이것은 방법론상으로 본질과 외양이 결합되지 않는 결과를 낳았다. 그러나 이러한 문제들은 자신이 개념화할 수 없었던 잉여가치를 스미스가 의식하고 있기 때문에 발생한 것이므로 가치론에 있어 스미스의 이중적인 성격은 긍정적인 측면과 부정적인 측면을 함께 가지고 있다.

3. 리카도에 대한 비판

리카도에 대한 마르크스의 비판은 리카도의 '학설사적인 위치'에서 시작해, '방법론상의 오류'를 거쳐, '이론상의 문제'로 이어지는 일입관주(一入貫珠)의 인과관계를 형성하고 있다. 실로 리카도에 대한 마르크스의 비판은 여러 경제학자들에 대한 마르크스의 비판들 중 백미를 이룬다 해도 과언이 아니다.

우선, 리카도의 학설사적인 위치에 대한 마르크스의 논의는 스미스에 대한 전반적인 평가로부터 시작된다. 스미스에 이르러 경제학은 포괄적인 체계를 갖추었으나 이미 언급한 대로 스미스는 내재·외면의 이중성을 안고 있다는 것이 마르크스의 평가이다. 스미스에서 리카도에 이르는 시기에 등장한 경제학자들은 이 두 가지 측면 중 한 가지에 집착한 나머지, 세부적인 논리발전이나 구체적인 현상의 묘사에 머물렀으며, 어떤 이론적인 발전도 이룩하지 못한 것으로 마르크스는 보고 있다.

이어 등장한 리카도는 이와 같은 혼돈을 종식시키기 위해 자본주의의 본질을 구성하는 투하노동가치론이 정치경제학의 기반이 되어야 한다고 선언하면서 투하노동가치론으로 대변되는 스미스의 내재적인 측면을 일관되게 유지할 것을 주장하게 되었다. 이런 이유로 리카도는 전례없는 논리적 일관성을 경제학에 부여하려고 노력하였다. 이것은 리카도가 경제학의 과학성을 드높였다는 일반적인 평가와 걸맞는 것이다(Rima, 1986: 121). 리카도가 투하노동가치론에 기초해 경제학에 일관된 체계를 부여하려고 했던 것은 스미스가 빚은 혼란에 대한 필연적인 반응이었으므로 학설사적인 위치로 볼 때 리카도의 노력은 지당한 것이었다고 마르크스는 평가하였다. 이에 대한 마르크스의 극적인 묘사는 아래와 같다(2권: 166~167).

> … 애덤 스미스의 후계자들은 … 스미스의 내재적인(esoteric) 측면을 추종하든, 외면적인(exoteric) 측면을 추종하든, 아니면 대체로 그렇듯이 양자를 뒤섞든, 항상 스미스를 자신들의 기반으로 생각하고 있었다. 그러나 마침내 리카도가 끼어들며 학계에 소리쳤다: 잠깐 정지! 리카도는 부르주아 체제의 생리를 분석하기 위한 출발점으로서 노동시간에 의한 가치결정이 그러한 기반이 되어야 한다고 말했다. …

둘째, 이러한 학설사적인 위치에서 비롯된 출발점으로 인해 리카도는 일정한 방법론적 한계를 지니게 된다. 그의 방법론적 한계는 연구방법(method of investigation)과 서술방법(method of presentation procedure)으로 나누어 볼 수 있다(2권: 164~166). 그의 서술방법은 주로 『원리』의 구성(architectonics)을 통해 드러난다. 마르크스는 연구방법상의 한계가 서술방법상의 한계로 이어지는 것으로 해석하고 있다.

이에 대한 마르크스의 비판을 이해하기 위해서는 마르크스 자신의 입장을 상기할 필요가 있다. 마르크스는 실체와 형태 간에 필연적인 연계가 존재하며 가장 추상적인 원리에 의거해 가장 구체적인 현상을 설명할 수 있다고 믿고 있었다. 또한 그는 본질에서 외양으로의 논리적인 발전과 그 반대방향으로의 발전을 사고의 왕복운동으로 규정하며 이러한 운동은 추상 수준의 증감으로 표현하고 있다. 그렇기 때문에 마르크스는 구체적인 현상에 접근하기 위해 기본원리에 매개고리들(essential links; Mittelglieder)을 부착시켜야 한다고 생각하였다(영어판 2권: 165; 독일어판 2권: 161~162). 이와 같은 매개고리가 어떤 것이었는지는 마르크스가 자신의 전형론을 본격적으로 전개한 『자본론』 3권을 보면 확인할 수 있다. 여기서 전형론에 대한 예비작업으로 마르크스가 잉여가치와 이윤의 관계를 논의하고, 잉여가치율과 이윤율 간의 관계를 제시하며, 비용가격이라는 개념을 설정한 것 등은 모두 이런 매개고리들을 구축하기 위한 노력이라고 볼 수 있다.[5] 리카도의 인식에는 마르크스가 말한 추상과 구체 간의 운동이 결여되어 있었다. 리카도는 스미스의 내재와 외면 중 전자를 '선택'하여 정당한 것이라고 '선언'하면서 일단 후자를 배제하는 방향으로 나아갔다. 그렇다고 논리적 일관성을 지향했던 리카도가 스미스처럼 구체적인 현상을 이론과 관련짓지 않은 채 방치할 수는 없었다. 문제는 자신의 이론체계에 대해 구체적인 현상이 반격을 가해 올 때 리카도가 추상 수준을 낮추어 가면서 이론 속에 현상을 포용하는 방식을 취할 수가 없었다는 것이다. 이 때문에 리카도는 자신의 이론에 구체적인 현상을 직접 대비시키는 연구방법을 취할 수밖에 없었다는 것이 마르크스의 해석이다. 리카도의 연구방법에 대해 매개고리들을 생략했다고 마르크스가 비판한 것은 이런 맥락에서 이해될 수 있다(2권: 174).

이러한 연구방법상의 문제는 서술방식의 문제를 낳는다. 리카도의 『원리』를 보면 후반부의 상당 부분이 앞선 몇 장에서 논의된 가치론의 반복, 응용 또

5 가치형태에는 모든 형상의 가격과 화폐가 포함된다. 보다 특정적으로 가격에는 상품생산 사회에 일반적으로 적용되며 주로 이론적으로만 혼재한다고 볼 수 있는 가격 일반뿐만 아니라 자본주의적인 사회에 존재한다고 볼 수 있는 생산가격과 시장가격이 모두 포함된다. 생산가격과 시장가격에는 노자계급 관계와 산업 간의 차이가 고려되고 있다. 노자계급 관계에서 잉여가치가 발생하며, 산업 간에는 자본의 유기적 구성상의 차이가 존재하므로 생산가격과 시장가격에는 두 가지가 추가적으로 고려된다. 그러므로 생산가격이나 시장가격은, 이런 요인들로 인해 발생하는 복잡성이 논리화되어야만, 가치형태로서 완벽하게 설정되는 셈이다. 더구나 생산가격에는 이윤율의 균등화 경향이 전제되어 있는데, 이렇게 되면 개별 가치와 개별 가격, 개별 잉여가치와 개별 이윤은 상호 일치하지 않게 되어 전형의 문제가 발생하게 된다. 이같이 전형론이 노동가치와 생산가격 간의 관계를 다루는 것으로 이런 제반 요소들을 고려해야 한다는 점에서, 일반적인 가치형태의 문제와 달리 보다 구체적인 상황에서 전개된다는 점이 인정되어야 할 것이다. 그러나 생산가격 역시 가치가 이론적으로 혹은 현실적으로 등장하는 한 모습이기 때문에 여전히 가치형태로 규정되어야 할 것이다.

는 세부적인 확장에 불과하다. 이 부분에서 추상적인 이론들이 구체화되어야 하는데 전혀 이런 구체화가 이루어지지 않았다는 것이 마르크스의 해석이다. 거꾸로 가장 추상적이라고 볼 수 있는 제1장의 가치론에 이미 대단히 구체적인 경제형태를 나타내는 평균 이윤율 등의 개념이 도입되고 있다는 것도 이 책의 구성상 문제점이라고 마르크스는 생각하였다.

이와 같이 리카도는 자신의 학설사적인 위치로 인해 매개고리나 추상 수준을 무시하는 연구방법과 개념들의 논리적인 순서를 무시하는 서술방법 등을 드러내고 있어 방법론상의 한계를 안고 있다고 마르크스는 평가하였다.

셋째, 이와 같은 학설사적인 위치와 이로 인해 비롯된 방법론상의 한계는 리카도에게 이론상의 문제를 안겨 주고 있다. 이론상의 문제는 대체로 가치형태에 대한 간과로 집약할 수 있다. 스미스가 주로 잉여가치의 발생이라는 관점에서 투하노동가치론의 유지 여부를 논의했다면 리카도는 주로 가치형태의 설정과 관련해 투하노동가치론의 논리적 귀결을 논의하고 있다. 리카도가 매개고리를 무시하고 본질과 현상 간의 대비를 기도했던 방법론상의 문제점은 가치실체와 가치형태 간의 관계로 이어진다. 즉, 추상적인 가치법칙을 점차 구체화시켜 가치형태로 발전시키지 않고 그대로 눈에 보이는 가격현상에 가치법칙을 충돌시킴으로써 구체적인 현상을 가치의 형태로 정립시킬 수 없었다는 것이다(2권: 164).

여기서 마르크스의 논리를 되살려 보자. 일반적으로 마르크스에 있어서 가치형태에 대한 논의는 가격과 화폐로 나누어 볼 수 있다. 이것은 가치형태가 가치를 표현하는 상품의 가격으로 나타날 것이며, 상품의 가격을 표현해 주는 화폐로도 나타나기 때문이다. 마르크스는 이것을 각기 상대가치형태와 등가형태라고 불렀다. 상대가치형태와 등가형태가 불가분의 관계에 있듯이 가격과 화폐는 현실적으로 분리될 수 없지만 개념적으로는 분리될 수 있다.

『자본론』에서 마르크스가 SR를 비판할 때 가치형태를 주로 화폐로 간주했던 데 비해(1권 3절), 『학설사』에서는 가치형태를 가격으로 간주해 리카도를 중심으로 논의를 전개하고 있다. 가격으로서의 가치형태에 관한 문제는 마르크스의 전형론 및 임금·생산가격 변동론과 연관되어 있다. 마르크스는 투하노동가치라는 추상적인 원칙을 몇 가지 고리를 통해 일반이윤율의 지배하에서 존재하는 보다 구체적인 가치형태, 즉 자연가격(생산가격)으로 전형시켰다. 그런 연후 이것에 근거해 임금 및 생산가격의 변동이나 생산가격과 시장가격 간의 관계 등 보다 구체적인 현상을 설명하고 있다(『자본론』 3권 1~2편, 특히 1~3장과 8~9장).

리카도는 일반이윤율이 지배하는 경우 발생하는 노동가치와 생산가격 간의 전형 문제를 명시적으로 설정하지 않고 곧바로 임금변동으로 인한 자연(생산)가격의 변동 문제를 다루고 있다. 이 때문에 리카도가 추상적인 이론을 구체적인 현상에 직접 충돌시킨다는 마르크스의 비판이 제기된 것이다. 또한 마르크스의 입장에서는 노동가치와 생산가격 간의 관계가 임금의 변동과 생산가격 간의 관계보다 일차적인 문제이므로 리카도가 부차적인 문제에 집착한 셈이다(2권: 176, 180, 192).

추가적으로 지적해야 할 것은 리카도에 대한 비판이 전적으로 가치형태에 국한된 것이 아니라 부분적으로는 잉여가치의 개념과도 연관되어 있다는 것이다. 마르크스는 리카도가 스미스와 같이 잉여가치에 대한 개념의 결여로 인해 전형, 경쟁, 그리고 지대론 등에서 일관되게 문제를 일으킨 것으로 해석하고 있다(2권: 373). 이렇게 볼 때 리카도의 문제점도 방법론, 가치형태, 그리고 잉여가치의 세 측면에서 제기되는 셈이다.

보다 중요한 것은 스미스에서 나타났던 마르크스의 고유한 해독법이 리카도의 경우에도 반복되고 있다는 점이다. 스미스의 지배노동가치설에 대해 마르크스가 잉여가치 개념이 잠복해 있다는 긍정적인 내면을 파헤친 것과 유사한 방식으로 리카도의 『원리』 1장 가치론을 해석하고 있다.

구체적인 내용을 보면 『원리』 1장 4절의 네 가지 예들 중 첫 번째(『원리』: 33~34)에서 리카도는 자본의 내구성을 취급한다고 주장하면서도, 감가상각이 발생하지 않는 것으로 전제해 원초적으로 내구성의 문제를 배제시키고 있다.[6] 두 번째 예(pp. 34~35)에서는 고정자본의 투입비율상 차이로 발생하는 문제를 다루겠다는 것이 그의 원래 의도였으나 실제로는 자본규모상 차이만을 고려하고 있다. 더구나 네 번째 예(p. 37)는 첫 번째 예와 무언가 다른 것을 의도했으나 결과적으로는 첫 번째와 전혀 다르지 않은 반복에 불과하다. 결국 세 번째 예(pp. 35~36)만이 리카도 자신이 의도했던 대로 임금변동에 따른 가격변동의 문제를 취급하고 있다.

세 번째 예를 제외한 나머지 예들을 살펴보면 일반이윤율이 지배하는 경우 개별 가격이 투입된 노동가치에서 벗어날 수 있다는 핵심적인 문제가 '잠재'되어 있다고 마르크스는 주장하고 있다. 다시 말해, 전체적으로 『원리』 1장에서 리카도 자신이 논의하겠다고 말한 것은 임금변동에 의한 생산가격의 변동이었으나 실제 논의된 것은 전형 문제였다는 것이다(2권: 175~176). 또한 리카

6 사실 마르크스에 따르면 SR은 공통적으로 국민총생산물이 완전히 소득으로 분해될 수 있다고 보아 원료 및 기계의 감가상각분이 총생산물에 포함되어 있다는 것을 간과하고 있다(1권 3장 8절).

도가 자신의 논의에서 저지른 실수들은 상당 부분 이 같은 잠재성의 발로로 긍정적으로 해석되어야 한다는 것이 마르크스의 입장이다(2권: 189).

이렇게 본다면 리카도는 주어진 문제에 대해 답을 제대로 찾지 못한 것이 아니라 자신이 제시한 답이 어떤 문제의 답인지를 제대로 설정하지 못한 것이다.[7] 물론 리카도는 묵시적으로 전형 문제의 일차적인 중요성을 인정하면서도 전형 문제 해결의 전제가 되는 불변·가변자본의 구분 및 잉여가치의 개념 등을 정립하지 못했기 때문에 이 문제를 명시적으로 전개시킬 수는 없었다(2권: 173~174).

이와 같이 리카도가 가치와 자연가격 간의 관계를 중간고리 없이 추상적 이론과 구체적 현상 간의 충돌로 설정했기 때문에 노동가치가 반증되는 결과를 얻게 되었다. 즉, 리카도는 투하된 노동량에 관계없이 분배의 변동이 자본구성이 서로 다른 여러 상품의 가격에 독자적인 영향을 미친다는 결과를 얻게 되었다. 리카도는 이러한 결과를 일단 인정하고 이것을 투하노동가치론에 대한 수정으로 받아들이지 않을 수 없었다(2권: 191). 그러나 투하노동가치론이 정치경제학의 기반이 되어야 한다고 주장하였고 그것을 일관되게 유지하려고 했던 리카도로서는 노동가치설을 어떤 방식으로든 방어할 수밖에 없었다. 이미 이론적인 수준에서 노동가치설의 수정을 인정하였던 리카도는 그것의 타당성을 가늠하는 기준을 논리적인 정합성이 아니라 현실 경제 속에서의 경험적인 중요성으로 바꾸는 회피책을 쓰게 된다.

7 이와 같은 상황은 세부적인 문제풀이가 아니라 문제 틀 자체를 새로 설정할 때 발생하는 것으로 마르크스에게만 국한된 것은 아니다. 흔히 마르크스와 반대 극에 있는 것으로 알려진 하이에크도 수시로 이런 상황에 처해 있었다는 것을 알 수 있다(Hayek, 1976: v).

보다 구체적으로 리카도는 현실 경제에서 생산성 및 노동가치를 결정하는 기술변동에 비해 분배상의 변동이 수량적으로 중요하지 않다고 주장하게 된다(『원리』: 36~37). 그렇지만 이것은 이론전개상 등장한 내부적인 난점을 현실의 경험에 의존해 회피하려는 노력으로서 근본적인 방어책이 될 수 없었다.[8] 리카도가 맬서스(T. R. Malthus)에게 노동가치설을 반박할 수 있는 빌미를 제공했던 것도 이러한 약점 때문이었다고 마르크스는 지적하고 있다(3권: 14, 30~31).[9]

지금까지 논의된 리카도에 대한 마르크스의 비판을 종합해 보자. 스미스에 이어 등장한 리카도는 학설사적 위치로 보아 투하노동가치론에 근거해 논리적인 일관성을 주장해야 할 상황에 처해 있었다. 그러나 투하노동가치론을 자본주의의 기반 또는 본질로 선택하고 이에 근거해 모든 현상을 일관되게 설명하려고 함으로써 방법론적인 한계를 안게 된다. 그러한 한계란 본질을 구성하는 추상적인 법칙을 매개고리에 의존해 가장 구체적인 현상과 연결시키려 하지 않고 직접 구체적인 현상에 적용하려 했던 것이다. 이러한 상황에서 리카도는 노동가치로부터 생산가격으로 이행하는 중간고리를 구축하지 않는 결함을 안게 된다. 이 때문에 임금변동과 생산가격의 관계라는 부차적인 문제에 초점을 맞추는 등 여러 가지 실수를 저지르고 있다는 것이다.

그렇지만 스미스의 경우와 마찬가지로 이와 같은 제반 난점들은 자신이 제기할 수 없었던 전형 문제와 리카도가 씨름하고 있었기 때문에 발생한 것이므로, 리카도의 논의상 결함 속에서 오히려 긍정적으로 전형 문제를 읽어 낼

8 이와 비슷한 사례는 신고전학파 내에서도 찾아볼 수 있다. 케인지언들이 미시적 기초에 근거하지 않고 임금·가격 경직성을 경험적인 사실로 당연시했던 것을 뉴클래시컬들이 비판한 것은 그러한 예이다(Nell, 3장: 특히 45~46).

9 이런 취약성으로 인해 '93% 노동가치론'이라는 평가도 나오게 된다(Stigler, 1958).

수 있다는 것이 마르크스의 독특한 주장이다.

이제 스미스에 대한 비판과 리카도에 대한 비판을 비교해 보자. SR은 모두 투하노동가치와 자연가격(혹은 생산가격) 간의 연관에 대해 제대로 설명하지 못함으로써 궁극적으로는 구체적인 가격현상을 투하노동가치론으로 설명하는 데 실패하였다(2권: 173~222). 그러나 스미스의 경우 잉여가치를 감지하고 있으면서도 투하노동가치의 법칙과 결합시키지 못함으로써 지배노동가치설이나 생산비설로 전락해 투하노동가치론을 희석시키는 결과를 가져왔다. 이에 비해 리카도는 투하노동가치론을 철저하게 유지하려는 입장을 가지고 있었으면서도 잉여가치에 대해 감지하지 못했기 때문에 노동가치와 생산가격 간의 이론적인 불일치를 실증적인 차원으로 격하시키고 있다. 방법론적으로는 본질을 구성하는 원리와 무관하게 구체적인 현상에 대해 부당한 자율성을 부여한 것이 스미스의 문제였다면, 이와 반대로 구체적인 현상에 대해 전혀 자율성을 부여하지 않고 본질로 환원하려고 노력한 것이 리카도의 문제였다.

이런 이유로 마르크스의 입장에서 볼 때 스미스와 리카도 간의 관계는 단선적인 진보나 후퇴가 아니라 일면 진보이면서 다른 한 면으로는 후퇴가 된다. 스미스가 비록 투하노동가치론에 의존해 일관된 논리를 전개하지 못했다는 외면적인 결함을 갖고 있으나, 이런 논리적 혼란 속에서 그가 잉여가치에 대해 직감하고 있었다는 긍정적인 측면을 발견할 수 있었다. 반면 리카도는 비록 투하노동가치론을 일관되게 유지하려고 노력했다는 점에서 외견상 긍정적이지만 스미스에서와 같은 예감이 전혀 남아 있지 않다는 점에서 부정적이다(예로서, 1권: 71, 81~82).

… 애덤 스미스는 이러한 변동이 자본주의 생산과 함께 어떻게 발생하는지를 강력하게 강조하고 있다는 점에서 리카도보다 우위에 있다. 반면 체화된 노동과 산 노동 간의 관계가 이와 같이 변동함으로써 상품의 상대가치를 결정하는 데 있어서 변화가 발생한다는 자신의 견해로부터 – 비록 자신의 분석을 통해 실질적으로는 스스로 반박하고 있는 견해이지만– 결코 빠져 나오지 못하고 있다는 점에서 그는 리카도에 비해 열등하다. … (pp. 81~82)(밑줄친 부분은 추가됨).

이런 관점에서 볼 때 마르크스의 이론은 스미스의 예감을 논리적으로 해명하면서 리카도의 기반인 투하노동가치론을 포용함으로써 SR을 비판적으로 결합한 것이라고 볼 수 있다.[10]

4. 마르크스의 비판이 갖는 특징

SR에 대한 마르크스의 비판을 평가하기 위해서는 마르크스가 비판의 기준으로 삼았던 비판내용과 비판방식에 대해 구분할 필요가 있다. 비판내용은 마르크스가 모든 경제학자에게 일반적으로 적용한 '잉여가치 개념의 결여'와 '가치형태에 대한 간과'라는 두 가지 기준과 관련된 것이다. 전반적으로 잉여

10 부차적이지만 스미스와 리카도는 문제가 발생하는 추상 수준에도 차이가 있다. 스미스의 경우 자본 일반의 수준에서 투하노동가치의 법칙이 자본주의적 생산에 적용될 수 없다는 것이 문제였다. 이에 비해 리카도의 경우에는 개별 자본의 수준에서 생산가격을 투하노동가치로부터 구분하고 양자 간의 관계를 설정하지 못한 것이 문제였다. 이것은 마르크스의 논의로 보자면 각기 『자본론』 1권과 3권의 수준에 상응하는 것이다(Marx, 1권: 82, 92).

가치 개념보다는 가치형태 개념에 대해 긍정적으로 평가하는 학자들이 많다. 그렇지만 기본적으로 여러 논자들이 다양한 의견을 내세우고 있어 혼란 상태라고 볼 수 있다. 이 글에서는 일단 비판방식에 초점을 맞추고 이에 근거해 비판내용을 재해석하고자 한다.

마르크스가 SR에 대한 비판에서 보여 준 비판방식의 특징은 총체적, 비실증주의적, 그리고 내생적이라고 규정할 수 있다.

첫째, 마르크스는 스미스가 제시한 여러 가지 가치론들을 개별적으로 분석하여 그것의 문제점을 지적하는 데 그치지 않았다. 마르크스는 이것들을 종합해 투하노동가치론과 잉여가치 간의 결합이라는 핵심적인 문제로 발전시키고 있다. 스미스가 제시한 여러 가지 가치론을 이와 같이 종합해 이들에 하나의 질서를 부여하려고 했다는 점에서 마르크스의 비판방식은 총체적이다.

리카도에 대한 비판에서도 비슷한 성향이 드러난다. 리카도의 일관성은 표면적으로는 긍정적인 것이지만 전체적으로 보면 추상화를 거치지 않고 구체적인 현상을 설명하려는 오류를 낳고 있어 부정적인 내면을 가지고 있다고 마르크스는 해석하였다. 또한 이윤·임금변동에 대한 논의에서 나타나는 여러 가지 실수와 어색한 논리들에 대해서도 개별적으로 비판하는 데 그치는 것이 아니라 하나로 묶어 내고 있다. 나아가서 마르크스는 리카도의 전 체계에 대해 학설사적인 위치, 연구방법이나 전체의 구성, 그리고 이론상의 결함 등을 상호 연관 짓고 있어 역시 총체적인 성격을 띠고 있다.

물론 마르크스의 『학설사』에 개별 이론들에 대한 비판이 없는 것도 아니며, 반대로 여타 학자들이 SR를 해석하는 데 있어 세부적인 비판들을 종합하려는 노력을 전혀 보이지 않는 것도 아니다. 그러나 마르크스의 해석에 있어서 각 부분에 대한 비판들은 궁극적으로 하나의 전체성을 지향하며, 이러한 전체적인 구조에 의해 설명되지 않는 부분이 남지 않는다. 이에 비해 여타 학자들은 개별적인 비판들을 종합하려고 시도하는 경우에도 항상 전체로 묶이지 않는 여지를 남겨 둘 준비가 되어 있다. 이와 같이 마르크스는 경제학자들에 대한 비판에 있어서 우연으로 돌리거나, 설명되지 않는 잔여를 남겨 두거나, 또는 근사치에 만족할 수 없었다. 마르크스는 SR과 같은 경제학자들의 이론 속에서 드러나는 오류나 잔여는 이들의 논리들을 전체적으로 조망하면 해명될 수 있다고 생각하였다. 이러한 차이로 인해 여타 학자들의 비판방식과 비교할 때 마르크스의 비판을 총체적이라고 특징지을 수 있을 것이다.

둘째, 스미스가 구체적인 언어로 제시한 것을 넘어서서 비판하고 있다는 점에서 마르크스의 독해방법은 비실증주의적이라고 할 수 있다. 마르크스는 지배노동가치론이 가치론으로서의 요건을 갖추지 못하고 있다는 외면적인 비판에 동의하면서도 이러한 비판 수준을 넘어서서 그것을 단순한 오류나 실수로 처리하지 않았다. 스미스가 비록 개념화하지는 못했지만 노동력이라는 상품과 잉여가치의 존재에 대해 직감하고 있었기 때문에 이러한 주장이 가능했다고 말해 긍정적인 이면을 지적하고 있다.

리카도에 대한 비판에서도 마르크스는 단지 표면에 드러난 것에 집착하는 것이 아니라 그 배후를 포착하려고 노력하고 있다. 마르크스는 리카도가 가치론과 관련하여 범한 여러 가지 실수들을 그 자체로서 파악하는 것이 아니라 눈에 보이지 않지만 보다 본질적인 문제로 해석하고 있다.

이와 같이 마르크스는 일견 '잘못된 것'을 잘못된 것으로 지적하는 데 그치지 않고 이에 대해 논리적으로 해명하려고 하였으며, 이것의 내면에서 긍정적인 측면을 찾아 내려고 노력하였다. 마르크스는 문장 그 자체가 표면적으로 보여 주는 것이 그것이 담고 있는 내용의 전부가 아니며, 그것의 내면은 오히려 정반대일 수 있다고 생각한 것이다.

그렇지만 스미스가 잉여가치의 개념에 대해 감지하고 있었다는 것을 이와 같은 오류 그 자체만으로는 읽어 낼 수 없고 스미스가 앞서 제시한 여타 가치론, 특히 투하노동가치론을 감안할 때만 가능하다. 또한 리카도가 전형 문제를 의식하고 있었다는 판정도 그의 학설사적인 위치나 방법론적인 한계를 고려할 때만 가능한 것이다. 그렇기 때문에 비실증주의적인 성격은 비판의 총체적 성격과 연결되어 있는 셈이다.

끝으로 사고의 표피인 표현과 함께 사고의 잠재성을 나타내 주는 내면을 함께 파악해야 한다는 것은 사고의 내적인 발전을 파악한다는 것을 의미한다. 이런 관점에서 볼 때 마르크스가 SR의 전 체계를 고착된 상태로 보는 것이 아니라 내적인 동력을 가진 하나의 운동으로 간주했다는 것을 알 수 있다.

스미스가 제시한 세 가지 가치론이 하나의 흐름으로 파악된 것은 이런 관점에서 이해될 수 있다. 리카도에 대해서도 마르크스는 그가 저지른 여러 가지 실수와 논의의 배후에 있는 사유의 흐름을 파악하려고 했다. 일반적으로 하나의 사물에 표면적인 것과 내재적인 것, 혹은 정(A)과 반(non-A)이 공존한다고 보기 위해서는 인식의 운동을 상정하지 않을 수 없다. 그러므로 마르크스는 스미스나 리카도의 저작 전체를 내적인 발전과정으로 바라보면서 그것의 변동을 추적했다고 볼 수 있다.[11]

11 자본주의 분석에서나 이론에 대한 분석에서나 공히 '내적인 논리'라는 개념이 핵심적이라는 것에 대해서는 이미 홍훈(1991)에서 지적한 바 있다.

내적인 운동을 추적하는 노력과 앞서 제시된 총체성 및 비실증주의적 성격이 결합되면서 마르크스는 고착된 원문의 여러 부분들 사이에 공통점을 찾아 내어 일반론으로 제시하는 데 만족하지 않는다. 마르크스는 이들 여러 부분들이 그것의 배후에서 꿈틀대고 있는 사유의 발전을 드러내는 구체적인 모습에 불과하다고 보아 바로 이러한 사유의 발전을 포착하는 데 노력을 기울이고 있다. 이와 같이 마르크스는 표면에 나타난 표현이나 자료의 반복성 및 규칙성을 일반화시키는 것이 아니라 그러한 표현이나 자료의 배후를 구성하고 있는 본질을 파악하려고 노력했다.

이와 같이 마르크스의 비판은 비판의 대상이 되는 학자가 표면적으로 제시한 문구나 논리에 만족하는 것이 아니라 그 뒤에 숨어 있는 의미를 찾아내려는 과정을 핵심으로 한다. 숨겨진 의미를 찾는 데 단서가 되는 것은 표면적으로 제시된 문제 틀이나 체계 내에서의 실수, 이로부터의 이탈, 이것과의 상충, 혹은 이것으로 설명되지 않는 잔여들이다. 마르크스는 실수·이탈·상충·잔여를 하나로 종합해 숨겨진 체계를 형성하고 여기에 긍정적인 의미를 부여함으로써 표면상의 체계와 숨겨진 체계 또는 표현된 것과 억눌린 것을 종합하고 있다. 이렇게 모든 비판의 대상에 대해 일체성을 부여하고 자의성이나 우연성을 배제하여 종합적인 비판을 내세우면서, 비판의 대상이 되는 학자의 모든 논의 사항들은 그것의 진위 또는 진리성에 관계없이 총체적 체계의 필연적인 일부가 된다.[12]

---

12 이런 관점에서 알튀세르(Althusser, Préface, 1968: 9~86)만큼 명확하게 마르크스의 독해방식을 꿰뚫고 있는 학자도 드문 것 같다. 그는 이와 같은 해독방법을 '침묵의 웅변'이나 '非可視的인 것의 可視化'로 규정하고 '징후적인'(symptomal) 해독이라고 명명하였다. 또한 그는 이런 방법을 니체와 프로이트도 구사했다고 본다. 이러한 '웅변하는 침묵'의 예는 인식뿐만 아니라 현상 자체에서도 찾아볼 수 있다. 미국 사회에 있어서 흑인 또는

총체성, 비실증주의성, 내적인 운동을 추구하는 마르크스의 비판방식은 SR에 대한 비판뿐만 아니라『학설사』전반에 걸쳐 등장하고 있다는 것을 확인할 수 있다. 예로서, 케네의 전 체계를 '봉건주의 생산양식의 부르주아적인 재생산'으로 규정한 것(1권: 49~53), 스미스의 생산적 노동론이 갖고 있는 이중적인 성격에 관한 논의(1권: 155~174), 혹은 맬서스의 판매이윤·과소소비론·비생산적 계급론에 대한 평가(3권: Chapter X, XI)도 동일한 비판방식의 소산이다.

또한 이런 비판방식은 단순히 스미스와 리카도 각각에 적용될 뿐만 아니라 양자 간의 관계, 그리고 이들과 마르크스 자신의 관계로까지 이어진다. 리카도 체계의 학설사적인 필연성은 스미스와 리카도의 학설사적인 연계를 제시하는 것이었다. 또한 마르크스가 스미스에게서 잉여가치의 개념, 리카도에게서 전형 문제에 대한 묵시(默示)를 발견하고 있다는 것은 이들과 자신 간의 연속성을 제시하는 것이라고 볼 수 있다. 따라서 비록 SR이 자본주의의 고유성이나 잉여가치 및 가치형태에 대한 명시적인 인식을 결여하고 있어 마르크스와 단절되어 있는 것처럼 보이지만, 잠복되어 있는 사고의 흐름을 더불어 고려한다면 마르크스와의 연속성도 인정해야 할 것이다.

이와 같은 특징으로 인해 SR에 대한 마르크스의 비판은 이미 확고하게 설정된 개념의 원용이나 주어진 문제에 대한 해답을 겨냥하는 것이 아니라 개념의 결여(잉여가치)와 문제의식의 결핍(전형) 그 자체를 대상으로 하게 된다. 개념이나 문제의식은 문제 틀(problematic)을 구성하므로 마르크스의 비판은 SR이 제시한 해답이 아니라 문제 그 자체를 문제시하고 있는 것이다. SR에 대한 마르

'색깔' 문제에 대한 침묵이나 한국 사회에 있어서 학연과 지연에 대한 침묵 등이 그러한 예이다.

크스의 긍정적인 평가도 바로 SR이 제대로 된 문제 틀을 잉태하고 있다는 데 있었다. 이 때문에 마르크스는 당연히 문제의 발견과정 또는 설정과정을 논리적으로 규명하려는 노력을 기울일 수밖에 없었다.

이러한 마르크스의 비판방식은 경제이론이나 학설사에서 통상적으로 활용되는 비판방법과 구분된다. 일반적으로 이론에 대한 평가기준은 논리적인 정합성과 경험적인 타당성으로 압축될 수 있다. 논리적인 정합성을 점검하기 위해 연역과정에 있어서 모순, 비약, 순환 또는 중복 등이 존재하는지를 검토한다. 경험적인 타당성에 대해 평가하기 위해 이론의 전제나 결론이 현실성을 갖는지 따진다. 경제학설사에 대한 논의에는 이러한 두 가지 기준 이외에 사상가의 개인적인 배경이나 해당 시기의 사회경제적인 정황에 비추어 문제가 제기된 상황을 이해(verstehen)하려는 노력이 추가된다. 이런 방법은 주로 베버(M. Weber)와 좀바르트(W. Sombart)에 의해 주창된 것이며, 만하임(K. Mannnheim)류의 지식사회학적인 줄기를 이루게 된다.

케인스의 유효수요이론을 예로 든다면, 정부지출의 증가가 고용창출을 가져오게 된다는 주장에 대해 정부지출에서 고용창출로 이어지는 과정에 논리적인 문제가 없는지 따질 수도 있고, 그가 가정한 가격 및 임금의 경직성이 현실적으로 타당한지를 따질 수도 있을 것이다. 이런 것들이 경제이론에서 활용하는 기준들이다. 학설사에서는 추가적으로 케인스의 성장과정이나 교육과정에 대해 관심을 가질 수도 있으며, 그가 활동했던 시기의 자본주의 경제나 사회가 어떤 모습이었는지 살펴볼 수도 있다.

신고전학파적인 입장에서는 이론이나 학설을 평가하는 데 있어 오로지 논리적인 정합성과 경험적인 타당성에만 의존한다. 이러한 입장을 대변해 주는 것이 사회과학 전반 및 경제학과 관련하여 특별히 주목을 받고 있는 포퍼(K. R. Popper)의 '비판적인 합리주의'(critical rationalism)이다. 마르크스가 속류경제학에 대해 현상의 표면에 머무르기 때문에 사이비 과학이라고 규정했던 것과 대조적으로 포퍼는 마르크스의 체계가 '과학의 기준'(line of demarcation)인 반증·반박(falsifiability·refutability) 가능성을 갖추고 있지 않기 때문에 과학이 아니라고 주장하였다(Popper, 1963: 11, 16장). 이런 입장에서는 문제 상황(problem situation)에 대해 논리적으로 설명하는 것이 불가능하다고 보거나 문제 발견의 논리(logic of scientific discovery)에 대해 부인하기 때문에 '문제 찾기'보다는 '답 찾기'에 초점을 맞추게 된다.

일관되게 포퍼적인 입장에서 경제학자들과 SR을 해석한 학자가 블로그(M. Blaug)이다. 블로그는 스미스가 가치의 결정요인과 가치척도라는 두 가지 문제를 혼동하였으며, 투하노동가치론과 지배노동가치설을 구분하지 못했다고 지적하였다. 그렇지만 이러한 혼동이 왜 발생했는지에 대해 블로그는 불문하고 있다(1985: 38, 52~53). 이런 방법을 좇는 경우 이론상의 오류는 단순한 착오로 처리된다. 이것은 마르크스가 특정 학자의 사상적 흐름 전체에 비추어 문제되는 오류의 필연성을 규명하였던 것과 대비된다. 여기서 우리는 가치론 등 이론의 내용에 있어서뿐만 아니라 비판방법 등 방법론에 있어서도 마르크스가 신고전학파적인 관점과 근본적인 차이를 보인다는 것을 알 수 있다.

또한 마르크스의 비판방법은 흔히 사상가가 출현한 사회·경제적인 상황에 의존해 학자의 문제 상황을 이해하려는 학설사의 방식과도 구분된다. 물론 마르크스 자신도 나름대로 이 방법을 간간히 구사하고 있다. 마르크스에 있어서 이러한 사회·경제의 상황은 흔히 생산양식 및 자본주의 생산양식 내의 단계라는 측면과 계급 간의 세력관계라는 측면으로 압축되는데, 『학설사』의 일부와 『자본론』 등에서 이에 근거한 비판이 등장한다. 예로서, 『학설사』에 등장하는 중농주의에 대한 비판이 다소간 이와 같은 색채를 띠고 있으며(1권 2장), 독일 경제학의 후진성에 대한 『자본론』의 설명은 명시적으로 이와 같은 방식에 의존하고 있다(1권, 독일어판 2판 서문: 특히, 13~17).

그러나 SR을 비판하는 과정에서 마르크스는 이런 방식을 중시하지 않았다. 마르크스는 SR의 오류를 해명하는 데 있어서 이들의 개인적인 성향이나 사회적인 배경에 의존하지 않고 이들 자신의 논리 전체에 내적인 질서를 부여하는 방식에 의존하고 있다.

이렇게 본다면 마르크스의 비판방식은 넓은 의미에서 내적인 비판(internal critique)이라고 볼 수 있다. 내적인 비판이란 비판대상이 되는 사상가의 전체나 가정을 그대로 인정한 상태에서 논리적인 결함이나 모순을 지적하는 방식이다. 흔히 내적인 비판을 주로 구사한 학파로서 현대의 신리카도학파를 들 수 있다. 신고전학파의 생산함수와 관련하여 신리카도학파가 불러일으킨 자본논쟁(capital controversy)은 이에 대한 단적인 예이다(G. Harcourt, 1972). 그렇지만 이들의 내적인 비판과 마르크스의 비판방식은 구분되어야 할 것이다. 신리카도학파의 내적인 비판은 여전히 신고전학파의 모순이나 오류를 지적하는 데 그치고 있어 신고전학파 전체를 놓고 조망하면서 그러한 오류가 왜 발생하는지를 규명하려는 노력은 보이지 않았다.

이제 마르크스의 비판방식과 비판내용을 결합시켜 보자. 비판내용은 잉여가치와 가치형태라는 개념을 핵심으로 한다. 이것들은 자본주의를 파악하는 핵심적인 개념들로 통상 자본주의 현상과 연결되어 있다. 보다 구체적으로 자본주의는 노자계급 관계에 근거한 착취와 생산의 무정부성을 두 가지 특징으로 삼는다. 전자는 지불노동과 부불노동이라는 구분에 따라 잉여가치라는 개념을 가져오며, 후자는 가격과 화폐의 존재를 설명하는 가치형태라는 개념을 낳게 된다.

여기서 주목하고자 하는 것은 두 가지 개념에 자본주의 현상을 파악하려는 마르크스 나름대로의 방식이 내포되어 있다는 것이다. 그리고 그러한 방식은 자본주의 경제학에 대한 비판방식과 동일하다는 것이다. 다시 말해, 자본주의 현상을 파악하는 잉여가치와 가치형태 역시 총체적이며 비실증주의적이고 내적인 운동을 전제로 한다는 것이다. 이 점을 이해하기 위해서는 잉여가치와 가치형태를 포괄하는 가치 및 자본이 마르크스에 의해 어떻게 규정되었는지 살펴볼 필요가 있다.

우선 가치와 자본은 자본주의 전체를 포괄하는 총체성을 가진다. 가치는 개별 상품보다 논리적으로 앞서면서 개별 상품들을 압도한다. 자본도 개별적인 자본가나 자본들의 사후적인 총합이 아니라 이들보다 원초적으로 존재하면서 이들을 제압하는 일차적인 성격을 갖는다. 마르크스에 있어서 자본이 논의된 후에 개별 자본이 등장하는 것은 바로 이런 이유 때문이다.

또한 가치와 자본은 겉으로 드러나는 모습 그 자체로 환원되지 않는다. 가치나 자본이 겉으로 나타나는 모습은 상품이나 화폐이지만 이것들은 가치나 자본이 표면적으로 등장하는 존재방식에 불과하다. 이 때문에 가치나 자본은 상품이나 화폐로 환원되지 않는다. 이런 관점에서 "자본은 상품도 아니고 화폐도 아니면서 동시에 상품이면서 화폐이다"라는 마르크스의 진술이 이해될 수 있다(『자본론』 1권 독일어판: 168~169). 이렇게 본다면 가치와 자본은 비실증주의적으로 설정되어 있는 것이다.

끝으로 가치와 자본은 타력이 아니라 자력에 의존하는 운동이다. 그것은 개별 경제주체들에 의해 창출되거나 인식되지 않으며, 자연의 신진대사나 법적이거나 정치적인 과정으로부터 독립적이다. 이것은 가치와 자본이 내생적인 운동을 전제로 한다는 것을 의미한다.

이런 입장에서 마르크스는 경제의 흐름이 한 시점에서 고착되어 나타난 것이 현상이나 현실의 자료라고 본다. 이 때문에 단편화된 현상에 근거한 이론화와 자료처리는 제한적인 의미밖에 가질 수 없으며, 설명되지 않는 부분을 남길 수밖에 없다. 이에 반해 총체적이며 내적인 운동이 표면화된 것으로 현상을 파악하는 경우 이러한 잔여는 해명될 수 있다는 것이다.

이와 같이 마르크스에 있어 비판기준과 비판방법은 상호 연관되어 있다. 이것은 마르크스가 자본주의 현상과 인식 모두에 대해 동일한 방식을 적용했다는 것을 의미한다. 이 때문에 마르크스는 자본주의의 현상에 대해 외양과 본질로 구분한 것과 비슷하게 자본주의에 대한 인식에 대해서도 표면과 이면을 구분하게 된다. 또한 이같이 인식과 현상 모두에 대해 일종의 심층적인 구조(deep structure)를 설정하고 있다는 점에서 비판적 실재주의와도 통한다는 것을 확인할 수 있다(T. Lawson, 1989, 1994; Fleetwood, 1997).

5. 마르크스의 비판이 갖는 의미

이 글에서는 경제학 전반에 걸친 마르크스의 비판을 배경으로 SR에 대한 마르크스의 비판을 분석함으로써, 노동가치론이나 역사철학적인 입장으로부터 어느 정도 분리될 수 있는 마르크스의 비판방식을 추출하려고 노력하였다. 오랜 기간 동안 논쟁의 대상이 되어 왔던 마르크스의 비판방식에 대해 쉽사리 가부의 판정을 내릴 수는 없다. 여기서는 그의 비판방법이 갖는 의미와 한계에 대해 실질적인 연구와 관련 지어 몇 가지 사항을 덧붙이고자 한다.

우선, 원전강독이나 문학비평 등에서는 실증주의적인 해독보다 표면에 드러나지 않은 것까지 감안하는 마르크스류의 비판이 보다 많이 이용되고 있다는 것은 주지의 사실이다. 특히, 경제이론이나 학설이 아니라 경제사상이라는 보다 폭넓은 주제를 다루는 데 있어서 이와 같은 방법은 거의 필수적이라고 생각된다. 또한 현대적인 이론작업에 있어서도 초기에 문제를 설정하는 과정에서는 이와 같은 방법이 불가피할 것으로 보인다. 다만, 이미 문제가 기본적으로 정리된 후에 진행되는 세부적인 이론작업에서는 이와 같은 방법이 개입될 여지가 적다. 현대의 경제학 논문에 이와 같은 방법이 적용되기 힘든 이유도 이미 문제가 말끔하게 재단되어 있기 때문이다.

마르크스의 비판방법은 한국 학계에서 또 다른 의미를 지니고 있다고 생각된다. 한국의 학계는 내적인 동력을 충분히 갖추지 못해 해방 이전부터 지금까지 줄곧 외국 이론에 의존하고 있다. 그런데 외국 이론들이 소화되고 정착되기 위해서는 이들이 총체적으로 파악되어야 하며 문제 틀 자체나 문제의 제기과정에 대한 이해가 불가결한 것으로 보인다. 단순히 외국 이론이 한국 경제에 맞는지 실증적인 방법으로 시험해 보는 것으로는 진정한 의미의 이론정착이 불가능할 것이다.

참고문헌

홍 훈(1991), 「마르크스 경제이론의 兩軌: 노동가치설과 내적 논리」, 『현상과 인식』, 가을호, 9~49.

_____(1993), 「살라마의 가치론 비판: 轉形문제에 대한 돌파구인가?」, 『經濟理論과 韓國經濟』, 崔虎鎭 博士: 講壇50週年紀念論文集, 41~59.

Althusser, L. and E. Balibar(1968), *Lire le Capital*, I, II, Francois Maspero.

Blaug, M.(1985), *Economic Theory in Retrospect*, 4th edition, Cambridge University Press.

Dobb, M.(1973), *Theories of Value and Distribution since Adam Smith*, Cambridge University Press.

Fleetwood, S.(1997), "Critical Realism, Marx and Hayek," W. Keizer et al., eds., *Austrian Economics in Debate*, Routledge.

Harcourt, G. C.(1972), *Some Cambridge Controversies in the Theory of Capital*, Cambridge University Press.

Hayek, F. A. (1976), *The Sensory Order*, Routledge & Kegan Paul.

Lawson, C.(1996), "Realism, Theory and Individualism in the Work of Carl Menger," *Review of Social Economy*, Vol. LIV, Winter, 445~464.

Lawson, T.(1989), "Abstraction, Tendencies and Stylized Facts: A Realist Approach to Economic Analysis," *Cambridge Journal of Economics*, Vol. 13, 58~78.

_____(1994), " Critical Realism and the Analysis of Choice: Explanation and Change," *Advances in Austrian Economics*, Vol. I, JAI Press, 3~30.

Lipietz, A.(1985), *The Enchanted World*, Verso.

Marx, K.(1967), *Capital*, Vol. I, III, New York: International Publishers.

_____(1969), *Theories of Surplus Value*, Part I, II, III, Moscow: Progress Publishers.

_____(1970), *A Contribution to the Critique of Political Economy*, New York: International Publishers.

_____(1987), *Theorien über Mehrwert*, MEW Band 26.1, 26.2, Berlin: Dietz Verlag.

Nell, E.(1984), *Free Market Conservatism*, George Allen & Unwin.

Popper, K. R.(1963), "The Demarcation between Science and Metaphysics," "Prediction and Prophecy in the Social Sciences," *Conjectures and Refutations*, Harper Torchbooks, 253~292(ch. 11), 336~346(ch. 16).

Ricardo, D.(1970), *On the Principles of Political Economy and Taxation*, P. Sraffa, ed., Cambridge University Press.

Rima, I.(1986), *Development of Economic Analysis*, Irwin.

Sayer, D.(1979), "Science as Critique: Marx vs. Althusser," J. Mepham and D. Hillel-Ruben, eds., *Issues in Marxist Philosophy*, Vol. III, Harvester Press, 27~54.

Smith, A.(1937), *The Wealth of Nations*, E. Cannan, ed., New York: The Modern Library.

Stigler, G. J.(1958), "Ricardo and the 93% Labor Theory of Value," *American Economic Review*, June, 357~367.

chapter 02

가치형태론에 존재하는 한 가지 이질성에 관한 연구

일반적으로 원전을 해득하려는 노력은 좌우를 막론하고 경제학과 사회과학 전반에 있어서 학문의 자립성을 구축하기 위해 불가피한 것으로 보인다. 마르크스의 사상에 대해서는 그의 전 체계 속에서 원문을 통해 제대로 해석하는 것은 마르크스 자신과 마르크스주의의 기존 발전을 평가하고 이론적인 돌파구를 찾아내는 데 더욱 더 긴요한 밑거름이 된다. 특히, 해방 이후 한국의 사회과학계의 상황에 비추어 볼 때 마르크스의 사상 일반 및 경제사상을 되도록 원전에만 의존해 자립적으로 해석해 보고 이를 통해 그의 생각을 해독해 내며 그러한 해득의 방법을 체득하려는 노력은 중요한 의의를 지닌다고 생각된다.[1] 이와 같은 전반적인 문제의식 속에서 이 글은 『자본론』 1권의 가치론에서 발견되는 일견 미세한 논리의 돌출성 내지 이질성에 관해 해명하려는 데 목표를 두고 있다.[2]

1. 논리의 돌출성 혹은 이질성

우선 논리적인 돌출성 내지 이질성이 왜 제기되어야 하는지 보자. 가치형태 및 등가형태에 관한 논의의 줄거리는, ① 상대가치형태-가치-추상노동, ② 등가형태-사용가치-구체노동인데 여기에 일방적으로 사적·사회적 노동의 구분이 '삽입'되고 있다. 해당 부분은 아래와 같다.

1 원전 원기의 중요성에 대해서는 홍훈(1991: 11~14)에서 다소 상세히 논의한 바 있다.
2 이하에서 별도로 명시되지 않는 문헌적인 전거는 모두 『자본론』 1권, MEW 판을 지칭하는 것이다.

> 우리를 주목하게 하는 첫 번째 특징은 … 다음과 같다.: 사용가치가 그것의 반대인 가치의 발현형태, 현상형태가 된다(p. 56).

> 그래서 등가형태의 두 번째 특징은 구체노동이 그것의 반대인 추상적인 인간노동이 발현되는 형태가 된다는 것이다(p. 58).

> 그래서 우리는 등가형태의 세 번째 특징, 즉 사적인 개인들의 노동이 그것의 반대인 직접적으로 사회적인 노동이라는 형태를 취하게 된다는 것을 알게 된다(p. 59).

첫째, 이 이전의 논의가 실체를 중심으로 ①과 ②에서 언급된 개념들을 확연하게 정의하고 있는 데 비해, 사적·사회적 노동의 구분은 그 이전에는 크게 부각되지 않다가 돌발적으로 중요성을 띠게 되었다. 둘째, 1장 4절 등 이후의 논의에 의존해 참고로 이 구분의 의미를 이해해 준다고 하더라도 ①과 ②로 구성되는 대칭구도에 이 구분이 과연 어떻게 연결되는 것인지가 불분명하다.[3] 기존 논리전개로 보자면 상대가치형태와 등가형태에 각기 사회적 실체와 구체적 물체가 자리 잡고 있는 데 비해, 사적 노동과 사회적 노동은 오히려 그 반대가 아닐까 하는 의구심 때문에 이러한 결합상의 문제가 제기되는 것이다. ①과 ②에 사적 노동과 사회적 노동의 순서로 연결시키려고 할 경우 가치나 추상노동이 사회화되지 않은 노동과 연결되는 불합리한 결과가 초래되며, 그 반대의 순서로 하는 경우에는 상품이 이미 사회적 성격을 내포하고 있는 것이 되고

3 이후의 논의에서 『경제학비판』, 『경제학요강』, 그리고 『영여가치학설사』는 각기 『비판』, 『요강』, 그리고 『학설사』로 약칭된다.

화폐의 초보적인 형태인 등가형태가 사적 노동이 되어 심각한 문제를 낳게 된다. 그러나 이와 같은 순서의 문제를 차치하더라도 ①과 ②의 구분과 사적·사회적 노동의 구분은 서로 이질적인 것이다. 왜냐하면 전자의 구분에 포함되어 있는 추상·구체노동은 모든 노동의 양면성으로서 노동에 항시 공존하는 것인데 비해, 같은 노동이 사전적인 동시에 사회적일 수 없기 때문이다. 이와 같은 결합상의 문제점들 때문에 논리의 돌출성은 쉽사리 불식되지 않는다.

이런 문제의식 속에서 이전의 논의를 추적해 보면, 구체·추상노동의 구분과 사적·사회적 노동의 구분이 『자본론』 1장 2절과 『비판』 1장에서도 어색하게 병존하고 있는 것을 엿볼 수 있다. 1장 2절의 경우 사회적 노동에 대한 설명 없이 사적 노동이라는 표현이 사용가치 및 분업과 연관되어 '슬며시' 언급되고 있으며, 가치를 구성하는 노동에 관해서는 사회적인 성격에 대한 언급 없이 1절에서와 같이 동등성만이 강조되고 있어 양자 간의 이질성이 불완전하게나마 내재되어 있다. 더 거슬러 올라가 『비판』의 1장에서는 가치실체가 도출과정 없이 선언되고 있으며 '동등한'(gleich) 노동과 '사회적'(gesellschaftlich) 노동이 상호 연관 없이 나열식으로 언급되거나 거의 혼용되고 있다.[4] 또한 상품에 관한 학설사적인 비판(제1장 부록 A)에서 마르크스는 여타 경제학자들에 대한 비판의 기준으로서 사용가치·구체적인 노동과 구분되는 것으로서 가치·동등한 노동과 함께 사회적 노동이라는 표현을 무차별하게 사용하고 있다. 나아가서 마르크스는 전자를 제대로 인식하지 못하면서도 후자를 이해하고 있는 스

4 나열식으로 언급되고 있는 것이 p. 18 "Zum Verständnis der Bestimmung. in Tauschwerten resultiert" 부분이며, 거의 혼용되는 듯이 보이는 대표적인 전거는 p. 17 "gleichförmige, unterschiedslose, einfache Arbeit," "abstrackt allgemeine Arbeit" 등을 들 수 있다.

튜어트(J. Stuart)와 그 반대인 리카도(D. Ricardo)를 대비시키고 있어 양자가 동일하거나 양자의 결합이 자명한 것이 아님을 인정하고 있는 것으로 보인다.[5]

2. 사적·사회적 노동의 구분이 상대가치형태에서 논의되지 않은 이유

기본적으로 이 구분이 논의되지 않은 이유는 3절과 4절에서 밝혀지는 대로 이 구분이 사용가치 혹은 노동의 생산물이라는 대상성을 필수적 요건으로 하는 데 비해, 형태론의 논리전개는 이것을 배제하고 있기 때문이다. 여기서는 『자본론』 1장의 1~3절까지의 논리가 '왜', 그리고 '어떻게' 사용가치를 배제하고 있는지 설명해 보자.

상품으로부터 시작한 가치론은 1절에서 사용가치를 사회형태에 관계없는 보편적인 존재로서 간주한 데 이어, 가치실체의 추상화 과정에서 동질적 요소가 될 수 없다고 하여 배제한 후 3절에서 실체를 표현해 주는 수동적이지만 필연적인 존재로 재설정하고 있다. 이것을 상품으로부터 논의가 시작된 근거, 가치실체에서 사용가치를 배제한 이유, 그리고 가치형태로서 사용가치가 '복원'되는 것으로 나누어 보다 자세히 논의해 보자.

5 물론 이와 같은 문제의식은 추상노동과 사회적 노동이 일체성 있게 결합된다는 일반적인 견해를 따를 경우 쉽게 이해되지 않는다. 그러나 이러한 일반론은 마르크스에 대해서 지나치게 동정적인 견해라고 생각된다. 왜냐하면 이것은 추상·구체노동의 구분과 사적·사회적 노동의 구분을 제대로 연결시켜야 한다는 마르크스의 이론적 과제를 이미 해결된 것으로 보기 때문이다. 이 글은 그와 같은 일반론에 대해서 이의를 제기하는 셈이다.

1) 『자본론』의 출발점이 상품이 되어야 하는 이유

상품이 논의의 출발점이 된다는 것은 자명한데(p. 35) 이것의 의미는 사용가치, 노동, 화폐, 그리고 자본 등이 출발점이 되지 않는 이유를 개별적으로 해명함으로써 밝혀낼 수 있다. 널리 알려진 대로 상품이 '자본주의 생산관계를 나타내 주는 가장 단순한 구체물'이라는 마르크스의 언표(Randglossen)가 이러한 해명에 단서가 될 수 있다.

> … 상품이라는 구체물로부터 …(pp. 361~362).
> … 가장 단순한 사회적 형태 …(p. 369).
> … 노동 생산물의 구체적인 사회적 형상 …(p. 369).
> … 가장 단순한 경제적인 구체물 …(p. 369).
> … '사회적 물체', '상품' …(p. 375).

일단 자본이 논의의 출발점이 될 수 없는 자명한 이유는 상품보다는 훨씬 발전된 범주이기 때문이다. 화폐 역시 상품보다 발전된 범주는 아니라고 하더라도 마르크스의 입장에서 상품으로부터 도출되어야 한다고 보기 때문에 당연히 상품보다 나중에 논의되어야 할 것이다. 화폐와 자본이 출발점이 될 수 없는 것은 위의 언명 중 '가장 단순한'이라는 조건을 충족시키지 못하는 것으로 이해될 수 있다. 더구나 나중에 설명되는 대로 화폐로 출발하는 경우 단지 화폐에 대한 설명을 포기하는 것에 그치는 것이 아니라 화폐에 대해서 왜곡된 인식을 낳을 수 있다. 화폐를 사회관계로 보지 않고 물체로 보게 되어 그것의 성격을 자연적 속성으로 간주하는 물신성에서 헤어날 수 없기 때문이다. 노동의 경우에는 아마도 자본주의에 대한 분석이 구체적인 것에서 시작되어야 한다는 입장에 비추어 해명될 수 있을 것이며 위의 언명 중 '구체물'에 어긋나는 것이다. 구체물이 논의의 출발점이 되어야 하는 이유는 우선 사변적인 것이 아니라 현상으로부터 출발한다는 의미가 있는 것으로 해석된다. 구체물이 사회·생산관계의 산물이기 때문에 여기에서 사회·생산관계의 단초를 발견할 수 있다는 것으로 생각된다. 또한 마르크스는 뒤에서 논의되는 대로 상품물신론 등에서 여타 생산양식의 경우와는 달리 자본주의의 사회관계는 물화(物化)되어 나타난다고 주장하기 때문에 일견 물체로 보이는 것에서부터 논의를 시작한 것으로 볼 수 있다. 물론 모든 구체물이 분석의 출발점이 되는 것이 아니므로 구체적인 대상들 중에서도 생산관계를 해명해 줄 수 있는 것이어야 하고 생산관계의 단순한 형태에서 출발해야 할 것이다.

그래서 논의는 사용가치가 출발점이 되지 않은 것으로 압축된다. 상품이 가지고 있는 요소들 중 하나인 사용가치가 전반적으로 인간의 보편적인 경제활동이라고 지적한 것이 마르크스의 입장을 시사해 주고 있는 것으로 보인다.

> … 부(富)의 사회적인 형태가 어떻든 간에 이것들은 또한 모든 부의 실체를 구성하고 있다(p. 36).

> 양복점 주인이 입든 아니면 그의 고객이 이것을 입든 그것은 사용가치로 기능하게 된다. … 그러므로 노동이 사용가치의 창출자인 한에 있어서는 모든 사회의 형태와 무관하게 인류의 생존을 위해서 필요한 조건이다(p. 42).

기본적으로 사용가치는 위의 언명 중에서 '구체물'이라는 조건을 충족시키지만, '자본주의 생산관계'라는 요건에서 벗어난다. 이에 대해서는 마르크스의 방법론적인 입장에 비추어 해명하는 수밖에 없을 것이다. 5절에서 상론되는 대로 이 점은 상당히 불완전한 부분이므로 산발적으로 흩어져 있는 방법론적인 입장들을 열거한 후 다시 종합해 마르크스의 의견을 추정해 보자.

① 전반적으로 특정 생산양식 내지 자본주의에 대해서 인식하기 위해서는 그것의 고유성이 논의되어야만 한다는 것(p. 18).

② 자본주의의 경우 상품물신성이 인식의 내재적인 장애가 되어 자본주의의 고유성과 역사성에 대해서 파악할 수 없게 한다는 것(4절).

③ 논리적인 도출이 역사적 과정에 대한 논의보다 적어도 서술 면에서 앞선다는 것(뒤에서 논의되는 대로 1장에서 가치실체 및 형태의 주요 골자를 모두 논의한 후에 2장의 과정론에서 사용가치가 상품이 되는 역사적 과정에 대해서 논의하고 있는 것, 4~5장에서 고리대자본 내지 상업자본과 산업자본의 운동구조 간의 관계, 그리고 7편과 8편에서 원시적 축적과 자본주의 본연의 축적 간의 관계 등에서 이것을 확인할 수 있다).

④ 보다 발달된 사회형태를 논의함으로써 덜 발전된 사회형태에 대해서도 파악할 수 있다는 것(『요강』: 39).

⑤ 인식은 현상의 운동이 낳은 결과에서 시작되며 역사적 발전과는 반대방향으로 나아간다는 것(p. 75; 『학설사』 3권: 449~450).

①에서 자본주의에 대한 논의는 모든 생산양식에 보편적인 것으로부터 시작될 것이 아니라 자본주의 특수성으로부터 시작되어야 한다는 것을 의미하며, ②에서는 자본주의의 고유성 그 자체가 그러한 고유성에 대한 인식을 억

압한다는 것이다. ③은 적어도 『자본론』에 있어서는 자본주의 자체의 범주를 설정한 후 이에 비추어 그것의 형성을 기술한다는 의미이며, ④는 자본주의에 대한 분석을 우선함으로써 그 이전의 생산양식에 대해서도 파악할 수 있다는 것이다. ⑤는 이미 인식이 시작될 때 인식대상의 발생과정은 보이지 않고 그 결과가 물화되어 나타난다는 것으로서, 인식이 사회관계를 대상으로 하는 것이지만 그 자체가 아니라 그것을 담고 있는 구체물이 되어야 한다는 것을 의미한다. 종합해 보면, 모든 생산양식에 대한 분석이 그것의 고유성에 대한 파악이 되어야 하며 이것은 자본주의의 경우에도 마찬가지다. 그런데 그것은 자본주의의 역사적인 발전과정을 살핌으로써 가능한 것이 아니라 물화된 사회관계 그 자체에 대한 논리적인 분석으로 가능하다. 나아가 과거의 사회구성체는 자본주의에 대한 인식을 바탕으로 파악될 수 있다. 끝으로 이와 같은 인식방법은 자본주의의 내재적인 물신성에 의해 억압된다.

위의 논의에 비추어 사용가치가 출발점이 되지 않는 이유를 추측해 보면, 우선 사용가치의 생산과 소비는 생산양식과 무관한 인간의 보편적인 활동을 의미하는 것이기 때문에 자본주의의 파악에 핵심이 되는 그것의 고유성 내지 사회관계와 무관하다는 것이다. 또한 일단 사용가치라는 보편적인 존재에서 출발하게 되면 역사적 과정에 대한 논의로서 상품이라는 범주에 도달하도록 노력해야 하는데 이것은 불가능하다. 끝으로 자본주의에는 사용가치로 논의를 시작하게 해서 자본주의를 파악하지 못하게 하는 이념이 내재되어 있다. 따라서 사용가치가 아니라 상품이 논의의 출발점이 된다는 것이다.[6]

6 단편적인 근거로는 스미스(A. Smith) 이래 경제학 내에서의 전통으로서 경제에 대한 분석이 부(富)에서부터 출발해야 한다는 생각이 마르크스에 있어서도 그대로 이어지고 있는 것이 아닌가 생각할 수도 있다. 다만 스미스 등

2) 가치실체에서 사용가치가 배제되는 이유

가치의 실체를 추상화하는 과정에서 개별 사용가치가 명시적으로 배제되는 이유는 그것이 자연적인 속성에 의해서 규정되어 이질적인 것이므로, 가치라는 동질적인 실체를 구성할 수 없기 때문이다.

> 일견 교환가치는 한 종류의 사용가치가 다른 종류의 사용가치와 교환되는 비율, 양적인 관계로 나타난다. … 그래서 교환가치는 순전히 우연적이고 상대적인 것처럼 보인다(p. 36).
>
> … 그러므로 이런 제3의 것으로 환원될 수 있어야 한다(p. 37).
>
> 그래서 만약 우리가 상품의 사용가치를 고려하지 않는다면 상품에는 한 가지 공통적인 속성만이 남게 되는데, 그것이 노동의 생산물이라는 것이다(p. 38).

그런데 가치실체론에서 과연 사용가치가 배제되고 있는 것인지는 일견 불분명하다. 왜냐하면 상품이 사용가치를 배제하는 것이 아니라 포섭하고 있는 보다 발전된 범주이기 때문이다. 말하자면, 사용가치가 비록 자본주의에만 고유한 것은 아니지만 자본주의에도 있는 보편적인 존재라는 것이다. 이런 점

에 있어서 국가를 단위로 한 부, 즉 국부(國富)가 분석대상이 되는 데 비해, 마르크스의 경우에는 자본주의로 생산양식이 바뀌면서 정치적인 영역이 경제적인 영역에 의해 압도된다고 보기 때문에 국가보다는 사회를 단위로 하는 부의 분석이 중심이 된다는 차이점이 있다(『요강』: 42).

에 비추어 볼 때 사용가치가 진정으로 배제되는 것인지 아니면 직접적인 논의의 대상이 아닐 뿐 계속 전제되어 있는 것인지 분명히 해야 할 것이다.[7] 이에 대한 논의는 추상·구체노동의 구분이 갖는 성격을 분명히 하기 위해 요구되는 것이다.

사용가치가 '배제'되었다면, 그것은 형태론에서 직접 논의되지 않을 뿐만 아니라 사용가치에 대한 그 이전 혹은 그 이후의 논의 결과를 전제로 하지도 않는다는 것을 의미한다. '전제'되었다고 보는 경우에는 비록 형태론에서 본격적으로 사용가치가 논의되는 것은 아니지만 사용가치에 대한 여타 논의에 의존해 그것이 계속 고려된다는 것을 의미한다. 쉽게 말해, 배제되었다면 1장의 추상 수준에서 상품의 가치는 사용가치와 전혀 무관한 것이 되며, 전제되었다면 사용가치로 이미 인정되어 있는 것이 된다. 어떤 것이 보다 타당한 것인지에 대해 판정해 본다면 '배제'라고 보아야 할 것 같다. 그 이유는 우선 방법론상으로 생산양식 혹은 자본주의 사회에 대한 연구에 있어서 그것의 고유성 내지 종별성이 먼저 취급되어야 한다는 것이 마르크스의 입장이라고 볼 때, 가치와 사용가치는 동등한 위치에 서 있는 상품의 두 가지 요소라기보다는 가치가 사용가치보다 우위에 있는 것으로 생각되기 때문이다. 이와 관련해서는 『비판』에서 서로 대등하게 취급되던 가치와 사용가치가 『자본론』에서는 가치의 우위로 바뀌게 된다는 것에 주목해야 할 것이다. 또한 전제된다고 볼 경우

7 뵘바베르크(Eugen von Böhm-Bawerk)는 교환에 있어서 동질적 요소의 존재는 인정되어야 하는 것이나 이것이 반드시 투하된 노동이 되어야 할 이유는 없으며, 사용가치와 연관되는 '사회적 사용가치' 혹은 '추상적 사용가치'라는 개념의 설정이 가능하다고 마르크스를 비판하였다. 뵘바베르크의 비판이 실체론 그 자체의 이론적인 전개와 관련된 것인 데 비해, 본고의 논의는 이와는 달리 실체와 형태 간의 연관을 방법론적인 차원에서 다루고 있다.

그것의 여파는 가치형태론에까지 이르러 파괴적인 효과를 낳게 된다. 교환등식($xA = yB$)에서 'A'의 가치가 'B'의 사용가치에 표현될 뿐만 아니라, 'A'의 사용가치가 'B'의 사용가치에 표현되는 꼴이 된다. 나중에 설명되는 대로 이것은 상품물신숭배에 스스로 휘말리는 결과를 가져와 형태론의 목적에 정면으로 배치되는 것이다. 이 두 가지 이유 때문에 형태론에서 사용가치는 논의되지 않을 뿐만 아니라 적극적으로 배제된다고 결론 내릴 수 있다. 위의 논의에 비추어 볼 때 사용가치를 가치실체에서 배제한다는 것은 단지 실체에 대한 규명에 관련된 문제에 그치는 것이 아니라 가치형태 및 화폐에 대한 규명에 있어서 물신숭배를 벗어나기 위해 필수적인 것이 된다.

3) 가치형태로서 사용가치가 복원되는 이유

실체가 형태와 필연적인 관계를 맺고 있다는 마르크스의 주장이 가치형태론의 전제가 되어 가치는 사용가치로 필연적으로 표현되어야 하며 사용가치는 가치의 필연적인 표현수단이 된다.[8]

> 사실 우리는 교환가치 혹은 상품의 교환관계에서 출발해서 그 배후에 놓여 있는 가치에 도달하려고 했다. 이제 우리는 가치가 처음 우리에게 등장했던 바로 이 형태로 되돌아가야만 한다(p. 47).

보다 자세히 보면 형태론에서는 사회적 실체로서의 가치가 사회적 형태

8 여기서 언급된 가치실체의 추상과 이에 근거한 가치형태의 필연성에 관한 논증은 『비판』에서는 명시적으로 등장하지 않는 것으로서 『비판』과 『자본론』 간에 상당한 차이를 낳는다.

를 띠고 있는 사용가치에 의해 표현되고 있다. 즉, 자연적 속성을 지니고 있으며 욕구의 대상이 되는 구체물이라고 보면 사용가치가 사회적 성격을 갖고 있지 않다. 그러나 사용가치는 그 구체적 형상에 가치표현이라는 사회적 기능이 부과되면서 사회적 성격을 갖게 된다. 감각으로 포착될 수 없는 모든 실체를 표현하는 경우, 그것의 표현수단이 구체적이어야 한다는 일반론에 비추어 볼 때 가치의 표현수단인 화폐도 구체적인 물체가 될 수밖에 없을 것이나, 그것이 반드시 물체가 아니라 사용가치이며 단지 사용가치일 뿐만 아니라 상품의 물적 기반인 사용가치라고 하는 것은 마르크스의 고유한 주장이라고 볼 수 있다. 즉, 마르크스는 이러한 상품화폐론을 통해 화폐의 기능이 물체에 부여된다는 것을 설명하면서 동시에 그 물체가 상품이기 때문에 화폐가 사회관계에서 내생적으로 발생한다는 것을 밝혀 자본주의 사회·생산관계가 물화되어 화폐가 성립한다는 것을 보여 주는 셈이다. 또한 이렇게 함으로써 화폐가 자연적 속성에 의해서 규정되는 물체에 불과하다고 보는 물신숭배를 피할 수 있다는 것이다. 부언하건대 비록 논의의 직접적인 대상은 교환관계지만[9] 그러한 교환관계가 그 자체로서 존립하는 것이 아니라 노동과 생산을 기반으로 한다는 점에서, 마르크스가 생각하는 사회관계가 노동과 생산과정을 배후에 두고 있는 교환관계라고 규정할 수 있을 것이다. 주목할 것은 일반적으로 마르크스가 상품생산 사회의 사회관계가 개인의 자발적인 의지에 따라 형성 내지 소멸되는 것이 아니라 이들의 의지, 의도 및 의사와는 무관하게 자립적으로 운동한다는 유물론적 사고를 기반으로 하고 있다는 것이다.[10] 이 때문에 형태론에서는 상

9 '교환관계'라는 표현은 『비판』(p. 76)의 "sondern aus den Austauschverhältnissen von Menschen" 등에서 따온 것이다.

품소유자들 대신에 상품들이 자신들의 세계를 형성하며 주체적으로 교환을 이루어 나가는 것으로 되어 있으며, 상품들 자신의 내적 필요에 따라 화폐가 발생하며 화폐의 역할을 맡는 상품의 선택도 상품들의 의지에 의해서 이루어지는 것으로 되어 있다.

… 자신만의 능숙한 언어, 즉 상품의 언어로 자신의 사고를 …(p. 52).
… 상품세계의 수없이 많은 다른 구성원들 …(p. 62).
상품의 전체 세계와 … 하나의 상품으로서 그것은 이 세계의 시민이다(p. 63).
… 다른 모든 상품들이 그것을 표현수단으로 만들기 때문에 …(p. 67).
만약 상품들 스스로가 말을 할 수 있다면 …(p. 83).

이제 앞서 논의된 사용가치의 배제와 가치형태론의 관계에 대해 2장을 참고로 보다 포괄적으로 논의해 보자. 이미 언급된 대로 1장의 1~3절에서 교환은 상품소유자가 배제된 채 상품 간의 의인화된 관계로 설정되어 있고, 2장에서는 1장과 다르게 상품소유자가 등장하지만 상품관계에 따라 본능적으로 움직이는 수동적인 집행자로 설정된 것에 주목할 필요가 있다. 이 모든 것은 사용가치와 사용가치를 욕망의 대상으로 하는 상품소유자가 성급하게 등장하는 경우, 소유자들이 상호 합의에 따라 자신들의 편의를 위해 화폐 기능에 합당한 자연적인 속성을 가지고 있는 특정 사용가치를 선택함으로써 화폐가 발생한다는 설명을 배제하기 위한 것으로 보인다. 부언하자면, 형태론에서는 교환이 상품 간의 의인화된 관계로 설정되어 있어 특정 사용가치를 선택할 수 있는

10 이런 마르크스의 견해는 『독일 이데올로기』(예를 들어, p. 26)에서 추상적으로 선언되고 『학설사』의 중농주의 비판에서 명시적으로 드러난다(『학설사』 1권: 44).

주체가 존재하지 않기 때문에 물신숭배적인 화폐론이 배제될 수 있다. 또한 정작 사용가치와 경제주체를 부각시켜야 하는 2장의 교환과정론에서조차 상품소유자들이 본능적으로 상품의 의지를 대신 이행하여 특정 상품으로 하여금 화폐의 구실을 독점케 한다는 주장이나, 상품 그 자체가 관심을 가지고 있지 않은 사용가치 내지 구체성에 대해 상품의 소유자가 관심을 기울인다는 마르크스의 언술도 물신숭배적인 화폐관을 회피하려는 목표로 해명될 수 있다. 이렇게 볼 때 실체론에서 사용가치가 배제되어야 하는 이유도 확인된다. 끝으로 이런 해석에 따른다면, 사용가치와 가치의 사회적 성격이 뒤섞여 있거나 양자가 동등하게 취급된다고 해석될 수 있는 『비판』의 교환론이 『자본론』에 이르러 가치를 위주로 한 형태론과 사용가치와 상품소유자의 도입을 위한 과정론으로 분리되고, 형태론을 과정론보다 우위에 놓는 방식으로 변동된 것도 해명할 수 있다.[11] 또한 과정론에서 취급되는 사용가치의 인정 문제는 형태론에 추가되는 형식이 되어 과정론이 형태론에 일방적으로 의존하는 관계가 성립하는 셈이다.[12] 이에 대한 문헌적인 근거는 아래와 같다.

> 상품은 물건이다. … 사람들은 상호 간에 상품의 대표자, 그러므로 상품

11 사용가치가 가치실체를 구성하지 못하는 것으로 규정되면서 그것에 대해 객관적인 물체로서 집착하는 로셔(W. Roscher) 등의 역사학파(『비판』: 16 각주)와 주관적으로 해석하는 한계효용학파적인 발상이 기각된다. 실체를 노동가치로 규정하면서 고전학파(혹은 리카도)와 공통점을 지니게 되나 실체와 형태의 필연적 관계와 함께 가치형태론을 주장하면서 고전학파와 결별하게 된다. 이 글에서 주장하는 대로 실체와 형태의 필연적 관계가 제대로 성취되지 못했다면 그것의 논리적 파급은 양자의 분리로서 실체의 한 측면만을 강조하는 고전학파적인 투하노동가치론, 형태의 한 측면만을 강조하는 프랑스의 이단적 학파, 그리고 양자의 중간에 놓여 있는 추상노동학파로의 분해를 낳게 될 것이다. 또한 신리카도학파의 경우에는 마르크스가 실체와 형태를 제대로 연결시키지 못한다면 그것은 양자 모두의 포기를 의미하는 것으로 해석할 것이다. 끝으로 신고전학파의 효시라고 볼 수 있는 뵘바베르크가 마르크스를 비판하는 데 있어서 사용가치의 배제를 물고 늘어진 것도 그들의 관점에서 이해될 수 있는 것이다.

12 만약 『비판』의 흐름을 따르거나 앞선 논의에서 사용가치가 전제되는 것으로 설정되었다면 형태론에서 사용가치와 함께 가치가 표현되는 것으로 간주되는 것이며 형태론과 과정론은 상호 의존하게 되는 셈이다.

의 소유자로서 존재한다. … 경제라는 무대에 등장하는 인물들은 경제관계의 의인화에 불과하다(pp. 84~85).

소유자가 상품이 결여하고 있는 이와 같은 구체성에 대한 감각을 보충해 준다. …(p. 85).

'태초에 행동이 있었다.' 따라서 이들은 생각하기 전에 행동했고 거래했다. 상품의 본성이 부과한 법칙을 본능적으로 준수했다. … 그러므로 다른 모든 상품들의 사회적인 행동 …(p. 86).

전체적으로 종합해 보자면, 사용가치가 배제되어야 할 이유는 다음과 같다. 우선 자본주의의 고유성을 제대로 파악하기 위해서 상품으로 논의를 시작한 후 사용가치는 인간의 보편적인 활동과 연관된 것이며 자연적 속성에 의해서 규정되기 때문에 가치라는 동질적 실체에서 배제된다. 그리고 나서 사회관계의 물화로서 가치형태가 사용가치에게 부여되어야 한다. 이와 반대로, 사용가치가 미리 개입되는 경우, 상품물신숭배에 의해서 상품 및 화폐를 자본주의에 고유한 사회관계로 규명할 수 없다. 이렇게 볼 때 상품으로 논의를 전개하고 가치실체에서 사용가치·구체노동을 배제하여 가치·추상노동으로 구성하게 하며 가치형태에서 사용가치·구체노동을 복원하는 것은 마르크스에 있어서 불가결한 것으로 보인다. 다시 말해, 사적·사회적 노동의 구분과 이질적인 관계를 빚어낸다 하더라도 전 체계에 영향을 주기 때문에 마르크스는 사용가치·가치의 구분과 구체·추상노동의 구분을 포기할 수는 없었을 것이다.

3. 사적·사회적 노동이 등가형태와 관련하여 언급되어야 하는 이유

등가형태의 논의에서 사적 노동과 사회적 노동의 구분이 언급된 것은 그 이전까지의 내적인 논리전개에 따라 이루어진 것이라기보다는 외부로부터 삽입되었다는 인상이 강하게 든다. 그것이 어떤 근거에 의해서 삽입된 것인지 그다지 분명치 않으나 아마도 마르크스가 자본주의의 두 가지 고유성으로 지적한 생산의 무정부성과 노자관계에 기반을 둔 착취 중 전자와 관련된 것으로 추측해 본다.[13] 이에 대한 근거는 아래와 같다.

> 사용의 대상물들은 단지 상호 독자적으로 영위되는 사적인 노동의 산물이라는 것 때문에 전반적으로 상품이 된다. 이런 사적인 노동들의 복합체가 사회적인 전체 노동을 구성한다. … 혹은 사적 노동들은 비로소 이들 관계를 통해서만 사회적인 전체 노동의 부분들로서 사실상 기능하기 때문이다(pp. 72~73).

> … 왜 화폐가 직접 노동시간을 대표하지 않는가? … 상품의 형태는 상품이 상품과 화폐로 분화되는 것을 내포하고 있다. … 혹은 왜 사적 노동이 … 그것의 반대인 직접적으로 사회적인 노동이 될 수 없는가? 오웬(R. Owen)은 상품생산과 전적으로 배치되는 생산형태인 직접적으로 연합된

13 p. 170의 각주에서 두 가지 고유성은 보편적인 상품생산과 노동력의 매매이며 양자가 동일한 것이라고 마르크스는 주장하였다. 여기서는 이들의 동일성이 자명한 것이 아니라고 보았을 뿐만 아니라 전자를 생산의 무정부성으로 해석한 것이다.

노동을 전제로 하고 있다. …(pp. 94~95 각주 1).

생산의 무정부성에 대해서는 1장 4절 상품물신론에서 보다 상세히 논의되고 있는데 마르크스가 논의한 것을 압축하면 다음과 같다.

자본주의 생산양식은 모든 생산물이 상품화될 것을 요구한다. 이것이 의미하는 바는 교환과정에서 생산물이 가치와 유용성의 관점에서 사회적으로 인정을 받을 때 생산자가 경제 및 사회의 구성원으로서 인정을 받게 된다는 것이다. 이 때문에 생산자는 상호 간에 직접적으로 관계를 맺는 것이 아니라 자신들이 노동한 결과인 생산물에 의해서 간접적으로 매개된다. 인간의 관계가 이와 같이 생산물에 의해서 간접적으로 매개되기 때문에 자본주의하에서 인간의 사회관계는 물건들의 속성에서 기인하는 것으로 오인된다. 물건의 속성은 자연적인 것이고 영구불변한 것이므로 자본주의의 인간관계 혹은 사회관계가 영구불변한 것으로 간주된다. 이 때문에 자본주의하에서 행동 및 인식의 주체들은 자본주의 생산양식의 일시적인 혹은 역사적인 성격을 부인하는 '부르주아'적인 오류에 빠지게 된다는 것이다.

마르크스의 이와 같은 상품물신론은 자본주의의 고유성 및 역사성을 부인하는 경제주체 및 경제학자들의 오류를 자본주의라는 생산양식의 고유성 그 자체에서 찾고 있기 때문에 인식에 대해 유물적인 기반을 제공하고 있으며 마르크스 고유의 이데올로기론을 구성하고 있다. 분해해 보자면, 4절의 상품물신론은 생산의 무정부성이라는 자본주의 생산양식의 고유성과 그러한 고유성이 재생산하는 인식상의 오류로서 자본주의의 역사성에 대한 부인이란 두 가지 부분으로 구성되어 있다. 후자는 형태론 그 자체가 아니라 마르크스의 인식론 내지 방법론으로서 『자본론』의 구성에 영향을 주고 있으며 이미 언급된 대로 형태론뿐만 아니라 가치론 전체에 삼투되어 있는 것으로 보인다. 전자는 현상 그 자체에 대한 것으로서 『자본론』이나 『학설사』에서 비로소 등장한 것이 아니라 이미 그 이전부터 강조되어 온 것이다. 사적·사회적 노동이 직접적으로 연관되어 있는 것은 전자인데 이 부분이 형태론에 삽입되어 문제를 일으키고 있는 것이다.

전자만을 보다 자세하게 논의해 보자. 그 내용은 생산의 무정부성으로 상품생산 사회인 자본주의하에서는 사적 노동이 직접적으로 사회적 노동이 아니라 시장을 통해 사회적 승인을 받아야 하기 때문에 단지 간접적으로만 사회적 노동이 된다는 것, 혹은 모든 개별 생산자가 시장에서 판매할 것을 목표로 생산하기 때문에 생산자 간의 인간관계 및 사회적 노동의 참여자라는 성격이 상품이라는 물체를 매개로 하여 간접적으로 나타난다는 것이다. 이런 상황에서 상정할 수 있는 화폐란 직접적으로는 상품을, 간접적으로는 상품에 체현된 사적 노동을 사회적으로 승인하는 역할을 맡은 존재가 된다. 이것은 화폐가 상품생산과 같이 자본주의에 고유한 것이라는 위의 인용구에서도 확인된다. 이렇게 될 때만 화폐는 – 화폐의 일반적인 요건으로 – 상품생산 사회의 모든 구체적인 상황으로 인한 가치의 실현 여부 및 정도를 포섭하는 가장 표피적인 존재가 될 것이다. 그렇다면 등가형태가 화폐형태의 초보적인 모습이라는 것을 전제할 때 등가형태와 관련된 논의에서 사적·사회적 노동의 구분이 언급된 것은 화폐가 생산의 무정부성이라는 자본주의의 고유성에 따라 필연적으로 존재한다는 논리를 '삽입'하려는 목적을 가지고 있는 것으로 생각된다. 물론 형태론이 아니라 과정론에서 이것이 언급될 수도 있었을 것이나, 방법론적으로 볼 때 과정론에서는 자본주의 고유의 화폐라기보다는 보편적인 상황이 겹쳐지면서 발생하는 화폐를 설명해 주는 것으로 생산의 무정부성이라는 고유성을 담을 수 없었을 것으로 보인다.

4. 돌출성 내지 이질성에 대한 일차적인 해명

이제 사적·사회적 노동의 구분이 구체·추상노동의 구분과 동일한 체계 내에 묶여 있을 수가 없는 직접적인 이유를 제시해 보자. 결론부터 제시한다면, 이미 논의된 대로 구체·추상노동의 구분이 교환의 한쪽 극에서 사용가치를 배제하는 비대칭성에 의존하고 있는 데 반해, 앞으로 논의하는 바와 같이 사적·사회적 노동의 구분은 이것과 무관하며 교환의 양극에 있어서 공히 사용가치 내지 노동생산물로서의 대상성을 적극적으로 등장시키기 때문이다.

우선 사적·사회적 노동의 구분이 사용가치의 배제 내지 양극화와 '무관'한 이유는 이 구분이 사용가치의 배제 여부로 설정되는 것이 아니라 자본주의 하에서 나타나는 노동의 사회적 성격에 의해서 규정되기 때문이다. 자본주의 하에서는 다른 생산양식에서와는 달리 교환의 필연성 때문에 노동의 결과에 의해서 노동이 매개된다는 것이다. 즉, 추상노동과 구체노동의 이중적 성격을 갖고 있는 노동이 가치와 사용가치의 두 가지 요소로 구성되는 상품=노동 결과의 사회적 성격에 의해서 매개된다는 것이다. 사적·사회적 노동의 구분은 개별 생산자의 판단에 따른 유용성 및 사적 노동이냐 아니면 사회적 유용성의 유무 및 사회적으로 인정된 노동이냐에 따른 것이므로 사용가치·구체노동과 가치·추상노동의 두 가지 측면에서 정의되어 있다. 달리 표현하면, 추상·구체노동의 구분에서는 이미 노동의 결과로 나타난 상품의 두 가지 요소로서 가치와 사용가치에 대한 구분이 중요한 것인 데 비해, 사적·사회적 노동의 구분에서는 노동이라는 활동과 노동의 결과가 구분의 기준이 되기 때문에 사용가치·구체노동의 배제 여부와는 무관하다는 것이다.

둘째로 사용가치를 '수용'한다는 것은 그 이전의 가치실체론이 사용가치(와 소유자)에 대한 논의를 배제하는 방향으로 나아가고 있었던 데 비해, 사적·사회적 노동에 대한 구분은 사용가치에 대한 사회적 인정과 사회적 성격을 포함해야 한다는 것이다. 이러한 차이는 사용가치의 의미와 사회적 성격에 대한 규정이 각각에 있어서 다르기 때문에 발생하는 것이다. 요약하자면, 전자에 있어서 사용가치는 사회적 실체를 표현해 준다는 사회적 성격을 부여받는 데 비해, 후자에 있어서는 사용가치의 유용성 자체에 사회적 성격이 부여되고 그것이 노동의 체현이라는 성격이 강조되며 분업적인 노동을 매개한다는 사회적 성격이 부여되고 있다.

① 사용가치의 일차적인 사회적 성격으로 4절에서 도입되고 있는 것은 욕망의 대상으로서 그것이 시장에서 수요된다는 것이다. 생산의 무정부성으로 인하여 사적 노동과 사회적 노동 간에 모순이 존재하며 시장에서 이 모순이 해소되면서 재생산된다고 할 때, 그것은 단지 특정 부문 내에서 개별 생산자 간에 존재하는 생산조건상의 차이로 발생하는 가치량 혹은 투하된 추상노동량에 대한 차별적인 인정만을 의미하는 것이 아니다. 생산의 무정부성으로 인한 자본주의 분업체계의 동태성 및 생산요소의 이동성으로 상품의 사용가치 혹은 체현된 구체적 노동에 대한 인정 여부도 개입되기 때문이다. 다만 이런 의

미에 있어서 사용가치가 갖는 사회적 성격은 개인의 인류학적 욕구 및 소비라는 보편적인 활동과 관련된 것으로 자본주의 고유의 사회적 성격이 박약하므로 1~3절에서는 마르크스가 취급하지 않는 것으로 볼 수 있을 것이다.

② 그런데 4절에서 사용가치는 이것보다 적극적인 의미에서의 사회적 성격도 갖게 된다. 이미 언급된 것을 반복하자면, 상품생산 사회에서 사용가치는 노동의 결과이면서 반드시 교환되어야 하기 때문에 생산자들의 노동으로 이루어지는 분업관계를 사용가치 내지 상품이 매개해 준다는 결론이 가능하다. 이 때문에 노동의 결과로서 사용가치는 생산자들의 사회분업적 노동을 매개한다는 새로운 사회적 성격을 부여받게 되는데 이것이 바로 4절에서 강조되고 있는 점이다. 따라서 가치의 표현수단이라는 사회적 기능과 분업적인 노동의 매개물이라는 사회적 기능이 공히 교환관계에서 비롯되는 것으로 상품이라는 동일한 규정의 두 가지 측면으로 상정되는 셈이다. 그러나 사용가치의 이런 사회적 성격은 사용가치의 유용성이 사회적으로 인정되어야 한다는 의미에서의 사회적 성격뿐만 아니라 형태론과 관련하여 부각된 가치표현의 수단이라는 사회적 성격과도 구분되어야 한다.

보다 구체적으로 형태론과 상품물신론의 차이를 논해 보자. 첫째, 형태론에서는 사용가치가 주로 자연적인 속성에 의해 규정되는 소비의 대상으로 구체성을 띠는 것인 데 반해, 상품물신론에서는 노동이라는 인간의 활동이 노동의 대상에 고착되어 구체적인 물체로 등장한다는 것을 의미하므로 각각에 있어서 구체성의 의미가 다른 것이다.[14] 형태론과 상품물신론 모두에 있어 상품

14 이들은 각기 현상형태와 체현형태로 호칭될 수 있을 것이다. 상대가치형태의 질적 규정과 등가형태의 두 번째 및 세 번째 특징을 논하면서 마르크스가 이들 용어를 사용하고 있다(『자본론』 1권 독일어판: 64, 66, 72, 73,

이 교환의 대상이라는 것과 노동의 체현물이라는 점 및 이들이 분업관계 속에 있다는 것이 고려되고 있지만, 전자에 있어서는 노동의 체현물이라는 점이 전제되어 있을 뿐 직접 논의되지 않고 단지 교환의 대상이라는 점과 교환관계가 논의되고 있는 데 비해, 후자의 경우에는 노동의 체현이라는 성격과 분업관계가 본격적인 문제로 제기되고 있다. 이 때문에 양자에 있어서 소위 사회관계로 통칭되는 것도 내용상 각기 시장에서의 상품교환관계와 사회적 노동의 분업관계로 차별화된다. 여기서 강조되어야 할 것은 가치를 갖지 않는 물체도 구체성을 띨 수 있으며 노동의 산물이 아닌 사용가치도 존재한다고 볼 때 이 두 가지 구체성은 동일시 될 수 없다. 이 때문에 후자에 있어서는 대상성으로 지칭되는 것이 더욱 타당할 것이다. 그러나 가치실체·형태 간의 필연성이나 자본주의의 생산력에 의존해 모든 사용가치가 노동의 산물이라고 보는 경우에도 투하노동이 가치를 구성한다는 가치실체론이 유지되어야만 양자 간의 등치가 가능한 것으로 보인다.

가치실체론에 의거하여 소비의 대상으로서 존재하는 사용가치가 동시에 노동의 산물이 될 그것이 갖는 구체성은 노동의 산물이 갖는 대상성과 동일시 될 수 있다. 이렇게 되는 경우 등가형태 내지 화폐는 두 가지의 구체성을 포괄하면서 생산과 교환·소비의 양 측면을 포괄 내지 연계시키는 존재가 된다. 또한 이로 인해 마르크스에 있어서 화폐는 단지 교환과정에서 유통되는 상징이 아니라 그 자체 노동가치를 갖고 있으면서 동시에 교환의 필연성을 내포하고

78). 여기서 마르크스는 현상과 체현, 혹은 현상형태(Erscheinungsform)와 체현형태(Verwirklichungsform) 사이에 분명히 구분을 내리지 못하고 있기 때문에 상품물신론을 논의하면서 혼선을 빚고 있는 것으로 보여, 논리의 돌출성이란 문제를 자신도 모르게 인정하고 있다는 것처럼 보인다.

있는 존재, 즉 그 자체 상품이어야 한다는 것도 해명된다. 이렇게 본다면 가치 실체론은 화폐를 통해 생산과 교환을 연계시키는 또 다른 논리적인 기능을 수행하고 있는 것이 된다. 그러나 이와 같은 의미의 화폐는 마르크스에 있어서 제대로 설정되지 못하고 있는 것으로 보이는데 이것이 두 번째 논의를 구성한다.

둘째, 보다 중요한 것은 이와 같이 양자에 있어서 게재되어 있는 구체적 성격이 같다고 보는 경우에도 각각이 발휘하는 사회적 기능이 다르다. 형태론에서 사용가치가 발휘하는 사회적 기능은 사회적 실체인 가치를 구체적으로 표현해 준다는 데 있는 데 비해, 상품물신론에서는 사용가치 내지 노동생산물이 생산자들의 사회분업적인 노동을 매개한다는 사회적 성격을 갖는다. 전자의 경우 교환과정에서 사용가치의 구체성이 가치실체로부터 완전히 배제되는 한편 가치형태라는 역할을 독점하는 형식을 취하고 있는데, 이 경우 자본주의 사회의 고유성으로 고려되고 있는 것이 상품생산 사회에 있어서 교환의 필연성이다. 전자에 있어 교환등식의 양극에 있는 상품들에게 각기 가치실체의 체현물과 가치형태의 표현물이라는 역할이 분할되면서 양극화된 구조가 설정되고 있다. 이에 반해 후자의 경우 노동생산물의 대상성이 갖는 기능은 자본주의에 고유한 노동의 사회적 성격인 생산의 무정부성으로 인해 사적 노동을 매개하는 것이다. 후자의 교환에 있어서 상품생산 사회의 고유성으로 설정되는 것은 상품의 가치가 필연적으로 다른 상품으로 표현된다는 상품 간의 관계 그 자체가 아니라 상품 간의 관계가 인간관계 내지 노동의 분업관계를 매개하고 있다는 점이다. 이 때문에 교환에서 관계 맺는 두 상품이 노동의 결과로서 갖고 있는 상대성은 각각의 사적 노동이 체현된 결과로서 어느 것 하나 희생될 수 없이 공히 중요한 것이다. 이렇게 본다면 양자에 있어서 구체적 성격이 다르다는 것을 차치하는 경우에도 교환관계를 구성하고 있는 두 개의 상품에 대해서 각각의 논리에 따라, 전자의 경우에는 교환의 왼쪽 극에만 추상성을 독점케 하고 오른쪽 극에는(사용가치라는 의미에서의) 구체성만이 부각되도록 하는 구조를 가져오는 데 비해, 후자의 경우에는 양극에 있어서 공히 (노동의 생산물이라는 의미에서) 그것의 구체성 내지 대상성이 유지되어야 하는 결과를 가져오게 된다. 또한 양자에 있어서 인식상의 오류는 모두 상품물신숭배에서 기인하는 것이지만 전자의 경우에는 가치의 표현수단의 존재를 교환의 필연성이 아니라 물체의 천연적 속성에서 기인하는 것으로 오인되는 것인 데 비해, 후자의 경우에는 사회적 노동의 분업에 기초한 인간관계가 교환과정에 의해 매개되는 것을 상품, 즉 노동의 대상화인 물체의 속성에 기인하는 것으로 오인하는 것이다.[15]

위의 논의가 의미하는 바는 구체성 자체의 의미 차이로 인한 모순이 가치실체론에 의해 제거된다고 하더라도 사회적 성격의 차이 때문에 양자를 한 체계 안에 묶어 놓으려는 경우 필연적으로 균열이 일어난다는 것이다. 이 점이 바로 등가형태에서 나타나는 이질성의 근원으로 생각된다. 대체로 두 범주 간의 관계는 상호 배제, 필연적 연관 아니면 양자의 중간 상태로 나누어 볼 수 있다. 그런데 구체·추상의 구분에서는 교환의 일방에서 사용가치가 적극 배제되어야 하는 데 비해, 상품물신론의 사적·사회적 노동의 구분에 있어서는 사

15 여기서 인간관계라는 용어는 생산관계 내지 사회관계라는 용어와 동일한 의미로 사용되고 있는데 후자가 계급관계에 의해 흔히 규정되는 데 비해, 전자는 교환 내지 분업과 연관된 것으로 개인의 관점에서 정의되는 것이기 때문에 용어의 남용으로 생각된다. 앞서 언급된 자본주의의 두 가지 고유성을 동일시하기 위한 부담으로 추측되는데 추후의 문제로 삼는다.

[그림 2-1] 교환에서의 추상과 구체

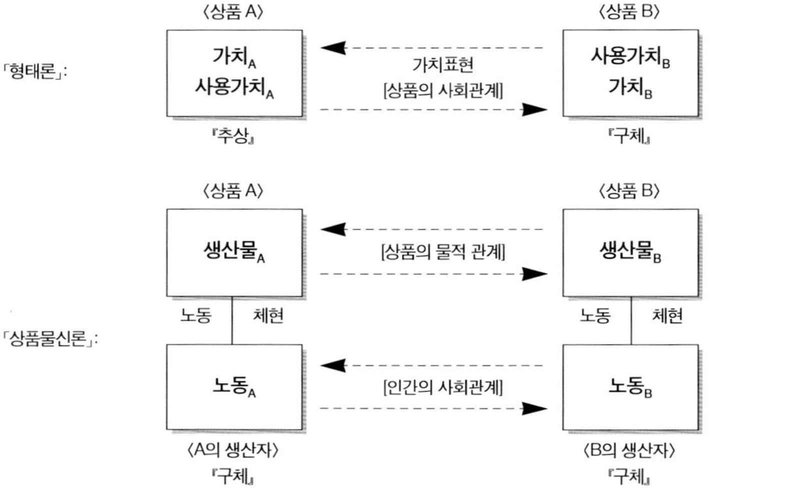

용가치(혹은 노동생산물의 성격)가 그대로 유지되어야 하기 때문에 양자는 상호 배제의 관계라고 볼 수 있다.[16]

위의 논의를 종합하자면 형태론에서 사용가치는 욕구의 대상이라는 관점에서 취급되며 사용가치를 배제한 가치실체를 표현해 주는 것이 그것에 부여된 사회적 성격인 데 비해, 상품물신론에서는 사용가치가 노동의 체현이라는 측면이 부각되고 사회적 유용성과 자본주의하에서 노동의 매개체라는 사회적 성격을 부여받는다. 이로 인해 전자에서는 교환의 한쪽 극에서 사용가치가 배제되고 그것의 대극에서는 사용가치만이 부각되는 양극화가 발생한다. 이에

16 예로서, 재생산표식이나 공황론이 노동가치론에 배치되는 것은 아니나 다른 가치론과도 결합될 수 있다면 이들과 노동가치론 간의 관계는 세 번째의 관계라고 볼 수 있다.

비해 후자에 있어서는 양극에서 공히 노동의 생산물이라는 의미에서 구체성이 부각된다. 그러므로 양자를 똑같은 교환등식에 겹쳐 놓을 때 균열이 발생한다. 그러한 균열로 인해 모두에 제기한 형태론의 돌출성이 발생한다는 것이다. 이와 같은 균열을 도표화한다면 [그림 2-1]과 같을 것이다.

즉, [그림 2-1]에서 보면 형태론에서는 사용가치로서의 구체가 부각되며 추상·구체(혹은 구체·추상)의 구도를 가지고 있는 데 비해, 상품물신론에서는 노동생산물로서의 구체와 구체·구체의 구도가 드러난다.

5. 교환의 유형과 방법론을 통한 포괄적인 해명

지금까지의 논의를 보다 포괄적으로 부각시키기 위해서 마르크스가 『자본론』 1권 제1, 2장에서 전개한 논리를 교환의 제반 측면과 이에 연관된 방법론이라는 관점에서 정리해 볼 필요가 있다. 이 논의에서 주안점이 되는 것은 교환의 각 측면 내지 유형이 어떻게 각 단계의 추상 수준과 연관되느냐는 것이다.

1) 교환관계

1장에서 2장의 과정론에 이르기까지 마르크스가 제시한 교환의 제반 측면 내지 유형들을 도시하면 [그림 2-2]와 같다.

전반적으로 사용가치가 배제 내지 사상되었다가 자본주의의 본질을 정립

[그림 2-2] 교환의 유형들

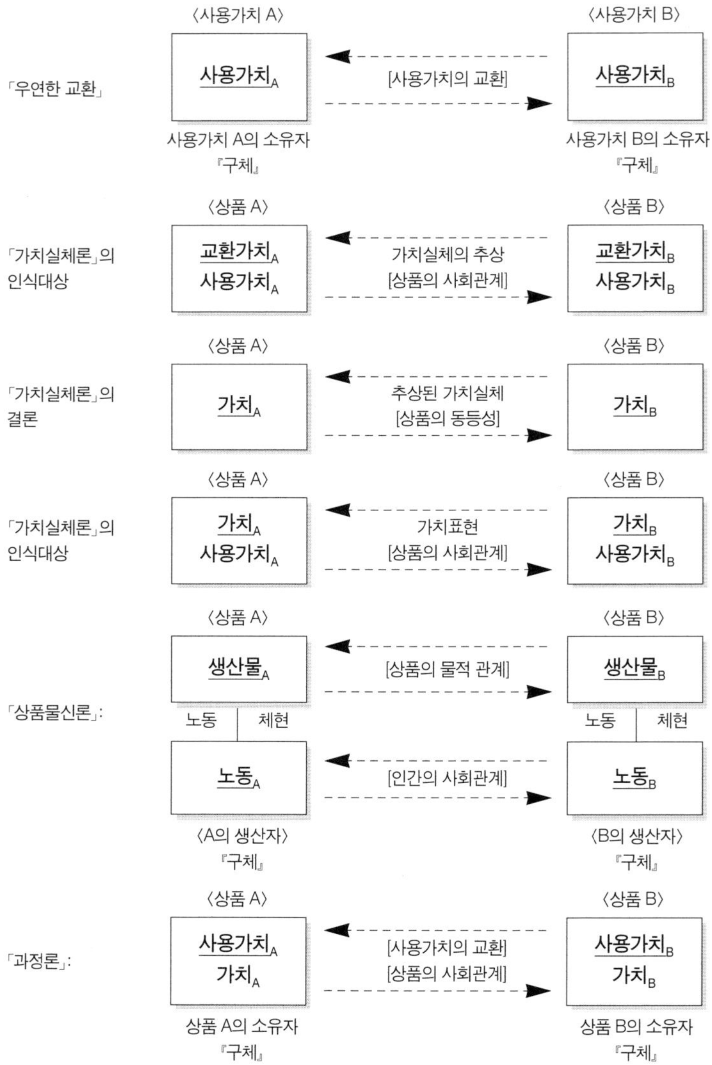

주: 밑줄 친 것이 각 단계에서 부각되는 것이며 밑줄 치지 않는 것은 각 단계에서 논의되거나 부각되지 않지만 전제되거나 고려되고 있는 것이다.

한 후 다시 복원되는 흐름을 보이고 있다. 『자본론』을 통해 자명하게 드러나지 않는 "우연한 교환"과 "과정론"의 위치를 중심으로 [그림 2-2]를 설명해 보자.

"우연한 교환"은 사용가치의 소유자들이 다른 사용가치를 획득하기 위해 수행하는 교환이다. 이 경우 사용가치의 획득만이 교환의 유일한 동기가 된다. 여기서 교환행위는 우연하게 발생하며 교환의 비율도 우연한 정황에 의해서 결정되고 교환의 기초가 되는 분업도 성별 및 연령 등 인간의 자연적인 속성이나 자연환경의 차이에 근거하고 있다(『자본론』 1권 13장). 이러한 유형의 교환은 마르크스에 있어서 명시화되고 있지 않으나 1장 1절에서 교환가치가 우연한 것으로 보인다고 한 것(여기서도 독일어 원문에서는 현상형태라는 표현이 " "으로 싸여 있다는 것을 주목해야 함), 2장의 과정론에서 생산물의 교환에 대해서 언급한 것, 교환의 역사적 발전에서 초기적인 교환에 대해 언급하고 있는 것, 그리고 나중에 설명되는 방법론상의 보완에서 착안한 것이다.

> 일견 교환가치는 한 종류의 사용가치가 다른 종류의 사용가치와 교환되는 비율, 양적인 관계로 나타난다. … 그래서 교환가치는 순전히 우연적이고 상대적인 것처럼 보인다. … 일반적으로 교환가치는 단지 표현방식, 현상형태, …(p. 36).

> 생산물의 직접적인 교환은 한 측면에서는 상대적인 가치표현의 기본형태를 띠지만 다른 측면에서는 그렇지 않다. … x개의 상품 $A = y$개의 상품 B … x개의 사용가치 $A = y$개의 사용가치 B …(p. 87).

2장에 비추어 우연한 교환이 갖는 특징을 요약하자면, 상품을 위주로 교환을 설정하기 위해서 사용가치와 사용가치를 욕구하는 개별 주체의 주관 및 의지를 배제하며 순수한 상태의 교환을 분석하기 위해서 수요와 공급의 일치를 전제로 한 것 등이 지적될 수 있을 것이다.

1장 1절의 논리전개에서 사용가치가 인간의 보편적인 활동과 연관된 것이라며 '사용가치 일반'의 배제가 시사되었고, 1절의 가치실체론에서는 동질적인 실체를 구성하지 못한다고 하여 '개별 사용가치'가 배제되고 투하노동에 의해서 규정되는 가치실체가 유일하게 부각된다. 그런데 3절의 형태론에서는 사용가치가 가치표현의 필연적인 수단으로서 사회적인 기능을 띠고 재등장한다. 1~3절에서는 교환이 상품들 사이의 의인화된 관계로 설정되어 있다. 4절의 상품물신론에서는 인간의 욕구를 충족시킨다는 본연의 기능으로서 '사용가치 일반'의 사회적 성격이 상품생산자와 함께 언급되고 있으며 사용가치가 노동의 생산물로서 노동의 교류를 매개해 준다는 사회적인 기능이 사용가치에 추가된다. 인간 욕구의 대상으로서 사용가치 일반의 사회적인 성격이 부활된 것은 1절과 대조를 이루고 있다.

끝으로 2장의 과정론에서는 '개별 사용가치'가 상품소유자와 함께 다시 복원되고 있어 가치실체론과 대칭을 이루고 있다. 또한 과정론은 상품물신론 이후에 등장하는 것이므로 단순한 사용가치가 아니라 노동생산물이며 상품이라는 점이 배경에 깔려 있다고 볼 수 있다. 더불어 주목해야 할 것은 우연한 교환에서나 과정론의 교환에서나 사용가치의 획득이 부각되고 있으나 전자의 경우에는 교환이 우연적으로 발생하는 데 비해, 후자의 경우에는 가치가 전제로 되어 있어 교환의 성격이 필연적이라는 차이가 있다. 상품물신론과의 대비에서 이미 나타난 문제의 이질성은 교환과정론과의 대비 속에서 더욱 확연해진다. 그런데 과정론의 위치를 보다 공고히 설정하기 위해서는 보다 상세한 논의가 요구된다.

형태론의 결론이 되는 가치형태= '화폐형태'와 상품물신론의 시작이 되는 '상품형태', 그리고 형태론의 끝에 " "표시로 싸여 등장하고 화폐론에서 언급되는 '가격형태' 간의 일견 애매한 차이에 주목하면서 위의 관계를 재조명해보자(pp. 54, 102).

우선 상품의 두 가지 요소 중 하나로서 가치론의 출발점이 되었던 '교환가치'는 교환의 양적인 측면과 주로 연관된 것이며 비율 결정의 우연성이라는 오류가 수반되어 있는 개념인데, 이러한 교환가치 개념의 왜소성과 오류를 가치실체의 본질을 매개로 극복함으로써 실체의 필연적 형태로 재정립한 과학적으로 올바른 개념이 '화폐형태'다. 이에 비해 '가격형태'는 생산의 무정부성을 발현해 주는 것으로 시장의 상황에 노출되어 있으며 과학자인 마르크스의 입장에서는 법칙성을 가지고 있지만 개별 주체가 관찰하는 바로는 우연히 결정되는 것처럼 보여 물신성을 조장하는 가격이다. 이것은 대체로 시장가격에 해당되며 과정론과 연결되는 것으로 보인다. '상품형태'는 형태론에 근거한 화폐와 가격형태를 모두 포괄하는 것으로 마르크스가 설정한 것이 아닌가 생각된다. 논의의 출발점이었던 교환가치가 가치형태로 재정립되는 것과 유사하게 역시 출발점이었던 상품도 상품형태로 다시 규정되는 것이다. 이렇게 본다면 교환가치가 가치형태로 정립된 것이 가치론을 마무리 짓는 것이 아니라 여기에서부터 가치·가격은 보다 구체적인 형태로 이행하고 있는 셈이다. 이러한 논리적 발전이 의미하는 바는 '교환가치'라는 비과학적 표현 내에 가치실체 이외에도 '화폐형태'와 '가격형태'라는 두 가지 개념이 혼합되어 있는데, 이것을 마르크스가 분리해 낸 후 다시 결합시키고 있는 것이다. 이 두 가지 개념 간의 차이는 후자가 보다 구체적인 상황에 적합하다는 점, 개별 주체 및 사용가치의 등장과 같은 차원에서 제기되고 있다는 점, 그리고 마르크스의 입장에서 볼 때 개별 주체는 물신성 때문에 자본주의의 고유성 및 가치형태, 심지어 가치실체에 대해서 인식하지 못한다는 의미가 내포되어 있다는 것 등이다.[17] 다시 말해, 마르크스는 화폐형태와 가격형태를 과학자로서 자신이 인식한 가격과 여기에 시장의 존재로 인한 구체적 상황이 게재된 것으로 각각 규정하고 있다. 양자를 연결하는 '고리'가 상품형태가 되며 화폐형태→상품형태→가격형태의 연결과 이에 상응하는 가치형태론→상품물신론→교환과정론의 연결이 가능해진다. 그런데 화폐형태와 가격형태를 모두 상품생산 사회의 특수성에 포괄하고 있다. '형태론과 관련하여 내재화된 교환의 존재 및 가치표현의 필연성'과 '상품물신론과 관련하여 제시한 생산의 무정부성'(및 교환과정론)은 서로 결합되기 힘든 이질성을 가지고 있다는 것이 지금까지의 주장이었는데, 양자가 각기 화폐형태와 가격형태로 연결될 수 있다면 위에서 나타난 두 가지 형태 간의 간극은 본고의 주장을 달리 표현한 데 불과하다.

위의 전반적인 논의에 비추어 볼 때, 본고의 주장점인 형태론과 상품물신론 간의 이질성은 보다 구체적인 상황에서 교환과 화폐를 논의하기 위해 일단 배제되었던 사용가치와 상품의 소유자들을 복원시키려는 마르크스의 논리전개가 형태론에서 상품물신론이나 과정론으로 이어지면서 순조롭게 이루어지

17 고전경제학과 속류경제학은 모두 가치형태 및 자본주의의 고유성에 대해서 인식하지 못했으며, 고전경제학의 경우에는 가치실체를 불완전하나마 파악하고 있으나 속류경제학은 이것마저 파악하지 못했다는 것이 마르크스의 입장이다.

지 못했다는 것을 의미하는 것이다.

2) 방법론

교환 유형에서 '우연한 교환'이 설정된 것과 유사하게 방법론적인 재구성이 가능하다. 가치론을 중심으로 마르크스의 논리전개 과정을 보면 주지의 왕복운동 외에 관찰의 대상으로 이어지는 구체화의 과정이 있으며, 그것의 대극에 일차적인 관찰대상으로서의 구체로부터 인식대상으로서의 구체에 접근하는 과정이 있어야 할 것으로 짐작되기 때문이다. 만약 마르크스가 진정으로 전체주의적인 유물론을 지향한다면 마땅히 이에 대한 언급이 있어야 할 것으로 생각된다. 그렇지 않을 경우 문제 설정이나 발견의 과정에 대해서 다양성이나 불가지론(不可知論)을 인정하게 되어 베버(M. Weber)의 가치연관(Wertbeziehung)이나 포퍼(K. R. Popper)적인 비판적 합리주의의 다원론에 빠지게 될 것인데, 이것은 단연코 비마르크스주의적이라고 생각된다. 그러나 적어도 『자본론』, 『학설사』 및 『비판』에서는 마르크스가 이에 대해 명시화하지 않고 있다. 다만 『요강』의 방법론 논의 중 "경제에 대한 분석이 시작된 후 고전경제학에 이를 때까지 경제학이 밟아온 추상화의 경로"로서 마르크스가 잘못된 방법이라고 지적한 것이 바로 이 과정에 해당되는 것이 아닌가 생각된다(pp. 34~35). 특히, 가격과 교환가치가 구체와 추상의 범주로 각기 분류되어 있는 것을 주목할 필요가 있다. 이와 같이 비어 있는 부분을 감안하여 교환관계와 연관된 마르크스의 인식방법을 도식화한다면 [표 2-1]과 같을 것이다. 이것은 위에서 논의된 교환의 유형에 대체로 상응하는 것이지만 상품물신론이 형태론과 과정론의 과도적인

[표 2-1] 교환의 유형과 추상 수준

교환의 유형	우연한 교환 〈가격〉	가치실체론의 출발 〈교환가치〉	가치실체론의 귀결 〈가치실체〉	형태론 〈가치형태〉	과정론 〈가격형태〉
추상의 수준	구체 ① 관찰의 대상	구체 ② 인식의 대상	추상 ③ 본질	구체 ④ 인식대상의 재정립	구체 ⑤ 관찰대상의 재정립

매개로 독자적인 추상 수준을 형성하지 않는다고 보아 생략한 것이 다르다.

[표 2-1]을 가치·가격 문제와 연관하여 설명하자면 ①의 구체는 관찰되는 그대로의 교환으로서 수요·공급상 차이의 배제 등 교환을 순수한 상태에서 보려는 최소한의 추상화도 이루어지지 않아 교환의 비율도 우연히 결정되어 어떤 법칙성도 존재하지 않는 것처럼 보이는 경우이다. 또한 이러한 인식 수준에서는 물체에 의해서 인간과 인간의 노동이 평가된다고 보기 때문에 상품물신적인 오인이 지배적이다.

가격이 노동가치에 의해서 결정된다는 교환비율의 문제에 대해서도 인식이 전혀 되어 있지 않은 상황이므로 고전경제학이 성립되기 이전의 초기 경제학의 상태 및 (아마도) 속류경제학의 인식 상태, 그리고 자본가 및 의식화되지 않은 노동자들이 현상을 바라보는 관점이라고 볼 수 있을 것이다. 구체 ①이 설정될 수 있는 근거를 종합해 보면 앞서 언급된 대로 우연한 교환이 상당한 전거를 갖고 있다는 것, 구체 ⑤가 언급되고 있다면 ②-③-④의 왕복운동을 포섭하는 보다 큰 왕복운동이 있어야 할 것이며[18] 구체 ⑤의 대극이 이러한 출발

18 부언하건대, 마르크스에 있어서는 구체-추상-구체의 왕복이 인식운동의 기본을 이루지만 일단 기본범주가 설정된 이후에도 이것을 내적인 논리전개로 발전시키면서 보다 발전된 경제관계에 상응하는 복잡한 범주를 도출

점으로서 요구된다는 것, 그리고 이와 연관된 것으로서 누구라도 마르크스가 처음부터 상품이 사용가치와 교환가치라는 것에 착안하지는 않았으리라는 짐작, 그리고 마르크스가 『요강』에서 가격과 교환가치를 다르게 분류하고 있다는 것 등이다.

이에 비해서 ②의 구체는 현상이 관조나 관찰의 대상에서 인식의 대상 내지 원료로[19] 변화된 것으로 가격이 교환가치로 설정된 것에 해당된다. 여기에는 현상을 순수한 상태에서 분석하기 위해서 가정들이 도입된다고 볼 수 있다. 교환의 경우 수요와 공급이 일치된다고 본 것 등이 이에 속한다(p. 52). 이것에 근거해 비로소 이론화 내지 추상화 작업이 시작된다. ③의 추상화가 완료되면 가치의 실체가 설정되고 이에 근거해서 다시 인식의 대상으로서의 구체를 재설정하게 되는데, 이렇게 설정된 ④의 구체는 ②의 구체를 추상화 과정을 통해 진정으로 인식한 것이 된다. 이렇게 되면서 교환가치가 가치형태로 정립된다. ②, ③, 그리고 ④에서 교환은 상품 간의 관계로 설정된다. ⑤의 구체는 관조의 대상이 되는 가장 구체적인 현상을 이론의 틀 속에 포섭함으로써 가능한 것인데, 이 과정에서 이론 자체가 보다 구체화될 뿐만 아니라 인식 및 오인에 대한 유물론적인 해명이 병행된다. 여기서 시장가격은 가치에 근거한 필연적인 존재 혹은 가격형태가 된다. 또한 개별 경제주체들과 속류경제학자들이 시장가격을 이와 같이 과학적으로 이해할 수 없는 이유가 해명된다.[20] 나아가서 교환

하는 작업이 있으며(가령, 화폐에서 자본으로의 전화 같은), 구체라고 하더라도 그 내부에서 차등이 있는 것으로 생각된다(가령, 가치에서 생산가격으로의 전형, 그리고 생산가격과 시장가격 간의 관계). 마르크스가 『학설사』에서 리카도에 전형론(轉形論)이 결여된 것을 두고 '중간고리(essential links; Mittelglieder)의 결여'로 규정한 것도 이런 관점에서 이해될 수 있다. 또한 왕복운동에 대해서는 코제브(Kojève)의 도표(1969: 119)가 지극히 시사적이다. 특히, 큰 원과 작은 원의 결합 및 완전한 원과 불완전한 원의 차이에 주목하면서 플라톤(Plato), 칸트(Kant), 그리고 헤겔(Hegel)의 차이를 비교할 필요가 있다.

19 이 점에서 마르크스의 인식론에 대한 알튀세르(L. Althusser)의 설명(1968: 46~50)은 상당히 설득력이 있다.

은 단지 상품들 사이의 관계일 뿐만 아니라 사용가치를 추구하는 상품소유자와 생산자 간의 관계이기도 하다. 만약 교환을 사용가치와 상품소유자의 관점에서 논의하는 경우 인식은 전혀 이루어지지 못한 채 ①에 머물게 되는 데 비해, 마르크스의 논리를 수락한다면 ⑤에 이르게 된다.[21]

추상·구체노동의 구분과 사적·사회적 노동의 구분이 갖고 있는 이질성이 본고의 핵심인데 이것을 방법론적으로 확장시켜 해명해 보면, 구체 ④에서 구체 ⑤로 넘어가는 과정에 암초가 걸려 있다는 의미가 된다. 다시 말해, 일단 설정된 인식대상으로서의 구체에서 추상으로 내려갔다가 인식대상으로서의 구체로 복귀한 후 다시 관찰 내지 관조의 대상으로서의 구체로까지 이행하는 과정에서 균열이 일어나고 있다는 것이다.[22] ④에서 ⑤로 넘어가는 과정이 순조롭지 못한 것은 관찰대상으로서 구체 ①에서 인식대상으로서 구체 ②로 이행

20 시장가격에 대한 본격적인 논의는 자본의 개입으로 인해 다소 논란의 여지가 있다. 즉, 자본 및 개별 자본이 개입될 경우를 그렇지 않을 경우보다 구체적인 것으로서 별도의 추상 수준을 부여하느냐는 것이다. 이와 같이 별도의 추상 수준을 부여할 경우 ⑤의 구체 내에서 또 다른 추상 수준의 구분이 이루어져야 하는 복잡성이 야기된다. 이것은 시장가치 내지 사회적 가치를 생산가격과 동일한 차원으로 놓을 것이냐의 문제이다. 여기서는 이 문제에 대해서 추후의 논의 사항으로 남겨 놓으며 일단 시장가치와 생산가격이 동일한 차원이라고 본다.

21 포퍼, 그리고 포퍼에 근거하고 있다고 볼 수 있는 신고전학파적인 접근방법과 마르크스의 방법론적인 입장을 위의 도식에 근거해서 비교함으로써 마르크스의 입장을 보다 명확히 부각시켜 보자(홍훈, 1982: 232, 234 참조). 첫째, 마르크스에 있어서는 ①에서 ②, 그리고 ③까지 이어지는 과정에 대해서 필연성을 부여하고 있는 데 비해, 포퍼는 이와 같은 필연성을 '과학적인 발견의 논리'(logic of scientific discovery)로 간주하여 부인한다. 포퍼는 이 부분을 계급의식 등 어떤 지식 사회학적인 근거에 따라 설명하려는 시도를 일체 부정하면서 이것을 미지의 상태로 남겨 두어 가설(hypothesis) 제기의 다양성을 인정해야 한다고 주장한다. 둘째, 마르크스에 있어서는 ④나 ⑤와 같은 구체화의 과정이 필연적인 것이며 모든 구체성을 포용하는 것이어야 하는 데 비해, 포퍼에 있어서는 이런 과정이 가설의 반증(falsification)과정으로 설정되어 필연성 대신 다양성을 강조하고 끝까지 해명되지 않는 부분을 남겨 두고 있다. 계량경제학의 '잔차항'(residual)이 갖는 철학적인 의미도 결국 인식대상에 대한 완벽한 파악이 불가능하다는 입장으로 해석될 수 있을 것이다. 셋째, 마르크스에 있어서는 논리의 발전이 '단계'라는 질적인 변동을 의미하는 데 비해서, 포퍼에 있어서는 이것이 연속적인 양적 발전으로 상정되는 경향이 강하다. 이 때문에 흔히 멩거(C. Menger)나 미제스(L. Mises)가 주장하는 '점진적인 근접성'(successive approximation)의 방법은 포퍼류나 신고전학파적인 접근방법에 가까운 것이다.

22 이런 관점에서 보자면 전형론이나 경쟁론이 노동가치와 제대로 결합된 것인지 논할 경우, 기존 논의에서처럼 단지 양자 간의 양적인 일치를 점검하는 방법 이외에도 논리전개상 불연속성이 존재한다는 것을 또 다른 비판점으로 지적할 수 있게 된다.

한 과정 내지 근거에 대한 의구심으로 이어질 수 있을 것이다. ①에서 ②로 이행하면서 발생한 것을 지적하자면 자본주의 생산관계를 담고 있다는 주장하에 상품을 위주로 교환을 설정하기 위해서 사용가치와 사용가치를 욕구하는 개별 주체의 주관 및 의지를 배제하며 순수한 상태의 교환을 분석하기 위해서 수요와 공급의 일치를 전제로 한 것이다. 이것은 당시의 속류경제학, 19세기 말의 한계효용학파, 그리고 현대의 신고전학파에 대한 배제에 해당되는 것인데 이러한 마르크스의 방법론이 논리적으로 타당한 것인지 의심할 수밖에 없다는 것이다. 이 점에서 2절의 논의가 불완전할 수밖에 없었던 것이 이해될 수 있다.[23]

6. 화폐론과의 연계

화폐론과의 연계에 대해서는 화폐론에서 마르크스가 주장하려는 점들과 가치론의 문제점들이 어떤 연관을 가지는지 보는 것이 주안점이다. 본고의 추측은 가치론에서 발생하는 이질성이 화폐론의 논리전개를 위해 요구되는 것을 '삽입'시킴으로써 발생한 것이 아니겠느냐는 것이다. 가치실체론과 화폐론을 연결시키는 고리로서 가치형태론이 설정되고 이에 근거해 보다 구체적인 교환과 자본을 해명하려 했던 것으로 보인다. 이에 대한 논거를 제시해 보자.

마르크스의 화폐론은 중상주의와 고전학파의 화폐관이 모두 나름대로 일

23 교환 및 가치와 관련된 이와 같은 추상 수준의 단계는 자본의 개념을 설정하는 과정에서도 유사하게 반복된다. 이에 대해서는 보론에서 논의하고 있다.

면적이라고 비판하면서 형성된 것이다. 중상주의는 화폐 그 자체에 집착함으로써 자본주의하에서 가치획득이 유통을 전제로 한다는 것을 무시하고 있으며, 흄 및 고전학파에 있어서는 반대로 화폐의 유통에만 집착해 가치의 저장수단으로서 화폐가 갖는 의미를 무시하였다. 전자는 화폐가 가치저장의 수단이 된다는 것에 일방적으로 집착함으로써 이것이 유통 내지 순환과정을 내포하고 있다는 점을 간과하고 있는 데 비해, 후자는 유통과정을 일방적으로 강조함으로써 화폐가 경제관계의 '필연적인 물화'라는 것을 간과하고 있다. 양자의 일면성을 비판한 마르크스는 화폐를 순환을 내포하면서도 경제적인 관계를 구체화하고 있는 존재로 설정하게 된다. 마르크스의 입장에서는 이렇게 함으로써만이 *C–M–C*와 *M–C–M*에 근거해 자본이라는 개념도 전개시킬 수 있기 때문에 이 같은 설정이 필연적인 것이다. 다시 말해, '그 자체로서의 화폐'(Geld als Geld)가 바로 자본회로의 기초가 된다고 볼 때 화폐를 금·은 등의 자연적 속성으로 환원시키려는 상품물신성에 빠지지 않으면서도 자본 개념의 기초가 되는 '그 자체로서의 화폐'라는 개념을 설정한다는 목표는 그야말로 중차대한 것이다. 그런데 가치형태론은 화폐가 물체이면서도 단순히 물체가 아니라 교환 및 경제관계의 필연적인 산물로 규정하고 있기 때문에 바로 이러한 화폐의 요건을 충족시키기 위해 설정된 것으로 보인다. 이 때문에 형태론은 단지 상품을 출발점으로 한 가치론 논의의 자연스런 진전에 의해서뿐만 아니라 화폐론에 의해서도 추인을 받고 있는 것이다.

이에 대한 증거로는 이미 언급된 것으로 『비판』에서 『자본론』으로 넘어오면서 가치형태론이 강화되고 『비판』에서 혼합되어 있던 교환론이 『자본론』에서 형태론과 과정론으로 구분되어 상품화폐를 확고하게 설정한다는 것을 들 수 있다. 더욱 중요한 것으로 '그 자체로서의 화폐'가 부각되고 있다는 것을 들 수 있다. 화폐의 다섯 가지 기능들 중 그 자체로서의 화폐로 대별되는 세 가지 기능뿐만 아니라 가치척도의 기능, 그리고 심지어는 유통수단의 기능과 관련해서도 그 근원이 상품화폐였음이 강조되고 있다. 또한 유통수단 및 지불수단의 기능과 관련해서 제기되는 각종 공황의 가능성이 상품론 및 형태론에서 전개된 사용가치·가치 등의 모순에 근거하고 있다.

그런데 생산의 무정부성이 지배하고 있는 자본주의 사회에 있어서 무엇보다도 상품에 대한 사회적 인정이라는 화폐의 기능이 간과될 수 없으며 이 점에서 유통수단으로서 기능을 축소시킬 수는 없는 것이다. 사적·사회적 노동의 구분이 이같이 화폐의 필연적인 요소로 설정되어야 하기 때문에 가치형태론의 전반적인 논리적 흐름에 압도되면서도 화폐론과 등가형태와 관련하여 삽입되어 있는 것으로 보인다.

> 사용가치와 가치의 모순; <u>사적 노동이 직접적인 사회적 노동으로 등장해야 한다는 모순, 특정의 구체적인 노동이 추상적인 인간의 노동으로 통해야 한다는 모순</u>; <u>물체의 인간화와 인간이 물체에 의해서 대표되는 것 간의 모순</u>; 상품에 내재되어 있는 이 모든 모순과 대립 …(p. 114)(밑줄은 논자).

7. 이론 및 현실적 함의

문제를 해결하기 위해서 어떤 수정이 요구되는지 살펴봄으로써 본고의 주장이 어떤 함의를 갖는지 개진해 보고자 한다. 지금까지의 논의를 요약하자면 마르크스에 있어서 화폐는 생산의 무정부성이라는 자본주의의 고유성을 수용해야 한다는 것인데, 이것을 반영하는 사적·사회적 노동의 구분이 형태론에 의해서 수용될 수 없다고 하는 것이다. 이것을 보여 주는 구체적인 증거는 [그림 2-1]에서 보는 바와 같이 형태론에서는 교환의 양극에 '추상' – '구체'가 놓여 있는 데 비해, 생산의 무정부성이 요구하는 것은 '구체' – '구체'의 구도이다. 이것을 해소하기 위해서는, 첫째 양자에 있어서 공히 '구체'의 의미가 같아야 하며, 둘째 양자 모두 '구체' – '구체'가 되든가 아니면 '추상' – '구체'가 되어야 한다. 이제 각각이 의미하는 바에 대해서 논의해 보자.

① '구체'의 의미가 다르다는 것은 각각에 있어서 사용가치와 노동의 생산물이라는 성격이 부각되고 있다는 것이다. 이미 언급된 대로 이러한 차이는 실체론에서 노동가치론에 의해 모든 사용가치가 노동의 산물이 되고 형태론에서 실체와 형태의 필연적인 연관에 의해 등가형태나 화폐가 상품으로 규정됨으로써 극복된다. 이런 두 가지 구체성이 동일시됨으로써 화폐가 교환과정과 생산과정을 모두 포용하는 존재가 된다. 따라서 실체론과 상품화폐론이 논증되는 한 구체성의 차이는 존재하지 않는 것이다. 달리 보자면, 구체의 의미가 이분화되지 않기 위해서는 실체론과 상품화폐론이 필수적인 것이므로 마르크스 체계 내에서 이들 이론들이 안고 있는 논리적인 부담이 한층 무겁다는 것이 드러난다.

② 양자에 있어서 균형이 이루어지기 위해서는 형태론에서 왼쪽의 '추상'이 '구체'로 바뀌는 것과 물신론에 있어서 왼쪽의 '구체'가 '추상'으로 바뀌는 방법이 있을 것이다. 우선 두 번째 가능성에 대해서는 부정적이라는 것을 쉽게 알 수 있다. 왜냐하면 생산의 무정부성은 시장의 무질서에 근거하고 있으며 그

것의 기본전제는 각 생산자의 노동이 '물화'한다는 것이므로 구체의 측면을 제외한다는 것은 애초부터 문제를 없애는 것에 해당되기 때문이다.

그러나 첫 번째가 시도될 경우에도 마르크스의 논리체계에 대단히 파괴적인 효과가 발생하게 된다. 가치의 실체에 대해서 구체적인 성격을 부여해야 하는데 그러자면 사용가치든지 아니면 사용가치 그 자체는 아니라고 할지라도 노동의 구체적인 성격에 가치를 부여해야 한다는 문제점이 생기게 된다. 이것은 마르크스의 실체론에 배치될 뿐만 아니라 마르크스가 상정하고 있는 교환의 전반적인 성격과도 배치되는 것이다. 왜냐하면 마르크스는 자본주의의 교환을 상정하고 있으며 이러한 교환은 인간의 의지나 개별적인 사용가치의 획득으로부터 독립적인 것으로 상정하고 있기 때문이다. 이뿐만 아니라 이미 지적된 대로 구체에서 구체로 넘어가면서 화폐가 도출되어야 하기 때문에 마르크스적인 의미에서 화폐의 존재가 해명될 수 없다. 왜냐하면 구체에서 구체로 넘어가면서 화폐를 설명하기 위해서는 우측의 구체, 즉 화폐가 노동가치를 갖고 있는 상품이라고 볼 경우 화폐를 금속의 천연적인 속성에서 찾아내야 한다는 것이 되거나 화폐가 자체로는 아무런 가치를 갖고 있지 않은 물체라고 볼 때는 그것이 개인들의 합의와 총의의 대변자로서 국가에 의해서 승인되어 발생하는 것으로 간주될 수 있기 때문이다.

보다 포괄적으로 보자면 이것은 형태론의 설정을 위해서 요구되었던 제반 논리적인 고리들 중 일부가 포기되어야 한다는 것을 의미한다. 앞선 논의를 통해서 추출된 형태론의 고리들은 상품이라는 논의의 출발점, 실체론, 그리고 실체와 형태의 필연적인 연관 및 그것의 귀결인 상품화폐론이다. 여기서 이들이 개별적으로 혹은 결합적으로 마르크스의 논리체계에서 어떤 역할을 하고 있는 것인지 검토해 보자.

① 형태론에서 교환의 한쪽 극에서 구체성이 배제될 수 있는 가능성은 상품이 논의의 출발점이 된다고 하는 것으로부터 주어진다. 가령, 사용가치로부터 논의가 시작되었을 경우 구체성의 배제는 분석대상 자체의 소멸을 의미하는 것이기 때문에 불가능한 것이다. 그런데 이러한 논의의 출발점은 방법론과 이론의 두 가지 측면에서 논의될 수 있다. 우선 방법론적으로 상품물신론에 기초하고 있으므로 상품을 논의의 출발점으로 삼지 않는다고 하는 것은 자본주의의 고유성, 자본주의 분석의 우선성, 그리고 자본주의의 물화현상 등을 마르크스가 포기하는 것이 될 것이므로 『자본론』의 전 체계를 붕괴시키는 결과를 가져올 것이다. 이 때문에 – 나름대로 문제를 안고 있는 것이기는 하지만 – 이러한 방법론적인 입장은 포기되기 힘들 것으로 보인다. 이론적으로는 상품이 아니라 사용가치가 논의의 출발점이 되었으면 사용가치가 사용가치의 소유자들에 의해서 욕망의 대상으로 교환되는 보편적인 성격의 교환 혹은 신고전학파류의 교환이 논의되었을 것이다. 이것은 마치 마르크스의 과정론으로부터 가치나 상품이라는 자본주의 고유의 범주를 제거시킨 것과 유사할 것이다. 이렇게 되었다면 교환비율도 생산조건에 관계없이 자의적으로 결정되거나 교환당사자들의 의지, 의사 및 의도 등 주관적인 것에 의해서 결정된다는 결론으로 유도되었을 것이다. 이 경우 사용가치 내지 재화는 사회관계에 관계없이 소유자의 의지에 따라 시장에서 팔리는 상품이 될 수도 있고 그렇지 않을 수도 있는 존재가 된다.[24] 그러나 만약에 사회 전반에 걸쳐 상품화 과정이 일어

24 물론 교환과정론에서 가치를 제외한다고 하더라도 신고전학파적인 교환에 이르기까지는 개인의 주관성, 즉 이기심이나 의지를 강화시키는 몇 가지 추가적인 수정이 이루어져야 한다. 가령 교환의 대상과 수량에 대해서 생

난다고 상정하는 경우에도 마르크스가 과정론에서 제시한 것과 같은 교환의 역사적 전개에 의존해야 할 것이다. 이 경우의 문제점은 다소 불분명하지만 마르크스가 기본적으로 인정하지 않는 방법이며 핵심이 되는 논의를 나중에 제시하는 서술방법상의 문제를 안고 있다.

② 상품이 출발점으로 채택되었다고 하더라도 사용가치와 구체노동이 가치와 노동에서 배제되지 않는다면 가치의 실체로서 사회적 유용성이 노동가치와 함께 병존해 있었을 것이다. 이것은 구체성의 배제를 전제로 하는 실체론을 포기한다는 것을 의미하며 노동가치론이라는 핵심을 누락시키는 것이므로 심각한 문제이다. 또한 실체와 형태 간의 필연성이 유지된다는 것을 전제로 할 때 이것은 상품의 가치와 함께 특정 사용가치의 사회적 성격이 또 다른 사용가치에 의존해 표현되어야 한다는 결론이 나오게 된다. 이럴 때 가치를 표현해 주는 사용가치나 물체는 사회적 성격을 안고 있는 원래의 사용가치와 차별화되어야 할 것이다. 그런데 사용가치나 물체는 모두 각각의 자연적 속성에 의해서 규정되는 것이므로 이와 같은 차별화는 불가피하게 자연적 속성의 차이에 의존하게 되어 (만약 화폐가 과거와 같이 금속인 경우) 화폐를 금속의 천연적 속성에 의해 규정하는 물신숭배적 설명을 피할 수 없었을 것이다.

③ 상품이 출발점이었고 사용가치가 가치의 실체에서 배제된다고 하더라도 가치실체와 형태 간의 필연성이 포기되었다면 상품의 물적 기반인 사용가

산물 중 자기소비를 위한 특정 비율을 제외한 나머지가 무조건 시장에 투입된다는 경직성이 완화되어야 한다. 달리 말해, 사용가치에 개인의 주관이 결합되면서 '에지워스-보울리 상자'(Edgeworth-Bowley Box)를 이용한 교환, 그리고 효용 내지 효용함수의 개념이 성립될 수 있는 것으로 보인다. 이렇게 되면서 교환이 개인의 주관과 관계없는 필연적인 인간관계가 아니라 개인의 선택이라는 점이 보다 철저하게 정립될 수 있다고 본다(이 점에 대해서는 『비판』 p. 76이 명시적으로 지적하고 있다).

치가 아니라 재화 내지 그 자체로서 사용가치를 갖지 않는 단순한 물체가 화폐가 되었을 것이다. 이럴 때 화폐는 금속을 포함해 그 어떤 물체가 될 수 있는 것이므로 금본위제도에서 탈피되는 경우, 화폐는 교환의 불편함을 덜기 위해서 개인 혹은 상품소유자들의 의지가 일치되어 계약에 의해서 고안되고 전체의 의지를 대변하는 국가의 승인으로 만들어진 특정의 사용가치 내지 유용한 재화가 되었을 것이다. 그러므로 화폐는 개인들의 합의와 국가의 승인이라는 절차로 만들어지는 편리한 도구라는 주장이 강화될 것이다. 이뿐만 아니라 가치실체와 형태 간의 필연적인 관계는[25] 투하노동가치론과 화폐론을 연결시키는 기능을 담당하고 있는데, 이로 인해 마르크스는 교환관계 내부에서 화폐를 끌어내야 한다는 부담을 안고 있다. 만약 실체와 형태 간의 필연적인 연관을 부인한다면 마르크스의 가치론은 투하노동가치론과 형태론으로 이분화될 것이며 형태론은 오로지 자본주의의 고유성인 생산의 무정부성만을 충실히 설명하는 방식으로 재설정될 것이다. 마르크스주의자들 내에서 실체와 형태 중 어느 한쪽을 강조하는 경향, 가령 투하노동가치론과 프랑스의 이단적인 접근 간의 대비는 이미 마르크스의 『자본론』 내부에서 주어지고 있는 것으로 해석할 수 있다. 또한 화폐가 상품생산 사회의 필연적인 귀결이라고 하더라도 이것이 반드시 상품 간의 유물적인 관계에서 선발된 상품에 화폐의 역할이 부여된다고 보아야 하는 것인지는 의심스럽다. 마르크스에 있어서 형태론은 보다 구체적인 현상에 대한 분석과 관련하여 가격 문제와 화폐의 기능 양자를 포괄하는 것이다.[26] 이 때문에 이와 같은 균열은 가격과 화폐의 두 가지 측면에서 그 이

25 이것은 일반적으로 실체와 형태의 관계에 대해 칸트와는 달리 마르크스가 헤겔과 공유하고 있는 인식론적인 입장이다.

후의 논의에 파급효과를 갖게 된다.

첫째, 가격의 측면에서는 보다 구체적인 수준의 전형론이나 경쟁론이 단지 가치의 양적인 정합성 문제 이외에도 논리전개상 완벽하지 못한 기반 위에 구축된 것이라는 것을 알 수 있다. 특히, 상품소유자 내지 생산자의 자율성이 제대로 포용될 수 없었다는 것을 상기할 때 개별 주체가 자본의 논리를 수행하는 개별 자본으로 등장하여 자율적인 활동을 전개한다고 볼 수 있는 경쟁론에서 개별 자본의 자율성을 제대로 반영한 상태에서 가치 및 영여가치의 법칙성이 관철되는 것인지 의심이 갈 수밖에 없다. 이와 연관된 것으로서 사용가치라는 보편적인 존재가 자본주의의 고유성과 제대로 연관되지 못하고 있는 것으로 생각되며 이것은 재생산표식, 경쟁론과 지대론 등 그 후의 논의에서 계속 불씨가 되는 것으로 보인다(홍훈, 1991: 34~44).

둘째, 화폐의 측면에서 보면 형태론에서 제시되는 화폐론이 생산의 무정부성이라는 자본주의의 고유성을 포용하기 힘들다는 것이 된다. 마르크스의 화폐론이 갖고 있는 문제점은 『비판』에 잠재되어 있다가 『자본론』에서 형태론과 과정론의 분화를 가져온다. 그런데 과정론에서는 형태론에서 제시된 화폐론을 풍요롭게 하거나 구체화시키는 것이 아니라 상품소유자를 상품관계의 본능적인 집행자로 설정해 실질적으로 배제시킴으로써 형태론의 결과에 강제로 종속시키는 방향으로 논리가 진행되고 있다. 결국 사용가치와 상품의 소유자가 적극적으로 등장하는 현실의 교환과정에서 화폐가 어떻게 성립되는 것

26 부언하자면 마르크스에 있어서 화폐는 상품이기 때문에 노동가치를 가지고 있고 이 때문에 신고전학파에 있어서처럼 실물 부문과 화폐 부문 간의 이분화 내지 이들에 대한 결합의 문제(소위 "파틴킨"(Patinkin) 논쟁)가 발생하지 않으며 상대가격과 물가 간의 분리도 발생하지 않는다.

인지 규명하지 못한 것이 아닌가 생각된다. 물론 형태론에서 제시된 화폐관이 가치나 자본의 경우와 마찬가지로 구체적인 현실에 대한 '일차적인 추상' 내지 '잠정적인 근사치'로 설정된 것이라고 정당화할 수도 있을 것이다. 그러나 화폐가 자본주의의 무정부성을 반영하는 것이라면 가치·가격 문제나 산업자본·상업 내지 대부자본의 문제에서와는 달리 처음부터 가장 구체적인 현상과 같은 차원에서 설정되어야 할 것이다. 설령 화폐의 개념에 대해서도 추상·구체의 구분이나 추상 수준의 등급을 인정한다고 하더라도 과정론의 논리전개로 보아서 구체적인 상황에 대한 포용이 제대로 이루어지지 않고 있다고 보아야 할 것이다. 끝으로 화폐형태와 가격형태는 상호 연계되어 있지 않으며 마르크스가 제시한 그대로의 화폐론이나 형태론과 가격형태론(=전형론+경쟁론)을 결합시키는 것이 쉽지 않다는 것을 의미하는 것이기도 하다.

④『자본론』에 있어서 위의 세 가지 요소는 상호 결합되어 사용가치·가치의 모순 및 구체노동·추상노동의 대립은 객체화 내지 외면화되어 상대가치형태·등가형태 내지 상품·화폐의 모순 및 구체·추상노동의 대입으로 발전한다. 또한 이들은 교환과정에서 *C–M–C*와 *M–C–M*의 운동 속에서 공황의 가능성을 낳고 나아가서는 자본의 운동 속에서 생산과정과 유통과정 사이의 분절로 공황의 실현을 가져오게 된다고 볼 수도 있다. 또한 마르크스는 '노자관계에 근거한 착취'와 '생산의 무정부성'이라는 것이 자본주의의 고유성으로서 동일한 것이라고 주장했는데, 구체·추상노동의 개념이 생산과정에 관한 논의를 통해 '노자관계에 근거한 착취'와 친화력을 갖고 있다고 볼 때 이것이 사적·사회적 노동의 구분에 근거한 '생산의 무정부성'과 상호 분리될 수 있다. 이 때문에 생산의 무정부성이라는 측면에 집착하게 되는 경우 단지 가치실체

및 상품화폐론뿐만 아니라 노동력이라는 상품에 근거한 착취관계에도 의구심이 갈 것으로 생각된다.

전체 논의를 종합하건대 등가형태와 관련하여 나타나는 추상·구체노동의 구분과 사적·사회적 노동의 구분 간의 이질성은 표면적으로는 추상·구체의 구도와 구체·구체가 대립하는 것이지만, 보다 깊숙하게는 실체론과 화폐론·가격론 간의 균열과 마르크스의 방법론적인 입장이 남겨 놓은 불씨라고 볼 수 있다. 위의 논의를 통해서 초보적으로 시사된 바에 의하면 아마도 이와 같은 균열을 해소하기 위해서는 실체론, 상품화폐론, 그리고 상품물신론 중 적어도 한 가지가 포기되어야 할 것으로 추측된다. 프랑스의 조절학파는 상품화폐론을 포기하고 있으며 이단적인 접근은 이보다 한 걸음 더 나아가서 실체론 자체를 포기하고 있다고 볼 수 있다. 마르크스의 논리전개 중 어떤 부분이 포기되어야 마르크스의 전 체계에 주는 파급효과를 가장 적게 하면서 이 문제를 치유할 수 있는 것인지가 향후의 과제로 등장하게 된다. 그러나 어떤 것이든 마르크스의 체계에 커다란 수정을 요구할 것으로 예상된다. 더불어 본 글은 되도록 마르크스의 원전에 충실하면서 저자의 입장을 정립하려는 데 국한되어 있기 때문에 향후 관련 문헌에 대한 비판이 추가되어야 진정한 공헌으로서의 면모를 갖추게 될 것으로 보인다.

보론: 자본에 대한 설명의 출발점

『자본론』에서는 이것이 다소 불명확하나 『학설사』를 보면 보다 명료해진다. 즉, $M–M'$은 대부자본(das zinstragende Kapital)을 나타내 주는 것으로서, 노자 간의 계급관계에 근거한 자본주의의 착취를 호도시키는 자립적인 물신(das automatische Fetisch)이므로 착취의 흔적을 전혀 남기지 않고 있으며, 이로 인해 자본의 실체에 대해서 전혀 파악할 수 없게 한다는 것이다. 반면, $M–C–M'$에는 산업자본의 개념을 도출할 수 있는 단서가 남아 있다고 보는 셈이다. 이 때문에 비록 고리대자본의 형태로서 산업자본보다 역사적으로 앞서 있는 것이지만 논의의 출발점이 될 수 없다는 것이 추론될 수 있다. 상업자본을 중심으로 한 본원적 축적의 역사적 과정이 자본축적의 일반적 법칙보다 나중에 서술 내지 논의되는 것도 같은 이유 때문인 것으로 생각된다. '사용가치 그 자체'가 상품보다 역사적으로 앞서 있음에도 불구하고 그것이 자본주의 분석의 출발점이 될 수 없는 것과 유사하다고 볼 수 있다. 다만, 사용가치가 출발점이 될 수 없었던 이유는 자본주의 고유성과 연관된 것인 데 비해, 자본의 경우에는 경제관계에 의존한 '법칙성'이 강조된다는 차이점이 있는 것으로 보인다. 다시 말해, 전자의 경우 사용가치를 논의의 출발점으로 삼는다면, 자본주의 고유성이 간과되거나 이것이 생산양식 일반의 보편성으로 오인된다는 것이다. 이에 비해 후자의 경우에는 국가의 폭력이 불가피한 역할을 수행하는 상업·고리대자본 형성이나 본원적 축적으로 논의를 시작한다면, 자본주의에 대해서도 정치적 영역에 따라 해명하려는 오류가 발생할 수 있다는 것이다.

『학설사』 3권의 논의(pp. 445~511)를 기반으로 자본 개념의 도출과 관련하여 위의 추상 수준에 해당되는 것을 찾아본다면 각기 ① $M–M'$, ② $M–C–M$ 혹은 $M–C–M'$, ③ $M–[MP/LP] \cdots P \cdots C'–M'$, ④ $M–C–M'$, ⑤ $M–M'$이 될 것이다. 가치와 관련하여 ①의 구체는 인식을 적극적으로 오도하는 것으로서 자본에 관한 논의에 있어서는 $M–M'$이 이와 같은 구실을 하고 있어 유사성을 지니고 있다. 자본의 개념을 『자본론』에서 도출하는 데 있어 마르크스가 논의의 출발점으로 삼은 것은 ②이며, 이에 근거해서 ③을 산업자본의 구조로 설정한 뒤 ①과 ②를 각기 ⑤와 ④로 재설정하였다. 여기서 마르크스는 고리대자본이 산업자본에 의해서 포섭되면서 대부자본이 된다는 것을 성공적으로 보여 주고 있으며 이러한 대부자본이 물신숭배의 '완결된 형태'(die vollendigste Form)라고 본다. ②와 ④는 각기 중상주의적 의미에 있어서의 상업자본과 자본주의 내에서 산업자본의 일부로서 상업자본이 된다. 또한 ①과 ⑤는 각기 고리대자본과 대부자본으로 설정된다. 가치론에서 사용가치와 상품이라는 출발점이 물신성에 의한 인식의 전도와 자본주의 파악의 올바른 출발점으로 설정된 것과 유사하게 자본에 관한 논의에서도 $M–M'$과 $M–C–M$은 착취에 근거한 자본 개념을 전도시키느냐 아니면 산업자본에 대한 파악으로 나가느냐의 갈림길이 된다. 나아가서 가치론에 있어서 상품이라는 출발점이 자칫 교환의 필연성을 내면화하고 있는 존재라는 것이 망각될 경우, 사용가치로 전락하게 되는 것과 유사하게 $M–C–M$이라는 출발점도 그 자체에 머무를 경우 상업자본으로 규정되는 데 그치게 된다. 가치론의 경우 사용가치가 가치와 전면적인 교환을 전제로 재정립되는 것과 유사하게 자본에 관한 논의에서는 상업자본과 고리대자본이 각기 생산과정을 내포하는 산업자본의 특수한 형태로 재정립된다. 후자의 경우 노동력이라는 상품의 존재가 논리적인 전개(1권 5~6장)를 통해 확립된 후에 이것의 역사적인 형성과정이 본원적 축적에 관한 논의(1권 26~28장)에서 재정립되는 것도 마찬가지 이유에서 비롯되는 것이다. 양자에 있어서 모두 상품이라는 존재가 원하는 결론을 가능하게 해 주는 단서가 되고 있다. 다만 『학설사』

에 있어서는 이미 홍훈(1992)에서 밝힌 대로 가치형태가 아니라 잉여가치가 논의의 핵심이 되고 있다는 점이 다르며 후자의 경우 '논리적인 매개'(Vermittlung)의 존재가 강조된다는 것이 다르다.

자본의 개념을 정립하기 위한 논의에서 이와 같은 추상 수준의 변동이 순조로운 데 비해, 교환 및 화폐에 대한 논의에서는 이와 같은 변동이 순조롭지 못한 이유는 아마도 후자의 경우에는 추가적으로 분석의 단위가 개별 상품소유자로 바뀌고 있는 것을 들 수 있다. 그러므로 본고는 자본에 대해서도 『자본론』 제3권에 등장하는 대로 개별 자본의 수준으로 내려오는 전형과 경쟁론, 특히 경쟁론에 있어서는 유사한 문제가 재발할 것으로 추정하고 있다.

참고문헌

홍 훈(1982), 「밀튼 프리드먼의 실증경제학 방법론에 관한 비판적 연구」, 『현상과 인식』, 봄호, 223~255.

_____(1991), 「맑스 경제학의 두 가지 축: 노동가치설과 내적 논리」, 『현상과 인식』, 가을호, 9~49.

_____(1992), 「스미스와 리카아도에 대한 맑스의 비판 비교: 『잉여가치 학설사』를 중심으로」, 한국경제학회 하계학술대회 발표.

Althusser, L. and E. Balibar(1968), *Lire le Capital*, Francois Maspero.

Kojève, A.(1969), Introduction to the Reading of Hegel, Basic Books.

Marx, K.(1967), *Capital*, Vol. I, International Publishers, New York.

_____(1969), *Theories of Surplus Value*, Part I, III, Progress Publishers, Moscow.

_____, *Deutsche Ideologie*, MEW Band 3.

_____, *Zur Kritik der Politischen Ökonomie*, MEW Band 13.

_____, *Randglossen zu Adolph Wagners "Lehrbuch der Politischen Ökonomie,"* MEW Band 19.

_____, *Das Kapital*, Erster Band, MEW Band 23.

_____, *Theorien über Mehrwert*, MEW Band 26. 1, 26. 3.

_____, *Grundrisse der Kritik der Politischen Ökonomie*, MEW Band 42.

MEW: Marx-Engels Werke, Dietz Verlag, Berlin, 1987.

chapter 03

가치, 노동, 그리고 경제관계

마르크스주의 가치론은 실체와 형태, 그리고 수량 사이의 상호관계에 대해 확고한 해결책을 얻지 못해 현재까지 끝없이 표류하고 있다. 이러한 표류의 근본 원인은 마르크스의 노동가치론을 더 이상 투하노동가치론으로 해석할 수 없지만, 일단 투하노동가치론으로 해석하지 않는 경우 마르크스가 주장한 가치실체가 소실된다는 데에 있다. 이 글은 이러한 혼란을 해소하기 위한 하나의 시도로서 가치와 노동을 사회관계 혹은 경제관계라는 관점에서 재해석해 보고자 한다. 이 논의를 통해 실체와 형태가 새로운 방식으로 연결되고 가치량의 지위는 축소 조정된다. 또한 투하노동가치를 포기하더라도 가치형태뿐만 아니라 가치실체가 요구되며 가치실체가 요구되는 이유도 투하노동가치론에서와 다르다는 것을 보여 주고자 한다.

이러한 주장을 개진하기 위해, 우선 가치, 노동, 그리고 관계를 하나씩 논의하고, 둘째 이들 상호 간의 연관에 대해 검토하며, 셋째 이러한 해석에 근거해 가치실체를 정당화하고, 넷째 이 해석에 의존해 마르크스의 가치형태론에 대해 새로운 해석이 가능하다는 것을 보이며, 다섯째 이러한 해석에 대해 두 가지 의문을 제기하고 이에 대해 해명한 후, 끝으로 기존 해석들과 대비시켜 이 해석의 중요성을 부각시키고자 한다.

1. 가치, 노동, 관계의 의미

우선 마르크스의 핵심적인 개념들인 가치, 노동, 그리고 관계에 대해 개별적으로 논의해 보자. 마르크스에 있어서 '가치'와 '노동'이 갖는 이론적인 중요성은 재론할 여지가 없으며 이들이 거의 붙어 다닌다는 것에 대해서도 대부분이 인정하고 있다. '관계'는 인간관계, 경제관계, 교환관계, 생산관계, 사회관계 등으로 여러 군데 등장하며 중요한 개념으로 인정되고 있으나 가치 및 노동과 어떻게 연결되는지 분명히 규정되지 않고 있다. 이 글의 일차적인 목적은 가치와 노동이 경제관계 혹은 사회관계와 어떻게 연결되어 있는지 보여 주는 데에 있다. 이러한 연결을 위해서는 이 세 가지 기본개념에 대해 종전보다 상세한 구분이 요구된다. 이러한 구분들 중에는 이미 잘 알려진 것도 있으나 단지 묵시적으로 전제되었거나 전혀 언급되지 않은 것도 있다.

첫째, 가치에 대해서는 주로 실체와 형태라는 두 가지 측면에서 파악하며 가치량이라는 측면은 이것들보다 부차적으로 취급한다. 가치를 세 가지로 나누어 보는 것은 특이할 것이 없으나 주로 실체와 형태의 대립에 대해 중점을 두어 수량을 부차적으로 취급하는 것이 통설에서 다소 벗어나는 점이다. 이렇게 보아야 하는 이유는 논의가 진행되면서 보다 명확해질 것이다.

둘째, 노동에 대해서는 두 가지 구분에 주안점을 두고자 한다. 그 하나는 구체적 노동(concrete labour)과 추상적 노동(abstract labour)의 구분(이하 CAL)이며, 다른 하나는 사적 노동(private labour)과 사회적 노동(socoal labour)의 구분(이하 PSL)이다. 마르크스가 이러한 개념들을 제시했다는 것은 대체로 인정되고 있다. 구체노동 및 추상노동은 상품을 통해 사용가치 및 가치와 각기 일대일로 대응되어 구체노동은 사용가치를 생산하고 추상노동은 가치를 생산하는 것으로 되어 있다. 또한 사적인 노동과 사회적 노동의 구분은 개별 생산자가 교환과정에서 사회적으로 승인을 받아야 한다는 사실과 연관되어 있다.

그러나 마르크스의 가치론에 대해 대부분의 연구자들은 이 두 가지 구분을 분명히 차별화하지 않고 있다. 이들은 특히 추상노동과 사회적 노동을 거의 중복적인 개념으로 간주하며 심지어 가치라는 개념과 동의어처럼 취급하고 있다. 이후의 논의를 통해 이러한 두 가지 구분이 어떻게 다르며 어떻게 상호 간에 연결되는지 보다 분명히 하고자 한다.

가치와 관련하여 가치량을 부차적인 것으로 취급한 것과 마찬가지로 노동에 대해서도 주로 양적인 측면과 관련된 구분들을 부차적으로 취급하고자 한다. 이런 맥락에서 투하노동가치론과 연결되어 있는 동질노동과 이질노동의 구분은 CAL과 분명히 차별화되어야 한다. 또한 '개별적으로 필요한 노동'과 '사회적으로 필요한 노동'(socially necessary labour time)의 구분은 PSL을 주로 양적인 측면에서 파악한 구분으로 PSL보다 부차적으로 취급할 것이다. 끝으로 숙련노동과 미숙련노동의 구분이나 노동강도의 차이 등은 이 논의에서 고려하지 않는다.

셋째, 일반적으로 사회관계에 대해서는 관계의 발생(혹은 존재)과 그것의 재생산을 구분할 필요가 있다(Lawson, 1989: 64~65; 1994: 18~19). 관계의 발생은 사회관계가 어떻게 등장하게 되느냐와 연관되며, 재생산은 그러한 관계가 어떻게 유지되느냐와 관련된 것이다. 달리 말하자면, 관계의 발생이 역사적으로나 논리적으로 사회관계가 어떻게 생겨나느냐 혹은 어떤 방식으로 존재하게 되었느냐와 관련된 것이라면, 재생산은 이미 존재하는 관계가 현실 경제에서 어떻게 갱신되는지를 나타낸다. 물론 재생산 과정에서 기존 관계가 변형될 수도 있다.[1] 그러므로 발생에 대한 연구는 재생산의 제반 여건들을 드러내는 데 목표

1 그러므로 여기서 말하는 재생산은 『자본론』 2권 재생산표식의 '재생산'보다 넓은 의미를 띠고 있다.

를 둔다고 볼 수 있다. 이 점에서는 최근에 등장한 비판적 실재론(critical realism)의 입장을 고려할 필요가 있다(Sayer, 1979: 37; Lawson, 1994; Fleetwood, 1997: 29~31).[2]

마르크스 역시 경제관계를 강조했으며 이러한 두 가지 관점에서 관계를 파악하고 있다. 예를 들어, 화폐가 어떻게 생겨나게 되는지 역사적 혹은 논리적으로 설명하는 것(Marx, 1967(1867): 1권 1장 3절, 2장)이 발생의 문제이고, 일단 발생한 화폐가 자본주의하에서 어떻게 운행되는지 설명하는 것(3장)이 재생산의 문제라고 볼 수 있다. 또 다른 예로, 자본주의 착취관계가 어떻게 형성되는지 자본의 일반적 공식(4~6장)을 이용해 논리적으로 설명하거나 시초 축적과정(26장)에 의존해 역사적으로 기술하는 것이 발생의 문제이고, 일단 형성된 착취관계가 어떻게 구체적으로 유지되는지 보여 주는 것(7~10장, 25장)이 재생산의 문제이다.

그렇지만 이런 것들로 인해 마르크스가 다른 학자들과 질적으로 구분되는 것은 아니다. 기실 최근의 제도학파적인 접근에서도 제도의 발생과 발생한 제도의 유지 및 갱신을 엄밀히 구분하고 있다(Leibenstein, 1982: 270; Langlois, 1986: 4~5; O'Driscoll, 1986: 154~156). 마르크스의 독특한 점은 발생과 재생산을 각각 두 가지로 나누어 본다는 데 있다. 우선 발생은 내부화(internalization)와 외부화(externalization)의 두 과정으로 나눌 수 있다(Marx, 1967(1867): 61).

내부화는 경제관계가 상품으로 '스며드는' 과정이며 외부화는 내부화된 관계가 다시 경제의 현상계로 객체화되는 과정이라고 볼 수 있다. 내부화로 단

2 이들은 눈에 보이지는 않지만 엄연히 존재하는 사회의 깊숙한 구조를 찾아내는 데 중점을 두고 있다. 이를 위한 이론적 작업은 현상계에서 수평적인(horizontal) 인식운동을 위주로 하는 연역(deduction)이나 귀납(induction)이 아니라 수직적인(vertical) 인식운동을 위주로 현상의 배후로 들어가는 역행추론(retroductićn)이다.

순한 노동생산물이 상품이 되고, 우연한 물물교환이 규칙적이고 체계적인 교환으로 변하며, 생산과정이 단순한 노동과정이 아니라 가치증식 과정으로 바뀐다(Marx, 1967(1867): 87). 마르크스가 『자본론』 1권 2장에서 설명하는 바와 같이 한 경제의 변경 지방에서 발생한 교환이 각 경제의 내부로 침투하는 과정이 이에 상응한다고 말할 수 있다. 외부화 과정은 『자본론』 1권 1장 3절에서 가치실체로부터 가치형태 및 화폐를 끌어내는 마르크스의 논리에서 등장한다. 이에 대한 역사적인 설명은 2장에서 제시되고 있다(pp. 86~87).

외부화와 내부화의 과정이 마르크스에게 중요한 이유는 사회관계가 구조적이며 그러한 구조성이 상품과 화폐를 통해 가시화된다고 마르크스가 생각했기 때문이다.[3]

> … 그 형태는 *x* 상품 *A*=*y* 상품 *B*이다. 직접적인 물물교환의 형태는 *x* 사용가치 *A*=*y* 사용가치 *B*이다. 이 경우 *A*와 *B*라는 물건들은 아직 상품이 아니며 단지 물물교환 행위를 통해 상품이 될 뿐이다. …(p. 87).

> … 그러므로 두 상품이 상호 간에 그러한 관계 속에 놓이게 됨으로써 각 상품에 내재하는 사용가치와 가치 간의 대립, 혹은 대비가 외적으로 명백해진다. …(p. 61).

또한 재생산은 관념화(idealization)와 현실화 혹은 실현(realization)으로 나누어

3 여기서 주의해야 할 것은 이러한 관계의 내부화와 외부화가 올만(B. Ollman)이나 로슨(T. Lawson) 등이 강조하는 내적인(internal) 관계와 외적인(external) 관계의 구분과 다르다는 점이다. 이들이 내세우는 내적·외적 관계의 구분은 사회에 존재하는 여러 가지 관계들을 구분하는 기준이다. 개체가 관계로부터 독립적으로 존재할 수 없는 경우는 '내적'이고 개체가 관계와 무관하게 존재할 수 있는 경우는 '외적'이라고 이들은 정의하였다. 이런 분류에 따른다면 마르크스의 '관계'는 모두 내적이다.

볼 수 있다(Marx, 1967(1867): 95~96). 관념화란 사회관계가 각 개별 상품과 생산자에게 새겨지는 것을 의미한다. 이렇게 되면서 각 개별 상품의 생산과정이 시장을 목표로 삼게 되며 각 생산자는 자신의 생산물이 교환되리라는 예상을 의사결정 과정에 고려하게 된다. 마르크스는 『자본론』에서 이 개념을 논의하기보다는 전제한 것으로 보이며 주로 『비판』이나 자신의 박사학위 논문 등 초기 문헌에서 이것을 명시적으로 논의하고 있다.[4] 또한 실현이라는 개념은 가치실현이라는 말로서 잘 알려져 있는데, 사적인 존재로서의 상품이나 개별적인 생산계획 혹은 개별 경제주체의 기대가 교환과정에서 사회적으로 인정받는 것(social validation)을 의미한다.

> … 상품의 형태들이 일반적으로 그렇듯이 상품의 가격이나 화폐 형태는 그것의 만질 수 있는 물적인(reelle) 형태와는 확연히 다른 것이다. 그러므로 그것은 순전히 관념적이고 정신적인(ideelle) 형태이다. …(1967(1867): 95~96).

> 유통의 첫 번째 단계는 말하자면 실제(real) 유통에 예비적인 이론적(theoretical) 단계이다. …(1970: 64).

관념화는 자본주의 생산관계의 발생에 대한 설명과는 달리 역사적인 기술을 필요로 하지 않는다. 보다 중요한 것은 마르크스 자신이 표현하고 있듯이

4 마르크스는 자신의 박사학위 논문에서 데모크리토스(Democritus)와 에피쿠로스(Epicurus)의 원자론에 대해 비교하였다(Marx, 1975). 에피쿠로스의 쾌락주의나 공리주의에 대해 비판적이었던 것과는 대조적으로 여기서 마르크스는 데모크리토스를 비판하면서 에피쿠로스의 원자론을 옹호하고 있다. 에피쿠로스에 대한 마르크스의 해석은 나중에 전개된 자신의 가치론을 여러 가지 측면에서 예견해 주고 있는데, 특히 본질(essence)과 외양(appearance), 관념(ideal)과 실제(real), 추상(abstract)과 현실(actual)에 대한 구분에 주목할 필요가 있다(pp. 47~53, 61).

일반적으로 이러한 관념화가 '이론적인 단계'이므로 그것의 주체는 인간이며 보다 정확하게 말하자면, 경제주체(그리고 경제학자)라는 데에 있다. 그러나 (나중에 보다 상세히 설명되는 바와 같이) 마르크스에 있어서 관념화는 일차적으로 경제주체가 아니라 상품들과 각 상품들의 생산과정에 새겨지게 된다. 그리고 일단 상품에 새겨진 관념이 다시 경제주체들에게 전달된다고 볼 수 있다. 그렇기 때문에 관념화는 일차적으로 생산자가 아니라 상품의 성격으로 나타나게 된다. 이 점에서 마르크스의 관념화는 관념론과 무관하며 케인스나 기존 경제학의 주관적인 기대(expectation)와도 구분되어야 할 것이다.

내부화·외부화의 구분과 관념화·실현의 구분은 모두 상품이 시장에서 실제로 교환될 뿐만 아니라 처음부터 시장을 목표로 생산된다는 명백한 사실에 근거하고 있다. 그렇지만 내부화가 구조적인 것으로서(프롤레타리아) 경제학자의 추상화(abstraction)에 의해 포착되는 데 비해, 관념화는 경제주체들의 일상적인 관찰이나 예상과 같은 수준에 놓여 있다는 점에서 차이가 있다. 이런 관점에서 본다면 마르크스는 과학적인 경제학자의 인식과 경제주체의 일상적인 인식에 엄연한 차등을 두고 있는 셈이다. 이것은 마르크스에 있어서 자본주의가 존재적으로(ontically)뿐만 아니라 인식론적으로도(epistemologically) '다층적'(layered)이라는 것을 의미한다. 즉, 자본주의의 구조 자체가 심층과 표층으로 되어 있을 뿐만 아니라 이것에 대한 인식에 있어서도 표층에는 경제학자와 경제주체 모두가 접근할 수 있는 데 비해, 심층에는 경제학자들밖에 접근할 수 없는 것으로 되어 있다.[5]

5 신고전학파 경제학, 특히 최근의 합리적인 기대가설은 경제학자와 경제주체들 사이에 자료나 지식에 있어 차이를 두지 않고 있어 이러한 마르크스의 논리와는 차이가 있다.

그렇다면 이러한 관념이 존재하는 경우와 존재하지 않는 경우 사이에 어떤 실질적인 차이가 있을까? 만약 교환을 일회적이고 정황적인 인간관계로 본다면 이러한 관념은 의미가 없을 것이다. 그렇지만 마르크스처럼 교환을 반복적인 인간관계로 보는 경우 이러한 관념화는 필수적이다.

보다 일상적인 예로 학생과 선생의 관계를 생각해 볼 수 있다. 수년간의 피교육 경험을 가진 학생들은 매 학기가 시작되면 이미 선생의 강의를 받고 노트를 정리하며 시험을 치르고 평가를 받을 준비가 되어 있다. 이와 반대 입장에 있는 선생들도 마찬가지라고 할 수 있다. 이것이 바로 선생과 학생 간의 관계가 학생이나 선생 각자에게 내부화된 것이라고 볼 수 있다.[6] 이것뿐만 아니라 강의, 시험, 그리고 평가는 제도로서도 정례화된다. 이것이 바로 외부화라고 볼 수 있다.

그런데 개별적으로 학생들은 매 학기마다 이런 일들이 반복된다는 것을 알고 있다. 학생들은 기말시험을 치를 때 자신의 답안이 선생의 평가를 받을 것으로 예상하고 있다. 또한 이들은 어떻게 하면 좋은 점수를 받을지 궁리하게 되고 시험 후에는 얼마나 점수를 받을지 예측한다. 이러한 예상이나 노력은 학기가 끝난 후 실제 구체적인 점수로 나타나게 된다. 물론 학생들이 반드시 예상했던 점수를 얻는 것은 아니다. 이것이 각기 관념화와 실현에 해당되는 것이다. 이런 과정은 선생에게도 마찬가지라고 볼 수 있다.

이와 대조적으로 가난한 거리의 악사로 하루 벌어 하루 먹고 사는 사람이 거리에서 연주하던 중 어느 날 갑자기 유명한 지휘자에 의해 발탁되어 사회의

6 스미스(A. Smith)는 각 개인 속에 공평한 방관자(impartial spectator)라는 것이 존재한다고 주장했는데, 이 역시 타인에 대한 관찰을 통해 사회관계가 내부화된 것이므로 마르크스의 내부화와 비슷하다.

인정을 받게 되는 경우에는 내부화나 관념화가 선행되지 않았다고 볼 수 있다.

2. 가치, 노동, 그리고 관계 사이의 상호 연관

일반적으로 마르크스주의 가치론에서 노동은 가치를 창출하는 것으로 되어 있으며 동시에 가치는 경제관계와 연관되어 있다고들 말한다. 그러나 이러한 통상적인 설명은 가치와 관계가 연결된다고 주장하면서도 구체적으로 어떻게 연결되는지 밝히지 않는 문제점을 안고 있다. 심하게 말한다면, 대부분의 논자들이 노동가치론에 대한 마르크스의 주장과 사회관계에 대한 마르크스의 강조를 겹쳐 놓는 데에 만족하고 있다. 일보 양보하더라도 착취관계와 관련해서는 가치, 노동, 그리고 관계 사이의 연관이 어느 정도 정리되어 있는 데 비해, 교환관계와 관련해서는 이것들 사이의 연관이 분명하지 않다.

이러한 느슨한 논리로는 투하노동가치론으로부터 마르크스의 가치론을 방어하기 힘들다. 이런 식의 논리를 따라가게 되면 투하노동가치론과는 달리 마르크스에 있어서는 사회관계가 중요하다는 것을 강조하게 되어 마르크스의 가치론 중 실체를 포기하고 형태에 집착하는 결과를 맞게 된다. 이 절에서는 위에서 제시된 가치, 노동, 관계에 대한 구분들을 상호 연관지어 이 문제에 대한 해결책을 강구하고자 한다. 보다 구체적으로 가치와 노동, 노동과 관계, 그리고 가치와 관계라는 세 가지 연결에 대해 논의하고자 한다. 핵심적인 줄거리는 그간의 논의들에서는 교환관계를 사회관계라고 상정하면서도 이 관계를 노동, 가치, 그리고 상품에 외적인 존재로 생각해 왔다는 것이다.

우선 마르크스의 가치는 자본주의 생산관계의 발생(이나 존재) 및 재생산을 모두 포괄한다는 점이 인정되어야 한다. 이렇게 되면 가치실체와 형태는 각기 이 두 가지 관점에서 해석될 수 있다.

가치를 발생과 관련지을 경우 상품에 내부화된 관계가 가치실체로 규정되며 가격 및 화폐로 외부화된 관계가 가치형태로 설정된다. 이러한 관계의 발생은(적어도 논리적인 차원에서) CAL에 의해 설명되는데 화폐의 발생에 관한 설명에서 드러나는 바와 같이 내부와 외부가 각기 추상노동과 구체노동에 상응한다. 여기서 가치는 기본적인 경제관계의 존재, 그 자체를 나타내 주는데 가치실체는 추상노동에 의해 설정되고 가치형태는 CAL에 의해 설명된다고 볼 수 있다.

이와는 대조적으로 가치를 재생산이라는 관점에서 보면 하나의 상품에 관념화된 관계가 가치실체로 간주될 수 있으며 현실의 교환을 통해 실현된 관계가 가치형태로 정의될 수 있다. 그렇기 때문에 관념적으로 상정된 개별 상품의 가치는 비록 교환과정을 '예상'하고 있지만 구체적인 교환행위 이전에 이미 존재하는 것으로 볼 수 있다. 이에 비해 실현된 가치는 생산과정에 대한 '기억'을 가지고 있지만 구체적인 교환이 완결된 후에 비로소 존재하게 된다. 이러한 관계의 재생산은 PSL에 의존해 설명되는데 관념적인 것은 사적인 노동과, 실현된 것은 사회적 노동과 각기 연계된다. 관계의 발생에서와는 달리 여기서 가치실체는 사적인 노동에 의해, 가치형태는 사회적 노동에 의해 대변된다고 볼 수 있다.

가치량은 관계의 발생이 아니라 재생산의 수준에서 문제가 된다. 경제관계의 발생이나 존재는 가치량과 전혀 무관하게 설정된다. 이에 비해 재생산 과정에서 특정 상품이 사회적으로 승인을 받느냐, 그리고 어느 정도 승인을 받느냐는 문제는 표면상 가치량의 문제로 나타나게 된다. PSL은 기본적으로 생산의 무정부성이라는 자본주의 고유성을 개념화한 것이다. 그러나 보다 좁혀 순전히 양적인 측면에서 파악하는 경우 PSL을 '개별적으로 필요한 노동시간'(individually necessary labour time)과 '사회적으로 필요한 노동시간'(socially necessary labour time)이라고 부를 수 있을 것이다.

이러한 노동시간은 가치량에 상응하는 양적인 개념이다. 특정 개별 자본의 생산조건이 한 산업 내에서 평균적인 혹은 지배적인 생산조건에 미치지 못하거나, 아니면 사회적 수요가 변동한 경우 투입된 노동시간이 완전히 실현되지 않을 수도 있다. 그렇기 때문에 흔히 사회적으로 필요한 노동시간이라는 개념이 필요하게 된다. 그러나 마르크스를 이해하는 데 있어서 중요한 것은 투하노동이든 사회적 필요노동이든 투입된 노동량이 수량적으로 가격을 결정하느냐가 아니라 노동이 경제관계의 재생산과 어떻게 연결되느냐이다.

이런 주장점들을 도식화한다면 아래와 같이 될 것이다.

관계	실체 가치형태	노동
발생	내적 · 외적	추상 · 구체
재생산	관념(수량) · 실현	사적(시간) · 사회적

이제 이런 구분에 몇 가지 설명을 추가시켜 보자. 경제의 본질을 구성하며 CAL과 연관되어 있는 가치는 노동 및 가격을 '압도'한다고 볼 수 있다. 왜냐하면 이런 의미의 가치는 노동이나 가격을 추상노동이나 가치형태로 재구성하기 때문이다. 같은 이유로 이런 가치는 노동이나 가치형태보다 우선한다. 이때

의 가치는 역사적이거나 현실적이라기보다는 논리적이거나 인식론적이다.

이것과 비교하여 표면에 나타나며 PSL과 연관되어 있는 가치는 노동이나 가격을 압도한다기보다는 양자를 '매개'한다고 볼 수 있다. 가치의 이와 같은 매개기능으로 인해 노동과 가격은 직접적으로 연관되지 않고 간접적으로 연관된다(홍훈, 1995). 또한 이와 같은 매개과정에서 사적인 노동은 잠재적(potential)으로 가치를 구성하는 데에 비해, 사회적 노동은 현실적(actual)으로 가치를 구성한다고 볼 수 있다. 이런 상황은 '최후 심급의 결정'(determination in the last instance)이라는 용어로 보다 정확하게 표현될 수 있다(Carchedi, 1991: 3~4). 이런 맥락에서 PSL 및 이와 연관된 가치는 인식론적으로뿐만 아니라 존재적으로도 중요하다는 것을 알 수 있다.

이와 더불어 주목해야 할 것은 CAL이 경제주체가 아니라 상품과 연관되며 CAL에 의존해 기본적인 경제관계가 설정되는 과정에는 경제주체의 행동이 개입되지 않는다는 점이다. 이 점은 화폐의 발생을 설명하는 과정에서 마르크스가 경제주체들의 행동을 적극적으로 배제하려고 했던 것에서 확인된다. 이와 대조적으로 현실의 교환을 설명하기 위해 요구되는 PSL은 상품뿐만 아니라 개별 경제주체들과 이들이 요구하는 구체적인 사용가치를 논의의 대상으로 끌어들이게 된다(Marx, 1967(1867): 1권 2장). 이렇게 되는 이유는 마르크스에 있어서 개별 주체들은 자신의 의도와 무관하게 사회관계 혹은 구조를 재생산하거나 변형시키지만 여전히 이들을 통해 재생산이 이루어지기 때문이다(Lawson, 1994: 18; Fleetwood, 1997: 9). 부연하자면, 마르크스가 주장한 바와 같이 오로지 자신의 이익을 추구하기 위해 가격변수들에 집착하는 경제주체들은 생산관계를 알지도 못하며 그것을 자신의 의도에 따라 변경할 수도 없다. 그렇지만 경제주체들이 이러한 생산관계의 재생산에 있어 행동주체로 등장한다는 것은 엄연한 사실이다. 구체적인 사용가치의 수량이 문제가 되는 재생산표식이나 개별 주체들의 행동이 본격적으로 문제되는 경쟁론 등은 이런 생각의 연장선상에 있다.

이와 같은 차이로 인해 관계의 발생을 설명하는 데 있어서는 오로지 상품관계만이 문제되는 데 비해, 재생산 과정에는 상품관계뿐만 아니라 인간관계도 개입된다. 보다 구체적으로 재생산 과정에서 인간관계는 상품관계에 의해 매개된다고 볼 수 있다. 경제주체들은 이미 언급한 대로 가치형태에 의해 움직이므로 인간관계는 가치형태에 의해 지배된다. 이에 비해 상품들은 구체적인 사용가치에 대한 감각을 가지고 있지 않으며 소유자들에 대해서도 관심을 가지고 있지 않다(Marx, 1967(1867): 85). 그렇기 때문에 상품관계는 가치실체에 의해 지배된다고 볼 수 있다. 이렇게 본다면 상품관계가 인간관계를 매개한다는 것은 가치실체가 가치형태의 기반이라는 것을 달리 표현한 데 지나지 않는다.[7]

이런 연관에 대해 교환을 예로 들어 다시 설명해 보자. 교환이라는 현상을 사람들이 인식하게 되는 계기는 가격의 존재이다. 그것은 일차적으로 물체에 부여되는 수량적인 속성으로 등장한다. 그런데 곧 그것이 한 물체의 속성이라기보다는 두 물체 간의 교환비율이라는 것을 알 수 있다. 한 걸음 더 나아가서 마르크스는 그것을 교환비율이 아니라 교환관계로 설정한다.

그런데 문제는 여기서 끝나지 않는다. 이러한 교환관계가 물체의 내부로 침투하여 단순한 물체가 상품이 된다. 또한 내부화된 관계가 외적으로 객관화되면서 상품이 화폐가 된다. 이것이 바로 마르크스가 이론적으로 상품과 화폐

7 또한 이러한 차이로 인해 CAL이 전체적으로 자본주의를 다른 생산양식으로부터 구분 짓는 데 비해, PSL은 자본주의 경제 내에서 개별 상품들의 사회적 승인과 연관된다.

를 재구성하는 방식이다. 이렇게 되면서 물체들 간의 교환관계는 상품과 화폐 간의 교환관계로 바뀐다. 물론 이러한 재구성에 있어서 핵심적인 개념은 가치이다. 또한 노동으로 보자면 구체노동과 대비되는 추상노동이 핵심을 이루고 있다.

그런 연후에 마르크스는 이들 상품들 간의 관계의 배후에 인간관계를 복원시킨다. 여기서 교환관계가 상품관계와 인간관계로 구성된다는 논리가 나오게 된다. 이와 같이 교환, 상품, 그리고 화폐가 이론적으로 설정되고 인간관계가 복원되면서 상품과 화폐의 교환을 단위로 하는 경제의 운행이 제대로 논의될 수 있다. 이러한 운행을 통해 구체적으로 상품과 화폐라는 존재가 확인되고 그들이 대변하는 사회관계가 재생산된다(또한 자본가들과 노동자들도 경제주체로서 이윤과 임금(재)을 획득함으로써 자신들의 사회적인 존재를 재생산하게 된다). 여기서도 가치가 개입되어 있지만 사적 노동과 사회적 노동의 구분이 의미를 지니게 된다.

이렇게 볼 때 마르크스의 가치론에서는 생산관계의 재생산뿐만 아니라 생산관계의 발생이나 존재 자체가 논의되고 있다는 것을 확인할 수 있다. 또한 이와 같이 관계가 발생과 재생산이라는 두 가지 관점에서 설정되고 가치와 노동도 이중적으로 설정되면서 상품이나 화폐 등 다른 개념들도 이중적으로 설정될 수밖에 없다. 달리 말해, 논의의 출발점으로 수용되는 상품과 교환관계 속에서 일상적으로 등장하는 상품이 구분되어야 한다. 또한 가치형태에 의존해 그 기원이 설명되는 화폐와 교환을 통해 유통되는 화폐도 구분되어야 한다.

이 글과 비슷한 의견을 제시한 학자로서 우리는 로이텐(Reuten, 1988: 53~55)을 들 수 있다. 로이텐은 이념화라는 것에 대해 이론적인 의미를 부여하고 현실 경제 속의 화폐, 통약, 그리고 추상화와 대비되는 관념적인 화폐(ideal money), 관념적인 사전적 통약(ideal precommensuration), 그리고 관념적인 추상화(ideal abstraction)를 설정하고 있다. 이에 따라 추상노동이라는 개념이 중요하다는 생각도 제시하고 있다. 저자와 로이텐 사이의 차이점은 로이텐이 내부화와 관념화에 대해 구분하지 않으며 내부화나 관념화를 가치실체가 아니라 (사전적인 혹은 관념화된) 가치형태로 본다는 것이다.

내부화와 이념화에 대해 구분하지 않은 것은 관계의 발생과 그것의 재생산에 대해 구분하지 않았기 때문이라고 생각한다. 관계의 발생에 대해 무관심했으므로 당연히 이것의 설명근거인 가치실체에 대해서도 무관심하였다. 그렇지만 마르크스 자신이 추상노동을 가치형태가 아니라 가치실체와 연관시키고 있다는 것을 생각한다면 로이텐의 이러한 논리에는 무리가 있는 것으로 보인다. 또한 마르크스가 유지하였던 경제학자와 경제주체 간의 구분도 이러한 생각 속에서는 불가능하다. 로이텐의 이러한 생각에는 경제관계에 대한 전반적인 강조가 두드러지지만 경제관계의 구조성이라는 마르크스의 고유한 통찰이 소실되어 있다.

3. 가치실체에 대한 정당화

이제 우리는 가치실체에 대해 정당화할 수 있다. 일단 문제의 성격을 부각시킬 필요가 있다. 마르크스는 가치를 사회적 실체(social substance; gesellschaftliche Substanz)로 규정하였다(Marx, 1967(1867): 38, 47, 57). 분명히 '사회적'이라는 표현은 사회관계를 시사하고 있으며 '실체'라면 노동을 생각하게 된다. 그렇지만 과연 사회관계와 노동은 어떤 성격을 띠는 것인가? 보다 근본적으로 실체이면서 동시에 사회적인 것이 도대체 무엇일까? 사회관계 속에서 가치를 파악하겠다고 하면서도 교환 이전에 사전적으로 모종의 실체가 존재한다고 보는 것이 모순되지는 않는가? 혹은 투하노동가치론을 거부하는 경우 가치실체는 더 이상 의미가 없으므로 가치형태에 만족하면 되는 것이 아닌가? 앞선 논의에 근거해 우리는 마르크스에 있어서 가치가 여전히 사회적 실체로 규정될 수 있는 두 가지 근거를 제시할 수 있다.

첫째, 가치는 상품에 내부화된 교환 및 생산관계를 설정하는 기본범주로서 이에 근거해 가치형태, 화폐(그리고 자본) 같은 여타 개념들이 창출된다. 이러한 발생론적인 과정은 주로 경제학자들의 인식과 관련된 것이지만 자본주의를 분석하려는 마르크스의 목표를 놓고 볼 때 불가결한 부분이다. 분명히 이런 의미의 가치는 형태 이전에 존재하며 이보다 논리적으로 우선하므로 실체라고 부를 수 있을 것이다. 이러한 실체는 투하노동도 아니고 사회적 노동도 아닌 추상노동에 근거하고 있다.

둘째, 현실 경제에서 교환·생산관계는 스스로를 재생산한다. 그러므로 생산자는 자신의 생산물을 시장에 팔아야 한다는 것을 미리 예상하거나 이에 대한 관념을 가지고 있다. 그런데 마르크스의 유물론적인 관점에 따르면, 생산자가 생산물의 주인이 아니라 생산물이 생산자의 주인이다. 그렇기 때문에 사회적인 승인에 대한 예상은 일차적으로 생산물에 객체화(objectified)되며 그런 연후에 생산자라는 경제주체에 주관화(subjectified)된다고 볼 수 있다. 보다 특징적으로 마르크스에 있어서 생산에 대한 '기억'과 교환에 대한 '예상'을 일차적으로 간직하는 주체는 경제주체들이 아니라 상품들이다. 일견 기괴하게 보이는 이러한 논리는 경제주체들이 "자신의 의도와 무관하게" 경제관계를 재생산한다는 자신의 논리에 대해 마르크스가 구체적인 내용을 부여한 것이라고 볼 수 있다.[8] 이런 이유로 상품은 교환 이전에 이미 사전적으로 사회적이라고 볼 수 있다. 상품에 새겨진 이러한 사회적 생산관계를 나타내 주는 것이 바로 가치실체이다.

이제 마르크스가 실체라는 개념을 왜 필요로 했는지 인식과 현상의 두 가지 차원에서 정당화했다고 볼 수 있다. 반복하자면 상품에 내부화되고 관념화된 자본주의 고유의 사회관계를 개념화하는 것이 가치실체이다.[9] 가치실체는 자본주의 고유의 사회관계를 가격과 화폐로 외부화되고 실현된 상태에서 포착하는 가치형태와 대비된다. 내부화된 자본주의 생산관계를 나타내 주는 가치실체는 추상노동에 근거하고 있는 데 비해, 관념화된 자본주의 생산관계와 연관된 가치실체는 추상노동뿐만 아니라 사적인 노동에 근거하고 있다. 특정 상품이 함축하고 있는 노동은 사회적으로 승인을 받을 때까지 사적이다. 그렇지만 위의 해석을 인정하는 경우 그것은 구체적일 뿐만 아니라 동시에 추상적이기도 하다.

지금까지의 논의를 통해 투하노동과 사회적 노동뿐만 아니라 사회적 노

8 비판적 실재론자들은 일생을 통해 마르크스를 치열하게 비판했던 하이에크에도 이런 관점이 등장하고 있다는 것을 주목하고 있다(Fleetwood, 1997). 하이에크는 각 개인들이 문자로 명확하게 개념화하지는 못하지만 행동을 통해 실현하는 것을 '거대한 사회'(the Great Society)의 '규칙'(rule)으로 규정하고 있다(Hayek, 1979). 그렇기 때문에 마르크스의 가치와 하이에크의 '자생적인 질서'(spontaneous order) 혹은 규칙은 논리적으로 비슷한 위치를 차지하고 있다.

9 마이클(S. Meikle)도 유사한 의문을 제기하면서 사회적 실체에 유사한 '실질적 실체'(virtual substance)라는 개념을 옹호하고 있다(1991: 303~304). 더구나 나중에 그는 그러한 실체와 추상노동을 연결한 것이 아닌가 생각한다(1995: 184~186).

동과 추상노동도 구분해야 한다는 것을 알 수 있다. 투하노동과 사회적 노동 간의 구분을 통해 마르크스의 가치가 생산과정에서 이미 만들어져 교환과정에서 단순히 확인되는 존재가 아니라는 것을 알 수 있다. 재생산에 관한 한 바로 사회적 노동이 가치를 구성한다고 말할 수 있을 것이다. 그러나 경제관계와 가치가 정황적이거나 우연한 것이 아니라 구조적이며 물적이라는 마르크스의 통찰을 논리화하기 위해서는 사회적 노동과 추상노동 간의 구분도 불가결하다. 그러므로 마르크스의 가치론에는 사회적 노동뿐만 아니라 추상노동도 불가결하다는 것을 알 수 있다. 달리 말한다면, 투하노동가치론을 반박했다고 해서 가치실체와 추상노동의 개념을 생략한 채 곧바로 가치형태와 사회적 노동으로 건너뛸 수 있는 것이 아니다.

물론 가치량에 초점을 맞춘다면 노동에 대한 이러한 여러 가지 구분들이 필요하지 않을 것이다. 단순히 특정 상품에 투입된 노동시간 중 얼마만큼이 가치량으로 환산되는지가 관심거리라면 투하노동 대신에 사회적 노동을 채택하면 될 것이다. 또한 이 문제에만 집착한다면 추상노동은 동질적인 투하노동과도 구분되지 않는다. 그러나 가치의 실체, 수량, 그리고 형태가 구분되고 이들을 사회관계라는 관점에서 재해석하는 한 노동에 대한 여러 가지 구분들도 함께 요구되는 것이다.

4. 가치형태론의 이질성에 관한 해명

이렇게 보면 마르크스의 가치형태론에 대해 보다 발전적인 해석도 가능하다. 문제가 되는 부분은 가치형태론에서 마르크스가 가치와 사용가치, 추상노동과 구체노동(CAL), 그리고 사적 노동과 사회적 노동(PSL)의 구분에 근거해 등가형태의 세 가지 특징을 제시한 부분이다(Marx, 1867(1967): 58~59). 보다 구체적으로 마르크스는 상품에서 화폐가 발생하면서 가치가 사용가치에 표현되고, 추상노동이 구체노동의 모습으로 등장하며, 사적 노동이 사회적 노동이 된다는 주장을 내세우고 있다.

흔히 이 부분에 대해 마르크스의 주해자들은 CAL과 PSL을 같은 수준에 놓아 다음과 같은 두 가지 대립되는 연결고리를 제시해 왔다. (가치→추상노동→사회적 노동)과 (사용가치→구체노동→사적 노동)이 그것이다. 가치를 구성하는 노동은 "추상노동이면서 사회적 노동"이라는 손쉬운 답변은 이런 해석에 근거하고 있다.

그러나 이러한 해석은 우선 사용가치가 사적 노동뿐만 아니라 사회적 노동과도 연결된다는 점을 도외시해 마르크스 자신의 언술을 제대로 반영하지 못하는 문제를 안고 있다(홍훈, 1994: 24~28). 설령 이 점을 도외시한다고 하더라도 이러한 해석에는 추상노동과 사회적 노동을 상호 간에 용해시켜 버린다는 문제가 있다.

보다 중요한 것으로 이런 연결은 CAL과 PSL 사이에 이질성 혹은 불협화음을 낳는다. 불협화음이 발생하는 이유는 CAL과 PSL을 동일한 평면에 놓게 되는 경우 양자가 상호 모순되는 가치 개념을 잉태한 것처럼 보이기 때문이다. 보다 구체적으로 CAL을 따르면 투하노동가치론과 유사하게 가치가 교환 이전에 사전적으로 결정되는 것처럼 보이지만 PSL을 따르면 반대로 교환이 완결된 이후에 가치가 결정되는 것처럼 보이기 때문이다. 달리 본다면 가치형태론의 시작점에서는 상품에 이미 가치가 내재되어 있고 화폐는 수동적으로 이러한 가치를 표현해 주는 존재로 규정되는 경향이 강하다. 이에 비해 그 이후의 일반적 가치형태와 이어지는 논의를 보면 상품에는 가치가 존재하지 않으며 화폐가 가치의 화신인 것처럼 보인다.

이와 같은 CAL과 PSL의 이질성은 앞서 제시된 해석에 의존하는 경우 해소될 수 있다. 즉, 마르크스에 있어서 가치를 경제관계와 명확하게 연관시키고 가치가 경제관계의 발생과 재생산을 모두 포괄하지만 이들이 분명히 구분된다고 보면 이러한 이질성은 해소될 수 있을 것이다. 일보 양보해 여전히 그러한 이질성이 계속 존재한다고 보더라도, 순전히 수량적인 관점에서 상대가격의 결정요인을 찾는 데 초점을 맞추어 투하된 노동량과 사회적으로 필요한 노동량 사이에서 마르크스가 갈등한 것으로 해석하는 것은 옳지 않다. 또한 사용가치의 사회적인 성격이나 시장의 수요를 가치 결정요인으로 인정해야 하느냐는 논쟁으로 만족해서도 안 된다. 아마도 마르크스가 관계의 발생과 연관된 가치와 재생산과 연관된 가치, 혹은 (프롤레타리아) 경제학자가 설정하는 이론적인 가치와 현실 경제 속의 가치 사이에서 갈등했다고 보는 것이 보다 건설적인 해석이 될 것이다.

마르크스주의 전통에서는 루빈(I. I. Rubin)이나 리피에츠(A. Lipietz) 등이 진지한 노력을 기울였음에도 불구하고 CAL과 PSL, 특히 추상노동과 사회적 노동에 대해 분명히 구분하지 못했다고 생각한다(Lipietz, 1985: 부록). 이렇게 된 이유는 마르크스가 자신이 여러 군데에서 CAL과 PSL을 너무 근접시켜 놓았기 때문이라고 생각한다. 심지어 마르크스 자신이 『비판』에서 『자본론』에 이르기까지 이들을 혼용한 경우가 적지 않았다고 생각한다. 그렇지만 마르크스가 때때로

CAL과 PSL을 섞어 놓은 것은 CAL과 PSL을 중복적인 개념들로 생각했거나 이들이 동일한 추상 수준에 있다고 보았기 때문이 아니다. 위에서 제시된 해석에 따른다면, 보다 진정한 이유는 CAL과 PSL이 모두 가치실체, 그리고 특히 가치형태와 연결된다는 데서 찾아야 할 것이다.

5. 두 가지 의문

위와 같은 해석에 대해 혹자는 다음과 같은 의문을 제기할 수 있을 것이다. 노동, 가치, 관계의 세 가지 중 혹시 가치가 다른 개념들과 중복되어 불필요한 것이 아닌가? 이 의문은 두 가지로 나누어 볼 수 있다. ① 노동에 대해 이와 같이 복잡한 구분 틀을 제시한 후에도 여전히 가치라는 개념이 필요한가? 혹은 가치를 노동으로 대체할 수는 없는가? 그리고 ② 가치를 경제관계로 환원할 수는 없는가?

첫 번째 의문을 보다 구체화해 보자. 이런 의문을 제기하는 사람이라면 가치의 실체, 수량, 그리고 형태를 각기 추상노동, 노동시간, 그리고 노동의 형태로 대체할 수 있다고 주장할 것이다. 이러한 주장 중 가치실체를 추상노동으로, 가치량을 노동시간으로 대체하는 것에 대해서는 쉽게 문제를 찾을 수 없는 것 같다. 그렇지만 가치형태를 노동형태로 대체하려는 노력에는 어려움이 있는 것으로 보인다.

노동형태는 봉제나 재단 같은 여러 가지 인간의 활동들이나 린넨이나 외투와 같은 활동의 결과를 나타낸다. 그러나 가치형태가 이러한 구체적인 형태

그 자체가 아니라 사회성을 전제로 하며 여기에는 상품의 개념이 수반된다는 점에서 분명한 차이가 있다. 물론 사회의 수요가 바뀌면서 새로운 사용가치가 요구되고 그렇게 되면서 새로운 형태의 노동이 등장할 수 있다는 의미에서 노동형태에 사회적 성격을 부여할 수도 있을 것이다. 그렇지만 이러한 의미의 사회성은 가치형태가 가지고 있는 사회성과 비교할 때 '물적인 구조성'을 결여하고 있다는 점에서 차이가 있다. 그렇기 때문에 마르크스에 있어서 가치형태는 어떤 종류의 노동형태로도 대체할 수 없다.

두 번째 의문은 사회관계라는 개념으로 가치라는 개념을 대체할 수 없느냐는 것이다. 이 문제는 경제학과 여타 사회과학 간의 차이로 압축된다. 일반적으로 사회철학이나 사회과학은 사회관계를 논의의 대상으로 삼고 있다. 그러나 관계와 가치가 공존하는 분야는 경제학, 그중에서도 거의 마르크스 경제학뿐이다. 마르크스의 가치론을 정당화하기 위해 흔히 던지는 "가치는 사회관계이다"라는 언술은 이러한 차이를 심각하게 고려하지 않고 있다. 그렇다면 이러한 차이는 어디에서 생기는 것인가?

경제적인 사회관계는 인간관계이면서 동시에 상품관계이다. 여타 사회과학들은 상품관계에 의존하지 않는 인간관계까지 사회관계로 규정하는 데 비해, 마르크스에 있어서 사회관계는 분명히 상품관계에 의해 압도되고 이것에 의해 매개되는 인간관계이다. 나아가서 이러한 상품들이 물체가 아니라 사회관계를 내포한 존재로 설정되며 앞서 지적한 대로 이와 같이 내포된 관계를 포착하는 것이 가치(실체)이다. 그러므로 마르크스의 정치경제학에서 가치라는 개념을 경제관계로 대체한다는 것도 불가능하다.

6. 기존 해석과의 대비

투하노동가치에 대해 마르크스의 가치론을 지키려는 논리들은 대체로 가치실체를 완전히 부정하고 가치형태만을 방어하는 입장(Reuten and Williams, 1989; Cartelier, 1991)과 가치실체를 여전히 인정하는 절충적인 입장(de Vroey, 1981; Lipietz, 1985)으로 나뉘어진다. 그렇지만 기존 해석들은 투하노동을 주장하든 사회적 필요노동을 주장하든 공통적으로 마르크스의 가치론을 재생산이라는 관점에서만 파악하고 있다. 달리 말해, 투하노동가치론을 비판하기 위해 마르크스가 경제관계를 강조했다는 점을 지적하는 논자들 경우에도 이러한 경제관계를 이미 주어진 것으로 보고 이에 근거해 재생산만을 논의하고 있다는 것이다. 앞서 논의한 대로 마르크스의 가치는 단순히 경제관계의 재생산이 아니라 경제관계의 설정이나 발생과도 연관되어 있다. 또한 경제관계가 외적으로 나타나는 교환과정과 생산과정 그 자체에 불과하다고 보아 이러한 관계가 물체에 내부화되거나 관념화된다는 점을 고려하지 않는 경향도 두드러진다.

더불어 경제관계의 재생산에 국한시켜 보더라도 이들 중 상당수는 투하노동가치론과 마찬가지로 여전히 수량적인 측면에 치중함으로써 마르크스의 진정한 의도를 제대로 반영하지 못하고 있다. 가령, "가치는 생산과정에서 창출되나 교환과정에서 실현된다"는 애매한 해명은 마르크스 가치론의 타당성 여부를 경제관계가 아니라 노동량의 관점에서 파악하는 것이라고 생각한다. 이런 관점에서는 생산과정에서 투입된 노동량이 가치량의 결정에 어느 정도 영향을 미친다는 것을 보이면 마르크스의 가치론이 정당화되며 가치실체가 의미를 회복하게 되는 것으로 생각한다. 이러한 논리는 결국 투하노동, 혹은 동질노동과 사회적 필요노동의 결합, 혹은 절충을 통해 마르크스 가치론 전체를 정당화하려는 무리를 범하고 있는 것이다.

마르크스의 가치론에는 가치량뿐만 아니라 가치실체나 형태라는 측면이 존재하며 실체와 형태가 수량보다 중요한 의미를 지닌다는 것을 상기해야 할 것이다. 이 글의 주장을 따른다면 가치실체의 존재를 인정하면서도 이것을 노동량과 동일시 할 필요가 없으며 투하노동가치론과의 타협도 강요받지 않을 것이다. 가치실체는 생산과정에서 투입된 노동량이 가치량의 결정에 영향을 주기 때문이 아니라, 자본주의 생산관계를 내부화하고 관념화한다는 데에서 의미를 갖는 것이다.

참고문헌

홍 훈(1994), 『마르크스 경제사상의 구조와 한계』, 한울.

_____(1995), 「가치와 경제의 자율성」, 『가치이론논쟁』, 한국사회경제학회 엮음, 풀빛, 237~284.

Carchedi, G.(1991), *Frontiers of Political Economy*, Verso.

de Vroey, M.(l981), "Value, Production, Exchange," I. Steedman et al., eds., *The Value Controversy*, Verso, 173~201.

Fleetwood, S.(1997), "Critical Realism, Marx and Hayek," W. Keizer et al., eds., *Austrian Economics in Debate*, Rutledge, 127~150.

Hayek, F. A.(1979), *Law, Legislation and Liberty I, II, III*, The University of Chicago Press.

Langlois, R. N.(1986), "The New Institutional Economics," R. N. Langlois, ed., *Economics as a Process*, Cambridge University Press, 1~26.

Lawson, C.(1996), "Realism, Theory and Individualism in the Work of Carl Menger," *Review of Social Economy*, Vol. LIV, Winter, 445~464.

Lawson, T.(1989), "Abstraction, Tendencies and Stylized Facts: A Realist Approach to Economic Analysis," *Cambridge Journal of Economics*, 13, 59~78.

_____(1994), "Critical Realism and the Analysis of Choice, Explanation and Change," *Advances in Austrian Economics*, Vol. I, JAI Press, 1~24.

Leibenstein, H.(1982(1996)), "'The Prisoners' Dilemma in the Invisible Hand," L. Putterman and R. S. Kroszner, eds., *The Economic Nature of the Firm*, Cambridge University Press, 267~275.

Lipietz, A.(l985), *The Enchanted World*, Verso.

Marx, K.(1967(1867)), *Capital*, Vol. I, New York: International Publishers.

_____(1970), *A Contribution to the Critique of Political Economy*, with an Introduction by M. Dobb, New York: International Publishers.

_____(1975), "Doctoral Dissertation," *Karl Marx-Friedlich Engels, Collected Works*, Vol. 1, London: Lawrence & Wishart.

Meikle, S.(1991), "History of Philosophy: The Metaphysics of Substance in Marx," T. Carver, ed., *The Cambridge Companion to Marx*, Cambridge University Press, 296~313.

_____(1995), *Aristotle's Economic Thought*, Oxford University Press.

O'Driscoll, G. P.(1986), "Competition as a Process," R. N. Langlois, ed., *Economics as a Process*, Cambridge University Press, 153~170.

Reuten, G.(1988), "Value as Social Form," M. Williams, ed., *Value, Social Form and the State*, New York: St. Martin's Press, 42~61.

Reuten, G. and M. Williams(l989), *Value-Form and the State*, Routledge.

Rubin, I. I.(1973), *Essays an Marx's Theory of Value*, Black Rose Books.

Sayer, D.(1979), "Science as Critique," J. Mepham and D. Hillel-Ruben, eds., *Issues in Marxist Philosophy*, Vol. III, Harvester Press, 27~54.

chapter 04

『자본론』: 신고전학파 경제학 비판의 기반

마르크스(Karl Marx, 1818~1883)의 『자본론』(*Das Kapital*, 1867)은 오랫동안 많은 사회과학자들에게 영감을 불어넣었던 고전이다. 그런데 동구 몰락 이후 마르크스에 대한 관심이 크게 줄었다. 반면 신고전학파 경제학은 과학성을 자만하면서 다른 사회과학을 점령해 가고 있다. 이것이 소위 경제학의 제국주의(economic(s) imperialism)이다(Fine, 1999; Lazear, 2000).

이런 상황에서 신고전학파를 보다 근원적으로 이해하고 비판할 필요가 있다. 이 글은 『자본론』이 신고전학파에 대한 비판적 이해의 중요한 지침이 된다는 가설을 세워 이에 대한 논거를 제시하는 데 목표를 두고 있다.[1]

1. 『자본론』 체계의 방법론

『자본론』 체계는 변증법으로 인해 총체주의, 근본주의, 구조주의를 표방하므로 아래와 같은 특징들을 보인다(Fine, 2002: 197).

① 이론에 대한 근원적인 규명과 자의적인 가정에 대한 거부 및 외생적 요인의 최소화

② 범주(category)의 내용과 발생에 대한 설명

③ 정반합과 실체·형태의 결합 및 형식논리에 대한 거부

④ 범주들의 연관이나 포섭 혹은 위계 및 위치에 대한 중시

1 스라파주의자들이 1970년대 자본논쟁에서 일관성에 근거해 신고전학파에 대해 전개한 내적인 비판은 신고전학파의 개념이나 가정을 그대로 수용한다는 한계를 안고 있다. 또한 저자의 종전 논문에서는 내용을 중심으로 마르크스의 이론 중 유용성을 지닌 것을 제시하였다(홍훈, 1998).

⑤ 사회관계와 사회구조에 대한 강조

구체적으로 우선, 마르크스는 『자본론』에서 현상에 대한 근원적인 설명과 이론의 완결성을 내세우기 때문에 이론의 전제나 가정 혹은 출발점을 규명하려고 노력하였다. 특히, 『자본론』은 가정을 설명하지 않은 채 도입하는 데 조심스럽다.

이에 비해 신고전학파는 이론과 모형에 가정을 자의적으로 도입한다.[2] 또한 신고전학파는 이론의 전제나 가정을 의식하지 못하거나 무관심하다. 의식하는 경우에도 이를 수학으로 표시할 뿐 이에 대해 적극적으로 설명하거나 정당화하지 않는다. 행동경제학의 비판은 이 점을 여실히 보여 준다(Kahneman, 2011). 그런데 이런 가정이나 전제를 밝혀내고 개념화하는 것이 신고전학파를 깊이 있게 이해하고 비판하는 데 필수적이다. 이론을 주로 수입하는 한국의 경제학계에는 이런 노력이 더욱 절실하다.

물론 실증경제학의 신봉자들은 이론의 목적이 인과관계에 대한 설명이 아니라 관찰된 것의 상관관계에 의존한 예측이라며 이를 반박할 것이다(Friedman, 1966). 이 입장에서는 해바라기의 성장방향을 예측하는 데 도움이 된다면, 해바라기가 효용을 극대화한다고 가정해도 무방하다.

그러나 신고전학파의 역사 속에서도 가정이나 공준은 수시로 논란의 대상이었다. 또한 최근에는 신고전학파 부근에서도 정책개발 등과 관련해 인과적인 설명이 필요하다는 자성이 고개를 들고 있다(Deaton, 2010). 특히, 상품이라

2 통섭(consilience)을 내세운 생물학자 윌슨(Edward Wilson)에 의하면 경제학은 복잡성을 피하기 위해 심리학이나 생물학에 의존하지 않고 몇 가지 가정들로 미시·거시의 관계를 해결하려고 노력한다. 그런데 이런 가정들이 이론을 너무 추상적으로 만들면서 현실에 적용되기 힘들어졌다(Mäki, 2009: 374 재인용).

는 논의의 출발점에 대한 『자본론』의 고민으로부터 우리는 비판적 이해를 위해 신고전학파의 묵시적인 출발점을 드러낼 필요가 있다는 성찰을 얻을 수 있다.[3]

둘째, 『자본론』은 존재와 개념의 발생을 설명하기 때문에 상품, 화폐, 자본 등 범주의 내용이 무엇인지 진지하게 규명한다. 또한 마르크스는 개념들을 서로 연결시키고, 한 개념에서 다른 개념을 도출하며, 특정 개념을 『자본론』 체계 속에서 위치 지었다. 마르크스(와 헤겔)에 있어 이론과 상위이론(metatheory)의 이런 일체성을 전체화(totalisation)로 부를 수 있다(Gunn, 1992: 2, 24).

이런 노력이 설령 근원적인 설명을 낳지 못하더라도 이론의 근거와 한계를 인식할 기회를 제공한다. 또한 개념에 대한 고민이 없이 편의에 따라 정의를 선택하고 정의들 사이의 연관을 고민하지 않는 신고전학파의 관행에 대해 이것이 비판의 준거가 될 수 있다.

일반균형체계는 선호, 기술, 제도 등 많은 것들을 외재적이거나 외생적이라고 가정해 동태적인 현실을 정태적으로 바꾸어 놓았다. 반면 『자본론』 체계는 총체적이어서 시작, 과정, 끝을 포함하므로 이에 대한 비판의 근거가 된다.

셋째, 『자본론』의 핵심은 사회성, 그중에서도 자본주의적인 사회성이다. 신고전학파의 제국주의는 사회성을 시장적인 것에서 벗어나는 비시장적인 것으로 간주한 후, 이것을 다시 개체로 환원하거나 해체한다(Fine, 2002: 195). 마르

3 홀러웨이는 『자본론』의 출발점이 상품이 아니라 부라고 해석하였다(Holloway, 2015). 부로 이해해야 상품과 상품물신주의를 현실로 인정하면서도 이들이 지배하는 자본주의에 대한 저항을 수용하고 인간의 잠재력을 담을 수 있다는 것이다. 그렇지만 상품이라고 해석해도 이 같은 입장에 도달할 수 있을 것이다. 또한 그는 전체적인 체계성을 구조주의로 규정해 이것이 현실타파에 어려움을 준다고 비판하였다. 전체적인 체계성은 아니더라도 개념들의 상호 의존성이나 위치를 규정하는 것은 이론체계에 요구되는 덕목이다.

크스가 내세운 사회성은 단순히 개체나 구성요소의 외형이나 부분을 이루는 것이 아니라 개체나 구성요소에 내면화되어 필연적인 관계와 구조를 이룬다.

2. 범주의 중요성

마르크스는 범주나 개념을 중시하면서 이를 규명하려고 노력하였다. 반면 신고전학파는 행태주의와 조작주의 등으로부터 영향을 받아 범주나 개념이 아니라 정의에 만족하며 질적인 규명보다 양적인 규정과 측정에 집중해 왔다. 이 입장에서 얇게 규정된 이런 정의가 충족해야 할 거의 유일한 덕목은 일관성이다.

이 입장에서는 개념이란 이름에 불과하며 그것이 지칭하는 것은 관찰들로 존재하고 파악된다고 주장할 수 있다. 가령, 현시선호이론은 드러나 관찰된 것에 집착하므로 관찰된 수요량의 배후에 기호(嗜好; taste)가 아니라 선택(選擇; choice)과 밀착된 선호(選好; preference)를 상정한다. 이 입장을 극단적으로 신봉하면 이 세상에 대체비율, 이자율, 화폐량이 존재할 뿐 대체, 이자, 화폐는 존재하지 않게 된다.

그렇지만 신고전학파의 개념을 넓고 깊게 파고드는 것이 신고전학파 자체를 이해하고 비판하는 데 필수적이다. 경제학 지식이 일상생활을 통해 일반인들이 지니게 된 상식이나 직관과 괴리되어 있다는 점은 이런 필요성을 강화시킨다(홍훈, 2009). 이것은 신고전학파가 일상이나 상식으로부터 개념을 발전시키지 않고 이와 무관하게 정의를 부과하기 때문이다. 예를 들어, 일상적으로 생각하는 생산과 생산함수 사이에는 상당한 간격이 있다. 이 때문에 시장, 가격, 화폐 등 경제적 존재들이 무엇인지에 관해 신고전학파는 쉽사리 답변하지 못한다.

또한 신고전학파는 마땅히 있어야 할 개념들을 축소하거나 환원하고 심지어 없애버린다. 이는 신고전학파가 수리화나 계량화에 치중하기 때문에 발생하는 일이다. 즉, 현상의 수량적인 측면을 부각시키면서 현상을 변수로 만든 후 이것의 결정요인이나 상관요인들을 찾는 데 집중한다. 이같이 신고전학파는 x, y라는 존재나 범주로부터 별다른 설명 없이 x, y수량, 곡선, 함수로 손쉽게 이동한다.

그런데 경제현상을 함수로 파악하는 것이 상식 수준에서는 생경하다. 따라서 보다 깊고 넓은 개념화를 통해 경제학 지식이 상식이나 직관과 연결되도록 노력해야 한다. 역시 이론을 주로 수입하는 한국의 경제학계에서 이런 노력은 더욱 절실하다.

가령, 한계효용학파의 제번스(W. S. Jevons)는 사용가치와 교환가치의 구분을 수량적인 비율로 용해해 신고전학파에 물려주었다. 반면 마르크스와 (그와 반대 입장에 있지만 개념을 중시했던) 오스트리아학파의 멩거(C. Menger)는 이 구분을 유지하였다(홍훈, 2000: 62~65). 행동경제학의 최근 연구들도 판매인가 구매인가에 따른 사용가치와 교환가치의 양극화를 지적하였다(Amir et al,, 2008; Mazar et al., 2014).

신고전학파가 안고 있는 개념의 부실함을 외부효과를 통해 예시해 보자. 밖이 있으면 안이 있어야 하므로, 안과 밖을 나누는 기준을 제시해야 한다. 그런데 신고전학파는 이와 달리 내부효과를 언급하지 않는다. 그 이유는 내부효과는 당연한 반면 외부효과는 예외적이라고 생각하기 때문이다. 결국 내부효과에 대한 침묵은 시장에 대한 믿음에서 비롯된다.

마셜(A. Marshall)을 참고하면 내부효과와 외부효과는 시장의 가격과 개인의 의사결정이나 선택을 기준으로 구분된다. 어떤 것이든 가격에 반영되고 개인이 의사결정에 고려하면 내부효과이고, 그렇지 않으면 외부효과이다.

여기까지 오더라도 문제가 하나 더 있다. 표준이론은 시장기준과 개인기준을 일대일로 대응시킨다. 즉, 내부효과는 시장의 '안'이자 개인의 '안'이고, 외부효과는 시장의 '밖'이자 개인의 '밖'이다. 이것은 일반균형체계가 시장과 개인을 거의 동일시한다는 것을 의미한다. 그런데 시장과 개인이 현실적으로 다르므로 시장의 안팎과 개인의 안팎이 일대일로 대응하는지 확인해야 한다.

시장의 안이면서 개인의 밖이거나 시장의 밖이면서 개인의 안인 경우는 없는가? 전자는 개인들의 행위들이 모여 생기지만 경쟁과정 등으로 인해 개인의 의도와 다르게 나타나는 시장의 결과로 예시할 수 있다. 일반균형체계와 달리 애덤 스미스(A. Smith)와 멩거나 하이에크(F. A. Hayek) 등 오스트리아학파는 이것을 폭넓게 인정해 왔다. 후자의 예로 시민활동이나 자선활동, 윤리적인 행위를 들 수 있다.

요약하면 마르크스가 강조한 개념의 중요성에 비추어 수리화나 계량화에 앞서 개념화나 체계화를 통해 신고전학파를 재구성할 필요가 있다. 이를 위한 일차적인 작업은 신고전학파의 여러 정의들에서 '비율', '한계', '곡선', '함수', '균형' 등을 떼어낸 후 이들을 개념화하고 가능하면 연결하는 일이 될 것이다. 이 작업은 경제학에 대한 비판적 이해뿐만 아니라 경제학 교육을 위해서도 언제나 필요했던 일이다.

3. 출발점과 가정의 유의미성

신고전학파는 특정 개념을 다른 개념과 독립적으로 취급하는 경향이 강한데 신고전학파를 근원적으로 이해하고 비판하려면 개념들의 연관이나 전체 체계 속에서 이들의 우열이나 위치를 파악해야 한다. 이렇게 파악하면 마르크스에서 상품이 출발점이듯이, 신고전학파에서는 개인이 출발점이다. 나아가 시장의 가격기구와 더불어 합리적으로 선택하는 개인을 신고전학파 전체를 관통하는 중핵으로 간주할 만하다. 이 때문에 현시선호이론, 기대효용이론, 합리적 기대, 그리고 이들 모두를 포괄하는 합리적인 선택이론이 표준이론의 중심에 놓이게 된다.[4]

표준이론은 개인의 합리적인 선택과 가격변동에 따른 미세하고 양적인 선택의 변동을 중시하기 때문에 대체를 폭넓게 인정한다. 시장경제 속에서 재화들의 대체(비율)나 보완(비율)은 기능적으로 규정되지 않고 가격과 소득에 의존한다. 즉, 가격과 소득에 따라 대체관계에 놓일 수도 있고, 보완관계에 놓일 수도 있으며, 대체·보완의 비율도 달라진다.

일반균형체계의 많은 가정과 조건들은 이 체계와 현실 사이의 괴리를 웅변하고 있다(Genereux, 2005: 76~78). 이 때문에 신고전학파의 대표적인 가정들로 19세기 말에 등장한 재화의 독립성, 1930년대에 등장한 효용의 기수성과 서수성, 1950년대 독립성 공준(independence axiom) 등은 지속적인 논쟁의 대상이었다.

4 경제학은 주어진 목표를 가장 효율적으로 달성하는 수단을 강구한다는 의미의 도구적(instrumental) 합리성뿐만 아니라 주어진 정보를 효율적으로 활용하는 인식적(epistemic) 합리성을 표방한다. 전자는 현시선호이론이 대표하며 후자는 합리적 기대에 반영되어 있는데 완전히 동일하지 않다(Kelley, 2003).

단조변환(monotonic transformation)과 선형변환(linear transformation) 등 효용 등에 대한 측정방식의 문제도 간단하지 않다.

무엇보다 신고전학파가 명시하지만 개념화하지 않는 가정이나 전제들로 선호나 기술에 대해 부과하는 반사성(reflexivity), 단조성(monotonicity), 규칙성(regularity), 완전성(completeness), 볼록성(convexity), 이행성(transitivity), 비포화성(nonsatiation), 연속성(continuity) 등이 있다. 또한 신고전학파에서 교환은 동등한 관계이고 대칭성을 충족시킨다(Luce and Raiffa, 1957: 187). 이들 중 일부를 해명해 보자.

1) 사례 1: 반사성과 완전성

물리적이나 자연적으로 반사성, 즉 외투=외투는 항상 성립하지만 사회 속에서는 반드시 그렇지 않다. 백화점의 창고에 있는 외투와 내가 늘 입고 다니는 동일상표의 외투는 동일하지 않다. 화폐를 뉴메레르(numeraire)로 삼아 자신을 통해 표현된 화폐의 가치가 1이라고 주장하는 것도 반드시 타당하지 않다. 화폐의 가치는 자신과 동일하면서 동일하지 않다. 스스로를 통해 자신을 표현하고 스스로에게서 확인할 수 있는 존재는 신과 자본주의라는 세속의 신 자본뿐이다. 그런데 자본은 정지된 상태에서가 아니라, 상품, 화폐, 노동력, 생산수단 등의 이질적인 존재들을 매개로 하는 자신의 운동을 통해 자신과의 일체성을 획득한다(Marx, 1967: 153~154). 사회관계들을 재생산하는 운동을 내포한다는 전제하에서만 돈=돈이고 자본=자본이다. 여기서 신고전학파가 관계의 재생산 과정을 배제하는 정태적인 입장을 취한다는 것을 다시 확인할 수 있다.

완전성은 전면적인 상품화와 통약(commensuration)을 자본의 세계화와 시장경제의 확산을 피할 수 없는 사회현상으로 상정한다.

2) 사례 2: 비대칭성

유사성의 비대칭성을 지적한 트버스키(A. Tversky)에 의하면, 두 사물 x, y에 대해 x→y의 비교가 가능하더라도 y→x의 비교는 가능하지 않을 수 있다(Tversky, 1977).[5] 또한 두 방향의 비교가 모두 가능하더라도 비교의 결과가 다를 수 있다. 예를 들어, 사과→책에서 사과의 두드러진 차원으로 색깔이, 책→사과에서는 책의 두드러진 차원인 두께가, 각기 유사성의 기준이 될 수 있다. 이렇게 되면 두 비교에서 두 사물의 유사성은 달리 나타난다.

마르크스도 교환비율에 집착하기보다 등식의 좌변과 우변이라는 위치에 주목해 비교나 교환의 방향에 따른 우열이나 비대칭성을 설정하였다. 사과=1만 원 혹은 사과→1만 원은 1만 원=사과 혹은 1만 원→사과와 동일하지 않다. 비교의 대상인 상품은 상대가치형태이고, 비교의 준거인 화폐는 등가물형태이다. 이들은 서로 능동·수동의 관계, 배타성, 불가분성을 지니면서 자석의 양극과 비슷하게 내적으로 필연적 관계에 있다.

상품과 화폐의 비대칭성에 따라 판매자는 사용가치보다 가치나 교환가치라는 차원에, 구매자는 교환가치보다 사용가치라는 차원에, 각기 집착한다.

5 행동경제학도 총체성이나 사회성에 있어 마르크스와 차이가 있으므로 신고전학파와 명확히 구분되지 않을 수 있다(Berg and Gigerenzer, 2010). 그렇지만 인간을 보다 깊게 이해하고 신고전학파를 비판하는 데 있어 행동경제학이 징검다리가 될 수 있어 이 글에서 활용하였다.

신고전학파는 교환가치와 사용가치를 모두 개인의 효용으로 환원하므로 이런 서로 다른 차원의 공존을 고려할 수 없다.

3) 사례 3: 안정성, 독립성, 전용 가능성, 불변성

신고전학파가 스스로 의식하지 못하는 가정이나 전제로 선택주체와 관련된 개인들의 상호 독립성, 개인이 지닌 선호의 안정성과 일관성, 개인의 예산제약과 선호의 독립성을 들 수 있다. 우선 선호의 안정성을 전제하기 때문에 신고전학파는 선호의 변동에 따른 수요의 변동이 아니라 가격변동에 따른 수요량의 변동에 주로 관심을 둔다.

선택대상과 관련해 대안들의 독립성, 재화들의 대체 가능성과 화폐의 전용 가능성(fungibility)을 가정한다. 전용 가능성은 화폐가 동질적이어서 특정 수량의 화폐를 수시로 원치 않는 용도로부터 빼내 원하는 용도에 투입할 수 있음을 의미한다. 대체 가능성과 전용 가능성은 신고전학파에게 교환이나 선택이라는 동전의 양면과 같지만, 전용 가능성은 명시되어 있지 않다(홍훈, 2016: 145~147).

끝으로 선택 상황과 관련해 절차 관련 불변성(procedural invariance)을 전제한다. 이는 선택 상황에 대한 서술이나 절차가 달라지더라도 선택 상황의 내용이 변하지 않으므로 선택이 달라지지 않음을 뜻한다. 합리성을 유지하기 위해 가장 근원적인 이 가정에 대해 정작 신고전학파 자신은 완전히 침묵해 왔다(McFadden, 2006; 홍훈, 2013: 200~201; 홍훈, 2016: 1장).

4. 변증법적인 사고의 필요성

적극적으로 변증적인 논리를 적용해 신고전학파의 개념들을 재해석해 보자. 러시아의 마르크스주의 심리학자 비고츠키(Lev Vygotsky, 1896~1934)에 의하면 아동의 언어와 사고는 사회 속에서 변증법적으로 결합되어 발전한다(Vygotsky, 1961; 홍훈, 2013: 317~331). 여기서 내적인 관계가 중요하다.

A와 B가 독립적으로 발달하다가 어떤 순간에 결합해 서로를 함유함으로써 각기 A_B와 B_A로 '거듭나게' 된다. A_B와 B_A가 서로 상대방을 함유했으므로 자신 속에 B나 A와의 내적인 관계를 지니게 된다. A_B나 B_A는 외견상 A나 B와 비슷하면서도 이 점에서 다르다. 그리고 A와 B는 내적인 관계를 떠나 존재할 수 없으므로 이들에게 내적인 관계는 필연적이고 근원적이다. 그런데 A와 B의 관계가 내면화되었더라도 A_B와 B_A는 독자성을 유지하며 상호 간에 외적인 관계를 맺을 수 있다.

사물들의 내적인 관계는 고정되어 있지 않고 변동한다. 관계가 고정되어 있으면 진정한 의미의 내적인 관계라고 간주할 수 없다. 이는 마치 제도나 기술이 중요하더라도 변하지 않으면 주어진 조건과 마찬가지로 취급할 수 있는 것과 같다.

비고츠키에서 논의의 출발점을 이루는 기본단위 혹은 세포는 낱말이다. 낱말은 동적이고 필연적이며 내적인 언어와 사고 사이의 관계를 구체적인 수준에서 담고 있어 언어와 사고를 연결한다. 이 점에서 비고츠키에서 낱말은 마르크스의 상품과 비슷하다. 또한 비고츠키에서 언어와 사고의 관계는 마르크스에서 사용가치와 화폐의 관계와 비슷하다.

교환가치를 지닌다는 점에서 상품(A_B)은 잠재적으로 화폐(B)이며, 화폐(B_A)는 잠재적으로 상품(A)이고 사용가치이다. 그런데 상품(A_B)이 상품인 이유는 상품이나 사용가치(A)라는 계기가 화폐(B)라는 계기를 압도하기 때문이다. 또한 화폐(B_A)가 화폐인 이유는 화폐(B)라는 계기가 상품(A)이나 사용가치라는 계기를 압도하기 때문이다.

내적인 관계를 담고 있기 때문에 마르크스에서 상품과 화폐는 서로 무관하거나 별개(別個)가 아니다. 이같이 관찰된 A와 B를 그대로 받아들이지 않고 A_B와 B_A로 변형하고 규명해야 하는 『자본론』은 이론적 작업 혹은 개념화(conception)를 필요로 한다. 이런 의미에서 A_B는 B를 잉태한(conceived) A이고, B_A는 A를 잉태한 B이다.

반면 분석철학에서 A와 B는 서로 다른 개체로서 내적인 구조를 지니지 않으며 더 이상 분해되지 않는 원자로서 분석의 단위이다. 이들에게 사물이 A와 B로 분해되려면 독립성 혹은 가합적인 분리 가능성(additive separability)이 요구된다. 여기서 독립성은 ① 교집합이 공집합이거나, ② 서로의 수량적인 변동이 서로에게 영향을 미치지 않아 상관관계가 영이거나, ③ 교차미분치가 영임을 의미한다.

A와 B가 서로를 함유해 내적으로 결합되어 있거나 내적인 관계를 담고 있다는 생각은 분석철학이나 주류경제학에게 낯설다. 이 때문에 신고전학파의 인간관계는 마르크스의 사회관계와 구분된다. 신고전학파의 인간관계는 인간에게 내면화되어 있지 않아 개인의 선택대상인 데 비해, 마르크스에서는 사회관계가 내면화되어 있어 개인이 선택할 수 없다.

마르크스에서 판매자와 구매자(A, B)는 서로에게 내면화(A_B, B_A)되어 있고,

교환관계는 자본주의의 사회 구성원들에게 내면화되어 있다. 또한 노동자와 자본가(A, B)는 서로에게 내면화(A_B, B_A)되어 있고, 이들에게 계급관계가 내면화되어 있다. 이같이 여러 사회관계들을 중층적으로 내면화하고 있어 자본주의의 (상품과) 인간은 이런 관계나 구조로부터 벗어나기 힘들다.

1) 사례 1: 대체와 보완

대체와 보완을 재구성하기 위해 일단 비율이 아니라 관계로 생각하고 한계가 아니라 평균으로 생각하자.[6] 이렇게 하면 대체관계(A)나 보완관계(B)와 구분되며 이들의 변증법적인 결합으로 대체적인 보완관계(A_B)를 개념화할 수 있다.

A나 B는 소득이나 가격에 의한 통상적인 규정을 따른다. 이에 비해 보완적인 대체관계에서 A_B의 잠재적인 보완성은 역사, 사회, 문화, 기술에 의해 규정된다. 이는 외견상 대체관계가 두드러지지만 내면에 보완관계가 깔려 있음을 의미한다.

여기에 재화의 소비가 단순히 효용의 획득이 아니라 소비자의 정체성이나 사회적 재생산과 관련된다는 행동경제학과 사회학의 성찰을 결합할 수 있다(Akerlof and Kranton, 2000). 또한 재화나 선택의 대안들을 동질적인 효용이 아니라 몇 가지 질적인 차원들이나 측면들로 파악할 필요도 있다(Tversky, 1972).

이렇게 되면 재화들이나 이들이 지닌 차원들이나 속성들이 효용과 같은

6 신고전학파의 대부인 새뮤얼슨도 보완 개념이 자신이 원래 생각했던 것보다 중요하고 복잡하다는 점을 고백하면서 비트겐슈타인과 함께 마르크스를 인용하였다(Samuelson, 1974).

하나의 공통요소로 환원되지 않는다. 사용가치와 교환가치 혹은 가치의 구분에서 드러나듯이 마르크스도 사물과 관계에 존재하는 여러 질적인 차원들을 강조하였다(Roland, 1985).

예를 들어, 두 가지 종류의 자동차는 단순히 대체관계에 있고 집과 옷은 단순히 보완관계에 있다. 이에 비해 특정 사회의 특정 시기에 어떤 크기나 상표의 자동차, 어떤 규모와 지역의 집, 이런저런 상표의 옷 등이 모여 사회 구성원의 존재를 재생산하고 정체성을 부여한다. 이 경우 재화들의 차원들이나 측면들의 크기나 규모가 상한이나 하한으로 작용한다. 가령, 30평 이상의 집과 중형 이상의 자동차를 가지고 있어야 사회 구성원으로 행세할 수 있다면 이에 해당된다.

이런 의미에서 특정 범위의 자동차들과 특정 범위의 주택들은 서로 보완적이다. 동시에 이런 범위 안에서 개인이 자신의 소득 및 재산과 가격을 고려해 선택하면서 이 범위 안에 있는 자동차들과 주택들 사이에 대체관계가 성립할 수 있다. 더 큰 자동차, 더 좋은 옷, 더 큰 집을 놓고 고민하는 것이다. 따라서 이 재화들은 서로 보완관계에 있으면서 동시에 서로 대체관계에 있다.

2) 사례 2: 유사품의 선택

명품을 닮은 모조품의 선택에 변증논리를 적용하면 소득제약이 소득제약 안(A)에서의 선택을 낳을 뿐만 아니라 소득제약 밖(non-A)의 재화에 대한 갈망을 낳는다(홍훈, 2015). 그 결과 소득제약을 넘어서지 않지만 소득제약 밖에 있는 명품과 유사한 모조품을 사람들이 구입한다.

모조품의 선택에서 소득제약은 안팎으로 작동한다. 모조품도 소득제약 안에 있는 재화이므로 이것의 선택에서도 통상적인 소득제약이 작동한다. 그렇지만 동시에 소득제약 밖에 있는 재화들이 소득제약 안에 있는 재화들 중 어느 것을 선택하는지에 영향을 미친다. 그래서 소비자가 소득제약 안에서 값싸고 실용적인 재화를 선택하지 않고 소득제약 안에 있지만 유사품을 구입한다.

유사품의 선택은 ① 소득제약 '안에서'(A)의 합리적인 선택뿐만 아니라, ② 부채를 감수하면서 소득제약의 '밖에서'(non-A) 명품을 선택하는 것과도 구분된다. 특히, 유사품의 선택은 A로 규정되는 ①과 비슷해 보이지만 A와 non-A의 결합으로서 형식논리에서 벗어나 자본주의 사회의 비합리성을 재생산한다.

표준이론에 따르면 가난한 사람도 합리적이어서 자신의 적은 소득으로 도달할 수 있는 최상의 수준을 추구한다. 이것이 표준이론에서 선호와 소득제약 사이의 독립성으로 나타난다. 그런데 유사품의 선택에서 이런 독립성은 붕괴된다. 이것은 소득뿐만 아니라 기호가 사회적이라는 마르크스적인 입장의 반영이자 소득제약에 대한 소비자의 저항이다.

3) 사례 3: 이기심과 이타심

정보경제학과 행동경제학은 인간이 이기적이면서 동시에 이타적이라고 주장한다. 인간이 타인을 의식해 타인에게 자신이 이기적으로 보이지 않기를 바라고 자신이 이타적이라고 타인이 오판하기를 바란다. 무엇보다 인간은 스스로에게 자신이 그다지 이기적이지(A) 않으며 시민적이고 사회적이며 타인에게 헌신적이라는(non-A) 믿음을 정착시키려고 노력한다. 특히, 자신이 권력이나 돈에 대한 욕심 때문이 아니라 집단 전체를 위해 행동한다고 타인뿐만 아니라 자신에게 위장하려고 노력한다.

다른 예로 어떤 사람이 다른 사람을 좋아한다고(A) 말하는데 속으로는 싫어할(non-A) 수 있다. 이 경우 관계유지를 위해 타인을 기만하는 것이다. 또한 좋아한다는 사실이 노출되면 타인에게 예속되거나 무시당할 수 있기 때문에 겉으로는 싫어한다고(non-A) 공언하면서도 속으로는 좋아할(A) 수 있다. 이런 경우 모두 명목과 실제나 내용, 겉과 속은 정반대이다.

그리고 이런 기만과 위장을 공고히 하기 위해 사람들은 자신과 타인에게 신호를 보낸다. 이같이 인간은 단순히 효용이나 이윤을 극대화하는 것이 아니라 자신의 존재나 정체성을 확인하기 위해 노력한다. 결과적으로 인간은 자신의 정체성을 유지하기 위해 표리부동(表裏不同)해진다.

기업이 윤리나 자선 혹은 사회적 책임을 겉모습(A)으로 내세우면서 내용(non-A)은 그와 반대로 이윤을 극대화할 수 있다. 이같이 명목과 내용, 겉과 속이 달라 기업도 표리부동해진다. 나아가 상표나 포장과 내용이나 기능이 일치하지 않아 상품도 표리부동해진다. 이런 것들은 마르크스가 지적한 교환가치와 사용가치의 괴리나 모순에 접근한다.

5. 전체와 사회의 내재성

신고전학파에서 개인이 분석의 단위라는 것이 의미하는 바는 ① 시장·사회가 개인으로 쪼개지며 시장·사회의 결과가 개인들의 행위들의 단순한 합에 불과하고, ② (로빈슨 크루소와 같은) 개인은 원자로서 내부에 구조를 지니지 않는다는 것이다.

이 입장에서는 개인의 행위나 선택으로 환원되지 않는 상호 의존이나 상호관계, 맥락, 인간관계나 사회관계, 계급이나 집단, 사회구조를 인정하지 않는다. 개인의 행위나 선택을 제외하고 남는 것은 문자 그대로 '외부'효과이고 설명되지 않는 잔차이다.

제국주의적인 경제학은 애정이나 우정 등 상호작용, 인간관계, 집단이나 조직의 존재를 인정하면서 시장이나 경제와 분리되어 있다고 생각한다. 그렇지만 이 역시 여전히 개인의 선택과 관련되고 이런 선택을 위한 추가적인 고려사항에 불과하다. 가령, 윌리엄슨(O. Williamson, 1975)에서 기업의 존재는 살 것인가 만들 것인가의 선택으로 결정된다.

그런데 ②에 지적했듯이 개인의 선택으로 환원하는 것은 이런 것들의 사회성이 내면화되어 있지 않아 개인이 내부에 구조를 지니고 있지 않다는 것을 의미한다. 즉, 신고전학파는 개인과 사회를 A와 non-A로 간주해 사회나 사회성이 개인의 외부에 존재해 내면화되어 있거나 필연적이라고 생각하지 않는다(Pinto, 2016: 459~465). 이에 비해 마르크스에서 인간의 총체성과 사회성은 근원적으로 사회관계와 사회구조의 내면화와 필연성으로 나타난다.

보다 적극적으로 신고전학파는 개별 경제주체들의 이질성을 인정하지 않고 동질적인 대표행위자(representative agent)를 설정해 실질적으로 사회성을 구축한다(Becker, 1962: 2~13; Kirman, 1992). 이렇게 되면 개인은 시장의 축소판이 되고 거꾸로 시장은 개인을 단순히 부풀린 것이 된다(Pinto, 2016: 460). 좋게 보면 이것은 신고전학파적인 개인이 신고전학파적인 시장의 내면화임을 말해 준다. 나쁘게 보면 이는 개인과 시장조차 구분하지 않거나 시장의 존재를 부인하는 것이다.

이런 흐름은 개인과 시장이나 사회, 개체와 전체, 미시와 거시의 관계에 대한 근원적인 고민을 없애는 환원주의이다. 마르크스의 관점에서 해석하면 시장이라는 특별한 사회 속의 인간은 시장 밖의 인간과 달리 시장에 의해 파편화되고 시장을 내면화해 계산적으로 변한 개인이다. 또한 신고전학파에서 화폐와 기업은 제도들로 일반균형체계 밖에 있다가 추가된다. '시장'의 밖에 있으므로 이들은 외부효과를 낳는다.

『자본론』 체계도 미시와 거시의 관계를 명확히 하지는 못했으나, 인간과 사회를 상품·화폐·자본을 통해 연결시키면서 동시에 이들을 구분해 환원주의를 회피하였다. 이 체계에서 착취를 가능케 하는 노동력의 매매와 생산과정은 '시장의 밖'에 있으면서 동시에 '자본의 안'에 있다. 이들이 *M–C–M'*이라는 자본회로의 안에 있으면서 동시에 이것의 밖에 있다는 마르크스의 서술은 이를 의미한다(Marx, 1867: 165~166).

또한 마르크스는 상품이든 인간이든 외부의 충격에 반응할 뿐만 아니라 내부의 구조를 지닌다고 생각하였다. 심리학과 사회심리학의 연구들에 의존해 인간의 내면적인 사회성을 채운다면, 마르크스가 생각했으며, 경제인과 다른, 자본주의 인간을 개념화할 수 있을 것이다.

참고문헌

홍 훈(1998), 「마르크스의 경제사상 중에서 아직도 살아남을 것이 있는가?」, 『경제학의 역사와 사상』, 제1호, 36~57.

_____(2000), 『마르크스와 오스트리아학파의 경제사상』, 대우학술총서, 아카넷.

_____(2009), 「Common Sense and Economic Knowledge」, 『마르크스주의 연구』, 제6권 제2호, 287~334.

_____(2013), 『신고전학파 경제학과 행동경제학』, 신론사.

_____(2015), 「욕망의 정치경제학과 한국인의 욕망」, 『다른 삶은 가능한가』, 마르크스 코뮤날레, 한울아카데미, 45~74.

_____(2016), 『홍훈 교수의 행동경제학 강의』, 서해문집.

Ainslie, G.(1986), "Beyond Microeconomics: Conflict among Interests in a Multiple Self as a Determinant of Value," J. Elster, ed., *The Multiple Self*, New York: Cambridge University Press, 133~176.

Akerlof, G. and R. Kranton(2000), "Economics and Identity," *Quarterly Journal of Economics*, Vol. 115, No. 3, 715~753.

Amir, O., D. Ariely, and Z. Carmon(2008), "The Dissociation between Monetary Assessment and Predicted Utility," *Marketing Science*, Vol. 27, No. 6, 1055~1064.

Becker, G. S.(1962), "Irrational Behavior and Economic Theory," *Journal of Political Economy*, Vol. 70, No. 1, 1~13.

Berg, N. and G. Gigerenzer(2010), "As-if Behavioral Economics: Neoclassical Economics in Disguise," *History of Economic Ideas*, 18(1), 133~166.

Camerer, C., G. Loewenstein, and D. Prelec(2005), "Neuroeconomics," *Journal of Economic Literature*, Vol. 43, No. 1, 9~64.

Deaton, Angus(2010), "Instruments, Randomization, and the Learning about Development," *Journal of Economic Literature*, Vol. 48, 424~455.

Fine, Ben(1999), "The Question of Economics: Is It Colonizing the Social Sciences," *Economy and Society*, Vol. 28, No. 3, 403~425.

_____(2002), "Economic Imperialism: A View from the Periphery," *Review of Radical Political*

Economics, Vol. 34, 187~201.

Friedman, M.(1966), *The Methodology of Positive Economics, Essays in Positive Economics*, Chicago: University of Chicago Press.

Généreux, J.(2005), *Les vrais lois de l'economie*, Éditions de Seuil.

Gunn, Richard(1992), "Against Historical Materialism: Marxism as a First-order Discourse," W. Bonefeld, R. Gunn, and K. Psychopedis, eds., *Open Marxism, Volume 2: Theory and Practice*, London: Pluto Press, 1~45.

Holloway, J.(2015), "Read Capital: The First Sentence or, Capital Starts with Wealth, not with the Commodity," *Historical Materialism*, Vol. 23, No. 3, 3~26.

Kahneman, D.(2011), *Thinking, Fast and Slow*, London: Allen Lane, Penguin Books.

Kelley, T.(2003), "Epistemic Rationality as Instrumental Rationality: A Critique," *Philosophy and Phenomenological Research*, Vol. 66, No. 3, 612~640.

Kirman, A.(1992), "Whom or What does the Representative Individual Represent?," *Journal of Economic Perspectives*, Vol. 6, No. 2, 117~136.

Lazear, Edward P.(2000), "Economic Imperialism," *Quarterly Journal of Economics*, Vol. 115, No. 1, 99~146.

Luce, R. D. and H. Raiffa(1957), *Games and Decisions*, John Wiley & Sons.

Mäki, Uskali(2009), "Economics Imperialism: Concept and Constraint," *Philosophy of the Social Sciences*, Vol. 39, No. 3, 351~380.

Marx, K.(1967(1867)), *Capital*, Vol. I, New York: International Publishers.

Mazar, N., B. Kozegi, and D. Ariely(2014), "True Context-dependent Preferences? The Causes of Market-dependent Valuations," *Journal of Behavioral Decision Making*, Vol. 27, 200~208.

McFadden, D.(2006), "Free Markets and Fettered Consumers," *American Economic Review*, Vol. 96, No. 1, 3~29.

Roland, G.(1985), La valeur d'usage chez Marx, Éditions de l'Universite de Bruxelles.

Samuelson, P. A.(1974), "Complementarity: An Essay on The 40th Anniversary of the Hicks-Allen Revolution in Demand Theory," *Journal of Economic Literature*, Vol. 12, No. 4, 1255~1289.

Tversky, A.(1972), "Elimination by Aspects: A Theory of Choice," *Psychological Review*, Vol. 79, No. 4, 282~299.

______(1977), "Features of Similarity," *Psychological Review*, Vol. 84, No. 4, 327~352.

Vygotsky, Lev(1961), *Thought and Language*, E. Hanfmann and G. Vakar, eds., and trans.,

Cambridge, Mass.: MIT Press.

Williamson, O. E.(1975), *Market and Hierarchies: Analysis and Antitrust Implications*, New York: Macmillan Publishers.

chapter 05

Rethinking the Notion of the Natural in Classical Political Economy

The notion of the natural is one of the central ideas which has recurred in the history of economic thought. However, this concept precedes scientific economics. It traces back to as early as pre-Socratic era in ancient Greece, and culminates in Plato's and Aristotle's distinctions between *physis* (natural) and *nomos* (artificial) (Popper, 1966: ch. 5; Letwin, 1963: 171~181; Meikle, 1995). Later, it was revived by Aquinas through his account of laws of nature and inherited by the Physiocrats (Schumpeter, 1981: 107~108; O'Brien, 1975: 28).

In classical political economy, the notion of the natural provided an explanation and a legitimation of the capitalist society, since it suggested that quasi-natural laws govern the society (Cremaschi and Mascal, 1996: 507). More specifically, classical political economy advocated capitalism more often as natural than as efficient. Furthermore, even neoclassical economics tends to ascribe the property of being natural to a market economy.

The centrality of the notion of the natural for classical and neoclassical economics is revealed by such concepts as: natural price and natural wage (Smith, Ricardo, Malthus); natural value (Wieser); natural rate of interest (Wicksell); natural rate of growth (Harrod); natural rate of unemployment (Phelps and Friedman).[1] This also accounts for the frequent imputation of naturalism to classical and neoclassical economics (e.g., Davis, 1989: 459~460).

Roughly put, in both the Occident and the Orient, things, minds, actions,

1 This line of inquiry was partly anticipated by Murphy (1994: 538).

processes or states of being tend to be called natural, when they are recognized as inevitable and/or desirable. However, the notion of the natural, as conceived by classical and neoclassical economics, remains unexplored in its entirety. This paper seeks to uncover and evaluate various meanings and implications that are involved in the notion of the natural in classical political economy.[2]

For this purpose, first, various meanings of the term 'natural' will be examined. Second, on the basis of this examination, classical concepts of natural wage and differential rent will be explored.[3] Third, classical notion of the natural will be evaluated and criticized. Lastly, the notion will be placed in proper perspective.

1. The Notion of the Natural in Broad Outline: Meanings and Objects

In the modern history of economic and social thought, the notion of the natural have been not only laden with various meanings, but also ascribed to diverse objects. By clarifying the meanings and classifying the objects, our main discussion could be handled within proper bounds. In this section, one can enumerate the meanings and

2 As classical political economy encompasses Smith, Ricardo and Malthus, it is defined by their common features. Disagreements between Ricardo and Malthus are of little relevance for the notion of the natural. Moreover, the term 'classical political economy' as used in this paper is basically meant to exclude Marx. However, Marx is quoted in contexts where classical economists and Marx are agreed, in order to lend support to the former.

3 Due to the lack of space, general rate of profit is not discussed, but this omission does not seem to discount the substance of the argument.

the objects with primary reference to Smith's *Wealth of Nations*.

1) Meanings

(1) universal, ahistorical, and innate

Properties in things, traits of human beings or attributes of states of being are deemed natural, if they appear across places and times. More specifically, characteristics of material beings or human beings can be called natural, as far as they are conceived as independent of history and cultures (Teichgraeber, 1986: 21; Davis, 1989: 459). Very often, universality of specific properties implies that they are innate or inborn (Locke, 1954: 129~130).

For instance, Smith was prone to label self-love as natural, as he presupposed that they are universal (Smith, 1937: 125~126, 754~755; Polanyi, 1968: 116). Moreover, on the classical view, the law of diminishing fertility and the law of population were identified to be natural, as they were understood as representing universal and innate attributes of land and humans or animals. The classical notion of the natural interpreted this way also found its expression in the principle of demand and supply which has been regarded as natural on the supposed ground that it holds good universally (Polanyi, 1968: 117).

> … because though human reason might perhaps have been able to unveil, even … some of the delusions of the superstition, it could never have dissolved the ties of private interest. … But that immense and well-built fabric, which all the

wisdom and virtue of man could never have shaken, much less have overturned, was by the natural course of things, first weakened, and afterwards in part destroyed (Smith, 1937: 754~755).

(2) consequent, necessary and inevitable

Behaviours or states of being which results from innate or acquired characteristics of human nature deserves to be called natural (Puro, 1992: 76, 79~81).[4] What Smith dubbed "natural liberty" or "natural justice" vivifies this meaning of the natural (Smith, 1937: 308). More broadly, entities and phenomena which prevail in a society are deemed natural, if they are historical consequences or logical effects of processes or of activities which take place in accord with innate characteristics of material nature or human nature. Classical economists sought to show that socioeconomic entities and phenomena arise from some natural agency, given socioeconomic conditions or market forces (Bitterman, 1940: 207; Murphy, 1994: 550). Smith apparently meant this, when he mentioned "natural equality" between various sectors (Smith, 1937: 238, 355).

In its less deterministic form, this notion of the natural takes the form of the claim that B is loosely a historical consequence, or a logical effect, of A, without thereby implying necessity or inevitability (Bitterman, 1940: 207; Alvey, 2003: 11). If a certain order requires specific rules or a certain rule is interrelated with another rule, then these rules

4 Puro's exploration into Smith's *Wealth of Nations* is a useful guidance to clarifying the meanings of the natural. But he plays down the role of material nature and overlooks instincts as part of human nature (cf., Puro, 1992: 79~81). Moreover, it is questionable for him to assign an independent meaning to the term natural as used in "natural liberty", considering that Smith intended to specify with this term not only liberty but also justice and equality (Smith, 1937: 125, 355, 594; O'Brien, 1975: 31~32).

can be defined as natural, given that order or that rule (Hong, 2002: 620). Most of the sentences attended with the adjective "naturally" which abound in Smith's major works offer this type of examples (Smith, 1982: 338; Smith, 1937: 9, 73, 362). Other cases in point are classicals' accounts of "natural progress of wealth, law and government, and arts", or of "rent, profit and wages" as the result of economic conditions (Smith, 1937: 532; Ricardo, 1970: 5).

> … that useful inequality in the fortunes of mankind which naturally and necessarily arises from the various degrees of capacity, industry, and diligence in the different individuals (Smith, 1982: 338).

In its more deterministic form, this notion of the natural underpins causation which gives rise to ineluctable or inevitable results (Smith, 1937: 353; Waterman, 2002: 910). It is often claimed that classical political economy was substantially influenced by Newtonian physics in its vision and methods (cf., Brown, 1984: 71, 79). Under the influence of the Newtonian physics, the classical system was designed for a scientific account of the working of a market-based society. Put another way, classical economists intended to discover objective and deterministic laws which govern the economy (Smith, 1937: 63, 360; Femminis and Salanti, 1995: 93). If a certain magnitude of Y results from a magnitude of X, then, it could be seen as natural. This aspect of the classical notion of the natural is bequeathed to neoclassical economists via, e.g., natural rate of unemployment (Blinder, 1988; Krashevski, 1988).

> … what are the circumstances which naturally determine the rate of wages … what are the circumstances which naturally determine the rate of profit (Smith, 1937: 63). Each of those different branches of trade, however, is not only advantageous, but necessary and unavoidable, when the course of things, without any constraint and violence, naturally introduces it (Smith, 1937: 353).

The foregoing tells us that the notion of the natural in this sense may be defined either logically (synchronically) or historically (diachronically) (Smith, 1937: 360; cf., Sowell, 1974: 74, 83). For instance, the emergence of money could be conceptualised as a consequence of historical development or as a necessary result of the capitalist logic. In statistical terms, it could relate to both cross-sectional and time series data. To illustrate, profit rates could be observed over time and their historical trend or changes may be accounted for. Or profit rates of individual sectors could be recorded at a certain point of time and their differences between sectors could be explicated.

> According to the natural course of things, therefore, the greater part of the capital … is first directed to agriculture, afterwards to manufactures, and last of all to foreign commerce. This order of things is so very natural …. The manners and customs which the nature of their original government introduced … necessarily forced them into this unnatural and retrograde order (Smith, 1937: 360).

(3) given or external

In some cases, the term "natural" connotes being given or being exterior, especially in the eyes of lay agents at a certain point of time (cf., Dupuy, 1996).

Givenness or exteriority is closely associated with, but distinct from, being innate or ineluctable. Obviously, climatical or geographical peculiarities are natural in this sense. But, more important, money can also be taken by economic agents as natural in this regard (Smith, 1937: 32, 37). Moreover, habits and customs which are almost self-activating can be regarded as natural, even if they may not be universal (as specified in 1.1.a), but bound historically, culturally or socially and thus alterable or transformable (Smith, 1937: 384~385, 428~429). For instance, the classical concept of natural wage does not deny the role of habits and customs in the determination of the scale and composition of wage basket. Therefore it is not too much to say that money, habits and customs fall under the rubric of the so-called second nature.[5]

> It is more natural and obvious to him, therefore, to estimate their value by the quantity of money (Smith, 1937: 32).

> But though in establishing perpetual rents, … it may be of use to distinguish between real and nominal price; it is of none in buying and selling, the more common and ordinary transactions of human life. … yet the merchant who carries goods from the one to the other has nothing to consider but their money price (Smith, 1937: 37).

(4) good, right and harmonious

The classical system, relying upon natural theology or theodicy, aimed at

5 The notion of the natural as understood in this way is most strikingly detected in the works of Marx and Hayek (cf., Hong, 2002).

legitimating a market-based society (Bitterman, 1940: 209; Waterman, 2002: 912). For this purpose, it advocated that some socioeconomic entities and phenomena are good and right. They are good in the sense that they are beneficial or efficient for individual agents as well as for the entire economy (Smith, 1937: 594~595; Ricardo, 1970: 133~134; O'Brien, 1975: 30). They are right in that they ensure justice on the individual and the social levels. Relatedly, just as natural order is often depicted as harmonious, so does the classical notion of the natural signify either harmony between economic agents or absence of social conflict between classes (Davis, 1989: 461; Femminis and Salanti, 1995: 93~94).

> It is thus that the private interests and passions of individuals naturally dispose them to turn their stock towards the employments which in ordinary cases are most advantageous to the society (Smith, 1937: 594).

It should be noted that (2) and (4) are often contrasted as two dimensions of the notion of the natural, as they are understood to be descriptive and prescriptive, respectively (Schumpeter, 1954: 111~113). Roughly put, (2) does not entail value judgment and accounts for some analogies between the classical notion of the natural and the Newtonian physics, whereas (4) involves value judgment and reveals that the notion is embedded in ethics. It is here confirmed that the classical system has one foot in physics and the other foot in ethics.

(5) spontaneous, voluntary, autonomous

In recent discussion, the classical notion of the natural is interpreted to mean spontaneity (Smith, 1937: 421~423; Hayek, 1966: 96~97; Khalil, 1996: 11). Spontaneity characterizes a system which regulates, expands and transforms itself "of its own accord".[6] In this kind of system, entities or magnitudes establish, and reproduce, themselves with no reliance on outside forces or authority. Since outside forces point, among other things, to public authority or government, the notion of the natural leads to condemnation of government intervention (Smith, 1937: 243; Ricardo, 1970: 105).[7]

> Like all other contracts, wages should be left to the fair and free competition of the market, and should never be controlled by the interference of the legislature (Ricardo, 1970: 105).

On a micro-level, the concept of spontaneity fits in with the notion of volition, in the sense that an act is not "forced" but voluntary, since the latter involves no intervention of authority into agents' decisions or activities (Smith, 1937: 126, 421~423). This notion is already implicated in the theory of social contract, and finds its offspring

6 Take note, however, that Smith himself employed the word 'spontaneity' to refer to material nature (Smith, 1937: 315~318, 341; Smith, 1982: 335).

7 This feature of the natural was also entertained by other thinkers, especially by Marx (*die Naturwüchsigkeit*, in his term), as his critics like Popper and Hayek conceded. What divides classical economists from Marx as regards the notion of the natural is the former's preoccupation with quantities, their heavy reliance on laws of material nature, their avowal of the existence of universal human nature, their adoption of the Newtonian methods. These aspects, on Marx's view, combine to form crude naturalism which tends to reduce the social to the natural in the classical system. Due to the fact that Marx was intent on socializing the (apparently) natural in his works, he was most sensitive to naturalistic elements of classical economic thought.

in Keynes' concepts such as involuntary unemployment or forced saving. Moreover, both spontaneity and volition are closely linked with the notion of autonomy (cf., Dupuy, 1996: 62, 65).

> … it is by no means certain that this artificial direction is likely to be more advantageous to the society than that into which it would have gone of its own accord. … He generally, indeed, neither intends to promote the public interest, nor knows how much he is promoting it. … he intends only his own gain, and he is in this. As in many other cases, led by an invisible hand to promote an end which was no part of his intention (Smith, 1937: 421~423).

(6) relating to senses or sentiments

Naturalness, as understood to mean spontaneity, is often counterpoised to "reason", "wisdom" or "virtue" (Smith, 1937: 755). More specifically, when Adam Smith conceives some human properties to be natural, he tends to imply that they relate to affections or passions, not to reason. The type of theology, ethics and jurisprudence which he champions are dubbed natural, due to the fact that he grounds them on feelings rather than on reason (Stewart, 1793: 4, 7). This is evidenced by the phrases such as moral sense or sentiments which are associated with his ethics. Along this line, his political economy should be properly designated as natural, as it is based on the concept of self-love.

(7) essential

The notion of the natural has the connotation of the essential which lies behind the phenomenal or the accidental (Ricardo, 1970: 86; Murphy, 1994: 550). Very often, being essential and being accidental are associated, respectively, with tendencies or the long-run and deviations or the short-run, as neo-Ricardians fervently contended. In this regard, price which establishes itself in the long-run is deemed natural, whereas market price is not. However, in some contexts where quantitative aspects come to the fore, the term 'natural' becomes emasculated and equated with ordinary, common or average (Smith, 1937: 29, 55; Puro, 1992: 84~85).

2) Objects

(1) categories/entities or magnitudes

The notion of the natural may relate to either categories/entities or magnitudes in which the entities or categories are expressed. Categories denote such economic phenomena as price, wages, profit. Entities refer to rules like contract laws and institutions such as private property or money. By comparison, magnitudes or numbers stand for levels of wages, rates of profit, quantities of money. Categories or entities become a subject of inquiry with respect to their origin, existence or reproduction, transformation or evolution, while quantities may be classified into levels (their primary aspect), changes or differences (their secondary aspects) (cf., Sowell, 1974: 129).

If applied to entities and categories, the notion of the natural deals with a matter of kinds and takes either/or forms. By contrast, if applied to magnitudes, the notion concerns a matter of degrees and takes more/less forms.

To illustrate, the origin or the existence of a specific form of private property, nation-state or money may be judged as either natural or artificial. By comparison, price categories may not only be deemed natural, but as magnitudes, they may also be evaluated as close to, or far from, their natural level. On the one hand, one could raise the question whether profit is justifiable or natural as a category. Moreover, one could delve into the historical origin of profits or offer a logical account of the existence of profits. On the other, it may be at issue to what extent a certain rate of profits is natural or whether profit rate differentials between industries or changes in profit rates over time may be taken as more or less natural (Ricardo, 1970: 146).

> The natural rate of exchange would be one deer for two salmon (Ricardo, 1970: 27).

> Under the circumstances supposed, such a difference of prices is the natural order of things (Ricardo, 1970: 146).

This distinction between qualitative and quantitative dimensions is analogous to the coexistence of two formulations of reproduction. One concept of reproduction, e.g., a critical realist one, lays stress on qualitative dimensions and thus focuses more on transformation or evolution of the system. By contrast, the well-known reproduction scheme, due to its primary concern with quantitative dimensions, tends to concentrate more on proportions between sectors or the scale of reproduction, i.e., simple or extended.

Classical economists, (not to mention, neoclassical economists), were less concerned with socioeconomic entities or categories themselves than with quantities or magnitudes. Ricardo in particular focused more attention on determination of ratios rather than on reproduction of social relations or structure.[8] As it turns out, due to his focus, Ricardo was apt to homogenize social entities into ratios and then to impose functional relationships on the ratios and numbers (Hong, 2000: 95~96). As a result, they concentrated primarily on whether there exist natural rates of prices, wage, profit, interest, etc., which establish themselves in an economy. Their quantitative orientation is exemplified by such expressions as "the natural rates of wages, profit and rent" (Smith, 1937: 55). Moreover, they tended to focus more on their changes and differences than on their levels.

A quantitative approach to economic phenomena does not by itself entail any philosophical position. But excessive reliance on quantification is liable to mislead one to concentrate on 'constant conjunctions of events' along the Humean lines (Meikle, 1995: 17~18; Jackson, 1995: 763). As Marx pointed out, they seem to have taken economic entities and categories as given, and thereby, natural. To go a step further, classical theory of price and distribution seems to rely on natural scientific methods and naturalistic analogies, especially in Ricardo's works, although it does not do so as heavily as does Walrasian general equilibrium system.[9] This feature distinguishes

8 Moreover, searches for empirical regularities à la Petty, as epitomized in the phrase "*Pondere, Mensura et Numero Deus omnia fecit*", have left indelible mark on classical economists (Letwin, 1963: 129~130).

9 One could even claim that, in constructing their concepts, some classical economists seem to have foreshadowed analytic philosophy. It should be borne in mind that classicals, in particular Ricardo, decomposed prices into relative prices and general price level. In this respect, Ricardo was not so apart from Walras. This also accounts for the fact that the works of classicals relied heavily on analogies to natural

classical economists from Marx and the Austrian economists (Hong, 2000: 95~96).

Concerning quantitative aspects of economic phenomena, Adam Smith (and the classics) posed three issues: artificial restraints to rise and fall in prices and wages; determinants of their levels: accounts of their differences and their changes. For the present purpose, his argument can be divided into a) refutation of artificial restraints to prices and wages, on the one hand, and b) demonstration of their natural levels and differences/changes, on the other.

Needless to say, proclaiming a self-regulating economy, he denounced various legal constraints to free movement of prices and quantities. In particular, targeting mercantilist restraint to wages, he argued in favour of high wages (Firth, 2002: 43). Then he made efforts to demonstrate how prices and quantities undergo natural changes and find, of their own accord, their ways towards natural levels.

To take stock, the classical notion of the natural has both qualitative and quantitative dimensions, although it places more emphasis on the latter. In the classical system it is thus meant by 'natural x' primarily that there is either a natural level of x or (more often) a natural change or difference in x, although it is implicitly presupposed that x is a natural category.

phenomena. For instance, since natural price is understood to be as unavoidable as law of gravity, natural price is supposed to be handled in the same way the problem of gravity is addressed (Brown, 1984: 5). These analogies are similar to, rather than distant from, neoclassical concepts of equilibrium and tâtonnement. In fact, such classical economists as Ricardo initiated the history of economics with attempts to imitate natural scientific methods (Mirowski, 1989: 163~174).

(2) agency, process or outcome

Reproduction of economic order can be conceived as going through three stages: human agency, mediating process and social outcome (Cohen, 1989: 46). Agency refers to decisions and activities on the part of agents who are activated by instinct, habits, self-love, altruism, or sympathy. Process denotes competition or cooperation between agents and coordination or articulation between agents' activities. Outcome stands for aggregative social results or 'states' which come out of this process. These three stages of reproduction are encompassed by what Smith dubbed "the natural course of things" (Smith, 1982: 365; Smith, 1937: 99, 424).

As a consequence, agency, process and outcome could be the three levels on which the natural may be defined.[10] 'Human nature' relates to agency, whereas 'the state of nature' which has been mentioned in various contexts represents social outcome (Smith, 1937: 48, 421). In a similar vein, one might define a 'natural' process as the one which is conditioned by material nature and propelled by human nature, and drives the economy towards the state of nature (Smith, 1937: 58, 62).

As regards agency, the classical notion of the natural suggests that voluntary acts, as distinct from forced acts, are natural. Moreover, according to the notion of the natural, self-love is natural, while altruism may be unnatural. However, take note that, as explained in (1.1.c), classical economists treated as natural habits and customs which

10 This distinction which Giddens made on the basis of Marx's theory of reproduction is analogous to the distinction between initial, efficient, and final cause which is popular in the tradition of natural law (Bittermann, 1940: 216).

constrain and enable agents' cognition and actions. This goes hand in hand with the finding that, especially for Smith, being acquired is not the same as being artificial or unnatural. In his account, something acquired does not necessarily stand in the natural course of things (Smith, 1937: 384~385).

> Those different habits naturally affect their temper and disposition in every sort of business. … The habits, besides, of order, economy and attention, to which mercantile business naturally forms a merchant, render him much fitter (Smith, 1937: 384~385).

According to classical economists, free competition is a natural process which takes place in accordance with human nature and brings about a natural outcome. Their attack on government intervention and monopoly as *artificial* stems from their belief that these two 'external' forces deflect *natural* forces or impede *natural* processes. Put another way, government regulations or monopoly mislead agents' self-regarding activities to give rise to "disadvantageous" social outcome (Smith, 1937: 590).

> It is quite otherwise with the employment into which the monopoly naturally attracts, if I may say so, the capital of the London merchant. That employment may, perhaps, be more profitable to him than the greater part of other employments, but … it cannot be more advantageous to his country (Smith, 1937: 590).

As for social outcome, it is represented primarily by the natural in the sense of being 'good, right and harmonious' (1.1.d).[11] More specifically, the tendency of equalization of profit rates and the consequent proportions of outputs between industries are natural (Smith, 1937: 149; Davis, 1989: 461). The state of nature may thus be featured by "the natural balance of industry or of employments" or "the natural division and distribution of labour" (Smith, 1937: 421, 466). Moreover, the state of nature seems, above all, contrasted with the state of "servile dependency upon their superiors" and with "a continual state of war with their neighbours" (Smith, 1937: 385; Polanyi, 1968: 6).

> It is his own advantage, and not that of the society, which he has in view. But the study of his own advantage naturally, or rather necessarily leads him to prefer that employment which is most advantageous to the society (Smith, 1937: 421).

In sum, the classical notion of the natural suggests that self-love, competition, beneficence are natural.[12]

11 However, the classical notion of the natural does not necessarily entail consequentialism or utilitarianism, since the notion embraces the other two aspects, as discussed.

12 More broadly, an economy would be defined as unnatural in the following cases: (a) if human desires or preferences were either manipulated by advertisements or preformed by social structure; (b) if the process by which agents' activities are coordinated might encounter exit/entry barriers or run into a prisoners' dilemma, or may become cumulative or self-aggravating due to systematic uncertainty; (c) if social outcome might be distorted by external shocks or by government intervention.

2. Natural Wage

Natural wage is defined as the level of wage which establishes itself when demand for labour equals its supply as the result of competition between self-regarding agents. However, it is also defined as the level which ensures subsistence or reproduction of labourers. With reference to (1.2.a) above, one could suggest that these two definitions, taken together, purport to show that wage is natural both as a category and as a quantity. However, as will be explained in this section, the two definitions point to two distinct notions of the natural.

As already discussed in (1.2.b), the notion of the natural can be formulated on three levels: agency, process, and outcome. Concerning the first part of the definition, the concept of natural wage carries with it, first, the claim that economic *agents* including labourers act in accordance with their human *nature*, i.e., with immutable and universal self-interest (1.1.a). Self-interest is, among other things, characterized by "propensity to truck, barter and exchange" (Smith, 1937: 13).

Second, competition is seen as a *natural* process which arises between self-seeking agents. This process includes labourers' movement between industries or jobs, capitalists' bidding against each other, labourers' bidding against each other, and interaction or bargaining between the two classes (Smith, 1937: 71, 83). It is through this process that the mechanism of demand and supply works and self-seeking activities on the part of the agents become coordinated.

Third, natural wage establishes itself as the *inevitable social outcome* of this process which agents' self-regarding activities put into operation (1.1.b).

It is found that the concept of natural wage is comprised of the activation of 'universal' human nature, the process of competition and the inevitable social outcome engendered in the market system. These elements, as they relate specifically to market economies, do not sharply differentiate classical natural wage from neoclassical equilibrium wage.

By contrast, the second definition of natural wage embodies another set of features which are not specific to a market-based society and which set it apart from equilibrium wage. In concrete terms, natural wage according to the second definition represents the level of wage which, at the given prices, is sufficient to satisfy basic needs of labourers for maintenance or reproduction of lives of labourers and their families (Smith, 1937: 67~68, 361~362). The term reproduction as used here encompasses self-preservation and procreation or replication (Alvey, 2003: 4). It even insinuates Malthus' concept of "reproductive competition" or reproductive survival which culminates in Darwinism (Ghiselin, 1999: 37; Jack, 1978a: 240). As noted, these needs may not be necessarily physiological, but habitual or customary (Ricardo, 1970: 93, 97; O'Brien, 1975: 61). But this does not conflict with the classical view which stipulates a specific level of wage as natural at a certain point in time.

This idea seems to be closely linked with Smith's concerns about the provision of plenty of cheap goods or about "a plentiful revenue or subsistence for the people" (Smith, 1982: 5, 333~334). In this regard, the classical notion of the natural goes well with Aristotle's concept of *physis* (as distinct from *nomos*) and with Quesnay's idea of natural rights (Corning, 2000: 58; Christensen, 1994: 271~272).[13]

> A man must always live by his work, and his wages must at least be sufficient to maintain him. … The scarcity of hands occasions a competition among masters, who bid against one another, in order to get workmen (Smith, 1937: 67~68).

> When land, like moveables, is considered as the means only of subsistence and enjoyment, the natural law of succession divides it …. But when land was considered as the means, not of subsistence merely, but of power and protection (Smith, 1937: 361~362).

> The third thing which is the object of the police is the proper means of introducing plenty and abundance into the country, that is, cheapness of goods of all sorts. … To this it will also be previously necessary to consider what are the natural wants and demands of mankind (Smith, 1982: 333~334).

There is a *priori* little reason that the level of wage which is ground out in the market happens to be the one which secures the survival of labourers. It is Malthus's theory of population which makes the two coincide. It is important to stress that Malthus's theory of population may be taken, more broadly, as the classical theory of population, due to the fact that it provides a basis for the entire classical system (Ricardo, 1970: 94; Blaug, 1985: 67).[14]

13 Interpreted this way, the notion of natural wage lends little support to Milgate's claim that the term "natural" in the works of classical economists is purely 'scientific' and free from normative or religious connotations (Milgate, 1987: 180~181). In a similar vein, it is erroneous to identify 'normal' or 'average' with 'natural'. Comparably, Waterman's reading of Smith as natural theology is on the right track, but it does not focus on natural wage and price (Waterman, 2002: 910~912).

This well-known theory runs as follows. Market wage which is higher (lower) than natural wage motivates labourers to have more (fewer) children. This gives rise to an increase (decrease) in population which is equated with an increase (decrease) in labour supply. Due to the increase (decrease) in labour supply, market wage falls (rises) back to the level of natural wage.[15]

As a result, natural wage is conceived as the level of wage which keeps the population stationary (Bharadwaj, 1988: 619). Ricardo was explicit on this, when he stated that "The natural price of labour is that price which … to subsist and to perpetuate their race, without either increase or diminution" (Ricardo, 1970: 93). In this context, the concept of natural wage embodies a system which is analogous to a biological system where the size of the population is internally regulated within certain limits (cf., Eldredge, 1996: 100).

This does not imply that Malthus's theory of population rules out the possibility of population growth. In general, a rise in market wage owing to technical change or economic development brings about two possible consequences: rise in natural wage and increase in population (Malthus, 1964: 224~226). Thus classical economists did not

14 It is to be added that the concept of natural wage is double-edged, as far as its social implications are concerned. From the concept of natural wage one could draw, as the present paper does, the implication that even a market-based society is supposed to provide a minimal level of subsistence for the lower classes. Or à la Malthus one could equally deduce from this concept the conservative implication that the lower classes are doomed to stay in poverty and their poverty should be blamed on their bad habits, not on human institutions. Many classical economists did not go along with Malthus's economic conservatism (Sowell, 1974: 91; Horner, 1997).

15 In this context, Marx's critique that Malthus's theory of population is not social scientific but biological and naturalistic is relevant. However, since Malthus's theory is tied to real wages, it is to be distinguished from Harrod's concept of *natural* rate of growth which simply takes growth rate of population as exogenous.

deny that persistent rises in market wage may result in higher natural wage or higher standard of living and at the same time create a new norm or habit for labourers in the long run (Malthus, 1964: 224; Eagly, 1974: 38). But, in the shorter run, a rise in market wage is, on the classical view, more likely to increase population at the given level of natural wage than to raise natural wage at the given size of population (Eagly, 1974: 68).

Given the foregoing exploration, the notion of the natural which underlies the second definition of natural wage can also be formulated on the three levels. The agency involved is natural for the obvious reason that it is based on instincts. Moreover, the process is natural in that it represents biological regeneration or procreation. Finally, the social outcome can be called natural, as it is the inevitable result of this process. It turns out that classicals put forward a notion of the natural which might be also applicable in animal kingdom (Davis, 1989: 473).

This interpretation sheds new lights on classical theory of value. It is widely known that Smith furnished two kinds of labour theory of value: embodied labour and labour command (Smith, 1937: 30~31). The one and the other were inherited by Ricardo and Malthus (and Keynes), respectively (Malthus, 1964: 93~111). For present purposes, it is worth noting that the reason for Smith's and Malthus's advocacy of the measure of labour command is that the value of a unit of a commodity is estimated most properly by the number of labourers or lives which it can support. Thus, for them, labour command works not only as a measure of value, but also as a measure of riches and of "surplus" or growth potential (Malthus, 1964: 303; Higgs, 1897: 136).[16]

In all, the concept of natural wage which comprises two definitions is built upon such aspects of human nature as self-interest, desire for survival/reproduction or sexual instincts, all of which Aquinas had lumped together as "*natural* human inclinations" (Brown, 1984: 14~15). To be more precise, self-interest in Smith's context encompasses not only the inclination to preserve oneself and one's species but also the propensity to better one's condition and to outdo or dominate others. Whereas self-interest and instinct fall under the rubric of agency, competition and procreation come under the heading of processes. Moreover, 'equilibrium' wage and agents' subsistence pertain to the category of social outcome.

However, it is of critical importance to note that, in the classical system, activities stimulated by a change in wages is of two kinds: economic and biological. Expanding on this point, one finds that the concept of natural wage rests on the combination of *socioeconomic* forces and *biological* forces. More broadly, it turns out that two different notions of the natural are involved here. The notion of the natural contained in the first definition of natural wage relies on self-interest, competition and centers of gravity or equilibrium, whereas the notion implicated in the second entails instincts, biological regeneration and subsistence or livelihood (Ricardo, 1970: 16).

> … it is probable his wages would in no long time be adjusted by the effects of competition, and the stimulus to population (Ricardo, 1970: 16).

On the one hand, classical economists conceived of natural wage as the aggregate

16 As Sowell pointed out, classical economists were mainly concerned with economic growth (Sowell, 1974: 33, 71).

result of such capitalistic features as agents' self-interest and processes of competition among labourers themselves and between labourers and capitalists. On the other, they conceptualised natural wage as the outcome of such universal aspects as agents' desire for survival and the process of propagation. To say the least, self-interest, competition and the mechanism of demand and supply are much less universal and immutable than are instincts, biological reproduction, and subsistence.

To go a step further, it is suspected that, in the classical system, economic processes like competition are linked to nominal or relative wages, while biological reproduction is tied to real or absolute wages, i.e., food, clothing and shelter. It goes without saying that labourers' livelihood depends on real wages. By contrast, the linkage between economic processes and nominal wages is not so evident as is the connection between reproduction and real wages. However, it seems that, from the classical viewpoint, monetary magnitudes in general and money wage in particular are more "natural and obvious" to lay agents than are real magnitudes and real wages, not to mention the measure of labour embodied or commanded (cf., Smith, 1937: 22, 32, 38; Malthus, 1964: 55).[17]

> Every man thus lives by exchanging, or becomes in some measure a merchant, and the society itself grows to be what is properly a commercial society (Smith, 1937: 22).

17 Moreover, Smith in particular allowed for possible differences between "commanded labour" and "purchased labour" (Smith, 1937: 30~31).

> It is more natural and obvious to him, therefore, to estimate their value by the quantity of money (Smith, 1937: 32).

> As it is the nominal or money price of goods, therefore, which finally determines the prudence or imprudence of all purchases and sales, and thereby regulates almost the whole business of common life in which price is concerned, we cannot wonder that it should have been so much attended to than the real price (Smith, 1937: 38).

The foregoing exploration encourages the argument that the concept of natural wage hinges upon two distinct notions of the natural and the two notions are embedded in what might be dubbed cash nexus and food nexus, respectively. This duality reminds us of the conflict between use value and exchange value which crops up in the paradox of diamonds and water. Since cash nexus is specific to the market system and food nexus may be valid across times and places, they may be labelled '*capitalistically* natural' and '*universally* natural', respectively.

The capitalistically natural circuit may be viewed primarily as explanation of wage, as it conceptualises natural wage as a specific result of a market process. By comparison, the universally natural circuit seems to provide justification for natural wage, since it focuses more on universal aspects such as labourers subsistence and reproduction. To anticipate, the question is how the two circuits are related or combined in the classical system.

3. Differential Rent

Rent is basically grounded by the physico-chemical law of diminishing fertility in the classical system (Davis, 1989: 461). According to classical theory of differential rent, rent accrues from differences in fertility (and location) between various plots of land. It should be stressed that total rent (for the whole agricultural land) or average rent (per acre of land) and the share of the rent in net product are determined by differences in fertility. If pieces of land were sterile on the average but their sterility were of equal degrees, then rent would not arise. In the classical system, the category or the entity of rent itself rests upon the existence of differences in fertility between pieces of land (cf., Ricardo, 1970: 403).

On the face of it, classical economists seemed to entertain the view that rent is governed entirely by the law of material nature and nothing human or social intervenes in the accrual of the rent. This casual observation is reinforced by the fact that classicals, unlike Marx, did not explicitly attach much importance to the role of social and historical circumstances in the determination of fertility.[18]

However, it should be borne in mind that the classical theory of rent presupposes the existence of landed property and accumulated capital (Ricardo, 1970: 69). Moreover, according to the theory, the size and distribution of rents are, over time, governed by

18 Marx's theory of rent differs from the classical theory of rent in that the former conceives fertility of land as dominantly socially determined, and, apart from differential rent, comes up with absolute rent as purely founded upon the existence of land as private property.

the degree and speed of economic development, as the latter determines how intensive and extensive agricultural cultivation could be (Ricardo, 1970: 327). These features of economic development are predominantly social, historical and institutional.

> … the quality of land which the exigencies of the society might require to be taken into cultivation (Ricardo, 1970: 327).

More to the point is the fact that the classical theory of rent presupposes full competition among agents and between units of capital and labour (Ricardo, 1970: 69~72). As Marx commented, the theory reflects the mature stage of British capitalism where "there is no landed property to shackle any desired level of investment in land" and "a sufficient amount of capital is available for investment in agriculture" (Marx, 1968: 237). For this reason, each unit of corn of equal quality which is produced on plots of unequal fertility supposedly obtains the same price (Malthus, 1964: 179). Moreover, units of capital or labour are conceivably rewarded equally on whichever plots of land they are employed. Without these basic elements of competition, the classical theory of rent would not hold. In a sense, the theory superimposes *disequalizing physico-chemical* laws on *equalizing socioeconomic processes.*

> … but no charge is made for the use of these natural aids, because they are inexhaustible, and at every man's disposal … his landlord would have the power at the expiration of his lease, of obliging him to pay fifteen quarters, …, for

additional rent; for there cannot be two rates of profit (Ricardo, 1970: 69, 72).

Due to the fact that rent accrues from specific features of material nature, it is unavoidable or immutable. Its immutability may apparently be contradicted by the fact that improvement of technology and expansion of foreign trade could alleviate pernicious effects of diminishing fertility (Ricardo, 1966: 161). But classical economists did not regard technical innovations as significant or endogenous (Femminis and Salanti, 1995: 94). Moreover, innovations would change the situation only under the unrealistic assumption that they spread on plots of land in such a way that they compensate for their initial differences in fertility. Furthermore, free trade may be no more than a stopgap, because even countries with comparative advantage in agriculture will be faced with the scarcity of good land in the long run (cf., Harris, 1987: 448).

Up to the present, it has been shown that classical political economy explained not only differences and changes in rent but also its levels. However, it should be pointed out that, unlike other categories of income, the category of rent and the origin/existence of rent were controverted among classical economists.[19] From the viewpoint of the present inquiry, it means that classicals did not agree that the category of rent is natural, even though they couched their theory of rent in most naturalistic

19 In the history of economic thought as well as economic history the paramount form of surplus or non-wage income has been constantly changing. The category of rent which is associated with agricultural capital used to be its primary form in line with the Physiocratic world-view. But later, the entity of profit which accrues to industrial capital took the place of rent in accordance with the classical perspective (Marx, 1963: 47~48). Still later, the category of interest which corresponds to finance capital seems to have gained prominence, which accords better with the neoclassical viewpoint.

terms. In other words, some classical economists did not treat rent as natural in the same sense that wage or price is so labeled, despite many 'natural' causes which give rise to rent.

In the light of the arguments and the criteria advanced with respect to general rate of profit, the controversy over rent revolves around the issue whether the existence of rent is a necessary condition for the (simple or extended) reproduction of the economy. More specifically, rent may be conceived as natural or not, depending upon: whether inequality in fertility is compatible with some kind of natural equality; whether rent is indispensable for reproduction of the class of landlords; whether the category of rent is necessary for production and supply of food or other use values in right proportions; whether the existence of rent contributes to attaining the highest level of production and employment (Malthus, 1964: 74~77).

Evaluation of rent on these criteria entails the social issue whether the class of landlords is beneficial for, or parasitic on, capitalist systems. Moreover, this has direct bearings on one of the most classical theoretical questions: whether or not rent is included in natural price or whether rent is a cause/source or an effect of natural price. Defenders of rent would claim that rent is a crucial part of *natural* price, because it is *natural*, whereas critics of rent would offer the counterattack that it is not included in natural price, because it is not natural. Therefore, the controversy over rent develops into the question how to conceptualize rent.

Concerning all these issues about rent, Ricardo and Malthus were diametrically opposed to each other, while Smith seemed to be on Malthus's side (O'Brien, 1975: 36).

However, for present purposes, it is of more importance to note that, despite these and other differences,[20] Ricardo's and Malthus's systems were embedded in similar notions of the natural. Above all, it should be kept in mind that Smith, Ricardo and Malthus commonly believed in a natural order (Cremaschi and Mascal, 1996: 507).

In order to give more substance to this conventional interpretation, one can point out their commonalities as follows: that agents are motivated by universal and innate human nature such as instincts and self-interest; that the diminishing fertility of land and the law of increasing population as laws of nature intervene in the economy (Davis, 1989: 461); that such processes as procreation and competition come into operation; that the social outcome of these processes is beneficial in ensuring the survival of productive economic agents and the production of proper quantities of use-values; that each of three income categories presupposes competition and the institution of private property.

20 Ricardo and Malthus, despite their common ancestry to Smith, were divided on other diverse issues such as: possibility of general glut, role of demand in the determination of price and methodology. On the methodological level, Ricardo engaged in a more deductive and abstract reasoning, whereas Malthus was more inductive or practical. Marx lashed out against Malthus's "exoteric" route as contrasted with Ricardo's "esoteric" route, as evidenced in their respective emphases on labour embodied and labour command. By contrast, Keynes ranked Malthus's common-sense approach well above Ricardo's reliance on long-chains of reasoning. This methodological similarity between Keynes and Malthus went hand in hand with the well-known fact that they shared some insights into general glut and equally adopted the standard of labour command. However, it is beyond the scope of this paper to examine whether it is possible to offer a more integrated view of the conflicting features.

4. Two Notions of the Natural in the Classical System

The finding of the above discussion is that, in the classical system, there exist two kinds of nature: material and human nature, and human nature is, in its turn, composed of two parts: instincts and self-interest (Cairns, 2001: 41). Material nature is represented by the physico-chemical law of diminishing fertility of land. Moreover, instincts are embodied in the biological law of population. Furthermore, self-interest or self-love, on the classical view, seems to be an umbrella concept which encompasses "the propensity to truck, barter, and exchange" and "a desire to better one's condition" (Smith, 1937: 13~14, 324~326).

Compared to the neoclassical system, the classical system is characterized, above all, by its heavy reliance on laws of material nature.[21] This point is strengthened, if it is accepted that "biological dispositions can be treated much like physical forces" in the classical system (Brown, 1984: 28). But it is more important to note that, in the classical system, laws of material nature do not merely constitute conditions of, or constraints to, an economy as in the neoclassical system, but they themselves are part of the laws which govern the economy. Furthermore, classical economics places emphasis on the role of instincts in reproducing the economy and highlights agents' subsistence or

21 In broad outline, the history of economic thought is punctuated by the increasing disavowal of the embeddedness of the economy in nature and by the subsequent proclamation of economics as autonomous. This is illustrated by: deemphasis on the role of land and agriculture; attenuation of linkages between economy and biological nature; disappearance of analogies between reproduction of the economy and that of nature.

livelihood as an economic problem. This means that the classical notion of the natural entails more than the innocent view that the economy is embedded in material nature and human nature.

All these features represent the aspects of the classical system which are absent in neoclassical economics. Neoclassical economics transformed this classical type of laws of nature into utilitarian or choice-theoretical principles and some given conditions.

Crucial for the present argument is that material nature and instincts, on the one hand and self-interest, on the other, point to two conflicting notions of the natural. In Ghiselin's terms, classics let natural economy and political economy exist side by side (Hirshleifer, 1978b). Being natural seems to be a mixture of being universally natural (hereafter, UN) and being capitalistically natural (CN) in the classical system (Smith, 1937: 364). The one involves physico-chemcial attributes of land, immutable instincts, procreation and survival of humans or agents in its biological sense. The other, on the contrary, bears specifically on self-interest, competition, business survival in capitalist society. Classical economists neither distinguished carefully the one from the other, nor did they integrate the two, as illustrated in the following quotations (Smith, 1937: 364, 734).

> … an exact attention to small savings and small gains, of which a man born to a great fortune, even though naturally frugal, is very seldom capable. The situation of such a person naturally disposes him to attend rather to ornament … the turn of mind which this habit naturally forms (Smith, 1937: 364).

> In some cases the state of the society necessarily places the greater part of individuals in such situations as naturally form in them, without any attention of government, almost all the abilities and virtues which that state requires (Smith, 1937: 734).

A conflict between material nature and self-love or self-interest is found in natural monopoly, as was anticipated in the previous exploration into differential rent (Smith, 1937: 59~61). In this case, 'natural' inequality in fertility of land (UN) clashes with 'natural equality' (CN) which is supposedly brought about by free competition among self-regarding economic agents.[22] On the classical view, artificial monopoly owing to "particular regulations of police" must be obviously unnatural (1.2.b). And since monopoly due to "particular accidents" is transitory, it is not, in any case, judged to be natural (1.1.f). But whether 'natural' monopoly is 'natural' is a thorny question. The controversy between Malthus and Ricardo over rent and over the definition of natural price bears witness to the ambivalence of classical economists about the natural. Of more significance is a possible conflict between instincts and self-interest. The dividing line between instincts and self-interest seems to be drawn by the fact that instincts are shared by humans and other animals, whereas self-interest seems human and social.

To reiterate, self-interest or self-love encompasses the propensity to truck, barter, and exchange and a desire to better one's condition. The former induces lay agents to react to, and to take advantage of, their given situation by various acts of exchange.

22 'Natural' inequality in fertility may be symbolic of feudal inequality in hereditary status, whereas 'natural' equality as the result of competition seems to represent a contract-based modern society.

Comparably, the latter is said to motivate the agents to improve their situation by means of saving-cum-investment. The latter, if extended, may be construed to embrace attempts to improve one's norm of consumption or one's welfare. Given that, as mentioned, the classical theory of population does not exclude the possibility of a rise in the level of natural wage or the standard of living, this interpretation reveals a hidden conflict between two aspects of human nature: desire for procreation and motive for a better living (O'Brien, 1975: 61~62).[23]

In fact, Smith himself made the allegation that both the former and the latter are common to all humans, (which is controversial, since such features may be historically or culturally bound). Moreover, he claimed that neither the former nor the latter is shared by other animals (Smith, 1937: 13~14).[24] In his account, pursuit of one's self-interest which takes on the form of exchange relations in the system of division of labour entails not only competition against one another but also cooperation with each other. Moreover, exchange requires contracts, reason, language ("speech" or "persuasion") and money, all of which distinguish humans from other animals (Smith, 1982: 352). By extension, saving must presuppose contracts, reason and money ("fortune"), despite Smith's inadvertent analogies between human life and animal life (Smith, 1937: 324~326).

23 In classical economic thought, labourers' sustenance and their child bearing/rearing tended to be conflated. But it should be stressed that, in sociobiology, an individual's survival and reproduction of its own species are sharply differentiated as 'existence' and 'reproduction' (Eldredge, 1996: 94~95). On the other hand, in sociobiology, there is no distinction which is analogous to the one between labourers' subsistence and capitalists' gain or profit.

24 Smith enumerated many other characteristics which, he believed, divide human beings from other animals and which seem to create cravings for conveniences and luxuries: "reason and ingenuity, art, contrivance, and capacity of improvement"; "four distinctions of colour, form, variety or rarity, and imitation"; "the natural feebleness of his frame and his desires of elegance and refinement" (Smith, 1982: 334, 336, 340).

> This division of labour … is not originally the effect of any human wisdom … It is the necessary … consequence of a certain propensity in human nature … the propensity to truck, barter, and exchange one thing for another. … It is common to all men, and to be found in no other race of animals, which seem to know neither this nor any other species of contracts. … It is not from the benevolence of the butcher … that we expect our dinner, but from their regard of their own interest (Smith, 1937: 13~14).

> … the desire of bettering our condition, a desire which … comes with us from the womb, and never leaves us till we go into the grave. … An augmentation of fortune is the means by which the greater part of men propose and wish to better their condition. It is the means the most vulgar and the most obvious; the most likely way of augmenting their fortune is to save and accumulate … (Smith, 1937: 324~326).

It is to be reminded that the two notions of the natural are founded upon the conceptual pair of use value and exchange value and that exchange value is inseparably intertwined with money. Money, as distinct from use value, is bound up with the existence of property and economic inequality.

Property in the form of money is much more durable and liquid than a stockpile of use values. As money precludes waste and disuse, it is the best method of preserving property beyond one's lifetime and of accumulating it well in excess of one's subsistence. Just as use values for subsistence and nutrition are indispensable for self-preservation, money is crucial for preservation and accumulation of property. Moreover, preservation of private property and accumulation of capital, unlike self-preservation, tend to give stimulus to economic inequality. As a consequence, the conflict between use value and exchange value can be understood as the contrast between subsistence and economic inequality or between property and life. In fact, the gist of Smith is often said to lie in his effort to reconcile the protection of private property rights with the level of well-being provided for the labouring population (Firth, 2002: 53).

It is tempting, on this ground, to suggest that the conflict between two notions of the natural is to be translated into a tension between life and property (Smith, 1937: 121~122).[25] In modern Western social thought, life and property have recurrently appeared in parallel. More often than not, a possible tension between life and property has been submerged by the pretension that there is little conceptual discrepancy between labourers' (biological) *life* and capitalists' (business) *life* in that labour-power qualifies as private *property* on an equal footing as does land or capital. This pretension reaches its apex in its neoclassical version that capitalists allegedly perform the labour of superintendence or management and labourers supposedly receive dividends from their portfolio investment. However, in our terms, the *life* of economic agents, and their *property* or their social existence in capitalist economies could be conceptualised, respectively, by UN and CN. The former is more explicitly revealed in the notion of natural wage, whereas the latter is more evidently embodied in the

25 For example, Locke's conception of private property differs from that of neoclassical economists in that the former, unlike the latter and more in line with that of classical economists, allows for everyone's right to subsistence (Henry, 1999). Moreover, Locke was adamant that the preservation of everyone's life takes precedence over, or sets limits to, the protection of private property.

concept of general rate of profit.

The conflict between the two notions of the natural can be highlighted by reference to Aristotle. Aristotle discriminated between self-sufficiency, livelihood or household management and money-making (Polanyi, 1968: 114).[26] According to him, trade is natural in so far as it is carried on for livelihood, and prices are just and natural to the extent that it helps secure livelihood (Polanyi, 1968: 100). By contrast, activities for the purpose of making money, in particular usuary, are denounced as unnatural. This lends support to the argument that the motive of self-interest and the desire for survival are not easily reconcilable.

In this regard, Smith's thought could be comparable to Aristotle's. Both Aristotle and Smith took into account three types of life: the good life, life, business life. Due to their common basis of life or self-preservation, Aristotle and Smith share the position of tolerating or upholding economic activities for livelihood or subsistence. However, Aristotle's civic humanism is characterized by higher goals of virtue and justice, whereas Smith's commercialism is highlighted by pursuit of self-interest and profit-seeking.

Aristotle ruled out profit-seeking, and focused on combining the goal of subsistence with the higher goals of virtue and justice. In similar vein, he attempted to forge links between life and the good life to the exclusion of business life. By contrast,

26 As Meikle (1995) elaborates, this distinction develops into commodity circuit (*C-M-C*) and capital circuit (*M-C-M*) in Marx's system. However, unlike Aristotle, Marx made room for the coexistence of the two circuits by subsuming *C-M-C* into *M-C-M* and alleged that *M-C-M* is not unnatural but capitalistically or socially natural (cf., Hong, 2002).

Smith tried to reconcile business life with life and the good life or to harmonize wealth with subsistence and virtue.

In concrete terms, this endeavour requires reconciliation between self-preservation and virtue, on the one side, and harmonization between profit-seeking and self-preservation, on the other. Profit-seeking may be often mixed up or confused with earning one's living. Moreover, earning one's living could be (mis)taken as a means towards virtuous living. But it seems to be nearly out of the question to identify profit-seeking with virtuous living.

The way of bridging the gulf between accumulation of wealth and life of virtue seems to be mediating them via the notion of subsistence or self-preservation. This accounts for the significance of life and subsistence in Smith's works. Moreover, in order to bridge this gap, it is necessary to secularize the good life and, at the same time, to sacralize business life. Both secularization of the good life and sacralization of business life seem to take the common forms of *socialization* and *naturalization* which aim to embed life in nature, human or material.

Smith seems to have made the good life secular, when he showed that ethics is embedded in passions and affections by means of the concepts of *moral sentiments* and *impartial spectator* in *TMS*. On the other hand, he glorified, and naturalized, profit-seeking by means of demonstrating that men's self-love such as their propensity to exchange or to better their condition leads to beneficial social consequences through *the invisible hand* in *WN*. As a result, Smith seems, in *TMS* and *WN*, to have reduced the distance between the good life and business life.

The good life in Aristotle's system requires virtue and justice, whereas business life in Smith's relies on private property and profit-seeking. On the same ground, the former conceives philosophers to be ideal, while the latter conceptualizes bearers of property or capitalists as the model.

The term life as used here encompasses self-preservation, subsistence or living longer and reproduction. Life is characterized by food nexus which is characterized by use value (especially, corn), agriculture, population. On the other hand, business life is dominated by cash nexus which is punctuated by exchange value, manufacture, capital accumulation. The food nexus is more striking in Quesnay and Malthus, whereas the cash nexus in Ricardo. Just as life is necessary but not sufficient, for the good life in Aristotle's system, life in its biological sense is necessary, but not sufficient, for business life on the part of capitalists in Smith's. In this context, the topic of *Wealth and Virtue* is relevant.

Classical economists were neither fully conscious of the coexistence of the two conflicting notions of the natural, nor went they so far as to resolve the tension between life and property.[27] A possible way of making sense of the classical notion of the natural is to interpret UN as a criterion for the natural and CN as being in need of justification (cf., Smith, 1937: 594). That is to say, classical economics is interpreted to have

27 Wieser's peculiar notion of *natural* value is premised upon equality of incomes among agents (Streissler, 1987: 921). This notion has the implication that market-determined exchange value and income distribution, not to say institution of private property itself, could possibly be unnatural. Seen in this way, Wieser does not fail to notice, even from the perspective of his utility theory, the dual notion of the natural, and unawares comes near to disapproving of it, unlike most mainstream economists.

posited UN as a criterion of being natural which is independent of contingencies and then to have sought to show that CN meets this criterion. In other words, the former refers to potentiality, whereas the latter constitutes actuality. Thus the so-called gravitation towards a set of natural price, natural wage and general rate of profit could be interpreted as a process through which the potential UN is being actualized, as CN gets closer to UN. In a similar vein, the set itself can be read as the state of nature in the sense that CN coincides with UN.

> But if the profits of those who deal in such goods are above their proper level, those goods will be sold dearer than they ought to be, or somewhat above their natural price (Smith, 1937: 594).

By this endeavour classical economists seem to have purported both to explain and to justify a market-based society. It is to be recalled that classical economists often attributed the state of nature to precapitalist economies (Smith, 1937: 47, 64).[28] Relying upon such entities or categories as natural wage, general rate of profit and natural price, classicals apparently carried out the task of demonstrating that a variant of the state of nature is restored or reinstated in capitalist economy (cf., Moore, 1985: 90). Despite many disagreements among themselves, Smith, Ricardo and Malthus were equally committed to showing that capitalist economies are capable of attaining a quasi-natural order.

28 This line of reasoning suggests that *capability* (or 'supply side') as well as *need* (or 'demand side') of labourers may have to be considered with respect to natural wage.

> In this state of things, the whole produce of labour belongs to the labourer (Smith, 1937: 47).

> The produce of labour constitutes the natural recompence of wages of labour (Smith, 1937: 64).

Since use value and exchange value can be taken as representing UN and CN, respectively, Malthus's endeavour to ground exchange value on use value can be construed as a way of defending CN on the basis of UN. More relevant is Smith's project of demonstrating that in the "advanced", "civilized", "improved" or "commercial" state of society dominate laws of nature which are similar to those prevalent in the "early and rude", "rude" or "original" state of society (Smith, 1937: 47, 64, 100, 414). The former is distinguished from the latter by: (i) development of division of labour, existence of money, and free competition; (ii) capital accumulation and land appropriation, and the consequent class distinction. The existence of division of labour and money prompted Smith to conceptualise real and nominal price, while class distinction motivated him to come up with the concepts of natural and market price.

According to Smith, the price of a commodity, the riches or private property of an agent, and the wealth of nations can be equally represented by the quantity of commanded labour in both rude and civilized societies. In this regard, the measure of labour command is natural. 'Labour' command as distinct from corn or money relates to (i), whereas labour 'command' as different from embodied labour concerns (ii).

Concerning the first, Smith was convinced that riches or wealth which are objectively measured by the quantities of necessaries, conveniences and possibly luxuries should not be identified with gold or money. This anti-mercantilist position was bequeathed to Ricardo. This view yielded two consequences. First, this view led Smith to distinguish between real and nominal price and to claim that the substance of labour lies behind monetary forms. Second, given the development of the division of labour and the subsequent interdependence between economic agents for subsistence and other economic activities, this encouraged him to conceive of use value in general as distinct from corn or other specific use values and to adopt labour as the source of use value in general.

Moreover, on Smith's view, (changes in) riches/wealth or use value do not, and cannot, exist independently of (changes in) exchange value in a market-based society. In general, classical economists were convinced that a market-based society is excellent in generating economic welfare and growth. This conviction seems to have motivated Smith to adopt the view that the wealth of nations (UN) is interrelated with exchange value which characterizes a market-based society (CN). To buttress this view in a class-divided capitalist economy, Smith apparently switched from the measure of embodied labour over to the measure of labour command on the supposed ground that the latter, unlike the former, serves to encompass both use value and exchange value. This measure plays the pivotal role of demonstrating that natural price is no more than a reflection of labour command. But this measure was rejected by Ricardo in favour of the theory of embodied labour.

This interpretation unveils a serious difference between the classical system and the neoclassical system, despite their common focus on quantitative determination. Basically, the classical system endveavours to explain and justify a market-based society with reference to something outside itself, whereas the neoclassical system regards it as self-justifying. To say the least, classical economists were much more careful about justifying the market system than neoclassical economists.

This difference in vision between classical and neoclassical economics seems to underpin the following methodological confrontations between the two schools: long-period position or reproduction vs. equilibrium; unidirectional or sequential causality vs. simultaneous determination (Sowell, 1974: 127); open vs. closed system; Ricardo's surplus and (un)productive labour versus Marshall's surplus or value added.[29]

Among other things, for the classical system, it is not natural price but market price that is phenomenal in the sense that market price is directly observable and serves as a basis for economic activities on the part of lay agents. Natural price neither realizes itself in the market nor functions as a signal for agents' economic activities. Still natural price does allegedly work as a center of gravity which regulates the economy. Moreover, the economy, on the classical view, is defended by the fact that subsistence is guaranteed to labourers under the constraint of limited fertility of land.

All this suggests that classical economists did not think of a market economy as self-justifying or self-explanatory, but as in need of justification and explanation with

29 As is widely accepted, neoclassical economics denies the peculiarity of land and extends the concept of marginality to all factors of production. Similarly, it reformulates the concept of surplus in terms of individuals' preferences and cost conditions without allowing for class distinction.

reference to something outside the system.

By contrast, in the neoclassical system, equilibrium price stabilizes the economy only by manifesting itself in the market and becoming immediately observable signals for lay agents. This means that neoclassicals are prone to conceive as perfectly 'natural' whatever prevails in the market. They, unlike classicals, do not bother to set up an independent criterion by which current market situation is evaluated. It follows that neoclassical economists treat equilibrium as 'natural' by itself.

This difference between the classical and neoclassical traditions is encapsulated in the difference in their positions on the role of use value. As explicated, most classical economists were, at least, conscious of the distinct status of use value. Moreover, Malthus went so far as to explain and justify exchange value by reference to use value. By contrast, neoclassical economists were apt to reduce use value to insignificance by means of homogenizing use value into exchange value. The place of natural laws which mediate between exchange value and use value in the classical system is taken over by principles of marginal utility (and productivity) in the neoclassical system.

Critical for the shift into this direction is Jevons's resolution of the paradox of diamonds and water. He explained exchange ratios in terms of marginal utilities and reconstructed use value as the sum of marginal utilities. Jevons's endeavour was much more aggressive than was Ricardo's attempt to exclude use value from his domain of inquiry. Through his endeavour, Jevons effectively melt down the entity of use value.

Moreover, unidirectional causality which is characteristic of the classical system meshes with its dependence upon natural laws or upon natural quantities such as labour time embodied (cf., Lippi, 1979: 20~37; Hong, 2000: 99). Comparably, simultaneous determination which is representative of the Walrasian system fits in with its pretension to self-reference or self-justification. If one intends to defend a system with no reliance on outside forces, then, there seems to be no other way but to resort to the method of simultaneous determination, since, in this system, every variable is determined, even if (except for given parameters) no variable is given. Most classical and even some neoclassical economists would insist that simultaneous determination is neither a real determination, nor a real legitimation, of a system. But it must be conceded that this is a methodological significance which underlies the contrast between the classical concept of *natural price* and the neoclassical concept of *equilibrium price*.

However, this classical vision goes together with their frequent lapses back into physiocratic notions (Smith, 1937: 346~347; Ricardo, 1970: ch. vi). The primary difficulty which confronts classical economists lies in their inability to explain and defend a market-based society without reducing the social to the natural, or, to say the least, without impoverishing the social. The law of diminishing fertility and the law of population which are supposed to work as connecting links between the two notions of the natural are too much rooted in the nature of things to qualify as social scientific. In other words, their goal of explaining and defending capitalist society tends to be achieved only at the sacrifice of the relative autonomy of economic science and of the economic domain.[30]

30 In all, the classical system is embedded in the notion of the natural, which not only accords natural and universal necessity to results of economic processes such as prices, but also draws, in part, on methods of

5. In Perspective

In broad terms, it seems that theory, religion and ideology are intermingled in the classical notion of the natural. It is not surprising to find that the classical notion of the natural has its roots in the philosophy of natural law. According to Schumpeter, the concept of natural law has two aspects: normative and analytic. Roughly put, the normative and analytic aspects provide justification and explanation of market economy, respectively (Schumpeter, 1954: 111~113; Brown, 1984: 1~24). In a similar fashion, the notion of the natural which is embodied in natural wage, general rate of profit and natural price plays the roles of theory and ideology in the classical system (cf. Clark, 1989: 598). The notion of the natural, viewed from its analytic aspect, is more attached to market process, whereas the natural, seen from its normative aspect, tends to be associated with inevitable and beneficial consequences of the process.

First, the notion of the natural lays the groundwork for economics as a distinct discipline by denoting that laws of Society which hold the same status as laws of Nature do exist and can be discovered by reason (Brown, 1984: 10~13). More specifically, this notion serves to demarcate its own object or subject-matter, to point to proper methods, and to give clues to explanations of its object. The notion of the natural defines natural price as the primary object of its value theory which is the centerpiece

natural sciences, especially physics, and on analogies to natural phenomena (Letwin, 1963: 223). Classicals seemed to expound the view that, due to natural necessity of economic phenomena, economics has to depend partly on natural scientific methods and naturalistic analogies.

of the classical system, and offers the concepts of natural wage and general rate of profit, in terms of which the value theory is framed. However, the forerunners of economics might have been flawed in their presumption that laws of Society must be similar to those of Nature, and must be amenable to natural-scientific methods.

Second, the notion may also be viewed as providing justification of market order by its suggestion that market order is natural. Since nature is composed of material nature and human nature, this suggestion amounts to the claim that market order is based upon material nature and human nature which obeys natural laws. The concepts of natural price and natural wage have the normative implication that they make it possible for most agents to preserve or reproduce themselves (Stabile, 1997).

In order to advocate this view, it seems to be of crucial importance for classical economists to claim that laws which determine human nature are as universal and immutable as are laws which govern physical or biological world. If each type of socio-economic system moulds human nature in its own way, each system could be conceived as natural in its own way. Then, classical economists would not be able to accord the property of being natural to a market system.

Given the above discussion, explanatory and justificatory roles of the notion of the natural do not seem to be separable but intrinsically intertwined, despite Schumpeter's interpretation to the contrary. As long as social processes are conceptualized as similar to natural processes, laws which govern social processes are liable to be given the same level of necessity as is attributed to laws which govern natural processes. Then there is little room left for free will or 'artificial' intervention, either at the individual level (e.g., ethics of agents), or at the intermediate level (e.g., politics of trade unions), or at the collective level (e.g., government policies). This means that humans, individually or collectively, can do nothing about economic laws for the same reason that they can do nothing about the laws of gravity or the cycle of the seasons.

All told, a few kinds of tension or conflict seem to be latent in the classical system in general and the classical notion of the natural in particular. There are tensions between universally natural and specifically natural, between law-like principles and human agency, between theory and ideology or policy. The notion of being universally natural may be relied upon to justify the market system, but it may clash with elucidation of specific features of market system. Moreover, it would be desirable to discover law-like regularities in economic realm, but the existence of such regularities as centers of gravitation may make the system too deterministic to admit of human agency. Similarly, the goal of constructing classical economic theory tends to allow for little role of politics or policies.

References

Alvey, James E. (2003), "Adam Smith's View of History," *History of The Human Sciences*, Vol. 16, No. 2, 1~25.

Aristotle (1952), *The Politics of Aristotle*, E. Barker, ed., Oxford at the Clarendon Press.

Bharadwaj, K. (1988), "Natural wage," *The New Palgrave: A Dictionary of Economics*, Vol. 3, London: Macmillan, 617~619.

Bittermann, H. J. (1940), "Adam Smith's Empiricism and the Law of Nature," Parts I-II, *Journal of Political Economy*, Vol. 48, No. 4, 190~235, J. C. Wood, ed., Reprinted in *Adam Smith: Critical Assessments*, Vol. 1, London & Canberra: Croom Helm.

Blaug, M. (1985), *Economic Theory in Retrospect*, Cambridge: Cambridge University Press.

______ (1987), "Classical Economics," *The New Palgrave: A Dictionary of Economics*, Vol. 1, London: Macmillan, 434~445.

Blinder, A. (1988), "The Challenge of High Unemployment," *American Economic Review, Papers and Proceedings*, May, Vol. 78, No. 2, 1~15.

Brentano, L. (1923), *Der Wirtschaftende Mensch in der Geschichte*, Leipzig: Verlag von Felix Meiner.

Brewer, A. (1995), "The Concept of Growth in Eighteenth-Century Economics," *History of Political Economy*, Vol. 27, No. 4, 609~638.

Brown, R. (1984), *The Nature of Social Laws*, Cambridge: Cambridge University Press.

Cairns, J. E. (2001), *The Character and Logical Method of Political Economy*, Batoche Books, Kitchener.

Christensen, P. (1994), "Fire, Motion, and Productivity: The Proto-engetics of Nature and Economy in Francois Quesnay," P. Mirowski, ed., *Natural Images in Economic Thought*, Cambridge: Cambridge University Press.

Clark, C. M. A. (1989), "Equilibrium for what," *Journal of Economic Issues*, Vol XXIII, No. 1, 597~808.

Cohen, I. J. (1989), *Structuration Theory*, London: Macmillan Press.

Corning, P. A. (2000), "Biological Adaptation in Human Societies: A 'Basic Needs' Approach," *Journal of Bioeconomics*, Vol. 2, 41~86.

Cremaschi, S. and M. Mascal (1996), "Malthus and Ricardo on Economic Methodology," *History of Political Ecobnomty*, Vol. 28, No. 3, 476~511.

Davis, J. B. (1989), "Distribution in Ricardo's Machinery Chapter," *History of Political Economy*, Vol. 21, No. 3, 457~480.

Dixon, H. (1995), "Of Coconuts, Decomposition, and Jackass: The Genealogy of the Natural Rate," Rod Cross, ed., *The Natural Rate of Unemployment*, Cambridge: Cambridge University Press.

Dupuy, J. P. (1996), "The Autonomy of Social Reality," E. L. Khalil and K. E. Boulding, eds., *Evolution, Order and Complexity*, London and New York: Routledge, Chapter 3.

Eagly, R. V. (1974), *The Structure of Classical Economic Theory*, New York: Oxford University Press.

Eldredge, N. (1996), "Ultra-Darwinian Explanation and the Biology of Social Systems," *Evolution, Order and Complexity*, Chapter 4.

Femminis, G. and A. Salanti (1995), "Davis on Ricardo's Machinery Chapter: A Comment," *History of Political Economy*, Vol. 27, No. 1, 89~99.

Firth, A. (2002), "Moral Supervision and Autonomous Social Order," *History of the Human Sciences*, 15(1), 39~57.

Friedman, M. (1968), "The Role of Monetary Policy," *American Economic Review*, Vol. LVIII, 1~17.

Ghiselin, M. T. (1999), "Progress and the Economy of Nature," *Journal of Bioeconomics*, Vol. 1, 35~45.

Haltiwanger, J. (1988), "Natural Rate of Unemployment," *The New Palgrave: A Dictionary of Economics*, Vol. 3, London: Macmillan, 610~612.

Harris, D. J. (1987), "Classical Growth Models," *The New Palgrave: A Dictionary of Economics*, Vol. 1, London: Macmillan, 445~449.

Hayek, F. A. (1967), *Studies in Philosophy, Politics, and Economics*, London: Routledge & Kegan Paul.

Henry, J. F. (1990), *The Making of Neoclassical Economics*, Boston: Unwin Hyman.

______ (1999), "John Locke, Property Rights, and Economic Theory," *Journal of Economic Issues*, Vol. 33, No. 3. 609~624.

Higgs, H. (1897), *The Physiocrats*, London: Macmillan.

Hirshleifer, J. (1978a), "Competition, Cooperation, and Conflict in Economics and Biology,"

American Economic Review, Papers and Proceedings, Vol. 68, No. 2, 238~243.

______ (1978b), "Natural Economy and Political Economy," *Journal of Social and Biological Structures*, Vol. 1, 319~337.

Hodgson, G. M. (1998), "The Approach of Institutional Economics," *Journal of Economic Literature*, Vol. XXXVI, 166~192.

Hong, H. (2000), "Marx and Menger on Value: As Many Similarities as Differences," *Cambridge Journal of Economics*, Vol. 24, 87~105.

______ (2002), "Marx's Value Forms and Hayek's Rules: A Reinterpretation in the Light of the Dichotomy between Physis and Nomos," *Cambridge Journal of Economics*, Vol. 24, 613~635.

Horner, J. (1997), "Henry George on Thomas Robert Malthus: Abundance vs. Scarcity," *American Jouranl of Economics and Sociology*, Vol. 56, No. 4, 595~607.

Jackson, W. A. (1995), "Naturalism in Economics," *Journal of Economic Issues*, Vol. XXX, No. 3, 761~780.

Keynes, J. M. (1930), *A Treatise on Money*, Vol. 1, London: Macmillan.

______ (1933), *Essays in Biography*, G. Keynes, ed., New York: The Norton Library.

______ (1936), *The General Theory of Employment, Interest and Money*, London: Macmillan.

Khalil, E. L. (1996), "Social Theory and Naturalism," *Evolution, Order and Complexity*, London: Routledge, 1~39.

Krashevski, R. S. (1988), "What is So Natural about High Unemployment," *American Economic Review, Papers and Proceedings*, May, Vol. 78, No. 2, 289~293.

Leijonhufvud, A. (1988), "Natural Rate and Market Rate," *The New Palgrave: A Dictionary of Economics*, Vol. 3, London: Macmillan, 608~610.

Letwin, W. (1963), *The Origin of Scientific Economics*, London: Metuen & Co.

Lippi, M. (1979), *Value and Naturalism in Marx*, London: New Left Books.

Locke, J. (1954), *Essays on the Law of Nature*, W. von Leyden, ed., Oxford: Clarendon Press.

______ (1691), *Some Considerations of the Consequences of the Lowering of Interest and Raising the Value of Money*, London.

Mainwaring, L. (1984), *Value and Distribution in Capitalist Economies*, Cambridge: Cambridge University Press.

Malthus, T. (1964), *Principles of Political Economy*, New York: Augustus M. Kelley.

Marshall, A. (1920), *Principles of Economics*, London: Macmillan.

Marx, K. (1963), *Theories of Surplus Value*, Part I, Moscow: Progress Publishers.

______ (1968), *Theories of Surplus Value*, Part II, Moscow: Progress Publishers.

Meikle, S. (1995), *Aristotle's Economic Thought*, Oxford: Oxford University Press.

Milberg, W. (1993), "Natural Order and Postmodernism in Economic Thought," *Social Research*, Vol. 30, No. 2, 255~277.

Milgate, M. (1987), "Equilibrium: Development of the Concept," *The New Palgrave: A Dictionary of Economics*, Vol. 2, J. Eatwell et al., eds., London: The MacMillan Press, 498~512.

Mill, J. S. (1965), *Principles of Political Economy*, London: Routledge & Kegan Paul.

Mirowski, P. (1989), *More Heat than Light*, Cambridge: Cambridge University Press.

Moore, S. (1985), "Ricardo and the State of Nature," J. C. Wood, ed., *David Ricardo: Critical Assessments*, Vol. II, London & Sydney: Croom Helm, 79~91.

Murphy, J. B. (1994), "The Kinds of Order in Society," P. Mirowski, ed., *Natural Images in Economic Thought*, Cambridge: Cambridge University Press, Chap. 19.

O'Brien, D. P. (1975), *The Classical Economists*, Oxford: Clarendon Press.

Phelps, E. (1995), "The Origins and Further Development of the Natural Rate of Unemployment," R. Cross, ed., *The Natural Rate of Unemployment: Reflections on 25 years of the Hypothesis*, Cambridge: Cambridge University Press, 15~31.

Pigou, A. C. (1941), *The Veil of Money*, London: Macmillan.

Polanyi, K. (1968), *Primitive, Archaic and Modern Economies*, G. Dalton, ed., New York: Anchor Books.

Pollin, R. (1998), "The "Reserve Army of Labor" and the "Natural Rate of Unemployment": Can Marx, Kalecki, Friedman and Wall Street all be Wrong?," *Review of Radical Political Economics*, Vol. 30, No. 3, 1~13.

Popper, K. R. (1966), *The Open Society and Its Enemies*, Vol. 1, London: Routledge.

Pufendorf, S. (1934), *De Jure Naturae et Gentium*, C. H. Oldfather and W. A. Oldfather, trans., *Libri Octo*, volume two, Oxford: At the Clarendon Press.

Puro, E. (1992), "Uses of the Term "Natural" in Adam Smith's Wealth of Nations," *Research in the History of Economic Thought and Methodology*, Vol. 9, 73~86.

Ricardo, D. (1966), *Notes on Malthus's Principles of Political Economy*, Vol. II, P. Sraffa, ed., *The Works and Correspondence of David Ricardo*, Cambridge: Cambridge University Press.

______ (1970), *On the Principles of Political Economy and Taxation*, Vol. I *The Works and Correspondence of David Ricardo*, Indianapolis: Liberty Fund.

Schumpeter, J. A. (1954), *History of Economic Analysis*, Oxford: Oxford University Press.

Shackle, G. L. S. (1972), *Epistemics and Economics*, Cambridge: Cambridge University Press.

Smith, A. (1937), *The Wealth of Nations*, E. Cannan, ed., New York: The Modern Library.

______ (1982), *Lectures on Jurisprudence*, R. L. Meek et al. eds., Indianapolis: Liberty Fund.

Sowell, T. (1974), *Classical Economics Reconsidered*, Princeton: Princeton University Press.

Stabile, D. R. (1997), "Adam Smith and the Natural Wage," *Review of Social Economy*, Vol. 55, No. 3, 292~311.

Stewart, D. (1793), *Account of the Life and Writings of Adam Smith*, Vol. 10 Collected Works of Dugald Stewart.

Streissler, E. (1987), "Wieser, Friedrich," *The New Palgrave: A Dictionary of Economics*, J. Eatwell, M. Milgate, P. Newman, eds., London: Macmillan, Vol. IV, 921~922.

Teichgraeber, R. F. (1986), *'Free Trade' and Moral Philosophy*, Durham: Duke University Press.

Thornton, H. (1991), *An Enquiry into the Nature and Effects of the Paper Credit of Great Britain* (*1802*), Faifield, N. J.: Augustus M. Kelley.

Vaggi. G. (1988), "Natural price," *The New Palgrave: A Dictionary of Economics*, Vol. 3, 605~608.

Veblen, T. (1898), "Why is Economics not an Evolutionary Science?," *Quarterly Journal of Economics*, Vol. 12, 373~397.

______ (1899), "The Preconceptions of Economic Science," *Quarterly Journal of Economics*, Vol. 13, 396~426.

______ (1909), "The Limitations of Marginal Utility," *Journal of Political Economy*, Vol. 17, 620~636.

Waterman, A. M. C. (2002), "Economics as Theology: Adam Smith's Wealth of Nations," *Southern Economic Journal*, Vol. 68, No. 4, 907~921.

Weir, D. R. (1988), "Malthus's Theory of Population," *The New Palgrave: A Dictionary of Economics*, Vol. 3, 290~293.

Wicksell, K. (1898), *Interest and Prices*, R. F. Kahn, translated, New York: August M. Kelley.

Witt, U. (1997), "Self-organization and Economics," *Structural Change and Economic Dynamics*, Vol. 8, 489~507.

[초록]

고전경제학의 자연 개념에 대한 재검토

이 글은 고전경제학에서 시장사회에 대한 설명과 정당화의 근거를 구성하는 자연스러움이라는 개념을 명확히 하고 이것을 평가하려는 데 목표를 두고 있다. 이 개념은 일차적으로 자연가격, 자연임금 그리고 차익지대 등의 개념들에서 발견된다. 이들에 얽힌 자연스러움은 행위자의 이기심과 본능, 경쟁, 토지의 비옥도 체감하에서의 출산, 이런 사회적 과정의 필연성과 혜택 등으로 특징지을 수 있다. 이 논문의 주장은 고전학파의 자연스러움이 보편적인 자연스러움과 자본주의적인 자연스러움이라는 이중성을 지니며, 양자가 결합되기 힘들다는 것이다.

보다 구체적으로 경제학에서 자연 개념은 로크의 자연이자율, 중농주의의 자연적인 질서, 고전학파의 자연가격과 자연임금, 빅셀의 자연이자율, 프리드먼과 펠프스의 자연실업률 등에 등장한다. 거슬러 올라가면 아리스토텔레스와 아퀴나스에도 자연법으로 이것이 등장한다. 다만, 고대 희랍에서는 자연 그 자체가 이것을 나타내는 데 비해, 중세에서는 신이 자연을 대신하였다. 나아가 동양에서도 자연스러움은 윤리 등을 설명하고 정당화하는 개념이었다.

고전학파에 등장하는 자연스러움의 의미를 『국부론』을 중심으로 열거하면 다음과 같다. ① 보편적, 비역사적, 내생적이다. ② 당연하고, 필연적이고, 불가피하다. ③ 주어져 있고, 외적이다. ④ 좋고, 올바르고, 조화롭다. ⑤ 자생적이고, 자발적이며, 자율적이다. ⑥ 감각이나 감정과 관련되어 있다. ⑦ 본질적이다. 이 개념이 적용되는 대상들은 ① 범주나 존재와 수량적인 크기, ② 행위, 과정, 결과이다.

자연임금은 생계를 유지하는 수준의 임금이라는 점에서 범주로서, 그리고 수량으로서 자연스럽다. 또한 자연임금은 인간의 본성인 이기심에 따라 경쟁을 거쳐 나온 필연적인 결과라는 점에서 행위, 과정, 결과에 있어 자연스럽다. 차익지대도 비옥도의 하락으로 발생하지만, 사유재산을 전제하고, 경쟁이 진행되어 일물일가를 낳는 시장의 결과이므로, 이와 비슷하게 해석할 수 있다.

이런 고전학파의 자연 개념에는 보편적인 의미의 자연스러움과 시장이나 자본주의에 고유한 자연스러움이 공존하고 있다. 전자는 본능, 물적인 자연, 생계나 재생산으로 나타나고, 후자는 이기심, 경쟁과 시장의 결과로 나타난다. 이것은 생물학적인 것과 사회경제적인 것의 공존이기도 하다.

무엇보다 이것은 애덤 스미스가 지적한 다이아몬드와 물의 역설 혹은 사용가치와 교환가치의 역설이기도 하다. 나아가 이것은 생명과 재산의 갈등일 수도 있다. 그리고 폴라니가 지적한 바와 같이, 이 갈등은 일찍이 아리스토텔레스가 내세운 삶과 좋은 삶의 차이로 확장될 수 있다. 그런데 양자는 결합되기 쉽지 않다.

chapter 06

아리스토텔레스의 도덕적인 가계경제와 마르크스의 자본주의 생산경제*

* 이 글은 학벌 없는 사회의 철학적인 분위기 속에서 숙성되었다. 김재홍 선생님과 김상봉 선생님께 감사드린다. 특히, 김재홍 선생님으로부터는 아리스토텔레스의 전반적인 흐름을 귀동냥했으며, 초고를 수정받는 등 직접적인 도움을 얻었다. 또한 그를 위시한 3인이 원전에 근거해 번역한 『니코마코스 윤리학』을 이 논문에서 원용하였다.

주류경제학에서 스미스(A. Smith)는 가격 혹은 교환비율에 대한 관심 속에서 '다이아몬드와 물의 역설'(paradox of diamonds and water)을 통해 사용가치와 교환가치의 갈등을 문제로 제기하였다. 그 이후 리카도(D. Ricardo)나 제번스(W. S. Jevons) 등 교환비율의 결정을 주제로 삼는 주류경제학자들의 가치이론에 이 갈등은 이론의 진위를 가리는 시금석이 되었다. 이같이 주류경제학이 이 갈등을 주로 교환비율과 연결시킨 데 비해, 마르크스(K. Marx)는 이를 경제체제를 규정하는 논리로 확대 해석하였다.

마르크스는 『자본론』에서 사용가치를 추구하는 경제와 교환가치 및 화폐의 증식을 추구하는 경제를 각기 상품회로와 자본회로로 구분하고, 자본회로를 자본주의를 규정하는 기초로 삼았다. 여기서 자본회로는 상업사회 혹은 현금의 연결고리(cash nexus)로 규정되는 근대 경제를 특징짓는다. 보드리야르(J. Baudrillard)나 부르디외(P. Bourdieu) 등에 영향을 미친 베블렌(T. Veblen)도 마르크스와 유사하게 경제행위나 경제체제와 연결시켜 자신의 핵심 개념인 과시적 소비나 금전적 동기 등을 제시하였다. 또한 20세기 초의 대표적인 경제학자 케인스(J. M. Keynes)는 자신의 일반이론을 방어하는 과정에서 명시적으로 같은 구분에 근거해 자본주의를 화폐적 생산경제(monetary production economy)로 규정하였다.

여타 학문에서도 이 구분은 폭넓게 해석되었다. 근대사회에 대한 규정으로 유명한 법학자 메인(H. Maine)은 이 기준에 의존해 신분사회와 계약사회(from status to contract)를 구분하였다. 또한 사회학자 퇴니스(F. Tönnies)는 이에 근거해 혈연사회(die Gemeinschaft)와 이익사회(die Gesellschaft)를 나누었다. 이들은 대부분 인간의 삶에서 경제가 수단에 불과하며 또한 수단에 머물러야 한다는 당위를 주창하면서, 인간이 경제적 속박에서 벗어나는 방법을 나름대로 제시하였다.

이렇게 이 구분은 서양 근대사상에서 보편적인 경제와 상업사회 혹은 시장경제를 가르는 기준이었다. 그런데 폴라니(K. Polanyi)가 지적하였듯이 두 가지 회로의 기원은 고대 희랍의 아리스토텔레스(Aristotle)로 거슬러 올라간다. 더구나 마이클(Meikle, 1995)이 강조했듯이 이 구분을 본격적으로 제시하였던 마르크스도 아리스토텔레스에게서 이를 착안했을 가능성이 높다.

이런 배경 속에서 이 글에서는 아리스토텔레스와 마르크스의 관련성에 대해서 논의될 것이다. 우선, 아리스토텔레스가 『니코마코스 윤리학』과 『정치학』에서 생각한 도덕적인 자연경제를 이 구분에 근거해 규명하였다. 둘째, 그가 상업사회 혹은 화폐경제를 경계한 근거를 제시하고, 사치의 경제적 의미를 부각시켰다. 끝으로, 아리스토텔레스를 도치시킨 것이 마르크스라는 주장을 내세우면서 양자가 어느 정도 친화력을 갖는지 논의하였다.[1]

1. 자연스러운 도덕적 경제

아리스토텔레스가 인간을 정치적 동물 혹은 사회적 동물로 규정했는데, 정치와 사회가 이미 인간의 모임을 내포하고 있다. 그러므로 그의 경제도 인간의 본성과 사회구조나 체제의 두 가지 관점에서 설정된다.[2] 그는 도덕 및 정의

1 아리스토텔레스에 대한 본격적인 연구는 희랍어에 대한 이해를 요건으로 한다. 더구나 아리스토텔레스 연구에는 마르크스 연구에서 요구되는 독일어 해득력보다 더 높은 희랍어 해득력이 요구될 것이다. 저자가 희랍어를 전혀 모른다는 것이 이 글의 원초적 한계임을 미리 밝혀두고자 한다. 이런 한계에도 불구하고 저자는 경제학 전공자가 번역문을 통해서라도 아리스토텔레스를 해석하는 일이 여전히 필요하다고 생각하였다.

에 의해 구속되어 행복한 삶 혹은 좋은 삶(living well; good life)에 봉사하는 경제활동과 경제체제를 자연스럽고 보편적이라고 규정해 바람직한 사회로 설정하였다. 좋은 삶은 생계나 삶 자체(living; life)를 전제로 하지만 여기에 머물지 않고 이를 넘어선다. 이와 반대로 소매업 등을 통해 무한정 이윤을 획득하고 재산을 축적하는 활동과 이 활동을 위주로 하는 경제체제는 비정상적이며 자연에 반한다고 그는 비판하였다. 그는 이런 경제 운행의 방식이 좋은 삶을 불가능하게 할 뿐만 아니라 삶 자체를 위협할 수 있다고 보아 경계하였다. 쉽게 말해, 그는 삶을 위한 돈벌이를 용인했으나 돈벌이를 위한 삶은 인정하지 않았다.

가계경제(oikos)와 상업경제(chremastics)로 규정되는 이 두 가지 경제 운행의 방식은 마르크스의 상품회로(*C–M–C*, C: 상품, M: 화폐)와 자본회로(*M–C–M′*)로 압축될 수 있다. 폴라니의 용어로 상품회로에서는 부나 재산이 도구에 머물러 경제가 자연(성)이나 정치로부터 구속받는다는 점에서 경제가 배태되어(embedded) 있는 데 비해, 자본회로에서는 부가 목적이 되어 경제가 배태되어 있지 않다(Booth, 1994: 656, 663). 아리스토텔레스의 견해로 속박된 경제는 삶이나 행복한 삶의 추구와 부합되는 데 비해, 고삐가 풀린 경제는 행복한 삶에 배치되고 삶 자체를 손상시킬 가능성이 있다.

두 회로는 서로 다를 뿐만 아니라 추구하는 목표와 수단이 뒤바뀌어 있다는 점에서 대립적이다. 전자는 (상품 혹은) 사용가치의 획득을 목표로 하며 화폐를 이 목표를 위한 매개체나 수단으로 삼는다. 이에 비해 후자는 거꾸로 교환

2 아리스토텔레스에 있어 정치가 사회를 압도하므로, 정치적 동물은 사회적 동물을 의미하는데, 그 이후 서양 사상에서 사회의 구성 분야로서 정치, 경제, 문화 중 어느 것을 강조하는가는 홉스, 스미스, 마르크스 등 학자의 입장에 따라 바뀐다.

가치 혹은 화폐의 획득을 목표로 하며 상품(이나 사용가치)을 화폐획득이나 이윤획득의 수단으로 삼는다.[3] 좀 더 자세히 보면, *M–C–M′*은 전도된 목표를 내포하고 있어 올바른 목표를 적극적으로 거부하는 데 비해, *C–M–C*는 내부에 본질적으로 어떤 목표를 가지고 있지 않다. 삶에 있어 소비는 그 자체로 자족적이지 않고 미완이기 때문에 넓게 보아 행위가 아니다(Pol, 1254a: §4-5). 삶이 생산이 아니라 행위라는 점에서 *C–M–C*의 목표는 덕(탁월성)이 있고 행복한 삶이며, 이 목표는 회로 밖에 존재한다. 이런 의미에서 *M–C–M′*은 적극적으로 자연에 반하는 데 비해, *C–M–C*는 자연에 부합될 가능성이 있다.

여기서 양자를 구분한 아리스토텔레스의 기준이 능률이나 효율, 나아가 정의나 평등이 아니라 자연스러움 혹은 자연성임을 주목할 필요가 있다. 이에 대해 상세하게 논의할 필요가 있다. 그에 있어 자연 개념은 동물, 인간, 정의와 법, 부와 경제, 노예 등에 광범위하게 적용된다. 이는 생물이나 물체가 자연이 의도한 본성(nature)에 따라 움직이고, 사회나 경제가 자연이 부여한 인간의 본성에 부합되게 운행되며, 생물이나 물체가 자연이 목적한 바에 따라 활용되는 것을 의미한다(Lewis, 1978: 71).

그런데 그는 소크라테스 이전부터 희랍사상에 존재하였던 자연(physis)과 인위 혹은 법(nomos)의 이분법을 극복하기 위해 자연과 본성을 보다 넓게 해석하였다.[4] 그는 자연과 인공이 습관이나 문화 혹은 양육을 고리로 서로 삼투된

3 마르크스에 의하면 유용한 물체가 삶을 위한 수단이면 사용가치에 불과하나 이윤추구의 수단이면 상품이다. 그러므로 문맥상 아리스토텔레스가 상정한 보편적인 경제 운행에서 상품은 사용가치로 보아야 한다.

4 이 이분법은 기원전 5세기 소피스트들에 의해 처음 제시되었으며, 이런 이분법으로 '자연'과 '법'이나 '윤리'가 쉽게 결합될 수 없었다(Burns, 2003: 16~17). 아리스토텔레스에 이르러 양자의 결합이 용이해졌으며, 아퀴나스를 거쳐 근대에 이르러, 자연법(natural law) 개념이 사회과학 전반에 지대한 영향을 미칠 수 있었다. 따지고 보면, 주류인 신고전학파 경제학에서 사용하는 경제(oikonomia; economy) 개념도 가계경제와 관리나 법이 합쳐진 용

다고 보아 이 고리와 결합된 인간 본성과 이에 상응하는 자연 개념을 내세웠다(Dobbs, 1994: 75~77; Murphy, 1994). 이에 따라 그는 생득적인 속성이나 물적인 속성에 그 자체로 자연성을 부여하지 않았다.

이런 관점에서 그는 일차적으로 생존이나 자기보존, 섭생, 생계확보 등 삶 자체와 그것의 연장으로 종족 보존이나 번식 혹은 자기복제 등을 자연스럽게 여겼다. 그러나 생계 수준을 넘어 인간을 동물로부터 구분하는 좋은 삶에는 도덕적인 생활, 정치 참여, 그리고 사색이 요구된다. 그에게는 이런 삶이 행복하고 자연스러운 삶이다. 단순한 삶의 반대가 죽음이나 소멸이라면, 좋은 삶의 반대는 죽음이 아니라 타락이다(Dobbs, 1994: 78). 통상적인 자연 개념이 생계나 삶을 규정한다면, 그의 자연 개념은 이같이 좋은 삶을 규정한다.[5]

이같이 아리스토텔레스에 있어 인생의 목표는 쾌락이나 부가 아니라 행복이므로 인간은 덕성이나 정의 등 정신적이고 내적인 좋음을 우선시해야 한다. 그렇지만 내적인 좋음은 그 조건이나 수단으로 외적인 좋음을 필요로 한다. 의식주는 건강, 명예, 친구와 함께 이런 외적인 좋음에 속하며, 화폐는 다시 이런 외적인 좋음을 획득케 하는 수단이다(NE, 1178b; das Neves, 2000: 650; Hadreas, 2002: 363). 따라서 정치활동이나 행복추구가 인간의 목표이고 경제활동

어인데, 마찬가지로 형용모순의 가능성을 안고 있다. 신고전학파는 커다란 덩어리인 가계경제를 이기적인 개인들로 토막 내고 개인의 이기심을 자연스럽다고 선언하며, 시장 자체가 자연스럽고 자연 상태에 있다고 상정해, 이 모순을 지양하려고 시도하고 있다.

5 스미스나 맬서스 등 고전학파는 자연임금을 협의의 삶이나 자연 개념과 연결시켰다. 이를 아리스토텔레스와 조화시키면, 고전학파가 화폐임금보다 임금재에 중점을 두는 등 노동자를 노예와 동일시하면서 노동자의 삶에 원초적으로 포괄적인 자연성을 부여할 수 없다고 생각한 것으로 해석할 수 있다. 더구나 고전학파는 좋음이나 행복을 지대(지주) 혹은 이윤(자본가)과 명확하게 연결시키지도 않았다. 결과적으로 고전학파가 좋음이나 행복이 지대나 이윤과도 무관한 경제 외적인 존재로 보아 아리스토텔레스 등 철학자와 달리 좋음이나 행복 등 보다 높은 가치를 도덕감정(moral sentiments) 등으로 세속화시키거나 이에 대한 논의를 회피하거나 이에 대해 중립을 표방했다고 해석할 수 있다. 나중에 논의되는 바와 같이 마르크스에서는 '좋음'이 경제의 바깥으로 방출되지 않고, 역전된 모습인 '나쁨'으로서 이윤 혹은 잉여가치(자본가)와 연결된다.

은 이를 위한 수단에 불과하다.

보다 구체적으로 그에게 있어 물체나 생산물이 거래나 축재의 대상이 아니라 사용가치로 활용되고 화폐 역시 퇴장수단이 아니라 사용가치의 획득수단으로 기능하는 것이 이들이 원래 만들어진 의도나 목적에 부합되어 자연스럽다.[6] 덕이 있고 행복한 삶이 궁극적 가치이고, 재화나 상품은 이에 봉사하는 종속적인 가치이며, 화폐는 다시 재화를 얻는 수단으로 재화보다 하위에 놓인다. 거칠게 표현해 화폐는 행복한 삶을 위한 수단의 수단에 불과하다. 즉, 상품판매 → 화폐획득 → 사용가치 획득 및 소비 → 도덕, 정의, 좋음의 실현이다.

이 연결고리에서 왼쪽에서 오른쪽으로 갈수록 수단의 성격이 줄어들고 목표의 성격이 늘어난다. 이에 따라 수단이 목표로부터 독립하거나 스스로를 목표로 삼는 경우 자연에 반한다. 돈벌이 등 잘못된 목표를 가진 경제활동뿐만 아니라 좋은 삶으로 이어지지 않는 소비, 이런 소비로 이어지는 경제활동, 그리고 전반적으로 소비로 이어지지 않는 경제활동도 부자연스럽다. 즉, 생산 ⇏ 교환, 분배 ⇏ 소비(저축) ⇏ (좋은) 삶도 부자연스럽고, 생산 ← 교환, 분배 ← 소비(저축) ← 삶은 가장 극단적으로 자연에 반한다.

이런 맥락에서 삶이나 좋은 삶을 위한 사용가치의 소비는 자연스럽다. 또한 이런 소비를 목표로 사용가치를 직접 생산하거나 화폐를 통해 생산된 사용가치를 획득하는 교환행위는 자연스럽다. 이에 비해 재산축적을 위한 생산이나 교환 그리고 이에 부응하는 소비는 자연에 반한다. 경제 내부로 들어오면

6 이런 주장에 대해 동식물 등 자연은 물론이고 상품이나 화폐에 대해서도 생겨난 목적이나 담겨진 의도나 본성을 인간이 알 수 없거나 그것이 역사적으로 변동한다고 반박할 수 있다. 또한 비록 신은 아니더라도 인간 혹은 사회가 자본주의에서와 같이 모든 물건을 교환하기 위해 만들고 화폐가 상품가치를 실현하는 역할을 발휘한다면, 이윤추구가 자연스럽게 보일 수도 있다.

과식(過食)이나 미식(美食) 등 의식주 소비에 대한 탐닉은 좋은 삶과 무관하게 소비 그 자체를 목적으로 삼기 때문에 자연스럽지 못하다. 또한 소비와 무관한 생산, 교환, 분배 및 저축이나 소유는 모두 자연스럽지 않다. 예를 들어, 미래의 소비와 무관한 재화의 '사재기'는 소비를 목적으로 삼지 않으며, 맹목적인 축재나 돈벌이는 지출과 무관하게 소유를 위한 소유이다.

더불어 소비가 아니라 교환을 종착점으로 삼는 생산, 소비나 교환이 아니라 그 자체를 목적으로 삼는 생산, 특히 소비를 위한 생산이 아니라 이와 정반대인 생산을 위한 소비 등은 자연에 반한다. 예로서, 정교하지만 사회적으로 무용하거나 유해한 기술을 활용하기 위한 맹목적인 생산 혹은 시장에서의 판매를 목표로 삼는 생산은 소비와 무관하다. 나아가 소비가 아니라 생산을 목적으로 삼는 교환이나 그 자체를 목적으로 삼거나 소유를 목적으로 삼는 교환 등도 자연에 부합되지 않는다.

이 행위들 중 상당수는 *C–M–C*나 *M–C–M′*으로 명확히 표현되지 않는다. 그렇지만 교환을 목적으로 하는 생산, 생산을 위한 소비, 사재기나 맹목적인 저축 등은 *M–C–M′*과 친화력을 갖는다. 물론 상위의 목표로부터 독립적인 경제활동보다 더 부자연스러운 것이 수단을 목표로 삼고 목표를 수단으로 삼는 활동이다. 이같이 두 가지 경제 운행의 차이는 교환뿐만 아니라 소비, 생산, 분배, 재화의 획득 및 소유 등 경제활동 전반에 대한 자연성 여부로 나타난다. 이와 유사한 예로, 진료행위가 인명 구출이나 환자 치료라는 원래의 목표를 상실한 채 돈벌이라는 목표에 압도되면 건강 회복이나 질병 치료와 무관하게 투약과 시술이 진행될 수 있다. 그뿐만 아니라 의사가 의술에 탐닉하는 경우 환자를 실험동물로 만들거나 환자에게 해로운 의술을 감행할 수 있다.

그런데 목표와 수단의 관계는 경제활동의 유한성이나 무한성으로 이어진다. 수단이면 목표로부터 제한을 받는 유한성을 가지는 데 비해, 목표는 오로지 스스로를 제약하므로 무한성을 가진다고 그는 갈파하였다. 이같이 수단과 목표의 구분은 유한히 추구할 것과 무한히 추구할 것의 분별을 낳는다. 또한 목표의 등급이 높아질수록 질적으로 규정할 필요 없이 순전히 양적으로 표현된다. 구체적으로 수단은 목표에 의해 내용, 횟수 혹은 크기 등이 제한되지만 목표는 스스로를 제한할 뿐 외적인 구속을 받지 않는다. 그러므로 최고선은 아무리 많이 실현되더라도 좋은 것이다.

유사한 논리를 반대방향으로 전개하면, 경제가 생계유지나 행복한 삶이 아니라 축재나 이윤추구 자체를 목표로 삼는 경우 경제활동에 덕성, 행복, 정의 등의 제약이 사라져 이윤이나 재산이 무한히 추구되고 증식된다. 물론 아리스토텔레스의 입장에서는 더 많은 화폐나 더 많은 사용가치가 아니라 더 많은 도덕과 정의가 인간 및 사회의 자연스러운 목표이다.

의사의 예로 돌아가면, 생명 구출이나 건강 회복이라는 목표가 진료수단인 투약이나 수술의 내용이나 횟수를 제한한다. 반면 구출되는 생명과 회복되는 건강은 다다익선(多多益善)이므로 이들 목표는 제한을 받지 않는다(Pol, 1257b: §13). 또한 수단이 양적으로뿐만 아니라 질적으로 표현된다면, 상위에 있는 좋음은 단순히 수량이나 크기를 통해 규정된다. 예를 들어, 진료의 수단은 특정 질병을 치료하기 위한 투약과 수술의 숫자뿐만 아니라 투약과 수술의 종류로 규정되는 데 비해, 진료의 목적은 구출된 사람이나 치료된 환자의 숫자로 표현된다.

시민국가에서는 사회 구성원들 사이에 재화의 교환뿐만 아니라 재산이나 자원의 분배가 불가피한데, 분배에 대해서도 정의에 근거한 자연성을 부여할 수 있다. 먼저 앞서 제시된 자연 개념에 따라 자연적(natural) 정의와 법적(legal)·관습적(conventional)인 정의의 이분법을 지양하고 아리스토텔레스의 자연적 정의에 관습적이거나 법적인 요소가 포함된다고 해석할 필요가 있다. 여기서 통상 설정된 좁은 의미의 자연적 정의(I)를 넘어 광의의 자연적 정의(II)를 상정할 수 있다. 자연적 정의와 관습적 정의의 결합으로 해석된 정치적(political) 정의도 이런 광의의 자연적 정의에 상응한다(Burns, 1998: 144, 150, 156).

이렇게 구분하면 자연적 정의(I)는 살인, 절도, 간음 등에 대한 보편적인 금지로 예시되며, 분배적 정의와 교정적 정의에 나타나는 평등 혹은 형평으로 포괄된다. 그에 있어 평등이나 형평은 동등한 자들을 동등하게 취급하고 동등하지 않은 자들을 차별해 대우하는 것이다. 경제의 자연적 성격에 부합되는 정의는 자연적 정의(I)와 정치적 정의 혹은 자연적 정의(II)이다. 이렇게 되면 삶-생계확보-자연적 정의(I)라는 연결과 좋은 삶-생계유지 및 정치 참여-자연적 정의(II)라는 연결이 가능하다.

여기서 자연성을 규정하는 추가 요인으로 비례성이나 형평 등 정의의 원칙이 고려된 셈이다. 또한 교환에 국한하면 그에 있어 자연성은 교환행위와 교환비율 두 가지와 관련된다. 질적 차원에서 교환행위가 친애(philia)와 정의에 부합해야 하고, 양적인 차원에서 교환비율이 분배적 정의와 교정적 정의가 요구하는 비율이어야 한다.[7]

7 이와 비교해 스미스는 교환행위를 인간의 본성으로 규정해 그 자체로 정당화하였으나, 교환비율도 단기적인 것은 아니나 시장에서 장기적으로 형성되는 것으로 삼았다. 스미스보다 더 확연하게 신고전학파는 시장의 교환행위와 교환비율을 그 자체로 정당화하였다.

이 두 가지 자연적 정의는 *C–M–C*에 내포되어 있으며 *M–C–M′*과 원초적으로 모순된다. *M–C–M′*이 어떤 의미에서 자연적 정의나 형평과 배치되는가? 일반적으로 필요(need)와 공적(merit)이나 가치(worth)를 형평의 기준으로 삼는데, 생명 보존이나 생계유지가 이런 기준의 전제이다. 아무리 공적이 적은 사회 구성원이라도 생계는 유지할 수 있어야 한다. 거시적으로 생계를 겨우 유지할 수 있는 정도의 생산력을 가진 정태적인 경제에서는 이윤추구가 타인의 생계를 위협한다면, 이는 형평에 어긋난다. 이런 이유로 도덕, 행복, 정의라는 목표의 구속을 받는 제한적인 재산확보는 타인에게 피해를 주지 않는다는 조건도 충족시킬 수 있다(Pol, 1258b: §4). 노동 투입량 등 특정 기준으로 따진 가치나 공적과 관련해 시장경제에서 결정된 가격이 교정적 정의에 부합하지 않는 경우, 교환비율이 정의로운 가격(the just price)으로부터 벗어나므로 *M–C–M′*은 형평이라는 기준에 손상을 가한다.

전반적으로 아리스토텔레스는 교환비율 등 수량이 아니라 주로 교환행위 등 경제행위나 경제적 존재 자체와 관련지어 자연성 여부나 정도를 논의하였다. 이 점에서 그는 주류경제학보다 마르크스나 베블렌 등과 친화력을 갖는다. 그렇지만 위에서 설명한 바와 같이 그의 정의이론은 교환비율에 대해 자연성을 부여할 근거를 제시하였다. 친애에 관한 논의에서 물건을 구매했거나 선물을 받은 사람이 그것에 자신이 부여하는 가치로 가격을 지불해야 한다는 그의 주장이 이에 대한 추가적인 근거가 될 수 있다.

그는 두 가지 경제 운행의 방식을 재산이나 부의 성격 및 이들의 획득방식과 연결시켰다. 그의 견해로 좋은 삶에 봉사하는 부가 진정한 부이고 이 목적이 부의 획득에 부여하는 방식만이 자연스럽다. 몸소 생산하거나 노예를 통해 획득하지 않고 교환을 통해 획득했더라도 삶과 좋은 삶을 지향하면 부는 자연스럽다. 그에 있어 자연스러운 부나 재산은 생산이 아니라 행위에 봉사하므로 생산수단을 포함하지 않는다고 해석할 수 있다.

이런 이유로 *C–C*나 *C–M–C*가 자연스러운 부를 낳는다면, *M–C–M′*이나 *M–M′*은 인공적인 부를 낳는다(das Neves, 2000: 649).[8] 이같이 그 자체로 목표가 되는 부와 이런 부의 획득방식은 자연에 반한다(Pol, 1256a). 재화를 자연스럽게 획득, 보관, 유지하는 것은 가계관리라는 자연스러운 활동을 구성한다. 따라서 *C–C*나 *C–M–C*는 가계관리의 원칙에 부합되는 데 비해, *M–C–M′*나 *M–M′*은 이 원칙에서 벗어난다.

구체적으로 그는 자연스러운 재화의 획득방식으로 수렵같이 자연이 주는 대로 의식주를 확보하거나 농사를 통해 생물의 과실을 의식주로 얻는 것을 들었다. 이같이 그는 식물이나 동물을 가꾸어 결실을 얻는 농업이 인간 본성에 합당하다고 보았다. 식물이 열매를 맺고 동물이 새끼를 낳는 것이 자연에 부합된다는 주장은 돈이 스스로 새끼를 치는 고리대가 자연에 가장 반한다는 이후의 주장과 특별히 대비된다. 그에게서 농사를 통한 함양은 체육이나 의술을 통한 신체적 함양이나 정치적 함양에 상응한다(Dobbs, 1994: 90).

농업이나 자급자족이 아니라 상업에 의존하더라도 *C–M–C*를 통해 절제된 욕망의 대상으로 물자를 확보하는 것은 자연에 반하지 않는다. 특히, 사회

8 다스 네베스(das Neves, 2000)에 의하면 성서와 아리스토텔레스를 결합시킨 아퀴나스는 신약성서 마태복음의 한 구절에 대한 성 제롬(St. Jerome)의 주해를 논평하면서 재화 혹은 상품과 화폐의 무차별함을 내세웠다. 이 해석에 의하면 아퀴나스가 전반적으로 아리스토텔레스를 따랐지만 부의 개념에 있어 화폐추구를 수용하는 방식으로 나아가 보다 근대적이었다. 이 해석을 평가하면, 아퀴나스는 공유재산과 신앙의 관계에 관해 논의하였고 사적 이익을 위한 화폐추구를 허용한 것이 아니므로 과연 아리스토텔레스에서 얼마나 벗어난 것인지 분명치 않다.

구성원의 소양이나 능력에 따른 분업체계 속에서 재화를 생산하고 교환을 통해 생필품을 확보하는 것은 자연스럽다. 이런 의미에서 생계유지를 위한 사용가치의 생산과 획득뿐만 아니라 동일 목표를 가진 국내외의 교역도 자연스럽다. 이같이 수렵이나 농업에 의존한 자급자족과 교환 중 어느 것에 의존하는지 혹은 교환의 형태가 물물교환인지 화폐교환인지는 자연성 여부와 무관하다. 생계유지와 행복한 삶을 위한 물자획득을 목표로 삼는 한 이들 모두는 자연스럽다. 여기서 경제활동의 자연성 여부는 구체적인 내용과 무관한 추상적 성격임을 알 수 있다.

아리스토텔레스는 자연에 부합되는지 여부를 질적으로 규정하면서 동시에 여러 경제활동들에 대해 (부)자연스러움에 있어 양적인 차이를 부여하였다. 정도상 차이까지 고려해 자연스러움의 순서를 매기면, 자급자족 → 물물교환(*C–C*) → 화폐를 통한 물자획득(*C–M–C*) → 상품을 통한 화폐획득(*M–C–M′*) → 화폐대부를 통한 화폐획득(*M–M′*)으로 정리된다(Meikle, 1994: 26~27).

여기서 일단 (부)자연스러움의 정도는 재화나 상품과 화폐 중 어느 것이 개입되느냐로 결정된다. 즉, 재화가 개입되면 좀 더 자연스럽고, 화폐가 개입되면 보다 부자연스럽다. 생계물자를 확보한다는 공통의 목적을 가지더라도 자연으로부터의 직접적인 물자확보가 화폐를 매개로 시장에서 물자를 확보하는 것보다 자연스럽다. 마찬가지 논리로 화폐는 교환을 위해 존재하므로 상품이 전혀 등장하지 않으면서 그 자체로 이자가 늘어나는 고리대업은 상품의 매매를 통해 이윤이 늘어나는 소매업보다 더욱 자연에 반한다.

아리스토텔레스에 있어 화폐의 개입 여부 이외에도 자연스러움의 정도를 결정하는 또 다른 기준이 행위와 생산의 구분이다. 생산(poesis; production)은 스스로 그 근원이나 목표를 내포하고 있지 않아 자연과 무관하게 기예나 우연에 따라 특정 결과를 얻는 활동이다. 생산과 달리 스스로 발생하며 목표를 안에 담고 있어 자연에 따른 활동이 행위(praxis; action)이다(NE, 1140a). 예를 들어, 쌀농사는 생산이며, 도덕 실천이나 정의 구현은 행위이다. 가계경제의 목표는 재화의 소유나 생산이 아니라 행위를 위한 재화의 확보와 활용이다. 이런 의미에서 좋은 삶을 위해 곳간에 사용가치를 보관하는 것은 물자를 무한정 창고에 쟁이거나 영리를 목적으로 재고를 유지하는 것과 성격이 다르다.

그에 의하면 인간다운 삶은 과정과 분리되는 특정 결과를 목표로 하는 생산이 아니라 목표를 안에 담고 있고 그 자체를 목표로 하는 행위를 지향한다. 그러므로 행위는 행복한 삶을 위한 사용이나 '소비'에 상응한다(Davidson, 1898: 61; Lewis, 1978: 71 각주 5). 따라서 소유뿐만 아니라 생산도 중요하지 않으며, 소비, 그것도 행위를 위한 소비가 중요할 뿐이다. 경제는 정치 참여나 행복추구에 봉사하지만, 다시 경제활동 중 교환이나 생산은 소비를 종착점으로 삼는 중간과정에 불과하다. 소비단계나 사용단계에서 멀어질수록 경제활동은 더욱 더 수단의 성격을 띠게 된다(Pol, 1254a).

그러므로 화폐를 매개로 하든, 생산수단을 이용하든, 임금노예를 통하든 행위와 거리를 둔 활동은 덜 자연스럽다(Finley, 1975: 41~42).[9] 이같이 그의 입장에서는 화폐추구가 자연에 반한다면, 생산도 자연과 거리를 두고 있다. 이런 의미에서 생산 혹은 행위인지의 여부가 자연스러움의 정도를 결정한다. 결과적

9 그러므로 후에 오스트리아학파의 멩거(C. Menger)가 구분한 재화의 차수는 아리스토텔레스와 친화력을 갖고 있다. 그러나 이런 소비가 도덕이나 정의의 실천을 지향해야 한다는 아리스토텔레스의 입장이 멩거와 결합될 수 있는지는 분명치 않다.

으로 생산에 참여하지 않고 소비하면서 도덕적인 삶을 지향하는 것이 최선이라면, 도덕적인 삶을 지향하는 소비를 위해 생산에 참여하는 것은 차선이다. 이는 돈벌이를 재화생산의 목표로 삼는 것뿐만 아니라 도덕적이고 좋은 삶과 무관하게 생산을 그 자체로 목적으로 삼는 것도 배제한다.

앞의 예로 다시 설명해 보자. 의사의 진료와 인간의 건강은 도덕적인 삶과 정치 참여를 목표로 한다. 이는 진료나 건강의 목표로서 돈벌이를 배제할 뿐만 아니라 진료나 건강유지가 도덕, 정의, 친애 등 상위의 가치와 무관해지거나 그 자체 목표가 되어 절대화되는 것을 경계한다. 돈벌이를 위해 건강을 '소비'하거나 '생산'하는 것은 삶에 배치된다. 그뿐만 아니라 생존이나 생명유지 그 자체를 위한 건강유지는 좋은 삶에 부합되지 않는다. 건강을 절대화하는 것에 대한 경계는 생산에 대한 행위의 우위에서 도출된다.

앞선 논의의 결과 아리스토텔레스에서 인간이나 사회의 자연스러움을 결정하는 요인으로 목적의 내재성 여부, 목적과 수단의 제대로 된 우열이나 전도, 목적에 대한 수단의 의존성이나 독립성, 목적으로부터의 거리, 수단의 확보 가능성 등을 들 수 있다. 목적의 내재성은 자율성을 의미하며 목적의 외재성뿐만 아니라 맹목적성(盲目的性)을 배제한다. 또한 목적과 수단의 우열은 목표가 내부에 존재하더라도 이 목표가 제대로 설정되어야 함을 의미한다. 이는 목적이 수단이 되고 수단이 목적이 되는 전도를 배제한다. 끝으로 자연스러움은 주어진 목적을 달성하기 위한 수단의 확보를 추가 요건으로 한다. 수단은 내부에 존재하는 제대로 설정된 목표에 봉사해야 하나 반드시 내부에서 공급될 필요는 없다.

자연성과 연결된 개념이 부족함이 없다는 의미의 자족성(self-sufficiency)이다. 그는 동식물, 인간이나 시민 혹은 사회에 포괄적으로 적용되는 바람직한 속성으로 자족성을 주창하였다. 자족성은 최종 목표를 내포하고 있어 외부로부터 구속 받거나 제한 받지 않으며 이 목표를 위한 수단을 확보할 수 있어 삶을 바람직하게 만들 수 있는 상태를 지칭한다(NE, 1097b). 도시국가 수준에서 보면 소극적으로 생필품의 확보와 정의로운 정치체제의 구축을 의미하며, 적극적으로는 이에 더해 여가와 여가를 활용할 수 있는 수단과 목표가 갖추어진 것을 의미한다(Mayhew, 1995).[10] 이런 의미에서 자족성은 자연스러움이 낳는 바람직한 상태로 규정할 수 있다. 따라서 행위는 자족적인 데 비해, 생산은 자족적이지 못하다.

경제 차원에서 자족성은 각자의 소양 및 능력에 따른 분업이나 수직적 계층의 존재를 근거로 하지만, 반드시 자급자족이나 물물교환(C-C)을 전제하지 않는다.[11] 그 역시 도시국가 내의 분업과 이로 인한 교환, 교환을 위한 화폐, 그리고 해외무역 등을 모두 인정하였다. 자급자족이나 물물교환을 고집하지 않고 상업과 유통수단으로서의 화폐를 용인했다는 것은 그가 협의의 자연성에 집착하지 않았음을 의미한다. 달리 말해, 그에 있어 인간의 자연성은 경제나 사회의 발전과 배치되는 것이 아니라 이를 특정 방식으로 수용하는 '사회 속의 자연'이라는 점에서 복합적이다.

10 메이휴는 이를 각기 삶과 좋은 삶에 연결시켰다(Mayhew, 1995). 그에 의하면 삶 자체를 위한 자족성(Ⅰ)은 생필품 확보와 정의로운 정치체제가 가능한 영토와 인구를 가진 도시국가를 특징짓는다. 좋은 삶을 위한 자족성(Ⅱ)은 이를 넘어 여가와 여가를 활용할 수 있는 수단 및 목표가 설정될 수 있는 영토와 인구를 가진 국가를 나타낸다. 그러나 삶의 조건에 정의를 포함시킨 것에 의문을 제기할 수 있으며, 사치품과 다른 편의품목과 여가활동 사이의 관계 등이 규명되어야 한다. 이렇게 보면 삶-생계확보-자족성(Ⅰ)-자연적 정의(Ⅰ)와 좋은 삶-생계유지 및 정치 참여-자족성(Ⅱ)-자연적 정의(Ⅱ)의 연결이 여전히 의미가 있다.

11 마이클이 지적한 바와 같이 '자족'(being self-sufficient)보다는 타인에 대한 의존을 배제하지 않는 '충분히 가지고 있음'(having enough)이 보다 정확한 표현이다(Meikle, 2004: 27 각주 2).

이같이 필요한 물자나 사용가치를 획득하기 위해 사회 구성원이 상업에 종사하고 일시적으로 화폐를 보유하는 것은 미덕이나 정의에 위배되지 않으며 자연스럽다. 그러나 지속적인 화폐축적을 위해 소매업이나 특히, 고리대업에 종사하는 것은 자연에 위배된다.[12] 또한 그에 있어 생계와 생활을 위한 수출입과 영리를 위한 수출입은 구분된다.

먼저 생활을 위해 필요하지만 국내에서 획득할 수 없는 사용가치를 수입하고 이런 수입을 위한 대금을 마련하기 위해 수출하는 것은 용인된다. 그러나 거꾸로 화폐축적과 이윤추구를 위한 수출과 이를 위한 수입, 그리고 지속적인 흑자를 위한 무역은 자연에 반하거나 적어도 맹목적이다. 이런 점에서 *M–C–M′*에는 이윤을 위한 상업뿐만 아니라 흑자를 위한 무역도 포함된다. 이 입장은 흔히 대립한다고 알려진 근대의 중상주의와 고전학파를 한 동아리로 만들면서 이들과 정반대의 정책적 함의를 제시한다.

그러나 그에게서 경제의 여러 단계나 과정의 최종 목표가 생계확보인지 아니면 화폐추구나 이윤추구인지에 따라 자연스러운 활동이나 부자연스러운 활동으로 양분된다는 점이 일차적으로 중요하다. 이 관점에서 *C–M–C*는 보다 자연스럽지만 덜 성숙된 자급자족이나 물물교환(*C–C*)을 포함한다. 또한 *M–C–M′*은 보다 더 부자연스러운 고리대업(*M–M′*)을 포괄한다. 이것은 *C–M–C*에서 *M–C–M′*으로 이행하는 과정에서 양적인 변동 혹은 정도의 차이가 질적인 변화 혹은 종류의 차이를 낳았다는 것을 의미한다.[13] 이같이 삶과 좋은 삶을 위한

12 이자지불을 거부하고 화폐를 교환수단에 국한시키려는 생각은 아리스토텔레스뿐만 아니라 고대에 유대교, 기독교, 회교에 모두 나타났으며, 이들은 모두 생계 위주의 정태적인 경제를 전제하였다. 그런데 근대에 들어 다른 종교보다 기독교가 먼저 이자를 정당화하기 시작하였다(Sauer, 1999).

13 물론 아리스토텔레스가 규정한 자연성은 신고전학파나 고전학파와 구분된다. 주지하듯이 신고전학파에서 자

도덕적인 경제가 아리스토텔레스가 상정한 자연스럽고 보편적인 경제이다.

2. 화폐경제의 위험성: 사치와 이윤추구

아리스토텔레스는 자본회로의 확산을 막고 경제활동이 상품회로에 머물도록 하기 위해 시민의 윤리나 도덕과 정치체제의 정의에 의존하였다. 이런 입장은 인간행위에 대한 두 가지 목적, 수단관계를 내포하고 있다. ① 재화나 상품이 그 자체로 목적이 아니라 행복하고 덕성스러운 삶의 수단이며, ② 화폐는 다시 이런 목적을 가진 재화나 상품을 획득하기 위한 수단이다. ②와 관련 토지 등 생산수단도 행복한 삶이라는 목적에 부응하는 수단인 재화를 다시 획득하기 위한 수단이며 노예도 행복한 삶을 위한 수단이다.

아리스토텔레스에 있어 자족적이며 좋은 삶은 도덕적인 가정과 정의로운 도시국가에서 가능하다. 이에 따라 좋은 삶에 상응하는 경제는 종족보존 및 생명유지나 생계확보를 넘어서 도덕적인 가정과 정의로운 도시국가를 유지하기 위해 요구되는 물자를 공급해야 한다. *C–M–C*는 이런 물자확보에 부응하거나 적어도 배치되지 않는 경제활동이다. 이같이 외재적인 목표에 의해 규정되는 한 *C–M–C*에 의존한 재화획득은 무한하지 않다.

연스러움은 생계나 행복, 그리고 사용가치 추구 혹은 화폐추구 등과 무관하게 인간의 이기심과 시장으로 규정된다. 신고전학파는 이기심과 가격에 따라 행동한 결과로 나타난 모든 과정이나 현상, 그리고 상태를 자연스럽다고 판정한다. 이보다 앞서 등장한 중농주의와 고전학파에서는 이기심과 시장의 가격기구뿐만 아니라 자연임금 등 인간의 생계유지 및 번식, 인간의 본능, 토지의 비옥함 등이 뒤섞여 나타난다. 즉, 자연적 성격이 토지나 자연 그 자체, 인간, 시장 및 사회 등에 부여된다. 이런 견지에서 케네나 스미스는 토지와의 근접성에 따라 경제활동이나 산업에 자연적 성격이나 생산성을 부여하기도 하였다. 이에 대해서는 별도의 연구가 필요하다.

이같이 그에 있어 덕스럽고 행복한 삶이 궁극적 가치이고, 재화나 상품은 이에 봉사하는 종속적인 가치를 가지며, 화폐는 다시 재화를 얻는 수단으로 재화보다 더 하위의 가치를 갖는다. 그러므로 그는 도덕적이고 행복한 삶, 재화의 획득과 소비, 그리고 화폐획득 사이에 대체가 불가능한 우열을 설정하였다. 그런데 그가 이런 우열에 강하게 집착했다는 것은 역설적으로 현실 속에서 이런 우열이 붕괴될 가능성이 항상 존재함을 의미한다.

무엇보다 그는 *C–M–C*가 *M–C–M′*으로 돌변할 위험성을 감지하고 있었다. 고대사회가 종래에 생각해 왔던 것보다 훨씬 더 시장이나 계약에 의해 지배되고 있었다는 연구들은 그의 경계심이 현실에 근거한 것임을 증언해 준다(Springborg, 1986). 이런 위험성은 두 가지 회로 모두 상품과 화폐 등 동일한 것을 대상으로 하며, 상품과 화폐가 동일한 장에 등장하기 때문에 발생한다고 그는 설명하였다. 이 설명에는 의식이나 관념을 경제현상에 의존해 설명하는 유물론이 담겨 있다. 또한 그에 있어 *M–M′*과 *M–C–M′*만이 경계의 대상은 아니었다. 이미 논한 바와 같이 *M–M′*과 *M–C–M′*은 올바르지 않은 내적 목표를 가지는 데 비해, *C–C*와 *C–M–C*는 내적인 목표를 가지고 있지 않다. 이런 관점에서 보면 비록 그가 강조하지는 않았지만, *C–C*와 *C–M–C*도 소비 그 자체를 목표로 삼아 과소비나 사치로 흘러 자연에 반할 위험성을 안고 있다.

이렇게 보면 위의 두 가지 구분에 따라 경제활동이 타락할 가능성은 소비 그 자체를 위한 소비와 축재 그 자체를 위한 축재라는 두 가지 유형으로 나타난다. 구체적으로 ① 전자는 과소비나 사치이고, ② 후자는 이윤추구와 축재를 위한 경제활동이다.[14] 이들은 좋음(goods)의 순서나 우열을 무시하거나 이를 전도시킨 결과로 발생한다(Hadreas, 2002: 364~365). 그의 입장에서 사치나 과소비와 돈벌이는 경제활동의 목적인 좋은 삶에 배치되므로 맹목적이다.

첫째, ①에서는 재화나 재산의 획득과 소비가 생계유지나 행복한 삶의 수단이 아니라 그 자체로 목표가 된다. 아리스토텔레스 자신은 그다지 강조하지 않았으나 이 논리는 그의 입장에 부합된다. 그에게서 소비의 수준이나 소비활동은 생계를 해결해 도덕적 삶과 정치 참여를 허용하는 한도 내에서 자연스럽다(Terchek and Moore, 2000: 908).

한편으로 소비활동이 완전히 생계유지나 의식주 해결에 압도된다면, 인간이 여타 동물과 다를 바 없다(Ferrero, 1901: 346). 이미 언급한 바와 같이 그에 있어 자연은 인위나 관습을 배제하지 않으므로 인간의 자연스러운 욕구와 이를 충족시키는 재화는 생계유지 및 생명보존에 국한되지 않는다. 고전경제학의 분류로 필수품·편의품·사치품 중에서 아리스토텔레스는 필수품뿐만 아니라 편의품의 소비를 허용할 것이다.

다른 한편으로 정신의 인도를 받지 않아 스스로를 목적으로 삼는 탐닉적인 소비나 사치성 소비, 남에게 자신의 신분이나 명예를 표시하고 확인시키기 위한 과시적 소비, 건강에 과민해지면서 발생하는 소비나 생명을 연장하기 위한 소비 등도 자연스럽지 못하다. 우선, 편의품과 달리 사치품의 소비는 행복이 아니라 소비 그 자체를 목적으로 삼으므로 맹목적이다. 또한 과시적 소비는 내면의 덕성이나 좋음을 소비로 대신하거나 대체하려는 노력이므로 헛되다.[15]

14 논리적으로는 생산을 위한 생산도 생각할 수 있으나 아리스토텔레스의 논의에서 생산은 전체 경제활동에서 자연이나 노예의 활동으로 상당 부분 해명되어 그다지 독자성을 가지지 못하는 것으로 보인다.

15 쇼블린에 의하면 원래 프랑스와 유럽에서 사치는 다른 계층이나 신분의 의복 등을 흉내 내는 것이었으나 근대에 들어서는 계층에 관계없이 모든 사회 구성원에 적용되었다(Shovlin, 2000: 577~578). 이런 보편적 의미의 사치는 내면이 없는 외양이고 실속이 없는 과시로 규정된다. 따라서 '소비의 사치'는 기호(signifier)가 기호의 대

끝으로 과도하게 건강에 유념하는 소비나 수명을 연장하려는 소비, 가령 정력제나 건강보조식품의 섭취나 불로초(不老草) 찾기는 좋은 삶이 아니라 삶 자체에 대한 과도한 욕구에서 나온다.

그에 의하면 과도한 부의 추구뿐만 아니라 과도한 소비가 모두 좋은 삶이 아니라 단순히 삶을 추구하기 때문에 발생한다(Pol, 1258a: §16~17). 이는 육체적 쾌락을 위해 소비를 무한히 늘리거나 생명 혹은 수명을 연장하기 위해 소비하는 상황을 의도한 것으로 해석된다(Smith, 1999: 627). 단순한 삶의 추구가 무제한적인 쾌락의 추구나 무모한 생존욕구로 이어진 것이다. 물론 앞서 언급한 바와 같이 단순한 삶이 생명보존이나 생계유지라는 소박하지만 건전한 목표를 지향해 좋은 삶으로 이어질 수도 있다. 결과적으로 *C–M–C*는 건전한 삶이나 좋은 삶뿐만 아니라 타락된 생활이나 일탈로 이어질 수도 있다.

> 그러나 이런 마음 상태가 생기는 근본 원인은 사람들이 행복이 아니라 생계를 걱정하는 데 있으며, 생계에 대한 인간의 욕망이 무한하기 때문에 생계를 만들어 내는 물자에 대한 욕망도 무한하다. 행복을 목표로 하는 사람들조차 신체적인 즐거움의 수단을 추구한다. … 즐김은 사치품[의 소유]에 의존하므로 사람들은 즐기는 데 필요한 사치품을 생산하는 기예에 전념한다. … 사람들은 본성에 맞지 않는 방식으로 일일이 모든 능력을 사용하면서, 다른 수단을 통해 이렇게 시도한다(Pol, 1258a: §16~17).

특히, 과도한 소비나 쾌락주의로 인한 사치의 결과로 신체가 망가지고 정

상(signified)을 규정하는 흐름(répresentation)에 부합되며, 로크가 비판한 '언어의 사치'에 상응한다(p. 600). 아리스토텔레스에서도 사치는 노예를 제외한 자유인에게 적용되므로 근대적인 사치 개념에 근접한다.

신이 황폐화되고 재산을 탕진하는 경우가 문제이다(Sidgwick, 1894: 3, 10). 육류의 과다섭취와 과음, 정신의 함양과 사색을 대신하는 고급품, 심지어 고가품에 대한 탐닉, 그리고 이로 인한 파산 등이 그런 예이다.[16] 당연히 아리스토텔레스에 있어 과시적 소비나 사치를 낳는 욕구는 자연스럽지 않은 인공적 욕구이다(Smith, 1999: 633; Marshall, 2000: 643). 앞서 제시된 그의 자연 개념에 따라 자연적인 부가 생필품을 넘어 편의품목을 포함하며 자연스러운 욕구가 이들을 대상으로 한다면, 인공적인 부와 인공적인 욕구는 사치품을 대상으로 한다. 또한 사치는 감정이나 욕구, 그리고 몸이 이성이나 도덕, 그리고 정신의 전제적인 통치에서 벗어난 경우이므로 자유인의 품성이 아니라 노예근성에 부합된다(Ambler, 1987: 401).

역사적으로 과도한 소비와 사치가 경제와 도시국가를 붕괴시켰다는 사실이 이 논리에 현실성을 부여한다.[17] 이같이 경제활동이 행복한 삶과 분리되면서 재화의 소비 자체가 목적이 되고, 재화의 생산도 행복한 삶이 아니라 보다 많은 재화나 보다 질 좋은 재화의 소비, 보유, 과시에 봉사하게 된다. 즉, 상품 → 화폐 → 더 많은 상품 혹은 더 좋은 상품.

둘째, ②와 관련해 화폐는 모든 상품의 가치척도이고 모든 상품이나 여타 비경제적 가치들과 즉각적으로 교환된다는 의미에서 보편성을 지닌다. 자급

16 그러나 사치를 타인에 대한 과시와 미적인 것에 몰입하는 야만적 · 미적인 것과 편안함을 추구하는 문명적 · 공리주의적인 것 혹은 물질적 사치와 정신적 사치로 나누고, 그중 두 번째 사치를 긍정적으로 보는 견해도 있다(Ferrero, 1901: 346, 349, 352). 이와 달리 베블렌 같은 학자는 정신적 사치는 사치로 보지 않고 물질적 사치만을 사치로 간주하였다.

17 물체의 보유와 소비를 필수와 사치로 양분해 물질에 의한 정신의 대체를 주장하기보다 인류학에 의존해 자신의 덕성이나 품위나 사회적 지위를 유지하고 이를 타인에게 알리려는 자아의 연장으로 해석하는 경영학자도 있다(Belk, 1988; Wallendorf and Arnould, 1988). 자아의 연장에 있어 집단주의나 개인주의 등의 차이가 문화권에 따라 달라진다(Wong and Ahuvia, 1998). 이 견해는 상품이나 재화에 긍정적인 의미를 부여할 수 있다고 보이므로, 상품물신을 강조한 마르크스나 속물근성을 강조한 베블렌보다 아리스토텔레스에 가깝다.

자족하는 가정들이 마을을 형성해 가계 사이에 물물교환이 이루어진 후 교환의 필요성 때문에 화폐가 만들어진다고 그는 설명하였다(Pol, 1257a: §7).[18] 이같이 보편적 등가물(general equivalent)이라는 점에서 화폐는 개별 상품이나 재화 혹은 이들의 집적인 물적 재산 등과 구분된다. 이는 시민사회에서 도덕이나 덕성이 모든 사회 구성원과 사회관계를 관통하는 보편성을 지니는 것과 외견상 비슷하다. 화폐도 보편성을 가지므로 인간이 정신적인 황금보다 물질적인 황금에 빠져들 가능성이 충분하다.

화폐가 인간의 목표가 되면 재화의 소비와 생산이 도덕적이고 행복한 삶이라는 목표에 봉사하는 수단이 아니라 거꾸로 삶이 화폐획득이나 이윤추구에 봉사하는 수단이 된다. 또한 도덕이나 정의는 화폐에 용해되어 화폐추구를 위한 장식으로 전락한다. 즉, 화폐 → 상품 → 더 많은 화폐 → 외형적으로 도덕적인 삶. 이것은 현대 자본주의에서 재화의 생산이나 소비뿐만 아니라 자본가의 자선이나 구호 등 외견상 도덕적인 삶이 화폐추구의 결과로 나타나는 데 상응한다. 첫 번째 경우 호사(豪奢)로 인한 재산의 탕진이 우려된다면, 이 경우 반대로 과도한 근면과 인색(吝嗇)으로 인한 생의 황폐화가 문제된다. 생계유지나 행복한 삶이 아니라 축재 및 이윤추구가 생의 목표가 되면 도덕이나 행복에 의한 제한이 사라져 재산이 무한히 추구되고 무한히 증식할 수 있다.

아리스토텔레스에 의하면 이런 가능성은 화폐라는 존재에 이미 내재되어 있다. 우선 그의 견해로 만물의 본성(nature)은 그것의 현재의 모습이나 초기 상태뿐만 아니라 성장과정과 이로 인한 최종 결과를 포괄한다. 다시 말해, 그는

18 마르크스가 지적했듯이, 이와 관련해 그가 가치이론의 전제로서 통약이 필요하며 현실 경제에서 화폐가 서로 다른 상품들의 비교를 가능하게 해준다는 것을 아마도 서양에서 처음으로 주장하였다.

사물의 본성을 단순히 현재 드러난 특징이 아니라 사물의 기원, 발전과정, 그리고 최종 결과의 세 가지 측면에서 파악하였다(Dobbs, 1994: 74). 가령, 올챙이의 본성은 올챙이 그 자체가 아니라 다 자란 후의 모습인 개구리에서 나타난다. 이 논리는 화폐라는 사회적 존재에도 적용될 수 있다. 차이가 있다면, 올챙이와 개구리 사이에는 연속성이나 일관성이 존재하는 데 비해, 화폐의 진화에는 질적인 단절이 존재한다.

보다 구체적으로 화폐는 원래 물자를 획득하기 위한 교환수단으로 고안되었는데, 역사 속에서 축재나 가치저장을 위한 퇴장형태로 발전한다. 이는 화폐가 근원이나 의도에 있어서 수단이지만 궁극적인 모습(telos)에 있어서는 반대로 목적이 되어 그 본성이 이원화됨을 의미한다(Meikle, 1994: 34~35). 그는 원래 고안된 의도에 부합되는 것이 화폐의 진정한 모습이라고 주장하면서, 이런 변화가 화폐라는 존재의 왜곡임을 강조하였다.

그는 화폐가 자연(physis)의 산물이 아니라 관습이나 법(nomos)의 산물이라고 주장하였다. 이 주장은 무엇보다 화폐가 관습이나 법의 산물로 그 기원에 있어 자연과 무관함을 의미한다. 동시에 이는 화폐가 자연과 무관한 본성을 지니므로 원래 의도된 대로 기능할 수 있고 이에서 벗어날 수도 있음을 시사한다. 화폐가 그 자체로 자연의 산물은 아니나 교환수단으로 기능하는 한 자연에 반하지 않는다. 그러나 현실 경제의 역사적 전개과정에서 화폐가 퇴장수단으로 변해 자연에 반할 잠재력을 가지고 있다.

앞서 지적한 바와 같이 그는 자연과 인위의 이분법을 거부하면서, 확대된 자연 개념을 제시하였으며, 이 개념을 광범위한 사회적 존재나 제도에 적용하였다. 노예의 경우 사유능력에 있어 열등한 자연노예와 이와 무관하게 법이나 힘에 의한 정복 등을 통해 생긴 관습노예로 나뉘는데, 자연노예는 보편적으로 등장하고 정당하다. 그런데 노예제도에 대해서도 부분적으로 인정했던 자연성을 그가 화폐에 대해서는 거부한 셈이다. 같은 맥락에서 그는 다른 인간에 얽매인 노예(奴隷)는 어느 정도 긍정하면서도 돈에 얽매이는 수전노(守錢奴)는 극렬히 비난하였다.[19]

그에게서 화폐라는 존재는 경제 전체에 대한 관점 등 보다 큰 그림과 연결되어 있다. 화폐가 교환수단에서 퇴장수단으로 변하는 것은 재화나 물체가 상품이 되어 화폐를 획득하기 위한 수단으로 전락하는 것과 궤를 같이 한다. 상품의 교환이나 생산은 물자확보가 아니라 화폐획득을 목표로 삼는다. 넓게 보면, 이는 $C-M-C$에서 $M-C-M'$으로의 변화와 같은 맥락에 있다. 물론 $M-C-M'$보다 더 부자연스런 축재방식은 상품을 거치지 않고 화폐가 증식되는 고리대자본이나 금융자본($M-M'$)이다.

화폐추구가 삶이나 좋은 삶을 해치는 경로를 보면 다음과 같다. 미시적으로 화폐의 등장과 이윤추구는 거래당사자 사이에 적대적인 흥정이나 협상을 조장하고 생필품의 가격변동을 가져와 불확실성(uncertainty)을 조성한다. 특히, 화폐의 등장으로 시장이 형성되어 자생적으로 가격이 변동하거나 매점매석

19 마르크스와의 대비를 완결하기 위해서는 아리스토텔레스의 노예와 마르크스의 노동자를 비교해야 한다. 결론적으로 아리스토텔레스는 돈에 대한 노예, 즉 수전노를 극렬히 비난하면서도 노예(奴隷)는 제한적으로 인정하였다. 이 지점에서 화폐와 노예를 관통하는 자연 개념이 무엇인지 정리할 필요가 있다. 이에 대한 논의 역시 별도의 연구를 필요로 하나 간단히 요약하면 다음과 같다. 자연노예와 관습노예는 확연히 구분되어 자연노예가 관습노예로 변하거나 역으로 관습노예가 자연노예로 바뀔 수 없다. 이에 비해 화폐는 이런 구분 없이 자연에 부합되는 존재에서 자연에 반하는 존재로 전락할 수 있다. 노예에 대한 구분은 공시적인 데 비해, 화폐에 대한 구분은 통시적이다. 달리 말해, 교환수단에서 퇴장수단으로의 변화가 자연노예와 관습노예의 차이와 유사하다. 그런데 익히 알려진 바와 같이 신고전학파는 열등한 생산성을 이유로 노예제도에 반대하며, 거래의 편리함이나 거래비용의 관점에서 화폐를 설명하고 정당화한다. 신고전학파와 아리스토텔레스의 차이점은 우선 그가 효율성이 아니라 자연성을 기준으로 삼는다는 것이다. 또한 내용에 있어 그는 노예제도를 제한적으로 정당화하고 반대로 화폐는 부인하므로 신고전학파와 거의 정반대의 주장을 가지고 있었다.

등으로 가격이 조작되면, 사치품뿐만 아니라 필수품 혹은 생계수단의 공급조차 어려워질 수 있다. 이렇게 되면 시민인 가장들은 생계의 안정적 해결이라는 과제에 집착하게 된다(Lewis, 1978: 75~76).

고대 희랍에 있어 극대화의 대상은 부가 아니라 정치 참여와 좋은 삶을 위한 여가인데, 이런 상황은 분명히 여가를 확보할 수 없게 만든다(Adkins, 1984: 43; Booth, 1994: 659; Arnold, 2001: 88). 이렇게 되면 시민들은 생계유지에 매몰되어 시민으로서 덕성을 도외시하고 가장 중요한 책무인 정치 참여를 소홀히 할 수 있다.[20] 여기서 이윤추구가 좋은 삶을 배제할 뿐만 아니라 삶 자체에 대한 위협이 될 수 있음이 드러난다. 이는 *M–C–M′*이 *C–M–C*를 교란하고, 나아가 흡수할 수 있음을 의미한다.

달리 보면, 그에 있어 자연스러운 교환은 친애나 정의를 요건으로 한다(Lewis, 1978: 78). 이런 의미에서 정치활동에 지장을 주지 않는 교환이나 교환비율만이 자연스럽다. 따라서 자연스러운 교환이 이루어지려면 관습이나 법을 통해 시장의 움직임과 가격을 조절해 교환의 당사자들 사이에 우의가 유지되고 당사자들이 서로 적대적이거나 비인격적 존재로 전락하지 않아야 한다.[21]

부에 대한 무한한 추구가 안고 있는 또 다른 문제로, 부나 명예 등 외적인 좋음에 대해 정당한 몫이나 필요 이상의 갈구가 타인이 누릴 외적인 좋음을 줄

20 불확실성에 근거한 이 해석을 매개로 화폐적 생산경제를 설정한 케인스와의 연결이 가능해진다. 또한 사치나 과소비, 화폐나 이윤추구 이외에 생계유지의 불확실성이 경제활동이 도덕이나 정의에서 벗어나게 하는 추가 요인이다.

21 『니코마코스 윤리학』에서 취급된 교환이 장인들(제화업자와 건축업자) 사이의 교환인 데 비해, 『정치학』에서 취급된 교환이 가장들 사이의 교환이라는 점을 주목할 필요가 있다(Lewis, 1978: 83). 장인은 시민이 아닐 수 있고 가장은 시민이라는 점에서 후자가 전자보다 시민사회에 밀착되어 있으며 후자가 전자와 완벽한 시민사회의 가교라고 볼 수 있다.

여 정의의 원칙을 손상시키고 타인의 정치 참여에 지장을 준다(Smith, 1999: 626~627). 나아가 이윤추구를 목적으로 하는 경제체제는 금권정치라는 타락된 정치체제의 환경을 조성한다.

이같이 그는 명예, 강인함, 사랑, 우애, 정의, 절제 등 보다 높은 좋음이 부라는 낮은 수준의 좋음에 압도될까 우려하였다(Hadreas, 2002: 371). 달리 보면, 그는 도덕적 가치 대신에 금전적 가치가 사회의 모든 구성원 혹은 모든 계층의 모든 관계에 침투할 가능성을 경계하였다. 그는 정치관계 혹은 지배관계, 부부관계, 부자관계, 주인·노예관계, 교우관계뿐만 아니라 교환관계에서도 도덕이나 정의가 관통해야 한다고 생각하였다.[22] 교환관계에서의 이익이나 금전추구가 다른 관계로 넘쳐 사회구조 전체로 확산될 것을 우려하였기 때문이다.

그의 견해에 따라 정당한 정치체제가 확보되면 도덕의 함양을 통해 시민들이 돈의 노예로 전락하지 않고 주인으로 행세할 수 있다. 그에게서 정신의 공황을 낳는 사치나 인색함 혹은 근면함에 근거한 축재는 모두 인간에게 자연스럽지 못한 생활이며, 이런 활동을 위주로 하는 경제체제 역시 자연스럽지 못하다. 이 때문에 그는 양극단의 중간이 미덕이라는 자신의 입장을 연장해, 소비에서도 인색함(meanness)과 호사함(prodigality)의 중간(liberality)을 올바른 방향으로 주장하였다(NE, 1107b, 1120b, 1121b; Hadreas, 2002: 361). 이같이 그가 부자연스런 경제활동으로 규정한 과소비나 사치와 이윤추구는 정신보다 물질을 추구한다는 공통점을 가지고 있다.

이같이 두 가지 점에서 경제활동이 좋은 삶에 해가 될 수 있음을 명확히

22 아리스토텔레스와 마르크스를 여러 가지 사회관계나 인간관계의 측면에서 전반적으로 비교한 논의로 저자의 논문(홍훈, 2006)을 참조할 수 있다.

이해하려면 의사의 활동에 대한 아리스토텔레스 자신의 예를 이해할 필요가 있다. 사치스러운 소비는 과도한 건강유지로, 이윤추구는 의료행위가 돈벌이로 전락하는 것으로 상정할 수 있다. 두 번째는 이미 설명한 바와 같이 투약이나 시술이 건강 회복이라는 목표에 봉사하지 않고 돈벌이를 위해 활용되는 것을 의미한다. 이와 달리 첫 번째는 환자가 외적 좋음에 불과한 건강을 절대시해 보다 높은 가치를 희생하거나 의사가 의술을 절대시해 모든 가치를 희생시키고 진료 자체에 탐닉하는 것으로 예시된다. 예를 들어, 시민이 감기에 걸리지 않기 위해 사람들을 만나지 않거나 도덕실천이나 정치 참여를 포기하고, 의사가 이런 방향으로 권유한다면, 이는 건강을 지고의 가치로 삼아 보다 높은 가치인 친애나 정의를 포기하는 결과를 낳는다. 이 점에서 양심적이고 직업정신에 투철하지만 분업의 폐쇄성에 갇혀 상위의 가치를 도외시하는 의사가 가장 위험할 수도 있다(Lewis, 1978: 74).

진료를 돈벌이의 수단으로 격하시키는 것뿐만 아니라 보다 상위의 좋음을 무시하고 건강 자체를 최고선으로 만들거나 동급의 다른 선들을 무시하는 것도 문제이다. 가정의 집사가 생계물자의 확보를 최종 목표로 삼거나, 의사가 건강 그 자체를 최고선으로 지향하거나, 장인이 침대나 기계의 생산을 인생의 모든 것으로 간주하는 허영이 같은 종류의 오류이다. 이들의 행동은 비록 영리를 목적으로 하지 않지만 여전히 옳지 않다. 달리 말해, 보편적인 목표와 보편적인 수단의 전도뿐만 아니라 중간 목표를 보다 높은 목표로부터 분리시키거나 다른 중간 목표를 도외시하는 것도 문제이다.

그런데 과도한 소비와 화폐추구는 내용에 있어 다를 뿐만 아니라 부자연스러움에 있어 차이가 있으며, 심지어 서로 배치될 수도 있다. 아리스토텔레스는 과도한 소비나 사치보다 화폐추구를 더 경계하였다. 그는 부의 지출과 관련해 중용을 주장하면서도, 호사보다 인색함을 더 문제시하였다. 이것은 그가 구체적인 재화에 노예가 되거나 사치에 탐닉하는 것보다 돈에 노예가 되는 상황을 더 경계했음을 의미한다. 그 이유는 *C–M–C*가 타락하는 것은 도덕, 행복, 정의 등 외재적인 목표와 결합되지 않았을 때에 국한되는 데 비해, *M–C–M′*은 왜곡된 목표를 내부에 갖고 있다는 점에서 내재적으로 부자연스럽기 때문이다.

우선 사치는 경제활동에 있어 소비와 관련되며 주로 지주의 행위와 연결되는 데 비해, 이윤추구는 주로 판매나 생산·투자와 관련되며 상인이나 자본가 계급을 규정한다. 더 중요하게는 양자가 자연에 반하는 수준에 있어 차이가 있다. 행복한 삶을 위한 수단이 재화라면, 화폐는 다시 재화를 획득하는 수단이므로, 재화 자체가 목적이 되는 경우보다 화폐가 목적이 되는 경우가 보다 심각하게 자연에 반한다. 인색함이나 사치나 모두 중용에서 벗어나지만 후자가 전자보다 낫다는 그의 생각은 이런 추론을 뒷받침한다.

나아가 상품을 매개로 하지 않은 채 순전히 화폐증식을 목적으로 삼는 고리대, 즉 *M–M′*이 자연에 가장 극단적으로 반한다고 그는 생각하였다. 돈을 목표로 삼을 뿐만 아니라 과정에 있어 상품이나 사용가치를 거치지 않는다는 점에서 고리대가 보다 자연에 반한다고 그는 생각하였다. 다 같이 이윤을 추구하지만 타인의 생계와 무관한 경우가 연관이 있는 경우보다 더 자연에 반한다. 이런 맥락에서 보다 연속적으로 자연스러움의 순서를 매기면, 도덕적인 소비 → 과소비나 사치 → 생산이나 상업에 의존한 이윤추구 → 고리대에 의한 이윤추구가 된다. 소비와 연관된 사치보다 생산과 관련된 이윤추구가 더 부자연스럽다고 본 것은 고대 경제에서 경제활동이 갖는 낮은 위치, 고대 경제의 정체성, 고대 경제의 소비지향성과 연결된다.

더구나 사치는 당사자의 재산이나 건강이 손상되거나 생명이 소진되면서 종결되므로 유한하다. 이에 비해 이윤추구는 당사자의 재산이나 생명을 넘어 항구적인 생명력을 가진다. 예를 들어, 밍크코트에 대한 탐닉은 유한한 데 비해, 돈에 대한 탐닉은 무한하다. 이런 이유로 *C–M–C*는 도덕적이거나 행복한 삶을 완전히 대신할 가능성이 적은 데 비해, *M–C–M′*은 보편적인 정신을 보편적인 물질로 완전히 대체할 위험을 안고 있다. 따라서 육체나 물질을 위해 정신을 '판다'는 비난이 *C–M–C*보다 *M–C–M′*에 적절하다.

물론 사치와 이윤추구가 반드시 상호 배치된다고 주장할 수는 없다. 먼저 사치가 보다 많은 지출을 요구하는 데 비해, 이윤추구는 보다 많은 자금이나 자본에 기반을 두므로 거꾸로 저축이나 절약을 요구한다는 점에서 일견 양자가 배치되는 것처럼 보인다. 그러므로 사치를 일삼는 지주 계급이 동시에 이윤을 추구하거나, 이윤을 추구하는 자본가 계급이 동시에 사치를 일삼을 수는 없다. 이렇게 본다면 고전학파에서처럼 사치와 이윤추구라는 두 가지 악덕은 서로를 상쇄할 수 있다.

그렇지만 케인스류의 총수요를 상정하면, 지주 계급에게 사치재를 공급해 상인이나 자본가가 이윤을 획득하거나 상인 계급이나 자본가 계급 내부에서 구성원들이 상호 간에 여러 사치재의 수요자와 공급자로 등장할 수 있다. 가령, 무역업자가 외국에서 고급 대리석을 수입해 지주에게 지속적으로 공급하거나 두 자본가가 각기 대리석과 철갑상어 알의 소비자와 공급자가 될 수 있다. 이렇게 되면 사치와 이윤추구라는 두 가지 악덕이 서로를 강화하고 재생산하는 구조가 정착된다. 실제 아리스토텔레스가 소비 차원에서의 향락 및 사치와 생산이나 투자 차원에서의 이윤추구가 서로를 유지하거나 강화시킨다고 생각한 부분도 있다(Pol, 1258a: §16~17; Schlaifer, 1936: 175).[23] 추정컨대, 왜곡될 수도 있지만 내재적 목표를 가지지 않아 자율성이 적은 *C–M–C*가 왜곡된 내적 목표를 가진 *M–C–M′*에 편입될 수 있다.

전반적으로 근대 경제사상에서 사치는 과거보다 점점 정당화되고, 비판을 받더라도 도덕과 분리되어 경제에 미치는 영향에 비추어 비판을 받게 되며, 궁극적으로 그 개념 자체가 희석된다. 이런 변동으로 인해 베이컨과 같은 철학자와 흄, 스미스, 맬서스와 케인스 등의 경제학자들은 사치 자체나 사치와 이윤추구의 관계에 대해 이중적 태도를 보인다.[24] 이에 비해 아리스토텔레스는 경제적 결과가 아니라 도덕이나 정의라는 관점에서 사치를 비판해, 사치와 이윤추구를 같은 수준에 놓았으며, 소비활동에 있어 사치와 생산이나 상업에 있어 이윤추구가 상호 강화되는 상황을 염두에 두었다.

그는 경제활동을 수단으로 삼고 덕성스러운 생활과 정의로운 정치사회의 구현을 목표로 설정하였다. 과소비나 사치와 이윤추구가 모두 덕성스러운 삶

23 이런 해석은 마르크스나 베블렌과의 공통분모를 제공할 수 있다.

24 베이컨은 좋은 사치도 있다고 주장했으며, 맨더빌은 더 나아가 사치나 호사를 찬양하면서 전통적인 사고를 뒤집었다. 흄은 베이컨과 유사하게 사치를 순박한 것과 나쁜 것으로 나누어 전자를 옹호했으며, 사치가 가신의 축소로 인한 봉건주의의 몰락과 공업발전을 통한 농업발전으로 경제성장을 가져왔다고 해석하였다. 사치를 즐기면서 가신이나 하인들을 더 이상 거느릴 수 없기 때문에 사치가 봉건사회를 해체하였다. 이는 사치가 고대나 중세 경제에 합당하지 않다는 결론을 낳는다. 스미스는 맨더빌만큼 극단적이지는 않으나 사치의 긍정적인 측면을 인정하는 방향으로 나아갔다. 도덕정조론에서 부자의 사치가 빈자의 가난을 완화시키며, 『국부론』 등에서는 편의품이 필수품과 사치품의 대립을 완충시킨다. 그렇지만 흄과 달리 스미스는 사치성 소비와 저축 사이에서 방황하였다(Brewer, 1998: 97). 이에 비해 매컬러(J. R. McCulloch)는 사치품에 대한 욕구가 근로를 자극한다고 생각하였다(Marshall, 2000: 643). 끝으로 잘 알려진 바와 같이 맬서스와 케인스는 사치의 유효수요 창출효과를 강조하였다. 주류경제학은 경제에 있어 과소비나 사치라는 행위의 존재 자체를 부인하거나 그 존재를 인정하지만 경제 자체와 무관한 가치판단으로 규정한다.

과 정의로운 시민사회를 붕괴시킨다고 그는 생각하였다. 그의 입장에서 최악의 경제는 ① 경제활동이 이윤추구에 경도되고, ② 고리대가 이윤추구의 주요 형태를 이루며, ③ 이윤추구가 일부 시민들의 사치 및 과소비와 결합되고, ④ 이런 경제 상황으로 발생한 불확실성 때문에 여타 시민들이 생계의 위협을 받는 경우이다.

지금까지의 논의에서 경제활동과 관련된 그의 자연 개념은, ① 사용가치와 교환가치 혹은 교환수단으로서의 화폐와 퇴장수단으로서의 화폐, ② 삶과 좋은 삶, ③ 행위와 생산 세 가지 기준으로 규정된다. 첫 번째 기준이 자연스러움과 부자연스러움을 가른다면, 두 번째는 인간의 본성에 보다 합당한 (부)자연스러움을 판정하고, 세 번째는 (부)자연스러움의 정도를 결정한다.

우선, 사용가치를 목표로 하는 경제활동은 자연스러울 수 있으나 교환가치를 추구하는 활동은 부자연스럽다. 혹은 화폐를 교환수단으로 활용하는 경제활동은 자연스러울 수 있으나 화폐를 퇴장수단으로 삼는 경제활동은 부자연스럽다. 둘째, 생계유지를 목표로 하는 경제활동은 자연스러울 수 있으나, 인간의 본성에 근본적으로 부합되는 행복과 정의를 목표로 할 때 진정으로 자연스럽다. 끝으로, 삶이나 좋은 삶을 추구하더라도 활동이 행위 혹은 소비단계에 가까우면 보다 자연스럽고 그 반대이면 덜 자연스럽다. 이런 이유로 생계를 위한 경제활동은 자연스러우나 행복에 봉사하는 경제활동이 근본적으로 자연스러우며, 다 같이 삶을 위하더라도 상업보다 농업이 더 자연스럽다.

역으로 사치나 과소비를 통한 쾌락추구나 이윤추구는 모두 자연에 반하나 이윤추구가 사치보다 더 자연에 반한다. 이는 생계유지와 사치가 대칭을 이루고, 행복과 정의가 이윤추구와 대칭을 이룬다는 것을 의미한다. 또한 생산이나 교환 등 경제활동은 소비단계에 가까울수록 더 자연스러우며, 반대로 여기서 멀수록 더 부자연스럽다. 고리대금업은 생계가 아니라 이윤을 추구할 뿐만 아니라 나쁜 삶을 추구하며 행위로부터 가장 멀리 떨어져 있다는 점에서 가장 자연에 반한다.

논리적으로 아리스토텔레스의 입장에서 가장 자연스러운 최상의 삶은 생산에 종사하지 않고 소비하면서 도덕과 정의를 실천하는 삶이다. 생산에 참여해 소비재를 얻으면서 도덕과 정의를 실현하는 것도 이보다 못하지만 여전히 자연스럽다. 그 다음은 생산하지 않으면서 도덕이나 정의와 무관하게 삶 자체를 위해 소비하는 삶이며, 이보다 못한 것이 삶 혹은 소비 자체를 위해 생산에 참여하는 삶이다. 도덕적 삶과 관련이 있든 없든 소비를 목적으로 하지 않고 생산을 목적으로 활동하는 삶이 이들보다 열등하며, 이보다 더욱 부자연스러운 삶이 생산을 목표로 하는 소비이다. 그 다음은 이윤을 목표로 생산하며 그런 생산을 위해 소비하는 생산이며, 끝으로 생산이나 소비와 무관하게 이윤을 목표로 활동하는 삶이 가장 부도덕하다. 생산 등 실물의 경제활동으로부터 초연(超然)한 도덕과 정의의 실천이 최상이라면, 실물의 경제활동으로부터 초연한 이윤획득이 최악이므로, 양자는 상극이다.

이렇게 보면 아리스토텔레스는 $M-C-M'$을 거부하고 $C-M-C$에 근거하되 좋은 삶을 목표로 하는 경제활동을 자연스럽다고 생각하였다. 경제활동이나 경제체제도 사치나 이윤추구를 거부하면서도 생명보존이나 생계유지로 전락하지 않고 이보다 높은 가치인 도덕, 행복, 정의 등을 추구할 때 자연스러운 삶을 이룬다. 법이나 규약의 산물인 화폐도 퇴장수단으로 활용되지 않고 교환수단으로 활용될 때 자연스러울 수 있으나, 근본적으로는 좋은 삶에 봉사할 때

비로소 자연스럽다.

번스(T. Burns)에 의하면 아리스토텔레스는 자연적 정의, 법적 정의, 정치적 정의의 삼분법을 제시하였다. 이와 유사하게 머피(J. Murphy)에 의하면 아리스토텔레스는 자연과 인위의 이분법이 아니라 자연(nature), 습관(habit), 규약(stipulation)의 삼분법에 의존했으며, 이를 정치, 윤리, 분업, 언어 및 기호 등 다양한 현상들에 적용하였다. 이런 관점에서 도덕과 정의에 배태된 *C–M–C*도 원초적인 자연과 인위를 극복한 자연으로 규정된다.

3. 아리스토텔레스와 마르크스의 도치관계

이제 아리스토텔레스를 마르크스와 비교해 보자. 우선 아리스토텔레스가 상업사회에 자연성을 부여하지 않았듯이 마르크스도 자본주의 경제에 보편적인 의미의 자연성을 부여하지 않았다. 전자에 있어 상업사회가 자연에 반한다면, 후자에서는 이윤을 추구하는 자본주의가 보편성이 없는 타도의 대상이다.[25] 같은 이유로 전자가 도덕, 행복, 정의 등으로 규정한 인간, 삶, 그리고 사회는 후자가 사회주의 체제에서 실현하고자 한 인간, 삶, 그리고 사회에 가깝다.

25 같은 관점에서 케인스를 해석할 수 있다. 케인스도 장기적으로 화폐적 생산경제가 추구하는 화폐축적이나 이윤추구가 좋은 삶에 부합되지 않으므로 더 이상 경제활동의 목표가 되지 않아야 한다고 주창하였다. 또한 그는 기술발전과 자본축적의 속도에 비추어 볼 때 21세기에는 그런 변화가 가능하다고 낙관하였다. 그뿐만 아니라 주지하듯이 단기적으로 그는 이윤추구에 의존하는 경제가 대량실업으로 인해 생계조차 보장할 수 없음을 핵심 주제로 삼았다.

> 완전히 발전된 자연주의로서 공산주의는 인본주의이며 완전히 발전된 인본주의로서 공산주의는 자연주의이다. 공산주의는 인간과 자연, 그리고 인간과 인간의 적대에 대한 결정적인 해소이다. …(Marx, 1963c: 155).

그런데 전반적으로 가계소비에 근거해 생계를 유지하고 좋은 삶을 지향하는 것이 아리스토텔레스의 도덕적인 경제라면, 공장생산에 근거해 이윤추구를 목표하는 것이 마르크스의 자본주의 경제이다. 핵심 주장은 전자를 뒤집으면 후자가 된다는 것이다. 이는 전자가 보편적으로 자연에 반한다고 경계했던 상황이 후자에 이르면 자본주의의 피할 수 없는 구조적 현실 혹은 자본주의에 고유한 자연 혹은 제2자연임을 의미한다.

첫째, 마르크스가 생각한 자본주의에서는 생계추구가 아니라 이윤추구를 목표로 하는 경제활동이 자연스럽다. 또한 화폐가 관습의 산물이 아니라 자본주의의 자생적인 산물이고 필연적인 존재이다. 더구나 자본주의에서 자연스런 화폐는 교환수단의 기능을 전제하면서도 퇴장수단의 기능을 위주로 한다. 그에 의하면 자본주의는 자본축적을 동인으로 하기 때문에 이에 부합되는 퇴장화폐는 지극히 자연스럽다.[26] 끝으로 사회관계나 생산과정의 물상화로 인해

26 화폐의 발생과 성격에 관심을 기울였던 또 다른 논자 멩거(와 하이에크)는 제 삼의 견해를 제시하였다. 멩거에 있어 화폐는 합의나 법에 의해 인위적으로 만들어진 것이 아니라 자생적으로 발생하였고 역사 속에서 진화하므로, 사전적으로 어떤 목적이나 의도를 부여받지 않았다. 이 점에서 멩거는 아리스토텔레스와 대비되며, 마르크스에 근접한다. 또한 이 점에서 마르크스와 멩거는 아리스토텔레스뿐만 아니라 중상주의 및 화폐국정설에 대립한다. 그러나 화폐나 퇴장기능의 필연성이나 자연성을 역사적으로 한정하지 않았다는 점에서 멩거는 마르크스와도 구분된다. 멩거는 화폐를 시장경제 혹은 자본주의에 국한시키지 않았거나 국한시키더라도 자본주의 자체가 항구적이라고 보았다. 아리스토텔레스에서 화폐는 윤리나 도덕에 의해 그 성격이 변경될 수 있고, 마르크스에서는 화폐의 성격이 역사나 사회구조에 의해 결정된다면, 멩거는 윤리나 사회구조와 무관한 화폐의 보편적이고 긍정적인 성격을 제시하였다. 화폐에 대한 이들 삼자의 이견은 결국 상업사회 혹은 시장경제 전체에 대한 입장의 차이로 이어진다.

고리대자본 혹은 금융자본은 자본주의에 가장 자연스럽고 특징적인 이윤추구의 형태이다(Marx, 1963a: 35~36). 이런 이유들로 아리스토텔레스에서 자연에 반하는 경제활동이나 경제체제가 마르크스에서는 자본주의에 가장 부합하고 자연스럽다.

> 유태인은 돈의 힘을 얻었을 뿐만 아니라 돈이 세계의 힘이 되었기 때문에 유태인의 방식으로 자신들을 해방시켰다. … 유태인은 기독교인이 유태인으로 변한 만큼 자신을 해방시켰다. … 부의 신이 유태인의 우상이다. … 유태인의 견해로 이 세상은 주식거래소에 지나지 않는다. … 진정 북미에서는 기독교 세계에 대한 유태주의의 실질적인 지배가 일상적이고 모호하지 않은 형태로 드러나게 되었다. … 유태인의 실질적인 정치력과 유태인의 정치적 권리 사이에 존재하는 모순은 정치와 돈의 힘 사이에 일반적으로 존재하는 모순이다. 원칙적으로 정치가 돈의 힘보다 우월하지만 실제적으로 정치는 돈의 인질이다(Marx, 1963a: 35~36).

이와 관련해 친애나 사랑에 근거한 교우관계와 시장의 교환관계 사이에 존재하는 유사성을 지적할 필요가 있다. 먼저 아리스토텔레스는 교우관계 혹은 애정관계를 친애나 사랑에 빠져 있는 상태로 간주하기보다 사랑을 하는 행위와 사랑을 받는 행위의 복합으로 설정하였다. 예를 들어, 부모는 사랑하고 자식은 사랑을 받는다. 여기서 그는 사랑, 친애, 행복 등을 상태가 아니라 행위, 그것도 능동과 수동이 결합된 복합적인 행위로 규정하였다. 이것은 교환관계 혹은 가치관계에 대한 마르크스의 분석과 유사하다.

마르크스는 교환관계 혹은 가치관계와 화폐를 논의하면서 교환을 주어진 사실로 받아들이지 않았고 교환비율에 초점을 두지도 않았다. 가치관계에서 상품이 상대가치형태(relative form)로서 자신의 가치를 다른 상품에 표현하는 능동적인 기능을 발휘하고 화폐가 등가물 형태(equivalent form)로서 다른 상품의 가치를 표현해 주는 수동적인 기능을 맡는다는 것이 그의 주된 논리였다. 이 논리는 자본주의에서 (노동자의) 생계확보가 아니라 (자본가의) 상품판매 및 이윤실현이 교환과정을 압도한다는 입장을 전제로 한다. 만약 생계확보가 경제의 기조라면, 반대로 화폐를 구하는 사용가치의 판매자가 수동적이고, 상품 혹은 사용가치를 구하는 화폐의 소유자가 적극적이다. 자본주의의 현실은 이와 반대라고 마르크스는 생각하였다.[27]

이런 맥락에서 화폐와 상품의 관계를 연인관계나 짝사랑에 비유하는 것이 의미 있다(NE, 1168a). 물론 아리스토텔레스에 있어 인간의 좋음, 즐거움 혹은 유용성이 마르크스에서는 상품의 (노동)가치로 대체된다. 또한 전자에서는 능동·수동의 역할 등 교환관계가 인간이나 시민 위주로 설정되는 데 비해, 후자에서는 일차적으로 상품과 화폐 사이에 이런 관계가 성립하며 인간관계는 물적인 관계에 의해 매개된다.

> 대접을 받은 사람이 자신을 대접한 사람을 사랑하는 것보다 혜택을 준 사람이 자신의 혜택을 받은 사람을 더 사랑한다고 생각된다. 대부분 사람들은 혜택을 받은 사람과 혜택을 준 사람이 채무자와 채권자의 입장에 있기 때문에 그러리라고 생각한다. … 그러나 그 원인은 사물의 본성에 보다

27 마르크스가 상품이나 화폐 등의 범주 차원에서 비대칭을 설정한 데 비해, 신고전학파는 이런 문제설정 자체를 거부한다. 대신 이 학파는 여러 개체들의 행위가 모여 나타나는 시장의 수요·공급이라는 정황에 따라 특정 재화에 대해 수시로 구매자시장이나 판매자시장이 형성되었다가 사라진다고 주장한다.

깊이 뿌리박혀 있는 것 같다. … 모든 사람은 자신의 공작물이 살아날 경우 그것이 자신을 사랑하게 될 정도보다 더 그 공작물을 사랑한다. … 왜냐하면 이 사람의 잠재적인 존재를 공작물은 활동 속에서 드러내기 때문이다. … 사랑하는 것은 능동(activity)과 같고 사랑받는 것은 수동(passivity)과 같다. 그리고 사랑하는 것과 이에 부수된 것들은 보다 능동적인 사람의 속성이다. 반복하면 모든 사람들은 자신이 노동으로 얻은 것을 더 사랑한다. … 대접받는 데는 아마도 노동이 수반되지 않는 데 비해, 대접하는 것은 수고스러운 과제이다. … 행복은 활동이다. 그리고 활동은 생겨날 뿐 한 점의 재산같이 처음부터 존재하지는 않는다(NE, 1167b~1168a, 1169b).

둘째, 마르크스는 자본주의에서 사용가치가 가지는 사회적 성격을 놓치지 않았고, 의식주에 국한되지 않는 다양한 상품의 출현을 강조하였다. 이런 이유로 재생산표식에 압축되어 있듯이 그에 있어 이윤획득과 자본축적은 사치품의 생산 및 소비와 엇물려 있다. 아리스토텔레스가 소비에 대한 탐닉이 생에 대한 과도한 욕구에서 비롯되며 좋은 삶에 배치된다고 보았는데, 마르크스는 이런 부자연스러운 삶을 자본주의의 구조적인 특징으로 규정한 셈이다. 반면, 무산자들의 생활은 생존수단으로 전락한다. 이같이 전자가 경계하였던 $M\text{–}C\text{–}M'$과 $M\text{–}M'$이 사치품의 생산 및 소비와 결합되어 후자에서 피할 수 없는 자본주의의 구조를 이룬다.

왜냐하면 프롤레타리아를 구성하는 것은 자연적으로 존재하는 빈곤이 아니라 인공적으로 생산되는 빈곤이다(Marx, 1963b: 58). 먹고, 마시고, 생식하는 것은 물론 진정한 인간의 기능들이다. 그러나 추상적으로 볼 때, 그

> 리고 궁극적이고 유일한 목표로 전환되었을 때, 이것들은 동물의 기능이다(Marx, 1963c: 125). 왜냐하면 노동, 생명활동, 생산적 활동이 이제는 단순히 자신의 물리적 존재의 유지라는 필요를 충족시키는 수단으로서 등장하기 때문이다. … 소외된 노동은 자유롭고 스스로를 지휘하는 활동을 수단으로 변형시키면서, 인간의 유적인 삶을 물리적 존재를 위한 수단으로 변형시킨다(Marx, 1963c: 127~128).

셋째, 아리스토텔레스가 소비와 행위 위주의 가계경제를 설정했다면 마르크스는 생산 위주의 기업경제 혹은 공장경제에 방점을 두었다. 전자에서는 화폐추구도 자연에 반하지만 행위가 아니라 생산에 종사하는 것도 자연과 거리가 멀다. 더불어 재산획득 방법 중 농업이 아니라 제조업이 중심이 된다는 점에서도 후자가 말하는 자본주의는 전자의 도덕적인 경제에서 벗어난다. 그러므로 제조업 중심의 생산에 기초해 이윤을 추구하는 후자의 자본주의 경제는 전자의 자연스러운 경제와 보다 심각하게 대립된다.

양자 모두에 있어 가계는 생계를 위한 소비의 장소이며, 이를 위해 생산단위로부터 재화나 사용가치를 공급받는다. 그렇지만 아리스토텔레스의 가계가 생산된 물자를 소비해 도덕적 삶을 실현하는 장소인 데 비해, 마르크스의 가계는 공장생산을 위해 존재한다. 전자에 있어 농업이나 수공업 등 생산 단위는 필요한 물자를 제공한다는 점에서 가계에 봉사한다. 후자에서도 표면적으로 생산 단위가 가계에 물자를 제공하지만, 본질적으로는 거꾸로 가계가 공장생산에 봉사한다. 즉, 노동자 가계는 생산에 필요한 노동력을 공급하고, 자본가 가계와 함께 생산된 필수품이나 사치품 등 상품의 가치를 실현하기 위해 존재한다. 아리스토텔레스에서는 생산이 소비에 봉사하고 소비가 행위에 복무한다면, 마르크스에서는 행위가 소비에 지배되고 소비가 생산을 위해 존재한다.

넷째, 아리스토텔레스에서 경제활동 중 교환이나 생산은 소비를 위한 수단이며 동시에 소비를 포함한 모든 경제활동은 시민의 정치 참여나 행복추구라는 목표의 수단이다. 이에 비해 마르크스의 자본주의에서는 생산이 소비를 이끌 뿐만 아니라 경제가 정치나 도덕을 압도해 정치적 시민을 경제적 동물로 전락시킨다(Marx, 1963: 30). 마르크스의 자본주의에서 정치나 도덕은 경제의 외피이며, 소비는 자본축적을 위한 생산에 봉사한다(Marx, 1963: 27). 이런 점에서 마르크스는 아리스토텔레스의 완벽한 전도이다.

> 인간은 시민사회의 구성원 – 비정치적 인간 – 으로서 반드시 자연인으로 등장한다. … 이 혁명은 인간의 필요, 노동, 사적 이익, 그리고 민법의 영역인 시민사회를 자신의 자연적인 기반으로 간주한다. … 그 이유는 시민사회의 구성원으로서 인간은 감성적이고 개인적이며 매개되지 않은 존재인 데 비해, 정치적 인간은 단순히 추상적이고 가공적인 인간, 즉 우화적이고 도덕적인 사람이기 때문이다(Marx, 1963a: 30).

넓게 보아 아리스토텔레스의 경제가 도덕, 정의, 그리고 행복 등 경제 외부에 존재하는 목적으로부터 구속을 받는다면, 마르크스의 경제는 내부에 존재하는 목적으로 가치와 잉여가치에 의해 규정된다. 이런 이유로 전자와 달리 후자에서 경제는 자립적이나 자족적이다. 이런 문맥에서 전자의 삶과 좋은 삶은 후자에 있어 각기 가치와 잉여가치 혹은 단순재생산과 확대재생산에 상응한다. 전자에서 '보다 높은 가치' 혹은 '최고선'으로 규정되는 좋은 삶이 후자에서 '더 많은 가치' 혹은 잉여가치(der Mehrwert)로 대체된다. 도덕이나 정의 등 최고선이 그 자체 목적으로서 외적인 제약을 받지 않아 무한하듯이, 자본주의의 최고선인 가치와 잉여가치의 증식과 확대도 무한하다. 이런 맥락에서 양자는 *C–M–C*와 *M–C–M′* 자체가 아니라 도덕과 정의에 배태되어 있는 *C–M–C*와 가치 및 잉여가치가 관통하는 *M–C–M′*에 의해 각기 표현된다.

> 돈이 이스라엘의 질투심 많은 신이다. … 돈이 모든 사물의 보편적이고 자족적인 가치이다. 그러므로 돈은 전 세계, 즉 인간세계와 자연 모두로부터 그들의 고유한 가치를 잃게 하였다. 유태인의 진정한 신은 어음이다. 유태인의 신은 어음의 환영에 불과하다. 유태교에는 이론, 예술, 역사, 그리고 그 자체 목적으로서의 인간에 대한 경멸이 추상적인 형태로 포함되어 있는데, 이는 전주(錢主)의 진정하고 의식적인 관점이며 미덕이다(Marx, 1963a: 37). 물질세계의 가치가 증가하면 그만큼 인간세계의 가치는 감소한다(Marx, 1963c: 121). 이런 사실은 단순히 노동에 의해 생산된 물체, 즉 노동생산물이 이제 생산자로부터 독립적인 외적인 존재나 힘으로 대립되어 등장함을 의미한다. … 노동자는 생활뿐만 아니라 노동에 필수적인 물체들마저도 잃게 된다. … 노동자가 자신 앞에 창조해 내는 물체의 세계가 강력해질수록, 본인은 내면생활에 있어 빈곤해지며 자신에게 속한 부분이 줄어든다. … 인간이 자신의 보다 많은 부분을 신에게 돌릴수록, 자신에게 남겨지는 부분은 줄어든다(Marx, 1963c: 122).

앞선 논의까지 포함하면, 아리스토텔레스에서 자연에 반하는 것이 마르크스에서 피할 수 없는 자본주의의 재생산구조이며, 도덕적이고 자연스러운 경제를 뒤집으면 자본주의 경제가 된다는 것을 확인하였다.

우선 이는 아리스토텔레스가 경계한 $M–C–M'$이 마르크스에서 자본주의의 현실이 되었음을 의미한다. 그뿐만 아니라 자본주의 본연의 모습인 [$M–LP/MP \cdots P \cdots C–M'$]에 대칭이 되는 경제가 아리스토텔레스에 이미 내정되어 있음을 의미한다. 도덕적인 경제를 뒤집어 목표를 생계유지에서 화폐 및 이윤추구로 바꾸고, 좋은 삶이 아니라 생명연장에 급급하며, 행위를 위한 소비가 아니라 생산을 위주로 삼으면 자본주의 경제에 근접한다. 주인이 자본가로 변신해 노동력을 구매하고 공장을 경영하며, 이들이 모두 이윤추구나 돈벌이에 나서면서, 화폐가 교환수단이 아니라 퇴장수단이 되면, 아리스토텔레스의 도덕적 경제는 마르크스의 자본주의 경제에 근접하게 된다. 마르크스에서는 생이 그 자체로 목적이 아니라 생산에 봉사하며, 사회 전체가 가계가 아니라 공장 위주로 재편되고 가계도 공장과 유사해진다.

아리스토텔레스에 있어 생산은 자립성이나 내재적 목표를 가지지 않으며 행복한 삶을 위한 소비행위에 의해 규정된다. 이에 비해 마르크스에 있어 이윤추구를 위한 생산은 증식이라는 내재적 목표를 가진 가치의 반복적인 자기 운동이다. 마르크스의 관점에서 가치증식 운동은 시작과 끝을 내부에 포함한 자본주의 고유의 가치가 벌이는 '행위'이며 자본주의에 고유한 자연 혹은 제2의 자연에 부합한다는 필연성을 가진다. 이같이 아리스토텔레스에서 행복이 자족적인 최고선이라면, 마르크스에서는 가치만이 궁극적으로 자족적이다.

아리스토텔레스에서는 가계의 주인들이 가진 다양한 삶의 목적 달성이 궁극적인 목표인 데 비해, 마르크스에서는 이런 목표들이 모두 다양한 수량의 잉여가치와 이윤으로 용해되어 자본가들은 모두 보다 많은 잉여가치와 이윤을 지향할 뿐이다. 물론 후자에 있어 자본주의 고유의 자연성은 도덕이나 윤리가 아니라 계급투쟁을 통해서만 해소될 수 있는 견고한 구조성을 갖는다. 마르크스는 자신의 논리가 헤겔을 뒤집어 놓은 것이라고 말하는데, 여기서는 마르크스의 실체적 내용이 아리스토텔레스를 뒤집어 놓은 것이라는 결론을 얻게 된다.

주지하듯이 주류경제학은 사치나 이윤추구의 억제에 대해 정당성을 찾지 못한다. 특히, 신고전학파는 물질만능주의에 빠져 소비를 위시한 경제활동이 윤리나 도덕과 무관하거나 가치중립성을 금과옥조로 삼아 윤리나 미덕이 각자의 주관적 영역에 속해 객관적인 기준을 제시할 수 없다고 생각한다. 물질만능주의는 경제나 물질 이외의 가치나 이보다 높은 가치를 인정하지 않는 과소비나 사치를 그대로 정당화한다. 가치중립성은 경제활동에 개입된 가치보다 높은 가치가 존재하지만 상위 가치는 다양하고 주관적이기 때문에 이에 대해 경제 및 사회 구성원뿐만 아니라 경제학자나 철학자도 객관적으로 우열을 매길 수 없다는 논리이다. 소비에서 개인의 합리성과 다양한 선호를 있는 그대로 받아들이면서 이에 근거한 적정화를 강조하기 때문에 객관적인 의미에서 과소비나 사치는 존재하지 않는다.[28]

이런 생각은 19세기 중반부터 등장한 정신적 행복과 물질적 부의 분리 혹은 경제와 윤리의 분리에 뿌리를 두고 있다. 물론 아리스토텔레스는 이 같은 경제와 도덕의 분리나 경제의 몰가치성을 수용할 수 없다. 아리스토텔레스에

28 신고전학파에 있어 가치중립은 경제주체뿐만 아니라 경제학자나 경제정책 결정자에게 두루 적용된다. 그뿐만 아니라 정책결정에 있어서도 이론과 정책의 직접적인 연결을 부정한다.

있어 교육의 부족이나 습관의 여파로 인한 비합리성이나 잘못된 선호는 엄연히 존재하며, 이로 인해 자신의 신체를 손상시키거나 재산을 탕진할 정도의 소비는 항상 인정된다.

현 시점에서 비현실적으로 보일 수도 있으나 아리스토텔레스의 이 같은 생각은 경제적 동물이 되지 않겠다는 이성적인 인간의 행동준칙으로 오랫동안 지배해 왔다. 그의 생각은 칸트, 폴라니, 롤스, 센 등으로 이어져 마르크스에 의존하지 않으면서 자본주의를 비판하는 관점을 이룬다. 세계화 과정 속에서 아리스토텔레스는 정치학에서는 윤리적 경제의 주창자로, 경영학에서는 기업윤리의 근거로 평가되고 있다(Booth, 1994). 구교의 사회사상과 결합되면, 아리스토텔레스는 인간의 존엄성, 공동선, 연대, 생존권과 빈자에 대한 우선적 배려, 그리고 노동자의 존엄성 등을 기조로 삼게 된다(Kohls and Christensen, 2002: 228~229). 더구나 한국 경제와 사회에 있어서는 사치스러운 소비와 무절제한 이윤추구에 대한 감시가 적지 않으니 아리스토텔레스의 입장이 유효할 수도 있다.[29]

29 사치성 소비와 이윤추구에 대한 비판적인 입장이 주류경제학에 비판적이었던 여러 학자에게서 발견된다는 것을 이후의 연구에서 보이고자 한다.

참고문헌

홍 훈(2006), 「사회관계에 대한 아리스토텔레스의 사상: 마르크스주의 관점」, 『마르크스주의 연구』, 제3권 제1호, 185~231.

Adkins, A. W. H.(1984), "The Connection between Aristotle's Ethics and Politics," *Political Theory*, 12(1), 29~48.

Ambler, W.(1987), "Aristotle on Nature and Politics," *Political Theory*, 15(3), 390~410.

Aristotle(1952), *The Politics of Aristotle*(Pol), E. Barker, ed. and trans., Oxford: Oxford University Press.

______(1966), Ethica Nichomachea(NE), W. D. Ross, trans., *The Works of Aristotle*, Vol. IX, Oxford: Oxford University Press(이창우·김재홍·강상진 옮김(2006), 『니코마코스 윤리학』, 이제이북스).

______(1966), Ethica Eudemia(EE), W. D. Ross, trans., *The Works of Aristotle*, Vol. IX, Oxford: Oxford University Press.

Arnold, T. C.(2001), "Rethinking Moral Economy," *American Political Science Review*, 95(1), 85~95.

Belk, R. W.(1988), "Possessions and the Extended Self," *Journal of Consumer Research*, 15(2), 139~168.

Booth, W. J.(1991), "The New Household Economy," *American Political Science Review*, 85(1), 59~75.

______(1994), "On the Idea of the Moral Economy," *American Political Science Review*, 88(3), 653~667.

Brewer, A.(1998), "Luxury and Development: David Hume and Adam Smith," *Scottish Journal of Political Economy*, 45(1), 78~98.

Burns, T.(1998), "Aristotle and Natural Law," *History of Political Thought*, XXI (2), 142~166.

______(2003), "The Tragedy of Slavery," *History of Political Thought*, XXIV(1), 16~36.

das Neves, J. C.(2000), "Aquinas and Aristotle's Distinction on Wealth," *History of Political Economy*, 32(3), 649~657.

Davidson, J.(1898), "Luxury and Extravagance," *International Journal of Ethics*, 9(1), 54~73.

Dobbs, D.(1994), "Natural Right and the Problem of Aristotle's Defense of Slavery," *Journal of Politics*, 56(1), 69~94.

Ferrero, G.(1901), "The Evolution of Luxury," *International Journal of Ethics*, 11(3), 346~354.

Finley, M. I.(1970), "Aristotle and Economic Analysis," *Past and Present*, No. 47, 3~25.

_____(1975), *The Ancient Economy*, London: Chatto & Windus.

Hadreas, P.(2002), "Aristotle on the Vices and Virtue of Wealth," *Journal of Business Ethics*, 39(4), 361~376.

Kohls, J. and S. L. Christensen(2002), "The Business Responsibility for Wealth Distribution in a Globalized Political Economy," *Journal of Business Ethics*, 35(3), 223~234.

Konstan, D.(1996), "Greek Friendship," *American Journal of Philology*, 117(1), 71~94.

Lewis, T. J.(1978), "Acquisition and Anxiety: Aristotle's Case Against the Market," *Canadian Journal of Economics*, 11(1), 69~90.

Marshall, M. G.(2000), "Luxury, Economic Development, and Work Motivation: David Hume, Adam Smith and J. R. McCulloch," *History of Political Economy*, 32(3), 631~648.

Marx, K.(1963a), "On the Jewish Question," T. Bottomore, ed., *Karl Marx: Early Writings*, New York: McGraw-Hill.

_____(1963b), "Contribution to the Critique of Hegel's Philosophy of Right," *Karl Marx: Early Writings*.

_____(1963c), *Economic and Philosophical Manuscripts, Karl Marx: Early Writings*.

Mayhew, R.(1995), "Aristotle on the Self-sufficiency of the City," *History of Political Thought*, XVI(4), 488~502.

Meikle, S.(1994), "Aristotle on Money," *Phronesis*, 39(1), 26~44.

_____(1995), *Aristotle's Economic Thought*, Oxford: Clarendon Press.

Murphy, J. B.(1994), "The Kinds of Order in Society," P. Mirowski, ed., *Natural Images in Economic Thought*, Cambridge: Cambridge University Press, Chap. 19, 536~582.

Sauer, J. B.(1999), "Religious Texts, Moral Prescriptions and Economy," *Managerial Finance*, 25(4), 4~14.

Schlaifer, R.(1936), "Greek Theories of Slavery from Homer to Aristotle," *Harvard Studies in Classical Philology*, 47, 165~204.

Sidgwick, H.(1894), "Luxury," *International Journal of Ethics*, 5(1), Oct., 1~16.

Shovlin, J.(2000), "The Cultural Politics of Luxury in Eighteenth-Century France," *French Historical Studies*, 23(4), 577~606.

Smith, T.(1999), "Aristotle on the Conditions for and Limits of the Common Good," *American*

Political Science Review, 93(3), 625~636.

Springborg, P.(1986), "Politics, Primordialism, and Orientalism," *American Political Science Review,* 80(1), 185~211.

Terchek, R. J. and D. K. Moore(2000), "Recovering the Political Aristotle," *American Political Science Review*, 94(4), 905~911.

Wallendorf, M. and E. J. Arnould(1988), "My Favorite Things," *Journal of Consumer Research*, 14(4), 531~547.

Wong, N. Y. and A. C. Ahuvia(1998), "Personal Taste and Family Face," *Psychology & Marketing*, 15(5), 423~441.

chapter 07

Marx and Menger on Value: As Many Similarities as Differences

In general, the labour theory of value (LTV) and the utility theory of value (UTV) have been interpreted as being at opposite poles, and their differences have been focused on. The traditional interpretation/explanation presumes that value theory in general is primarily concerned with the establishment of a set of exchange ratios. This paper argues that this interpretation is not really valid for Marx and Menger, because the establishment of exchange ratios is not their primary concern. Whilst their respective value theories are, in one sense, opposed to one another, in another sense they have much common ground. Basically, both have their own abstract concepts of value, which can hardly be found with other economists.

In this paper, I shall do the following. First, I shall reveal the similarities between Marx and Menger with respect to their theories of value. Second, I shall show that Marx's and Menger's definitions of the commodity (or the economic good) and money are linked with value. Third, I shall propose that their similarities can be merged into the existence of an abstract concept of value. Fourth, I shall argue that neither Smith and Ricardo (SR) nor Jevons and Walras (JW) share these similarities of Marx and Menger. However, once this is understood, more differences between Marx and Menger are revealed on this common ground. Finally, I shall draw some implications.

1. Value

It is well known that Marx's theory of value is composed of three parts: substance, magnitude and form (Marx, 1967: ch. 1; Rubin, 1973: ch. 12). Although much less recognised, Menger's value theory may be also divided into three parts: nature and origin, measure, and a variant of form (Menger, 1950: ch. 3~6).

1) Substance or Origin

The first question raised by Marx in his value theory was how to explain the existence of exchange between apparently incommensurable commodities. His answer was that labour rendered apparently incommensurable commodities commensurable (Marx, 1967: 36~38).

It should be noted that Marx was not concerned with the determination of exchange ratios, but with the nature or the basis of value. Moreover, he did not conceive value as an inherent natural property of commodities (e.g., size, colour, etc.), but as a social substance (*gesellschaftliche Substanz*) (1967: 38, 47). This encourages the idea that Marx is an essentialist.[1]

To elaborate, the term 'social' points to relations between humans, while 'substance' implies labour. For Marx, this means that value is associated with relations as well as labour. But what kind of relations and labour are they? In general, by relations, Marx meant exchange/production relations (1967: ch. 4~7). And it is not

1 Marx's essentialism dates back to his doctoral dissertation, where he compared Democritus and Epicurus. In particular, Marx's interpretation of Epicurus' theory of the atom, in which he distinguished between essence and appearance, ideal and real, abstract and actual, anticipates his theory of value (Marx, 1975: 47~53).

concrete and embodied labour, but abstract and social labour which captures these relations (1967: ch. 1).

As for Menger, he began his value theory by examining the origin of value (1950: ch. 3). He argued that value originates in the relationship between an individual and goods. In fact, he stated repeatedly that value neither inheres in goods nor stands on its own (1950: 120~121; 1963a: 41).

Two things are to be noted. First, Menger posed the fundamental question, 'What is value?', rather than 'What determines exchange ratios?' This implies that he shared with Marx the idea that the nature of value cannot be explained merely by providing the determinants of exchange ratios. In this regard, he was echoed by Böhm-Bawerk (1891: 367, 382).

This has much to do with Menger's interest in genetic causality (Menger, 1963b: 102~103; Winch, 1973: 65). In fact, it is widely claimed that the goal of his research was to seek the essence (Antonelli, 1956: 280) and even the 'structure' of economic phenomena (Kauder, 1957: 416; Streissler, 1969). All this would not have sounded unfamiliar to Marx.[2]

Second, it is well known that UTV explains prices, not by the inherent properties of goods, but by marginal utility. Menger did not ground utility, but valuation and value, in the relationship between an individual and goods. And he claimed, almost

2 It may be true that Menger, like Marx, is also an Aristotelian essentialist (Kauder, 1962: 4~5; Mäki, 1994). Essentialism is characteristic of most of the Austrian school. Both Menger and Böhm-Bawerk were dissatisfied with the mechanism of supply and demand (Böhm-Bawerk, 1959, II: 233~234). Moreover, Böhm-Bawerk separated the *origin* of interest from the *rate* of interest (Böhm-Bawerk, 1959, I: 64, 86). Finally, Mises objected to a mechanistic version of the quantity theory of money, and made a clear distinction between the value of money and its changes (Mises, 1980: 136~137, 150~151).

uniquely, that value is the essence of economic activity (Mises, 1981: 170). Moreover, it was not until he discussed the measure of value that he explicitly introduced the notions of utility and marginality (Alter, 1990: 164).

All this implies that, for Menger, the origin of value is distinct from, and (epistemologically) prior to, the measure of value or marginal utility. In addition, Menger believed that goods contribute to the life and well-being of individuals rather than to their utility (Menger, 1950: 121~123). And he conceived individuals as being voluntaristic and intentional rather than hedonistic (Böhm-Bawerk, 1959, II: ch. 10). In this context, his theory of value is subjective rather than utilitarian (Smith, 1986; Endres, 1991).

The main point is that, for both Marx and Menger, the first question about value and its answer have little to do with the determination of exchange ratios. Rather, they are more closely tied to the common insight of these two economists that value originates from economic relations involving human beings (Alter, 1990: 184).[3] This implies two things. First, value is not a natural property inherent in commodities or economic goods. Second, it is distinct from, though embedded in, the political and juridical process (Marx, 1960a: 109; Menger, 1963a: 123).

2) Magnitude or Measure

There is little doubt that, while Marx believed that the magnitude of value is

3 Both Marx and Menger very often used such terms as exchange relations or economic relations (Marx, 1967: 47; Menger, 1968: 260). Concerning this, one has to keep in mind that the German word, 'Verhältnis(se)', stands for both relations and ratios.

governed by labour time, Menger viewed it as being governed by subjective factors. And as far as its magnitude is concerned, Marx and SR may be roughly grouped into the LTV camp, while Menger and JW fall into the opposite, UTV camp. However, two reservations must be made.

First, both Marx and Menger held the view that the magnitude of value is secondary to, and derives from, the reality of the substance or origin of value. For this reason, they were equally critical of the preoccupation of most economists with quantitative aspects of value.[4]

Second, Menger's value theory is not hedonistic enough to be called utilitarian, as was noted. More seriously, the labour time Marx had in mind is not embodied labour time, but socially necessary abstract labour time. Marx's notion of socially necessary abstract labour time takes account of average production conditions and social demand, and presupposes the process of social validation.

3) Forms

For Marx and Menger, a form of value serves to translate value based on economic relations into concrete properties or material ratios of things that appear in the exchange sphere. As a result, forms of value have two common aspects: price and money.[5] Price will be discussed in this section, and money will be dealt with in Section

4 See Marx (1967: 49), Menger (1892b: 244; 1950: 293; 1961: 124~126), and Moss (1978: 28~29).

5 Since in the real world there is no price without money, price and money are inseparable. This does not entail

2.

Marx viewed price as a concrete and necessary form of value (1967: ch. 1). By means of relative/equivalent forms, he seems to have traced out the origin of prices (Krause, 1982: ch. 2, 3). For Marx, the significance of forms of value is revealed by the fact that, despite his sympathy with SR, he criticised them for their disregard of forms of value (1967: 80~81).

Similarly, Menger distinguished value from price, and gave priority to value (1950: 191~192; Alter, 1990: 175~186). This is evidenced mainly by the fact that value is examined in a separate chapter from and prior to price in *Principles* (1950: ch. 3~5). But the crucial question is whether he conceptualised a form of value. Since Menger was not as clear about forms of value as was Marx, his texts need to be read more attentively.

First, Menger discussed the relations between use value, exchange value and value in various places, where he explicitly used the expressions 'forms' and 'forms of value'.[6] More specifically, there are ample indications that he retained and reformulated use value and exchange value as forms of value.

> The value of the skin in the first case and its value in the second case are therefore only two different forms of the same phenomenon of economic life (*dieser beiden Formen der einen allgemeinen Werterscheinung*), … Thus we call value

that price and money are conceptually identical. Price is a social 'property' of the commodity, not of money. In other words, while a commodity gets priced, money does not. As Marx's analysis of value forms shows, commodity and money, which are associated with relative form and equivalent form, respectively, are not only interdependent, but also exclusive, like two poles of a magnet (Marx, 1994).

6 See Menger (1923: 109~118; 1950: ch. 6; 1961: 118; 1963b: 106~107, 196~198; 1994: 81).

> in the first case *use value*, and in the second case we call it *exchange value* (1950: 228; 1961: 118).

> … with respect to that development of economic phenomena which we have designated as one of *empirical forms* (*Erscheinungsformen*). The forms in which human needs, the possession of wealth, private property, barter, money, credit, taxes, and a thousand other institutions of human economy make a real appearance (1963b: 106).

> … and the various forms in which value appears, … (1963b: 198).

Second, Menger apparently focused more on exchange value than on use value. From the outset, Menger placed more emphasis on the distinction between subjective value and exchange value. He stated that the former is invisible, while the latter is visible (1963a: 5, 29).

Menger's attempt to reformulate exchange value in terms of his own subjective theory of value can be detected in both the first and second editions of *Principles* (1950: ch. 6; 1923: 109~118). In the first edition, he dealt with this issue before he explained the concept of commodity and money (1950: ch. 7 and 8). This suggests the existence of a form of value that runs from exchange value to commodity and money. Moreover, in the second edition, Menger discussed objective exchange value, and even made a distinction between 'internal' and 'external' exchange value (1923: 108~110, 290~313).

However, upon close examination, Menger's attempt was not without difficulty. Basically, there seems to have been a tension between Menger's concept of subjective value and the concept that leads to commodity and money. But, from here, one cannot jump to the conclusion that Menger was simply inconsistent, because the question had been in his mind all along (Alter, 1990: 169; Yagi, 1993: 715~719). Rather, one can integrate his various claims to produce a concept of the *objective* form of *subjective* value.

Third, Chapter Five of Principles can be seen as an attempt to explain the formation or existence of prices (Preisbildung) rather than the determination of exchange ratios (Moss, 1978: 26; Butos, 1985: 27). Here, Menger did not appear to ask the question, 'What determines exchange ratios?', but 'How is a system of prices or exchanges established?' Thus, this chapter can be interpreted as a formulation of price into a form of value or exchange value, in anticipation of Chapter Six.

Now we may turn to those who are in affinity with Menger. First, one can trace Menger's value problematic back to German economists such as Schäffle (1862) and Michaelis (1863). Moreover, the concept of forms of value was further developed by Wieser (1989: 53~54). Furthermore, Böhm-Bawerk, Wieser and Mises struggled with the concepts of subjective and objective exchange value (Böhm-Bawerk, 1959: 123; Wieser, 1989: ch. III; Mises, 1980: ch. 7).

Second, a fully fledged concept of the value form may not be detected in the works of Menger, but in those of Simmel (Simmel, 1978: ch. 1). As Kauder (1978: 416) suggests, there are many resemblances between Simmel and Menger. Simmel's and Menger's similarity is best revealed in the fact that both moved from subjective value to objective price and money. As the reader may recall, Marx, like Menger and Simmel, was also interested in the concept of value forms. So Menger can be seen as similar not only to Simmel, but also to Marx, who came before Simmel.

Lastly, as was stated above, Menger was an Aristotelian essentialist like Marx. Aristotelianism relies not only on the concept of essence, but also on the concept of forms (Kauder, 1957: 415; B. Smith, 1990: 271~272; Meikle, 1984).

Based on the above evidence, one can argue that, although Menger did not have a complete concept of value forms, he initiated its development.[7] In this regard, just as Menger and JW's critique that value is not inherent in commodities is not wholly valid for Marx (Menger, 1950: 101; Jevons, 1965: 77), Marx's complaint that bourgeois economists were unaware of value forms does not hold for Menger.

It should also be noted that Not only Menger, but also (surprisingly) Marx, went to great lengths to link economic agents to value by means of value forms. For Marx, forms of value guide the daily decisions and activities of labourers and capitalists. Menger conceived use value and exchange value as being additional factors that affect the decisions and behaviour of individuals (1950: ch. 6).

Owing to their common view that value is central to the operation of the economy, Marx and Menger apparently thought that linking economic agents somehow with value was the only way to represent the significance of the agents in the economy (Marx, 1967: ch. 1; Menger, 1950: 115~116). Since forms of value are expressive of value and concrete enough to motivate agents, they are well qualified to

7 Shackle correctly pointed out that economics has disregarded structure and forms owing to its preoccupation with quantities (Shackle, 1972: ch. 4, 8, 15). However, he did not clarify the meaning of forms. Neither did he make exceptions out of Marx and Menger.

stand as the links between the economy and the agents.

From the foregoing, it follows that substance, magnitude and forms in Marx's value theory correspond to origin, measure and forms, respectively, in Menger's theory. This is the basic similarity between Marx and Menger with respect to their theories of value.

2. Commodities or Economic Goods and Money

For Marx and Menger, value is closely connected, not only with commodities (Marx) and economic goods (Menger), but also with money.

1) Commodities or Economic Goods

When Marx focused upon the useful properties of a thing, he referred to that thing as a use value. Moreover, he conceived use values as being products of labour. Finally, he argued that products of labour become commodities owing to their being produced for exchange (Marx, 1867: 87). In this way, he took commodities as his initial object of inquiry. This accounts for his statement that a commodity is the cell or the most simple 'concretum' (*Konkretum*) that contains capitalist production relations (1960b: 361~362; 1967: 8, 35).

Menger's concept of an economic good has the same status as Marx's concept of commodity (1963b: Appendix vi; 1950: 94~108). Menger differentiated useful things (*Nützlichkeiten*) from things in general. It is only after a useful thing enters into a relationship with an individual that it becomes a good. Finally, Menger further narrowed down the object of his analysis to economic goods. Economic goods can be distinguished from goods by their scarcity. He examined goods and economic goods in two separate chapters of *Principles* (ch. 1 and 2).

The sequence developed by Marx: things → use values → products of labour → commodities, corresponds to the sequence developed by Menger: things → useful things → goods → economic goods. It is clear that neither commodities nor economic goods are concrete things that can be immediately observed, but are dependent upon concepts that are constructed by means of the abstraction on the part of economists (Marx, 1973: 100~101). The further the sequence is followed, the more the objects seem to discard natural elements and wear human clothes.

Among other things, Marx and Menger were not satisfied with an analysis that focused upon products of labour or goods. Both of them believed that value was involved in everything socio-economic. It is not until value is internalised into products of labour or goods that products or goods become commodities or economic goods. Moreover, commodities or economic goods are the most simple among those concepts (e.g., money, capital) that are laden with value. For these reasons, they constitute points of entry for the economic analysis of Marx and Menger.

Although it is not manifest in the above sequences, Marx and Menger did not conceive commodities and economic goods as being primarily dependent upon juridical elements either. The fact that both Marx and Menger tried to replace the juridical concept of 'property' with the economic concept of 'wealth', presumably in confrontation with the Historical School, corroborates this point.[8]

2) Money

A number of similarities can be detected with respect to Marx and Menger's theories of money. Above all, both perceived money as being inseparable from value. First, both Marx and Menger placed the highest premium on the question of the origin of money by declaring that nobody had ever succeeded in explaining it (Menger, 1892B: 239~240; Marx, 1967: 47~48). And they posed this question as separate from and prior to the natural properties of the money commodity, the functions of money and the value of money (Menger, 1950: ch. 8; Marx, 1967: ch. 2 and 3).

Second, both Marx and Menger believed that money is spontaneously created within the economic sphere. For them, this is equivalent to saying that the origin of money, like that of commodities (or economic goods) and value, has little to do with either the natural properties of metal or the juridico-political process.[9] More specifically, Menger said, almost in chorus with Marx, that commodities become money 'naturally, as the result of economic relationships' (*naturgemäss aus den ökonomischen Verhältnissen*) or 'without any agreement, without legislative compulsion, and even without regard to

8 See Marx (1968, I: ch. 2; 1986: 81) and Menger (1950: ch. 2; 1961: 93, 102; 1963a: 19, 27).
9 See Marx (1967: 89; 1970: 49) and Menger (1892a: 558; 1892b: 240; 1950: 258~259, Appendix j).

the public interest' (Menger, 1950: 260~262; Marx, 1967: 86~87).

Consequently, Marx and Menger claimed that some commodities or economic goods, rather than something external to the economy, become money. Hence, Marx proposed a theory of commodity money (although his commodity money is not the same as that of SR, as will be explained), and Menger proposed a theory of economic goods money (O'Driscoll, 1986: 610~611).

Third, at the same time, Marx and Menger claimed that money holds an independent status. Consequently, they went to great lengths to avoid reducing money to a mere commodity or an economic good.

> … The difficulty lies, not in comprehending that money is a commodity, but in discovering how, why, and by what means a commodity becomes money … (Marx, 1967: 92).

> Two things are evident from this: (1) the frequently-stated proposition that money is a 'commodity' contributes nothing at all toward explaining *the unique position of money among commodities*; (2) the view of those who deny the commodity character of money … is untenable … (Menger, 1950: 241).

Since money is distinct from, but linked to, commodity or economic good, it has to be 'both the abstract universal and a particular' (Arthur, 1988: 27). Thus, Marx and Menger claimed that money is either a developed form of value or a variant of exchange value (Menger, 1950: ch. 8; Marx, 1967: ch. 1). While Marx obviously relied on forms of value, Menger did so less conspicuously.

First, Menger identified both price and money with 'forms' several times (1892a: 599~604). Moreover, he made it clear that money as well as price are unintended consequences of individual actions (Menger, 1963b: 147~159). This lends support to the existence of forms of value that embrace both price and money.

Second, Chapter 6 and, especially, Chapter 7 of Principles laid the groundwork for his theory of money (Hutchison, 1953: 143; Vaughn, 1978: 441). The concepts of commodity and marketability that are developed in these chapters fill the gap between subjectively determined economic goods and money that apparently exists independent of subjective interests. They suggest that Menger may have explained the origin of money on the basis of a form of value.

Third, again, it seems to be Simmel who pushed Menger to his logical limits and constructed money à la Menger (Laidler and Rowe, 1980: 98~99). Simmel clearly connected money with forms of value. Complementing Menger's theory with Simmel's, one might conjecture that Menger, like Marx, could have developed forms of value into money.[10]

It can be seen from the above that both Marx and Menger relied upon value forms for the explanation of economic institutions such as money. But what is the point of explaining the origin of money by means of the abstract idea of forms of value? The answer seems to be that, in their views, money is neither a veil nor an institution added onto the economy, but an inseparable part, which stands or falls with it.

10 As far as the historicity and social consequences of money are concerned, Simmel's view can be seen as being in the middle on an ideological spectrum rather than as being near Menger's. Simmel believed that money is neither a curse (Marx) nor a blessing (Menger), but a mixed blessing (Beilharz, 1996).

3. An Abstract Concept of Value

The foregoing common features of Marx and Menger can be merged into one major characteristic; they constructed, on the basis of economic relations, an abstract concept of value that is distinct from labour or utility (plus scarcity) and from price. Moreover, they examined labour or utility, value and price categories at different levels of abstraction, and treated value categories prior to treating price categories (in the epistemological sense). Put bluntly, Marx and Menger respectively offered as the elements of value the triplets: [labour-value-price] and [utility(and scarcity)-value-price]. Hayek remarked that Menger provided the most precise account of the relationship between 'utility, value and prices' (1968: 125). One could say the same about Marx's analysis of labour, value and price.

Since Marx and Menger conceived value as being distinct from labour or utility and price, they were supposed to forge links, first, between labour or utility (plus scarcity) and value, and, second, between value and price. Moreover, labour or utility and price are reformulated, as they are linked to value. In the first linkage, Marx reformulated labour into abstract labour, and Menger reconceptualised utility into valuation (in terms of life and well-being). As the origin of value is, in a capitalist system, based on economic relations, abstract labour and valuation are also founded upon economic relations. In the second linkage, Marx and Menger redefined immediately observable prices as forms of value or exchange value.

As a whole, both Marx and Menger went behind prices to discover something essential (the origin of value), and then came back to prices (the forms of value). This procedure is similar to what critical realists call 'retroduction' (Lawson, 1996: 412~414; Fleetwood, 1997: 145). Given this interpretation, it can easily be understood why their value theories are equally composed of three parts: substance/origin, magnitude, form.

In order to construct their systems, Marx and Menger apparently went through the following stages: (a) they set themselves the goal of relating useful things, and price and money to humans, in order to understand them; (b) for this purpose, they needed a concept that is distinct from things, price and money, and from natural/juridical processes; (c) they realised that this is an abstract concept of value, which is based on economic relations involving human beings; (d) they reinterpreted things, price and money in accordance with the value concept; (e) they linked agents to the economy through value forms.

In regard to stage (d), their concepts of value enabled them to reformulate natural things or legal entities into socio-economic objects. Without their own concepts of value, neither Marx nor Menger could have reconstructed things (or use values) and elements of property into commodities or economic goods. Moreover, without value and value forms, neither of them could have reformulated precious metal and stamped paper into money. It follows that the entire systems of Marx and Menger rest firmly upon their concepts of value.

The value concepts of Marx and Menger must be abstract, owing to their distinction from both labour or utility and price (Menger, 1963b: 72~73; Marx, 1967: 56). But their abstract nature does not make them unreal (Lawson, 1989). Looked at from the non-empiricist perspective of Marx and Menger, that value is not inherent in commodities or economic goods does not entail that it does not exist in thought or in the real world.[11]

The above discussion can be arranged in the following table.

Marx				
labour	← *substance*	VALUE	*form* →	price
Menger				
utility	← *origin*	VALUE	*form* (*exchange value*) →	price (scarcity)

Since a value concept is based on economic relations, and economic relations are the essence of the economy, construction of a value concept is, for Marx and Menger, central to conceptualisation of the economy. From this it follows that both Marx and Menger had intended to establish the autonomy of the economy and the independence of economics by means of their concepts of value.

These similarities between Marx and Menger accord well with the fact that they unfolded their logic in a genetic way, from the commodity through value to money. The similar way in which they developed their logic resulted in the similar structure of their major works.

11 However, at this point, the exact nature of value is not known. It requires another paper to resolve this question, and, more specifically, the question of the relationship between labour, value and price in Marx.

4. Marx and Menger in the History of Economic Thought

If these similarities between Marx and Menger were also shared by other economists, they would be too trivial to be mentioned. If, on the other hand, they made Marx and Menger indistinguishable, they would be dubious. In this section, it will be shown that they are neither trivial nor dubious.

1) Marx and Menger Contrasted with SR and JW

It is obvious that what Marx and Menger share goes far beyond the formal requirements of a theory of value, contrary to the views of such scholars as Bukharin and Dobb.

Bukharin pointed out that Marxians and Austrians are similar in using an abstract method (1927: 23~35). But he emphasised that their similarities are merely formal, and that they are, in essence, opposed to each other. Moreover, by saying that owing to their mathematical methods JW diverge 'somewhat' from Menger, Bukharin suggested that their divergence is no more than a difference in degree. Further, he did not attempt to differentiate Marx from SR, despite his indications that the LTV of SR is flawed.

Similarly, Dobb stated that the requirement of a theory of value, in contrast with that of a theory of price, is to posit 'a quantity which lies outside the system of price variables, and independent of them' (1937: 12, 24). He supposed that what Marxians and Austrians share is nothing more than that each side provides a quantitative variable, which meets this formal requirement.

However, the discussion of the previous sections revealed that Marx and Menger had much more in common. In order to bring their common ground into sharper relief, it may be desirable to compare Marx with SR, and Menger with JW.

First of all, SR concentrated on the magnitude of value or exchange ratios, and disregarded the substance (or origin) of value, and, especially forms of value. Their problematic is illustrated by a number of ideas: the paradox of diamonds and water and its resolution, the fable of deer and beaver and LTV, the theory of labour commanded and the adding-up theory, an invariable measure of value (Smith, 1937: 28~29; Ricardo, 1970: 13).

JW were as much immersed in the determination of exchange ratios as were SR. In addition, JW stressed that mathematical methods are needed to address this issue (Walras, 1954: 70~71; Antonelli, 1956; Jevons, 1965: 3~5).

However, from the standpoint of Marx and Menger, the magnitude of value constitutes merely one question and that the least important one.

Moreover, SR did not view value as embedded in, and constitutive of, human relations. Although SR were fully aware of the significance of the division of labour and distributional conflicts, they did not link these features with value but with price (changes).[12] Similarly, JW were not concerned with grounding value or prices in human

12 In this context, the claim that SR also linked social relations with value is doubtful (Meek, 1956: 24~32; 1977).

relations. In particular, Walras explicitly excluded human relations from his 'pure' economics (Walras, 1954: 69~70; Mirowski, 1989: 220).

Owing to their preoccupation with the magnitude of value, SR did not have a clear concept of either the substance or the forms of value, just as JW were not interested in either the origin or the forms of value. I suggest that neither SR nor JW had a stable concept of value that is distinct from labour or utility. Even when the term 'value' was used by SR and (to a lesser extent) JW, it was so unstable that it was easily absorbed into other notions such as labour or utility and price.[13]

While Marx and Menger had as elements of value the triplets: [labour - value - price] and [utility - value - price], SR and JW offered merely the doublets: [labour - price] and [utility - price]. It follows that what Marx and SR share (at most) is not labour value but labour, and what Menger and JW share (at most) is not utility value but utility. This assessment seems to have actually been made by Marx and Böhm-Bawerk, who were both critical of SR's lack of 'the middle links' (*die Mittelglieder*) or 'the middle term' (*das Mittelstück*) (Böhm-Bawerk, 1891: 379; Marx, 1968, II: 174).

Of course, this does not mean that SR and JW thought that a concept of commensurability was not needed. LTV presupposes the reduction of various labours to homogeneous labour, and UTV has to face the questions of intra/interpersonal and intertemporal comparisons of utility.[14] In fact, all the 'value' theories of economics,

13 See Smith (1937: 30), Ricardo (1970: ch. 1), Jevons (1965: 9~11, 77~78), Walras (1954: 61~64, 83), Jaffé (1973: 118~119; 1976: 515).

14 Obviously, total or marginal utility can be defined in terms of the individual, whereas exchange requires relations between individuals. But, for JW, homogenisation in terms of utility or individual commensuration is

ethics and even physics, rely on the concept of commensurability.

The real difference between Marx and Menger on the one hand, and SR and JW on the other, is that the latter four were led to resolve the question of commensurability by their one-sided interest in quantitative aspects. For this reason, it can be argued that the abstract labour of Marx and the valuation of Menger are much more than the homogeneous labour of SR and the utility of JW.[15]

This difference can be recast in terms of Smith's paradox of diamonds and water. Having observed that the exchange ratio between diamonds and water is not proportional to their 'degrees of usefulness', Smith proposed LTV and two other (incomplete) theories. Ricardo, in his turn, claimed that the lack of proportionality proves that use values have nothing to do with exchange ratios, and he argued for LTV adamantly (1970: 11). In one way or another, SR concentrated on exchange ratios.

JW refuted the LTV of SR and offered new determinants of the ratios through UTV. What JW did is to reformulate use value and exchange value into total utility and marginal utility, in order to show that 'use value and exchange value are connected in the notion of utility' (Jevons, 1965: 78~83; Meikle, 1995: 109). Still, their focus remained centred on exchange ratios.

By contrast, neither Marx nor Menger treated Smith's paradox as a problem about exchange ratios, but developed it in terms of relations and forms. More concretely,

the first and necessary step, though not sufficient, towards social commensuration.

15 Meek pointed out that the Austrian School, in contrast with Marshall, is more conscious of Marx's problems and has an idea of determination similar to the Classical and Marxian School (1956: 251~254). However, he did not go so far as to distinguish the Austrians from JW nor to separate the Marxians from SR.

Marx reinterpreted prices as exchange relations, reformulated the relations as socio-economic relations, and represented the economic relations through his concept of value. Then, he demonstrated that exchange value is a form of value, while use value is the *material* basis of value and value forms, the *social*.

Similarly, Menger reinterpreted prices as exchange relations, decomposed the relations into the relationship between an individual and economic goods, and represented the relationship through his concept of value. Then, he showed that exchange value and use value are forms of value, since they are the aggregates of relations between an individual and goods.

It seems that Marx and Menger tried to read apparently natural 'properties' or 'ratios' as human 'relations', while JW were occupied with searching for new determinants of the same old 'ratios'. The formulations of Marx and Menger went well beyond the problematic of 'exchange ratios', in which SR initially posed and resolved the paradox and JW remained imprisoned.

While Marx and Menger substantiated the concepts of SR, JW simply replaced the concepts with their own. Consequently, it is expected that, in addition to value, concepts such as economic goods, commodities, use value and exchange value, which are central to Marx and Menger's theories, are missing in JW's works (Walras, 1954: 83; Jevons, 1965: 77~84). It may be justifiably claimed that SR and JW's theories are founded upon Humean metaphysics, whereas Marx and Menger's theories are based on Aristotelian metaphysics (Meikle, 1995: 17~18).[16]

Owing to their lack of a concept of value, SR and JW took products of labour and goods as their initial objects of inquiry, whereas Marx and Menger adopted commodity and economic goods. In addition, since SR and JW conceptualised neither value nor value form, they linked economic agents directly to labour or utility, and to price and money, with no mediation of value.

Although SR and JW were serious about the 'value' of money, they had little interest in the origin of money. It is hard to find discussions about the origin of money in their texts or in some well-known interpretations of them.[17] In fact, since SR and JW had no distinct concept of value on which to fall back for the explanation of the origin of money, products of labour or goods and money tended to collapse into each other. Moreover, even when SR and JW tried to distinguish money from a product or a good, they did not rely on economic factors.

More concretely, SR either identified money immediately with labour itself or a product of labour distinguished by specific natural properties, or implicitly viewed money as a symbol that results from legislative actions (Smith, 1937: 22~25; Ricardo, 1970: 87, 353). SR identified money with labour or its product, when they conceived the origin of money as internal to the economy. And they viewed money as a symbol, when they regarded it as being exogenously created.

One may elaborate on Smith, who had relatively more to say about the origin of money than Ricardo. Smith claimed that labour is the original price of every product

16 However, Meikle is not aware of the Aristotelian roots of Menger.

17 See Jevons (1897: ch. 1~5), Walras (1954: Lesson 29~30), de Vivo (1987: 186~188), and Walker (1987: 858~859).

(Smith, 1937: 30). And Gray adopted his claim and developed it into a theory of labour money (Gray, 1848: 155~157). It is well known that Marx criticised Gray for his theory of labour money (Saad-Filho, 1993). This implies that Marx would certainly have been critical of Smith's claim.

Moreover, owing to his view of money as a veil and his antagonism against mercantilism, Smith claimed that money is no more than a 'commodity'. He relied on the historical fact that money used to be a commodity (Smith, 1937: 403~407). It is evident that he reduced money to a commodity or a product of labour.[18]

SR often attributed the invariability of value to money (Ricardo, 1970: 43~47). At first glance, this feature seems to be neither natural nor juridical. However, since this feature depends purely on production conditions, it is extraneous to the sphere of exchange, in which money is supposed to be grounded. Moreover, SR's endless search for an invariable measure of value, which definitionally undergoes no (or little) quantitative change in relative 'value', is in full accord with their preoccupation with exchange ratios. For Marx, this search was meaningless.

Similarly, JW either reduced money to a good, characterised by its specific natural properties, or regarded money as the result of legislative actions.

Jevons stated explicitly that a merchandise or a good is money and money is a good (Jevons, 1977: 96~97). This means that he identified money immediately with a good. But when he attempted to distinguish money from goods, he relied on non-

18 Notice, in this regard, that Menger distanced himself from Smith, despite Hayek's suggestion to the contrary (Menger, 1963b: 172~173; Hayek, 1967).

economic factors. First, he characterised a money good by such natural properties as homogeneity, divisibility or durability. Second, he adopted a state theory of money by stating that money cannot be entrusted to the private sector because of Gresham's law (Jevons, 1897: 62~65; Hayek, 1976: 34~36).

Walras seems to be more naturalistic than Jevons. In examining commodity money, he said, 'nature has conspired … to bestow all the attributes of money … upon two precious metals' (Walras, 1954: 329~332). Moreover, he thought that a commodity money could constantly switch from its commodity role to its money role, and vice versa. Furthermore, he alleged that money is supposed to have utility and price in the same way a commodity does. All this suggest that Walras, like Jevons, did not give an independent and stable status to money.

In sum, SR or JW's explanation of the origin of money, if there is any, is either naturalistic or juridical, but not value-theoretical. For Marx and Menger (and Mises), gold is special, owing neither to its natural properties nor to the stamp of the state on it, but to its socio-economic 'moneyness'. In this context, SR or JW viewed money as labour/product money or goods money rather than as commodity money or economic goods money.

For lack of a concept of value grounded in human relations, SR and JW could not but leave some key concepts as being external to the economy. As a result, they were less consistent about the autonomy of the economy and of economics, and sometimes they even denied it. SR very often fell into naturalistic determination (Smith, 1937: 346~347; Ricardo, 1970: ch. vi). JW, in their turn, regarded value or price as a problem to be solved by mechanics or physics (Jevons, 1965: vii~viii; Walras, 1954: Lessons 2~5; Mirowski, 1989: ch. 5).

All these points are confirmed by the fact that No similarity in terms of logical sequences or structure can be detected between Marx and SR, nor between Menger and JW, nor between SR and JW. It should be remembered that all these differences between Marx and Menger, and SR and JW cut across the traditional boundary between LTV and UTV. Obviously, my claim that no major figure besides Marx and Menger has an abstract concept of value goes against the well-known interpretations of such economists as Dobb (1937, 1973), Meek (1956, 1977) and Robinson (1962). All of them attribute a value concept not only to Marx, but also to SR. Moreover, Dobb and Meek ascribe one to UTV as well.

Relying on the relationship between explanandum (*X*) and explanans (*Y*), we can represent their interpretations by their answers to the following three questions. First, what is X: long-run prices or market prices? Second, what is *Y*: labour time or utility? Third, how are *X* and *Y* related: by unidirectional causality or by simultaneous determination?

However, none of these questions is of primary concern for Marx and Menger. The primary question for Marx and Menger is, 'What is value?' But Dobb and Meek did not ask this very question, which seems to be the most fundamental one for those who argue for a value theory. Robinson apparently came close to this fundamental question, but she ended up denying any significance for a concept of value.

Because of their narrow set of questions, the interpretations of Dobb and the others tend to obscure the differences between SR and Marx, and those between JW and Menger.[19] In fact, Dobb and Meek, from the outset, were intent on distinguishing the classical from the neoclassical tradition.

2) Marx and Menger Contrasted with Each Other

Marx's and Menger's similarity, and their distinction from SR and JW, does not entail that Marx and Menger are closer to each other than is usually maintained. In fact, the contrary holds, since they turn out to share more questions to which they offer opposite answers. Consequently, in this section, I shall not only bring the old differences into sharper relief, rather than denying them, but also add new differences.

First, both Marx and Menger constructed theories of value on the basis of economic relations, which are dominant over, though embedded in, natural elements and juridico-political factors. But they disagreed on the role of individuals. While for Marx, individuals are social beings determined by production relations, for Menger, they are voluntaristic.

Marx focused on exchange/production relations that create and reproduce themselves independently of the will and interests of individuals. For Marx, although social relations are reproduced via economic agents, the agents are not conscious of

19 Gramm (1988) falls into a similar fallacy, despite his correct critique of the preoccupation of the economists with exchange ratios. Sympathetic to SR, he is unaware that they too were overwhelmed by quantitativism. And, owing to his abandonment of 'abstract value' in favour of 'real value', he is tolerant of SR's disinterest in the origin of money.

this reproduction process. Nor do they create the relations. In this sense, his theory of value is holistic (as well as production oriented and historical).[20] His *objective* theory of value is based neither on the inherence of value in commodities, nor on his determination of exchange ratios, but on the holistic nature of the relations.

By contrast, Menger had in mind the relationship between an individual and goods that is dependent on the interests of the individuals. And he placed this relation before relations between individuals or exchange (Böhm-Bawerk, 1891). It follows that every relation arises or disappears in accordance with the interests of individuals. In his view, then, the fact that agents are motivated by value or value forms does not imply that they are enslaved by human relations. Hence, his theory of value is individualistic (as well as consumption oriented and ahistorical). His *subjective* theory of value does not necessarily entail utilitarianism, and it relies on the significance of individual relations rather than on his explanation of exchange ratios.

As a consequence, forms of value or prices in Marx are the concretisation of production relations, whereas those of Menger result from the aggregation of relations between an individual and goods.[21] Obviously, Marx and Menger disagreed on the relations between forms and agents, too.

Marx was aware that economic agents are guided by prices and money, and that

20 The term 'holistic' is not meant to deny the significance of human agency, but merely to bring into focus the preexistence of social structure. In this regard, it does not entail Althusser's structuralism. In addition, the term 'production' stands for Marx's production relations, which is different from what SR meant by 'production'.

21 In this regard, what Lukacs identified as the basic difference between Marx and Simmel could equally be valid for Marx and Menger (Lukacs, 1971: 94~95).

they are, therefore, (mis)led to believe that they are constrained merely by prices and the amounts of money they possess. However, for Marx, prices and money are the phenomenal forms of value. It follows that the agents are ultimately conditioned by the forms of value, and consequently, by value and social relations value represents. More broadly, he claimed that while individuals create and observe actual exchanges or the *exoteric* of capitalism, they cannot create nor observe production relations or the *esoteric* of capitalism. The esoteric which is defined as 'the intrinsic connection existing between economic categories' is represented by the value space (labour value/surplus value/value of labour power). And the exoteric which is defined as 'the connection as it appears in the phenomena of competition' is represented by the price space (prices/profits/wages) (Marx, 1968, II: 165~166; Lipietz, 1985: ch. 1). By linking the exoteric to the esoteric through forms of value, Marx tried to show that the agents are essentially constrained by value and production relations without being able to change or perceive them.

By contrast, for Menger, forms of value such as use value and exchange value do not overwhelm economic agents, since they are no more than additional factors to be considered by the agents.

Second, Marx thought that production/exchange relations are, via value, internalised into commodities, as was noted. Given his belief that the relations are neither created nor perceived by individuals, though being reproduced by them, it follows that commodities control human beings, not the other way around (Marx, 1967: ch. 1). Menger, in contrast, viewed the behaviour of economic agents as voluntaristic, and conceived economic goods to be at their disposal.

This explains why Menger regarded *economic goods* and individuals equally as the starting-point of his inquiry (Menger, 1950: 108~109), whereas Marx took solely the *commodity* as his point of departure.

Third, neither Marx nor Menger ascribed the origin of money to the natural properties of metal or political agreement. But, whilst Menger relied on the subjective judgements or practices of individuals, Marx did not.

Marx viewed money as being generated, irrespective of the wills and interests of individuals. This is evidenced by the fact that, when explaining the origin of money, he drew on the relations between commodities rather than on the relations between individuals. In his view, even when the relations between individuals are relevant, individuals are only indirectly related to each other, via relations between commodities. By contrast, Menger was convinced that money is the aggregate (though unintended) consequence of the actions of individuals. It is in this specific context that *commodity money* of Marx differs from *economic goods money* of Menger.

In general, although Marx and Menger were united in their emphasis on economic institutions, Marx relied much more upon the preexistence of deep structures than did Menger, who was based on individualism (Agassi, 1975). This is linked with the fact that, while both proposed an abstract concept of value, they disagreed on its objective or subjective nature. Marx's system is characterised by its heavier reliance on the existence of structures (objective), essentialism (value) and institutionalism (forms), while Menger's is a rather unusual mixture of individualism (subjective), essentialism (value) and institutionalism (forms) (Langlois, 1986: 4~5; Lawson, 1996).[22]

As a result, Marx believed that social relations, and the value concept based thereon, demarcate the economy and political economy from other realms and other sciences. By contrast, Menger thought that the relation between goods and an individual, and the value concept based thereon, characterise the economy and economics.[23]

By means of this comparison, we can see that Marx and Menger provided different explanations, not only of the magnitude of value but also of the substance (or origin) and the forms of value. Moreover, given the penetration of a value concept into other notions, the seemingly fuzzy distinctions between commodity and economic goods, commodity money and (economic) goods money, and the deep structures and the invisible hand, become substantial and solid.

Both the similarities and the differences between Marx and Menger can be condensed into three conceptual pairs: *objectively abstract value* and *subjectively abstract value*, *commodity* and *economic goods*, *commodity money* and *economic goods money*. The second and the third pair are based on the first. Value is the

22 It would be misleading to suppose that Marx denied the importance of human agency, while Menger denied the importance of structures. Marx was fully aware of human agency, despite his reliance on deep structures. Moreover, Menger was conscious of the existence of social structures, despite his emphasis on individuals. Marx and Menger offered more sophisticated version of holism and individualism.

23 This does not imply that, for Marx and Menger, the economy and political economy are disembedded or disconnected from other realms and other sciences. This merely suggests that value concepts made it possible for Marx and Menger to identify economic phenomena and to make scientific analyses into them.

unifying concept for both Marx and Menger. It can even be argued that Marx and Menger are as close and as distant as their theories of value are.

The validity of this argument is encouraged by the fact that the controversy between Marxists and Austrians over socialism revolved around the concept of value (Engels, 1976: 337~338; Mises, 1894). This also accounts for both the existence of much more debate between Marxists and Austrians, compared with other marginalists, and their diametrical opposition to each other in the debates (e.g., Hilferding versus Böhm-Bawerk). Moreover, recent studies that find Marx and Hayek similar reinforce this point (Sciabarra, 1995; Fleetwood, 1997). It is worth reemphasising that the core element in both Marx and Menger's systems is not the magnitude of value, with which SR and JW were mainly concerned, but the origin and the forms of value, about which SR and JW were ignorant.

5. Some Implications

It is misleading to classify theories of value solely by their explanations of exchange ratios. This type of classification resulted in the simplistic distinction between LTV and UTV. It is necessary to take into consideration also the existence of a value concept or value form, and the explanation of the origin of money. In light of recent discussions, some concrete implications can be identified.

First, while a number of Marxists have made the persuasive argument that the LTV of Marx is fundamentally different from that of SR (especially Ricardo) (de Vroey, 1981; Lipietz, 1985; Reuten, 1988), several economists have distinguished Menger from JW (Hayek, 1973; Streissler, 1973; Alter, 1990). In this context, what I have tried to argue amounts to a claim that the way Marx diverged from SR (or at least from Ricardo) is similar to the way Menger differed from JW.

Second, there have been occasional indications of the similarities between Marx and Menger: Aristotelian essentialism (Kauder, 1962; Mäki, 1990), the transformation problem (Alter, 1990), explanations of the origin of money (Cartelier, 1991; O'Driscoll, 1986), disequilibrium aspects (Lavoie, 1983; Negishi, 1985). I have substantiated and integrated these bits and pieces by showing that the two thinkers had a similar problematic which runs from commodity through value to price and money.[24]

Third, Marx and Menger both seem to offer an *abstract* theory of value which may be contrasted with a *real* theory of value (e.g., Gramm, 1988) and a *social* theory of value (e.g., Mirowski, 1991). Roughly put, while a real theory and a social theory emphasise the substance and the form of value, respectively, an abstract theory tries to combine the two. But even when their abstract theories of value turn out to be overambitious, Marx and Menger seem to provide the most consistent examples of a critical realist methodology (Lawson, 1989) and the best attempts to explain the existence of

24 Since it requires additional research to examine whether the above similarities hold for other issues such as capital and profit, I shall provide only some textual evidence. First, Marx and Menger seem to have reformulated wealth, capital or rent in terms of value (Marx, 1967: ch. 7; Menger, 1950: Appendix e). It is also to be noted that Wieser and Böhm-Bawerk, although not Menger, had a concept of 'overvalue' ('der Überwert') or surplus value, which corresponds to Marx's surplus value(der Mehrwert) (Wieser, 1989: 142; Böhm-Bawerk, 1959, I: 52). By contrast, SR and JW did not relate wealth, capital and profit with value (e.g., Ricardo's notion of riches, 1970: ch. 20).

exchanges and prices without determining exchange ratios (Krause, 1982; Mirowski, 1991).

Fourth, some economists have suggested that Menger shared with the German Historical School much more than is usually claimed (Streissler, 1990; Alter, 1990). Combined with this suggestion, I suspect that there is a German tradition that embraces the Marxian, the Austrian and the Historical School.

References

Agassi, J. (1975), "Institutional individualism," *British Journal of Sociology*, Vol. XXVI, No. 2, 144~155.

Alter, M. (1990), *Carl Menger and the Origins of Austrian Economics*, Boulder, CO, Westview Press.

Antonelli, E. (1956), "Léon Walras et Carl Menger à Travers Leur Correspondance," *Economie Appliqué*, Vol. 6, 269~287.

Arthur, C. J. (1988), "Hegel's Theory of Value," M. Williams ed., *Value, Social form and the State*, New York, St Martin's Press, 21~41.

Beilharz, P. (1996), "Negation and Ambivalence: Marx, Simmel and Bolshevism on Money," *Thesis Eleven*, Vol. 47, 21~32.

Böhm-Bawerk, E. v. (1891), "The Austrian Economists," *Annals of the American Academy of Political and Social Science*, January.

_____ (1959), *Capital and Interest*, Vols I, II, G. D. Hunke trans., South Holland, Libertarian Press.

Bukharin, N. (1927), *The Economic Theory of the Leisure Class*, New York, International Publishers.

Butos, W. N. (1985), "Menger: A Suggested Interpretation," *Atlantic Economic Journal*, Vol. 13, No. 2, 21~30.

Cartelier, J. (1991), "Marx's Theory of Value, Exchange and Surplus Value," *Cambridge Journal of Economics*, Vol. 15, 257~269.

Dobb, M. (1937), *Political Economy and Capitalism*, London: Routledge & Kegan Paul.

_____ (1973), *Theories of Value and Distribution since Adam Smith*, Cambridge: Cambridge University Press.

Endres, A. M. (1991), "Menger, Wieser, Böhm-Bawerk, and the Analysis of Economizing Behavior," *History of Political Economy*, Vol. 23, No. 2, 279~299.

Engels, F. (1976), *Anti-Dühring*, New York: International Publishers.

Fleetwood, S. (1997), "Critical Realism - Marx and Hayek," W. Keizer et al. eds., *Austrians in Debate*, London: Routledge.

Gramm, W. S. (1988), "The Movement from Real to Abstract Value Theory, 1817-1959," *Cambridge Journal of Economics*, Vol. 12, No. 2, 225~246.

Gray, J. (1848), *Lectures on the Nature and Use of Money*, Edinburgh: Adam and Charles Black.

Hayek, F. A. (1967), "The Results of Human Action but not of Human Design," *Studies in Philosophy, Politics, and Economics*, London: Routledge & Kegan Paul.

_____ (1968), "Carl Menger," *International Encyclopedia of the Social Sciences*, New York: Macmillan.

_____ (1973), "The Place of Menger's Grundsätze in the History of Economic Thought," *Carl Menger and the Austrian School of Economics*, Oxford: Oxford University Press.

_____ (1976), "*Denationalisation of Money*, London Institute of Economic Affairs Hutchison, " T. W. 1953, *A Review of Economic Doctrines*, Oxford: Clarendon Press.

Jaffé, W. (1973), "Léon Walras's Role in the 'Marginal Revolution' of the 1870's," *The Marginal Revolution in Economics*, Durham, NC: Duke University Press.

_____ (1976), "Menger, Jevons and Walras de-homogenized," *Economic Inquiry*, Vol. XIV, December, 511~524.

Jevons, W. S. (1897), *Money and the Mechanism of Exchange*, New York: D. Appleton.

_____ (1965), *The Theory of Political Economy, Reprints of Economic Classics*, New York: Augustus M. Kelley.

_____(1977), *Lectures on Political Economy (1875-6), Papers and Correspondence of William Stanley Jevons*, Vol. VI, R. D. Collison Black ed., Basingstoke: Macmillan.

Kauder, E. (1957), "Intellectual and Political Roots of the Older Austrian School," *Zeitschrift für Nationalökonomie*, Vol. XVII, No. 4, 411~425, also in Carl Menger (1840-1921).

_____ (1962), "Aus Mengers Nachgelassenen Papieren," *Weltwirtshaftliches Archiv*, Vol. 89, 1~28.

Krause, U. (1982), *Money and Abstract Labour*, London NLB.

Laidler, D. and N. Rowe (1980), "Georg Simmel's Philosophy of Money: A Review Article for Economists," *Journal of Economic Literature*, Vol. XVIII, March, 97~105.

Langlois, R. N. (1986), "The New Institutional Economics," R. N. Langlois, ed., *Economics as a Process*, Cambridge: Cambridge University Press, 1~25.

Lavoie, D. (1983), "Some Strengths in Marx's Disequilibrium Theory of Money," *Cambridge Journal of Economics*, Vol. 7, 55~58.

Lawson, C. (1996), "Realism, Theory and Individualism in the Work of Carl Menger," *Review of Social Economy*, Vol. LIV, Winter, 445~464.

Lawson, T. (1989), "Abstraction, Tendencies and Stylized Facts: A Realist Approach to Economic

Analysis," *Cambridge Journal of Economics*, 13, 58~78.
_____ (1996), "Developments in Economics as Realist Social Theory," *Review of Social Economy*, Vol. LIV, Winter, 405~422.
Lipietz, A. (1985), *The Enchanted World*, London: Verso.
Lukacs, G. (1971), *History and Class Consciousness*, R. Livingstone trans., Cambridge, MA: MIT Press.
Mäki, U. (1990), "Mengerian Economics in Realist Perspective," *Carl Menger and His Legacy in Economics*, Durham, NC: Duke University Press.
Marx, K. (1960a), *Das Elend der Philosophie*, Marx-Engels Werke Band 4.
_____ (1960b), *Randglossen zu Adolf Wagners Lehrbuch der Politischen Ökonomie*, Marx-Engels Werke Band 19.
_____ (1967), *Capital*, Vol. I, New York: International Publishers.
_____ (1968), *Theories of Surplus Value*, Part I, II, III, Progress Publishers.
_____ (1970), *A Contribution to the Critique of Political Economy*, with an Introduction by M. Dobb, New York: International Publishers.
_____ (1973), *Grundrisse*, M. Nicolaus trans., Harmondsworth: Penguin Books.
_____ (1975), "Doctoral Dissertation," *Karl Marx-Friedrich Engels, Collected Works*, Vol. 1, London: Lawrence & Wishart.
_____ (1994), "Forms of Value," *Debates in Value Theory*, S. Mohun ed., New York: St Martin's Press.
Meek, R. L. (1956), *Studies in the Labour Theory of Value*, New York Monthly Review Press.
_____ (1977), "Value in the History of Economic Thought – Smith, Marx & After," New York: Routledge, Chapman & Hall Inc.
Meikle, S. (1984), *Essentialism in the Thought of Karl Marx*, La Salle, IL, Open Court Publishing.
_____ (1995), *Aristotle's Economic Thought*, Oxford: Oxford University Press.
Menger, C. (1892a), "Geld," *Handwörterbuch der Staatswissenschaften*, 3rd edn, Vol. 4, 555~610.
_____ (1892b), "On the Origin of Money," *Economic Journal*, Vol. II, 239~255.
_____ (1923), *Grundsätze der Volkswirtschaftslehre* (aus dem Nachlass herausgegeben von Karl Menger), Hölder-Picher-Tempsky A.G.
_____ (1950), *Principles of Economics*, J. Dingwall and B. F. Hoselitz trans. and ed., Glencoe Free Press.
_____ (1961), *Carl Mengers Zusätze zu Grundsätze der Volkswirtschaftslehre*, Bibliothek der Hitotsubashi Universität, Tokyo.

_____ (1963a), *Entwurf zur Ersten Ausgabe der Grundsätze*, Bibliothek der Hitotsubashi Universität, Tokyo.

_____ (1963b), *Problems of Economics and Sociology*, F. J. Nock trans., Urbana, IL, University of Illinois Press.

_____ (1968), *Grundsätze der Volkswirtschaftslehre*, Carl Menger Gesammelte Werke Band I, J. C. B. Tübingen, Mohr (Paul Siebeck).

_____ (1994), *Carl Menger's Lectures to Crown Prince Rudolf of Austria*, E. W. Streissler ed., Cheltenham: Edward Elgar.

Michaelis, O. (1863), "Das Kapitel vom Werte," *Vierteljahrschrift für Volkswirtschaft und Kulturgeschichte*, Vol. 1, 1~28.

Mirowski, P. (1989), *More Heat than Light*, Cambridge: Cambridge University Press.

_____ (1991), "Postmodernism and the Social Theory of Value," *Journal of Post-Keynesian Economics*, Vol. 13, No. 4, 565~582.

Mises, L. v. (1894), "Economic Calculation in the Socialist Commonwealth," *Collective Economic Planning*, F. A. Hayek ed., London: Routledge & Kegan Paul, 87~130.

_____ (1980), *The Theory of Money and Credit*, Indianapolis Liberty Classics.

_____ (1981), *Epistemological Problems of Economics*, New York: New York University Press.

Moss, L. S. (1978), "Carl Menger's Theory of Exchange," *Atlantic Economic Journal*, Vol. VI, No. 3, 17~30.

Negishi, T. (1985), "Menger's Absatzfähigkeit, a Non-Walrasian Theory of Markets and Money," *Economic Theories in an Non-Walrasian Tradition*, Cambridge University Press, 158~168.

O' Driscoll, G. P. (1986), "Money: Menger's Evolutionary Theory," *History of Political Economy*, Vol. 18, No. 4, 601~616.

Reuten, G. (1988), "Value as Social Form," M. Williams ed., *Value, Social form and the State*, New York: St Martin's Press.

Ricardo, D. (1970), *On the Principles of Political Economy and Taxation*, Vol. I, *Works of David Ricardo*, P. Sraffa ed., Cambridge: Cambridge University Press.

Robinson, J. (1962), *Economic Philosophy*, London: C. A. Watts.

Rubin, I. I. (1973), *Essays on Marx's Theory of Value*, Black Rose Books.

Saad-Filho, A. (1993), "Labor, Money and Labour-money," *History of Political Economy*, Vol. 25, No. 1, 65~84.

Schäffle, A. E. F. (1862), *Die Ethische Seite der Nationalökonomischen Lehre vom Werthe*, Tübingen, Gedruckt bei Ludwig Friedrich Fues.

Sciabarra, C. M. (1995), *Marx, Hayek, and Utopia*, New York: State of New York University.

Shackle, G. L. S. (1972), *Epistemics and Economics*, Cambridge: Cambridge University Press.

Simmel, G. (1978), *Philosophy of Money*, with an Introduction to the translation by T. Bottomore, trans. T. Bottomore and D. Frisby, London: Routledge & Kegan Paul.

Smith, A. (1937), *The Wealth of Nations*, E. Cannan ed., New York: The Modern Library.

Smith, B. (1986), "The Theory of Value of Christian von Ehrenfels," *Christian von Ehrenfels: Leben und Werk*, herausgegeben von R. Fabian, Amsterdam: Rodopi, 150~171.

_____ (1990), "Aristotle, Menger, Mises: An Essay in the Metaphysics of Economics," *Carl Menger and his Legacy in Economics*, Durham, NC: Duke University Press, 263~288.

Streissler, E. (1969), "Structural Economic Thought: On the Significance of the Austrian School Today," *Zeitschrift für Nationalökonomie*, Vol. 29, 237~266.

_____ (1973), "To What Extent was the Austrian School Marginalist?" *Marginal Revolution in Economics*, Durham, NC: Duke University Press.

_____ (1990), "The Influence of German Economics on the Work of Menger and Marshall," *Carl Menger and his Legacy in Economics*, Durham, NC: Duke University Press.

Vaughn, K. I. (1978), "The Reinterpretation of Carl Menger: Some Notes on Recent Scholarship," *Atlantic Economic Journal*, Vol. VI, No. 3, 60~64.

Vivo, G. de (1987), "Ricardo, David," *The New Palgrave: A Dictionary of Political Economy*, Vol. 4, London: Macmillan, 183~198.

Vroey, M. de (1981), "Value, Production, Exchange," *The Value Controversy*, London: Verso, 173~201.

Walker, D. A. (1987), "Walras, Léon," *The New Palgrave: A Dictionary of Political Economy*, Vol. 4, London: Macmillan, 7028~7046.

Walras, L. (1954), *Elements of Pure Economics*, W. Jaffé trans., Homewood, IL: Richard D. Irwin.

Wieser, F. v. (1989), *Natural Value, Reprints of Economic Classics*, New York: August M. Kelley.

Winch, D. (1973), "Marginalism and the Boundaries of Economic Science," *The Marginal Revolution in Economics*, Durham, NC: Duke University Press.

Yagi, K. (1993), "Carl Menger's *Grundsätze* in the Making," *History of Political Economy*, Vol. 25, No. 4, 697~672.

[초록]

가치이론과 관련된 맑스와 멩거의 비교: 차이점들만큼 많은 유사성들

이 글은 가치 및 화폐와 관련해 맑스와 멩거에게서, 전통적으로 생각했던 것보다, 더 많은 유사성을 찾을 수 있다는 것을 주장한다. 맑스와 멩거는 각기, 노동이나 효용과 구분되고 가격에 우선하는, 추상적인 가치 개념을 가지고 있었다. 또한 양자 모두 가치형태이론을 제시하고, 화폐의 기원에 관해 설명하였다.

이런 개념들과 이론들은, 한편으로 (맑스와 비교해) 스미스 및 리카도에게서 발견되지 않는다. 다른 한편으로 (멩거와 비교해) 제번스 및 발라스에게서도 찾을 수 없다. 그 이유는 이들 모두가 교환 '비율'에 일차적으로 집착했기 때문이다. 이 점에서 맑스와 멩거의 공통점은 사소하지 않다.

그런데 맑스와 멩거가 이런 유사성으로 인해 가까워지는 것이 아니다. 오히려 더욱 첨예한 대립관계에 놓이게 된다. 양자는 많은 문제들을 공유하면서도 동시에 이 문제들에 대한 답변에 있어서는 정반대의 입장을 취하였다. 구체적으로, 맑스는 노동가치론과 객관적인 가치론에 근거해서, 멩거는 효용가치론과 주관적인 가치이론에 근거해거 답을 찾고자 하였다. 또한 맑스는 총체적이고 구조적인 입장을 고수하였지만, 멩거는 개인주의적인 입장을 고수하였고 개인의 자발성을 강조하였다.

chapter 08

베버의 『유교와 도교』: 한국 경제사회에 주는 함의

1. 들어가기

대표적인 사회학자 베버(Max Weber, Karl Emil Maximilian Weber, 1864~1920)는 마르크스(Karl Marx, 1818~1883)를 의식하면서 사회와 경제, 그리고 인간에 대해 유물사관이나 변증법에 대한 대안을 제시하기 위해 노력하였다. 모든 것에서 사회성을 찾아낸다는 점에서 베버는 마르크스와 비슷하다. 그렇지만 이런 사회성을 경제성으로 몰아가지 않는 것이 베버의 특징이다. 정치, 관료제, 문화, 종교가 경제와 나란히 사회를 규정한다고 보는 것이 베버의 입장이다.

이 때문에 베버는 동서양의 차이에 관해 깊은 관심을 보였다. 특히, 유교와 도교(Konfuzianismus und Taoismus)에 이런 관심이 드러나 있다. 따라서 베버가 동양사회를 파악하는 데 남달리 도움을 줄 수 있다고 판단할 수 있다. 이 글은 유교와 도교를 해석해 한국의 경제사회를 규명하기 위한 함의를 도출하는 데 목표를 두고 있다.

이를 위해 먼저 2, 3, 4절에서는 베버가 『유교와 도교』를 통해 주장한 바를 요약하고 이해를 돕기 위해 저자의 해석을 간간이 삽입하였다. 그리고 5절에서는 이 글이 한국의 경제사회에 주는 함의들을 저자의 관점에서 포괄적으로 제시하였다.

2. 도시, 법률, 화폐, 재산

베버는 서양이 합리적이어서 자본주의를 경험한 반면 중국에는 서양적인 의미의 합리성이 결여되어 있거나 부족해 자본주의가 발생하지 않았다고 주장하였다. 베버에서 이런 차이는 고대로 가면 갈수록 줄어들므로 자연적이라기보다 사회·문화·역사적이다. 그중에서도 사회경제 자체보다 정신이나 종교, 특히 유교와 기독교의 차이로 유럽과 중국의 차이가 압축된다. 또한 이것은 특정 지역에 자리 잡은 사회의 내적인 요인뿐만 아니라 외적인 요인에도 의존한다.

구체적으로 방위능력을 지닌 시민들로 구성된 도시, 일상적으로 활용되는 표준화된 화폐, 공정하고 일관되게 적용되는 법규, 특정 지역이나 사물에 묶이지 않는 보편적인 신이 서양의 특징이다. 이에 비해 중국에는 자율적인 시민과 도시, 안정된 화폐와 화폐경제, 법체계, 인격화된 신 등이 결여되어 있다.

우선 유럽과 중국에서 도시가 생긴 근원이 다르다. 중국이 가산제적인 부권주의 국가였기 때문에 중국의 도시들은 황제를 따르는 관료의 행정과 강제에 의해 생겨났다. 중국의 도시는 황제의 거주지였고 황제 자체였기 때문에 왕조가 바뀌면 도시의 이름도 바뀌었다. 지배자인 왕은 도시를 자신의 소유물로 생각하였고, 제후나 관리들은 도시를 자신의 녹봉을 지출하는 거주지로 생각하였다. 이같이 중국에서는 특정 도시와 이 도시의 지배자가 분리되지 않았다 (1장).[1]

또한 서양의 도시와 달리 정치화되어 있지 않아 중국의 도시는 서양적인 의미의 폴리스가 아니고 거기서 서구적인 시민을 발견하기도 힘들다. 중세 서양의 도시가 누렸던 정치적 권리나 법규를 중국의 도시는 가지고 있지 않았다.

1 이후의 논의에서는 영어 번역을 위주로 인용하되, 필요한 경우 독일어 원본과 한글 번역을 활용하였다. 영어판은 아무런 표시 없이 쪽 번호만으로 인용하였고, 독일어 원본은 'KT'로 표시하였다.

서양의 도시는 선서나 헌장에 근거한 자율적인 공동체로서 군대를 가지고 외적으로부터 자신을 지키며 지배자에 저항할 수 있는 시민들로 구성되어 있다. 이에 비해 중국의 도시를 구성하는 주민들은 강제로 이주되어 벽으로 둘러싸인 성채에 갇혀 있었고, 군사의 뒷받침을 받지 않았으므로, 서양적 의미의 정치적 공동체를 이루지 못하였다.

서양은 전쟁을 중시했으나 중국은 평화를 중시하였다.[2] 중국인은 땅에 농사를 지어 얻는 수확에 의존했으므로 치수를 중시하였다. 이 때문에 진시황 이후로 평화를 당연시하게 되었다. 또한 기원전 3세기 이후 야만인의 침입이 줄어들면서 국방의 비중이 축소되었다. 몽고의 침입은 거의 예외에 가깝다. 따라서 중국에서 군대의 동원은 이례적이고 군대의 역할도 경찰에 가까울 정도로 축소되었다. 이것은 서양에서 무사와 군대가 일상적인 존재였다는 사실과 대비된다.

중국에서도 공직자가 백성에게 쫓겨 내성으로 도망치는 일이 적지 않았다. 그렇지만 언제나 특정의 공직자, 조세, 규정이 문제가 되었을 뿐 관료조직, 조세체계, 법체계 전체가 문제로 제기되지는 않았다. 이는 서양과 달리 중국에서 도시의 자유가 포괄적인 중요성을 지니지 않았다는 것을 의미한다.

서양의 도시가 서약에 근거한 공동체나 연대를 대표한다면, 중국의 도시는 특정 씨족이 머무는 장소였다. 중국에서는 형제자매의 탯줄이 끊어지지 않

2 이 차이에 비추어 보면 베버의 관점에서 서양 도시의 자치권은 지배자에 대한 내적인 저항권이라기보다 외부의 침입에 대한 방어력이나 외부와의 협상력이다. 반면 중국 도시의 성곽은 외부의 적으로부터 내부의 주민을 지키기보다 강제로 이주시킨 주민이 밖으로 나가지 못하게 하는 기능을 지닌다. 이렇게 해석해야 베버가 중국 도시에 존재하는 성곽을 처음부터 강조한 점과 중국이 외부와 전쟁이나 교류를 별로 가지지 않았다는 그의 주장이 이해된다.

아 도시마다 숭배하는 신이 달랐다. 서양의 신이 서약에 근거한 공동체를 보호하였다면, 중국 도시의 수호신은 구체적인 지역으로 존재하는 도시를 보호했다. 중국의 도시에는 관리들이 신경을 써야 하는 조합이나 조직이 있었을 뿐, 서약에 근거한 단체나 권리를 보장하는 헌장은 없었다. 이 때문에 중국의 도시들은 계약을 체결하거나, 소송을 제기하거나, 단체행동을 벌일 수 없었다.

심지어 중국의 도시는 자치능력에서는 농촌보다 못하였다. 황제의 권위가 미치지 못하는 지방에서는 실질적으로 자치가 이루어졌지만, 도시에서는 형식적으로나 실질적으로나 그렇지 못하였다. 그렇다고 중국의 지방이 서양적인 의미에서 명실상부한 자치를 향유한 것은 아니다. 중국의 지방에도 서약이나 계약 등 보편적인 절차 대신 씨족적인 유대가 자리 잡고 있었기 때문이다.

서양과 달리 중국은 외국무역을 제한하고, 해로를 회피했으며, 해상운송을 발전시키지도 않았다. 그 대신 수양제와 같이 내륙에 대운하를 건설해 내지 상업이 발전했으므로 도시들도 내륙에서 발달하였다.[3] 중국에서도 도시가 상업의 중심지였지만, 서양에서와 달리 시장에서 상인들이 독점적으로 거래할 권리를 국가로부터 보장받지 못하였다. 북경을 포함해 중국의 도시는 시민들의 진취적인 정치경제적인 능력이 아니라 운하관리나 치수 등 황제와 관료의 행정능력에 의존하였다.

중국에서는 치수, 재정확보, 기근해소 등을 넘어서는 포괄적인 경제정책이 시행된 적이 없으므로 중국 경제는 거의 방치된 것과 마찬가지이다(pp.

3 조선도 마찬가지여서 교역의 중심지가 대구, 전주, 나주 등 내륙에 있다가 개항이 되면서 부산, 목포, 군산 등 항구 주변으로 옮아갔다(김동노, 2009: 182~183).

135~138). 11세기 중엽 송나라의 왕안석이 시도한 경제개혁은 예외적이다. 대신 백성의 의식주를 황제가 책임져야 한다는 관념이 지배적이어서 황제의 명령을 받은 관료들의 재량과 자의에 경제가 좌우되었다. 생계형 경제에서 모두의 의식주를 보장하고 사회를 안정시켜야 하므로 부의 과도한 차등은 억제되었다.[4]

유교는 인간의 평등을 강조해 교환이나 상업으로 발생할 수 있는 극단적인 불평등을 허용하지 않았다. 유교는 태생에 따른 차등뿐만 아니라 재산상의 차이도 별로 인정하지 않았다. 재산 형성을 용인했지만 서양에서처럼 개인주의적인 사회윤리와 형식적인 법에 의거해 이를 신성시하지 않았다(pp. 146~148). 이는 국가로 하여금 자신들의 이익에 봉사하도록 만드는 부르주아 계급이 성장하지 않았음을 의미한다.

> 이 영역에서도 가산제 국가의 이상은 형식적인 권리나 법이 아니라 실질적인 정의였다. 그래서 한편으로 재산과 소득은 실질적인 목적의 문제로, 다른 한편으로 대중의 생계를 유지하기 위한 사회윤리적인 배려의 문제로 남았다. 그러나 이것은 서양의 근대에서처럼 바로 형식적인 법과 실질적인 정의 사이의 긴장에서 비롯된 자연법적이고 개인주의적인 사회, 윤리의 문제가 아니었다(p. 148).[5]

4 영국인의 인사가 '잘 지내시지요?' 인 데 비해, 중국인의 인사는 '밥 먹었나요?' 라는 데서 이런 특징이 드러난다 (p. 211).

5 Materiale Gerechtigkeit, nicht formales Recht, war auch auf diesem Gebiet das Ideal des Patrimonialismus. Daher blieben Eigentum und Erwerb Probleme einerseits praktischer Zweckmäßigkeit, andererseits sozialethischer Fürsorge für die Ernährung der Massen, nicht aber einer naturrechtlich individualistischen Sozialethik, wie sie in der Neuzeit im Okzident gerade aus der Spannung zwischen formalem Recht und materialer Gerechtigkeit entsprang.

중국의 도시에서는 관료가 끼어 있는 수공업자 길드나 상인 길드가 서양의 정치공동체를 대신하였다. 중국인들은 여러 문명들 중에서 가장 길드조직에 의존적이었고 길드는 소속회원들의 삶에 절대적인 영향을 미쳤다. 중국인들에게 길드 가입은 의무였고, 이 조직은 가입비와 조합세를 회원들에게 부과했으며, 자체 회관을 갖추고 있었다.

길드는 때때로 가족도 배제하면서 장인의 숫자를 제한했으며, 거래의 조건, 대상, 시기, 지불, 보험, 이자율, 화폐, 도량형을 결정하였다. 그뿐만 아니라 사기를 금지하고 불법거래를 감시하는 사법권까지 갖추고 있었다. 길드는 상부상조를 기치로 삼아 회원의 보석금이나 소송비, 그리고 장례비용을 대주었다. 동시에 같은 조직에 속한 사람들 사이에는 소송을 제기할 수 없었다. 규칙을 위반한 조합원을 조직에서 쫓아내거나 공격하였으며, 심지어 타살하기도 했다.

중국에서 도시가 아니라 길드가 조직별로 자구책을 강구했던 이유는 중국에 서양적인 법률이 없었기 때문이다. 대신 길드는 대부분 고대적인 혈연이나 부족적인 모습을 유지하였다. 재정적인 이유나 외국과의 무역에 대비한 정부의 보호정책으로 길드가 만들어진 경우에도 일단 조직이 형성되고 나면 부족이나 가족의 성격이 완연해졌다.[6] 이것은 거래되는 물건뿐만 아니라 거래당사자나 인적인 관계를 중시했다는 의미가 된다. 유럽은 외부와의 전쟁, 정복, 무역, 이주를 당연시했으므로 혈연적인 인간관계를 견고히 유지할 수 없었다 (p. 35).

6 이런 이유로 가령, 도자기 제조를 위시한 상당수의 기술들이 가족의 비법으로 남아 있다가 사라지는 경우가 많았다.

베버를 떠나 재산에 대한 서양 사상은 사람과 물건을 연결시키지 않는 추상성이나 익명성을 중시한다. 나아가 베버는 서양에서 인간관계의 물화가 불가피하며 (마르크스와 달리) 물화를 어느 정도 긍정적이라고 생각하였다. 은행과 금융의 발전도 특정인과 특정 액수의 화폐나 재산을 연결시키지 않는다는 점에서 동일하게 이해할 수 있다(Kim, 2013). 은행을 뒷받침하는 제도로서 부분적인 지불준비도 이를 전제한다(Huerta de Soto, 1997). 나아가 이는 가치나 가격, 그리고 법의 추상성과 익명성을 의미한다.

반면 중국에서는 구체적인 인간관계가 중요해 추상성이나 익명성이 확연하지 않으며 사람들 사이의 관계가 충분히 물화되지 않았다. 현대 중국의 신흥시장경제에서도 관계(Quanxi)는 중요하다. 이는 상업이 지역을 넘어 국가 전체 수준으로 확산되지 않았거나 상업이 해외로 뻗어나가지 않았다는 사실에 부합된다. 상업이 상품화, 시장의 확대, 화폐의 정착 등과 함께 발전하므로 상업의 미성숙은 화폐나 화폐경제의 미성숙을 의미한다.

베버의 견해로도 중국에서 화폐는 근대에 이르기까지 정착되지 않았다. 화폐의 유형과 관련해, ① 화폐의 종류 자체가 수시로 바뀌고, ② 한 시점에 여러 화폐들이 공존하며, ③ 화폐가 있었다가 없어지고, ④ 화폐를 손쉽게 위조할 수 있었다는 것이 이에 대한 증거이다. 화폐의 가치와 관련해, ⑤ 화폐의 가치가 급격히 변동하며, ⑥ 화폐들 사이의 교환비율이 수시로 변해 불안정하고, ⑦ 화폐에 함유된 금속의 함유량에 있어 편차가 크며, ⑧ 관리들이 화폐의 가치를 자의적으로 결정했다는 것 등이 이에 대한 증거이다. 이 때문에 세금을 화폐로 받는 일이 쉽지 않아 중국 정부는 수시로 현물로 세금을 납부하도록 요구하였다.

이와 관련해 중국 경제의 특징으로 귀금속이 누적되어 국가의 부가 늘어나면서도 이것이 자본주의로 이어지지 못했다는 점과 인구의 증가가 자본주의 발달의 원인이나 결과를 구성하지 못했다는 점을 베버는 지적하였다. 여기서 베버는 중국의 정태적인 성격을 화폐나 상품의 유통이 불충분하고 노동이나 인구의 이동성이 부족한 것으로 파악하였다. 그는 결국 무역 중심의 상업사회를 중국의 농업사회에 대비시켰다.

이는 구체적인 모습들을 지닌 이질적인 상품들(사과, 책, 자동차)에 존재하는 추상적인 존재로서의 가치와 그것을 표현하는 표준화된 등가물로서 화폐가 중국에 정착되지 않았다는 것을 의미한다. 또한 화폐가 정착되지 않았다거나 화폐 등의 도량형이 발달하지 않았다는 것은 모두 익명성이나 추상성의 부족을 뜻한다. 이와 함께 가격혁명(1545~1560) 등에 수반된 외국 화폐의 유입으로부터 중국 정부가 경제를 방어하기 힘들었다는 점을 베버는 지적하였다. 베버에게 외적의 침입이 도시의 발전과 연결되어 있는 것과 마찬가지로 화폐경제의 발전은 외국 화폐의 유입을 통해 외부와 연결되어 있다.

베버에 의하면 중국인들은 이재에 관해 일관된 원리를 발전시키지 못하였다(pp. 158~159). 사적인 이해당사자인 자본가는 관료가 될 수 없고, 학식이 높은 선비는 개인적으로 이재를 멀리해야 한다는 것 등 이재에 대한 단편적인 생각들은 있었다. 또한 유교에도 수요·공급, 독점, 투기 등에 대한 논리가 적지 않았다. 그렇지만 이런 생각들이 체계화되지 않았다. 나아가 이자를 돈이나 자본의 자식으로 간주하면서도 서양에서와 달리 이자를 자명하게 받아들여 설명하지 않았다. 결과적으로 중국에서는 중국인들의 소유욕이나 중국의 화폐경제가 자본주의를 낳기보다 그것의 장애가 되었다.

베버에 의하면 중국에는 국가나 도시를 지배하는 법률체계도 결여되어 있었다. 일관된 법률체계는 법관의 공정성이나 법 적용의 객관성으로 나타난다. 이것은 계약 등과 관련된 송사의 구체적이고 개별적인 내용이나 당사자의 인적인 요소나 인간관계로부터 독립적인 일관된 법의 적용을 의미한다(Kim, 2007: 12~13).

로마법을 근거로 구축된 서양의 법체계는 신의 법과 세속의 법 혹은 실질적인 정의와 형식적인 법 사이의 갈등에서 생겨났다(pp. 148~150). 이 갈등은 자주적인 도시와 이 도시에서 수행되는 영리활동을 배경으로 한다. 그 이유는 이것들이 일관된 계산, 법규의 형식, 규격화된 소송절차, 변호사를 필요로 하기 때문이다.

구체적으로 서양의 근대에서 한편으로 자본가의 영리활동은 형식적인 법률을 지향하였다. 자본가들은 변호사들에게 의탁하였고 기계처럼 움직여 계산을 가능케 하는 법률을 원하였다. 다른 한편으로 절대국가의 관료들은 동질적인 법체계를 추구하였다. 전자는 법규의 형식적인 측면을 강조하고, 후자는 법규가 내용적인 정의를 추구하면서, 법규들이 체계화되고 합리화되었다. 법의 합리적인 물화에 대한 베버의 긍정적인 평가는 이를 표현한다(p. 160). 이것은 실체나 사실과 어느 정도 독립적인 형식과 절차적인 합리성을 나타낸다.

반면 중국의 법은 실질적인 정의를 추구해 권리라는 형식이나 절차를 획득하지 못하였다. 중국에는 도시, 영리활동, 법적인 갈등, 절차, 변호사의 필요성 등이 모두 결여되어 있다. 따라서 중국의 판관이나 방백은 추상적인 규정이 아니라 구체적이고 인적인 속성들에 따라 판결하였다.

> 뿐만 아니라 무엇보다 중국의 판관은 전형적으로 그리고 전적으로 부권적이었다. 즉, 신성한 전통이 자신에게 여지를 부여하는 한, 명시적으로 '사람과 무관한' 형식적인 법률을 따르지 않았다. 그는 오히려 거꾸로 사람의 구체적인 형질과 상황, 그리고 구체적인 결과의 형평성과 적절성에 따라 판결하였다(p. 149).[7]

이같이 베버는 화폐와 마찬가지로 법의 요건으로 일관성, 추상성, 익명성을 내세웠다. 그런데 법률체계를 일관되게 유지하려는 경우 모든 구체적인 상황이나 송사에 정확하게 들어맞지 않으므로 체계에 맞지 않는 세상을 바꾸려는 욕구가 생겨난다. 반면 방백의 자의적인 판단에 의존했던 중국에서는 법률이나 판결이 세상에 이미 적응되어 있기 때문에 세상을 바꾸려는 욕구가 생길 수 없었다.

서양적인 의미의 도시나 시민이 중국에 존재하지 않았다는 베버의 주장은 이에 부합된다. 도시와 시민은 정치적인 자율성과 독자적인 방위능력을 갖추고 있는데 이것은 대헌장과 같은 포괄적이고 체계적인 계약에 의존한다(pp. 242~243). 이에 비해 중국의 도시는 자신을 보호할 정치군사적인 자치권을 가지고 있지 않았으며, 특정의 집정자, 규정, 조세를 문제시했을 뿐 포괄적인 대헌장을 갈구하지 않았다. 도시는 구체적인 지역으로 존재하였고 도시에 거주하는 중국인들조차 시골의 씨족적인 관계를 더 중시했기 때문이다(p. 14; KT: S. 292).

7 Sondern vor allem entschied der chinesische Richter, als typischer Patrimonialrichter, durchaus patriarchal, d.h. soweit die geheiligte Tradition ihm dazu Raum ließ, ausdrücklich nicht nach formalen Regeln: "ohne Ansehen der Person". Vielmehr weitgehend gerade umgekehrt je nach deren konkreter Qualität, und je nach der konkreten Situation: nach Billigkeit und Angemessenheit des konkreten Resultats.

대헌장과 구체적인 법령은 추상적이고 익명적인 서양과 구체적이고 인격적인 중국을 대립시킨다. 이런 관점에서 직위나 직책이 익명화되거나 물화되지 않았다는 베버의 주장은 직위와 직위의 소유자가 분리되지 않았음을 의미한다. 베버에게는 실질, 내용, 사실이 아니라 형식과 절차가 중요하다.[8] 서양의 중세도시는 도시경제를 위한 정책으로 공개되고 공식적인 법률을 통해 길드의 특권을 보호하였다. 이와 달리 중국의 도시는 산업을 독점하지 못했고, 공식적인 법적 기반을 통해 길드를 보호하지도 않았다.

> 이것들이 중국에 협의를 통해 규제되는 자유로운 상업과 사업조직을 뒷받침하는 확고하고, 공식적으로 인정받았으며, 형식을 갖추었고, 믿을 만한 법적인 기초가 결여되게 만드는 조건이 되었다. 서양에는 이런 법적인 기초가 잘 알려져 있었고 중세 서양의 소자본주의 발달에 유용하였다. 이것들이 중국에 결여된 근원은 도시와 길드에 고유한 정치적이고 - 군사적인 힘을 갖추지 못했다는 데 있다. 그리고 이런 사실은 다시 일찍부터 공무원 - (그리고 사무원) 조직이 군대와 행정에서 발달했던 것으로 설명된다(KT: S.298).[9]

8 여기서 베버가 칸트로부터 영향을 받아 실체적인 합리성보다 형식적인 합리성을 강조한다는 통상적인 해석이 이해된다. 자유주의자들은 절차적인 합리성을 민주주의와 시장경제의 현실이자 이상으로 간주한다. 이에 대해 마르크스주의자들은 형식이나 절차의 합리성에 압도되어 실체나 내용의 합리성을 경시한다고 비판한다.

9 Sie bedingte es auch, daß feste, öffentlich anerkannte, formale und verläßliche Rechtsgrundlagen einer freien, genossenschaftlich regulierten Handels-und Gewerbeverfassung, wie sie der Okzident kannte und wie sie der Entwicklung des Kleinkapitalismus im abendländischen mittelalterlichen Gewerbe zugute kamen, in China fehlten. Daß sie fehlten, hatte seinen Grund in dem Fehlen einer eigenen politisch-militärischen Macht der Stä dte und Gilden, und diese Tatsache wiederum findet ihre Erklärung in der frühen Entwicklung der Beamten-(und: Offiziers-)Organisation in Heer und Verwaltung(S. 298).

이것은 중국의 군대와 민간행정에 있어 관료제도가 일찍부터 발전한 것과 합치된다. 법과 행정체계의 제정, 유지, 갱신, 변경이 관료들의 자의에 맡겨졌으므로 이들이 절차나 형식으로는 지방을 지배하고 있었다. 그러나 교통, 통신, 행정체계가 발달하지 않아 중앙정부가 지방을 실효적으로 지배하지 못했으므로 법률체계가 전국적으로 통일되지 못하였다.

전체적으로 베버는 중국에 보편적인 화폐나 권리, 법, 규칙 등이 등장하지 않았다고 주장한 셈이다. 상당수의 규칙이나 지식이 부호화되지 않아 지역적이거나, 묵시적이거나, 암묵적이라는 현대 중국에 대한 지적은 이에 부합된다 (Boisot and Child, 1996; Boisot and Canals, 2004).

3. 관료, 시험, 교육

베버에 의하면 농경 위주의 중국은 전쟁이나 무역을 최소화하면서 내적인 평화와 정태적인 경제를 지향했기 때문에 무사보다 문사나 선비를 우대하였다. 합리적인 농경의 필수요건인 치수와 하천관리 때문에 중국에서 중앙집권적인 권위와 부권적인 관료제도가 생겨났다(Chapter V). 이미 문자가 등장했을 때 관개가 발달되어 있었다는 점에서 중국은 이집트나 메소포타미아와 비슷하다. 그런데 이집트와 메소포타미아에서는 사막을 관리하기 위한 운하가 중요했지만 중국에서는 웅덩이나 보(洑)가 중요하였다.

서양의 호머에 나오는 무사가 모험심이 강하고 낭만적인 개인으로서 영웅이라면, 중국의 무인은 이미 시경에서부터 관료화된 군대의 일원으로 등장하였다(pp. 112~113). 더구나 만리장성이라는 벽이 쌓인 이후로 관료가 무사를 확실하게 대신하게 되었다. 또한 노년이 전통과 학문을 대표하고 청년이 전쟁을 상징하므로, 청년의 힘보다 노년의 경험을 중시한 것도 문사를 중시하고 무사를 경시하는 경향에 합치된다.

서양의 관료제가 근대적인 자치도시의 산물이라면, 황제가 거느리는 가산제 국가인 중국의 관료제도는 고대부터 존재했던 행정의 산물이다(pp. 206~207). 법체계가 반드시 관료의 행정과 배치되는 것은 아니지만 중국의 관료들은 법체계와 독립적으로 재량을 발휘해 왔다. 동시에 문사가 지배하면서 중국은 점점 더 평화를 지향하게 되었다. 유대의 예언자들이 외교에 초점을 두었다면 중국의 관료는 내치에 집중하였다(p. 110). 또한 중세 서양에서는 영웅적인 기마전사가 개인주의를 낳았지만, 중국에서는 그렇지 못하였다. 사적인 영역이나 사유재산이 제한되어 있어 '자유'는 중국에서 생경한 개념이었다(p. 147).

관료는 과거시험을 통해 선발되었고, 시험과목이 유교의 경전이었으므로 유교교육이 중요하였다. 이에 따라 중국에는 관료-과거-교육의 고리가 형성되었다. 관료를 양성하는 중국의 교육은 영웅적인 힘이나 주술능력, 전투정신이나 집단의식을 목표로 삼지 않았다. 그리고 행정, 의료, 기술 등 특정 분야의 전문지식을 배양하는 데 목표를 두지도 않았다. 중국의 교육은 양극단의 중간으로 교양, 생활태도, 사고방식에 초점을 맞추었다(pp. 119~121).

유교에 따르면 자연과 사회는 불변이고, 인간은 여기에 적응하면 선을 발현하는데, 오로지 교육이 이것을 가능케 해준다(p. 153). 이런 이유로 중국인은 현세에 중점을 두고 내세나 구원을 구하지 않았다. 또한 사회에 대한 변혁이 아니라 적응을 강조하면서 인간에게 내재된 선을 키우고 악을 줄여 인간을 개선하고 각자 자기를 완성하는 데 중점을 두었다(p. 131). 이 때문에 교양교육이나 전인적인 함양을 필요로 하였다(pp. 160~161). 이에 비해 서양의 기독교는 내세에서의 구원을 추구하므로 이와 거리가 있는 현실사회를 합리적으로 변혁하기 위해 자연과학 등 전문지식을 필요로 하였다(pp. 240~241). 유럽에서도 독일의 교육은 중국의 전인교육과 비슷했지만, 전문지식을 가르쳤다는 점에서는 여전히 중국과 다르다.

전인교육은 선비가 관료로서 하나의 신분을 이루었다는 점에 부합된다. 중국의 선비는 이윤이 아니라 관료로서의 직위를 추구하였고 하나의 계층을 이루었다. 이것은 그리스를 위시한 서양의 학자들이 독립적인 개인으로 존재했던 것과 대비된다(pp. 111~112, 122). 중국의 선비는 인도의 브라만과 같이 고착된 신분을 이루지 않았지만, 경쟁과 이동이 심했던 전국시대에도 스스로를 중국 문화의 동질적인 담지자로 간주하였다. 전국시대가 끝나 이런 경쟁과 이동이 사라지고 중국의 이념적인 기반이 유교로 통일되면서 이런 경향은 더욱 강화되었다.

생계를 유지해야 교육이 가능하므로 중국은 경제적인 평등을 지향하였다. 또한 출생에 의한 봉건적 신분의 획득을 부정하고 교육에 의한 능력주의를 표방해 사회적인 평등을 지향하였다. 유교는 경제적인 평등과 교육의 평등이 사회 구성원의 인성을 평등하게 만들 것으로 기대하였다(p. 147). 그렇지만 교육을 받았는지 여부와 교육 및 시험의 결과가 사회적인 지위나 관직의 차이를 낳았다.

이런 중국의 교육에서는 무술뿐만 아니라 춤도 일찍부터 소멸하는 대신의식과 의례가 부상하였다. 중국의 이런 전통은 주술, 도교, 불교, 환관을 억압하는 결과를 가져왔다(pp. 138~141). 동시에 경전을 중시하면서 문자에 비해 말을 천시해 고전에 대한 낭독이나 암송을 넘어서는 대화, 시, 연설, 수사, 연극 등은 발전할 수 없었다.[10] 또한 중국의 교육은 계산도 경시하였다(pp. 122~125). 결과적으로 관료는 오로지 경전에 대한 교조적인 지식에 의존하였다(p. 132).

가산제 국가인 중국의 백성들은 자신들의 사회정치적인 문제가 언제나 말단 관료층의 잘못 때문이라고 생각해, 이것을 '국가'나 황제의 탓으로 돌리는 경우가 없었다(p. 133).[11] 이런 비정치성에도 불구하고 현세에 적응시키기 위한 인성교육은 일반인들에게도 요구되었다. 이 때문에 수준은 낮았지만 관료뿐만 아니라 백성도 고전을 습득하게 되어 있었다.

비록 정실이나 부정으로부터 자유롭지 못했으나, 한(漢)에서 시작해 당(唐)에 이르러 정착된 과거시험은 직위의 봉건적 세습을 타파하고 공적에 근거해 관료를 선발하였다. 중국에서 관료가 중요한 만큼 관료를 뽑는 과거시험도 중요하였다. 이 때문에 통과한 시험의 숫자가 사람들의 사회적 지위를 결정하였다.[12] 또한 시험을 통과한 관료들이 출신지역의 자랑거리나 숭배의 대상이 되었다. 동시에 카리스마적이거나 주술적인 힘을 부여받아 백성들의 삶에까지 영향을 미쳤다(p. 135). 무엇보다 과거시험을 통해 공증된 관료들이 체계화되지

10 일본 동경의 게이오대학 교정에 있는 '연설기념관'은 개화파 후쿠자와 유기치(福澤諭吉)가 동양에 'speech'라는 행위나 말이 없다며 '연설'(演說)이라는 번역어를 만들고 그 행위를 강조한 것을 기리려고 건립되었다고 한다. 베버가 중국에 대해 지적한 바는 이에 부합된다.

11 국가를 황제나 고위 관료층 혹은 정부와 동일시하거나 혼동하는 일은 사회주의 체제의 중국과 동양에 현재까지 그 잔재를 남기고 있다(余華, 2010: 261).

12 시험의 중요성은 중국의 근대까지 이어져 루쉰(魯迅)은 몹시 당황스런 상황을 시험에서 전혀 예상치 못한 문제가 나오는 것에 비유하였다(魯迅, 2011: 133).

않은 법률을 구체적인 상황에 적용하는 데 재량을 발휘하였고, 불안정한 화폐의 가치나 교환비율을 결정하였다.

베버가 주장한 바를 해석해 보자. 서양의 자연과학은 여러 현상에 적용되지만 일반적이고 추상적인 이론체계를 지니고 있어, 구체적인 상황에서는 충분한 예측이나 처방을 제공하지 못할 수 있다. 이에 비해 중국의 의술과 기술은 특정 사례에 대한 훌륭한 예측이나 처방을 낳지만 일반적인 설명을 제시하지는 못하였다.

이와 관련해 서양과 동양의 인식체계를 각기 분석논리와 변증법이나 총체주의로 규정한 가설을 검토할 필요가 있다(Nisbett et al., 2001). 여기서 분석논리는 전문지식으로, 총체주의는 교양지식으로 이해할 수 있다. 베버에서 관료주의와 정체성을 낳는 농경사회라는 특징이 니스벳에서는 총체적인 인식을 낳는다. 또한 베버에게서 주술을 낳는 도교가 니스벳에서는 유교보다 더 확실하게 동양의 사유방식을 대표한다. 나아가 변화, 차이, 모순에 대해 중국인이 서양인보다 둔감하다는 그의 지적은 변증법보다 베버가 지적한 현실적응에 더 부합된다.[13]

4. 종교, 윤리, 인간관계

베버에 의하면 농경의 필수요건인 치수와 하천관리가 중국에서 종교에도

13 변화에 대한 적응은 현대 서양의 심리학에서도 인생의 길흉화복(吉凶禍福)을 예측할 수 없다는 새옹지마(塞翁之馬)로 예시되고 있다(Ji et al., 2001).

영향을 미쳤다. 우선 중국에서는 풍요로운 토지와 수확을 나타내는 사직(社稷)과 조상을 모시는 종묘(宗廟)가 합쳐져 고향을 지키는 수호신으로 숭배의 대상이 되었다. 이들은 자연주의적이고 물신적인 실체였다. 서양의 신이 서약에 근거한 공동체를 보호한다면, 중국의 수호신은 구체적인 지역을 보호하므로 지역마다 달랐다(p. 14; KT: S.292). 중국인이 집착하는 풍수지리도 이와 연관되어 있다. 서아시아의 지역신도 이와 비슷했지만 중국의 지역신보다 인격화되어 있었다.

왕권이 강화되면서 농지의 신이 왕토의 신이 되어 제사를 황제가 독점하게 되었다. 중국에서 신은 하늘이고 하늘은 평화로운 농사와 풍요로운 수확 등 평시와 평화를 위해 존재한다. 중국에서 원래 상제는 하늘 자체일 수도 있고 하늘의 왕일 수도 있었다. 그런데 시간이 지나면서 중국에서 신이 더욱 비인격화되었다. 이와 대조적으로 중동에서는 거꾸로 신이 더욱 인격화된 창조주이자 제왕과 같은 지배자로 변하였다. 중국에서는 인격화된 창조주이자 세계의 지배자인 신을 인정할 수 없었다는 점이 중요하다(p. 185).[14]

또한 야훼와 같은 서양의 신은 외적의 침범으로 인한 전쟁이나 무질서와 관련된 데 비해, 중국에서 신에 해당되는 하늘은 토지와 결부된 경제 내적이고 일상적인 평화와 관련되어 있다. 더불어 서양에서 신은 경제적 요인보다 경제 외적이거나 단순히 외적인 요인으로 규정되었다. 베버에서 외적이라는 것은 내적인 경제나 정치가 아니라 외적인 정치나 외교라는 의미, 비일상적이라

14 베버에 의하면 왕충(王充, 27~99)에서 신이 부분적으로 인격화되었고, 11세기에는 인격적인 신이 부각되기도 하였다. 그러나 『聖諭』의 저자인 청나라 강희제(康熙帝, 1654~1722)가 권위자로 간주했던 주희(朱熹, 1130~1200)의 물질주의를 수용하면서 12세기 이후에는 신의 비인격성을 공식화하였다.

는 의미, 그리고 집의 바깥이라는 의미를 지닌다.

구체적으로 서양의 신은 도시를 외적으로부터 지키기 위한 전쟁에 개입한다. 이스라엘의 야훼는 원래 산에서 폭풍을 몰아쳐 약탈적인 외적과 싸우는 영웅을 도와주는 존재였다. 그리고 이스라엘의 신이 전쟁에서 도움을 주는 대상은 사제를 매개로 자신과 계약을 통한 서약에 의존해 형성된 결사체나 공동체였다.

> 이스라엘의 야훼는 … 사제들이 매개한 계약을 통해 그의 보호 아래 놓이게 되었으며, 전쟁으로 정복하는 서약결사체의 결속에 근거한 신이었다. 이 때문에 외부와의 정치가 그의 지속적인 영역이었다. … 따라서 야훼는 무엇보다 자신이 관장하는 민족에게 전쟁의 운명이라는 일상 밖의 신이었다(p. 23).[15]

이와 대조적으로 평화주의를 표방하는 중국에서는 전쟁의 신이 최고가 될 수 없었다. 또한 중국의 신은 외적과의 전쟁이나 외교 등 외부와의 관계라는 운명적인 상황에 개입하는 존재도 아니었다. 중국의 신에게는 내적인 사회의 안정과 질서가 유일한 관심이었다. 이스라엘의 신도 내적인 평화를 중시했지만, 여러 고려사항들 중 하나로 간주하였고, 적어도 우상숭배의 회피만큼 중시하지는 않았다.

내적인 안정을 유지하는 중국의 신은 속세를 초월해 인격성을 지니지 않

15 Der israelitische Jahwe war … der Bundesgott der kriegerisch erobernden Eidgenossenschaft, deren Verband durch Vertrag mit ihm, vermittelt durch seine Priester, unter seinen Schutz gestellt worden war. Dauernd blieb daher die auswärtige Politik seine Domäne, … Deshalb war und blieb er zunächst und vor allem der Gott des Außerordentlichen: des Kriegsschicksals, seines Volkes.

았으므로 격정이나 분노를 보이지 않았다. 이 점에서 중국의 하늘은 야훼와 구분된다. 또한 서양에서는 영웅적인 신과 일반대중이 믿는 의인화된 신이 등장하면서 정령주의적인 믿음이 단절되었다. 이에 비해 중국에서는 기사와 관료의 등장으로 신의 비인격화가 지속되고 강화되었다. 이로 인해 광란적인 춤이나 음악, 난교 등이 사라지고, 의식이나 의례만이 남았다. 중국에서는 의례가 서양의 합리적인 윤리를 대신한 셈이다(p. 240).

중국에는 종교가 있더라도 집단이나 공동체의 이익에 봉사할 뿐 개인, 적어도 백성 개개인의 이익에 부응하지는 않았다(pp. 173, 208). 유교는 개인으로서 인간과 신의 관계를 상정하지 않았으므로, 신앙에 있어서도 개인의 차이를 인정하지 않았다. 따라서 신의 은총이나 구원을 받을 자격에 있어 개인마다 차이가 있다는 서양의 생각은 중국인에게 생경하였다(p. 146). 개인 차원의 구원이란 중국이 의존했던 황제의 카리스마, 관료의 행정능력, 조상숭배, 도교적인 마술과 충돌한다(pp. 177~178, 215~216).

> 중국의 공식적인 국가숭배는 어디서든지 공동체의 이익과 씨족적인 조상숭배의 이익에 봉사하였다. 두 가지 모두에 있어 순전히 개인적인 이익은 작동하지 않았다. 위대한 자연신들이 점차 비인간화되고, 이들에 대한 숭배가 공직의 의식으로 축소되며, 의식에서 모든 감정적인 요소들이 세척되어, 궁극적으로 이들이 순전히 사회적인 관습과 동일해진 것 등은 모두 탁월한 교양을 쌓은 지식층의 작품이다. 그런데 이것들은 백성의 전형적인 종교적 필요들을 완전히 제쳐놓았다(p. 173).[16]

16 Der offizielle chinesische Staatskult diente, wie überall, nur den Gemeinschaftsinteressen, der Ahnenkult

중국에서 하늘이라는 신은 익명적이어서 천주와 동일하다. 하늘이나 도는 인간뿐만 아니라 신들을 능가하며 인간과 격리되어 인격화되지 않았다. 반면 서양에서는 하늘 자체가 하늘의 주인을 대신할 수 없었다. 하늘에 대한 이 같은 믿음이 백성에게 아로새겨져 왕으로부터 말단 공무원에 이르기까지, 그리고 특권층과 부자를 포함해 하늘을 두려워하였다. 이것이 미신적인 중국판 대헌장이다. 이 점에서 이집트와 메소포타미아도 비슷하였다.

중국은 월력에 따라 움직이는 자연법칙과 의례준칙이 하나가 되는 도를 추구하였다. 도는 시간의 흐름과 무관하게 영원한 존재이다. 이는 속세 위에 있는 창조신이 아니라 영원한 질서를 위하는 언제나 변치 않는 비인격적인 존재였다. 이 비인격적인 신은 인간사를 통해 자신을 드러내지만 인간에게 말을 하지는 않는다. 중국에서 정령들은 사람보다 힘이 강하지만 하늘보다는 힘이 약하다.

정령이나 수호신은 사람들과 숭배와 은혜를 주고받는 교환의 원리에 입각해 있었으므로 책임져야 할 일에서 실패하는 경우 교체되었다. 정령들과 마찬가지로 카리스마에 의존하는 황제도 주술과 기적을 통해 백성들에게 비범한 힘을 보여야 했다. 특히, 자신이 하늘의 아들, 즉 천자임을 치수를 통해 백성들에게 보여야 했다. 만약 이것을 보여 주지 못하면 쫓겨나거나 심지어 살해되었다. 그런데 이런 관행은 황제라는 존재나 관료제도 전체 혹은 신들 전체가

Interessen der Sippe. Rein individuelle Interessen blieben bei beiden außer Spiel. Die zunehmende Verunpersönlichung der großen Naturgeister, [459] die Reduktion ihres Kultes auf das amtliche Ritual, die Entleerung dieses Rituals von allen emotionalen Elementen, endlich seine Gleichsetzung mit bloßen gesellschaftlichen Konventionen: – Alles das Werk der vornehm gebildeten Intellektuellenschicht, – ließen die typischen religiösen Bedürfnisse der Massen ganz beiseite.

아니라 특정의 황제, 관료 혹은 수호신을 대상으로 삼았다(p. 143).

> 종교성의 카리스마적인 성격은 곧 관료층이 지닌 자기보존의 이익에 부합된다. 왜냐하면 나라가 해악을 만나면 관료 전체를 부인하지 않고 신적인 정당성에 있어 잘못된 것으로 보이는 특정의 관료와 황제나 신을 부인했기 때문이다(p. 143).[17]

베버에 있어 서양에서 (사제를 통하지만) 신과 인간 사이에 계약이나 대화가 존재한다는 것은 양자의 거리가 그만큼 가깝다는 것으로 이해할 수 있다. 반면 중국에서는 이런 계약이나 대화가 없어서 하늘과 인간 사이에 거리가 멀고 양자가 결코 비슷한 수준에 놓일 수 없다. 중국에서도 원래 전쟁의 제후가 지닌 군사적인 카리스마와 주술사의 평화적인 기상과 관련된 카리스마가 동일인에게 겹쳐 있었다. 그런데 치수의 중요성 때문에 후자가 전자를 압도하였다. 황제나 제후의 역할은 전쟁에서의 승리가 아니라 좋은 기후에 기대어 풍작과 내적인 질서, 그리고 평온을 유지하는 것이었다.

베버에서는 종교나 사회윤리체계가 화폐와 법체계 등을 규정한다. 서양의 기독교, 그중에서 청교도는 내세에서의 구원을 위해 서양인들에게 창조주인 신과 객관적인 관계를 설정하였다. 이 때문에 내세와 거리가 있는 현실사회를 합리적으로 변혁하기 위해 현실경제에서 부지런히 노력하게 되었다(pp. 240~241). 창조주인 신과의 관계가 최우선이므로 피조물인 다른 인간과의 관계

17 Gerade dieser charismatische Charakter der Religiosität nun entsprach dem Selbsterhaltungsinteresse des Beamtentums. Denn alles Unheil, welches das Land betraf, desavouierte nun nicht die Beamtenschaft als solche, sondern nur allenfalls den einzelnen Beamten und den einzelnen Kaiser, dessen göttliche Legitimation dann verwirkt erschien. Oder: den Spezialgott.

는 부차적이었다. 만약 인간관계를 과도하게 앞세우면 그것은 피조물에 대한 우상화가 된다. 신과의 관계 이외에도 외부와의 전쟁과 무역에 종사하며 정복과 이주를 당연시했기 때문에, 서양에서는 혈연적인 인간관계가 견고하게 유지될 수 없었다(p. 35).

반면 중국인은 유교로 인해 주어진 현세에 적응하는 데 중점을 두었으므로 내세나 구원을 상정하지 않았다. 현세에 대한 적응이 낳는 전통주의에는 구원이 아니라 주술이나 마술이 주효하였다. 적응은 전인교육과 더불어 조상숭배와 혈연적이고 씨족적인 인간관계를 중시하게 만들었다(pp. 86~109). 이런 구체적인 관계들은 군신, 부부, 부자, 형제 및 사제, 붕우 등이다.

> 유교의 윤리는 자연적으로 성장했거나 사회적인 상하관계에 의해 주어지는 인간관계들에 가장 의도적으로 인간들을 맡겨두었다. 유교윤리는 이런 인간관계들만을 숭상했고, 인간들 사이의 관계, 제후·신하, 상관·부하, 부자, 형제, 사제, 붕우관계들로 인해 생겨나는 인간적인 경건한 의무 이외에는 다른 어떤 사회적 의무도 알지 못하였다. 청교도 윤리도 신에 반하지 않는 한 순전히 인간적인 관계들이 자연스럽게 존재하도록 허용하고 단지 윤리적으로 규제하였다. 그렇지만 피조물이기 때문에 이런 것들을 쉬이 수상스럽게 생각하였다. 어떤 상황에서도 신과의 관계를 이들보다 우선시하였다. 너무 강렬해서 피조물을 신성시할 만큼 순전한 인간들과의 관계들은 무조건 회피해야 했다(pp. 240~241).[18]

18 Die konfuzianische Ethik beließ die Menschen höchst absichtsvoll in ihren naturgewachsenen oder durch die sozialen Ueber – und Unterordnungsverhältnisse gegebenen persönlichen Beziehungen. Sie verklärte diese, und nur diese, ethisch und kannte letztlich keine anderen sozialen Pflichten als die durch solche

구체적이고 인적인 관계가 지배하면서 중국에 비인격적이거나 물적인 사회에 대한 의무는 별로 등장하지 않았다. 자선이나 동정심도 이런 관계들에 국한되어 유럽에서와 같이 널리 확대되지 않았다(pp. 209~210). 아버지나 형제를 모르는 자는 동물과 다를 바 없다는 맹자의 충효사상은 만인에 대한 사랑과 충돌한다. 이 때문에 중국의 경제조직에서 모든 사회관계는 가족관계에 의존하였고, 이로부터 파생되었으며, 물적인 작업이나 기능보다 인간을 강조하였다.

이는 서양의 종교가 사회개혁을 위한 전문지식을 요구하고 신과의 관계를 우선시했던 것과 대비된다. 청교도들은 신과의 관계를 최상에 놓아 다른 모든 인간과의 관계들을 이에 대한 수단과 표현으로 간주하였다(pp. 235~237). 이 때문에 특정 목적을 지닌 객관화되고 물화된 관계들을 중시하게 되었다.

> 청교도는 초세속적이고 저 세상에 존재하는 신에 대한 종교적인 의무로 인해, 다른 인간과의 관계들을 … 정신의 수단이자 표현으로 평가하였다. 반면 경건한 중국인의 종교적 의무는 바로 유기체적으로 주어진 인간관계들 안에서의 자기발전에 의존하였다(p. 236).[19]

persönlichen Relationen von Mensch zu Mensch, von Fürst zu Diener, vom höheren zum niederen Beamten, von Vater und Bruder zum Sohn und Bruder, vom Lehrer zum Schüler, von Freund zu Freund geschaffenen menschlichen Pietätspflichten. Der puritanischen Ethik dagegen waren eben diese rein persönlichen Beziehungen, – obwohl sie sie natürlich, soweit sie nicht gottwidrig waren, bestehen ließ und ethisch regelte, – dennoch leicht verdächtig, weil sie Kreaturen galten. Die Beziehung zu Gott ging ihnen unter allen Umständen vor. Allzu intensive, kreaturvergötternde, Beziehungen zu Menschen rein als solchen waren unbedingt zu meiden.

19 Während die religiöse Pflicht gegen den überweltlichen, jenseitigen Gott im Puritanismus alle Beziehungen zum Mitmenschen: auch und gerade zu dem in den natürlichen Lebensordnungen ihm nahestehenden, nur als Mittel und Ausdruck einer über die organischen Lebensbeziehungen hinausgreifenden Gesinnung schätzte, war umgekehrt die religiöse Pflicht des frommen Chinesen gerade nur auf das Sichauswirken innerhalb[523] der organisch gegebenen personlichen Beziehungen hingewiesen.

물화에 대한 인간주의의 한계는 경제적인 관념에 대해서도 전혀 의심할 여지없이 객관적인 합리화의 한계로서 현저한 중요성을 지니고 있었다. 그 이유는 이 한계가 각 개인들에게 언제나 내적으로 반복해서 자신의 가족이나 가족처럼 얽힌 동료들, 즉 물적인 과제('영업')가 아니라 '인간들'에게 집착하게 만드는 경향이 있었기 때문이다(pp. 236~237).[20]

한편으로 중국의 소상인은 일상의 소소한 돈벌이를 일차적이거나 궁극적인 목표로 삼았다. 이에 비해 서양의 청교도적인 자본가에게 돈벌이는 신과의 관계에서 자신을 신에게 증명하기 위한 수단에 불과하였다. 이렇게 서양의 자본가는 신의 도구였다. 강한 소유욕에도 불구하고 이런 차이로 인해 중국에서는 자본주의 정신이 싹트지 못하였다(pp. 243~246).[21]

다른 한편으로 중국의 선비이자 관료는 자기완성을 목적으로 삼았다. 이에 따라 돈벌이, 장인의 작업, 그리고 전문지식을 수단으로 삼았기 때문에 선비는 사업가, 장인, 전문인일 수 없었다. 선비는 신이 자신을 도구로 삼는 상황도 인정할 수 없었다. 사업가, 장인, 전문지식인은 자신을 도구로 삼는 신을 섬기지 않았지만 동시에 선비의 수준에 올라갈 수도 없었다.

중국에서는 신을 대신하는 예언자가 혁명적으로 사람들의 정신을 변화시킨 적이 없다. 또한 황제나 관료가 기도를 대신해 준다고 생각해 개인 차원의

20 Die personalistische Schranke der Versachlichung hat auch für die Wirtschaftsgesinnung ohne allen Zweifel, als eine Schranke der objektivierenden Rationalisierung, erhebliche Bedeutung gehabt, indem sie den Einzelnen immer erneut innerlich an seine Sippen- und sippenartig mit ihm verbundenen Genossen, jedenfalls an 》Personen《, statt an sachliche Aufgaben (》Betriebe《) zu binden die Tendenz hatte.

21 헤겔이 절대정신을 설정했던 자리에 마르크스가 자본을 설정해 헤겔을 뒤집었고, 다시 베버가 이 자리에 신을 설정해 마르크스를 뒤집었다.

기도도 없었다(pp. 142, 146). 유교는 삶에 긍정적이고 사회를 주어진 것으로 받아들이므로 삶이나 사회로부터의 구원을 필요로 하지 않았다(p. 156). 이 때문에 서양에 흔히 등장하는 개인의 구원과 현실사회의 갈등, 그리고 신이나 자연과 실정법의 충돌을 중국에서는 발견할 수 없다(p. 210).

서양인은 인격화된 신과의 관계를 통해 모든 상황에 하나의 원리를 적용하는 일관된 사회윤리체계를 얻었다. 서양의 영웅적인 신이나 인격화된 신은 개별적으로 사람과 관계를 맺고 계약을 체결하였다. 이에 비해 중국인에게는 인격화되지 않은 하늘이 있었을 뿐 자신과 관계를 맺을 수 있는 신은 없었다. 서양의 신은 인격화되어 개인에게 말을 하고 노여움도 보였지만, 중국의 하늘은 인격화되지 않아 개인에게 말을 걸거나 노여움을 표시하지 않았다(pp. 27~28).

서양의 개인은 일관된 윤리체계를 통해 자신의 내부를 구성하고 내부로부터 밖으로 자신을 표출해 왔다. 유럽의 특징이자 강점은 견고한 개인으로 존재하는 인간이다. 물론 이 개인은 적극적이며 외향적인 힘을 지니고 있다. 반대로 이런 윤리체계를 지니지 않은 중국인의 내면은 밖으로부터 영향을 받는다. 따라서 중국인의 의식, 예절, 체면치레, 인간관계 등은 안에서 밖으로 향하기보다 밖을 의식해 내면을 조절하는 기능을 지니고 있다(pp. 232, 235, 247).

베버에 의하면 한편으로 서양의 인간이 개인으로서 일관된 윤리체계를 획득하는데 외부와의 교류가 기반이었다. 국가, 도시, 사회, 경제도 모두 외부와의 교류를 통해 자신의 정체성을 얻었다. 다른 한편으로 신과의 관계를 우선시하는 기독교의 교리와 이에 근거한 청교도의 구원으로부터 형성된 윤리체계로 서양인은 내면으로부터 외부로 향하고 있다. 그렇다면 서양의 인간이나 사회를 형성하는데 동력이었다고 베버가 강조한 외부와의 전쟁이나 교류가 외부에서 왔다기보다 내면에서 추동되었다고 해석할 수 있다.

베버에게서 서양의 신이 인격화된다는 것은 영웅으로 (중국의 관우와 같이) 우상화되거나 구체적인 물체로 물화된다는 의미가 아니다. 오히려 그와 반대로 신이 인간과 비슷해진다는 의미이다. 그것도 황제나 관료가 아니라 여러 범인들과 관계를 맺는다고 보면, 신은 오히려 추상적인 존재이다. 그러므로 인간과 신의 객관적인 관계는 추상적이고 비인격적이며 포괄적이다. 이것이 특정 지방, 신분 혹은 출신의 사람이 아니라 포괄적인 인류에 대한 관심이나 사랑으로 이어진다. 물론 모든 인류가 아니라 기독교인에 국한될 것이다.

이렇게 보면 서양의 신은 추상적이면서 개인과 관계를 맺는 구체성을 수시로 획득한다. 이에 비해 중국의 하늘은 인격화되지 않아 어떤 사람과도 관계를 맺지 않는다. 이런 의미에서 중국의 하늘은 구체성이 수반되지 않은 추상성을 지니며 어떤 인간과도 관계를 맺지 않으므로 인간으로부터 격리되어 있다.

나아가 서양에서 신의 인격화는 법의 비인격성이나 객관성과 배치되지 않으며 오히려 이에 부합된다. 법의 원리가 보편성을 지니기 위해서는 추상적이고 익명적이어야 하지만 동시에 여러 구체적인 상황들에서 적용되어야 한다. 그런데 신이 여러 인간들과 관계를 맺는다는 것은 법이 여러 인간들과 여러 송사에 객관적으로 적용되는 것과 비슷하다. 구체적인 상황과 괴리되지 않는 법의 현실성이 신의 인격화에 부합되며, 법의 익명성이나 보편성이 신의 추상성에 부합된다.

이같이 베버에 있어 신과의 관계가 구체적이면서도 추상적이라는 것이 화폐, 법률, 그리고 추상적이고 일관된 체계성을 보유하는데 근거를 제공한다.

또한 일관된 체계는 재량, 자의, 편의와 달리 모든 개별 상황에 정확하게 들어맞지 않으므로 서양인들로 하여금 이 체계에 맞게 현실의 사회경제를 바꾸도록 요구한다.

서약에 근거한 결사체를 보호하는 서양의 신이 추상적이라면, 특정 지역을 수호하는 중국의 정령은 구체성을 벗어나지 못하였다. 이런 이유로 중국인은 구체적인 상황마다 적절하게 문제를 해결하는 주술이나 정령에 의존해 왔다. 가령, 사업상의 길흉을 중국에서는 재신(財神)의 탓으로 돌린다(p. 243). 주로 도교에서 파생된 주술이나 정령은 구체적인 문제 상황에 부응하므로, 현실에 대한 적응을 조장하고 도와주었다. 그러므로 이것들은 일관되고 추상적인 체계를 이루지 못하였다.

> 이런 기능에 있어 중국의 백성들에게 큰 영향을 미치는 거의 유일한 공식적인 대헌장은 정령들에 대한 믿음이었다. 또한 정령들은 모든 종류의 계약도 감시하였다. … 이에 따라 미덕으로서의 합법성은 전인적으로, 그리고 구체성 속에서 정령을 통해 보장되었다. 그러나 무엇보다 삶의 방향을 제공하는 구원종교의 체계적이고 중심적인 힘은 결여되어 있었다(p. 170).[22]

중국에서 형식적으로는 중앙권력이 종교나 사제의 기능을 독점했으나, 실제로는 그렇지 않았다. 하늘을 향한 제사를 황제나 제후가 독점했다면, 각

22 der Geisterglaube in dieser Funktion war die einzige, aber sehr wirksame offizielle Magna Charta der Massen in China. Die Geister wachten aber auch über den Verträgen aller Art. Sie versagten dabei ihren Schutz erzwungenen oder unsittlichen Kontrakten. Die Legalität als Tugend wurde also auch in concreto, nicht nur als Gesamthabitus, animistisch garantiert. Aber was fehlte, war: die zentrale methodisch lebensorientierende Macht einer Erlösungsreligion(RC: 170).

지역의 사람들은 지역신이나 정령과 조상을 숭배하였다. 이같이 종교도 전체적으로 통일되지 않았다. 따라서 하늘을 모시는 관료 중심의 유교와 수호신들을 숭배하는 민간신앙 사이에 갈등이 있었다(pp. 174~177). 종교에서 나타나는 서양과 중국의 이런 차이는 화폐나 법에서 나타나는 차이와 비슷하다.

> 경제정책은 재정정책과 자유방임정책 사이를 방황했으며, 어떤 경우에도 의도에 있어서는 돈벌이를 적대시하지 않았다. … 그러나 경제정책을 통해 어떤 자본주의 경제의 정신도 창출하지 못하였다. … 그러나 유교와 … 유교의 윤리로부터 하나의 포괄적인 시민적 생활방식으로 넘어가도록 이어주는 어떤 매개체도 없었다. … 청교도는 자신의 의도에 반해 이것을 창출하였다(pp. 237~238).[23]

서양에도 고대 희랍시대에 이런 갈등이 있었지만, 유일한 정통 철학이 형성되어 이와 충돌하는 모든 것을 제거하지는 않았다. 또한 민간의 신앙이 유지되면서 철학이론은 일반인들의 선택사항에 불과하였다. 그리고 궁극적으로는 구원신앙인 기독교가 국가와 결합하였다. 중국에서는 이와 반대였다. 중국에서는 유교가 제가백가시대를 거쳐 8세기에 완전히 절대적인 전통을 이루면서 자신과 부합되지 않는 모든 민간신앙을 밀어냈다. 그래서 유교는 백성들의 선택사항이 아니라 필수사항이 되었다.

23 Die Wirtschaftspolitik war eine Abwechslung von fiskalischen und laissezfaire-Maßregeln, jedenfalls aber nicht der Absicht nach antichrematistisch. … Aber mit Wirtschaftspolitik schafft man keine kapitalistische Wirtschaftsgesinnung. … Kein Mittelglied führte aber vom Konfuzianismus und seiner ganz ebenso fest wie das Christentum verankerten Ethik zu einer bürgerlichen Lebensmethodik hinuber. Auf diese allein kam es aber an. Sie hat der Puritanismus – durchaus gegen seinen Willen – geschaffen.

이렇게 되면서 유교에 밀린 도교와 불교가 주술과 마술의 형태로 구원에 상응하는 기능을 수행하였다. 유교가 백성에게 줄 수 없는 것을 도교가 준 것이다. 또한 교육을 통한 계도를 믿는 귀족주의가 민간신앙과 연결되려면 주술을 용인하는 방법밖에 없었다(pp. 201~202). 이 때문에 유교가 정통인 상황에서도 이단인 도교가 민간 차원을 넘어서 궁중에도 침투하였다. 물론 도교는 관료가 아니라 황제의 처첩이나 환관들을 통해 궁중에 진입하였다. 유교가 복지의 향상을 위해 관료의 개입을 당연시했다면, 도교는 관료와 교육에 의존하지 않는 자유방임적인 상태 혹은 이익의 조화를 상정하였다.

도교는 서양의 종교와 유사한 역할을 발휘했지만 신비주의에 빠져 있었으므로 서양의 종교와 동일하지 않다. 또한 유교와 비슷하게 도교도 정부를 신뢰하고 세상이나 현실에 대해 적극적인 적대감을 가지지 않았다. 심지어 도교는 유교보다 더 강한 전통주의를 내포하고 있었다. 무엇보다 유교뿐만 아니라 도교도 창조주로서 인간적인 신을 인정하지 않았으며, 청교도에서와 같은 개인적인 신앙이나 종교를 알지 못하였다(pp. 186~189, 205~206).

베버의 입장에서 보면 서양에서 청교도는 합리성과 종교의 결합이다. 중국에서 유교와 도교는 서양에서의 합리성과 종교에 대응되는데 양자가 분리된 채 나타나 모두 불완전하다. 유교는 감동이나 무아경 등이 완전히 배제된 형식이나 의식에 극단적으로 호소했으며, 도교는 일관된 체계를 갖추지 못하였다.

중국에서 유교가 관료-과거시험-교육으로 이어지는 지배층의 이념을 대표했다면, 도교는 백성의 삶을 도와주었다. 그런데 중국에서는 종교뿐만 아니라 도시, 화폐, 법률도 [황제 및 관료의 정치나 지배]와 [백성의 실제 생활이나 현실]이 함께 가지 않아서 생기는 이원성을 겪고 있었다. 이렇게 보면 유교와 도교라는 제목에 단순히 서양과 중국의 종교적 차이뿐만 아니라 서양과 중국의 여러 가지 다른 차이들도 함축되어 있다.

베버에서 시민, 전쟁, 계약과 교환, 법률과 행정, 신에 대한 숭배 등과 관련해 나타나는 유럽과 중국의 차이는 동등성과 차등성의 차이로 이해할 수도 있다. 그는 자유나 자율성뿐만 아니라 평등에 대해서도 실질과 형식, 인적인 것과 물적인 것을 구분하였다. 서양은 사회 구성원들 사이에 형식적이고 절차적인 동등성과 인적인 동등성에 중점을 두고 실질적인 차등과 물적인 차등을 허용한다. 이와 달리 중국은 실질적인 동등성과 물적인 동등함에 중점을 두면서 형식적인 차등성과 인적인 차등성은 관용한다. 달리 말해, 전자가 사전적인 기회의 평등을 강조하고 재산의 차등을 용인한다면, 후자는 사후적인 결과의 평등과 지위의 차등을 용인한다.

명시하지는 않았지만 베버가 사회 구성원과 국가 등 행동 단위들 사이의 형식적이고 법적인 차원의 동등성을 전제했다고 추정할 수 있다(pp. 130~131; Kim, 2007: 12). 서양의 관점에서 시민들, 계약이나 교환의 당사자들, 소송인들, 그리고 신도들은 동등하다. 이런 동등성은 형식적이고 절차적이며 물적이다. 동시에 개인들은 실질적인 힘, 지위, 재산, 특히 신앙심에서는 차이를 보인다. 반면 중국에서는 형식적이거나 절차적인 동등성에 대한 관념이 희박하다. 대신 생계유지, 재산, 교환, 소송, 구복 등과 관련된 실질적인 결과에 있어서 비슷하다. 이런 결과의 평등은 황제의 명령과 관료의 행정적인 재량에 의존한다.

전쟁도 유럽에서는 비슷한 국가들 사이의 투쟁이라고 생각된다. 이 점에서 국가나 부족들의 전쟁, 노동자들의 투쟁, 기업들의 경쟁 사이에 큰 차이가 없다. 그렇다면 중국의 평화주의와 전쟁의 부재는 엇비슷한 국가나 집단들이 주변에 공존하지 않았다는 증거로 해석할 수 있다.

앞서 언급한 익명성과 결합하면, 서양에서 사람들은 자연인이 아니라 사회 속에서 법, 계약, 화폐, 신 등을 통해 동등해지고 이들을 매개로 관계를 맺는 존재이다. 법 앞의 평등, 시민으로의 평등, 계약의 당사자로서 평등, 시장의 참여자로서의 평등, 신 아래의 평등 등이 그것이다. 물론 베버는 이 중에서 신 아래의 평등에 가장 방점을 두었다.

신이나 법이 인간들을 매개하기 위해서는 이들이 인간이나 인간사회와 분리되어서는 안 된다. 신이 인간화되고 신과 인간이 계약이 맺는다는 서양의 논리는 이에 부합된다. 임의의 두 사람은 서로 직접 만나는 것이 아니라 법을 매개로 만나며, 이런 매개를 통해 동등해진다. 매개되므로 이들의 관계는 익명적이고 간접적이다.

해석하자면, 근대의 서양인은 다른 사람과 만나 관계를 맺기 전에 신, 도시, 법, 계약, 화폐를 먼저 만나서 기독교인, 시민, 법적인 주체, 계약의 주체, 경제인이 된다. 이 중에서 기독교인으로서 신과 관계를 맺는 것이 베버에게 가장 중요하다. 물론 이것은 시간적인 전후가 아니라 논리적이거나 현실적인 우열이나 중요성을 의미한다. 신, 도시, 법, 계약, 화폐를 통해 매개되므로 서양의 인간관계와 사회관계는 물화된다. 이 때문에 베버는 마르크스와 달리 이런 물화에 합리성을 부여하였다.

> 또 다시 베버는 객체화의 맹아를 단순히 물질적인 이익뿐만 아니라 청교도적인 직업윤리와 그것이 고양시키는 삶의 행위에서 찾았다. 이 직업윤

리는 인간을 신의 섭리에 봉사하는 도구로 환원하는 탈주술적인 유일신의 지배에 의존하였다(Kim, 2007: 13).[24]

반면 중국인들은 이런 것들을 통해 간접적으로 타인을 만나지 않고 직접 자연인으로 서로를 만난다. 이는 중국인이 의존하는 부부, 부자, 형제, 친구, 사제 등의 인간관계가 씨족, 가족, 혹은 혈연에 지배되어 익명적이지 않음을 의미한다. 부권주의적인 중국에서는 이들 중에서도 부자관계가 으뜸이므로 이것이 서양에서 신과의 관계에 해당된다. 그러므로 효가 다른 인간관계에도 영향을 미쳤다(p. 158).

이런 이유로 중국에서는 자연이 부과한 사람들 사이의 위계가 그대로 유지되어 동등성을 확보하지 못하였다. 중국은 가산제적인 국가였으므로 백성들이 황제 앞에서 고개를 숙였다. 이에 더해 자식이 아버지에게, 동생이 형에게, 채무자가 채권자에게, 그리고 백성이 관리에게 고개를 숙였다. 반면 연인에게 고개를 숙이는 중국인은 없었다. 이것은 서양 중세의 기사가 연인에게는 쾌히 고개를 굽혔던 것과 대조적이다(pp. 130~131).

중국에서 친구들 사이의 우정은 동등한 자리에 있는 사람들 사이에서 생기며, 등급이 낮은 사람들과의 우정은 가능하지 않았다. 또한 적을 친구와 명확히 구분했으므로 적을 사랑하는 일은 불가능했다(p. 162). 베버의 종교적인 근거가 아니라 마셜이나 하이에크에 비추어 보면, 중국에는 신분이나 지역에 따른 구분이나 차별이 명확해 좁은 범위의 사람들에 대한 두텁고 강한 관계가

24 Again, Weber found the seed of objectification not in material interests alone, but in the Puritan vocational ethic (Berufsethik) and the life conduct that it inspired, which was predicated upon a disenchanted monotheistic theodicy that reduced humans to mere tools of providence.

지배했다고 이해할 수 있다. 반면 자본주의가 발전한 서양에는 이런 구분이 희박해 넓은 범위의 사람들에 대한 얇고 약한 관계가 지배했다는 의미가 된다.

5. 한국 사회의 특징: 관치경제, 유교, 입시교육, 학벌

베버의 생각은 서양의 합리적이고 일관된 체계가 중국에 정착되어 있지 않다는 주장으로 압축된다. 일관된 윤리체계가 유럽에 확산된 데 비해, 중국에는 이런 체계가 없거나 적어도 전국적으로 확산되지 않았다. 중국은 이런 체계 대신에 왕이나 관료의 자의적인 결정에 의존하였다. 그리고 이런 차이는 궁극적으로 청교도와 유교의 차이에서 비롯되었다.

그런 체계의 특징은 추상성, 익명성과 물화, 일관성, 형식이나 절차, 보편성이다. 이것의 반대는 구체성, 인격성, 비일관성, 내용과 실체, 지역성이다. 추상적인 이유는 여러 상황과 사례에 적용되기 때문이다. 익명적인 이유는 여러 사회 구성원들에게 일반적으로 적용되기 때문이다. 이를 매개로 인간들이 만나므로 인간관계나 사회관계는 물화된다. 여러 상황과 여러 사람들에게 적용되려면 일관성을 유지해야 한다. 일반적으로 적용되는 규정으로 공식화되므로 절차나 형식이 중요하다. 당연히 이런 일반적인 규정이나 절차가 모든 상황이나 인간의 구체적인 내용이나 실체를 담아낼 수는 없다.

따라서 유럽과 중국을 비교하는데 인격성과 비인격성이나 익명성, 구체성과 추상성, 차등성과 동등성 등의 구분이 중요하다. 베버에 의하면 서양은 인격성과 유리되지 않은 익명성이나 구체성과 유리되지 않은 추상성을 구현해 왔다. 이에 비해 중국에서는 인격성이나 구체성이 강해서 익명성과 추상성이 부족하거나 양자가 분리되어 나타났다.

베버가 서술한 중국과 현대 한국 사회와의 유사성으로 관료의 지배, 과거시험에 의존한 능력주의, 교육에 대한 신뢰, 그리고 혈연적이고 비공식적인 인간관계를 들 수 있다. 혈연적인 인간관계는 치수에 의존하는 농경사회로서 내적인 안정과 평화를 추구한다는 점에서 시작해 화폐경제, 법적인 체계, 종교에서 나타나며, 이 중에서도 종교가 궁극적인 근거이다. 중국을 지배한다는 씨족적인 혈연관계는 쉽게 한국의 지연이나 혈연으로 이어진다. 한국의 당파, 파벌이나 파당, 동창회나 향우회 등을 이와 견주어 볼 만하다. 친인척 간의 부조나 자선이 1997년 IMF 이전까지 지역이나 집단별로 이루어져 정부나 국가 차원으로 포괄되지 않은 것도 이와 연결된다.

중국의 과거시험에 대한 베버의 규정은 한국의 필사적인 입시경쟁에 많은 시사점을 제공한다. 주지하듯이 당나라의 과거제도가 쌍기를 통해 10세기 고려 광종 때 수입된 후, 조선시대에 양반에게 경전의 암송을 과제로 삼는 과거시험은 관료가 되는 거의 유일한 관문이었다. 과거시험은 공적을 내세우면서도 모든 사람들이 아니라 양반계급에 국한해 시험장이라는 경쟁의 장에 참여토록 허용하였다. 또한 일단 시험에 합격하면 더 이상의 경쟁이나 도전은 존재하지 않아, 결국 독점을 낳는 경쟁 혹은 독점을 위한 경쟁을 조장하였다.

중국과 같이 한국 사회에서도 대학 합격이나 고시 합격이 온 동네의 자랑거리이고 가문의 영광이었다. 여기에 관료를 뽑기 위한 중국과 한국의 과거시험과 이를 위한 교육은 쉽사리 입시교육과 학연, 그리고 학벌을 상기시킨다. 교육이 현실에 대한 변혁이라기보다 현실에 대한 적응을 가르치며 전문지식보다 교양을 중시하는 것도 한국의 현실에 부합된다. 나아가 교육 정도에 따른 신분의 결정도 기존 사회경제체제에 맞게 배치하는 일이라고 보면 기존 질서에 대한 적응으로 이해할 수 있다.

반면 현대 한국 사회를 규명하기 위해서는 다음과 같은 점들이 추가되어야 한다. 베버가 이해한 중국에는 관료사회-과거시험-교육과 비공식적이고 혈연적인 인간관계가 결합되어 있지 않다. 한국 사회에서는 양자가 결합해 흔히 '장관님', '총장님', '원장님' 등의 호칭이 등장하였다. 이로 인해 무엇보다 학연과 학벌이 생겨났다. 개항 이후 교육과 시험의 기회균등으로 양반뿐만 아니라 모든 계층이 교육에 참여하게 되었다. 한국의 교육은 기회의 균등과 입시에 따른 평가에 근거해 능력주의를 표방하면서 동시에 배타적인 관계와 동질적인 집단을 확대재생산하고 있다. 이 때문에 혈연, 지연과 달리 학연이나 학벌은 이중적이다.[25]

한편으로 능력주의나 근대성으로 인해 학연이나 학벌이 강력한 호소력과 정당성을 확보하면서 혈연, 지연을 압도하고 있다. 능력주의로 인해 학연에 의존한 관계나 집단이 혈연이나 지연에 의존한 집단보다 정당하다는 사회적 인식이 확대되고 있기 때문이다. 이에 따라 지연, 혈연은 비난받으면서도 학연, 학벌은 용인되는 상황들이 적지 않다. 다른 한편으로 학연이나 학벌도 선후배관계 등 혈연, 지연의 요소들이 적지 않아 가족적이고 비공식적인 인간관계와 사회관계를 유지하고 있다. 학연, 학벌이 혈연, 지연과 연속적이기 때문에 이들과 쉽게 연결된다. 이 점에서 학연이나 학벌은 그다지 근대적이지

25 한국 대학 내부의 병리현상에 대해서는 베블런이 많은 시사점을 던져주고 있다(홍훈, 2014).

않다.

또한 베버가 말하는 중국과 조선시대의 한국에서는 학자와 관료가 일치되었던 데 비해 개항 이후, 그리고 특히 해방 이후 한국에서는 양자 사이에 괴리가 생겼다. 이는 국내의 교육이나 시험뿐만 아니라 미국 등으로의 유학이 한국의 학자와 학문을 형성하는 데 기여했기 때문이다. 이것이 상당 기간 동안 학자들을 국내파와 해외파로 나누었을 뿐만 아니라 학위에 근거해 학자나 교수, 연구원, 그리고 관료를 나누었다. 이는 베버가 생각한 것보다 더 강력한 외적인 충격이나 교류가 한반도, 특히 해방 이후 남한에 중요한 변화를 가져오고 있음을 보여 준다.

관료와 관료제도의 근거인 과거시험에서 순위가 중요하다는 점을 부연할 필요가 있다. 모든 사람의 권력이나 직위가 늘어날 수 없으므로 권력이나 직위는 원초적으로 상대적이다. 또한 과거시험이나 입시경쟁은 철저한 순위경쟁이어서 상대적이다(Lazear and Rosen, 1981). 이에 비해 모든 사람의 돈이나 소득, 아마도 명예는 늘어날 수 있으므로 이런 상대성을 지니지 않는다. 그렇지만 화폐추구가 지위추구와 비슷하게 바뀌면 사람들이 소득의 절대적인 수준이 아니라 타인과 비교한 상대적인 소득이나 순위를 목표로 삼을 수 있다.

이런 생각의 근거는 순위경쟁 이외에 재산이나 소득을 추구하지만 절대수준이 아니라 상대 소득이나 상대적인 지위에 집착한다는 이론이다. 이것은 과시적인 소비, 사회적 비교와 지위재, 행동경제학 등의 준거임금·소득에 근거하고 있다(Festinger, 1954; Frank, 1985; Akerlof, 1982). 베버는 동양에서 교육이나 과거시험의 중요성을 지적하면서도 상대적인 지위나 석차가 중요할 수 있다는 점을 강조하지 않았으므로 이 점을 보완할 필요가 있다.

한국의 경제성장에 대한 세계은행의 시장친화적인 견해도 이와 부합된다. 이 견해에 따르면 제3공화국의 경제성장 과정에서는 수출목표를 놓고 기업들이 경쟁하였고 이에 대해 관료들은 융자액과 융자조건을 차별화하는 방식으로 이들을 포상하였다. 재벌기업들 사이의 수출경쟁은 상대적인 순위경쟁에 가깝고, 관료는 심판관이나 시험관에 가깝다.

동시에 이것은 외견상 상대적인 박탈이나 물적인 차원의 차등에 대한 거부나 저항이 한국 사회에서 보다 강할 수 있음을 의미한다. 이것이 흔히 한국인들의 평등주의로 오해된다. 그러나 이것은 차이의 크기보다 순위 자체에 대한 민감성이라고 생각된다. 한국인들이 권력이나 지위의 우열이나 소득의 우열 이상으로 민감한 것이 시험성적의 우열이다. 사실 한국의 교육과 입시에서 확인할 수 있는 것은 석차에 대한 병적인 집착이다. 이를 통해 관직의 위계와 입시의 순위경쟁이 동질적임을 확인할 수 있다.[26]

이 논의는 한국 경제사회에서 베버가 동양사회의 특징으로 열거한 것들이 상당 부분 적절하며, 이들을 연결시키는 경우 그 적절성이 늘어난다는 것을 의미한다. 그런데 이것은 주로 서술적인 차원에서의 적절성이다. 이런 현실이 그 자체로 한국 경제사회의 지향방향을 알려 주는 것은 아니다.

베버에 의하면 인적인 관계가 지배하는 사회는 비합리적이고 물적인 관계가 지배하는 사회는 합리적이다. 또한 그의 입장에서 유교가 중국에서 자본

26 같은 시험이라도 대학입시나 사법고시는 순위를 정하지만, 졸업자격시험이나 의사자격시험은 기본능력의 소유 여부를 가려낸다. 넓게 보면, 조직의 위계는 상대적이지만 직책수당 등을 통해 절대화될 수 있다. 반대로 시장의 소득은 그 자체로 절대적이지만 사회적 비교나 상대 소득 등을 통해 상대화된다. 시험은 과거나 입시와 같이 순위에 중점을 둘 수도 있고, 자격시험과 같이 기본요건에 중점을 둘 수도 있다. 그런데 한국에서는 순위에 초점을 맞춘 시험이 지배하고 있다.

주의가 생기는 데 기본적인 장애였기 때문에 유교자본주의는 형용모순에 가깝다. 가산제적인 관료가 지배하는 자본주의나 관계자본주의도 생각하기 어렵다. 그렇다면 그의 입장에서 중국이나 한국의 경제사회는 자본주의가 아니어야 하며 자본주의라면 이를 어떻게 설명할 수 있는가라는 문제가 생긴다.

유교를 위시한 종교가 베버가 생각한 것과 같이 중요하지 않고 단지 사회와 자본주의 사회를 규정하는 여러 요인들 중 하나라는 데서 출발해야 한다. 또한 유교, 관료, 교육, 입시, 관계가 베버가 생각한 것과 같이 자본주의와 모순된다기보다 다른 유형의 자본주의를 낳는다고 보아야 한다. 이것을 1997년 아시아 경제위기가 발생했을 때 등장했던 주장과 같이 천민자본주의로 규정하기보다 자본주의의 다양성으로 간주하여 규정할 필요가 있다.

베버와 달리 사회자본의 주창자들은 인간관계가 정치, 경제, 사회발전에 긍정적인 영향을 미칠 수 있다고 생각한다(Bourdieu, 1986; Coleman, 1988). 인간관계가 동양뿐만 아니라 보편적으로 인간의 인지, 감정, 행위를 낳는 중요한 기제라고 주장하는 심리학자들도 적지 않다(Markus and Kitayama, 1991, 2010). 심지어 미국에서도 백인, 중산층, 대졸을 제외한 나머지 대다수에게 인간관계가 중요하다는 것이다. 나아가 상당수 경제학자들과 일부 심리학자들은 일인당 국민소득, 민주주의, 깨끗한 환경 이외에도 인간관계가 행복을 증진시키는 요인이라고 주장한다(Stiglitz et al., 2009). 심지어 인간관계가 단순히 인간을 행복하게 해주는 요인이 아니라 인간의 존재 자체를 규정하는 기반이라고 주장하는 학자들도 있다(Zamagni, 2005; Kolm, 2008).

그렇다면 학연, 지연, 혈연이 사회자본이 되고, 이것이 개인 차원에서 형성되는 합리성보다 우월할 수 있는 조건은 무엇인가? 일단 개인 차원의 선택과 합리성을 내세우는 경제학의 입장에서는 인적 자본이 있을 뿐 사회자본이 장기적으로 효율성이나 경쟁력을 지닐 수 없다. 그렇게 생각하는 이유는 학연, 지연, 혈연이 주어진 상황에서 최상의 대안, 즉 재화나 인적·물적 자원을 제공하지 못하기 때문이다. 그러므로 학연, 지연, 혈연이 효율성을 지닐 조건들을 제시해야 한다. 또한 이 세 가지 관계들 중에서도 학연을 지연, 혈연과 구분해서 고려할 필요가 있다.

참고문헌

김동노(2009), 『근대와 식민의 서곡』, 창비.

魯 迅(2011), 전형준 옮김, 『아Q정전』, 창비.

余 華(2010), 『十個詞彙裡的中國』(*China in Ten Words*), 麥田出版.

홍 훈(2014), 「베블렌의 미국의 고등교육」, 옮긴이 해제, 소스타인 베블렌 지음, 홍훈 · 박종현 옮김, 『미국의 고등교육』, 도서출판 길, 297~332.

Akerlof, G. A.(1982), "Labor Contracts as Partial Gift Exchange," *Quarterly Journal of Economics*, Vol. 97, No. 4, 543~569.

Boisot, M. and J. Child(1996), "From Fiefs to Clans and Network Capitalism: Explaining China's Emerging Economic Order," *Administration Science Quarterly*, Vol. 41, 600~628.

Boisot, M. and A. Canals(2004), "Data, Information and Knowledge," *Journal of Evolutionary Economics*, Vol. 14, No. 1, 43~67.

Bourdieu, P.(1986), "The Forms of Capital," R. Nice trans., *Handbook of Theory of Research for the Sociology of Education*, Greenwood Press, 241~258.

Coleman, J.(1988), "Social Capital in the Creation of Human Capital," *American Journal of Sociology*, Vol. 94, S.95~S.120.

Festinger, L.(1954), "A Theory of Social Comparison Processes," *Human Relations*, Vol. 7, 117~140.

Frank, R.(1985), "The Demand for Unobservable and Other Nonpositional Goods," *American Economic Review*, Vol. 75, No. 1, 101~116.

Huerta de Soto, J.(1997), "A Critical Analysis of Central Banks and Fractional-Reserve Free Banking from the Austrian School Perspective," *Review of Austrian Economics*, Vol. 8, No. 2, 25~38.

Ji, L., R. Nisbett, and Y. Su(2001), "Culture, Change, and Prediction," *Psychological Science*, Vol. 12, No. 6, 450~456.

Kim, J.(2014), "Identity and Hybridity of Modern Finance: How a Specifically Modern Concept of the Self Underlies the Modern Ownership of Property, Trusts and Finance," *Cambridge Journal of Economics*, Vol. 38, No. 2, 425~446.

Kim, S.(2007), "Max Weber," *Stanford Encyclopedia of Philosophy*.

Kolm, S.-C.(2008), *Reciprocity: An Economics of Social Relations*, Cambridge University Press.

Lazear, E. and S. Rosen(1981), "Rank-Order Tournaments as Optimum Labor Contracts," *Journal of Political Economy*, Vol. 89, 841~864.

Markus, H. R. and S. Kitayama(1991), "Culture and the Self: Implications for Cognition, Emotion and Motivation," *Psychological Review*, Vol. 98, No. 2, 224~253.

_____(2010), "Cultures and Selves: A Cycle of Mutual Constitution," *Perspectives on Psychological Science*, Vol. 5, No. 4, 420~430.

Nisbett, R., K. Peng, I. Choi, and A. Norenzayan(2001), "Culture and Systems of Thought: Holistic Versus Analytic Cognition," *Psychological Review*, Vol. 108, No. 2, 291~310.

Nonaka, I.(2007), "The Knowledge-Creating Company," *Harvard Business Review*, July-August, 162~171.

Nonaka, I., R. Toyama, and P. Byoisiere(2001), "A Theory of Organizational Knowledge Creation: Understanding the Dynamic Process of Creating Knowledge," *Handbook of Organizational Learning and Knowledge*, 491~517, Chapter 22.

Peng, K. and R. E. Nisbett(1999), "Culture, Dialectics, and Reasoning about Contradiction," *American Psychologist*, Vol. 54, No. 9, 741~754.

Stiglitz, J., A. Sen, and J.-P. Fitoussi(2009), *Report by the Commission on the Measurement of Economic Performance and Social Progress*(https://ec.europa.eu/eurostat/documents/118025/118123/Fitoussi+Commission+report).

Weber, Max(1915~1920), *Konfuzianismus und Taoismus*, Max Weber: Gesammelte Aufsätze zur Religionssoziologie, Band 1, Tübingen 1986.

_____(1964), *The Religion of China: Confucianism and Taoism*, H. Gerth, trans. and ed., New York: The MacMillan Press(이상률 역, 『유교와 도교』, 문예출판사).

Zamagni, S.(2005), "Happiness and Individualism: A Very Difficult Union," L. Bruni and P. L. Porta, eds., *Happiness and Economics*, Oxford: Oxford University Press, Chapter 12.

chapter 09

피케티의 소득분배 가설에 대한 이론사적인 조망

토마 피케티(Thomas Piketty)는 방대한 자료를 분석해 최근의 소득 불평등을 지적하고 기존 경제학을 비판하였다. 이 글은 그가 제시한 소득분배론을 이론사적인 관점에서 조망해 비판적으로 수용하는 데 목표를 두고 있다. 이를 위해 먼저 그의 주장을 요약한 후, 소득분배에 관한 기존 이론들에 비추어 그의 주장을 검토한 다음, 그의 주장이 지닌 장단점을 표출하려고 노력하였다.

1. 피케티의 가설

피케티에 의하면, 상위 10%가 차지하는 소득의 비율을 기준으로 19세기 말부터 1914년까지의 시기에는 소득 불평등이 증가하였고, 그 이후 1970~1980년까지의 시기에는 불평등이 감소하였으며, 다시 그 이후 2010년까지의 시기에는 불평등이 증가해 1914년 이전 시기의 수준에 육박하고 있다. 이런 U자형의 소득 불평등은 노동소득보다 자본소득의 불평등에 기인하므로 전체 소득에서 자본소득이 차지하는 비율, 즉 자본의 몫이 이런 변동의 주요 요인이다. 자본의 몫을 다시 자본수익률과 자본/소득비율로 분해하면 자본수익률보다 자본/소득비율이 더 중요하였다. 결국 자본/소득비율의 추세가 소득 불평등의 U자형 변동을 결정해 왔다.

이런 소득분배의 변동은 시장이나 경제 내의 필연적인 법칙에 의해 결정되었다기보다 여러 정치, 사회, 문화적인 요인들에서 비롯된 것이다. 그리고 앞으로도 소득분배는 주로 이런 요인들에 의해 결정될 것이다. 그러므로 그냥 내버려 두면 불평등이 더욱 심각해 질 수 있다. 동시에 정치, 제도, 정책을 통해 불평등을 둔화시킬 수도 있다. 자본/소득비율이 성장률에 의해 결정되고, 자본수익률이 성장률보다 언제나 높으므로, 자본의 몫을 줄이려면 성장률을 늘리고 수익률을 낮추어야 한다. 특히, 누진세를 통해 세후수익률을 낮추고 자본세를 통해 자본의 팽창 자체를 통제할 필요가 있다.

피케티에서는 자본주의의 두 가지 기본법칙이 소득분배를 결정한다. 항등식 (1) 자본소득/총소득≡자본수익률 ×(자본/총소득)과 방정식, (2) 자본/소득=저축률/성장률이 그것이다(pp. 52~53, 166~167).[1]

(1) 자본소득/총소득≡(자본수익률×자본)/총소득≡자본수익률×(자본/총소득)

$\Pi/Y \equiv (rK)/Y \equiv r(K/Y), \alpha \equiv r\beta$ 예, $\alpha = 0.3, r = 0.05, \beta = 6.$

(2) 자본/총소득=자본증가/소득증가≡투자/소득증가=저축/소득증가≡(저축비율×총소득)/소득증가≡저축비율×(총소득/소득증가)≡저축비율/성장률

$\beta \equiv K/Y = dK/dY = I/dY = S/dY \equiv sY/dY \equiv s/g$ 예, $\beta = 6, s = 0.12, g = 0.02$

균형에서 자본소득비율이 불변일 조건은 자본/총소득 = 자본증가/소득증가(자본의 변화율과 소득의 변화율이 동일, $dK/K = dY/Y$; $K/Y = dK/dY$), 장기에 $S = I$.

① $\beta = s/g$를 $\alpha \equiv r\beta$에 대입하면, $\alpha = r(s/g)$, $sr = \alpha g$, $r > g$, $s < \alpha$, $d\alpha/dr > 0$, $d\alpha$

1 페이지만으로 표시된 모든 인용의 출처는 Piketty(2013)이다.

$/dg<0$(p. 563)

② 국민소득의 성장률=일인당 국민소득의 증가율+인구의 증가율(이민 포함) (p. 167)

Π: 자본소득, Y : 총소득, K: 자본, N: 인구, I : 투자액, S: 저축액, y: 일인당 소득, α: 자본의 몫, r: 자본수익률, β: 자본/소득비율, g: 소득의 성장률, s: 저축비율

우선 피케티에 의하면 전반적으로 선진국에서 자본의 몫이 1880년대에 30~35% 수준이었다가, 1975년에는 15%에서 25%로 하락했으나, 이후 지속적으로 증가해 2010년에는 25%에서 32%에 이르렀다(p. 222). 영국과 프랑스에서 첫 번째 시기와 세 번째 시기에는 자본의 몫(α)이 높았고, 중간 시기에는 낮았다. 이런 변동의 주요 원인은 자본/소득비율(β)의 변동이다(p. 117). 첫 시기에는 6~7 정도로 이것이 높았다가, 중간 시기에는 이 비율이 2~3으로 낮아졌으며, 세 번째 시기에는 이 비율이 다시 6 정도로 높아지고 있다. 이를 β의 U곡선이라고 부를 수 있다.

비율이 낮아진 이유는 양차 세계대전으로 인한 파괴, 대공황으로 인한 가치 감소, 전후의 국유화나 몰수 때문이다. 1970년 이후 이 비율이 다시 증가한 이유로 장기적으로 지속된 낮은 성장률과 높은 저축률, 그리고 최근 몇 십년 동안 진행된 사유화와 자산가격의 상승을 들 수 있다(p. 173). 전쟁의 피해가 적었던 미국의 β는 영국이나 프랑스의 β보다 낮아서 보다 완만한 U곡선을 보인다(pp. 155~156). 현재 미국의 β는 4.5이다.

수익률(r)이 자본/소득비율(β)과 반대로 움직여 β의 변동을 부분적으로 상쇄했지만, 이를 압도하지는 못하였다. 이것을 수익률의 작은 변동에도 자본투

입량이 크게 변동한 것으로 이해한다면, 이것은 노동과 자본의 대체탄력성이 1보다 크다는 것을 의미한다(pp. 220~221). 특히, 19세기 말이나 20세기 말과 같이 제국주의, 금융화, 세계화가 진행되면 국내 자본이 해외 자산으로 쉽게 전환되어 수익률이 하락하는데 수십 년이 걸린다(pp. 361~366). 결국 언제나 수량효과(volume effect)가 가격효과(price effect)를 압도해 β가 자본의 몫(α)을 결정해 왔다.

불평등에 미치는 영향력에 있어 자본량이 수익률을 압도할 뿐만 아니라 자본소득이 임금소득을 압도한다. 자본소득의 비중(1/3)이 임금소득의 비중(2/3)보다 작지만, 전자의 불평등이 후자의 불평등을 훨씬 능가해 소득의 불평등을 낳는 데 더 큰 영향을 미쳤다(pp. 244, 258, 410~411). 이 점에서는 어떤 국가도 예외가 아니다.[2] 이에 근거해 소득 불평등이 현재 1890년대 수준에 도달하지는 않았지만 방치하면 시간이 흐르면서 충분히 이 수준에 이를 수 있다고 판단할 수 있다(p. 372).

자본/소득비율(β)이 증가하면 자본에 발생하는 소득이 늘어나고 노동으로부터 발생하는 소득은 상대적으로 줄어든다. 자본으로부터의 소득은 불로소득이고 상당 부분 유산으로 상속된다. 유산 및 기증에서 발생하는 소득의 비중이 커지면서, 이것이 소득의 불평등을 증가시키는 데 기여하였다. 이 소득은 20세기 초까지 20~25%를 차지하다가, 1920년경에 10% 이하로 떨어졌고, 1940년에서 1980년 사이에는 8% 이하로 머물다가, 그 이후 증가해 현재 15% 수준에 이르고 있다(pp. 379~380). 이에 따라 피케티는 현대를 상속자본주의(patrimonial capitalism)로 규정하였다.[3]

2 철학, 법, 경제, 사회체제 등 모든 면에서 영국이 대륙과 미국의 중간이라는 것이 주지의 사실이다. 소득 불평등의 변동에 있어서도 영국은 대부분 양자의 중간에 놓여 있다(p. 271).

프랑스의 경우 상위 10%가 차지하는 소득의 비율이 19세기 말에는 45~50% 수준인 데 비해, 20세기에는 30~35%로 하락하였다. 임금소득의 비중은 25% 수준에서 변동이 없었으므로, 불평등의 감소가 자본소득의 불평등을 억제한 데서 비롯되었다고 판단할 수 있다(pp. 271~273). 1980년 이후에는 경영자들의 노동소득이 크게 증가해 상위소득자의 소득 중 노동소득의 비중이 증가하였다. 과거에는 상위 1%에서 자본소득이 노동소득을 압도했는데, 현재는 0.1%에 이르러서야 이같이 된다. 그렇지만 이것이 임금체계의 불평등에 영향을 주지는 않았다(pp. 277~279).

미국의 경우 상위 10%가 차지하는 노동소득이 1980년대 이후 25% 수준에서 35%로 증가하였다. 이 추세는 유산보다 능력이 더 정당하다고 보는 능력주의에 대한 극단적인 믿음에 부합된다. 이로 인해 연금생활자와 경영자 사이에 경쟁이 벌어지면서 나머지 사람들이 희생되고 있다(p. 417). 미국의 경우 이제는 상위 1%가 아니라 0.1%에 이르러야 자본소득이 중요해지기 시작하였다. 그렇더라도 자본소득의 중요성을 부정할 수 없다. 미국에서도 자본소득이 중요해지는 소득의 수준이 높아졌을 뿐이다. 1980년대 이후 증가한 불평등 중 최소한 1/3은 자본소득의 불평등에 기인한다(pp. 299~301).

피케티는 기술변동으로 인적 자본이 중요해져 자본의 몫이 줄어들 것이라는 예측을 받아들이지 않는다(pp. 223~224). 유산을 상속하는 중산층이 생겨난 것은 20세기에 있어 중요한 변화이다. 이로 인해 상위 1%가 소유한 자산의 비율은 반으로 줄었다. 그렇지만 불평등이 사라졌다고 볼 수 없다(pp. 260~262).

3 한국의 경우도 이 같은 경향에서 벗어나지 않지만, 소득 불평등이 심화되는 시점이 1997년 경제위기 이후로 여타 국가들보다 늦다. 최근의 불평등도는 미국과 독일·일본의 중간이다(김낙년, 2013).

피케티에서는 자본에 대한 수익률(r)과 성장률(g)의 차이도 자본이 축적되어 불평등이 늘어날 잠재력을 보여 준다. ① $\alpha=r(s/g)$을 보면 이를 확인할 수 있다. 그런데 이것은 논리적인 근거를 가지고 있다기보다 역사적인 사실에 가깝다. 대표적인 경우로 r이 4~5%, g가 1~2%이라면, $sr=\alpha g$에서 보듯이, 자본의 몫이 저축비율보다 높은 것으로 나타난다. 장기간 자본의 몫은 30~40%이고, 저축비율은 10% 내외였다(pp. 350~355). 더구나 이미 지적했듯이 세계화의 상황에서는 해외 자산으로의 전환이 용이해 수익률이 떨어지는데 시간이 더 오래 걸린다(pp. 361~366). 유럽보다 미국의 β가 낮은 이유도 미국의 저축률(1970~2010년에 7~8%)이 낮고 이민 등으로 성장률이 높았기 때문이다.

②에서 보듯이, g는 국민소득의 성장률로 일인당 소득증가율과 인구증가율을 합한 것이다(p. 167). 성장률은 경제 전체의 평균적인 소득증가율로 이해할 수 있다. 그렇다면 $(r-g)$는 자본수익률과 평균적인 소득의 증가율 사이의 차이를 나타낸다. 이에 따라 수익률이 높으면 저축이 늘어나 자본이 커지면서 수익이 더욱 커지는 자본의 자기증식이 발생한다. 반면 성장률이 높아지면 새로운 산업이나 기능이 늘어나 그만큼 불평등이 약화된다(p. 431). 또한 인구가 빠르게 증가하면 그만큼 상속되는 유산이 여러 자손들에게 쪼개지므로 불평등이 완화된다(pp. 83~84).

① $\alpha\equiv r(s/g)$을 보면 α의 변동은 r, s, g의 변동에 달려 있다. α는 r과 정의 방향으로 움직이고, g와 반대방향으로 움직인다. 만약 s에 변동이 없거나, 변동이 있더라도 r이나 g의 움직임과 상관관계가 없다면, α의 변동은 r의 변동과 g의 변동에 달려 있다.[4] 역사적으로 수익률은 성장률보다 언제나 높았는데, 양자의 차이가 어느 정도인가에 따라 불로소득이 차지하는 비중이 달라진다. 성

장률이 높아지면 자본소득의 비중이 줄어 불평등이 줄어든다. 반대로 성장률이 낮아지면 자본소득의 비중이 커져 불평등이 늘어난다. 또한 수익률이 늘어나면 자본소득의 비중이 커져 불평등이 증가하고, 수익률이 줄어들면 자본소득의 비중이 작아져 불평등이 감소한다. 수익률이 성장률을 크게 넘어서 자본소득이 압도하게 되면 과거가 현재나 미래를 삼키는 결과가 나온다(pp. 531, 571).

소득분배가 시장에서 한계생산성이나 교육 수준 혹은 기술발전에 의해 정연하게 결정되지 않고, 사회집단들의 세력, 정치, 협상, 제도와 규칙, 규범, 경제정책 등에 의해 결정된다는 점을 피케티는 일관되게 강조하였다(pp. 274~275, 305~335, 577). 현실 경제에서는 여기에 다시 전쟁 등 여러 충격들이 추가된다. 1940~1980년 사이의 불평등 감소에는 전쟁, 공황, 누진세, 국유화 등이 기여하였고, 임금을 안정시키기 위한 최저임금법이나 월급제 등의 제도들도 영향을 미쳤다. 물론 최저임금이 상위소득의 불평등에는 영향을 미치지 못하였다(p. 310).

최고경영자들의 보수는 스톡옵션의 제공 등을 통해 1970~1980년대부터 2000년 사이에 크게 증가하였고 최고경영자들 사이에도 더욱 차별화되었다. 그런데 1980년 이후 소득 불평등을 강화시키는 최고경영자들의 막대한 보상을 정당화하려면 불연속적이고 비현실적으로 높은 능력의 차이를 전제해야 한다. 또한 이들의 봉급은 대체로 끼리끼리 알고 있는 사람들로 구성된 위원회에서 결정된다(pp. 510~512). 기업의 외적인 요인이 변동했을 때 경영자들의 보

4 여기서 피케티가 강조한 자본수량의 효과가 아니라 이윤율이라는 가격효과가 더 중요해지는 것은 r, g가 모두 자본량을 분모로 삼아 수량효과를 공유하고 있기 때문이다.

수가 함께 변동했다는 것도 이들의 보수가 생산성이나 교육 등과 무관함을 보여 준다(Piketty, 2013: 335; Bertrand and Mullainathan, 2001).[5] 따라서 한계생산성이 아니라 협상력과 재량, 그리고 사회집단들의 세력관계가 최고경영자에 대한 보상을 결정한다고 볼 수밖에 없다.

1980년 이후 상위 1%에 속하는 최고경영자의 고소득이 다른 국가보다 영국과 미국에서 두드러진다는 사실은 이것이 각국의 제도와 관련되어 있음을 말해 준다. 2010년을 전후로 미국과 영국에서 상위 1%가 차지하는 소득이 15~18%인 데 비해, 프랑스, 독일, 일본에서는 6~11%에 그쳤다. 그렇다고 해서 유럽이 미국보다 언제나 더 평등했던 것은 아니다. 20세기 초에는 유럽의 불평등이 미국의 불평등을 상회하였다. 제1차 세계대전 이전에 상위 10%가 차지하는 소득의 비율이 유럽에서는 46%인 데 비해, 미국에서는 41%였다.

이는 정치사회적인 요인들이 소득분배를 결정한다는 것을 의미한다. 소득분배가 이같이 결정된다는 사실은 앞으로도 변치 않을 것이다. 동시에 이것은 정치나 정책을 통해 소득분배가 개선될 수도 있고 악화될 수도 있다는 개방성을 의미한다. 피케티에 의하면 역사적으로 소득의 과도한 불평등이 민주주의를 해치고 정치적 갈등이나 소요를 가져왔다. 이런 의미에서 2008년의 경제위기는 세계화된 상속자본주의의 위기이다. 이런 상황에 비추어 그는 제도적인 장치나 정책을 통해 소득의 불평등을 완화시켜야 한다고 주장하였다.

피케티에 의하면 독점의 해소와 경쟁의 증가를 통해 소득의 불평등을 완화할 수 없다. 예상과 달리 교육도 평등이나 사회계층의 이동을 증대시키지 못

5 물론 이것이 힘에 의한 지대획득인지 경쟁시장의 적정한 계약에 근거한 소득인지에 대해서는 논란이 계속되고 있다(Frydman and Jenter, 2010).

하고 있다. 특히, 미국의 경우 학비가 워낙 비싸 유명 대학에 접근하기가 쉽지 않다(pp. 471~487). 소득의 불평등을 해소하기 위해서는 소득과 상속되는 재산에 보다 높은 누진세를 부과하고, 세계 수준에서 1% 이하의 자본세를 도입해야 한다. 자본수익률에 대한 세율의 변동은 실제 수익률을 변화시키고 수익률과 성장률 사이의 차이를 변화시켜 소득 불평등에 영향을 미친다. 물론 자본의 크기에 따라 그 비율에 차이를 두어 누진성을 유지해야 한다.

그런데 현실 속에서는 자본에 대한 유치경쟁 등으로 과세의 누진적인 성격이 줄어들고 있다. 미국의 경우 1980년에는 최고한계세율이 70%이었는데, 1988년에는 28%가 되었다(p. 499). 그렇지만 금융자산의 움직임에 대한 상세한 정보를 국가들이 공유하고 이에 근거해 서로 협조하면 과세가 가능하다고 피케티는 주장한다(pp. 515~518). 이를 위해 그는 토지와 마찬가지로 금융자산의 움직임과 소재에 대한 지적도(cadastre)를 만들자고 제안한다(p. 561). 그리고 과거보다 훨씬 커진 사회적 국가가 이 역할을 감당할 수 있다고 본다.

2. 소득분배의 이론들과 피케티의 입장

상품의 가격이 아니라 소득분배에 이르면 경제학의 설명력은 더욱 취약해지며 시장의 자율성에 대한 경제학의 신념도 약화된다. 이런 이유로 분배이론에는 현상에 대한 설명과 이상에 대한 지향이 겹쳐 나타난다. 피케티도 존재와 규범이라는 소득분배이론의 양면성을 의식하고 있다. 현실과 규범이 뒤얽힌 소득분배이론은 세 가지 정도로 나뉜다.

1) 한계생산성이론

한계생산성이론은 생산요소시장의 가격결정에 관한 근거를 신고전학파에게 제공한다. 생산함수에 근거한 이 이론에 의하면 노동과 자본의 마지막 한 단위가 생산에 공헌한 바에 따라 임금과 이윤이 결정된다. 이 이론은 능력주의를 표방하면서 가치를 생산한 자가 그것을 분배받는 것이 옳고 또한 시장에서 실제로 그렇게 된다고 주장한다.

한계생산성 개념이 '생산성'이라는 표현을 통해 생산에 대한 공헌을 고려하지만 생산에 대한 공헌은 시장에서 평가된다. 이 이론은 개인들의 선택과 교환에 의존하는 시장을 중심으로 분배와 생산을 수용해 시장의 가격기구가 생산 결과에 대해 평가한 바를 능력의 기준으로 삼는다. 따라서 한계생산성은 '생산'과정 자체보다 생산물이 시장에서 평가된 '결과'를 중시한다. 시장의 가격과 개인의 선택에 대한 의존은 신고전학파가 강조하는 소비자잉여나 생산자잉여에서 드러난다. 잉여는 개인들이 생산해서 판매하고 구매하겠다고 선택한 결과로 발생한 '가치'의 증가이다. 국민소득은 경제 전체에서 이같이 발생한 부가가치의 합이다.

한계생산성이론에서 선택과 한계라는 측면을 접어 두면 분배의 기준으로 생산에 대한 공헌과 시장의 평가가 남는다. 이 관점에서는 한계생산성이 임금이나 이윤·이자의 정당성을 판단하는 기준이다. 이 때문에 마지막 한 단위가 생산에 공헌한 바라는 기준으로부터 벗어나는 소득은 부당하다. 경제학이 흔히 활용하는 콥-더글러스 생산함수는 이런 요소들을 모두 담고 있다. 이 함수에서는 자본의 몫과 노동의 몫을 합하면 정확히 총생산물과 일치하므로 자본가와 노동자 사이에 갈등이 없이 조화로운 분배가 이루어진다. 또한 이윤/소득비율(Π/Y)이나 이윤/임금비율(Π/W)은 노동과 자본의 투입계수에 의해 기술적으로 주어지며 안정적이다.

이 주장은 시장이 완전경쟁이어서 임금이나 이윤이 노동이나 자본의 한계생산물과 일치한다는 점을 전제한다. 만약 시장에 독과점이 있거나 협상이 개입되면, 임금이나 이윤이 한계생산물이라는 기준에서 벗어나 조화롭고 안정된 소득분배의 근거가 손상된다. 그렇지만 시장에서는 독과점보다 자유경쟁이 지배해 이 기준이 충족된다고 신고전학파는 주장한다(Barba and de Vivo, 2012: 1481).

이 때문에 신고전학파는 한계생산성이론이 현실 경제를 설명하지 못하는 경우, 이 이론이 불완전하다고 말하기보다 현실 경제가 불완전하다고 말한다. 신고전학파도 불완전한 정보나 공정성을 보장하는 법체계 등을 언급하지만 이들을 부차적으로 취급한다. 나아가 효율성을 중시하므로 불평등 중에서 비효율성이 수반되는 불평등을 우선시한다. 신고전학파가 지대추구를 우선적으로 문제 삼는 이유도 여기에 있다(Mankiw, 2013: 23~24). 나아가 이런 사고방식은 분배 문제에 대한 경시나 적대감으로까지 이어진다(Lucas, 2004: 12).

경제발전의 차원에서는 쿠즈네츠(S. Kuznets)가 U곡선을 내세웠다. 이에 따르면 경제가 성장하면서 상당 기간 소득분배가 더욱 불평등해지지만, 성장이 더 진행되면 다시 소득분배가 개선된다. 이것은 성장의 혜택이 모든 계층에게 확산되면서 불평등이 줄어든다는 주장으로 이해할 수 있다. 이 부분을 결합시키면 한계생산성이론은 세 가지 논리로 압축된다. 첫째, 시장경제 내부에서 소득이 결정된다. 둘째, 시장이 경쟁적이고 정보가 충분하다면, 이렇게 결정된 소득이 생산성에 준하므로 정당하다. 셋째, 산업화 과정을 통해 소득분배의 불평등이 시장 안에서 스스로 교정되어 장기적으로 소득분배가 안정화된다.

2) 노동가치 · 착취이론

마르크스가 내세운 노동가치론 및 착취이론은 임금과 이윤이 시장이나 정치의 장이 아니라 기업이나 공장에서 결정된다고 주장한다. 이 이론은 주어진 순생산물을 노사가 나눈다고 보지 않고 순생산물의 수량 자체가 생산과정에서 결정된다고 생각한다. 노무관리에 의해 착취의 정도, 규율이나 사기가 결정되므로 공장이나 기업 내의 생산성은 가변적이다. 이 입장은 노자 간의 투쟁이나 대립(그리고 세력관계)을 중시하는데 그것들의 소재지를 생산과정에 두고 있다. 여기서 자본의 수익에 해당되는 잉여가치는 생산과정의 결과이다. 그리고 잉여가치에 노동력의 가치를 합한 부가가치가 국민소득을 이룬다.

노동시장의 교환 및 계약과 생산함수에 의존하는 신고전학파는 일단 노동계약이 이루어지면 그 이후 진행되는 기업이나 공장 내의 일은 자동적으로 굴러간다고 생각한다. 이에 비해 마르크스주의는 노동시장에서 계약을 통해 근로조건이나 임금 등을 정했더라도 이것으로 생산의 결과를 보장할 수 없다고 생각한다. 이는 시장에서 구입되는 노동력과 실제로 생산에 투입되는 노동량이 동일하지 않기 때문이다. 한계생산성이론이 생산함수의 선상에서 움직인다면, 이 이론은 생산함수의 '내부'에서 작동한다. 이 이론에 가까운 주류경제학의 논리로 불확실성에 따른 계약의 불완전성, 이행비용의 발생, 노동·노력추출이론 등을 들 수 있다.

마르크스에서 착취와 생산과정은 자본의 운동법칙에 포함되어 있다. 자본은 개인의 선택이나 법·정책과 독립적으로 스스로를 확대재생산한다. 이 때문에 이 전통에서 강조했던 것은 이윤/소득이나 이윤율/임금 등의 비율이 아니라 이윤율 자체였다. 자본주의 구성원들의 화폐물신과 이윤추구를 통해 이런 확대재생산이 이루어진다. 화폐와 이윤추구의 필연성으로 인해 자본은 생산재나 산업자본의 형태뿐만 아니라 화폐자본, 금융자본, 가공자본의 형태를 띠고, 이런 형태가 나름대로 자율성을 지닌다. 이에 따라 실제 가치를 생산하는 자본과 이런 가치를 분배하고 유통시키는 자본이 구분된다.

이 입장에서는 투입되는 노동 혹은 넓은 의미의 노동이 소득의 정당성을 판단하는 기준이다. 그리고 이 입장에서도 가치를 생산한 자가 그것을 가져가는 것이 옳지만, 시장에서 실제로 그렇게 되지 않고, 그렇게 되지 않는 이유가 구조적이고 제도적이라고 생각한다. 이 때문에 생산의 주체와 분배의 주체는 일치하지 않는다. 착취를 일단 접어두고 이 이론을 넓게 이해하면, 노동의 수량과 생산에 대한 공헌을 보편적인 분배기준으로 제시할 수 있다.

한계생산성이론과 대비해 착취이론을 다음과 같이 정리할 수 있다. 첫째, 경제 내부에서 소득이 결정되지만, 시장이나 교환과정이 아니라 생산과정에서 그렇게 된다. 둘째, 시장이 경쟁적이고 정보가 충분하더라도 자본주의의 구조적인 문제로 착취가 지배적이어서 소득이 생산에 대한 공헌에 따라 결정되지 않는다. 셋째, 소득분배의 불평등은 자본주의 내에서 스스로 교정되지 않으며 오히려 더욱 악화되어 노동자 계급의 빈곤화를 가져온다.

3) 세력관계·협상이론

세력관계·협상이론은 임금이나 이윤이 노동·자본시장이나 생산과정에서 결정되지 않고, 노동자나 자본가들 사이의 협상·투쟁·타협 등을 통해 결정된다고 주장한다. 협상·투쟁·타협은 시장과 공장의 밖에서 진행되고 세력관계에 의존한다. 그러므로 이 입장에서 소득분배는 경제의 장이 아니라 정치의 장에서 결정된다. 한계생산성이론이 생산함수 선상에서 움직이고, 착취이론이 생산함수의 '내부'에서 움직인다면, 이 이론은 생산함수의 '외부'에서 작동한다.

이 이론은 스미스에서도 등장하고 마르크스도 강조한 바 있다. 그렇지만 이 이론은 리카도와 스라파를 위시한 신리카도학파의 입장에 가장 부합된다. 이 학파에서 분배의 대상은 잉여나 잉여생산물이고, 이것이 부가가치로서 국민소득을 이룬다. 물론 현실의 노사협상에서는 이보다 복잡하게 과거의 임금, 생계비, 생산성 증가, 물가상승 등으로 구성되는 상한과 하한 사이에서 협상을 통해 임금이 결정된다. 이 입장에서 핵심 변수들은 이윤/소득비율(Π/Y)이나 이윤/임금비율(Π/W)이 아니라 이윤율/임금비율(r/w)이다.

이 이론은 분배를 설명하는데 정치나 정책 등 다양한 요소들을 고려하면서 소득분배의 규범적인 기준을 제시하지 않는다. 이 이론에 관해 기술 수준과 생산구조가 잉여생산물을 결정한다고 추정할 수 있다. 그렇지만 이 이론이 스스로 잉여의 근원을 밝히지는 않는다. 결과적으로 이 이론은 생산이나 교환과 무관하게 이미 주어진 잉여를 놓고 노자가 대립하고 투쟁한다는 사실에 초점을 맞춘다.

서로 반대되는 입장에 서 있으면서도 한계생산성이론과 착취이론은 모두 분배를 설명하고 소득을 정당화하는 기준을 제시한다. 한계생산성이론이 분배의 기준으로 생산에 대한 공헌과 시장의 평가를 내세운다면, 착취이론은 노동의 수량과 생산에 대한 공헌을 기준으로 내포하고 있다. 결과적으로 두 이론에서 투입된 노동의 수량, 공장이나 기업에서의 생산에 대한 공헌, 가격에 의한 시장의 평가를 기준으로 도출할 수 있다. 노동량은 생산에 대한 공헌과 반드시 일치하지 않으며, 생산에 대한 공헌은 반드시 시장의 평가와 일치하지 않는다. 이 세 가지 기준은 일상이나 상식 수준에서도 오랜 동안 소득분배의 기준으로 기능해 왔다.

이에 비해 세력관계·협상이론은 누가 가치를 생산했고 가치가 어디서 생겼는지 알 수 없다는 태도를 취하므로, 누가 가치를 가져가야 한다고 말하지도 않는다. 한계생산성이론이 시장을 중시하고, 착취이론이 생산과정을 강조한다면, 협상이론은 시장도 생산과정도 중시하지 않는다. 이런 이유로 이 이론은 분배를 시장의 교환 및 가격결정이나 공장의 생산으로부터 분리하고, 분배의 주체를 교환의 주체나 생산의 주체로부터 구분한다.

특히, 이 이론은 노동가치나 착취를 인정하지 않는 데 그치지 않고 생산과정과 기업의 내부에 대해 무관심하다. 나아가 이 이론은 경제활동의 결과와 이에 대한 분배에 일방적으로 관심을 두기 때문에 경제활동 자체나 과정을 경시한다. 이 점에서는 신고전학파와 비슷하다. 이 이론은 소득의 불평등이 해소되기를 바라지만 이런 소득을 낳는 노동과정이나 근로조건 등에는 상관하지 않는다. 대신 이 이론은 분배의 정치성을 강조하면서 다양한 사회정치적인 요인들을 고려한다. 무엇보다 민주적인 협의에 의해 결정되는 법이나 정책 혹은 비

율을 중시한다.[6]

4) 피케티의 입장

소득분배가 세력관계나 협상 등 여러 정치사회적인 요인들에 따라 결정된다고 생각했으므로 피케티의 입장은 협상이론에 가깝다. 피케티도 구조적인 요인들을 배경에 깔고 있지만 세력관계나 협상의 역할을 더 강조하는 것으로 보인다. 이에 더해 그는 묵시적으로 투입노동량과 생산에 대한 공헌을 소득을 정당화하는 근거로 삼아, 법과 정책을 통해 소득 불평등을 완화할 것을 주장하였다. 이런 입장에서 그는 한편으로 한계생산성이론을 필두로 신고전학파 이론을 비판하였고, 다른 한편으로 무조건 자본의 몫이 커지고 노동의 몫이 줄어든다고 보는 마르크스주의도 비판하였다(pp. 217~219).

그의 입장을 신고전학파의 입장과 대비하면 다음과 같다. 첫째, 시장이나 경제 내에서 소득이 완전히 결정된다고 볼 수 없다. 둘째, 결정된 소득이 생산성이나 능력에 준한다는 보장이 없으므로 정당성을 부여할 수 없다. 셋째, 이렇게 결정된 소득분배가 장기적으로 안정적이라는 보장도 없다.

구체적으로 그는 신고전학파가 콥-더글라스 생산함수에 근거해 내세우는 안정적이고 조화로운 노사분배가 현실이 아니라는 점을 분명히 했다. 현실에서는 사회집단들의 정치적인 세력, 협상, 제도, 법과 규범, 전쟁 등 여러 요

6 그런데 착취이론과 세력관계·협상이론에서는 소비나 저축을 계층이나 계급 혹은 이들이 받는 소득의 종류에 따라 구분한다. 이에 의하면 저축(혹은 소비)비율이 자본소득인가 노동소득인가 혹은 자본가인가 노동자인가에 따라 달라진다.

인들이 개입해 소득분배를 결정해 왔다. 그렇기 때문에 시장이 경쟁적으로 변하더라도 한계생산성이 소득을 결정한다고 보기 힘들다(pp. 217~219). 이에 덧붙여 그는 리카도적인 동일성(Ricardian equivalence), 모딜리아니의 평생소득가설, 베커의 인적자본이론, 시간선호, 파레토의 법칙, 자본시장의 완전성 등 신고전학파의 여러 이론들이 현실에 맞지 않는다고 비판하였다(pp. 135, 358~361, 384~385, 401).[7]

반면 피케티는 양적인 자료에 질적인 측면이나 구조적인 측면을 부여하려고 노력하였다(pp. 252~253). 또한 그에게서 성장률이나 자본규모 등의 양적인 변동이 어느 수준 이상으로 누적되면 구성이나 구조 등의 질적인 변동을 낳아 국가들 사이에 현격한 차이를 가져온다(pp. 74~75, 95~96, 166, 277, 430~431, 439~440). 이는 모든 것을 미분하는 한계효용학파와 거꾸로 피케티가 개별화된 가치들을 적분하는 것에 해당된다. 다만, 완전경쟁, 대체율, 자유무역 등에서는 피케티가 한계생산성이론과 친화력을 유지하였다.

피케티는 마르크스도 여러 측면에서 비판했으나 자본의 확대재생산이나 역사적 관점에 대한 강조 등에서는 그와 친화력을 보인다. 무엇보다 노동을 통해서만 소득을 획득할 수 있는 노동자에 비해, 자본은 내버려 두어도 수익을 끌어오므로 스스로를 재생산하고 증식한다는 점을 그는 지적하였다(pp. 395~396, 439~440). 일단 발생한 불평등이 자신의 논리에 따라 작동한다는 주장도 이와 비슷하다(p. 335). 나아가 그는 자본이 유산이나 증여를 통해 자손에게 이

7 최고경영자의 소득이 자본소득이 아니라 주로 노동소득이라면, 자본과 자본소득이 불평등의 근원이라는 피케티의 주장이 약화된다. 그런데 피케티는 최고경영자의 보수에 대한 인적 자본의 논리를 아직 확실하게 반박하지는 못한 것 같다(Krugman, 2014).

전되는 것을 주목하면서, 이것을 죽은 것이나 과거가 산 것이나 현재를 삼키는 것에 비유하고 있다. 이는 마르크스가 자본을 죽은 노동으로 보고, 자본이 노동을 지배하는 것을 죽은 노동이 산 노동을 지배하는 것으로 본 것과 비슷하다. 자본의 자기증식운동에 대한 착목으로부터 자본 자체에 세금을 부과하자는 그의 주장도 나온다.

고전학파에서부터 신고전학파에 이르기까지 주류경제학은 생산수단이나 생산요소 자체의 분배가 아니라 생산요소의 분배가 주어진 상태에서 발생하는 소득분배에 집중해 왔다(홍훈, 2007: 105). 분배 문제를 경제의 중심에 놓았던 리카도와 스라파도 잉여에 집중해 자본 자체를 다루지는 않았다. 이들은 생산수단이나 자원의 사유제도를 존중하면서 이로부터 발생하는 소득에만 관심을 두고 있다. 이런 시각 속에 갇혀 있지 않다는 점에서 피케티는 마르크스에 가깝다.

그렇지만 마르크스와 피케티 사이에 차이점들이 더 많다. 피케티는 개념들보다 통계자료에 나타난 현상들을 더 중시하였다. 그는 소득분배비율을 단순히 개인이나 개인들의 모음을 단위로 제시해 노동자 계급이나 자본가 계급과 관련짓지 않았다. 또한 그는 소득분배의 결과와 관련해 부각되는 재산이나 자산과 기업의 자본을 구분하지 않는다. 더구나 그는 자본을 주로 유산으로 간주하면서 토지와 구분하지 않았다. 그에게서 자본은 토지를 포함하고 자본수익은 지대를 포함한다.

물론 피케티는 자본 자체의 자기운동이나 자기재생산을 인정하면서도 생산과정과 착취나 노동 추출을 고려하지 않았다(김공회, 2014). 서비스업의 증가로 인해 더욱 중요해지고 있는 감정노동의 착취도 그는 지적하지 않았다(홍훈,

2011). 당연히 그는 노동가치론을 수용하지 않았다. 더불어 그는 자신이 관심을 두고 있는 19~20세기의 착취나 소득분배를 둘러싼 투쟁 및 저항을 심각하게 다루지 않았다.

나아가 피케티는 생산자본이나 산업자본과 금융자본 혹은 가공자본의 차이를 중시하지 않았다. 아마도 이들을 구분하는 것이 쉽지 않다고 생각한 것 같다(Galbraith, 2014). 이는 생산과 소유 혹은 생산과 분배나 유통을 구분하지 않는 것과 같다. 1914년에서 1950년 사이에 자본/소득비율이 줄어든 원인들 중 양차 세계대전이라는 전쟁과 대공황을 그가 명확히 구분하지 않는 것도 이와 같은 선상에 있다. 전쟁에서는 자본이 물리적으로 파괴되는 데 비해, 공황에서는 자본이 경제적으로 가치를 상실한다. 생산자본과 금융자본을 구분하지 않았기 때문에 피케티가 전쟁의 파괴와 공황의 가치 상실도 구분할 필요도 없었다고 생각된다.

3. 피케티의 문제점

피케티의 *Capital in the Twenty-First Century*는 방대한 자료에 근거한 훌륭한 경험적인 연구이다. 경험적인 연구를 위주로 했기 때문에 연구 결과에 대해 확고한 이론을 제공하지는 않았다. 피케티의 주장은 통계적인 규칙성에서 좀 더 나아간 가설로서 완전한 의미의 이론이 아니다. 이론이 되려면 경제사회구조 및 제도와 미시적인 기반 등을 보완해야 한다.

보다 구체적인 수준에서 우선 그는 생산과정을 다루지 않았을 뿐만 아니라 생산과 분배, 생산(자)과 소유(자)를 구분하지 않았다. 무엇보다 그는 생산에 투입되는 생산의 주체나 생산요소라는 의미와 생산의 결과를 청구하는 분배의 주체나 수혜자를 구분하지 않았다. 생산함수에 근거하는 신고전학파의 영향으로 이런 문제가 발생한 것으로 보인다.

또한 피케티에서 자본은 토지나 건물을 포함해 노동 이외의 모든 생산요소를 망라하며 부동산과 금융자산으로 나뉜다. 물론 부동산에서 농업용 토지가 차지하는 비중은 크게 줄었고, 주택이나 산업용 건물 등이 그 자리를 차지하였다. 그런데 이 중에서 주택은 개인의 자산이지만 기업의 자본은 아니다 (Odran et al., 2014; 유종일, 2014: 230). 같은 이유로 그는 지대와 이윤, 이자 등을 구분하지 않고 모두 자본에 대한 수익으로 삼았다. 이에 따라 그는 전체 소득을 노동에 근거한 임금과 노동 없이 단순히 자본을 소유해서 얻는 소득으로 대별하였다.

나아가 그는 자본을 계승되는 재산이나 유산으로 간주해 자손대대로 이어지는 기득권이나 토지와 비슷하게 취급하고, 이로부터의 수익도 지대와 비슷하게 취급하였다. 그의 입장에서 자본/소득비율의 증가는 자본가 계급의 증가가 아니라 놀고먹는 연금생활자의 증가나 노동소득에 대비한 불로소득의 증가이다. 마르크스에서 자본이 생산을 통해 가치와 잉여가치를 낳는다면, 피케티에서 자본은 소유를 통해 수익을 가져다준다.

이같이 그에게서 자본은 생산이 아니라 소유와 연결되므로 이런 의미의 자본/소득비율은 생산조건이나 기술과 연결될 수 없다. 특히, 구조물과 장비로 구성된 산업자본과 주식이나 채권 등 금융자본을 그는 구분하지 않은 것 같다. 이 때문에 피케티가 자본/소득비율에 대한 계산을 할 때 자본이 어떤 때는 생산을 의미했다가 다른 때는 소유를 의미한다. 그런데 순전히 소유나 청구권과 관련된 금융자산의 증가는 반드시 자본을 늘리지 않는다. 저축으로 투자해 공장을 짓고 다시 그 공장을 가진 기업이 주식을 발행하는 경우 이 저축의 가치는 (공장+주식)이 아니라 공장에 준한다.

자본의 자율화나 물화 및 전도 혹은 금융자본이나 가공자본의 지배가 현대자본주의의 특징이다(Paulani, 2014: 791~793). 이 점을 고려하면 그가 내세운 자본/소득비율의 변동이 달라질 수도 있다. 이런 의미에서 총자본에서 금융자본이 차지하는 비율은 중요하다. 피케티에 대한 우호적인 논평을 통해 솔로우도 생산자본과 금융자본의 구분이 필요하다는 점을 시사하였다(Solow, 2014).

이로 인해 피케티의 기본법칙 (1)과 (2) 사이에 개념적인 일관성이 유지되지 않았을 가능성이 있다는 점이 보다 심각하다. 구체적으로 피케티가 내세운 두 가지 기본법칙에서 (1)의 자본(K)은 소유에 근거한 가치에 대한 청구권으로서 생산자본(K_I)뿐만 아니라 금융자본(K_P)을 포함한다. 이에 비해 (2)의 자본은 저축이 투자되어 형성되는 구조와 장비 등의 생산재로 금융자본을 포함하지 않는다.

사실 (2)의 원형인 해로드·도마, 칼도어, 솔로우, 파시네티 등도 금융자산을 고려하지 않았다(pp. 230~231). 저축(률)과 성장(률)에 감가상각을 포함시켜 논의를 재구성해야 한다는 피케티에 대한 비판에서 이 점이 더욱 두드러진다(Kruselll and Smith, 2014). 금융자산의 감가상각은 상정할 수 없기 때문이다. 피케티 자신도 (2)와 관련해 해로드의 모형이 노동과 자본 사이의 대체를 허용하지 않았다며 노동과 자본의 대체탄력성을 논의하였다. 주식이나 채권에 대해서는 대체탄력성을 운운할 수 없으므로, 그 역시 (2)를 금융자산과 무관한 생산이나 기술과 연결시킨 셈이다(Barba and de Vivo, 2012: 1485).

방정식은 물론이고 항등식도 개념의 일관성을 유지해야 한다. 전체 자본 중에서 금융자본의 비중이 언제나 일정하다면 이런 지적이 중요하지 않을 수도 있다. 그러나 현실에서는 시기에 따라 전체 자본에서 금융자본의 비중이 변동하였다. 그리고 이런 주장은 투기나 버블이 없어 금융자산의 가격이 실물을 정확히 반영하는 비현실적인 경우에도 여전히 유효하다.

이같이 (1)의 자본과 (2)의 자본이 일치하지 않는다면, 두 식은 별도의 항등식을 통해 연결되어야 한다. 나아가 자본의 의미가 (1)과 (2)에서 다르다면, 소득도 (1)에서는 국민소득으로, (2)에서는 기술조건 등과 관련된 산출로 각기 달리 규정되어야 한다. 그리고 이런 방향으로 개선하기 위해서는 자본형태의 자율성(Paulani, 2014), 금융자본의 발전(Lapavitsas, 2009), 생산적 노동과 비생산적 노동이나 생산비용과 유통비용의 구분(Barba and de Vivo, 2012: 1494) 등을 고려할 필요가 있다.

(1) 자본소득/총소득≡수익률×(자본/총소득) $\alpha \equiv r\beta, \beta = K/Y$

(2) 생산자본/총소득 = 저축비율/성장률 $\beta_I = s/g, \beta_I = K_I/Y$

(3) 자본≡생산자본+금융자본 $K \equiv K_I + K_F,\ \beta \equiv \beta_I + \beta_F$

$\alpha \equiv r\beta = r(\beta_I + \beta_F) = r(s/g + \beta_F), \alpha = r(s/g + \beta_F)$ 혹은 $\alpha = r(s/g + P_F\beta_F)$

K_I: 산업자본, K_F: 금융자본, β_I: 산업자본/소득비율, β_F: 금융자본/소득비율, P_F: 금융자산의 시장가격

피케티는 자본의 몫(α)이나 노동의 몫에 집중한다. 그런데 고전학파와 마

르크스 등이 중시했고 솔로우가 지적했듯이, 개별 주체들의 동인으로 이윤율이나 임금(r/w)을 우리는 보다 신중하게 검토할 필요가 있다(Solow, 2014). 가령, 자본의 수량(K)이 늘고 이윤율(r)이 하락했지만 총이윤이 늘었다면, 다른 조건이 같은 경우 자본의 몫(Π/Y)이 늘어난다. 이에 대해 자본가들이 좋아할 것인가 혹은 자본가들의 위상이 높아진 것인가? 반대로 노동자의 숫자(L)가 늘고 일인당 임금(w)이 줄었으나 총임금(W)이 늘었다면, 다른 조건이 같은 경우 노동의 몫이 늘어날 수 있다. 이에 대해 노동자들이 좋아할 것인가 혹은 노동자들의 위상이 높아진 것인가? 피케티는 그렇다고 대답할 것이나, 이런 긍정적인 답변의 근거가 명확하지 않다.

피케티가 자본에 비해 경시한 노동과 관련해서도 생산의 주체와 분배의 주체, 투입노동량, 노동자, 취업자, 경제활동인구, 인구, 시민, 사회 구성원 등을 구분하지 않은 것으로 보인다. 그의 논의에서는 인구의 증가가 노동자의 증가이고 노동자는 언제나 생산자이면서 동시에 분배의 주체로 등장한다. 그렇지만 인구의 증가가 언제나 고용되는 노동자의 증가를 의미하지 않으며, 실업자도 사회복지의 수혜자일 수 있다.

보다 구체적으로 인구 전체가 경제활동에 참여하지 않는다. 경제활동인구는 연령 등 자연적 요인과 사회적 요인에 따라 변동한다. 또한 신체나 정신의 장애로 인해 경제활동인구에 포함되지 않아 생산에 참여하지 않으면서도 복지혜택을 받는다면 분배의 주체일 수 있다. 경제활동인구 중에서도 경기변동이나 시장 상황에 따라 일부는 실업자가 되므로 모두 고용되지 않는다. 생산에 참여하지 못하는 실업자도 실업보험 등 사회보장을 통해 분배의 주체가 될 수 있다.

경제 상황은 일시적이고 경기변동은 단기적이지만 노동시장이나 노조 등과 관련된 법규나 제도, 그리고 인사관리의 방식이나 규범이 고용에 미치는 영향은 장기적이다. 비정규직이나 파견근무 등 노동시장 유연화가 미치는 영향은 장기간 지속될 수 있다. 노동시장 유연화는 동일한 질과 양의 노동에 대해 과거보다 낮은 임금을 주는 결과나 동일한 임금에 더 나은 노동이나 더 많은 수량의 노동을 끌어내는 결과를 낳는다. 전자에서는 생산에 투입되는 노동시간과 분배의 근거가 되는 노동시간이 동일하다. 반면 후자에서는 생산에 투입되는 노동시간과 분배의 근거가 되는 노동시간이 동일하지 않다. 후자는 넓은 의미에서 착취나 추출을 내포하고 있다.

그런데 이런 것들을 오로지 소득분배라는 결과로 파악해서는 안 된다. 법인세나 상속세를 낮추는 것도 자본의 몫을 늘리고 노동의 몫을 줄인다는 점에서 이와 동일한 결과를 가져온다. 이에 비해 노동시장 유연화와 자본수익에 대한 세금 인하는 노동과정과 저소득층의 삶 자체에 미치는 영향이 다를 것이다.

피케티가 강조하는 누진세나 자본세는 경제활동의 결과에만 집착하는 것이다. 생산이나 경제활동이 시장 등의 경제적 과정이나 정치적 과정을 거쳐 소득분배를 낳으며, 여러 경제주체들이 일상적으로 이런 과정에 참여한다. 이는 근로조건이나 삶의 질과 관련되어 있다. 그렇다면 경제활동의 초기 조건이나 과정에 개입하고 전체적인 구조를 개혁할 필요도 있다. 최저임금법, 노사관계법, 비정규직 관련 법규 등을 모두 이와 같이 생각할 수 있다(유종일, 2014). 이렇게 한다면 미리부터 소득의 형평을 어느 정도 보장할 수 있다. 나아가 소득분배의 평등만큼 중요한 참여나 자율성 등의 가치들도 추구할 수 있다.

피케티의 가설에는 인구증가율이 낮으면 불평등이 늘어난다는 주장이 따라 다닌다. 해로드모형에서는 고정된 자본노동계수를 상정해 (자연성장률로 표현된) 인구증가율과 자본증가율이 일치될 때 균형성장이 가능하다. 이에 비해 피케티는 노동과 자본의 대체를 허용해 성장률의 구성요인을 일인당 소득의 증가율과 인구의 증가율로 나누었다. 이에 따라 $r>g$에서 인구를 늘리는 것이 소득 불평등을 줄이는 한 가지 방법이 된다. 인구가 늘면 그만큼 재산이 쪼개져 유산을 차지하는 비중이 줄고 새로운 세대가 과거나 자본의 질곡에서 더욱 벗어날 수 있다는 것이다. 그렇다면 출산장려가 소득 불평등을 줄이는 방책인가? 피케티가 인구를 경제활동인구나 노동자 등과 동일시한 것이 이런 모호함을 초래한 것 같다.

일반적으로 세력관계나 협상에 의존하는 이론은 분배의 객관적인 기준을 제시하지 않는다. 피케티는 이 점에서 조금 나아 보이지만 충분하지는 않다. 한계생산성이론이나 노동가치·착취이론을 수용하지 않더라도 평등이나 불평등을 순전히 상대적인 현상으로 만들지 않으려면 별도의 기준은 필요하다. 더구나 객관적인 기준이 누진세나 자본세의 비율을 결정하는 데 도움이 될 것이므로 피케티의 논리와 배치되지도 않는다.

우선 지니계수뿐만 아니라 노동지분이나 자본지분의 비율을 1%, 10%, 40%, 50% 등의 소득비율로 따지는 것 등은 모두 상대적이어서 소득 불평등에 대한 객관적인 기준이 될 수 없다. 느슨하지만 이보다 객관적인 기준으로 그는 극단적인 불평등이 형성된 이후에 프랑스혁명, 제1차 세계대전, 대공황 등이 발생했다는 점을 지적하였다(p. 439). 어떤 경제체제도 혁명, 폭동, 전쟁, 공황 등이 일어날 수준의 소득 불평등을 허용해서는 안 된다는 것이다. 이 부분에서 미시적인 기초가 요구되는 것 같다. 가령, 과도한 불평등이 상대적 박탈이나 사회적 비교 등을 낳아 위와 같은 문제들에 이르게 된다는 주장 등을 활용할 수 있다.

피케티에 등장하는 보다 구체적인 기준은 노동과 생산에 대한 공헌, 그리고 능력주의이다. 이에 따라 그는 노동이나 활동이 수반되는 노동소득과 소유에서 발생하는 자본소득을 구분하였다.[8] 나아가 그는 자본도 소유자의 저축에 의해 형성되었는지 아니면 유산이나 증여에 의해 생겼는지를 구분하였다. 이것은 세대 간의 불평등이나 이동성과 관련되어 있다. 끝으로 그는 노동소득은 생산성이나 인적 자본의 결과인지 아니면 세력, 협상, 운 등의 결과인지도 중시하였다. 특히, 이것은 최고경영자와 관련해 문제가 되었다.

이에 더해 이미 회자되는 객관적인 기준들로 생계에 근거한 최저생계비나 최저임금법, 기본소득, 부분적인 노동시간제(S-C. Kolm), 극빈자에 대한 우선적인 배려(J. Rawls), 천부적인 능력에 대한 공유, 토지공개념 등을 고려할 필요가 있다.[9]

소득분배는 사회경제의 중요한 문제들 중 하나이고 이에 대한 피케티의 논의는 주류경제학을 넘어서는 측면을 지니고 있다. 그렇지만 그는 소득과 생산의 결과에만 집착한 것 같다. 특히, $r>g$에 근거해 성장률이 높아져야 불평등이 줄어든다는 그의 생각은 생산이나 경제활동을 그 자체로 정당화하는 생산주의를 내포하고 있다(Galbraith, 1958). 생산을 많이 해야 불평등을 줄일 수 있다는 주장은 노동과 생산, 생산과정의 내용, 정치적 참여와 여가, 환경보호 등

8 여기서 자영업을 어떻게 처리할 것인지가 문제되며, 자영업의 비중이 높은 한국의 경우 더욱 그렇다(주상영·전수민, 2014).

9 콜름도 노동가치론을 주창하지는 않지만, 노동시간 중 1/3 정도에 해당되는 소득은 완전히 평등하게 나누고, 나머지는 완전히 각자의 몫으로 삼는 이분법적인 구상을 제시하였다(Kolm, 2004).

의 여러 가치들을 소홀히 하는 경향을 낳을 수 있다. 이 점도 재고되어야 할 것 같다.

참고문헌

김공회(2014), 「서평: 토마 피케티의 『21세기 자본』의 이론적 의의와 한국에의 시사점」, 『사회경제평론』, 제44호, 235~249.

김낙년(2013), 「한국의 소득분배」, Working Paper Series 2013-06 낙성대경제연구소.

유종일(2014), 「서평: 자본주의와 불평등-토마 피케티의 『21세기 자본』에 대하여」, 『사회경제평론』, 제43호, 221~234.

주상영 · 전수민(2014), 「노동소득분배율의 측정: 한국에 적합한 대안의 모색」, 『사회경제평론』, 제43호, 31~65.

홍 훈(2007), 『경제학의 역사』, 박영사.

_____(2011), 「마르크스의 착취관계와 소비 및 동양의 인간관계」, 『마르크스주의 연구』, 제8권 제1호, 12~39.

Barba, A. and G. de Vivo(2012), "An 'Unproductive Labour' View of Finance," *Cambridge Journal of Economics*, 36(6), 1479~1496.

Bertrand, M. and S. Mullainathan(2001), "Are CEOs Rewarded for Luck? The Ones without Principals are," *Quarterly Journal of Economics*, 116(3), 901~932.

Frydman, C. and D. Jenter(2010), "CEO Compensation," NBER Working Paper Series 165853.

Galbraith, James K.(2014), "Kapital for the Twenty-First Century?," *Dissent*, Spring(http://www.dissentmagazine.org/article/kapital-for-the-twenty-first-century).

Galbraith, John K.(1958), *The Affluent Society*, Boston: Houghton Mifflin Company.

Gregory, Mankiw, N.(2013), "Defending the One Percent," *Journal of Economic Perspectives*, 27(3), 21~34.

Kolm, S.-C.(2004), *Macro Justice: The Political Economy of Fairness*, Cambridge University Press.

Krugman, P.(2014), "Why We're in a New Gilded Age"(http://www.nybooks.com/articles/archives/2014/may/08/thomas-piketty-new-gilded-age/).

Krusell, P. and T. Smith(2014), "Is Piketty's "Second Law of Capitalism" Fundamental?," NBER Working Paper.

Lapavitsas, C.(2009), "Financialised Capitalism: Crisis and Financial Expropriation," *Historical Materialism*, 17(2), 114~148.

Lucas, R.(2004), "The Industrial Revolution: Past and Future," *2003 Annual Report Essay*, The Federal Reserve Board of Minneapolis.

Odran, B., P.-H. Bono, G. Chapelle, and E. Wasmer(2014), "Does Housing Capital Contribute to Inequality? A Comment on Thomas Piketty's Capital in the 21st Century," Sciences Po Economics Discussion Papers 2014-07.

Paulani, L. M.(2014), "Money in Contemporary Capitalism and the Autonomisation of Capitalist Forms in Marx's Theory," *Cambridge Journal of Economics*, 38(4), 779~795.

Phelps, E.(1961), "The Golden Rule of Accumulation: A Fable for Growthmen," *American Economic Review*, 51(4), 638~643.

Piketty, T.(2013), *Capital in the Twenty-First Century*, The Belknap Press of the Harvard University Press.

Solow, R.(2014), "Thomas Piketty is Right: Everything You Need to Know about '*Capital in the Twenty-First Century*'," New Republic, April 22, 1~12.

chapter 10

현대 경제학의 세 가지 학파: 방법론, 이론, 그리고 사회철학의 세 가지 관점에서

경제학의 발전과정에 대해 두 가지의 견해가 존재할 수 있다. 하나는 현존하는 특정 학파를 척도로 삼아 현재의 여타 학파 내지 과거에 존재했던 학파들을 불완전한 것으로 간주하는 것이다. 이와 같은 견해에 따르면, 경제학은 선형적으로 발전해 왔으며 과거의 이론이나 현존하는 여타의 학파는 현실분석에 필요하지 않은 존재가 된다. 이에 반해 사회과학에서와 마찬가지로 경제학에 있어서도 제반 학파는 경제현상에 대해 나름대로 독자적인 시각을 제시하기 때문에 역사적 상황의 변화에 따라 흥망성쇠한다고 보는 것이다. 후자의 견해에 따르면 과거의 이론이나 현존하는 제반 학파들에 대해 사전적으로 그 존재의의를 박탈해야 할 이유가 없다. 현재 한국 학계의 상황에서는 후자의 견해가 학문적인 태도가 되어야 한다는 것이 본 글의 편견이자 출발점이다.

한국 경제학계의 고질적인 문제들 중에서 가장 심각한 것들을 든다면, 우선 하나의 시각으로 모든 경제 문제를 해결하려는 독단성과 여기에 근거를 두고 있는 경직된 체제관을 들 수 있다. 최근에 이와 같은 경향이 다소 완화되는 경향이 있으나 대체되는 시각을 제시한다고 자부하는 측에서도 추상적이고 고정된 이념에 사로잡히거나 최근의 학문적 동향에만 치우쳐 다각적인 현실 문제의 파악을 차단하는 위험성을 안고 있다. 이 같은 독단성이나 폐쇄성을 극복하기 위해서는 다각적인 학파 및 시야 간의 비교·검토가 요구되고 또한 이들의 차이점이 수시로 확인되고 상기되어야 할 것이다. 본 글은 현대 경제학계의 시각을 세 가지로 압축시켜 방법론, 중심이론 및 사회철학의 관점[1]에서 상

1 이 세 가지 기준은 학파를 비교하는 데 있어 공인된 것은 아닐지라도 상당한 근거를 가지고 있는 것이다. 그 예로서 엥겔스(F. Engels)는 Anti-Dühring에서 Philosophie(철학), Politische Ökonomie(경제학), Sozialismus(사회주의)로 나누고 이 순서에 따라 Dühring을 비판하고 있다.

호 비교하려는 시도이다. 이와 같은 시도는 과거부터 현재까지 수없이 많이 이루어졌고 이 글은 이들에 대한 나름대로의 정리에 불과하기 때문에 독창적인 것은 거의 없음을 미리 밝혀둔다.

경제학계에 있어서 현재 존재하는 학파들은 신고전학파, 신리카도·후기케인스학파, 그리고 맑스학파로 분류할 수 있을 것이다. 이 글에서는, 첫째 이들 세 가지 학파에 대해 인물을 중심으로 그 학설사적 흐름을 개괄하고, 둘째 방법·중심이론, 그리고 사회철학의 관점에서 차례로 비교·검토한 후, 끝으로 이들 모든 논의를 하나의 간단한 도표로 종합함으로써 향후 논의의 지표로 설정하고자 한다.

1. 학설사적 개관

현존하는 경제학의 세 가지 접근방법은 대체로 신고전학파(Neoclassical School, NC로 약칭함), 신리카도·후기 케인스학파(Neo-ricardian·Post Keynesian School, NR·PK로 약칭함), 그리고 맑스주의학파(Marxian School, MX로 약칭함)로 규정할 수 있을 것이다. 이 같은 대분류는 경제이론의 핵심을 구성한다고 볼 수 있는 가치론 및 분배론을 중심으로 이루어진 것인데, 각 학파 내부에 시장의 경쟁성 여부와 관련해 또 다른 줄기의 대립이 존재한다는 점을 부언할 필요가 있다.

신고전학파(NC)는 주어진 기술조건하에서 기본적으로 소비자의 선택에 의해 가격이 결정된다고 보며 경제활동에 참여한 개인은 각자가 생산에 공헌한 바에 따라 소득을 분배받는다고 주장한다. NC는 시장기구에 의해 이와 같은 가격 및 분배의 결정이 이룩된다고 보는데, 세부적으로 볼 때 시장기구에 대한 신뢰도 혹은 시장의 경쟁 정도에 따라 통화주의자와 케인지언 간의 견해 차이가 존재한다. 이들의 사상적인 원류는 한계효용학파로서 익히 알려진 대로 멩거(C. Menger), 제번스(W. S. Jevons), 그리고 왈라(L. Walras)를 꼽을 수 있고 또한 효용분석을 공급 측면에서 확장시킨 마셜(A. Marshall)도 뺄 수 없다. 그런데 가치론을 중심으로 한 이 같은 줄기에 케인스(J. M. Keynes)에 대한 나름대로의 해석(IS-LM 분석)이 거시적인 안목으로 추가되어 현존하는 신고전학파가 구성된다고 볼 수 있다. 근대에 들어서는 주로 미국을 중심으로 발달되고 있는데, 케인지언을 대표하는 새뮤얼슨(P. A. Samuelson)과 통화주의자를 대변하는 프리드먼(M. Friedman)이 NC의 대표적인 학자이다.

후기 케인스학파(NR·PK)는 계급·계층 간의 세력관계에 의해 분배가 결정되고 주어진 생산구조하에서 분배가 결정되면 제 상품의 상대가격도 결정된다고 본다. NR·PK는 NC나 맑스주의학파(MX)에 비해 일체성이 결여되어 있으나 다양한 시야라는 풍요성을 가지고 있다. 이들의 다양한 시야는 크게 두 가지로 나누어질 수 있을 것이다. 우선 고전학파적 전통을 기반으로 시장의 경쟁적 성격 및 가격기구의 작동을 인정하면서 미시적인 상대가격의 문제에서 출발해 거시적 문제를 부차적으로 포용하려는 분파가 있다. 이에 반해 가격기구의 작동을 의심하는 케인스의 거시적인 시야에 의존해 거시경제학적 문제를 중시하면서 상대가격의 문제를 경시하는 분파가 있다.

전자는 흔히 '후기 케인스학파'(Neo-ricardians: NR) 내지 '스라파주의자들'(Sraffians)로 불리며 스미스(A. Smith)나 리카도(D. Ricardo) 등 고전 경제학자를 그 원류로 하는데, 장시간 잠자고 있다가 근대에 들어 스라파(P. Sraffa)에 의해 부활되었다. 고전학파 중에서도 NC와 일부 공유하는 부분이 있는 스미스보다는 리카도의 가격-분배론이 핵심이 되기 때문에 '후기 케인스학파'라는 칭호가 붙게 되었다. 후자는 'Post-Keynesians'(PK) 혹은 'Left-Keynesians'로 불린다(여기서 'Post-Keynesians'는 전자와 후자를 통칭하는 경우도 있어 다소 혼란이 있다는 점을 지적해 두어야 할 것이다). 이들의 생각은 『일반이론』이 아니라 『화폐론』 등 초기 문헌을 중심으로 한 케인스와 폴란드의 학자 칼레츠키(M. Kalecki)로 대표된다. 초기의 케인스와 칼레츠키는 한계생산성이론에 근거하지 않은 분배론을 갖춘 상태에서 유효수요를 분석하였다. 미시적 측면을 강조하는 전자 쪽의 학자들로는 가레냐니(P. Garegnani), 스티드먼(I. Steedman), 셰폴드(B. Schefold), 이트웰(J. Eatwell)을 들 수 있고, 거시적 측면을 강조하는 후자에는 로빈슨(J. Robinson), 칼도어(N. Kaldor), 파시네티(L. Pasinetti) 등을 들 수 있다. 이들은 모두 영국의 캠브리지 대학에 이리저리 연결되어 있으며, 지역적으로는 영국, 스라파의 출생지인 이탈리아, 그리고 인도, 캐나다, 호주 등 영연방국가들이 중심이 되고 있다.

이 같은 두 가지 분파 이외에도 가치론을 완전히 무시하고 거시적인 문제에만 관심을 두면서 초기의 케인스에 과거 독일의 역사학파 내지 근대 미국의 제도학파적 성격을 가미시킨 분파도 존재한다. 이들도 흔히 후기 케인스학파라고 불리지만 지역적으로 미국에 국한되어 있다는 특징이 있다. 케인스로부터 가격-임금 비탄력성이라는 전제를 이어받지만 시장의 불완전성이라는 순수경제학적 의미를 넘어서 경제활동의 안정성을 유지시키는 자본주의의 긍정적인 제도적 측면(예로서 선물시장, 화폐 및 계약의 존재) 속에 이것들을 포함시키면서 전반적으로 사회적·법적 제도의 중요성을 강조하고 있다. 이 분파에는 와인트라웁(S. Weintraub), 데이비슨(P. Davidson), 민스키(H. Minsky), 그리고 아이흐너(A. Eichner) 등이 포함되어 있다.

이와 같은 다양성에도 불구하고 NR·PK를 하나로 묶어서 NC 및 MX로부터 구분 짓는 특징은 분배 문제를 모든 경제분석의 핵심으로 삼는다는 것이다. NR·PK에 있어 분배는 상대가격의 결정(Sraffa)뿐만 아니라 물가의 결정(Weintraub), 단기적인 유효수요의 결정(Kalecki), 장기적인 경제성장(Kaldor, Pasinetti), 그리고 기술변화(사일로-라비니(Sylos-Labini)) 등과 연계되어 있다. 맑스의 공황론과 관련되어 NR의 입장으로 제시되는 임금·이윤압박이론(혹은 산업예비군론이라고 지칭되기도 하며, 글린과 서트클리프(A. Glyn and B. Sutcliffe), 伊藤誠 등이 주창함)도 결국 분배 간의 갈등에서 공황의 원인을 찾고 있다.

MX는 노동가치설을 내세우며 기본 생계비, 착취에 의한 잉여가치 수탈과 이에 대한 노동자 계급의 저항이 대체로 분배를 결정한다고 본다. 다시 말해, 상품의 가격은 궁극적으로 투하된 노동의 양에 의해 결정되고 이윤, 지대, 이자 등 임금 이외의 소득들은 노동자의 잉여노동에서 파생되는 것으로 본다. MX학파는 맑스(K. Marx)에서 시작되어 힐퍼딩(R. Hilferding), 룩셈부르크(R. Luxemburg), 레닌(V. Lenin) 등으로 이어지며 근대에 와서는 영국의 돕(M. Dobb)이나 미국의 스위지(P. Sweezy), 독일의 알트바터(E. Altvater), 프랑스의 드 부르노프(S. de Brunhoff), 그리고 일본의 久留間과 宇野 등을 대표적인 경제학자의 예로 간주될 수 있다. MX에서 시장 혹은 자본의 경쟁은 흔히 가치법칙이라는 용어로 표현되는데, 가치법칙의 관철을 강조하면서 계급투쟁을 경시하는 측과 독점적 성격과 계급투쟁의 중요성을 강조해 자칫 가치법칙을 간과하는 측이 대립되어 있다. 가령, 원래 국가독점자본주의론의 시발점이 되었다고 볼 수 있는 레닌의 경우 가치법칙에 대한 경시가 강하게 나타나며, 반대로 독일의 국가도출론의 경우에는 가치법칙에 대한 집착이 강하게 나타난다.

일견 NC와 MX는 극단적인 대립을 이루고 NR·PK는 NC와 MX 사이의 절충적인 성격을 강하게 드러난다. 이 때문에 NR·PK는 '자본논쟁' 등을 통해 NC와 대화를 나눌 수 있으며, '가치논쟁' 등을 통해 MX와도 논쟁을 벌이는 위치에 있다. 또한 이 때문에 NR·PK는 그 입장의 선명성이 의심을 받기도 한다. 가령 NC는 NR·PK를 MX와 같은 것으로 보아 'Sraffian-Marxian'으로 묶는 경향이 있는가 하면, MX는 NR·PK가 지나치게 NC의 논조로 오염되어 있다고 주장하는 경우가 생기게 된다. 그러나 때때로 NR·PK도 나름대로 NC와 MX 모두를 비판하면서 NC와 MX 간의 유사성을 노출시키려고 한다. 예로서 새뮤얼슨의 'Surrogate Production Function'과 맑스에 있어 '부문 간 동일한 유기적 구성'이 NC와 MX 각각에 부여하는 논리적 편이성과 그것의 문제점을 NR·PK가 지적하는 것을 들 수 있다. 따라서 NC, MX, NR·PK는 명실공히 '삼각' 대립을 이루고 있다고 볼 수 있을 것이다.

2. 방법론

방법론은 이론의 대상 및 전개방식을 결정하는 토대가 되기 때문에 학파의 성격을 파악하는 데 있어 이론 그 자체나 사회철학만큼 필수적인 요소이다. 그런데 방법론과 관련하여 신리카도·후기 케인스학파(NR·PK)는 그것의 전반적인 절충적 성격으로 인해 나름대로의 입장을 드러내지 못하는 경향이 있다. 이 때문에 주로 신고전학파(NC)와 맑스주의학파(MX)를 위주로 방법론에 관한 논의를 전개한다.

NC의 방법론은 대체로 비판적 합리주의로 규정될 수 있다. 비판적 합리주의의 대표자는 포퍼(K. Popper)이며 경제학자로는 하이에크(F. A. Hayek)가 이에 명시적으로 동조하고 있다. 비판적 합리주의는 비엔나 써클을 중심으로 전개된 확증주의(verificationism)를 반박하면서 칸트(I. Kant)의 실재론적 성격과 흄(D. Hume)의 경험주의를 결합해 반증주의(falsificationism)를 내세우고 있다. 포퍼는 이론이나 가설은 어떤 경우에도 확증될 수 없고, 단지 반박되지 않았는지 여부만을 알 수 있을 뿐이라고 주장하였다. 가설의 유효성이 이와 같이 제한적인 것이기 때문에 객관적인 규칙에 따른 가혹한 시험이 모든 가설에 대해 반복되어야 하며, 가설을 제기하는 학자는 이와 같은 비판을 감수할 수 있어야 한다. 물론 이론이 시험을 받기 위해서는 경험적으로 관찰 가능하며 형식논리의 간결함을 갖고 있는 언표들로 구성된 반증 가능한 가설을 이루어야 한다. 반증 가능성이 처음부터 배제된 논리들, 가령 맑스의 수많은 예측들은 과학의 기준(demarcation line)을 충족시키지 못한다고 본다. 이 때문에 포퍼에게는 경험적 내용(empirical content)이 이론에서 뺄 수 없는 요소이다. 우수한 이론들은 반증이 가능한 가설들 중에서 여러 차례의 시험을 통과한 것들인데, 이들도 진리로 확증된 것은 결코 아니며, 단지 진리에 접근하고 있을 뿐(verisimilitude)이라고 본다. 이런 관점에서 볼 때 사회과학이 자연과학보다 전면적으로 뒤떨어져 있으며, 사회과학 중에는 NC로 대변되는 근대 경제학이 가장 진보된 셈이다. 특히, 포퍼는 계량경제학적 방법에 대해 찬사를 보내고 있다.

비판적 합리주의는 사회현상이 기본적으로 개별 행동주체의 수준에서 파악될 수 있다고 보며, 현상 전체를 총체적으로 인식하는 것이 불가능하기 때문에 부분적으로 시작해 점차 인식의 범위를 확대시키는 점진적인 방법을 주장하고 있다. 방법론적 개인주의로 집약되는 이와 같은 입장은 '구조'나 '계급' 등의 총체적 개념에 대해 관찰이 불가능하거나 비과학적이라고 비난하며, 특정 경제사회를 전체로서 파악하려는 모든 인식상의 기도에 대해 반박한다. 구조나 계급 대신에 '개인'(혹은 '소비자'나 '생산자')을 분석 단위로 삼고 소비자의 효용극대화 및 생산자의 이윤극대화로 경제현상을 설명한다. 여기서 상정하는 인간상은 간단히 말하면 자율적 인간(autonomous man)으로 지칭될 수 있을 것이다. 이와 같은 입장에서는 개별 주체가 환경의 변화에 대해 어떻게 적응하느냐는 문제(가령 부존자원의 변화에 따른 수요량 변동)가 환경 자체의 변동이라는 문제에 비해 보다 의미 있는 분석의 대상이 되며, 특정 경제의 내적인 구조변화보다는 그 경제가 우연히 발생하는 외생적인 충격에 대해 어떻게 적응하느냐(가령 기술변화에 따른 경기변동)가 보다 중요한 문제로 취급된다.

물론 비판적 합리주의가 NC의 방법론을 완벽하게 뒷받침한다고 볼 수는 없다. 우선 여타 학파의 경우에서와 마찬가지로 NC의 경우에도 자신의 이념을 형식화하기 위한 추상적이고 연역적인 부분이 존재한다. 일반균형론이 대표적인 것으로 경험적 내용을 거의 담고 있지 않기 때문에 비판적 합리주의의 기준에 비추어 볼 때 바람직한 것이 아니지만 일반균형론이 NC의 뺄 수 없는 일부라는 것은 부인할 수 없을 것이다. 이뿐만 아니라 포퍼와 같이 경험론적 성향을 가지고는 있지만 인식대상의 실재(實在)를 부인하는 명목론적 추세도 강하게 나타나 포퍼와 어느 정도의 거리를 보이고 있다. '현시선호이론' 같은 행태주의적 경향, 설명변수를 갖고 있는 통상적인 계량모형에 비해 예측만을 목적으로 하는 시계열 분석의 등장, 고전적인 통계에서와 같이 평균 및 분산 등

모수의 존재를 부정하는 비모수통계의 이용, 그리고 확률의 주관적인 성격을 강조하는 베이지언 통계학 등은 모두 이와 같은 추세를 반영하는 것으로 보인다. 그러나 일반균형론의 행동주체나 행동준칙이 모형구축에서 그대로 원용되고 있으며 예측 위주의 모형이 지배적인 것은 아니며 대부분의 NC 경제학자들은 포퍼의 비판적 합리주의가 자신들의 방법론을 변호하는 지주가 된다는 데 동의하고 있는 것 같다. 또한 NC의 연구방법에 있어 논리적인 비약이 제거되고, 서로 간의 의사소통이 편한 수학적 방법이 선호되며, 검증을 위한 계량경제학적 기법이 당연시 된다는 것도 포퍼와의 친화력을 보여 주는 것이다.

NC가 형식논리를 전개하고 있다면 MX는 변증논리에 기초해 있다고 볼 수 있다. 이 같은 논리의 원조는 대체로 헤겔(F. Hegel)과 맑스를 들 수 있는데, 보다 근대에는 루카치(G. Lukacs), 콜레티(L. Coletti), 알튀세르(L. Althusser) 등을 들 수 있을 것이다. 형식논리의 기본공준에 따르면 A와 non-A는 서로 배타적인 것으로 되어 있는데, 변증논리에 따르면 A와 non-A는 서로 대립하면서도 일체성을 유지하는 것으로 주장된다. 그 실체가 정지된 물체나 상태라면 이와 같이 규정하는 것이 불합리하지만, 운동으로 재생산되는 관계이기 때문에 이같이 '일체 속의 대립'(opposition in unity)으로 규정된다. 이 때문에 사회경제의 분석대상은 물체가 아니라 제반 관계들로 규정된다. 가령 상품은 서로 대립되는 가치와 사용가치로 구성되며, 단지 구체적인 물체가 아니라 거기에는 자본주의 사회관계가 함축되어 있다고 본다. 또한 하나의 논리적인 범주와 다른 범주, 그리고 그에 상응하는 인식의 대상들은 서로 분리시켜 개별적으로 취급되거나 나열식으로 분석될 수 있는 것이 아니다. 하나의 범주는 보다 고위의 범주로 발전할 잠재성을 가지고 있으며, 하나의 대상은 보다 고위의 인식대상에 포섭되는 것이다. 더불어 제 범주와 대상은 총체적으로 분석되어야 한다. 가령 상품에 대한 분석은 화폐라는 범주를 낳으며, 상품과 화폐라는 범주는 자본이라는 범주를 낳는다. 또한 현실에 있어 상품이나 화폐보다 자본은 복잡한 현상을 이루고 있다.

현상은 정지된 물체가 아니라 자기운동을 하는 관계의 구체적인 형태이기 때문에 전체적으로 파악되어야 한다. 따라서 변증법에 있어서 분석의 대상이 되는 것은 구체적 혹은 역사적 총체라고 볼 수 있다. 이것이 의미하는 바는 사회경제 현상은 보편적인 개별 주체의 행동으로 환원될 수 없는 사회경제의 구조로서 파악되어야 한다는 것이다. 개별 행동 단위는 나름대로 자율성을 가지고 있지만 궁극적으로 구조에 의해 지배되고 계급의 성격을 구현할 따름이다. 이 때문에 MX의 방법론은 흔히 방법론적 전체주의로 호칭되며 분석의 단위는 개인이 아니라 계급이 된다. 가령 노동자는 개별 소비자로서 자신의 임금으로 자신이 원하는 임금재를 구입하는 존재이며, 형식적으로 자유로운 계약의 당사자로서 자신의 노동을 판매하는 경제적·법적 행위자이지만, 보다 궁극적으로는 노동자 계급의 일원으로서 노동력을 팔지 않으면 안 되고 생산과정에서 자본가 계급의 잉여가치 착취에 복속할 수밖에 없는 존재라는 것이다. 이와 같은 입장에 서게 되면 구조의 변화에 대한 개인의 적응보다는 전체 구조의 재생산이 주요 관심이 되고, 외생적 충격에 대한 개인의 적응이나 이로 인한 경제사회의 변화보다는 그 구조의 내적 모순이 어떻게 그것의 변형을 낳는가에 관심을 두게 된다. 방법론적 전체주의를 강조하는 MX로서는 구조와 계급에 대한 강조로 인해 개별 행동 단위의 자율성을 간과하는 인간을 타율적 인간형(plastic man)으로 만드는 경향이 있다.

NC에 있어서는 어떤 가설이 경험적 내용을 담고 있어 반증이 가능한가 아니면 그렇지 못한가에 따라 과학과 비과학의 경계가 설정되는데 반해, MX에서는 직접 관찰이 가능한 현상만으로는 과학이 성립되지 않는다고 본다. 헤겔과 맑스에 있어서 현상과 본질은 상호 연관되어 있어 어느 한쪽도 배제시킬 수 있는 것은 아니지만 기본적으로 본질을 파악하지 못하는 경우 현상은 제대로 설명될 수 없으며, 본질이 파악되지 않는 한 어떤 가설이나 이론은 과학으로 존립할 수 없다. 맑스에 있어서 이것은 현상(형태 내지 표층)과 본질(실체 내지 심층)로 이완되는데, 소위 속류경제학은 현상에 붙들려 본질을 파악하지 못하고 있기 때문에 과학으로 존립할 수 없다. 속류경제학은 맑스의 정의로 볼 때 근대 경제학에 거의 정확하게 일치되고 있기 때문에 포퍼에 의해 사회과학의 선구자로 칭송되는 근대 경제학은 맑스에 있어서는 과학으로 존립하지 못한다. 포퍼는 맑스주의가 비과학적 요소들로 가득 차 있다고 보기 때문에 이 점에 있어 NC와 MX의 방법론상 대립은 더없이 극렬하다. 또한 MX에 있어서 비단 속류경제학뿐만 아니라 자본가 계급 및 의식화되지 않은 노동자 계급의 개별 구성원들도 표층에 붙들려 있기 때문에 방법론적 개인주의에 대한 거부와 상통하게 된다.

보다 구체적으로 보면 MX에 있어 심층은 가치, 잉여가치, 노동력 가치 등의 가치 개념들로 구성되며 표층은 가격·이윤·임금 등의 가격 개념들로 구성된다. 자본주의 경제의 움직임을 궁극적으로 규정하는 것은 그것의 본질을 구성하는 가치 개념들이며, 가격·이윤·임금 등 가격 개념들도 나름대로 자율성을 가지고 있지만 가치 개념에 의해 규제된다. 그런데 개별 행동주체들은 상품물신성에 의해 가치 개념을 파악할 수 없고 가격변수에 따라 행동을 결정하게 된다. 예로서, 자본가가 자본의 이동 내지 투자를 결정할 때 근거로 삼는 것은 잉여가치율이 아니라 화폐이윤율이라는 것이다. 이 때문에 자본가 등 개별 단위의 행동만으로 자본주의 경제를 설명할 수 없다고 본다.

끝으로 MX에 있어서도 수리화나 계량화가 전적으로 부인되는 것은 아니나 경제적 의미가 우선이 되며, 구조의 변화 자체를 질적으로 분석하기 때문에 구조의 안정성을 요구하는 수리화나 계량화와 부합되지 않는 부분이 많다고 볼 수 있다.

방법론적 측면에서 NR·PK가 NC나 MX와 구별되는 독자적인 입장을 가지고 있는 것으로 보이지는 않는다. 대체로 NC에 가깝지만 보다 세부적으로 보면 방법론적 개인주의를 철저하게 따르지 않고 제도적 측면이나 비경제적 변수에 대해 훨씬 융통성을 보이며 이론의 가정에 대해서도 사회학, 경영학의 연구를 포용하려는 경향이 있다. 또한 NC와 마찬가지로 실증적인 검토가 중요하다는 것을 인정하지만 전체적인 이론작업 중에서 그 비중을 낮게 두며, 맹목적인 모형구축에 우선해 철저한 이론전개를 주장하고 있다. 더불어 경제학에서 수리화의 경향을 거부할 수는 없는 것이지만 수리화는 절대적으로 필요한 것 이상으로 오용되어서는 안 되며, 원하는 결론을 도출하기 위한 자의적인 가정 조작에 대해서도 민감하며 수리화되는 원래 문제, 수리화를 통한 결론의 도출과정, 그리고 그 결론 자체에 있어 경제학적인 의미가 끈기 있게 추적되어야 한다고 본다. 제도적인 측면과 비경제학적 변수에 대해 융통성을 가지고 있다는 점에서 MX와 다소 유사할지도 모르나 기본적으로 사회·경제의 구조라는 것을 부각시키지 않고 있으며, 기존 학문적인 분업의 틀이 부여한 '경제학'이라는 범주에서 벗어나려고 하지 않고 방법론적 개인주의를 부인하는 것이 아니기 때문에 상당한 거리를 두고 있다고 보아야 할 것이다. 더구나 분석의 단위가 반드시 개인은 아니지만 계급으로 고정되지 않고 계층, 집단까지를 포용하는 포괄적인 것이다. 예로서 자본가뿐만 아니라 노동자도 저축한다는 것에 대해 MX보다 훨씬 손쉽게 수용했으며, 노동자와 임금을 분리시켜 노동자가 저축으로 이자소득을 받을 수 있다는 데 대해서도 거의 저항감을 표시하지 않았다(예로서 L. Pasinetti).

종합하면 NC는 방법론적 개인주의, 점진적인 인식, 경험주의의 한 분파인 반증주의의 특징으로 하는 비판적 합리주의로 규정되며, MX는 방법론적 전체주의, 총체적인 인식, 본질의 파악을 강조하는 변증논리로 규정된다. NR·PK는 NC에 가까운 절충적 입장으로 방법론적 개인주의에 대한 부분적 완화 및 비경제적 요인의 고려, 그리고 수리화와 계량화에 대한 조심스런 수용을 내세우고 있다.

3. 핵심 이론

우선, 각 학파의 지향목표를 보자. 신고전학파(NC)는 시장기구를 전폭적으로 옹호하거나 아니면 부분적으로 유보하면서 지지하기 때문에 그 이론의 목표가 시장기구의 효율성과 정당성을 논리화하는 데 있다. NC의 입장에서 볼 때 시장기구란 교환활동이 존재하면 작동하는 것이므로 특정 체제에 국한된다고 볼 수는 없으나 이것이 자본주의하에서 보편화된다고 볼 수 있기 때문에 시장기구에 대한 NC의 옹호는 자본주의 체제에 대한 옹호와 대동소이하다. 신리카도·후기 케인스학파(NR·PK)는 분배상의 갈등 및 타협을 핵심으로 삼아 이것이 상대가격, 물가, 유효수요, 경제성장, 그리고 기술발전에 어떻게 연계되는지를 보이면서 분배를 중심으로 시장기구에 대한 다양한 정도와 종류의 개혁이 필요하다는 것을 주장하고 있다. 맑스주의학파(MX)는 역사적 단계로 본 자본주의의 운행법칙을 규명하고 이에 근거해 자본주의의 재생산과 그것의 한계를 규정한 후 그것의 붕괴를 논증하며 이를 위한 행동을 촉구하는 데 있다.

둘째, 경제 전체의 흐름 속에서 각 학파가 중점을 두는 측면을 보자. 생산, 교환, 분배 및 소비로 구성되는 경제의 흐름 중에서 각 학파가 중심대상으로 삼고 있는 부분은 서로 다르다. NC는 경제활동의 궁극적인 목표가 소비에 있다고 보며, 이를 위해 소비자는 효용극대화라는 행동준칙에 따라 교환활동을 벌인다고 한다. 이 때문에 NC에 있어서는 소비와 교환이 경제를 파악하는 데 핵심이 된다. 소비를 목표로 한 교환활동이 중점이 되기 때문에 생산활동은 경시되거나 기술적인 영역으로 경제학의 대상에서 배제되거나 아니면 분배 측면과 함께 생산요소의 교환이라는 교환활동의 일부로 환원된다.

NR·PK는 분배가 모든 경제활동의 핵심을 이룬다고 본다. 경제의 제반 측면들은 나름대로 수평적인 관계 위에서 고유 영역을 지니고 있지만 분배 문제와 연결되어야 그 의미를 파악할 수 있는 것으로 본다. 생산활동은 사회와 관계없이 자연적으로 존재하는 보편적인 기술관계로 파악되어 경제학의 대상에서 제외되는 데 반해, 분배는 사회의 형태에 따라 변하는 것으로 핵심적인 연구대상이 된다. 교환활동은 분배와의 연계 없이는 논의될 수 없다고 보는 경향이 있는데 이것은 상대가격과 분배가 묶여서 등장하는 것으로 알 수 있다. 이

학파에 있어 소비가 중점적인 분석대상이 되지 못하지만 여전히 경제활동의 궁극적인 목표가 된다(예로서 로빈슨의 Golden Rule)고 보는 점에서 NC와 유사하다.

MX의 경우는 경제의 제 측면을 종합하는 총체성을 주장하지만 실제로는 생산과정에 대한 강조로 변하는 경향이 있다. 생산과정에서 잉여가치의 창출이 이루어지며 여기서 기본적인 생계비와 노자 간의 대립으로 주로 분배가 결정되고 잉여가치가 교환과정에서 구체적인 형태로 분할되면서 이윤, 지대, 이자의 제반 소득이 결정되고 각 개별 자본의 이윤율도 결정된다고 보기 때문이다. 임금투쟁이나 협상, 노동시장의 수급 상태에 따라 노자 간 분배가 변동할 수 있으나 기본적으로는 생산과정에서의 투쟁으로 결정된다고 생각한다. 형식적으로 개인의 자유와 평등이 지배한다고 보는 교환과정에서는, 이미 생산되어 사용가치의 형태를 띠고 있는 가치 및 잉여가치가 각 부문 및 경제주체 간에 할당되면서 그것들의 분배나 이전이 발생할 수는 있어도 이들이 새로 창출되는 것이 아니기 때문에 교환과정 역시 생산과정에 의해 규제된다고 볼 수 있다. 또한 인간은 소비활동이 아니라 노동활동에 의해 규정되기 때문에 소비과정에 대한 생산과정의 우위도 유지된다. 보다 포괄적으로 보면 사회를 기본적으로 규정하는 것은 생산이 이루어지는 방식 혹은 생산관계이며, 크게 보면 생산양식에 의해 분배, 교환, 그리고 소비형태가 규정된다고 본다.

셋째, 각 학파의 이론을 구성하는 요체를 가치론(가격론)으로 보고 이에 국한하여 이들을 비교해 보자.[2] NC의 가치론은 일반균형론으로 표현된다. 일반

2 경쟁·독점에 대한 논의와 거시적인 분석상의 차이는 후일에 논의하기로 한다.

균형론의 분석 단위는 소비자와 기업 등 평등한 개별 주체들로 소비자는 타고났거나 출처가 불분명한 선호와 부존자원의 크기 및 비율로 규정되며, 기업은 생산하려는 재화와 일련의 요소결합비율(기술)로 규정된다. 소비자와 기업은 각각 효용극대화와 이윤극대화를 행동준칙으로 한다. 이에 따라 소비자의 경우는 주어진 재화 가격하에서 소비재의 묶음과 노동(혹은 여가)시간을 선택하며, 기업의 경우에는 주어진 재화의 가격과 생산요소의 가격하에서 재화의 공급량과 생산요소의 비율을 결정한다. 이 때문에 NC에 있어서 수요·공급 양측의 대체(代替; substitution)는 핵심적 개념이 된다. 代替性은 각 경제주체가 환경의 변화에 대해 적응할 수 있는 융통성을 부여하지 않기 때문에 자본주의 체제가 내외의 충격 내지 변화에 대해 적응할 수 있다는 신념을 이론적으로 반영하는 개념으로 생각된다. 이것이 NC의 제반 모형에서 안정성을 보장하거나 높여 준다는 것은 이미 알려진 사실이다.

모든 재화 및 요소시장에서 수요와 공급이 일치될 때 이 같은 각 개별 주체들의 행동에 균형이 이루어지며 각자의 의도가 실현된다. 주어진 기술조건하에서 생산물의 공급이 주어질 때 상품의 가치 내지 가격을 결정하는 것은 소비자의 주관적인 평가이며, 상품수요에 대한 파생적 수요로 존재하는 생산요소에 대한 수요는 한계생산성에 의해 결정되고, 생산요소의 공급이 주어질 때 생산요소의 가격, 즉 분배도 이것에 의해 결정된다. 이 때문에 소비자가 전체 경제의 움직임을 주도한다는 소비자 주권이 주장되고 생산에 참여한 각 경제주체는 생산물에 대한 각자의 공헌도에 따라 그 보수가 결정된다고 보게 된다. 또한 이 균형점에서 각 소비자는 효용을 극대화하고 각 기업은 이윤을 극대화하며 주어진 선호 및 기술 수준하에서 경제 전체로도 최대의 만족과 최대의 생산물이 가능하기 때문에 개인적으로나 사회 전체로나 적정성 및 효율성이 달성된다고 본다. 다시 말해, 개인에게 최선의 결과를 가져오는 행동이 사회 전체적으로도 최선의 결과를 가져온다고 보는 것이다.

각 생산요소(노동 혹은 자본)는 모두 생산물에 공헌한다는 점에서만 의미를 갖기 때문에 어떤 기능상의 차이를 갖고 있지 않으며, 생산요소의 공급자(예로서 소비자·노동자와 기업가) 사이에 어떤 수직적인 관계도 존재하지 않으며, 이들은 수평적인 동등한 경제적·법적 행위자로 등장한다. 또는 일반균형체제에서 생산물의 가격과 생산요소의 가격은 모두 동시에 결정되며, 이 과정에서 공급(생산)량도 결정되기 때문에 생산과 분배는 분리될 수 없는 것이다. 달리 보면 생산량이 어떤 수준에 이른 것은 행동유인이 있었기 때문이며, 이 행동유인이란 자신의 행동에 따른 대가 또는 분배 몫에 해당되므로 분배 몫의 변동은 생산량의 변동과 불가분의 관계에 있다는 것이다. 이 점에서 NC는 NR·PK에 대립하게 된다.

물론 이 같은 논의는 NC의 논리를 단순화시킨 것이기 때문에 실제 시장에서 아무런 수정 없이 이것이 지켜진다고 NC의 경제학자 모두가 고집하는 것은 아니다. 가령 NC 내에서 케인지언은 시장에서 가격 및 화폐임금의 비탄력성으로 가격기구가 완벽하게 작동하지 않기 때문에 이와 같은 효율성에 대해 부분적으로 유보하고 있다. 그러나 자신의 거시적인 안목에 대해 별도의 미시적 기반을 갖지 않아 약점을 안고 있는 케인지언에 대해 미시적인 기반을 캐묻는다면 대체로 위에서 제시된 틀이 현실을 설명하는 것으로 인정할 것이며, 적어도 궁극적인 지향점이 되기 때문에 이것이 NC 전체의 착상을 보여 준다는 데 이의가 없을 것이다. NR·PK는 NC의 한계효용·생산성 이론을 부인할 뿐만 아니라 MX의 노동가치설에 대해서도 반박하고 있다. NR·PK에 있어서 상대가격은 주어진 생산구조 및 기술 수준하에서 분배의 몫이 결정되면서 함께 결정된다. 구체적으로 분배가 어떻게 결정되느냐에 대해서는 NC처럼 각자 공헌한 바에 따라 소득이 결정된다고 보지 않고 집단, 계층 혹은 계급 간의 타협, 대립 내지 투쟁이라는 정치적인 힘에 의해 결정된다고 본다. 물론 이 때문에 NR·PK에 있어 개인은 분석의 단위로서 그 의미가 반감된다. 그러나 MX와도 엄연한 차이를 유지하고 있다. MX의 경우 노동자의 잉여노동으로 창출된 가치가 노동자 계급을 제외한 여타 계급들의 소득원이 된다는 것을 분명히 하고 있다. 또한 MX는 생산과정에서 노자 간 대립에 의한 착취의 정도 및 기본 생계비에 해당되는 노동력의 가치라는 가치 개념을 분배 결정에 있어 포기하지 않고 있다. 이에 비해 NR·PK는 임금 외 소득의 근원에 대해 불가지론을 펴거나 기술발전 등 다소 비사회적이라고 생각되는 요인 등을 포함해 다양한 요소들을 제시해 모호한 입장을 취하고 있다. 이 점에 있어서 NR·PK는 불완전하다고 볼 수도 있고 개방되어 있다고 평가할 수도 있을 것이다. 또한 NR·PK의 경우 분배를 생산과정 밖으로 내몰아서 순전히 정치적인 세력관계에 의해 결정되도록 한다는 점도 다른 점이다. 다시 말해, NR·PK는 나누어 먹을 순생산물이 어디에서 오는지 확실하지 않지만 그것을 나누는 방식과 양적 비율은 각자의 공헌도나 재생산을 위한 생계유지 등이 아니라 순전히 각 상황에서 존재하는 세력관계에 의해 결정된다는 점을 확실히 하고 있다.[3] 생산과 분배비율의 불가

3 물론 NR·PK가 분배와 생산 간에 전혀 아무런 관계가 없다고 보는 것이 아니라 분배가 논리적으로 우위에서 생산에 영향을 미친다고 본다. 기설 분배의 변화로 인한 단기적인 유효수요의 창출 및 생산량 증가와 장기적인 자본축적의 변동은 NR·PK가 즐겨 주장하는 바이다. 그러나 거시적인 NR·PK에 있어서는 분배비율과 생산량 내지 성장률과의 사이에 아무런 관계가 없다고 보지 않고 양자 사이에 중요한 관계가 있다고 본다. 단기에 있어서

분성을 강조하는 NC와 이 점에서 차이를 보이게 된다.

가격결정 자체에 있어서 NR·PK는 각 재화에 대한 수요가 소득의 변화에 대해서 변동할 수는 있으나 NC에서처럼 가격에 대해 대체성을 가지고 변동한다고 보지 않으며 기술계수도 대체로 고정되어 있다고 보기 때문에 NC에서처럼 요소 간의 자유로운 대체가 배제된다. 이 점은 대체로 MX와 공유하는 부분들인데 그 결과 수요는 곡선이 아니라 하나의 점으로 주어지며, 생산 측면은 생산함수의 형태가 아니라 투입·산출 모형과 같은 형태로 나타난다. 이미 언급한 대로 대체성이란 경제주체가 환경의 변화에 적용하는 융통성을 나타내는 것이므로 NR·PK(와 MX)가 대체성을 배제한다는 것은 개인의 행동 여지를 상대적으로 축소시키는 것이다. 또한 방법론적 개인주의에 대한 반대 입장을 나타내 주는 것이며 외부·내부의 충격에 대한 체제의 생존력도 그만큼 감소될 수밖에 없는 셈이다.[4]

MX는 상품에 투하된 노동이 가격을 규제한다는 노동가치설을 주장하며, 이와 불가분의 관계에 있는 것으로 임금 이외의 여타 소득이 생기는 근원은 노동자를 착취한 잉여가치임을 분명히 하고 있다. 우선 투하된 노동이 가격을 규제한다는 것은 직접·간접적으로 투입된 노동량의 비율과 가격의 비율이 정확

투자의 변동에 따른 국민소득의 증감이 분배의 변동과 함께 일어나면서 저축의 변화를 가져와 생산량의 변동이 분배의 변동을 가져온다고 보는 데 반해, 장기에 있어서는 거꾸로 자본을 축적하는 투자의 변동이 분배 몫의 변동에 따라 결정된다고 본다. 이와 같이 거시적인 분석에 있어서 NR·PK가 생산량과 분배비율 간의 밀접한 관계를 주장하기 때문에 본문의 미시적인 관점과 종합할 때 NR·PK의 핵심은 분배의 중요성을 강조한다는 점과 생산량과 분배비율이 동시에 결정된다고 보지 않는 점으로 약화된다. IS-LM 및 성장모형에서 나타나는 NC의 거시적 분석은 내내 미시적 관점에서와 동일하게 생산량 및 성장률과 분배 몫의 동시 결정을 주장하고 있으며, MX의 경우는 장기적인 성장이 주로 강조되며 NR·PK와 유사하다. 거시적인 관점에서 나타나는 분배 문제상의 차이는 다음 기회에 논의하기로 한다.

4 NR·PK 중에서 NR은 경쟁의 지배를 강조하며 이윤율 균등화를 믿기 때문에 생산가격의 개념을 내세우며, PK 등은 독점의 지배를 강조하여 이윤율 균등화를 부인하고 있다. 이 점에서 NC 내의 통화주의자와 케인지언 간의 관계와 유사한 대립이 존재하고 있다.

히 일치한다는 의미가 아니다. MX에 있어서 노동가치는 자본구성 등의 생산구조 및 시장점유율에 따라 생산가격으로 전형(轉形)되고, 이 생산가격의 현실의 시간 속에서 변동하는 수급의 차이에 따라 움직이는 시장가격을 규제한다. 따라서 노동가치가 현실에서 관찰될 수 있는 시장가격과 일치되는 것이 아니라 생산가격은 노동가치로부터 벗어나고 시장가격은 다시 생산가격으로부터 벗어나지만 노동가치가 시장가격을 궁극적으로 어떤 테두리 안에 놓이게 한다는 것을 의미한다.

NC에 균형가격과 불균형가격이 존재하고, NR·PK 중 NR에 있어서는 생산가격과 시장가격이 존재하는데, 불균형가격과 시장가격은 각 학파에 있어 균형가격과 생산가격을 존립시키기 위한 보조 개념으로서 그 자체가 이론적 중요성을 갖고 있지는 않다. MX에서는 생산가격과 시장가격에 노동가치가 추가되어 세 가지의 가치 내지 가격 개념이 존재할 뿐만 아니라 이들 각 개념에 독자성을 부여함으로써 어느 하나를 다른 하나로 환원시키기를 거부하고 있다. 노동가치는 자본주의의 심층(본질) 내지 구조를 설명하는 것으로 가장 기본적인 것이지만, 시장가격은 자본주의의 모든 구체적 상황을 담고 있는 표층(현상) 내지 개별 주체의 행동을 나타내 주는 것으로서 나름대로의 자율성을 지니고 있다.

여기서 개별 주체는 상품의 물신성으로 본질을 파악할 수 없기 때문에 가격변수에 따라 움직이며 표층에 머물러 있게 된다고 보기 때문이다. 생산가격은 자본주의의 심층이나 표층에 귀속되지 않으며 구조를 나타내거나 개별 주체의 행동을 나타내는 것도 아니지만 이 둘 사이를 잇는 '이론적' 가교로서 기능한다. 이 때문에 MX는 한편으로 개념상의 풍요로움과 현상의 모든 부분을 파악할 수 있다는 자부심을 가질 수 있지만 다른 한편으로 생산가격과 시장가격 사이의 연결뿐만 아니라 노동가치와 생산가격 간의 관계에 대해서도 논증해야 하는 부담을 안게 된다.[5]

그러나 수요와 기술조건의 고정, 그리고 이에 따른 대체성의 배제는 NR·PK와 대동소이하다고 볼 수 있다. MX가 분배를 설정하는 방식은 NC 및 NR·PK와 비교할 때 많은 차이가 있다. MX는 자본주의에서뿐만 아니라 일반적으로 생산양식이 분배양식을 규정한다고 보아 양자의 불가분성을 주장한다. 또한 어떻게 분배가 결정되든 임금 이외의 소득들이 잉여노동에서 나온다는 기본 전제가 일차적으로 중요하다고 본다. 이 때문에 분배의 대상이 되는 순생산물은 생산과정에서 창출되어 분배 및 교환에 관계없이 고정된 양으로 상정된다. 부차적으로 분배의 결정에 관해서는 상당 부분 생산과정 속에서 벌어지는 노자 간의 착취 및 저항으로 결정된다고 본다.

보다 포괄적으로는 임금과 여타 소득 간의 분배를 결정하는 요인은 기본 생계비, 생산과정 속에서 노동자 계급과 자본가 계급 간의 착취 및 저항, 노조를 통한 경제 투쟁 및 노자 간의 협상, 그리고 노동시장의 수요와 공급 등이다. 이에 비해 NR·PK는 생산방식과 분배방식이 독립적이라고 보며 분배 몫의 결정에 대해 일차적인 중점을 두고 있는데, 이것은 주어진 순생산물을 목표로 한 세력관계에 의해 결정된다고 보며, 묵시적이지만 임금 이상의 순생산물이 발생하는 원인을 캐보면 불가지론이나 다양한 요인을 제시하고 있다는 점에

5 MX 내에서 경쟁적 성격의 강조로 이윤율 균등화 및 생산가격의 지배에 집착하는 측과 독점적 성격을 강조함으로써 이것을 완화하려는 측이 있다. 전자와 마찬가지로 NR·PK 중 NR도 생산가격과 시장가격의 관계에 대해서는 어느 정도의 관심을 보이고 있다.

서 MX와 다르다. 다만, MX에서처럼 노동가치로 환산되는 것은 아니지만 순생산물이 고정되어 있어 분배나 교환과정을 통해 그대로 유지된다고 본다는 점에서는 동일하다. NC의 경우를 상기해 보면 순생산물은 생산에 참여한 모든 요소 및 행동주체의 공동생산물이라고 보며 그 결정방식은 각자 공헌한 바에 따른다고 한다. NC가 순생산물의 크기 결정에 그 순생산물의 분배가 함께 결정된다고 보는 점에서 MX와 마찬가지로 생산과 분배의 불가분성을 주장하는 것처럼 보인다. 그러나 기실 NC가 강조하는 것은 생산물량과 분배비율의 양적 관계가 불가분이라고 하는 것인 데 비해, MX는 생산관계와 분배관계의 불가분성을 주장하는 것이며, 양적 관계에 있어서는 오히려 NR·PK와 비슷하게 분배비율이 순생산량에 전혀 영향을 미치지 않는 것으로 상정하고 있어 정반대의 입장을 취하고 있는 셈이다. 분배에 대한 MX의 입장을 정리하자면, NC와는 공통점이 없으며 NR·PK와는 분배에는 관계없이 분배의 대상이 고정되어 있다는 것에 있어서는 동일하지만 분배의 대상을 가치로 환산하며 생산관계와 분배관계의 불가분성을 강조한다는 점, 그 대상이 노동의 착취에서 발생하는 것이라고 보는 점에 있어서는 다르다.

분배와 관련해서도 가격의 결정에 대해서 MX가 갖고 있던 개념의 풍요성과 이로 인한 부담이 유사하게 반복되는 경향이 있다. 우선 임금의 경우 가치 개념인 노동력 가치, 대체로 생산가격에 상응하는 것으로 보이며 생산과정의 계급투쟁을 함축하고 있는 노동력의 가격이란 개념, 그리고 수급의 상황까지 포용하며 시장가격에 상용하는 화폐임금이 병존하고 있다. 이윤의 경우에도 가치에 상응하는 잉여가치, 생산가격에 상응하는 평균 이윤율, 그리고 시장가격에 상응하는 시장이윤율이 병존하고 있다. 시장가격이 상품물신성에 의해 개별 자본 등 개별 주체의 활동기준이 되는 것과 비슷하게 화폐임금과 시장이 윤율이 각각 개별 주체의 활동근거가 된다. 임금에만 집중해서 NR·PK와 비교하면, MX는 이것의 결정에 있어 노자 간의 협상이나 임금투쟁도 중요한 요소로 생각하지만 보다 궁극적으로는 생산과정 중의 노동과정 변혁 및 노동 강도의 강화, 그리고 이에 대한 저항을 중시하고 노동력의 가치라는 가치법칙에 묶여 있는 일관성을 보이고 있다.

이론을 중심으로 한 제 학파의 주장점을 요약하면, NC는 시장기구의 정당성을 지향목표로 하여 소비 및 교환의 측면을 인식의 주요 대상으로 하며 소비자의 기호에 따른 가격결정과 각자 공헌한 바에 따라 분배가 이루어진다고 본다. NR·PK는 자본주의 체제의 다양한 정도와 종류의 수정을 지향목표로 하며, 분배 측면을 경제흐름의 핵심으로 보고 가격은 주어진 생산구조하에서 분배가 결정되면서 함께 결정되며 분배는 각 구체적인 상황에서 계층 내지 계급 간의 정치적인 세력에 의해 결정된다고 본다. 끝으로 MX는 자본주의 체제의 운행법칙 규명과 체제 극복을 위한 객관적 근거의 제시를 목표로 하며, 총체성을 강조하면서도 생산 부문에 초점을 맞추고 있으며 가격은 노동가치에 의해 규제되며 엄금 이외의 소득은 착취의 결과이고 임금은 노동력의 가치를 중심으로 생산과정에서 주로 결정된다고 본다.[6]

6 경제의 흐름에 대한 관점과 가격의 결정방식을 종합하면 세 가지 학파의 관심은 각기 아래와 같이 설정될 수도 있을 것이다(화살표시는 상품 내지 재화의 이동순서를 나타낸다).

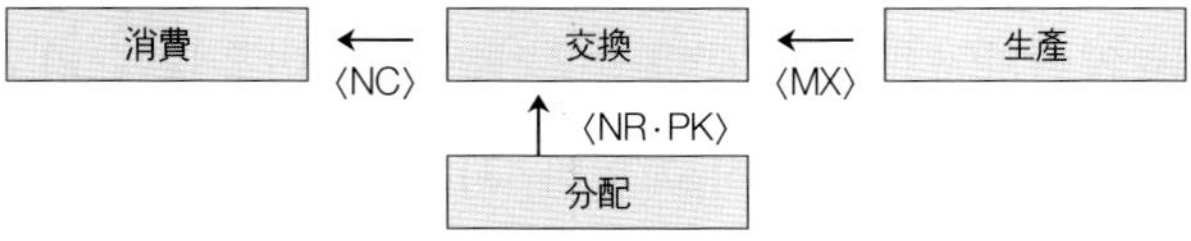

4. 사회철학

사회철학이라는 폭넓은 테두리 속에 체제에 대한 입장과 국가에 대한 견해를 포괄하였다. 우선 체제관에 대해서 논하면, 신고전학파(NC)가 시장경제에 대해 전폭적이거나 일부 수정을 요구하는 지지를 표명한다면, 신리카도·후기 케인스학파(NR·PK)는 자본주의에 대해 소폭에서부터 대폭적인 수정에 이르기까지 다양한 입장을 취하지만 결코 자본주의에 대한 무제한의 지지나 이에 대한 전복의 양 극단을 배제하고 있으며, 맑스학파(MX)는 자본주의의 문제는 자본주의가 사회주의, 나아가서 공산주의로 이행하는 경우에만 해결이 가능하다고 본다.

NC 내에서 정부 개입에 의한 수정을 요구하는 측은 케인지언이며 전폭적인 지지를 보내는 측은 통화주의를 예로 들 수 있다. 케인지언의 경우라도 점진적이며 부분적인 수정만이 허용될 뿐 핵심적인 제도의 대폭적인 개혁이나 체제 자체의 변화를 꾀하는 것은 아니다. 이 같은 입장은 방법론의 측면에서 NC를 뒷받침한다고 볼 수 있는 포퍼의 사회철학과 부합되는 것이다. 인식에 있어서 구조의 파악에 회의적으로 생각하며 점진적인 지식의 확대를 중시하기 때문에 포퍼는 구조 전체의 혁명적 변혁은 불가능하거나 아니면 인간의 능력을 과장하는 무모한 짓으로 본다.

NR·PK는 부분적인 수정에서부터 대폭적인 수정에 이르기까지 다양한 입장을 수용하고 있다. 흔히 사회민주주의라는 폭넓은 정치적 입장에 걸맞는 것으로 생각된다. 예상할 수 있듯이 개혁의 주요 목표는 소득재분배가 될 것이나 거시·미시적인 각종 통제정책도 가능할 것이다.

MX는 자본주의 체제가 객관적으로 볼 때 내부의 모순으로 붕괴될 수밖에 없다고 본다. 또한 한 계급이 다른 계급을 반복해서 착취하는 현상은 자본주의 체제가 청산되지 않고는 극복될 수 없다고 본다. 케인스적인 유효수요정책은 물론이고 소득재분배나 경제계획의 확대로도 극복될 수 없는 것이다. 따라서 자본주의는 붕괴되어야 하고 붕괴될 수밖에 없다. 자본주의의 붕괴는 사회주의로의 이행을 의미함으로써 MX는 사회주의에 대한 신념을 가지고 있는 셈이다. 사회주의로의 이행은 단지 자본주의의 객관적인 붕괴조건만으로는 충분하지 않으며 주관적인 요소로서 노동자 계급의 의식화와 투쟁을 필요로 한다.

체제에 대한 입장에 있어서도 NR·PK는 절충적인 입장 때문에 NC와 MX로부터 비판을 받게 된다. NC 중 보다 보수적인 분파(극단적인 예로서 F. A. Hayek)에서는 NR·PK가 겉으로 주장하는 바와는 달리 음험한 방법으로 사회주의와 전체주의를 전파시키고 있다고 주장하는 경향이 있으며, MX 측에서는 NR·PK가 보다 탄력적으로 사회주의로의 이행을 방지하고 자본주의를 묵시적으로 공고히 하려는 의도를 갖고 있다고 비판한다.

국가에 대한 견해로 보면 NC는 다원주의 국가론에 입지해 있다고 볼 수 있다. 다원주의 국가관은 국가가 개인과 사회의 상충을 조화해 최대의 이익을 반영하는 중립적인 중재자로서 존재한다고 본다. 국가의 구성원인 시민은 자신이 갖고 있는 투표권을 가지고 자신의 정치적 이익에 합당하는 후보나 법률 및 정책이 선택되도록 직접·간접으로 영향력을 행사한다. 각 경우에 특정 개인이나 집단에서 자신의 이익에 합치되는 정책이나 후보가 채택될 수도 있으나 모든 경우에 있어 특정 개인이나 정당의 이익이 전체의 이익으로 대변되는 구조적인 문제가 국가에 내재되어 있지 않다. 이런 관점에서 국가는 계급이나 계층에 얽매이지 않는 중립적인 존재이다. 정치 영역에서 개인이 투표권을 갖는 시민으로 등장하는 것은 경제 영역에서 개인이 부존자원 혹은 소득을 갖는 소비자로 등장하는 것과 유사하다. 이 점은 슘페터(J. A. Schumpeter)로부터 애로우(K. J. Arrow)와 뷰캐넌(J. Buchanan)에 이르기까지 지적되는 바이다. 경제 영역에서 소비자가 자신의 기호를 갖고 그 기호를 전체 기호 내지 수요로 반영시키는 방법이 소득이며 이것이 소비재 묶음의 선택으로 나타난다. 유사하게 정치 영역에서 시민이 자신의 이익을 갖고 이 같은 이익을 전체의 이익에 반영시키는 방법이 투표권이며, 그러한 전체 이익으로의 투사가 법률적 정책이나 후보에 대한 선택으로 나타난다. 물론 두 가지 선택에 차이점이 없는 것도 아니다.

우선 정치 영역에서 시민이 발휘하는 힘은 형식적으로는 동등하게 하나의 투표권으로 되어 있는 데 반해, 경제 영역에서 소비자가 발휘하는 힘은 소득에 따라 차등적으로 나타난다. 그러나 후자가 기계적인 평등을 구현하고 있는 반면, 전자는 넓은 의미의 형평을 포용하며 기계적인 평등이 진정한 의미에서의 평등이 아니라고 생각할 수도 있다. 다만 전자의 경우 형평이 구현되기 위해서는 반드시 소득의 차이가 각자 생산에 대한 공헌에 따라 이루어진다는 것이 전제되어야 한다. 따라서 정치적 투표와 경제적 지출이 겉으로 보기에는 평등과 차등으로 대립되는 것 같지만 기계적인 평등만을 평등으로 보지 않으며 한계생산성이론이 뒷받침된다면 반드시 대립되는 것도 아닐 것이다. 또한 선택의 수단과 대상이 정치 영역의 경우에는 불연속적인 데 반해, 경제 영역의 경우에는 연속적이다. 다시 말하면, 정치 영역의 선택수단은 투표를 하느냐 마느냐이고 선택의 대상은 A 아니면 B, 아니면 C 등으로 나타난다면, 경제 영역의 선택수단은 돈을 쓰느냐 마느냐의 문제뿐만 아니라 얼마나 소비하느냐의 문제가 게재되며 선택대상도 단지 A 아니면 B, 아니면 C가 아니라 A의 얼마큼, B의 얼마큼, C의 얼마큼 등으로 나타난다는 것이다. 이 점에서만 본다면 경제 영역의 선택은 정치 영역의 선택보다 더욱 정밀하다고 볼 수 있다. 요약하자면, 정치 영역의 선택과 경제 영역의 선택은 기계적 평등 여부와 선택의 양적인 측면 여부 등에서 차이가 있으나 양적인 측면이 선택 자체의 성격에 차이를 가져오지 않기 때문에 한계생산성이론이 뒷받침된다면 두 영역의 선택은 유사하다고 보는 데는 큰 문제가 없을 것이다.

또한 국가는 정치 영역에 존재하며 정치 영역은 나름대로의 자율성을 갖고 있을 뿐만 아니라 분리되어 있으므로 경제 영역 등 여타 영역에 대해 외재적인 존재이며 별도로 고찰될 수 있다. 외재적인 존재로서 국가가 경제 영역과 어떤 관계를 갖는지는 두 가지로 나누어 볼 수 있다. 이미 언급한 대로 시카고학파를 중심으로 한 통화주의자들은 국가의 개입은 최선의 경우에도 무익한 것이며 대체로 해로운 것으로 본다. 경제 영역에 있는 시장은 나름대로 자율성을 가지고 있다. 시장이 모든 경제 문제를 해결하는 것도 아니고 전혀 약점을 지니지 않는 것도 아니지만 이용 가능한 최선의 체제이다. 국가의 경제정책은 선의를 가지고 마련된 경우에도 이 같은 시장의 기능을 방해하는 경향이 강하다. 그렇지 않은 대부분의 경우에도 인간은 누구나 이기적이므로 그 정책의 입안자나 추진세력이 갖고 있는 사리사욕이 전체의 이익으로 위장되어 나타나는 것이 정책이므로 경제에 해악을 끼치게 된다. 이와는 대조적으로 케인지언들은 시장의 기능이 약화되었기 때문에 그 기능의 보완을 위해 경제 외적인 존재인 국가의 수요창출 및 규제가 불가피하다고 본다. 통화주의자와 케인지언 간의 차이는 시장이 어느 정도 경쟁적이냐 아니면 독점적이냐 혹은 시장기능의 유효 정도에 대한 판단에 기초를 두고 있다. 그러나 어느 쪽이든 간에 시장이 기본적으로 이상적인 체제라는 것과 국가가 경제 영역에 대한 개입이 아니라면 중립적이고 외재적인 것이라는 점에서는 동의하고 있는 것 같다.

NR·PK의 국가관은 다원주의 국가관과 대등한 위치에서 별도의 기반 위에 있다고 볼 수 없다. 다만 이들의 국가관은 경제 영역과의 관계에서 나름대로의 성격을 부여하고 있다. 시장경제에 대한 대폭적인 수정을 나타내는 경제 영역에 대한 개입 중 분배 문제에 대해 직접적인 중재나 유효수요의 창출이라는 간접적인 방법을 통해 국가가 개입해야 하고, 또 할 수 있는 것으로 생각하고 있다. 이와 같은 분배상의 개입은 이윤의 유지를 통한 투자 혹은 자본축적의 보장을 목적으로 하기 때문에 자본가 계급의 이익이면서 전체의 이익으로 상정된 체제의 유지를 지향한다고 볼 수도 있다. 이 때문에 국가는 체제를 수호할 수 있는 능력을 가진 중대한 존재이다. NR·PK에 있어서 국가는 자본축적의 제고 등 체제유지라는 목적을 갖고 있기 때문에 중립적이라고 단정질 수 없으나 체제의 혁명적 붕괴가 지상목표가 아니기 때문에 MX에서처럼 이것이 특정 계급의 이익과 동일시되지 않는다. 다만 NR·PK에 있어서도 정치 현상과 경제 현상은 분리되고 정치 영역은 경제 영역에 대해 외재적인 것으로 생각된다.

MX에 있어 국가는 자본가 계급의 도구이거나 자본축적이라는 체제의 기본 목표에 부응하는 존재이다. 다원주의 국가론에서 주장하는 바와 같이 국가가 어떤 계급이나 집단의 이익도 반영할 수 있는 중립적인 존재가 아니라 자본가 계급의 이익을 편향되게 반영하는 존재이며 개별 자본, 특히 중소자본의 이익에 반하여 개입할 수는 있지만 계급 전체로서는 반복적인 잉여가치의 착취와 재투자라는 자본주의의 기반을 유지하는 것을 기본적인 기능으로 한다.

국가 혹은 정치적인 영역과 경제적인 영역은 서로 자율성을 지니고 있지만 분리될 수 없는 것으로 상호작용하면서 동시에 영역 간의 우열이 존재하는데, 자본주의 생산양식에서는 경제적인 영역이 최고 우위에 있다. 다시 말해, 국가는 경제 영역 혹은 가치법칙(생산관계) 등에 의해 완전히 규정되는 것이 아니라 나름대로의 자율성을 갖지만 그 자율성은 절대적인 것이 아니라 상대적인 것이다. 따라서 경제적 결정주의와 정치 영역의 분리가 다 같이 부인된다. 국가의 기능은 다양한 것으로 NR·PK가 말하는 것처럼 소득재분배에 국한되는 것이 아니라 보다 넓게 자본축적이라는 목적에 봉사하는 모든 기능으로 포괄될 수 있다. 여기에는 단지 분배뿐만 아니라 노동력, 화폐, 법적 제도 등 생산조건을 유지하며 이윤율의 저하를 억제시키기 위한 온갖 기능이 포함된다.

MX 내에도 자본주의를 경쟁적으로 보느냐 아니면 독점적으로 보느냐에 따라 NC와 NR · PK만큼 표면화되는 것은 아니지만 내적인 대립이 존재하는 것으로 생각된다. 국가독점자본주의론을 어떻게 해석하느냐에 따라 다소 무리가 있는 구분이지만, 국가도출론과 국가독점자본주의론이 이와 같은 대립을 떠받드는 것으로 생각된다. 전자는 가치법칙의 관철을 보다 신봉하는 측이고 후자는 상대적으로 이것에 대해 경시하는 측이다. 다만 NC와 NR·PK에서 시장의 가격기구에 대한 믿음 여부가 국가 개입의 정당성 여부로 이어지는 데 반해, MX에 있어서 국가의 개입은 가치법칙에 관계없이 실존해 온 것이므로, 이 법칙의 관철 여부는 국가의 개입 정도와 관계되는 것이 아니라 계급투쟁의 중요도와 연결된다.

사회철학에 대한 각 학파의 입장을 정리하자면, NC는 자본주의 체제에 대한 신봉과 다원주의 국가론으로 규정될 수 있으며, NR·PK는 체제에 대한 대폭적인 수정까지 허용할 용의가 되어 있고 국가의 역할을 경제 문제 중 분배에 국한시켜 중재자의 기능을 부여하고 있으며, MX는 자본주의 체제의 혁명적인 변경을 주장하며 국가를 자본가 계급의 도구 내지 자본축적에 전반적으로 부응하는 존재로 간주하고 있다.

5. 전체 요약

세 가지 학파를 세 가지 관점에서 비교·검토한 위의 논의를 아래와 같이 도표화함으로써 본 글의 결론으로 대신하고자 한다.

학파 비교기준	신고전학파 (NC)	신리카도·후기 케인스학파(NR·PK)	맑스주의학파 (MX)
학설사적 위치	원류: 한계효용학파의 멩거(C. Menger), 제번스(W. S. Jevons), 왈라(L. Walras) 근대: 새뮤얼슨(P. Samuelson)과 프리드먼(M. Friedman)	원류: 고전학파의 스미스(A. Smith) 및 리카도(D. Ricardo), 거시적 시각의 케인스(J. M. Keynes), 칼레츠키(M. Kalecki) 근대: NR 측에서는 스라파(P. Sraffa), 가레냐니(P. Garegnani), 스티드먼(L. Steedman), 셰폴드(B. Schefold), 이트웰(J. Eatwell), PK 측에서는 로빈슨(J. Robinson), 칼도어(N. Kaldor)(英), 와인트라웁(S. Weintraub), 데이비슨(P.	원류: 맑스(K. Marx), 힐퍼딩(R. Hilfferding), 룩셈부르크(R. Luxemburg), 레닌(V. Lenin) 근대: 돕(M. Dobb)(美), 스위지(P. Sweeezy)(美), 알트바터(E. Altvater)(獨), 드 부르노프(S. de Brunhoff)(獨), 久留間(日)

학파 비교기준	신고전학파 (NC)	신리카도·후기 케인스학파(NR·PK)	맑스주의학파 (MX)
학설사적 위치		Davidson), 아이흐너(A. Eichner)(美)	
방법론	비판적 합리주의	절충주의	변증법적 유물론
• 원류	칸트(I. Kant)와 흄(D. Hume)	신고전학파 경제학의 방법에 대한 경계 및 조심스런 사용, 수리화나 계량화에 앞선 경제학적 의미의 강조, 사회학적 가정이나 제도적 변수에 대한 융통성으로 나타남.	헤겔(G. W. F. Hegel)과 맑스(K. Marx)
• 대표적인 학자	포퍼(K. Popper), 앨버트(H. Albert), 하이에크(F. A. Hayek)		루카치(G. Lucacs), 콜레티(L. Colletti), 알튀세르(L. Althusser)
• 특징	방법론적 개인주의와 부분적 인식		방법론적 전체주의와 역사적 전체 인식
• 과학의 기준	객관적인 반증 가능성(경험적 시험의 가능성) [수리화와 계량화 강조]		본질 및 본질과 현상의 관계 파악 여부
• 비과학의 예	맑스주의		속류경제학(신고전학파경제학)
• 대상	외부의 충격에 대한 적응		내적 모순에 의한 체제의 변동
이론			
• 분석 단위	개인(소비자와 기업)	계급, 계층 또는 집단	계급(과 개별 자본)
• 주도대상	소비 및 교환	분배	생산
• 가치론	한계효용(과 한계생산성) [수요와 공급 양 측면의 대체성으로 인한 개인의 체제의 융통성 강조]	생산가격(생산구조와 분배) [수요와 기술의 고정, 대체성 배제]	노동가치·생산가격 [수요와 기술의 고정, 대체성 배제]
• 분배론	한계생산성 [임금 외 소득은 자본 등의 공헌에 따라 결정됨]	임금투쟁 및 계급 간 투쟁 [임금 외 소득은 기술발전 등 다양한 요인에서 발생해 확실치 않음]	기본 생계비 및 계급투쟁

학파 / 비교기준	신고전학파 (NC)	신리카도 · 후기 케인스학파(NR · PK)	맑스주의학파 (MX)
사회철학			
• 체제관	시장경제의 효율성과 정당성에 대한 믿음, 케인지안은 부분적인 계량 허용	자본주의 체제에 대한 대폭적인 수정까지 허용. 사회민주주의적인 성향	자본주의 붕괴의 필연성 및 당위성. 사회주의 및 공산주의 옹호
• 국가관	다원주의 국가론 [시장경제에 걸맞는 삼권분립, 국민투표로 규정되는 의회민주주의 옹호] 가격기구 기능과 관련된 국가의 경제개입에 대해서는 통화주의자의 경우 극력 반대이고, 케인지안의 경우 유효수요의 창출을 위해 불가피	분배에 국한된 중재자 [직접적인 분배의 중재나 유효수요의 창출을 통한 간접적인 분배의 조정]	국가독점자본주의론 · 국가도출론 [국가는 자본가 계급의 도구이거나 자본축적의 지속을 위한 생산조건 보완] 가치법칙의 관철과 관계된 국가독점자본주의론과 국가도출론의 차이는 계급투쟁에 대한 규정상 차이로 나타남.

참고문헌

(1) 세 가지 학파의 구분

Harcourt, G. C.(1972), *Some Cambridge Controversies in the Theory of Capital*, Cambridge University Press.

_____(1982), "Post-Keynesianism," *Thames Papers in Political Economy*, 82(2), 1~19.

Medio, A.(1977), "Neoclassicals, Neo-Ricardians, and Marx," by J. Schwartz, ed., *The Subtle Anatomy of Capitalism*, Goodyear Pub. Co., 381~411.

Rowthorn, B.(1984), "Neoclassicism, Neo-Ricardianism and Marxism," *Capitalism, Conflict & Inflation*, Lawrence & Wishart Ltd., 14~47.

Salama, P.(1975), *Sur la Valeur*, F. Maspero.

Sweezy, P. et al.(1987), *The Value Controversy*, Verso.

Walsch, V. and H. Gram(1979), *Classical and Neo-classical Theories of General Equilibrium*, Oxford University Press.

Wolff, R. D. and S. A. Resnick(1987), *Economics: Marxian versus Neoclassical*, Johns Hopkins University Press.

(2) 방법론

Adorno, T. W. et al.(1976), *The Positivist Dispute in German Sociology*, Heinemann Educational Books Ltd.

Althusser, L.(1970), *Reading Capital*, New Left Books.

DeMarchi, N.(1985), *The Popperian Legacy in Economics*, Cambridge University Press.

Hayek, F. A.(1967), *Studies in Philosophy, Politics and Economics*, The University of Chicago Press.

_____(1978), *New Studies in Philosophy, Politics, Economics and the History of Ideas*, The University of Chicago Press.

Hunt, E. K.(1978), "The Normative Foundations of Social Theory," *Review of Social Economy*, Dec., 36(3), 285~309.

Popper, K. R.(1962), *Conjectures and Refutations*, Basic Books.

(3) 신고전학파의 이론

Eatwell, J.(1977), "The Irrelevance of Constant Returns to Scale in Sraffa's Analysis," *Journal of Economic Literature*, 15(1), 61~68.

Ferguson, C. E.(1969), *The Neoclassical Theory of Production and Distribution*, London: Cambridge University Press.

Salama, P.(1975), *Sur la Valeur*, F. Maspero.

(4) 신리카도·후기 케인스학파의 이론

Davidson, P.(1972), *Money and the Real World*, Macmillan.

Eichner, A.(1976), *The Megacorp and Oligopoly*, Cambridge University Press.

Eichner, A. S. and J. A. Kregel(1975), "An Essay on Post-Keynesian Theory," *Journal of Economic Literature*, 13(4), 1293~1314.

Glyn, A. and B. Sutcliffe(1972), *Capitalism in Crisis*, Pantheon Books.

Kalecki, M.(1954), *Theory of Economic Dynamics*, Allen and Unwin Ltd.

Kaldor, N.(1956), "Alternative Theories of Distribution," *Review of Economic Studies*, 23(2), 83~100.

Mainwaring, L.(1984), *Value and Distribution in Capitalist Economies*, Cambridge University Press.

Pasinetti, L.(1962), "Rate of Profit and Income Distribution in Relation to the Rate Economic Growth," *Review of Econimic Studies*, 29(4), 267~279.

_____(1977), *Lectures on the Theory of Production*, Chapter 4, Columbia University Press.

Spaventa, L.(1970), "Rate of Profit, Rate of Growth and Capital Intensity in a Simple Production Model," *Oxford Economic Papers*, 22(2), 129~147.

Sraffa, P.(1975), *Production of Commodities by Means of Commodities*, Cambridge University Press.

Sylos-Labini, P.(1962), *Oligopoly and Technical Progress*, Harvard University Press.

Weintraub, S.(1978), *Capitalism's Inflation and Unemployment Crisis*, Addison-Wesley Publishing Co.

(5) 맑스주의학파의 이론

Althusser, L.(1970), *Reading Capital*, New Left Books.

Dobb, M.(1937), *Political Economy and Capitalism*, George Routledge & Sons Ltd.

Fine, B. and L. Harris(1976), *Rereading Capital*, Columbia University Press.

Mandel, E.(1962), *Marxist Economic Theory*, Monthly Review Press.

Sweezy, P.(1942), *The Theory of Capitalist Development*, Dennis Dobson Limited.

(6) 사회철학

Gold, D. A., C. Y. H. Lo, and E. O. Wright(1975), "Recent Developments in Marxist Theories of Capitalist State," *Monthly Review*, 27(5), 29~51.

Hayek, F. A.(1967), *Studies in Philosophy, Politics and Economics*, The University of Chicago Press.

Holloway, J. and S. Picciotto(1978), "Introduction," *State and Capital*, Edward Arnold, 1~31.

Jessop, B.(1977), "Recent Theories of the Capitalist State," *Cambridge Journal of Economics*, I(iv).

Popper, K. R.(1964), *The Poverty of Historicism*, Routledge.

chapter 11

경제민주화의 사상적 배경

1. 문제 설정

세칭 '경제민주화'에 대해서 논하기 위해서는 우선 그것의 의미에 대해서 분석해야 한다. 그런데 이러한 분석에는 여러 가지 어려움이 따른다. 우선 '민주' 혹은 '민주화'라는 개념에는 온갖 사람들의 갖가지 이상들이 담겨져 있기 때문에 그 의미가 불분명하다. 더구나 여기에 '경제'라는 단어가 첨가된 '경제민주화'는 '과소비' 등과 같이 한국의 경제 현실에서 발생한 문제를 상식적으로 표현하는 용어이기 때문에 서양 사상에서 이에 상응하는 개념을 쉽게 발견할 수 없다. 이런 것들은 현실 문제를 논리화해야 하는 모든 과학이 맞는 보편적인 어려움이기는 하나 우리의 경우에는 두 가지 이유에서 그 심각성이 더해진다.

하나는 애당초부터 이론이 현실에 기반을 두고서 자생적으로 발전된 것이 아니라 서양으로부터 일방적으로 수입되고 있는 것이 한국학계의 현실이기 때문에 현상과 사상이나 이론 간의 괴리가 더욱 크다는 것이다. 다른 하나는 논자에 따라서 이견이 있을 수 있으나, 사회현상은 자연현상과 달리 일반적으로 시공을 초월한 보편성을 지니기 힘들다는 것이다. 한국의 사회과학이 맞고 있는 이러한 특수한 사정들로 인해서 경제민주화라는 한국의 현실적인 과제를 논리적으로 설명하고 이에 대한 방향을 제시한다는 것이 지극히 어려운 과제라고 생각된다. 이런 상황에서 서양 개념에 맞도록 현상을 세척해 내고 서양 개념에 잘 맞는 내용만을 논의하는 것은 옳지 않다고 생각된다. 보다 타당한 연구방법은 우선 상식적인 수준에서 그것에 내포되어 있는 의미들을 끌어낸 후 서양의 개념 중 해당되는 것을 찾아내는 것이다.

경제민주화라는 용어는 '경제-민주-화'의 세부분으로 나누어 볼 수 있다. 첫째, '경제'민주화는 민주화의 대상이 사회 전반이나 정치가 아니라 경제라는 것을 의미한다. 경제의 의미는 이 세 가지 부분 중에서 가장 논란이 적은 부분이라고 생각되는데 권력, 문화, 혹은 명예가 아니라 富를 대상으로 삼는다는 것을 뜻한다. 부를 대상으로 한다는 것은 의식주 문제와 연관된 제반 과정들을 논의의 대상으로 삼는다는 것을 의미한다. 세부적으로 보자면 이러한 제반 과정들은 가격결정, 자원배분, 소득분배, 물가, 고용, 그리고 경제성장 및 발전으로 나눌 수 있을 것이다.[1] 그러므로 경제민주화는 이런 문제들과 관련하여 민주화를 논의하는 것이라고 볼 수 있다.

그런데 경제가 사회 내에 존재함으로써 다른 영역들과 상호작용하고 있다는 것을 고려할 때 이와 같은 대상의 한정은 절대적인 것이 아니다. 또한 민주화라는 것이 통상 경제뿐만 아니라 정치를 포함하는 사회 전반에 보다 적절하게 적용될 수 있는 개념이기도 하다. 그러므로 비록 경제 자체를 논한다고 하더라도 사회 전반에 대한 최소한의 논의가 불가피할 것으로 생각된다. 다시 말해, 정치활동과 경제활동은 쉽사리 구분되지 않으며 정치적인 목표와 경제적인 목표가 상충될 수 있기 때문에 실질적으로 다른 부문, 특히 정치적 영역에 대한 민주화를 전혀 논의하지 않고 단지 경제적 민주화만을 논의한다는 것은 불가능하다. 그렇기 때문에 부와 권력을 중심으로 포괄적으로 민주화에 대한 논의를 하면서 이것을 경제민주화로 좁힐 수 있도록 노력해야 한다.

1 물론 학자에 따라서 강조하는 문제가 다르다. 가령, 스미스(A. Smith)의 경우에는 가격, 자원배분, 그리고 자본축적 혹은 경제성장을, 리카도(D. Ricardo)는 가격결정과 소득분배를, 맑스(K. H. Marx)는 가치론과 자본축적을 중심으로 한 자본주의 운동법칙을, 그리고 케인스(J. M. Keynes)는 고용과 물가에 각기 관심을 두고 있었다. 그러나 우리의 논의로 보아서 이러한 강조점의 차이는 근본적인 문제가 아니라고 생각된다.

둘째, 경제'민주'화는 어떤 상태가 민주적인 것이냐라는 경제의 이상 상태를 설정하는 것이다. 이를 위해서는 민주화의 이념과 가치를 구성하는 요소들을 추출하고 이들 간의 결합 내지 상충에 대한 논란들을 정리해야 하는데 이 부분이 논의의 핵심을 이루게 된다. 그런데 민주의 의미가 무엇이든 간에 일차적으로 '민주' 앞에 '경제'를 붙여 놓을 것 같으면 의미가 불분명해진다. 흔히 '경제가 시장경제'라든지 '정치가 민주적'이라든지 하는 표현은 있어도 '경제가 민주적'이라는 말은 쉽게 찾을 수 없기 때문이다. 모든 언어가 상당 부분 사회현상을 반영하는 것이며 사회현상에 대한 용어는 더욱 그렇다고 볼 때 '민주적인 경제'라는 조어(造語) 자체도 한국 경제의 현실 속에서 발생했다고 추측할 수 있다. 간단히 말해 한국 경제의 특수성은 과거나 현재나 경제에 정부가 전면적으로 개입하고 있다는 것이다. 정부의 개입이 전면적이라는 것은 경제에 대한 정부의 개입이 흔히 신고전학파 경제학(Neoclassical Economics)에서 말하는 대로 재정·금융정책 등 최소한도에 그치는 것이 아니라 가격통제와 소득분배 등 포괄적인 것이었으며, 경제적인 영역과 정치적인 영역 양자의 결합 내지 유착이라는 모습을 나타내기도 했다는 것이다.

한국 경제가 이와 같이 순전히 경제적인 과정(economic process)이나 경제의 법칙성에 의해서 운행되지 않았고 국가가 경제에 수시로 개입했기 때문에 정치적인 과정(political process)의 이상이라고 볼 수 있는 '민주적'이라는 표현이 경제에 따라 붙었던 것으로 생각된다. 따라서 서양의 보수적인 사회과학이 제시하는 정치와 경제 간의 관계와는 달리 경제민주화라는 표현은 경제와 정치 혹은 기타 영역 간의 보다 밀접한 연관을 내포하고 있다. 그렇기 때문에 경제 자체의 민주화만을 논의한다고 하더라도 경제만을 분리시켜 처리한다는 것이 한국 경제의 경우에는 더욱 힘들다는 것을 알 수 있다.

이런 상황에서 민주적인 경제를 제대로 규정하기 위해서 우리가 취할 수 있는 잠정적인 방책은 시장경제와 민주적인 정치의 교집합(交集合)과 합집합(合集合)을 구해서 경제민주화에 대한 협의와 광의로 삼는 것이다. 다시 말해, 시장경제를 구성하는 요소와 민주적인 정치를 구성하는 요소들 중 겹치는 것이 경제민주화의 최소한 의미이며 양자 중 적어도 하나에 귀속되는 것을 포괄해서 최대한의 의미로 삼는다는 것이다. 이렇게 설정한 후 보수적인 사회과학 이외의 입장에서 실정하고 있는 민주화의 의미를 비교해 보고자 한다.

셋째, 경제를 민주'화'한다고 하는 것은 민주적이 되도록 인위적으로 변혁해야 한다는 의미이므로 경제현상 그 자체에 대한 분석이 아니라 경제의 흐름을 바꾸겠다는 규범적인 의미를 갖고 있다. 사회의 비민주적인 요소가 저절로 소멸해 민주적인 상태가 자연스럽게 성립되는 것이 아니라 무엇인가 구체적인 방법을 통해 획득해야 한다는 뜻이 된다. 일반적으로 현실의 움직임을 바꾸는 방식은 인간을 바꾸는 방식과 사회를 바꾸는 방식으로 나누어 질 수 있을 것이다. 전자는 개인의 내적인 행동 규범을 다루는 윤리적인 측면으로서 윤리학의 고유 영역이며 교육 혹은 계몽의 방법을 통해서 개혁이 이루어질 수 있는 부분이다. 이에 비해서 후자는 제도적인 측면으로서 사회, 제도, 시장이라는 전체의 수준에서 정치학과 법학의 고유 영역으로 정치, 정책, 그리고 법을 통해서 개혁을 이루는 것이라고 볼 수 있다(Sidgwick, 1854: 15). 따라서 경제민주화를 논의함에 있어서 경제학은 윤리학 및 정치학과 만나게 된다. 경제학 내에서 이런 문제를 다루는 부분은 실증경제학이 아니라 규범경제학 혹은 후생경제학인데 이 분야가 윤리학이나 정치학과 많은 부분을 공유하고 있는 이유도 여기에 있다. 물론 경제는 반드시 경제 전체와 개별 경제주체로 양분되지 않으며 양자의 중간적인 위치에 거대한 기업조직이라든지 계급이나 계층을 상정할 수 있다. 이런 중간적인 경제 단위는 개혁적인 차원에서도 윤리적인 측면과 법적인 측면이 뒤섞여서 나타나게 될 것이다.

경제와 민주가 쉽게 결합되지 않는 것과 유사하게 학자에 따라서는 민주적인 경제는 존재할 수 있어도 경제를 인위적으로 민주화한다는 것이 불가능하다고 보기도 한다. 현실이 이미 민주적이므로 인위적인 손질을 가할 필요가 없다거나 비록 비민주적이라고 하더라도 인위적으로 변경을 가할 것이 아니라 자생적으로 질서가 형성되도록 해야 한다는 것이다. 그러나 경제민주화라는 표현은 이러한 입장을 배제하는 것이라고 볼 수 있다. 즉, 경제를 민주화하겠다는 입장 속에는 적어도 현실이 완벽하게 민주적이지 못할 뿐만 아니라 그것이 경제의 자생적인 흐름에 따라서 달성되지 않으리라는 대전제가 깔려 있다고 생각된다.

보다 중요한 것은 민주적인 경제라는 이상 상태가 확인된 후에도 정치나 교육을 통해서 경제체제나 경제인의 의식을 변화시킨다는 것이 간단히 이루어질 수 없다는 것이다. 흔히 정치학이나 윤리학에서는 모든 것이 정책이나 윤리를 통해서 해결될 수 있는 것으로 생각하는 경향이 짙으나 경제학은 경제를 임의로 이에 맞게 쉽게 뜯어 고칠 수 있는 것이 아니라고 주장한다. 이것이 중농주의에서부터 고전학파와 맑스를 거쳐 신고전학파 및 뉴 클래시컬, 케인지언(New Classical, New Keynesian)에 이르기까지 경제학이 강조해 온 경제의 법칙성이다. 그렇기 때문에 이러한 민주화의 이상들이 어느 정도 현실화되어 있고 현실화될 수 있는지 검토해야 할 것이다. 그렇지 않을 경우 경제를 민주화하겠다는 노력은 실효성을 잃게 되는 것이다. 따라서 경제민주화와 관련하여 경제의 법칙성에 대해서 불가분 논의하지 않을 수 없다. 보다 구체적으로 정치학과 연결되면서 법, 제도, 정책과 경제의 운행 간의 관계가 윤리학과 연결되면서 인간의 이기심과 계층 및 계급의 존재에 대한 해석들이 문제될 것이다.

요약하건대 경제의 민주화는 경제 영역을 다른 사회 영역과의 연관 속에서 파악하고, 이러한 대상에 대해서 민주적인 이상 상태를 설정하며, 끝으로 현실 경제의 움직임이 어떻게 이루어지는지 파악함으로써 논의가 가능할 것이다. 그런데 이 논문에서는 일단 경제의 법칙성이나 그것과 연관된 개혁의 방책 이전에 어떤 경제가 민주적이냐는 일차적인 과제에 집중하고자 한다.

2. 민주적인 경제의 이념 혹은 가치들

우선 보수적인 사회과학에서 사회를 구성하는 기본원리로 제시하고 있는 시장경제(정치적인 영역)와 의회민주주의(정치적인 영역)에 어떤 이념이나 가치가 전제되어 있는지 살펴 전체 논의의 준거로 삼기로 하자. 이러한 논의는 사상적인 대립에 대한 본격적인 논의의 서론으로 간주될 수 있을 것이다.

첫째, 보수적인 정치학의 입장은 다원주의 국가론 혹은 영미식의 대의제 민주주의로 규정될 수 있다. 이것이 제시하는 모범적인 정치행위는 각 정치주체, 즉 합리적인 시민이 각자 자신의 진정한 이익을 파악하고 이러한 이익을 선거 등을 통해서 자발적으로 전체 이익을 형성하는 데 반영시키는 것으로 규정된다. 이러한 정치적인 영역의 활동은 시민들이 중앙권력이나 다른 정치주체들로부터 자유롭다는 개체의 정치적인 자유 혹은 자율성과 이들 개체들이 상호 간에 동등하다는 평등성을 골자로 한다.

둘째, 경제적인 영역에 있어서 보수적인 사회과학은 합리적인 경제주체, 즉 소비자나 기업 등이 각자 자신의 경제적인 이익을 정부의 간섭 없이 자유롭게 추구하고 이것이 시장에서 수요와 공급을 통해서 여과되고 조화되는 것을 의미한다. 이런 관점에서 본다면 전형적인 경제활동이란 각 경제주체들의 합리적인 이익이 자발적으로 추구되고 이것이 경제 전체에서 시장기구에 의해서 자연스럽게 조정되는 것으로 볼 수 있다. 여기서 추구되는 이념 혹은 가치는 주로 경제적인 자유 혹은 자율성과 효율성이다.

종합하자면 정치사상에서 늘상 강조되어 온 가치는 바로 자율성과 형평이며 경제사상에서 주로 강조되어 온 것은 자율성과 효율성이라고 볼 수 있다. 물론 정치적인 영역에서도 효율성이 전적으로 무시된 것은 아니며 경제적인 활동에서도 형평이 완전히 도외시된 것은 아니다. 그러나 상대적으로 볼 때 정치사상은 효율성을 경시하고 있으며 경제사상은 형평성을 도외시해 왔다. 또한 이들 세 가지 가치가 보수적인 사회과학의 가치들을 완전히 포섭하고 있는 것은 아니다. 그러나 이들 세 가지 가치가 다수의 사상가들에게서 나타나는 가장 핵심적인 요소라는 것을 부인할 수 없을 것이다. 그러므로 정치적 이념과 경제적인 이념 양자의 교집합은 개체의 자유 내지 자율성이며 양자의 합집합은 자유, 평등, 그리고 효율성이다. 따라서 우리는 이들 두 가지를 경제민주화에 대한 협의와 광의로 삼고 이에 따라 향후의 논의에서 자유를 핵심으로 하되 평등과 효율성을 함께 고려하도록 한다. 이에 대해서 좀 더 상세히 규정해 보자.

1) 자율성

'자율성'(autonomy)은 흔히 자유(liberty) 혹은 독립성(independence)으로 호칭되기도 한다. 이것은 문예부흥, 계몽주의 시대, 영국과 프랑스의 제반 혁명을 거치면서 근대 서양의 사회사상 전반을 관통하고 있는 가장 중요한 개념이라고 생각된다. 이들이 궁극적으로 추구하고자 했던 바는 개인에 대한 존중이고 각 개인들이 중세의 종교 및 세대 간에 계승되는 신분으로부터 해방되고 절대주의 국가의 억압으로부터 벗어나는 것이었다. 그렇기 때문에 자유는 정치, 경제 혹은 문화 제 분야에 있어서 각 개인들이 자신의 개별 의지(particular will)나 사적인 이익(private interest)에 따라 타인의 의지나 중앙권력에 의존하지 않고 행동하는 것을 의미한다고 볼 수 있다. 혹자는 이것을 주관화, 개인화, 그리고 합리화로 정식화하고 있다(Koslowski, 1983: 59). 이것은 근대 사회에 있어서 사회가 개인들로 분화되며 그러한 개인들은 합리성을 지니게 된다는 것을 의미한다.

정치적인 영역에 있어서 이것은 계몽주의가 제시하고 있는 바와 같이 국가나 정부가 구성원들의 자발적인 의지들이 모여서 이루어지는 것으로 설정되어 사회계약론 등에 나타난다(J. Locke, J. J. Rousseau, I. Kant). 사회계약론에 따르면 개별 의지(volont particuli re)들이 모여서 일반의지(volont g n rale)를 형성하고 이것이 주권을 구성한다는 것이 기본적인 논리로 되어 있다. 이런 사회계약론에는 국가권력이 신에 의해서 주어진다는 왕권신수설(王權神授說)에 대한 반대와 인간이 더 이상 종교적이거나 윤리적인 존재가 아니라 세속적인 존재라는 생각이 깃들어 있다(Habermas, 1973: 50~51). 이와 같이 자율성을 갖는다는 것은 인간이 근대의 개인으로서 성장했다는 것을 의미하는데, 이러한 개인은 합리적인 판단을 가능케 해주는 이성을 갖추고 있다. 이런 관점에서는 행동의 준칙이나 제도들이 전통적인 사회에서처럼 신이나 자연법 혹은 직관으로 주어지는 것이 아니라 여러 개인들의 이성과 이익에 의해서 내생적으로 규정되고 변경될 수 있다는 생각을 낳게 된다. 이 때문에 근대 사회에는 회의주의가 붙어 다니게 된다(Rawls, 1993: Introduction).

경제적인 영역에 있어서 자유를 논리화한 것은 경제학을 과학으로 승격시킨 스미스(A. Smith)라고 생각된다. 이러한 스미스의 자본주의 이념을 계승한 것이 현대의 신고전학파 경제학이라고 볼 수 있다. 근대 경제학에 있어서 개인의 경제적인 자유는 주어진 제약조건하에서 자신의 기호에 따라서 자신의 효용이나 이윤을 극대화하기 위해서 합리적으로 선택하는 것으로 나타난다. 여기서 일차적으로 핵심이 되는 것은 개인들이 타인에 의존하지 않고 자신의 이익에 따라 행동한다는 것이다.

그런데 자유를 이와 같이 정의할 때 유한한 존재인 인간이 여러 가지 제약에 속박되면서도 자유로울 수 있다는 의미가 된다. 일반적으로 한 개인이 맞는 제약조건들이란 자연적인 것과 사회적인 것으로 나누어 볼 수 있는데, 자연적인 것은 인류가 보편적으로 맞게 되는 것으로서 이들이 개인 간에 차별적으로 나타날 때만 논의의 대상이 된다. 이에 비해 사회적인 조건들은 인간들 사이에 등장하는 것으로서 자율성의 보다 핵심적인 제약조건이 될 것이다. 그렇기 때문에 인간이 자율적이라고 하는 것도 주로 다른 인간에 의해서 억압되거나 예속되지 않은 채 자유의지에 따라서 행동한다는 것을 의미한다. 경제적인 영역에 있어서는 이러한 제약조건이나 선택의 대상들이 부존자원이나 재화 등의 경제적인 변수들로 나타나면서 개인의 의지라고 하는 것도 개인의 이익으로 등장하게 된다. 이것은 합리적인 개인이 주체적으로 의사를 결정한다는 것으로서 의사결정의 전면적인 분권화(decentralization)를 전제로 한다. 이런 의미로 본다면 민주화라는 용어는 이미 그 자체로서 개별 주체의 존재와 개별 주체 간의 관계를 내포한다고 할 수 있다. 또한 자율성은 정치적인 영역에서와 마찬가지로 정부의 간섭으로부터 경제주체들이 자율적이라는 의미와 경제주체 상호관계에 있어서 자율적이라는 의미로 나누어 볼 수 있다.

이러한 두 가지 기준 속에서 경제학에서 상정하고 있는 경제주체들의 자율성을 소비자를 중심으로 보다 구체적으로 살펴보자. 시장경제 내에서 소비자가 자율적이기 위해서는 소비자가 합리적이어야 한다. 이것은 소비자가 자신이 원하는 것이 무엇이고 자신의 제약조건이 무엇인지 알며 기업이 제공하는 재화들을 자신의 이익에 비추어 선택할 수 있어야 한다는 것을 의미한다.[2] 이와 같이 합리적인 소비자 개인을 구성하고 있는 논리는 흔히 교과서적인 차원에서 언급되지 않는 것으로 계몽화된 개인을 전제로 하며 그러한 계몽화된 개인은 단순히 본능적인 욕망의 소유자로서가 아니라 교육을 통해서 '계몽화된 사익'(enlightened self-interest)을 가지고 있는 존재로 설정되는 것이다(Sidgwick, 1874; Mirrlees, 1982: 68~69). 다시 말해, 소비자라는 경제주체의 자율성은 기본적으로 선호의 자율성에 기초해야 하는 것이다.

계몽화된 사익에 근거한 경제학의 자율성이 갖는 의미를 구체적으로 파

2 이러한 논의는 또 다른 경제주체인 기업에도 대동소이하게 적용될 수 있을 것이다. 그런데 소비자는 근대 경제학에서 특히 중요한 의미를 지닌다. 경제학설사에 있어서 스미스가 『국부론』(1776년)을 펴낸 이래 리카도를 거쳐 맑스에 이르기까지 노동가치설을 중심으로 생산과 계급의 차원에서 구성되어 있던 경제학이 1870년대 한계효용학파에 이르면서 한계효용이론을 중심으로 소비와 개인의 차원에서 경제학이 재구성되면서 부각된 것이 소비자이다. 이러한 입장은 신고전학파로 이어져서 현대의 중심적인 논리를 구성하게 되는데 그것의 핵심적인 논리는 소비자의 선택이 경제 전체의 움직임을 결정한다는 것이다(홍훈, 1992). 그렇기 때문에 소비자의 자율성은 적어도 근대 경제학에서는 불가결한 부분이다.

악하기 위해서는 그것과 배치되는 것들을 살펴보면 될 것이다. 그러한 선호의 자율성은 우선 베블렌(T. Veblen) 등이 지적한 것과 같은 전시효과(展示效果; demonstration effect), 편승효과(便乘效果; bandwagon effect), 차등효과(差等效果; snob effect) 등의 비합리적인 소비행태를 배제해야 한다. 또한 맑스와 베버(M. Weber)가 시사하였고 갤브레이스(Galbraith, 1970: 11장)가 지적하는 것과 같은 기업의 광고에 의한 세뇌과정 혹은 수요창출도 배제해야 한다. 이뿐만 아니라 엘스터(J. Elster)의 적응적(adaptive) 선호형성 과정이나 아커어로프(G. Ackerlof)류의 신분제(caste) 유지과정이 배제되어야 한다. 적응적 선호형성이란 선호가 자율적으로 형성되지 못하고 자신이 갖고 있는 제약조건에 적응하는 방향으로 나아간다는 것을 의미한다. 또한 신분제 유지의 논리는 신분에 따라서 사전적으로 금전적 혹은 비금전적인 제약이 작용하고 특정 신분의 소속원이 이에 적응함으로써 신분제가 재생산된다는 것이다. 이러한 상황에서는 경제학에서 상정하고 있는 예산선과 무차별곡선 간의 상호 독립성이 유지되지 못하는 것이다. 이러한 모든 요인들은 소비자들의 계몽화된 이기심에 벗어나는 현상들이라고 볼 수 있다. 또한 논자에 따라서는 인간의 이기심이라는 것이 절대적인 것이 아니라 자신이 속해 있는 집단의 크기에 따라서 다르다는 주장을 내세우기도 해서 정치학에서 흔히 제기되었던 직접민주주의와 간접민주주의의 차이를 연상시키고 있다(Buchanan, 1978). 이 역시 통상적인 경제학의 전제와는 다른 것이라고 생각된다.

소비자들의 자율성이란 정부나 다른 경제주체에 의존하지 않고 자립적으로 자신의 소비활동을 영위한다는 것을 의미한다. 정부에 의해서 간섭을 받지 않는다는 것은 계획경제에서처럼 종류와 수량에 있어서 자신의 욕망과 걸맞지 않는 재화들을 강요받지 않는다는 것을 의미한다. 또한 이것은 시장경제라고 하더라도 부권주의적인(paternalistic) 경향이나(Kornai, 1986), 엘리트들의 계도를 받지 않는다는 것을 의미한다. 끝으로 이것은 관습이나 사회적인 통념, 여론 등에 의해서 자신의 선택이 억압받지 않는다는 것을 의미한다. 일단 계획경제하에서는 배급받는 재화의 종류와 수량이 자신의 필요나 욕망에 상응하지 않는 경우가 비일비재할 것이다. 그러나 시장경제하에서도 소비활동의 자유가 다른 방식으로 제약될 수 있다. 가령, 한국 경제에서와 같이 정부에서 국민을 계몽한다는 입장에 있는 경우 '저축장려'나 '과소비 억제' 등의 계도를 통해서 각 소비자들에게 기호를 강요하는 경우 완전한 의미에서 소비자의 자율성은 존재하는 것이 아니다. 끝으로 계획경제도 아니고 부권주의적인 경제가 아니라고 하더라도 정치적인 계기가 아니라 소비의 집단성 등 문화나 관습에 의해서 소비활동의 제약이 걸려 있는 경우에도 소비라는 경제활동의 자유는 완전한 것이 아니다.

이와 같이 서양 사상에 있어서 개인의 자율성이란 지당한 것으로 받아들여져 이미 오래전부터 각 사회과학에 내부화되어 있기 때문에 마치 이상적인 가치가 아니라 현실 그 자체인 것처럼 보이기도 하지만, 근대 사회가 형성되기 이전의 상태와 비교해 본다면 언제나 향유할 수 있는 것은 아니었다는 것이 분명하다. 이러한 경제적인 자유는 여러 개인들로 구성되는 근대 사회 속에서만 성립하는 개념이다. 따라서 경제학에 있어서도 자율성은 합리성을 전제로 하고 있다. 이것은 정치사상에서 말하는 합리적인 이성과는 차이가 있다. 경제학에서 경제주체들이 이성을 가지고 있다는 것은 경제주체가 자신이 원하는 바와 그러한 욕망에 대한 제약조건이 무엇인지 알며 그러한 조건하에서 자신의 이익을 냉철하게 계산해서 거기에 맞는 행동을 수행한다는 것이다. 이미 스미스에서부터 경제학은 공리주의적인 색조를 강하게 띠고 있어(Myrdal, 1953: 3장), 이로 인해 다 같이 개인주의 혹은 다원주의를 주장하면서 계몽주의적인 전통에 강하게 영향을 받고 있는 정치학의 전통과 차이를 보이게 된다. 이러한 공리주의적인 성격을 본격적으로 드러낸 것이 한계효용학파이며 이것을 계승한 것이 신고전학파라고 생각된다. 그런데 이러한 공리주의적인 색채와 연결된 것이 효율성이라는 가치이다. 또한 경제적인 활동에서는 정치적인 활동에 비해서 과정보다는 결과를 중시하는 경향도 강하다. 그렇기 때문에 정치적인 영역에서는 자율성이 평등 내지 형평과 결합되는 데 비해서, 경제적인 영역에서는 자율성이 강조되고 있으면서도 이것이 공리주의나 효율성, 혹은 결과에 대한 강조와 결합되고 있다. 이로 인해 경제적인 자유는 정치적인 자유라는 것과 차이를 보이게 되는 것으로 보인다. 바로 이 점에서 단순히 시장경제가 아니라 민주적인 경제라는 것은 자율성이나 평등이라는 가치에 보다 경사되어 있는 것이 아닌가 생각된다. 앞서 자율성을 정의할 때 의지와 이익이라는 구분을 공용한 것은 바로 양자 간의 차이점을 고려한 것이다.

일상적으로 발견할 수 있는 정치적인 자유와 경제적인 자유의 차이로는 다음과 같은 것을 들 수 있다. 정치적인 자유는 대체로 공동의 이익을 결정하는 데 개인들이 동등하게 참여하는 것을 의미하는데, 국민투표권으로 대표되는 이러한 활동에는 전체 이익을 고려하는 이성적인 판단과 자발성이 요구된다. 이에 비해서 경제적인 자유는 자신의 선호에 따라서 욕망을 충족시키거나 이윤을 극대화하는 것이 목표이므로 이성적인 판단 대신 냉철한 계산이 요구된다. 양자가 각기 계몽주의와 공리주의적인 전통과 연결된다는 것이 여기서 확인된다. 또한 전자가 사회에서 추구할 목표 그 자체를 결정하는 것이라면 후자는 상당 부분 이미 주어진 목표에 대한 수단을 강구하는 데 집중하고 있다. 혹은 전자의 경우에는 문제의 해결방식이 아니라 문제의 제기 자체가 자율적으로 이루어진다는 것이 포함되어 었다(Dahl, 1985: 57~61). 흔히 경제학이 도구적인 합리성(instrumental rationality)만을 추구하는 학문이라고 비판받게 되는 이유도 여기에 있다. 이 때문에 각자에 있어서 요구되는 판단력이 다르며(Lindblom, 1977), 자료에 대한 처리능력도 다르다고(Downs, 1957) 볼 수 있다. 더불어 정치적인 자유가 여러 주체들에게 함께 영향을 주는 의사결정을 요구하는 데 비해서, 경제적인 자유는 의사결정이 미치는 영향이 개별 주체들에게 분할되어 나타난다는 지적도 있다(Buchanan, 1978: 365). 예를 들어서, 대통령을 뽑는 투표행위는 국민 전체가 영향을 받는 것인 데 비해서, 특정 기업의 투자는 그로 인한 손익이 전적으로 그 기업에게 돌아간다는 것이다.

물론 이러한 구분에 대해서 여러 가지 이의를 제기할 수 있다. 경제행위의 경우라도 분명히 로빈슨 크루소(Robinson Crusoe)와 같이 고립된 상황은 분명히 가상적인 것이므로, 모든 경제활동의 결과가 그러한 경제행위의 수행자에게 귀속되지 않으며 모든 경제활동들이 '가격망'(價格網)을 통해서 상호 간에 영향을 주고받는다. 이 때문에 프랑스의 조절학파(Regulation)가 주장하는 '분할'(fractionnement)이라는 개념이나 재정학에서 흔히 제기되는 '전거'(轉據; incidence)라는 개념은 계속 의의를 지니고 있다. 또한 정치적인 행위를 순전히 의회민주주의와 같은 제도 속에서 정기적으로 행사되는 권리로 보지 않고 노동통제와 같이 미시적 조직 내에서 일상적으로 벌어지는 것으로 보면, 그 결과를 개별 주체들에게 미치는 영향으로 국한시킬 수도 있을 것이다. 그러나 이와 같은 구분은 근대 서양 사상에서 여전히 의미를 유지하고 있다. 왜냐하면 정치적인 활동은 사회 전 구성원 간의 합의를 요하는 것으로 볼 수 있으며 경제활동은 여전히 이러한 합의를 지향하지 않고 수행되는 것으로 되어 있기 때문이다. 이러한 생각은 로크(『시민정치이론』), 루소(『사회계약론』), 칸트(『사회정의론』), 헤겔(『법철학』), 그리고 초기 맑스(『헤겔 법철학 비판』) 등에 있어서 일관되게 나타난다.

이렇게 볼 때 정치적인 영역과 경제적인 영역의 자유나 자율성은 일단 구분해서 취급해야 할 것이다. 또한 자율성이 전제로 하는 개인의 합리성에 대해서도 양자는 다르게 정의한다고 볼 수 있다.[3]

2) 형평성

'형평'(equity)은 흔히 평등(equality)이라고 불리기도 하는데 모든 인간이 동등하게 취급되는 것을 의미한다. 자율성이 중앙권력과 개체 간의 관계와 개체 간의 관계를 모두 수반하는 것이라면 형평은 개체 간의 관계만을 문제 삼게 된다. 이러한 평등의 개념은 비단 사회주의 경제체제에서만 강조된 것이라고 볼 수 없으며 자율성과 함께 이런저런 형태로 서양 사상의 근간을 이루어 온 개념이라고 볼 수 있다. 신 앞의 평등, 법 앞의 평등, 그리고 시장에서의 평등은 모두 이러한 생각을 반영하는 것이며 인간은 종교, 성별, 인종, 그리고 출신 지역, 혹은 가문에 관계없이 종교적, 정치적, 그리고 경제적으로 동등하게 취급

3 물론 불확실하고 제한된 정보만을 가지고 있는 경제주체들이 반드시 극대화한다는 것이 불가능하므로 합리성과 극대화를 동일시하는 경향을 지양하고 제한된 합리성(bounded rationality)에 만족해야 한다는 주장(Simon, 1978)은 별개의 차원에서 제시되는 것이다.

받는다는 것이다.

그런데 일견 자명한 평등의 의미도 보다 구체적으로 보면 간단치 않다. 인간이 자율적이어야 한다는 것에 대해서는 대부분의 사상가들이 동의하는 것으로 보이나 평등에 대해서는 다양한 이견이 제시되고 있다. 이러한 견해상의 차이 중 우선 지적할 수 있는 것은, 평등을 소극적으로 보아서 부와 권력의 배분에 있어서 사전적으로 개별 주체들에게 기회의 균등이 주어진다는 것으로 볼 것이냐 아니면 보다 적극적으로 사후적으로도 이것들이 대등하다는 것으로 볼 것이냐는 것이다. 이러한 차이가 발생하는 근본 원인은 일차적으로 인간의 능력과 노력에 선천적이거나 후천적으로 차이가 있으며, 그러한 차이로 인해서 사전적인 의미의 평등이 사후적인 의미의 평등과 일치되지 않는다는 데 있다. 전자는 진정한 의미의 평등을 제대로 달성하지 못하는 방관적인 입장이라는 비판을 받을 수 있으며, 후자는 개인의 능력이 발휘되고 개발될 수 있는 유인을 제공하지 못해 사회와 경제의 발전을 둔화시킨다는 문제점을 안고 있다. 그렇기 때문에 전자를 강조하는 입장에서는 인간의 능력상 차이가 변경 불가능한 선천적인 요인에 의해서 비롯된다는 것을 강조하게 되고, 후자를 강조하는 입장에서는 후천적이라는 점을 강조하게 된다(Bowles, 1972). 근대 경제학은 바로 전자를 강조하는 입장에 있다고 볼 수 있으며, 양자의 절충으로 인간으로서 기본적인 생활을 유지할 수 있을 정도는 누구에게나 보장되어야 한다는 주장도 제시되고 있다.

이러한 대립은 정치적인 영역과 경제적인 영역으로 이어진다. 즉, 정치적인 자유는 국민투표권에 의해서 상징되듯이 정치적인 주체들 사이에 적극적인 의미의 평등과 연결된다. 이에 비해서 경제적인 자유는 자신들의 능력에 따른 노력과 기타 자의적인(random) 운수에 따라서 결정되기 때문에 결과적으로 불평등이 발생할 수도 있다고 보아 사전적인 의미의 평등을 강조한다. 양자 간의 차이점은 '일인 일표'와 '돈투표'로 각기 표현될 수 있다(Bowles and Gintis, 1978). 이런 관점에서 볼 때 민주적인 경제란 분명히 시장경제라는 용어와는 달리 정치적인 영역의 평등과 연결되며 이것은 적어도 이러한 분배 문제 등 시장경제의 역효과들을 수정하겠다는 의지를 내포한다고 추정할 수 있다.

물론 자유가 인간의 합리성을 전제로 한다면 평등성은 롤스(J. Rawls)나 노직(R. Nozick)이 지적하고 있듯이 정치, 경제, 윤리, 그리고 문화적인 측면에서 각 구성원의 자존심(self-respect)을 전제로 한다. 자존심은 각 구성원이 자신의 인생계획과 능력에 대해서 자긍심을 갖는 것인데 명시되어 있지는 않으나 모든 서양 사상에 있어서 기본전제로 설정되어 있는 것이 아닌가 생각된다. 이 역시 특히 부권주의, 귀족주의 혹은 엘리트주의의 사회와는 배치되는 가치이다.

그렇다고 경제적인 영역에서 평등성의 근거를 전혀 찾아 볼 수 없는 것은 아니다. 근대 경제학에 있어서 인간의 평등성은 누구도 사전적으로 시장에서 배제되지 않는 것을 의미한다. 우선 소비활동의 경우를 보자면 각 개인이 가지고 있는 선호는 상호 다르며, 이들에 대해 우열을 따질 수 없고, 다 같이 시장에서 가격을 결정하는 데 참여하며, 자신이 원하는 재화를 획득하는 데 있어서 소득 이외의 다른 어떤 조건으로도 제약을 받지 않는다는 것이다(홍훈, 1992). 일차적으로 여기서 중요한 것은 각자가 갖고 있는 선호(preference)가 공히 존경받는다는 것이다. 가령, 甲은 오페라를 좋아하고 乙은 술마시기를 좋아한다고 할 때 사전적으로 이들에 대해서 어떤 기호가 더 낫다거나 더 건전하다는 주장을 내세울 수 없다는 것이다. 이와 같이 선호에 대해서 사전적으로 우열을 판정할 수 없는 것과 유사하게 선호의 대상이 되는 재화에 대해서도 시장을 거치기 이전에 어떤 것이 얼마큼 가치를 갖는 것인지 속단할 수 없다는 것이다. 이와 같이 모든 경제주체의 선호나 이익이 존중됨으로써 동등한 개인들의 자립적인 의사결정들이 모여 시장의 수요와 공급을 이루고 이들이 경제 전체의 방향을 결정한다는 것이다. 경제학이 이와 같이 개인의 선호를 동동하게 취급하려는 경향은 경제적인 재화들뿐만 아니라 경제정책을 포함한 모든 정책 및 여타 문제들에서도 유사하게 나타난다. 가령, 고용과 인플레의 상충관계, 대통령 선거에서 후보자 선택, 그리고 낙태에 대한 입장 등에 있어서 각 개인의 입장을 존중해 주어야 한다는 것이다.

이러한 대전제는 우선 가격론에서 모든 개인들의 선호체계에 대해서 사전표기식 서열(lexicographic ordering)을 일반적으로 설정하지 않는다든가, 한계효용체감의 법칙(law of diminishing marginal utility)이나 한계대체율 체감의 법칙(law of diminishing marginal rate of substitution) 혹은 볼록성(convexity) 등의 가정을 통해서 개인들이 특정 재화를 편집광적으로 수요하지 않는다고 보는 것 등에서 나타난다. 보다 명시적으로는 후생경제학이나 사회적 선택이론에서 개인 간에 효용을 비교하거나 개인들의 판단을 종합한다는 문제에 접하면서 드러난다. 경제학이 개인의 선호에 대해서 동등하다고 보지 않는 경우, 각 개인의 효용을 종합하는 것에 대해서 고민하든지 독재자를 사회적 선택과정에서 배제하는 이들의 입장을 이해할 수 없는 것이다(Bergson, 1969; Arrow, 1973).

물론 신고전학파 경제학에서 등장하는 이러한 개인들의 평등성은 개인 간에 서로 다른 예산제약으로 인해서 소비활동의 범위 자체나 가격 결정에 미치는 영향에 있어서 동등성을 나타내 주는 것은 아니다(Wieser, 1989). 그렇기 때문에 경제학이 평등성에 대해서 등한시하고 있다는 주장은 여전히 유효하다.

3) 효율성

'효율성'(efficiency)은 경제학에서 지고의 가치로 제시된 것이다(Koslowski, 1983: 55). 그중에서도 분배 및 형평의 문제를 등한시하지 않았던 리카도(D. Ricardo)와 신리카도학파(Neo-Ricardians)보다는 신고전학파에서 특히 강조해 온 이념이라고 볼 수 있다. 이것은 보다 빠르게, 보다 많이, 그리고 보다 좋게 상품을 만들어 내야 한다는 것이다. 각국 경제 내에서는 경제주체에서부터 전 세계적으로는 국가들에 이르기까지 크고 작은 경제 단위에 있어서 생존을 위한 불가결한 가치로 간주된다. 물론 그것은 경제주체나 경제 전체의 생존과 연관된 절박한 개념이 될 수도 있고 단지 보다 나은 상태로 가기 위한 여유 있는 외침일 수도 있다. 현실적으로 소련의 몰락과 자유무역을 강요하는 우루과이 라운드는 이러한 이념의 중요성을 더욱 드높이고 있다.

효율성은 민주화라는 기치와 연관되는 것이 아니며, 다만 민주화가 효율성을 달성하는 상태에서 이루어져야 한다는 점에서 일종의 제약적인 가치라고 생각된다. 경제적인 영역으로 좁혀서 볼 때 자율성이 어떻게 생산하느냐와 연관되고, 형평성이 어떻게 분배하느냐와 연관된다면, 효율성은 오로지 얼마큼 생산하느냐와 연관된 것이다. 흔히 생산성 혹은 경쟁력으로 표현되기도 하는 효율성의 개념은 자유나 평등의 개념보다는 훨씬 구체적이면서 해석상의 이견도 별로 없는 셈이다. 그 이유는 효율성의 내용 자체가 개별 주체들의 판단이 개입될 여지없이 다른 조건이 같다면 누구나 찬동할 수 있는 중립적인 개념이기 때문이다. 그러나 이 역시 일견 보는 것만큼 단순하지는 않다. 적어도 흔히 경제학 교과서에서 지적되는 대로 기술적인 효율성(technical efficiency)과 경제적인 효율성(economic efficiency)이 구분되어야 한다. 전자는 경제의 고유한 현상이라고 볼 수 있는 가격이나 가치가 개재되지 않은 채 정의될 수 있는 개념이며, 후자는 가격이나 가치가 개재되어 있는 것이다.

상식적으로 볼 때 '효율성=(산출물−투입물)/투입물'로 규정될 수 있다. 그런데 산출물과 투입물이 다르며 투입물이 여러 가지이기 때문에 가치나 가격의 개념을 수반하지 않고서는 엄밀하게 정의될 수 없다. 이것은 한 상품이나 기업뿐만 아니라 여러 가지 재화와 산업이 존재하는 경제 전체를 놓고 볼 때도 마찬가지이다. 그렇기 때문에 경제적인 효율성만이 진정으로 의미 있는 효율성의 개념이라고 볼 수 있다.[4] 즉, $E=(pq-pAq)/pAq$(단, E: 효율성, p: 가격의 로우 벡터, q: 수량의 컬럼 벡터, A: 기술 계수 행렬).[5] 또한 효율성의 증감은 이러한 비율의

4 다만 정확히 동일 상품이 생산되며 동일한 투입물들이 사용되면서 스라파(P. Sraffa)의 표준체제를 설정할 때처럼 그것이 비례적으로 줄어들거나 늘어나는 경우라든지, 비례적으로 증감하지 않는다고 하더라도 투입물의 모든 요소들에 대해서 일대일로 증감을 따져 일률적으로 증감의 판정이 가능한 제한적인 경우에는 순전히 물량의 관점에서 효율성이 정의될 수 있을 것이다. 즉, $aq=Aq$(a: 스칼라, $0<a<1$) 혹은 $(q'\cdot q)(Aq'\cdot q)$. 또한 경제 전체가 아니라 하나의 상품 내지 기업의 차원에서 이러한 것이 정의된다면 효율성의 증감에 대한 정의는 더욱 완화될 수 있다. 즉, 어떤 기업의 입장에서 생산되는 상품은 변동하지 않으며 가격이 주어져 있다고 보는 것이 경제 전체의 입장에서보다는 좀 더 타당할 것이다. 이럴 경우 효율의 변동이 순전히 수량적으로 설정될 수 있는 여지는 더욱 커진다. 즉, $(p_iq_i-\sum_i p_jq_j)/\sum_i p_jq_j$와 $(p_iq_i-\sum_i p_jq_j)/\sum_i p_jq_j)/\sum_i p_jq_j$를 비교할 때 p_i가 고정되어 있으므로 수량의 변동은 가치량의 변동과 동일시될 수 있으며(즉, $p_iq_i-\sum_i p_jq_j\rightarrow q$), 그렇기 때문에 투입물의 비례적인 증가가 'semi-positive'한 증감이 아니라고 하더라도 효율상의 비교가 가능하다(Samuelson, 1983: 147~148). 또한 이러한 증감이 일어날 경우에는 앞선 경우와는 달리 단지 효율성 증감의 방향뿐만 아니라 그 양을 측정할 수도 있다. 이러한 정의는 어떻게 보면 상당히 제한적인 것으로 생각될 수 있으나 경제학에 있어서 이러한 소박한 정의에 만족해야 하는 경우가 적지 않다. 가령, 기업의 수준에서 투입물들을 인건비와 자재비 등으로 간단히 처리하고 단기에서와 같이 고정비용을 고려하지 않는다면 타당성이 증가할 수 있을 것이다. 또한 경제이론의 수준에서도 물가에 있어서 기준연도의 물가란 자의적인 것이며 아무런 의미가 없고 오로지 물가의 변동만이 유일한 관심의 대상이 될 것이며 재화 간 효용비교나 개인 간 효용비교에 있어서도 단지 크기의 대소가 측정 가능하기만 해도 많은 문제가 해결되었을 것이다.

5 같은 이유로 맑스에 있어서 자본의 기술적 구성(technical composition of capital)이라는 개념 역시 불완전한 것이다.

증감으로 나타낼 수 있다. 이와 같이 가격이 개입되면서 효율성의 증가는 흔히 '부가가치'의 증가($pq-pAq$)라는 말로 표현되기도 한다.

그런데 학파마다 가치론이 다르기 때문에 가격의 결정요인이 달라지며 통상 노동투입물과 효용의 관점으로 갈라지게 된다. 노동가치를 주장하는 측에서는 효율성이나 생산성이 노동투입량 내지 '노동생산성'으로 규정된다. 즉, $E' = (\lambda - \lambda Aq)/\lambda Aq$가 된다. 반면 우리가 일차적인 관심의 대상으로 삼는 신고전학파의 입장에서는 효용론을 주장한다. 이러한 효용론의 입장에서 보면 효율성은 후생(welfare)과 연관되어 있다. 효용이 개인의 차원에서 정의되는 것이므로 노동가치와 같이 객관적으로 측정할 수 없으며 불가분 여러 종류의 재화들을 어떻게 나누느냐에 따라서 효용 수준이 변하게 된다. 이 때문에 암묵적으로 경제 전체의 후생이라는 개념을 설정하거나 아니면 가격을 결정하는 요인으로서 효용이 배후에 깔려 있다는 생각을 하게 된다. 여기서 효용은 한편으로 실제 시장기구 속에서 개별 재화들의 가치와 가격을 결정하는 요인으로서, 다른 한편으로 경제 전체의 수준에서 분배와 연관되어 이중적으로 등장하게 된다. 후자와 같이 이미 생산된 재화들을 어떻게 분배할 것이냐는 문제를 논의하게 되는 경우 효율성은 효용과 분리되는 것으로 보인다. 그러나 전자의 경우에는 이미 가격을 결정하는 데 있어서 효용이 개입한다고 보며 그러한 가격에 의존해서 효율성이 규정되므로 효율성과 효용, 혹은 생산성과 후생은 상호 연관된다고 볼 수 있다. 그러므로 신고전학파 경제학에 있어서 효율성과 후생은 거의 동의로 사용되는 것으로 보인다.

효율성은 여러 차원에서 논의될 수 있다. 대체로 근로자 개인 개별 경제주체, 기업과 같은 조직체, 그리고 국가 경제 전체 등의 차원으로 나누어 볼 수 있을 것이다. 그런데 가장 손쉽게는 투입물에 대한 국민총생산의 비율이 될 것이다. 이러한 국민총생산은 경제의 각 부문에서 한 해 동안 발생한 모든 부가가치를 합산한 것이고 이것이 결국 각 경제주체들에게 소득으로 분배된다. 그러므로 국민 경제 전체의 입장에서 본다면 보다 신속한 국민총생산의 증가가 효율성으로 간주될 수 있을 것이다. 이렇게 본다면 성장을 기조로 해 왔던 한국의 경제정책은 효율성을 추구한 것이라고 생각된다. 분배상의 형평이 이러한 국민 소득을 어떻게 나누느냐는 문제라면, 효율성이란 분배의 대상이 되는 국민 소득의 크기 그 자체에 대해서 관심을 두는 것이라고 볼 수 있다.

효율성을 제고시키기 위한 방책은 여러 가지가 있을 수 있다. 우선 정태적으로는 주어진 선호·기술·조직하에서 자원을 각 산업에 적절히 배분하고 자유로운 교환이 극대화되도록 하는 것이다. 보다 동태적으로는 효율성을 결정하는 요인으로 가장 흔하게는 기술 수준을 들 수 있으나 이외에도 개별 주체들의 능력이나 능률, 조직이나 제도의 발전 정도 등을 들 수 있다. 기술 수준은 스미스에서부터 맑스를 거쳐 신고전학파에 이르기까지 과거와 현재의 모든 경제학자들이 강조해 온 효율성의 결정요인이라고 볼 수 있다.

시장경제를 신봉하는 신고전학파가 그간 특히 강조해 온 것은 동태적인 효율성이라기보다는 정태적인 효율성이다. 즉, 이들은 주어진 개인의 능력이나 조직 및 기술하에서도 경제 전체에서 자원이 적재적소에 배분됨으로써 자원의 낭비 없이 최대의 생산을 올릴 수 있다는 것이다. 또한 이들은 이러한 효율성을 보장해 주는 것이 시장기구라고 주장한다. 시장기구가 효율성을 제고시키는 데 탁월한 역할을 발휘한다고 주장하는 이유는 경제주체들 간에 상호경쟁이 이루어져서 자신의 이익을 추구하는 과정에서 자연스럽게 효율성이 제고된다는 것이다. 가령, 각 기업들이 다른 기업들과의 경쟁 속에서 자신들의 이윤을 극대화하려고 노력하면서 자원이 적재적소에 배분될 수 있다는 것이다. 이러한 입장을 논리적으로 입증하기 위한 노력이 신고전학파 경제학의 일반균형이론(General Equilibrium System)이다. 보다 구체적으로 독점의 존재나 정부의 개입은 자원을 필요한 산업에 필요한 만큼 배분하는 시장기구를 방해함으로써 주어진 자원을 가지고 이룩할 수 있는 효율성을 상실케 한다는 것이다. 이런 입장에서는 각종 쿼터 할당이나 보조금 지급은 경쟁을 둔화시키고 개별 경제주체들을 안이하게 만듦으로써 이러한 효율성의 제고를 둔화시키는 것으로 본다. 물론 시장에서의 경제활동은 자율적인 경제주체들 사이의 자발적인 계약으로 이루어지므로 극단적인 시장주의자들의 입장에서도 이러한 계약이 제대로 이행되도록 한다는 의미의 정부는 존재해야 한다. 그러나 여기서 정부는 계약이 사기나 강박에 의해서 이루어지지 않고 일단 성립된 계약이 성실히 이행되도록 법적으로 보장한다는 심판관으로서의 소극적인 역할에 머물게 된다. 물론 이러한 소극적인 역할마저도 대부분의 개도국에서는 제대로 수행되지 않기 때문에 성실한 정부가 개도국에서는 경제의 효율성을 제고시키는 중요한 방책이 될 것이다.

물론 동태적인 효율성의 증가를 강조하는 입장도 있다. 즉, 효율성을 증가시키는 데 있어서도 여러 기업들이 경쟁적으로 자신들의 제품을 개발하면서 소비자들은 보다 좋은 제품을 보다 싼 가격에 획득할 수 있으며 기술혁신도 이룩할 수 있다는 것이다. 또한 자본주의의 역사는 이와 같은 경쟁을 통해서 점진적으로 경제의 효율성이 증대되어 온 것으로 볼 수 있다는 것이다(Hayek, 1978). 그러나 이러한 입장이 경제학 내에서 다수를 차지하고 있는 것으로는 생각되지 않는다.

이러한 효율성은 소위 '도구적인 합리성'이라고 규정될 수 있다. 어떤 가치나 목표를 추구할 것이냐는 것에 대해서는 논외로 하고 단지 주어진 가치나 목표에 대해서 최소한도의 시간과 비용으로서 처리할 수 있는 수단을 강구하는 데 집중하고 있는 것이다. 이 때문에 효율성을 강조하는 경제학의 입장에서는 경제의 목표를 누구나 합의할 수 있는 최소한도로 삼거나 아니면 이에 대해서 거의 논의하지 않는 것이 특징이다. 이것은 근대 사회로 넘어 오면서 사전적으로 혹은 선험적으로 주어지는 가치나 목표를 포기하고, 이러한 목표의 설정을 각 개인에게 부여함으로써 발생하는 현상 중 극단적인 유형이라고 생각된다. 흔히 근대의 사회과학, 특히 경제학이 몰가치적(沒價値的; wertfrei)이라고 말하게 되는 것은 바로 이런 것에 근거하고 있다. 경제학에 있어서 사회적인 선호나 선택이 개인적인 선호나 선택의 사후적인 합계에 불과하다고 보는 것이나 이러한 개인들의 선호나 선택상 차이에 대해서 일의적인 판정을 내리지 않는 것은 모두 이러한 맥락에서 나오는 것이다. 또한 경제학이 주어진 선호가 어떻게 드러나는지(preference revelation)에 대해서 집중할 뿐 그러한 선호가 어떻게 형성되는지(preference formation)에 대해서는 불문하고 있는 것도 같은 맥락에서 이해될 수 있다(Eisler, 1982; Koslowski, 1992).

덧붙일 것은 한국 경제가 해방 이후 현재까지 오로지 효율성이라는 가치 속에 움직여 왔다는 것이다. 과거 수출주도형의 경제성장기에 있어서 '대외경쟁력'나 우루과이 라운드의 파고에 시달리는 현 시점에서 '국가경쟁력'은 모두 일방적으로 효율성과 연관되어 있다.

이와 같이 민주화를 세 가지 가치로 규정하는 것은 한편으로 포괄적이라고 생각될 수도 있고 다른 한편으로는 지나치게 편협하다고 생각될 수도 있다. 포괄적이라고 주장할 수 있는 이유는 통상적으로 정치적인 영역과 연관되어 온 민주성이 특히 효율성과 무관하거나 심지어 배치된다고 생각될 수 있기 때문이다. 그러나 의회의 안건처리 과정에서도 드러나듯이 정치적인 영역에서의 민주성도 최소한의 효율성을 전제로 하지 않을 수 없는 것이다. 더구나 경제적인 민주화는 단지 과정 그 자체만을 중시할 수 없는 것이며 의식주를 해결한다는 목표를 도외시할 수 없기 때문에 더욱 그렇다. 또한 뒤집어 보면 민주화의 가치를 세 가지로 국한한다는 것이 지나치게 편협하다고 볼 수도 있다. 논자에 따라서는 경제 자체의 존립이 경제가 추구해야 할 일차적인 목표이므로 대전제로서 경제의 질서, 안정, 그리고 생존 등을 지적하고 있으며, 경제학을 전체적으로 볼 때 이런저런 모습으로 등장했던 노동에 따른 소득의 분배라는 논리를 지적하는 경우도 있다. 그러나 이들 문제는 효율성이나 형평성에 포함시킬 수 있을 것으로 보인다.

추가적으로 지적해야 할 것은 경제민주화가 경제 정의보다 포괄적인 개념이라는 것이다. 경제 정의는 대체로 형평이라는 기준을 중심으로 논의되는 것으로 생각되는 데 비해, 민주화는 자유 내지 자율성이라는 문제를 포괄하고 있는 것으로 보인다. 또한 경제민주화는 경제체제나 사회체제론과 구분되어야 한다. 경제민주화 속에는 인간의 윤리가 포함되어야 하며 구체적인 현실의 경제체제들에 대한 비교 분석이 일차적인 목표가 아니라는 점에서 차이가 나는 것으로 생각된다.

따라서 경제민주화에 대한 논의를 위해서는 자율성, 형평성, 그리고 효율성이 핵심적인 주제가 된다. 이러한 세 가지 가치는 한편으로는 개별 경제주체들의 내적인 행동규범(norms)으로서, 다른 한편으로는 경제 전체의 외적인 제도들(institutions)로서 이중적으로 나타나게 된다. 그러므로 경제민주화를 논하기 위해서는 이러한 가치를 창달하는 윤리와 제도가 포괄적으로 논의되어야 할 것이다. 그런데 현 시점에서 시장경제는 단지 여러 대안 중에서 하나라는 의미를 훨씬 뛰어넘는 것이기 때문에, 이러한 논의에 있어서 개인의 합리성 및 이기심과 시장을 핵심으로 하는 시장경제의 논리와 이러한 가치들 간의 관계에 대해 특별한 관심을 기울여야 할 것이다.

최근의 한국 경제에 있어서도 늘상 논의되는 가치나 이념은 이들 효율성, 형평, 그리고 자율성으로 규정될 수 있다. 자율성은 기업에서 나타나는 상의하달식 등 의사결정의 집권화·분권화와, 형평의 문제는 소득분배와, 효율성은 한국 경제의 발전과정에서 늘상 주창되어 왔던 것으로서 대외 경쟁력의 제고와 각기 연관된 것이다. 쉽게 말해 자율성은 어떻게 생산하느냐는 것이며, 형평은 누가 생산된 것을 가지느냐는 것으로 부와 소득의 정당성과 관련된 것이고, 효율성은 얼마큼 많이 생산하느냐는 것으로서 경제의 생존을 위해서 요구되는 것이다. 물론 경제민주화라는 표현은 분명히 효율성보다는 형평이나 자율성을 강조하는 경향이 짙으나, 현실적으로나 논리적으로나 효율성을 포기할 수 없기 때문에 이들 모두는 한국 경제로 봐서도 버릴 수 없는 과거이자 미래의 가치나 이념이라고 생각된다.

그렇다고 해서 한국의 구체적인 현실이 이러한 세 가치에 의해서 완전히 포착될 수 있는 것은 아니다. 한국 경제의 움직임을 순전히 보편적인 법칙에 의해서 설명할 수 없듯이 한국 경제의 지향방향에 대해서도 순전히 보편적인 서양 사상의 가치들에 의해서 규정할 수 없는 것이다. 그렇기 때문에 한국 경제의 법칙성이나 지향방향을 결정한다는 과제는 공히 보편성과 특수성의 두 가지 차원에서 논의되어야 한다. 이것은 한국 경제에 있어서 발생하는 특수한 문제들을 그 자체로서 의미 있는 논의거리로 보지 않고 보편적인 시장경제에서 일탈한 것으로 보는 입장을 거부한다는 것을 의미한다. 이 때문에 경제민주화에 있어서도 위의 세 가지 가치나 이념을 변형시키거나 아니면 이들에 다른 가치들을 추가시켜야 한다는 것을 의미한다. 혹은 이들 제반 가치들을 한국 사회 및 경제에 적합하도록 조합하느냐가 한국 경제의 민주화 과제의 핵심이 될 것이다. 그러나 이 글에서는 이러한 보편적인 문제들이 한국 사회 및 경제에 있어서 어떤 특수한 모습으로 나타나느냐는 보다 근본적인 문제는 본격적인 주제로 삼지 않으며, 단지 결론 부분에서 간단히 시론하는 데 그치고자 한다.

3. 민주적인 가치들의 상충

위에서 제시된 민주화의 가치들은 각기 분리시켜 볼 때는 모두 나름대로 타당성을 가지고 있다. 문제는 이들 가치나 이념이 늘상 상충되기 때문에 이들을 함께 추구한다는 것이 어렵다는 것이다. 정치적인 영역과 경제적인 영역에 따라서 이들의 의미가 바뀌게 되는 것도 바로 이런 이유이다. 사실 민주화나 경제민주화에 대한 다양한 견해들은 바로 이들 가치들 중 어떤 것을 강조하느냐 혹은 이들을 어떻게 결합시키느냐에 따라서 등장하는 것이다. 이제 이들 세 가지 가치들의 상충에 대해서 논의해 보자.

1) 자율성과 효율성

우선, 자율성과 효율성이 상호 배치될 수 있다. 자율성은 각 시민이나 경제주체들에게 사회 및 경제의 구성원으로서 자신의 문제를 자신이 해결한다는 개체의 존립 기반을 구성하는 것이나, 의사결정이 자율적으로 이루어지도록 하는 것이 개별적으로나 전체적으로나 반드시 효율적인 것이 아니라는 것은 이미 알려진 사실이다. 개별적인 수준에서는 자율성이나 자결권(自決權)이 시행착오를 불가피하게 수반하는 것이기 때문에 비효율적일 수 있다. 전체적인 수준에서는 그것이 극도의 무질서를 낳아 체제 자체를 위협할 수도 있다. 정치적인 영역에서 정당 간의 권력투쟁이 각 정당 내부 조직을 상하 위계를 갖춘 관료화를 낳는다든지 경제적인 영역에서 이윤을 얻기 위한 시장의 치열한 경쟁 속에서 기업이 관료화한다는 것은 생존이나 효율성의 제약이 자율성을 손상시키는 경우로 볼 수 있다. 다시 말해, 의사결정을 각 주체들에게 맡길 경우 그것이 전체적으로는 무질서로 나타나서 조직의 효율성을 약화시켜 존립을 어렵게 만든다는 것이다. 물론 여기서 주장하고자 하는 것은 자율성이 필연적으로 효율성을 해친다는 것은 아니나 이들이 상충될 수 있다는 것이다.

그런데 유독 경제학, 특히 근대 경제학만은 자율성과 효율성이 배치될 수 있다는 이러한 통상적인 생각과 경험에 대해서 강하게 거부하고 있다. 경제학에는 경제주체들이 자신의 제약조건하에서 자신의 이익을 최대로 추구하는 자율성이 경제 전체로도 효율성을 보장해 준다는 생각이 자리잡고 있다. 가령, 자율성과 효율성의 상충 가능성을 인정하는 입장에서는 "남이 만들어 준 떡 두 개가 내가 만든 떡 하나보다 더 나은 것이냐?"는 문제에 흔히 봉착하게 된다고 보는 것이다. 이에 비해서 경제학은 "남이 만들어 주는 경우 떡이 두 개가 된다면 내가 만드는 경우 떡이 하나가 아니라 세 개가 된다"는 식의 논리를 전개하는 셈이다. 경제학은 그 발생의 초기부터 이기심(self-interest)에 기초한 개체의 자율적인 의사결정과 행동을 자유방임(laissez-faire) 하더라도 보이지 않는 손(invisible hand)에 의해서 전체적으로도 공동선(common good)을 가능케 해 줄 것이라는 예정조화설을 굳게 믿어 왔다(Smith, 『국부론』). 고전학파의 자유주의는 공리주의의 영향을 받은 한계효용학파로 이어지면서 강화된다. 이어서 마셜(A. Marshall)의 신고전학파로 계승되고 현대에 이르러서는 프리드먼(M. Friedman), 스티글러(G. Stigler), 베커(G. Becker) 등이 대표하는 시카고학파에 의해서 극단적으로 신봉되고 있다. 사실 현대의 경제학 교과서에서 형평성과 효율성 간의 상충이 언급되기는 해도 자율성과 효율성 간의 상충이 언급되는 경우는 거의 없다.

물론 경제학의 역사를 전체로 놓고 볼 때 이런 생각만이 존재했던 것은 아니다. 우선 스미스 자신이 무제한의 경제적 자유를 개인에게 허용해야 한다고 주장한 것인지 불분명하다. 또한 고전학파가 개인의 경제적인 자유나 사익이 공동선과 배치될 수 있다는 것을 간과했다고 19세기 중엽의 독일 역사학파는 비판하였다. 더구나 신고전학파는 인간에 대해서 지나친 합리성을 가정하고 있다는 것에 대해서 20세기 초 미국 제도학파의 비판을 받았다. 무엇보다 1930년대 대공황 전후로 자유방임주의가 현실적으로 비판을 받았으며 이론적으로는 케인스의 『일반이론』에 의해 비판을 받았다. 더불어 현대 경제학 내에서도 개인의 이기심이 반드시 전체적인 효율성을 가져오지 않을 수 있는 여러 가지 가능성들이 지적되고 있다. 가령, 쇼터(Schotter, 1985)는 시장경제에서 개인의 자유로운 사익추구 혹은 사적인 합리성이 사회적인 선을 이룩할 수 없는 경우들을 제시하고 있다. 외부효과(externalities), 죄수들의 딜레마(prisoners' dilemma), 비대칭적인 정보(asymmetric information), 그리고 역선택(adverse selection) 등이 그러한 사례들이다. 끝으로 시카고학파와 같이 자유방임주의자들(Libertarians)이자 시장경제의 신봉자이면서도 하이에크(F. A. Hayek)는 자율성 혹은 자유 그 자체를 신봉할 뿐 이것이 효율성을 보장해 준다는 주장을 드러내지 않고 있다. 그렇기 때문에 경제학을 보다 넓게 보고 나아가서 여타 사회과학들을 포함시켜 놓고 볼 때 전반적으로 자율성과 효율성 간의 상충 가능성은 인정되어야 할 것이다.

그간 효율면에서 대외적으로 어느 정도 인정을 받았다고 볼 수 있는 한국경제의 경우에도 정부 대 기업 간의 관계, 기업 대 기업 간의 관계, 그리고 각 기업 내부에서 개별 주체들의 자율성에 의존해서 효율성을 달성했다고 쉽게 말할 수 없을 것이다. 정부 대 기업 간의 관계는 아직도 기업의 자율성을 인정하는 범위가 작으며 기업 간의 관계도 모기업과 하도급기업 간의 관계에서 나타나듯이 자율성이라는 관점에서는 애매한 부분이 많다고 할 수 있다. 또한 한국 사회와 경제의 과거와 현재에 있어서 크고 작은 조직들이 이 두 가치 간의 상충으로 갈등을 겪고 있다는 것은 주지의 사실이다.

2) 형평성과 효율성

형평성과 효율성도 배치될 수 있다. 양자 간의 배치는 정치적인 영역에서도 찾아볼 수 있으나 주로 경제적인 영역에서 제기된 것이다. 우선 효율성을 일방적으로 추구하는 것이 형평성을 해칠 수 있다. 효율성을 추구하기 위해서 실적(performance)에 따른 배분이 이루어지는 경우 자본주의 경제에서 나타났던 것과 같이 권력이나 부의 엄청난 불평등이 발생하게 된다. 대부분의 경우에 있어서 이러한 불평등은 개인의 선천적 또는 후천적인 능력(ability)이나 노력(effort) 상의 차이 이상으로 확대되는 경향이 있다. 특히, 경제적인 영역에 있어서는 수요와 공급의 변동으로 나타나는 시장경제의 우연적인 요인들, 사유재산 혹은 자본 등 물적인 자산의 존재, 그리고 세대 간 불평등의 계승에 의해서 불평등이 발생하게 된다. 이 경우 개인의 후천적인 능력 및 노력을 제외한 나머지 요인들은 개인의 통제 밖에 있는 것으로서 끊임없이 논란의 대상이 되어 왔다.

반대로 형평을 일방적으로 추구하는 경우 효율이 손상된다는 것도 파악할 수 있다. 흔히 신고전학파 경제학에서는 교환의 이익과 연관된 효율성이 주요 관심이 되고 있는데 이런 상황에서는 형평과 효율의 상충이 부각되지 않는다. 그러나 이 경우 부존자원의 분배나 경제의 성장에 대해서 고려되지 않기 때문에 형평과 효율이 진정으로 검토되는 것이 아니라고 생각된다. 형평과 효율을 분배 및 성장과 연결시키는 경우 장기적인 경제성장이 분배와 연결될 수 있는 가능성은 빈자와 부자 사이에 저축률이 다르다는 데서 비롯된다. 일반적으로 빈자의 저축(소비) 성향이 낮(높)고 부자의 저축(소비) 성향이 높(낮)다고 보기 때문에 자본축적의 동인이 되는 저축을 국민경제 전체의 입장에서 늘리기 위해서는 '빈익빈 부익부' 혹은 이윤을 늘리고 임금을 줄이는 소득분배가 요구된다고 볼 수 있다. 이 경우 분배상의 형평은 효율성의 증가와 배치된다고 볼 수 있다. 물론 이에 대한 주장은 일의적이 아니다. 가령, 칼레츠키(M. Kalecki)의 유효수요론에 영향을 받은 로빈슨(J. Robinson), 그리고 칼도어(N. Kaldor) 등 후기 케인스학파의 경우 경제성장을 단기적으로 보면서 저축보다는 유효수요를 경제의 견인차로 생각한다. 이 때문에 상대적으로 저축 성향이 낮은 노동자 혹은 빈자의 소득, 즉 임금을 늘리는 것이 총수요의 증가를 가져와 성장을 촉진시킨다는 주장을 내세우고 있다. 이 경우에는 효율과 형평은 상호 대립적인 것이 아니라 상호 보완적이라고 볼 수 있을 것이다. 그러나 다수의 경제학자들은 전자의 입장에 있으며 이 때문에 소득의 형평성이 효율성을 해친다는 논리가 지배적으로 나타나고 있다.

그러므로 경제적인 영역에서는 형평과 효율은 상호 대립된다는 것이 전반적으로 인정되고 있다. 정치적인 영역에서도 모든 구성원들에게 동등한 발언권과 결정권을 부여한다는 것이 조직의 생존이나 효율에 위협이 될 수 있다. 물론 이러한 생각이 경제적인 영역에서만큼 지배적인 것은 아니다.

3) 자율성과 형평성

흔히 이것은 자유와 평등의 상호 대립으로 서양 사상의 오랜 고민거리로 제시되고 있다. 사회의 각 구성원이 자율적으로 행동하고 선택한다고 하더라도 각자가 갖고 있는 제약조건에 차이가 있고 이로 인해서 결과적으로 형평이라는 가치가 손상될 수 있다. 그렇다고 각 구성원들 사이에 형평성을 유지하려는 경우 구성원들의 능력이나 노력을 위축시켜 자신이 원하는 바대로 행동할 수 없게 만드는 것이다.

그런데 정치학자와 경제학자는 자유에 대해서뿐만 아니라 이러한 대립에 대해서도 다르게 생각한다. 일견 다원주의 국가론은 삼권분립과 국민투표를 핵심으로 하는 정치론인데, 기본적으로 모든 개별 정치주체 혹은 시민들에게서 권력이 나온다는 입장으로서 마치 시장경제에서 개별 경제주체가 시장의 수요와 공급을 형성해 가격을 결정하는 것과 유사한 것 같다. 그러나 정치학자들의 경우에는 개인의 자유를 국가라는 중앙권력으로부터 보호해야 할 뿐만 아니라 다른 개인들로부터도 보호해야 한다는 입장에 있다. 이에 비해서 경제학자들은 전자에만 집중하고 있다. 그렇기 때문에 가령 '일인일표제'는 최고 집정자를 국민이 뽑는다는 것뿐만 아니라 신분 등의 차이에 관계없이 사회 구성원이 모두 한 표씩 갖는다는 것을 의미한다. 달리 보자면, 정치적인 영역에서는 각자가 하나의 투표권을 가지고 정치에 참여한다는 것이 그 자체로 실질적인 의미를 지니는 데 비해서, 경제적인 영역에서는 다 같이 시장에 참여한다는 것이 실질적인 의미를 지니지 않는다. 경제적인 영역에서는 시장에 참여한다는 것보다 참여해서 어떤 결과를 낳았느냐가 더 중요한 것이 되기 때문이다. 그러므로 정치학에서는 자유와 함께 형평을 강조하는 데 비해서, 근대 경제학에서는 자율성과 형평은 당연히 배치되는 것으로 보며 당연히 자율성 혹은 경제적인 자유가 우선되어야 한다고 주장한다.

흔히 자본주의는 자유를 강조하고 사회주의는 형평을 강조한다는 것도 같은 맥락에서 나오는 것이다. 다원적 민주주의의 논리가 시민의 자율성과 시민들의 합의체로서 국가를 양 축으로 한다면 시장경제의 논리는 경제주체의 자율성 혹은 합리성과 개인들의 집합인 시장을 양 축으로 한다. 한편으로 이것은 사회를 각기 시장과 국가로 보아서 개인들의 이익이 단순히 집합된 것으로 보느냐 아니면 사회 전체의 이익을 위한 합의를 우선하느냐는 차이이다. 다른 한편으로 이것은 사회의 구성원인 시민과 경제주체들의 자율성 간의 차이라고 볼 수 있다.

4. 사회 · 경제사상의 대립

이렇게 상충되는 가치들에 대해서 과거의 계몽주의자들처럼 자율성을 앞세운다든지, 사회주의자들처럼 평등을 주장한다든지, 일부 경제학자들처럼 효율성만을 강조한다든지, 일면적인 견해가 있을 수 있다. 그러나 이들 이념들 중 어떤 것 하나도 쉽게 희생될 수 없으며 민주화에 대한 논의가 맞는 기본적인 어려움은 여기에 있다. 사회 및 경제의 정의에 대한 여러 입장들은 바로 이들을 상호 결합하는 방식이 서로 다른 데서 나오는 것이라고 볼 수 있다.

이제 정치적인 자유와 경제적인 자유의 차이, 그리고 이들 세 가지 가치들 간의 상충관계에 초점을 맞추어 경제학자들의 생각을 중심으로 논의를 정리해 보자. 경제학에서 이러한 논의는 주로 후생경제학 분야에서 공리주의와 사회계약론 혹은 롤스(J. Rawls)의 정의론 간의 대립으로 나타난다. 그러므로 우선 후생경제학과 경제적인 자유주의자들의 생각을 살펴봄으로써 경제학의 전반적인 입장을 살펴보고자 한다. 이어서 센(A. Sen), 롤스, 그리고 정치적인 자유주의자들을 검토하고자 한다. 끝으로 일단의 평등주의자들과 이들을 모두 부인하는 맑스의 정의론을 상정해 보고자 한다. 이들 모든 사상은 사회구조(경제·정치체제)와 행동주체(경제·정치주체)의 두 가지 차원에서 검토될 수 있다. 전자는 시장 혹은 자본주의 경제와 이에 대한 정치적인 과정의 개입 여부로, 후자는 이기적이고 합리적인 경제주체에 대한 윤리성의 개입 여부로 각기 규정될 수 있다. 아래의 논의에서는 전자를 위주로 주요 이론가들을 선취하여 논의하고자 한다.

1) 공리주의, 후생경제학, 그리고 경제적 자유주의

고적전 공리주의(古典的 功利王義; Classical Utilitarianism)에서 상정하는 개인의 행동 및 사회·경제제도에 대한 평가기준은 모든 개인의 효용을 합산한 사회 전체의 효용 혹은 후생의 수준으로 삼고 있다. 경제의 민주화에 대해서 구체적으로 논의하지 않지만 경제의 이상적인 상태가 이것에 의해서 규정되기 때문에 이런 관점에서 민주화가 상정될 수밖에 없다. 이러한 고전적인 공리주의는 후생주의(welfarism), 합계에 대한 서열(sum-ranking), 그리고 결과주의(consequentialism)의 세 가지 요소로 구성되어 있다(Sen, 1987: 39).

첫째, '후생주의'는 개개인들의 후생 및 이들의 단순한 합계로 나타나는 사회 전체의 후생이 행동과 제도를 판정하는 기준이 되어야 한다는 것이다. 이것은 소극적으로는 행복한 상태를, 적극적으로는 욕망의 충족을 개인과 사회의 목표로 삼는다. 고통과 쾌락의 계산(pleasure-pain calculus)에 근거하고 있는 벤담(J. Bentham)이나 밀(J. S. Mill)의 공리주의는 전자에 가깝고 근대 공리주의는 후자에 가까운 것으로 볼 수 있다. 가령, 욕망을 억제하라는 불교의 원리는 전자의 공리주의에서는 수용될 수 있으나 후자의 공리주의에서는 수용되지 않는다. 후생의 수준을 산정하는 데 있어서 경제적인 재화뿐만 아니라 정치적인 권리를 포함한 모든 재화(goods)나 선(the good)이 포괄적으로 포함되어 '동질적인 수량'을 구성하는 것으로 되어 있다.

이러한 사회적 후생의 구성요소는 개개인마다 다른 주관적인 평가이다. 그런데 동일한 종류와 수량의 재화에 대해서도 각 개인은 서로 다른 만족을 나타낼 수 있다. 또한 경제 전체적으로 동일 수준과 동일 구성의 국민총생산에 대해서도 사회 전체의 후생 수준은 다를 수 있다. 더구나 주어진 재화와 용역이 경제 구성원들 사이에 어떻게 교환되고 분배되느냐에 따라서도 전체적인 후생은 바뀔 수 있으므로 이러한 생각은 더욱 타당하다고 볼 수 있다. 따라서 공리주의에 있어서 후생은 단순한 물질적인 풍요(affluence)와 일대일로 대응되는 것이 아니다. 그러나 물질적인 풍요가 단순히 물자의 집적이 아니라 경제학적인 의미에서 이미 가치를 내포하는 것이며 그러한 가치가 개개인의 후생추구와 자유로운 교환에 의해서 결정된다고 보면, 물질적인 풍요는 후생의 증가와 같은 방향으로 움직인다고 볼 수 있다. 이 점에서 물질적인 풍요로 대변되는 효율성이라는 가치와 후생 수준을 기준으로 하는 공리주의는 친화력을 가지고 있다고 생각된다. 다만, 경제학의 입장과는 달리 시장경제 내에서의 자생적인 분배가 아니라 외적인 강제에 의한 분배까지 공리주의는 허용하고 있다는 점에서는 경제학에서 전반적으로 주장하는 효율성과 차이가 있다고 생각된다.

둘째, '합계에 의한 서열 결정'이란 효용은 각자가 느끼는 것이며 그와 같이 각 개인이 느끼는 효용을 사회 전체적으로 합할 때 비로소 하나의 기준으로 성립된다는 의미이다. 이것은 개인이 여러 재화로부터 느끼는 효용을 총합하는 것과는 별개의 차원이기 때문에 경제학에서 상정하고 있는 개인의 효용과는 차이를 보이며 私利주의가 아니라 功利 혹은 公利주의를 뜻하는 것이다. 또한 시즈위크(H. Sidqwick)가 이기적인 쾌락주의와 보편적인 쾌락주의(egoistic, universalistic hedonism)를 구분한 것도 이해할 수 있다(1874: 83~87). 경제학의 미시이론에서 설정하고 있는 것은 각 개인이 자신의 효용을 극대화하기 위해 노력한다고 보는 데 비해서, 공리주의에서는 전체적인 수준에서 효용을 극대화하는 것이기 때문에 개인의 효용극대화와는 다른 차원에서 설정되는 것이다. 가령, 한 개인의 부존자원을 다른 개인에게 강제로 이전하는 경우 전체적으로 효용이 증대한다면 공리주의의 입장에서는 올바른 정책이라고 볼 수 있다. 흔히 화폐의 한계효용이 체감하기 때문에 부자로부터 빈자에게 소득을 재분배하는 것이 공리주의의 입장에서 정당화되는 이유는 이와 같이 전체 효용을 증가시킬 수 있다는 논리에서 나오는 것이다. 그렇다고 하더라도 신고전학파의 시조인 한계효용학파가 등장할 때 드러난 것과 같이 경제학의 철학적인 기반이 공리주의이며(Jevons, 1965: 28~29), 신고전학파 경제학과 공리주의가 모두 효용을 공통분모로 한다는 점을 간과할 수는 없을 것이다.

셋째, '결과주의'란 행동이나 제도를 판정하는 데 있어서 직관적인 덕목이나 동기에 의해서 판정하는 것이 아니라 그것의 결과에 의해서 판정한다는 것이다. 공리주의의 경우 인간의 행·불행이라든지 인간의 만족에 미치는 영향을 윤리와 제도를 선택하는 기준으로 삼기 때문에 이와 같은 해석이 가능한 것으로 보인다. 물론 공리주의를 비판하는 롤스도 결과에 대해서 무시할 수 없다는 입장을 내세우고 있기 때문에 공리주의만이 결과에 대해서 관심을 두는 것은 아니라고 생각된다.

이 같은 공리주의의 입장을 따를 것 같으면 일부 개인들의 이익을 손상하더라도 이러한 희생이 다른 개인들의 이익 증가에 의해서 보상되고 남는 경우 사회는 개선된 것으로 보게 된다. 그런데 이 입장에서 일차적으로 주장하는 것은 사회 전체 차원에서의 후생이므로 경제 전체의 재화와 용역을 극대화한다는 효율성의 원칙과 친화력을 갖는다. 경제 전체의 후생을 계산할 때 공리주의가 모든 구성원의 후생이나 쾌락을 동등하게 취급하기 때문에 형평의 원칙을 이미 충족시키고 있다고 주장할 수도 있으나 이것이 진정한 형평의 원칙이 될 수 없다는 것은 자명하다. 또한 소득의 재분배를 논의하지 않는 것은 아니나 그것이 주장하는 바가 빈익빈 부익부일 수도 있고 그 반대일 수도 있어 이에 대해서 명확한 원칙을 제시하지 못한다고 보아야 할 것이다. 끝으로 자율성에 대해서는 정치적인 차원에서 흔히 기본권으로 제시된 것도 모두 쾌락을 주는 재화와 동일하게 취급해 언제라도 이것을 개인적인 후생이나 전체적인 후생을 위해서 희생될 수 있다고 보므로 자유라는 것에 대해서도 큰 관심을 보이지 않는다고 보아야 할 것이다. 이렇게 볼 때 공리주의는 앞서 언급된 세 가지 기본 이념들 중에서 효율성에 가장 집착하는 사상이라고 생각된다.

후생경제학은 한계효용학파와 미시경제학에서 도외시했던 공리주의의 규범적 성격을 회복시키면서 명시적으로 공리주의의 입장을 받아들이고 있다. 후생경제학과 공리주의는 공통적으로 모든 재화들뿐만 아니라 인간의 선이나 덕을 효용이나 만족으로 획일화하고 있기 때문에 사회에서 등장하는 다양한 선(善)의 개념에 대해서 차등을 두지 않는다. 따라서 인간의 평등이건 자유이건 혹은 대포나 빵과 같은 경제재든 다 같이 동질적인 수량으로 표시될 수 있다고 보는 것이 공리주의와 경제학의 입장이다. 물론 밀(J. S. Mill)과 같이 초기에 욕망에 대한 질적인 차등성을 두기도 했으나 경제학에서는 이러한 차이를 확고하게 부인하고 있다(Viner, 1973).[6] 그렇기 때문에 자유가 물질적인 재화에 우선한다든지, 평등이 물질적인 풍요에 우선한다든지, 재화를 필수품·편의·

6 이것은 마치 노동가치설을 주장하는 입장에서 모든 다양한 숙련 · 미숙련 노동이 하나의 동질적인 노동으로 환원될 수 있다고 보는 것과 유사한 논리이다. 경제학과 윤리학이 공통적으로 맞는 통약(通約)과정에서 이러한 문제는 당연히 제기될 수밖에 없다. 어떤 경우에나 각 입장에서 주장하는 바와는 달리 쉽게 풀리지 않는 문제이다.

사치품으로 나눈다든지, 재화들에 대해 辭典表記式의 서열(lexicographic ordering)을 설정하는 것 등은 인정되지 않는다. 이러한 서열이 존재하는 경우 벌써 개인의 수준에서 효용함수를 규정하는 데 있어서 문제를 일으키게 된다(Varian, 1978: 83~84).

그런데 경제학은 사회철학과는 달리 효용의 합산이라는 측정(measurement)에 대해서 일차적인 관심을 보이고 있다. 효용의 측정에 대한 후생경제학의 관심은 윤리학에 머물러 상대적으로 측정에 대해서 관심을 두지 않았던 고전적인 공리주의와 차이를 나타내고 있다. 후생경제학에서는 사회 전체의 후생을 논하는 것이므로 일차적으로 개인의 차원에서 여러 재화를 소비함으로써 얻는 효용을 설정해야 하고 이어서 이러한 개인들의 효용을 합산해야 한다는 문제를 안게 된다. 전자는 경제학의 가치론이 전반적으로 맞게 되는 통약(通約; commensuration)과, 후자는 공리주의와 후생경제학이 맞게 되는 통합(通合; integration)과 각기 관련된 것이다. 미시경제학에서는 단순히 재화 간 효용비교(intrapersonal comparison)가 문제가 되었던 데 비해서, 후생경제학 혹은 공리주의에서는 이뿐만 아니라 개인 간 효용비교가 문제되는 이유도 여기에 있는 것이다. 그런데 이들 두 가지는 효용을 기수적으로 규정할 수 없기 때문에 모두 난제가 되고 있다. 그렇기 때문에 경제학은 기수적인 효용을 회피하면서 효용을 후생 및 정의의 기준으로 마련하기 위해서 노력하고 있다.

이러한 근대 경제학의 노력을 나타내 주는 개념이 파레토 적정 상태(Pareto optimum)이다. 파레토 적정 상태란 다른 개인들의 후생을 감소시키지 않고는 한 개인의 후생을 증가시킬 수 없는 상태를 말한다. 이것은 다른 개인의 후생을 감소시키지 않으면서 어떤 개인의 후생을 증가시킬 수 있으면 경제 내에 개선의 여지가 있다는 것을 의미한다. 이 기준은 자발적인 교환에 의한 후생의 증가만을 고려하기 때문에 근대 경제학에 있어서 미시경제학과 후생경제학의 고리로 기능하고 있다.

이것은 고전적인 공리주의가 개인 간의 효용비교를 당연시하면서 교환의 이익이든 분배든 경제 전체의 총효용으로 가늠할 수 있다고 본 것과 대조를 이루는 것이다. 이것은 공리주의와 한계효용학파의 논리 간에 존재하는 간격이라고도 생각된다. 즉, 공리주의의 경우에는 처음부터 사회 전체의 제도나 법규에 대해서 어떠한 판정을 내리고자 하는 입장이었다. 이에 비해서 한계효용학파나 근대 경제학의 입장은 사회의 제도나 법규 등 공익보다는 시장 내에서 미시적인 주체들이 자신들의 사익을 어떻게 증가시키느냐는 문제에서 출발해서 나중에 경제 전체의 후생을 규정하고자 하기 때문이다.

이 기준은 각 개인의 효용을 비교할 필요가 없다는 강점을 가지고 있으나 여러 경제주체들의 이익이 대립되는 현실의 경제 상황에서 경제 전체의 후생에 대해서 말해 주는 바가 거의 없다. 근대 경제학이 일차적인 관심을 갖고 있는 교환에 있어서 발생하는 이익들에 대해서도 이것이 교환의 당사자들 사이에 어떻게 배분되어야 할 것인지에 대해서 말해 주는 바가 없으며, 교환의 전제가 되는 부존자원의 분배에 대해서는 더욱 더 제시해 주는 바가 없다. 이 기준은 전체적인 후생 수준의 증가에 대해서 제시하고 있을 뿐이다. 이것은 마치 사회적인 선택에 있어서 만장일치(unanimity)를 상정하는 것과 같아서 사회나 경제의 상황을 판정하는 데 지극히 소극적인 기준이다(Sen, 1970: 22).

이런 이유로 후생경제학 내에서 고전적인 공리주의와 유사하게 기수적인 효용론에 근거해서 효용의 합을 주장하는 학자들이 있는데, 대표적으로 허샤니(J. C. Harsanyi), 리틀(I. M. D. Little), 그리고 비크리(W. S. Vickery)를 들 수 있다. 이들은 여러 상황에서 발생하는 효용을 상정하고 이러한 상황이 불확실한(uncertain) 것이므로 각 상황에 획득 가능한 효용에 확률을 부여해서 기대되는 효용(expected utility)을 극대화하는 행동이나 제도를 선택해야 한다는 논리를 제시하고 있다. 그런데 이러한 논리는 비록 기수적인 효용론에 가깝지만 공리주의 중에서도 사회 전체의 효용을 합산한다는 의미보다는 기대치에 따른 여러 효용을 확률로 가중한다는 점에서 고전적 공리주의가 아니라 평균적 공리주의(average utilitarianism)라고 호칭될 수 있을 것이다(Rawls, 1971: 161~174). 우선 고전적인 공리주의가 인구의 증가율(n)에 의해서 영향을 받는 데 비해서, 평균적 공리주의가 그렇지 않다는 점에서 차이가 있다. 또한 인구의 증감을 고려하지 않는다고 하더라도 허샤니의 평균효용은 이와 같이 사후적인 의미로서의 평균이 아니라 사회 각 개인들의 효용함수들을 모두 고려하는 가상적인(hypothetical) 개인을 사전적으로 설정한다는 것이 다르다. 그리고 이러한 가상적인 개인을 통해서 개인들의 차이를 고려하는 방식이 불확실성의 개념이다. 달리 말해서, 허샤니의 경우에는 개인들의 효용을 합산하는 대신에 여러 개인들의 서로 다른 입장을 모두 고려할 수 있는 가상적인 상황을 상정하고 이러한 개인의 효용극대화가 사회 전체의 효용극대화와 동일한 것으로 보는 셈이다.[7] 이와 같이 가상적인 개인이 설정되는 이유는 선택의 대상이 사회적인 상태(social state)로서, 관련되는 선호가 주관적인 선호(subjective preference)가 아니라 윤리적인 선호(ethical preference)이기 때문이다.

7 이것은 흄의 '신중한 방관자'(judicious spectator), 스미스의 '공정한 방관자'(impartial spectator), 혹은 마셜의 '평균적인 기업'(representative firm)과 유사한 개념이라고 생각된다.

물론 사회 전체의 효용을 직접 합산하는 것은 아니라고 하더라도 기대되는 평균효용을 극대화한다는 점에서 파레토 적정화나 칼도어 내지 시토프스키(T. Scitovsky)류의 서수적 효용론과는 달리 고전적인 공리주의에 가깝다. 그러나 보다 중요한 것은 허사니의 경우에도 모든 인간의 가치나 재화들을 무차별하게 효용으로 환원하고 이것을 경제 전체의 수준에서 효용을 극대화한다는 원칙에는 변함이 없으며, 이 점에서 공리주의나 여타 후생경제학과 맥을 같이 하고 있다. 그러므로 효율성을 강조하고 형평에 대해서 무원칙적이며 자율성에 대해서 별도의 의미를 부여하지 않는다는 공리주의의 특징을 그대로 안고 있다고 볼 수 있다.

하이에크(F. A. Hayek)는 맑스주의와 케인스주의에 반대하는 현대의 대표적인 자유주의자로 알려져 있다.[8] 개인이 타인에 의해서 지배받지 않는 것이 자유(freedom)의 핵심이며 법 앞의 평등, 열정으로부터의 자유 혹은 자신이 원하는 것을 쟁취할 수 있는 힘 등은 자유에 대한 정의로서는 이차적인 것이라고 주장한다(Hayek, 1960: 13~17). 자유를 개인이 다른 개인에 의해서 억압되지 않는 것으로 정의하는 이유는, 개인의 상황과 잠재력에 대해서 그 자신만이 알고 있기 때문에 자신의 제약조건하에서 자신이 최선을 다하도록 허용하는 것이 그 자체로서 의미 있을 뿐만 아니라 장기적으로 사회의 발전을 가져 오는 것이라고 본다. 그의 입장에서 볼 때 인간이 행동의 근거로 삼는 지식을 폭넓게 정의할 때 그것은 완전히 집중화될 수 있는 것이 아니기 때문에 각 개인이 갖고 있는 지식이 개인들에 의해서 십분 발휘될 수 있도록 해야 한다는 것이다. 또

8 에치오니(Etzioni, 1988: 6)는 하이에크, 프리드먼, 그리고 노직의 자유방임주의를 영국에 있어서 정치적으로 토리당과 대립되어 있던 휘그당의 입장이 확산된 것으로 규정하고 있다.

한 개인이든 국가든 인간의 지식은 무한히 발전하면서도 무한한 한계를 가지고 있다는 것을 인식해야 한다. 따라서 개인이 인식하지 못하면서 이용하고 있는 지식은 집중시킬 수 없는 것이다. 그렇기 때문에 개인의 상황에 대해서 제삼자가 보다 더 잘 알 수 있다고 생각하는 것은 커다란 오류이며 정부나 중앙계획국의 간섭은 배제되어야 한다. 이러한 개인의 자유에는 물론 자신의 행동으로 인한 결과에 대한 책임(responsibility)이 수반되어야 한다.

사회와 역사가 발전하는 것은 정해진 철칙에 따르는 것이 아니라, 각 개인이 인식과 행동에 있어서 최선을 다하고 이러한 개인들의 불균등한 발전을 그대로 방치하여 경쟁하도록 함으로써 가능하다는 것이다. 경쟁을 통해서 일단 소수의 개인들이 앞서 나아가고 이에 대해서 다른 개인들이 모방하고 앞서 나아가려 함으로써 가장 생존력이 강한 제도나 관습이 자리 잡게 된다는 것이다. 이러한 논리는 경제학에서 경쟁에 관하여 제시한 바를 그대로 따르고 있는 것으로 생각된다. 그런데 이러한 개인의 노력과 경쟁은 자신들이 인식하지 못하는 지식을 이용하고 있기 때문에 전체적으로는 자신들이 의도하지 않은 결과를 낳으며, 그런 의미에서 사전적으로 개인들의 행동을 통제한다는 것은 잘못된 것이다. 이런 관점에서 스미스의 '보이지 않는 손'(invisible hand)은 심오한 의미를 지니고 있는 것이다. 같은 이유로 하이에크는 경제학의 정태적인 왈라지언(the Walasian) 일반균형에 대해서 비판하고 있다. 물론 이러한 결과가 반드시 사회에 도움이 된다는 보장은 없으나 그것은 사후에 사회에 이로운 방향으로 유도될 수 있는 것이다. 이렇게 형성되는 제도나 관습은 인적인 관계를 점점 비인간적인 규칙들로 변하게 하며 이러한 규칙은 세부적인 것이 아니라 전반적인 규칙이라는 데 그 의미가 있는 것이다. 만약 구체적인 상황에 적용되는 세부적인 규칙들이 많이 제정되면 될수록 사회는 개인의 자율성을 박탈하는 경향으로 흐르게 된다. 따라서 사회의 발전이란 점진적으로 이루어질 수밖에 없다. 사회의 제도나 관습이 형성되는 것도 인간의 인위적인 계획에 의한 것이 아니라 수없이 많은 인간들의 반복된 시행과 착오가 누적되어 형성되는 것이기 때문에 전 체계를 인위적으로 변경시키려는 노력은 잘못된 것이다. 인간의 인식능력은 결코 이렇게 사회 전 체계를 일거에 바꿀 수 있을 정도로 훌륭한 것이 아니다. 이러한 경향은 데카르트(R. Descartes), 루소(J. J. Rousseau), 그리고 맑스 등으로 이어지는 대륙의 합리주의 혹은 구성주의적(構成主義的; constructivist)인 자유주의에서 나오는 것이다. 이에 비해서 흄(D. Hume), 스미스(A. Smith), 밀(J. S. Mill) 등으로 이어지는 영국의 합리주의는 이러한 오류를 범하지 않고 있다. 물론 논자가 이성의 중요성을 믿지 않는 것은 아니며 어디까지나 이성이 절대적인 것이 아니라는 것을 주장하는 것이다. 구성주의는 바로 이성을 무한하게 생각하는 오만함을 가지고 있다는 것이다.

하이에크는 자유가 평등에 우선한다고 본다. 그렇기 때문에 그에게 있어서 인간의 평등은 절차상의 합리성이라고 볼 수 있는 법 앞의 평등(equality before the law)을 의미한다. 이것은 물적인 평등(material equality)이나 실질적인 평등(substantial equality)이 아니며 오히려 법 앞의 평등은 물적인 불평등을 낳는다. 한 걸음 더 나아가서 물적인 불평등은 용인될 뿐만 아니라 장려되어야 한다고 주장한다. 하이에크는 실질적인 평등을 기도하는 경우 자유는 손상된다면서 토니(R. H. Tawney) 등 평등주의자들을 비판하고 있다(Hayek, 1960: 6장). 여기서도 인위적인 조정에 의해 사회적인 과정의 결과를 바꾸려는 노력에 대해서 반대하는 전반적인 입장이 확인된다. 우선 인간의 능력이 후천적(nurture)으로뿐만 아니라 선천적(nature)으로 다르다는 것이 인정되어야 한다. 또한 인간이 통제할 수 있는 후천적인 불평등이 가정, 상속, 그리고 교육에 의해서 발생하는데, 이들에 대해서도 정부가 개입해서 실질적인 평등을 기도하는 것은 자유를 해치는 것이라고 주장하고 있다. 이에 대한 근거로는 우선 가정이 세대 간에 걸쳐서 인간의 능력을 발전시키는 장소라는 점이 지적되고 있다. 또한 가정에는 비물질적인 요소들과 물질적인 요소들이 불가분의 관계에 있기 때문에 상속이 허용되지 않을 경우 인간의 이기적인 성격으로 인해 더욱 나쁜 관행이 발생할 것이라고 주장하고 있다. 끝으로 교육에 대해서 모두가 동일한 기회를 갖도록 하거나 가정환경과 무관하게 능력에 따라 고등교육을 받도록 하려는 시도는 정부의 개입으로 해결될 수 없다고 주장하고 있다.

또한 소득이 윤리적인 공적이나 주관적인 희생 및 고통에 따라 시장에서 나타난 결과에 관계없이 분배되어야 한다는 주장에 대해서 하이에크는 반대하고 있다. 그는 이러한 입장이 각 개인이 갖추어야 할 의사결정의 책임과 위험을 소멸시키며 제삼자가 파악할 수 없는 각 개인의 상황을 파악할 수 있다고 보는 오류에 근거한 것으로 비판하고 있다. 따라서 시장경제에서 각 개인의 노력이 빚어낸 결과인 가치(value)에 의해서 공적이나 고통과 무관하게 보수가 결정되는 것을 방관하자는 입장이다. 개인들의 조건은 각기 다르며 그러한 조건들 중에는 자신의 통제 밖에서 형성된 것도 있고 더구나 그러한 개인의 능력이나 노력이 반드시 동일한 결과를 가져 오는 것이 아니라 운에 의해서 좌우되는 바도 많다. 이것은 시장경제든 어떤 경제든 마찬가지이다. 그렇기 때문에 윤리적인 의무나 노력 및 희생에 따라서 보수가 주어진다는 것은 시장경제에서든 어디서든 실현할 수 없는 것이다. 그렇다고 해서 이러한 조건들과 운에 의한 평가가 시장경제나 여타 경제에 있어서 약점이 되는 것도 아니며 실적에 따른 확실한 평가가 사회의 정의를 규정하는 것도 아니다. 오히려 이러한 불확실성이 개인들로 하여금 최선을 다하게 만드는 것이며 이러한 불확실성을 축소시키기 위해서 노력할 경우, 그것은 분명히 특정인에 의한 평가를 가져와 궁극적으로 개인의 자율성을 해치는 결과를 가져 오는 것이다. 대표적으로, 누진세(累進稅)를 중심으로 구가되는 분배의 정의라는 미명 아래 선구자와 후발자를 동등하게 만드는 것은 사회와 경제의 발전을 둔화시키는 오류이다. 하이에크는 경제성장 그 자체가 신화가 되어야 하며 물질적인 욕구의 충족이 모든 욕구를 갈음해 줄 수 있다고 보기 때문에 성장이 지속되어야 한다는 논리를 펴고 있는 것이 아니다. 그는 개인의 자율성을 확보하는 것이 목표인데 각자가 안고 있는 상황과 능력에 근거한 판단과 행동, 그리고 이로 빚어진 결과에 대한 책임이 뒤따라야 한다는 의미에서 경쟁에 근거한 발전을 도모하자는 입장을 고수하고 있다. 하이에크가 법 앞의 평등을 부차적인 것으로 보고, 다수결의 원칙(majority rule)은 민주주의의 실현방식이지 그 자체가 민주주의가 아니라고 주장해 다수결이 적용될 수 있는 범위를 제한하자고 주장한 것도 개인의 자율성에 의존한 경쟁을 통해서 사회가 점진적으로 발전되어 간다는 이런 입장에서 나온 것이다(Hayek, 1960: 7장).

그런데 하이에크도 이러한 개인의 자율성은 어느 정도의 훈련과 통찰, 그리고 자신의 행동 결과에 대한 책임을 요구하며(Hayek, 1960: 76~77), 그러한 자율성이 나름대로 관습이나 전통을 형성하는 데 공헌해 왔다는 것을 전제로 하고 있다. 이 점은 한국 사회에 있어서 이러한 자율성과 전통이 어떻게 배양될 수 있을 것인가가 지고의 과제이기 때문에 시사해 주는 바가 많다고 생각된다.

하이에크가 정의하는 이와 같은 자유는 개인의 보편적인 자율성을 의미하는 것이지 결코 경제적인 자유로 국한될 수 없다고 생각된다. 그러나 평등을 강조하지 않는다는 점에서 정치적인 자유보다는 경제적인 자유에 가깝다. 또한 이러한 자유가 모든 상황에서, 특히 효율성이나 개인 및 사회의 복지를 보장한다고 보지 않고 자유에 대해서 그 자체로서 가치를 부여한다는 점에서 미국의 시카고학파와도 차이가 있다. 물론 경쟁과 자유주의를 일방적으로 강조하고 형평이라는 논리에 대해서 거부한다는 점에서는 시카고학파의 논리와 유사하다.

하이에크는 시장이라는 것이 규칙화할 수 없는 개방성을 가지고 있기 때문에 그것에 수반되는 불확실성을 감수해야 하며 이러한 불확실성을 감소시키는 것이 사회의 침체를 가져온다는 주장을 내세우고 있다. 그러나 '동일한 노동에 대한 동일한 보수'라는 기치는 여전히 사회 정의를 규정하는 한 가지 요소가 되어야 하지 않을까 생각된다. 또한 이러한 불확실성이 아니라 각 개인들의 통제 밖에 있는 요인들에 의한 능력상 차이에 대해서 어떻게 방치할 수 있는 것인지 쉽게 납득되지 않는다.

나이트(Knight, 1976: 54~58)는 소득분배의 형평과 관련하여 한계생산성에 따른 분배가 흔히 생각하는 것과는 달리 실적에 따른 분배라는 윤리성을 갖는 것이 아니라고 주장하고 있다. 이 점에서 나이트는 하이에크와 유사한 입장을 취하고 있다. 시장경제의 소득분배는 경제활동의 생산성에 대해서 개략적인 측정만을 가능케 해준다고 본다. 왜냐하면 생산물과 생산요소의 가격이 모두 수요·공급과 함께 변동하고 생산요소의 생산성은 소유자 자신의 생산성과는 구분되어야 하므로 그것에 대해서 어떤 윤리성도 부여할 수 없다고 주장한다.

프리드먼은 극단적인 자유주의 경제학자들 중 하나로서 경제적인 자유가 지고의 가치이며 이러한 경제적인 자유는 그 자체로서 중요할 뿐만 아니라 부를 분산시키기 때문에 정치적인 자유까지도 뒷받침한다는 주장을 기본적으로 내세우고 있다. 시장은 다양성을 보장하고 힘의 분산을 특징으로 하기 때문에 개인의 자유를 지키는 데 정부보다 유효하다고 본다. 프리드먼은 정부를 입법자와 심판관으로 규정하고 있다. 물론 경제적인 자유가 정치적인 자유를 보장해 주는 것은 아니나 적어도 필요조건이라고 주장하고 있다(Friedman, 1962: 25~27).

정부의 재정·금융정책이 무용하거나 유해하다는 프리드먼의 주장은 다름 아니라 이같이 개별 주체들의 자유로운 경제활동에 지장을 준다는 논리에 근거하고 있다. 그렇기 때문에 프리드먼은 시장경제가 왈라지언 일반균형에서 정형화한 실물 부문의 논리에 따라서 움직이며 결과적으로 실물과 화폐의 고전적인 이분화(classical dichotomy)를 낳게 된다고 주장한다. 특히, 금융정책과 관련해서 금본위제도라면 정부가 개입할 필요 없이 민간경제 내에서 화폐가 공급되도록 할 수 있으나, 역사적으로 볼 때 귀금속을 낭비한다는 이유 등으로 항시 법화(法貨)가 존재하였고 법화가 존재하는 한 정부가 관리하는 것이 불가피하다고 본다. 그런데 이 경우 정부의 임의(discretion)를 배제하고 고정된 규칙(rule)에 따라서 통화량이 변동되어야 한다는 주장을 내세우고 있다. 그렇기 때문에 화폐에 대해서 일정 비율(X percent)로 증가시킨다는 것을 공시하고 이것을 지켜야 한다는 주장을 내세우게 되는 것이다.

독점에 대해서 논자는 기본적으로 정부의 도움 없이는 독점이 지속될 수 없다고 보아 정부를 독점의 가장 큰 원인으로 삼고 있다. 기술적인 이유에 의한 독점은 많은 비중을 차지하지 않으며, 기업 간의 담합에 의한 독점은 불안정하다. 기업 등 간의 담합은 시장 내에서 발생하는 것으로 이것이 안정적이라면 시장 자체 내에 정당한 경쟁을 저해하는 요소가 있다는 것이 된다. 프리드먼이 이러한 자생적인 담합이 불안정한 이유로서 제시한 것은, 높은 이윤으로 인해서 외부로부터 진입자가 더 많아지며 내부에서 시장의 확장을 위해서 담합을 벗어나려는 욕구가 있다는 것이다. 이러한 프리드먼의 논리에는 담합의 경우에도 모든 기업이 동등한 위치에서 결성 여부를 결정한다는 방법론적인 개인주의가 전제되어 있는데, 역사적으로 합병이나 인수 같은 것에 대해서 이것을 적용할 수 있을지 의심해 보아야 할 것이다.

프리드먼 역시 시장경제를 포함한 모든 경제하에서 공헌에 따른 정확한 보수는 성립되지 않는다는 주장을 내세우고 있으며, 이것은 시장경제에 있어서 의도와 결과가 일치되지 않는다는 것으로 나타난다고 본다. 보수가 자신의 실적에 의해서 결정되는 사회보다 운에 의해서 결정되는 사회가 개인의 입장에서 보아 보다 참을 수 있다는 논리를 제시하고 있다. 이것은 대체로 하이에크의 논리와 유사하나 하이에크나 나이트와 같이 적극적으로 시장경제의 불확실성이 있어 운에 의해서 보수가 결정되는 부분이 있다는 것을 옹호하지는 않고 있다(Friedman, 1962: 118, 166).

프리드먼도 하이에크와 마찬가지로 자유는 책임질 줄 아는 사람들에게만 허용될 수 있으며 그렇지 않으면 부권주의(paternalism)가 불가피하다는 논리에 주목할 필요가 있다(Friedman, 1962: 18, 33~34).

또한 차별을 기호와 동일하게 취급할 수 있다는 논리는 차별하는 경제주체들이 경쟁 속에서 견디지 못할 것이라는 논리에 의해서 뒷받침되고 있는데,

차별이 차별받는 경제주체에게 지속적인 반유인(反誘因; disincentive)을 제공하여 그러한 차별화를 재생산할 수 있다는 것을 고려해야 할 것으로 보인다. 만약 인간의 능력이 개발과 무관하게 순전히 자연적으로 주어진다고 보지 않는 한, 특정 유인이나 반유인은 단지 정태적으로 주어진 상황에서 각 경제주체들을 평가하는 데 그치는 것이 아니라 이것이 동태적으로 인간의 능력을 재생산하는 힘을 가지고 있다는 것을 고려해야 할 것이다. 이렇게 되는 경우 프리드먼이 주장하는 바와는 달리 차별하는 경제주체는 불이익을 받지 않고 자신의 차별이 정당했다고 생각하게 될 것이다.

끝으로 프리드먼은 시장경제하에서의 경쟁이 과거의 경쟁과는 달리 인격적인 것이 아니라 비인격적인 것이기 때문에 문제가 적다는 입장을 보이고 있다(Friedman, 1962: 15, 21, 119). 이러한 주장은 서구의 경제학자들에게서 정치적인 입장에 관계없이 등장하는 것인데, 서구 사회에서는 이것이 타당하다고 하더라도 한국 경제에서는 인적인 요소들이 지배적이어서 적용하기 힘든 것이 아닌가 생각된다.

결국 프리드먼은 경제적인 자유와 효율성을 동일시하면서 양자를 중시하고, 이에 비해서 평등을 배척하며 경제적인 자유와 정치적인 자유가 대립된다기보다는 전자가 후자의 전제조건이라고 보는 셈이다.

맥퍼슨(C. B. MacPherson)은 하이에크나 프리드먼의 이러한 주장이 이미 홉스(T. Hobbes), 로크(J. Locke) 등 17세기 영국의 정치사상에서 발견될 수 있는 것으로 보고 있다. 그러한 주요 흐름을 소유의 개인주의(possessive individualism)로 규정하고 시장경제가 등장하고 개인들이 자신들의 이익을 추구하게 되면서 시장의 윤리가 종교나 자연의 섭리를 대신하게 되었다는 것이다. 그리고 이러한 여러 자유롭고 동등한 개인들의 이익추구를 제한하기 위한 장치로서 이들 개인들이 합의해서 만든 것이 정부라는 것이다. 이러한 논리의 구성요소들은 인간의 자유는 타인의 의지에 대한 의존성으로부터 자유로운 것, 타인과의 관계는 오로지 자신의 이익을 위해서 자발적으로 맺는다는 것, 개인은 자신의 신체와 능력에 대한 소유자라는 것, 개인은 자신의 신체를 완전히 매각할 수는 없지만 자신의 노동력을 판매할 수는 있다는 것, 인간사회는 일련의 시장관계로 구성되어 있다는 것, 타인에게 유사한 자유를 부여하기 위해서 요구되는 의무나 규정에 의해서 각 개인의 자유가 제한되어야 한다는 것, 정치적인 사회는 이러한 재산을 보호하고 질서 있는 교환을 유지하기 위해서 요구된다는 것이다(MacPherson, 1962: 263~264). 이에 상응하는 소유의 시장사회(possessive market society)도 유사하게 규정된다(MacPherson, 1962: 53~54). 여기서 드러나는 것은 이미 17세기 정치사상 속에서 개인의 자유는 타인의 의지에 의해서 구속받지 않는 자발성으로 규정되어 있으며, 이러한 자발성은 자신의 이익을 위한 타인과의 시장관계를 낳는다는 것과, 인간이 동등하다는 것은 시장에서 동등하다는 것으로 만인이 시장의 법칙에 휘말리고 거기서 이익을 추구한다고 본다. 이러한 생각은 과거와 같이 신분적인 계층이 존재하며 이런 상태에서 정치적인 결속을 유지하기 위해서 자연의 의지나 신의 섭리에 의존하는 것이 아니라 시장 내에서 동등한 개인들이 상호 간에 동등한 자유를 보장하기 위해서 정치적인 사회를 원하게 된다는 것이다. 자연이나 신에 의존하지 않고 있지만 여러 개인들의 의지가 집합됨으로써 객관성을 갖게 된다는 것이다. 이러한 자유와 평등에 대한 생각은 근대의 자유주의자들에게 있어서 그대로 이어져 하이에크나 프리드먼의 입장과 상통하는 것으로 볼 수 있다.

뷰캐넌(J. M. Buchanan)은 시장경제나 효율성의 관점이 아니라 사유재산이라는 관점에서 자유 및 경제적인 자유를 주창하고 있다. 뷰캐넌은 경제학자들이 개인의 경제활동을 효율성이나 생산성의 관점에서만 논의했다는 것을 비판하고 있다. 뷰캐넌은 사유재산은 교환의 대상으로 경제주체로 하여금 교환의 이익(gains from trade)을 가능케 해주는 존재일 뿐만 아니라 시장에 대한 의존(market dependence)으로부터 벗어나(exit), 시장의 통제 불가능한 변동으로부터 자신을 보호할 수 있는 기반이 된다는 것이다. 가령, 사유재산을 갖고 있는 경우 임금의 하락에도 불구하고 자신의 노동을 시장에서 팔지 않을 수 있는 자유를 확보할 수 있다는 것이다. 혹은 냉장고라는 내구소비재를 재산으로 갖고 있는 경우 시장에서 급격한 가격 상승이 있을 경우에도 필요한 재화를 소비할 수 있다는 것이다. 물론 이러한 사유재산의 의미를 보강시켜 주는 것이 시장의 경쟁적인 구조가 확보되어 자유롭게 자신의 재산을 이동할 수 있다는 요건이다. 대부분의 경제학자들은 개인의 자유로운 활동과 이러한 결과로서 사유재산의 허용이 개인들에게 금전적인 유인(incentives)을 부여함으로써 교환과 시장을 통해서 효율성이나 생산성을 제고해 주기 때문에 의미를 갖는다고 본다. 이에 비해서 뷰캐넌은 사유재산이 교환과 시장을 회피할 수 있게 함으로써 효율성과 관계없이 개인의 자유 그 자체를 확보한다는 점을 강조하고 있다. 이같이 개인이 시장으로부터 자신을 보호하려고 한다는 것은 이미 시장이 반드시 정의롭지 않을 수도 있다는 것이 전제되어 있는데, 이러한 점은 뷰캐넌이 대부분의 경제학자들과 생각을 달리하는 부분이다. 그러나 자유를 사회와 분리시켜 개인의 차원에서 설정하거나 아니면 사회로부터 고립된 로빈슨 크루소적인 상황을 자유로운 상태로 보고 있다는 점에서, 기본적으로 뷰캐넌은 신고전학파 경제학과 동일한 입장에 있는 것으로 보인다.

스티글러(G. J. Stigler)는 프리드먼과 함께 대표적인 미국의 자유주의 경제학자로서 인간이 이기적이라는 것을 경제주체들뿐만 아니라 경제학자, 정치가들에게로 확산시키며 정직성과 같은 윤리도 결국 이기심에 근거하고 있다는 주장을 내세우고 있다. 여기서도 기존 경제학이 이념으로 삼고 있는 것은 개인의 자유와 효율성이라는 것이 드러난다(Stigler, 1982: 15). 다만, 논자는 한계생산성의 윤리가 개인 자신이 공헌한 만큼 보답 받는다는 의미이며 시장경제의 정당성을 옹호해 주는 논리라고 주장하고 있다. 이 때문에 프리드먼이나 하이에크가 주장한 것과는 달리 그것이 단지 이념일 뿐만 아니라 현실적으로도 실현되고 있다고 주장하고 있다. 또한 나이트와 달리 기호의 조작, 우연이나 독점에 의해서 한계생산성이 개인의 보수를 결정하지 않는다는 논리에 대해서 반박하고 있다(Stigler, 1982: 17~19).

그런데 스티글러가 생각하는 것과는 달리 한계생산력설은 능력이나 노력에 따라서 보상을 받는다는 의미와는 다른 것으로 생각된다. 첫째, 생산요소가 생산에 공헌한 것이지 생산요소의 소유자가 생산에 공헌한 것이 아니라는 것을 주목해야 할 것이다. 생산요소를 크게 나누어 노동, 자본, 토지라고 본다면 노동자의 경우에는 단지 노동이라는 생산요소를 소유하고 있다는 것으로는 임금을 받을 수 없으며 노동자가 생산에 참여해 노동이라는 활동을 보여야 한다. 반면 자본의 경우에는 생산에 참여하되 자본가가 직접 노동을 하는 것은 아니며 토지의 경우에는 지주가 전혀 생산에 간여하지 않는 경우이다. 한계생산력설이 주장하는 바는 생산에 직접 참여하든 아니면 생산요소를 단지 소유하든 아무런 차별 없이 생산요소의 공헌에 따라서 보수가 결정되어야 한다는 것이다. 능력이나 노력, 노동이라는 다분히 인적인 요소들에 의존해서 보수가 주어진다는 생각과 비교할 때 단순히 소유 그 자체로 소득이 정당화된다는 점에서 차이가 있다. 물론 현재의 사유재산이나 부존자원이 과거 능력, 노력 혹은 노동의 대가로서 형성된 것이라고 간주할 수 있다면 능력, 노력 혹은 노동에 대한 대가는 한계생산력설로 해석될 여지도 있을 것이다.

둘째, 단순히 소유에 의한 보수를 제외하고 한계생산력설을 노동에 국한시키는 경우에도 여기에는 능력 혹은 노동의 숙련도의 차이에 따른 보수의 차이가 내포되어 있기 때문에 순전히 노력이나 노동의 시간에 의해서 보수가 결정된다고 하는 주장과는 구분되어야 한다.

셋째, 한계생산력설은 모든 생산요소들이 결과적으로 낳은 가치에 대해서 보상하는 것이므로 노동에 대해서도 그것이 얼마큼의 노력을 기울였다는 것만으로는 결코 보상되지 않는 것이다. 이것은 시장이 불확실하기 때문에 결과에 따라서는 노력에 상응하지 않는 보수가 이루어질 수 있음을 나타내 주는 것이다. 오쿤(Okun, 1975)은 거시경제학에서 필립스곡선으로 통칭되는 고용과 인플레 간의 상충관계와 유사하게 정치적인 평등과 경제적인 효율 간의 상충관계에 대해서 논의하고 있다. 다알(R. A. Dahl)과는 달리 오쿤(A. Okun)은 정치를 형평 내지 평등과, 경제를 효율성과 연관시키고 있다. 따라서 이러한 논의에서는 의사결정의 분권화 내지 행동주체의 자율성은 전제로 되어 있는 것이다. 오쿤은 이렇게 정의된 형평과 효율에 대해서 양자가 상충관계에 있다는 것을 인정하고 양자 간의 혼합은 물가와 고용의 관계에서와 같이 조화되어야 한다고 주장한다. 따라서 이것은 하이에크나 프리드먼이 주장하는 극단적인 자유주의와는 달리 절충적이라고 볼 수 있다. 그러나 어떤 식으로 혼합되어야 하느냐에 대해서는 각 시점마다 사회 구성원들의 합의에 따라야 한다고 주장해서 실질적인 해결을 시도하지 않고 있다.

노직은 또 다른 자유주의자로서 한편으로 최소한의 국가와 시장경제를 주장하면서 다른 한편으로 분배 정의와 관련하여 정당성 이론(entitlement theory)을 주장하고 있다(Nozick, 1974: 7장). 이 이론은 취득(acquisition)과 이전(transfer)에 있어서 정당한 절차를 거친 것이면 그러한 분배는 정당한 것이라고 보며, 그러한 정당성이란 타인의 소유권을 침해하지 않는 범위 내에서 허용되는 것이라고 주장하고 있다. 타인의 소유권이 침해되는 것은 적극적인 취득의 기회를 감소시킨다는 강한 의미(즉, 재산을 증식시킬 수 있는 기회)와 처분할 수 있는 물자를 감소시킨다는 약한 의미(즉, 재산을 그대로 유지하는 것)를 지니고 있는데 후자가 실효성을 갖는 것이다. 노직은 자신의 이와 같은 분배론이 후생경제학과 같은 구조적이거나 비역사적인 관점과 대립되는 역사적인 성격을 갖는 것이라고 주장한다. 또한 분배에 대해서 특정 기준이나 기준들의 결합(가령, 공헌도)에 의해서 정형화(patterning)할 수 없다고 보아 분배의 결과적인 상황이 아니라 발생 과정을 따지는 것이라고 주장하고 있다. 그렇기 때문에 자유주의적인 입장을 같이 하고 있는 일견 한계생산성에 따른 분배를 주장하는 것에 대해서 노직은 반대 입장을 표명하고 있다. 이 점은 노직의 독특한 입장이라고 생각되는데, 현실의 분배는 개인이 사유재산을 생산하고 처분하는 과정에서 동태적으로 변동해 정형화된 기준에서 항시 벗어나므로 이러한 기준에 비추어 재분배를 주장하는 것은 개인의 자유를 침해한다는 것이 노직의 주장이다. 이런 관점에서 노직은 분배에 대해서 하이에크 등보다 더욱 자유방임적인 입장을 내세우는 것으로 볼 수 있다. 더불어 노직은 시장경제의 생산성으로 인해서 이러한 로크적인 조건이 시장경제에서 실제로 지켜지고 있기 때문에 국가가 시장에 개입할 여지는 별로 없다는 주장을 내세우고 있다. 부차적인 것이지만 노직은 불평등과 시기심(envy) 간의 관계에 대해서 논의하면서 시기심은 완전히 기계적인 평등이 성취되기 전에는 사라질 수 없으며 그것이 불가능한 상황에서 민간 부문에서 각 개인들에 대한 평가기준들이 다양하게 분출되도록 허용하는 것이 상책이라고 주장하고 있다(Nozick, 1974: 239~246). 이 점은 각 구성원에게 기본권 및 기회균등과 최소한의 소득 및 권위 등 사회적 기본 가치(social primary goods)를 부여하는 경우 시기심이 문제되지 않을 것으로 보는 롤스의 입장과 구분되는 것이다.

노직은 모든 인간의 생존이 유지되기 위해 요구되는 소유권을 최소한으로 설정하고 있다는 점에서 후생경제학과 다르며 이러한 최소한의 조건을 제약조건으로 극대화를 하는 것으로 볼 수 있다. 물론 최소한이라는 것이 어떤 수준인지는 불분명하다. 또한 분배에 대해서 발생과정을 추적하자는 주장을 내세우고 있는데, 이것은 지극히 어려운 과제라고 생각되며 현실의 시장경제에서 각 인간의 소유권이 기본적으로 존중되고 있다는 것은 노직의 최소 정부론을 뒷받침하기 위해서 요구되는 논리적인 고리이기는 하나 과연 현실성을 가지고 있는 것인지 의심스럽다. 끝으로 이 경우 이러한 자산의 획득이 이루어지는 사회나 경제의 기본 구조가 정의롭지 않은 경우에도 단순히 그러한 구조에 합당한 행동을 취하는 경우 정당성을 부여할 수 있다는 결과가 된다. 이러한 생각은 사회·경제의 구조를 고려하지 않는 문제를 안고 있다.

전체적으로 시장경제론자들의 입장에서는 인간이 이기적이고 그렇기 때문에 금전적인 유인을 통해서 자신의 이익을 추구하도록 해야 하며 그렇게 함으로써 생산성과 효율이 증가한다는 논리를 전개하고 있다. 여기서 인간이 자신의 제약조건하에서 이기심을 추구하기 때문에 자율성이 확보되며, 이들이 사전적으로 이러한 이익추구에 있어서 다른 조건을 부여받지 않고 신분이 아니라 계약에 따라 행동하므로 평등하다는 것이다. 이렇게 함으로써 각 개인의 능력과 노력이 최대로 발휘되므로 효율적이기도 하다는 것이다. 이들의 입장은 자유와 효율성, 그중에서 효율성을 전제로 해서 다른 가치들을 조화시키고 있는 것이라고 볼 수 있다. 이들에게 있어서 인간이 이기적이라는 것은 핵심적인 전제가 된다. 프리드먼, 스티글러, 그리고 뷰캐넌 등 자유주의자들이 정부로부터 개인의 자율성을 확보해야 한다는 주장은, ① 자율성 혹은 자결권 그 자체가 중요하다는 논리와, ② 정부의 관료나 의원들이 전체의 이익을 대변하는 것이 아니라 경제주체들과 같이 자신들의 이익을 추구한다는 두 가지 논리에 근거하고 있다. 전자는 동일한 GNP라도 경제주체가 스스로 이룩한 경우와 정부 주도로 이루어진 경우에 의미가 다르다는 것이며, 후자의 경우는 정부는 단지 전체의 이익을 가장(假裝)하고 있을 뿐이라는 것이다.

2) 칸트주의(센과 롤스)와 정치적 자유주의

센(A. K. Sen)은 후생경제학에 대해서 내적인 비판(internal critique)을 제시한 대표적인 경제학자들 중 하나이다. 센은 결과적으로는 공리주의에서 벗어나 롤스 및 칸트주의에 가까워지게 된다. 센이 주로 비판을 하는 부분은 공리주의가 욕망의 충족이라는 인간의 소극적인 측면만을 강조하고 재화가 인간의 욕망을 충족시켜 준다는 점만을 고려하고 있다는 것이다. 센은 인간이 적극적으로 활동(agency)을 하며 이를 통해서 자유(freedom)를 추구하는 존재이고 상품(commodities)도 이러한 활동능력(capabilities)에 상응하는 것이어야 한다고 주장한다(Sen, 1984a, 1985a, 1985b, 1987). 이와 같이 센은 상품이나 재화를 자연의 희소성이나 빈곤으로 벗어나게 해주는 물질적인 풍요로 보거나 공리주의나 경제학에서처럼 쾌락의 대상으로 보는 것이 아니라 자신의 능력을 발휘하여 자유를 얻을 수 있게 해준다는 점을 강조하고 있다. 센은 자신의 논리가 공리주의와 같이 재화와 인간과의 관계를 정신적인 반응(mental reaction)이라는 관점에서 보지 않으면서도 다양성을 인정할 수 있다고 본다. 센은 인간의 능력이 다양하다는 것을 그 기준으로 삼기 때문에 평등에 대해서도 공리주의에서처럼 한계효용의 균등이 아니라 각 개인의 자아실현 능력(capabilities)을 동등하게 해주는 데 있다고 주장하고 있다(Sen, 1980, 1984a, 1984b).

이러한 센의 논리는 롤스와 유사하며 이들은 모두 칸트주의적인 경향을 띠고 있다. 물론 센은 자신이 설정하는 상품과 능력이라는 개념쌍이 롤스가 사회의 기본 가치(social primary good)라는 개념을 통해서 개인의 다양성을 무시하거나 인간과 무관하게 재화를 처리한다는 점에서, 물신적(物神的)인 성격을 지니고 있으며(Sen, 1980: 366) 지수화(indexation)의 난점을 안고 있다고 비판하고 있다. 또한 롤스의 차등이론에 대해서도 언급하지 않는 것으로 보인다. 그러나 공리주의나 경제학과는 달리 감정(feeling)에 근거해 쾌락을 추구하는 것이 아니라 이성(reason)에 근거해 자유를 추구하는 인간을 상정하고 있으며, 그러면서도 동시에 개인의 다양성을 중시하고 있다는 점에서 센과 롤스는 차이점보다는 유사성이 많다고 보아야 할 것이다. 이들은 모두 기존 경제학과는 다른 의미에서 다원주의를 주장하고 있다.

센과 관련하여 보다 포괄적으로 논의해야 할 것은 정치적인 선택(가령, 대통령 선출), 윤리적인 선택(가령, 선생에 대한 학생의 행동결정), 그리고 경제적인 선택(가령, 소비재 구입) 간의 차이 여부이다. 이러한 구분은 흔히 경제적인 자유나 합리성이 정치적인 자유나 합리성을 가져온다는 경제학자들의 생각 때문에 중요한 의의를 지니고 있다. 우선 경제학자들은 대부분 이 세 가지 선택에 대해서 구분하지 않고 모든 인간의 결정에 대해서 동일한 틀 속에서 설명하려고 한다. 나이트는 경제학자의 가치론과 윤리학의 가치에 대해서 유사성을 강조하고 있다. 또한 애로우(Arrow, 1951: 23~24)는 자신의 사회적 선택 이론을 제시하는 과정에서 베르그송(A. Bergson)이 다루는 것이 기호(taste)이고, 자신이 다루는 것이 가치(values)라는 것을 지적하면서도 이것이 커다란 차이가 아니라고 생각한다. 더불어 슘페터와 애로우는 정치적인 과정과 경제적인 과정이 동일한 평면 위에서 동일한 방식으로 진행되는 것으로 설정하고 있다. 이런 경향은 경제학자들이 경제적인 자유를 자유와 동일시하거나 정치적인 자유와 구별하지 않는 것과 같은 맥락이다. 또한 현대의 거시경제학에서도 경제적인 가치와 윤리적인 가치가 동일시된다. 블랙번(K. Blackburn)과 크리스텐슨(M. Christensen)은 거시정책의 결정자가 팽창 기조와 안정 기조 혹은 성장과 물가안정 중에서 어느 쪽을 택하느냐는 것을 선호로 규정해서 선호(preference)와 가치(value) 혹은 가치판단(value judgment)을 동일시하고 있다. 심지어 오쿤은 형평과 효율이라는 보다 거시적인 목표들 간의 결합에 있어서조차 재화에 대한 좁은 의미의 선호를 그대로 적용하려는 것으로 보인다. 이것은 신고전학파 경제학자들이 정치적, 윤리적, 그리고 경제적인 가치를 동일시한다는 것을 의미한다. 이러한 입장은 모든 욕망과 재화 및 가치를 동일 평면에 놓아서 사전적으로 구분하지 않는 경향에서 비롯되는 것이다.

그런데 평균적인 공리주의의 입장에 있는 학자들은 이러한 경향에서 상당히 벗어나 있다. 이미 지적한 대로 허샤니, 리틀, 그리고 비크리 등 평균적인 공리주의자들은 이것을 윤리적 선호와 주관적 가치로 구분하고 있다. 특히, 비크리 같은 경우 윤리적인 선호가 '선호에 대한 선호'라고 보아 경제적인 선택과 정치적인 혹은 윤리적인 선택이 동일한 평면에 있는 것이 아니라 후자가 전자를 보다 궁극적으로 규정하는 것으로 보고 있다. 또한 후라이드(Fried, 1977: 182~183)는 절대적인 선호(absolute preferences)와 선택적인 선호(elective preferences)를 구분하고 있다. 끝으로 코슬로우스키(Koslowski, 1992: 41), 프라닷(Priddat, 1992: 62), 그리고 엘스터(J. Elster) 등은 주어진 선호에 따른 선택과 선호 자체에 대한 선택이나 선호의 형성(preference formation)을 구분하면서 후자를 초선호(metapreferences)로 규정하고 있다. 달리 보면 이것은 주어진 목표에 대한 수단을 선택하는 것과 목표 자체에 대한 판단을 구분하는 것과 마찬가지라고 볼 수 있다. 그런데 이들 중에서 평균적 공리주의자들은 비록 윤리적인 결정을 경제적인 결정과 구분하고 있으나 여타 경제학자들과 마찬가지로 사회를 개인으로 환원하려는 경향이 강하기 때문에 윤리적인 것을 정치적인 것과 동일한 것으로 보는 경향이 강하다.

센은 대부분의 경제학자들과는 달리 정치적 과정, 윤리적 결정, 그리고 경제적인 과정의 삼자를 명확하게 구분하고 있다. 이러한 경향은 롤스에서도 유사하게 나타난다. 센은 베르그송의 사회적 후생함수가 함수의 형태와 가중치에 대해서 불문하고 있음을 지적하고 정치적인 결정과 경제적인 결정을 구분하기 위해서 가치를 기본적 가치(basic values)와 비기본적 가치(nonbasic values)로 나누었다. 또한 윤리적인 선택을 부각시키기 위해서 서열화(rankings)와 초서열화(metarankings)로 나누어서 이러한 차이점에 대해서 강조하고 있다(Sen, 1970: 66, 1976). 이것은 앞서 센이 단순히 사회적 선택에 대한 비판에 그치지 않고 개인적인 선택 혹은 미시이론에 대해서 새로운 행동준칙을 부여하려는 노력으로 이기심 이외에 동정심(sympathy)과 책무(commitment)를 중요한 요인들로서 제시했던 것과 상통하는 것이다(1982). 예를 들어, 누가 "담배를 피우고 싶지만 건강 때문에 피우지 않아야 하는데"라고 말했다면 전반부는 서열화이고 후반부는 초서열화라는 것이다. 그러므로 대부분의 경제학자들과는 달리 센은 세 가지 선택과 가치를 구분함으로써 정치적인 자유와 경제적인 자유가 구분되어야 하며, 경제적인 판단과 윤리적인 판단이 공존한다는 것을 강조하는 셈이다. 이러한 생각들은 정치적인 결정이 경제적인 결정에 비해서 보다 높은 수준의 정보와 판단력을 요구한다는 일련의 주장들과 합치되는 것으로 보인다(Downs, 1957; Lindblom, 1977).

이러한 센의 입장에서는 자율성이 무엇보다 우선하며 물질적인 풍요는 이것에 봉사하는 것이 된다. 평등과 관련해서는 단순히 절대적인 소득의 배분이 아니라 각자의 능력이 고려된 배분이 제시되는 셈이다. 끝으로 센은 효율성에 대해서는 별로 관심을 두지 않고 있다. 더불어 정치적인 자유와 경제적인 자유, 그리고 윤리적인 판단은 구분되는 것으로 보인다. 물론 이러한 센의 논리에 대해서 비록 공리주의와 달리 쾌락이나 욕망의 충족을 목적으로 하지 않는다고 하더라도 인간의 활동과 경제활동을 소비활동으로 축소시켜서 여타 경제활동, 특히 생산활동에 있어서 요구되는 인간의 자율성이나 평등에 대해서 불문하고 있다는 비판이 가능할 것이다.[9]

롤스(J. Rawls)는 공리주의나 후생경제학의 총효용의 극대화라는 획일적인 기준에 반대하면서 독자적인 정의론을 내세우고 있다. 롤스의 정의론은 공리주의와 후생경제학에 대립되는 견해로서 현대의 대표적인 정의론 중의 하나이므로 보다 상세히 논의할 필요가 있다.

롤스는 사회정의를 실현할 수 있는 원칙을 '공정성으로서의 정의'(justice as fairness)로 규정하고 있는데 이것은 크게 두 가지로 구성되어 있다(Rawls, 1971). 첫 번째 원칙은 집회, 결사, 표현, 거주, 이전 등 개인의 기본적인 자유와 권리를 정해 놓고 있다. 두 번째 원칙은 두 가지로 구성되어 있다. 두 번째 원칙의 첫째 구성요소는 차등원칙(difference principle)이라고 불리는 것으로서 후생경제학과 직접 비교되는 부분인데 형평과 효율 간의 균형을 꾀하고 있다. 둘째 구성요소는 모든 사회의 구성원들에게 사회적 지위에 대한 기회의 균등을 보장하고 있다. 첫 번째 원칙이 자유를 논의하고 있다면 두 번째 원칙은 평등과 효율에 대해서 논의하고 있어 이들 사이의 연관을 통해서 자유 혹은 자율성과 평등, 그리고 효율성 간의 조화를 꾀하고 있다(Rawls, 1971: 204). 이렇게 볼 때 롤스의 정의론은 앞서 이 논문에서 제시했던 민주화의 세 가지 구성요소들을 나름대로 결합시키려고 노력하는 것이라고 볼 수 있다. 차등의 원칙은 사회 구성원들 중 최악의 상태에 있는 구성원들의 상황이 개선되는 한도 내에서 다른 구성원들의 상황이 개선되어야 한다는 것이다. 전체적으로는 첫 번째 원칙이 두 번째 원칙에 우선하며 두 번째 원칙 중에서는 둘째 부분이 첫째에 우선하도록 설정되어 있다. 따라서 롤스는 공리주의나 후생경제학에서와 같이 모든 재화나 선

9 개인의 삶은 소득액뿐만 아니라 소득의 획득방식에 의해서도 영향을 받는다고 주장해 마셜까지도 이 점에 대해서 인식하고 있었다는 것을 알 수 있다(Marshall, 1890: 1~2, 11).

을 만족이나 효용이라는 하나의 척도로 환원하지 않고 이들 사이에 차등을 두며 형평이라는 이념을 적극적으로 고려하고 있다. 이러한 원칙들은 합리적이고 윤리적인 동등한 인간들이라면 합의할 수 있는 원칙들이라고 보며, 자신의 논리를 공리주의에 대해서 루소나 칸트의 사회계약론 혹은 구성주의(constructivism)에 가까운 것으로 규정하고 있다(Rawls, 1980).

보다 구체적으로 첫 번째 원칙에서는 각 개인이 양도할 수도 없고 희생할 수도 없는 재화나 권리가 있다고 보며, 이것들은 모든 개인에게 동등하게 보장되어야 한다는 주장을 내세우고 있다. 이들은 대체로 시민의 기본권들에 해당되는 것인데 이것들은 어떠한 물질적인 풍요나 지위로 대체될 수 없는 절대성을 가진다. 이 때문에 경제학적으로 보자면 재화나 권리에 대해서 일종의 사전표기식의 서열체계를 상정하고 있다고 볼 수 있다. 보다 구체적으로 사회 전체의 경제적인 이익을 위해서 일부 시민들의 기본권을 억압할 수 없다거나 투표권을 돈을 받고 양도할 수 없다는 것이다. 또한 두 번째 원칙에서는 자연적인 요인(natural chance)이나 사회적인 상황(social contingency)에 의한 불평등에 대해서 반대하면서 부나 권력의 불평등은 사회의 구성원들에게 전반적으로, 특히 최악의 상황에 있는 구성원들에게도 이익이 될 때에만 허용되어야 한다는 주장을 내세우고 있다. 가령, 자신의 노력에 관계없이 선천적으로 뛰어난 능력을 가지고 있다거나 아니면 부모로부터 막대한 재산을 물려받는 경우, 이것을 그대로 방치하는 것이 아니라 이들의 능력이나 재산이 사회 전체, 그리고 특히 사회의 열등한 구성원들의 삶에 도움이 되는 한도 내에서 용인된다는 것이다. 이러한 개인 간의 원초적인 불평등에 대해 신고전학파는 부존자원 차이로 보아서 불문에 붙이며, 맑스의 입장에서는 생산수단의 차이로 보아 계급의 불평등을 낳는다는 주장을 내세워 순전히 사회경제적인 요인들로 규정한다는 점이 차이점이라고 생각된다.

롤스는 최근의 저작 *Political Liberalism*(1993)에서 초기작에서 정의의 원칙을 도출하는 데만 중점을 두면서 경시하였던 부분들을 다루고 있다. 이것들은 현실 사회에서 정의론이 개별 주체들에 의해서 어떻게 실천될 수 있느냐는 정의론의 안정성(stability) 문제와 이들의 철학적·종교적·도덕적인 가치의 다양성을 수용하는 문제이다. 여기서 롤스는 공리주의에 대한 일관된 비판에서 일보 후퇴하는 경향을 보이고 있으나 정의의 원칙 그 자체에 있어서는 커다란 변화를 보이지 않고 있다. 이제 롤스의 정의론이 공리주의와 다른 점들을 살펴보면 아래와 같다.

첫째, 롤스의 정의론에서는 모든 선과 재화를 동일 평면 위에 놓지 않고 기본적인 자유와 평등에 대해서는 우선적인 가치를 부여하고 있다. 정치적인 영역에서 각 개인의 자유와 평등은 부나 권력의 증가에 의해서 보상될 수 없는 것이며 정치적인 협상이나 전략 혹은 거래의 대상이 되지 않는다고 본다. 왜냐하면 아무리 많은 재화에 의해서도 이러한 기본권의 손실은 보상될 수 없다고 보기 때문이다. 이 점은 공리주의가 자유와 평등에 대해서 무관심하거나 관심을 기울인다고 하더라도 재화 및 쾌락의 근원으로 간주해 다른 재화들과 동질화하는 것과는 다른 입장이다. 또한 개인들에 따라서 각 재화에 대한 평가가 다른 것으로 보는 것이 근대 경제학과 공리주의적인 입장이라면, 롤스의 경우에는 사전표기식으로 자유와 평등에 대해서는 개인의 주관이 개입되지 않는 절대선으로서의 가치를 부여하고 있다는 것이 다르다. 이 점은 루소나 칸트의 사회계약론에도 유사하게 등장하고 있다. 차등의 원칙은 이러한 자유와 평등이 유지되는 한도 내에서 허용되는 것이므로 이러한 정치적인 자유와 평등이 단순히 형식적이거나 절차적인 합리성이 아니라 실체적인 합리성을 띠도록 하는 것이 차등의 원칙이 갖는 의미 중의 하나라고 생각된다.

둘째, 롤스는 독특한 방식으로 경제적인 영역에 있어서 평등 혹은 형평성과 효율성을 조화시키고 있다. 롤스는 사회적 요인이든 자연적 요인에 의한 것이든 모든 경제적·사회적 불평등은 그러한 불평등으로 인해서 발생하는 이익의 증가가 사회 전체 구성원에 의해서 공유되지 않는 한 정당화될 수 없다고 본다. 이것은 각 개인 간의 능력상 차이를 인정하면서도 그것의 결과를 완전히 방관하지 않는 입장이라고 생각된다. 이러한 롤스의 생각은 한편으로 사회적·자연적 요인들에 의한 각 개인의 능력이나 초기 조건상의 차이와 그러한 능력들이 사회에서 발휘되면서 부가되는 우연적인 행·불행에 의한 불평등을 인정하고 있다. 동시에 다른 한편으로 자연적 우연에 의한 불평등을 교정하고 사회과정의 결과로써 빚어지는 불평등을 완화하기 위해서 최열등한 상황에 있는 구성원의 전망(expectation)이 개선되어야 한다는 조건을 달고 있다. 어떻게 보면 근본적인 대책이 아니라 사후적인 교정에 치중하므로 기존의 경제학자들이 주장하는 소득 불평등의 완화정책과 차이가 없는 것으로 볼 수도 있다. 그러나 단순히 시장기구가 불완전하기 때문에 불평등을 완화시켜야 한다는 것이 아니라 사회의 모든 계층들이 존중되어야 한다는 입장에서 이와 같은 주장을 내세우는 것이 특징이다. 이 점에서 롤스는 사회주의는 아니라고 하더라도 사회를 하나의 공동체로 보며 각 구성원이 어느 정도 공동체 전체의 이익을 위해서 봉사해야 한다는 입장에 있는 것으로 생각된다. 이 때문에 프랑스 혁명의 기치인 자유(la libert), 평등(l' galit), 박애(la fraternit) 중에서 다른 정치학자들과는 달리 앞의 두 가지뿐만 아니라 세 번째에 대해서도 자신이 관심을 기울이고 있다는 주장이 가능한 것이다(Rawls, 1971: 105).

자유주의적인 입장이 기회의 균등을 제공하는 데 만족함으로써 불평등에 대해서 논의하는 경우에도 사회적인 요인들에 의한 경제적·사회적 불평등에만 관심을 기울이고 자연적인 요인에 의한 불평등에 대해서 불문하고 있다. 이에 비해서 롤스는 자연적인 우연에 의한 능력상의 차이도 교정되어야 한다는 입장을 제시하고 있다. 롤스가 이와 같은 주장을 내세우는 이유는 자연 그대로의 상황은 결코 윤리나 정의와 무관한 것이므로 교정이 가능하며 교정의 시각은 자연이 준 인간들의 능력을 상당 부분 사회 전체의 공동재산으로 본다는 것이다(Rawls, 1971: 179). 이에 대해서 다른 견해들과 좀 더 비교해 볼 필요가 있다.

일반적으로 개인의 초기조건(능력, 재력, 권력)은 자연적인 요인과 사회적인 요인에 의해 차이가 생길 수 있으며, 자연적인 요인에 의한 것은 자신의 노력과 무관한 것이고 사회적인 요인 중에는 사회적 과정의 진행 중에 발생하는 우연적인 것들이 있을 것이다. 근대 경제학에서는 이들을 개인의 부존자원이라고 부르며 무차별하게 취급하고 있으며 그들을 주어진 것으로 받아들인다. 이 중에서 자유지상주의자들의 입장에서는 시장이 어떤 구조적인 문제점을 갖고 있는 것은 아니나 어떤 체제나 갖고 있는 우연성으로 인해서 개인들에게 발생할 수 있는 임의적인(random) 행운·불운에 불과하므로 이에 대해서 보상해 주는 것이 최선이라고 본다. 이보다 적극적인 케인스적인 입장에서는 시장경제가 완벽하지 못하기 때문에 발생하는 실업 등 개인의 불이익에 대해서만 사회 전체의 입장에서 보상할 수 있다고 본다. 이 경우에도 자연적인 요인은 물론이고 사회적인 요인에 있어서도 초기조건 그 자체보다는 초기조건으로 발생하는 결과에 대해서만 사후적인 완화조치를 취하자는 것이 기본논리이다. 맑스주의자들은 이것을 생산수단이라는 경제적인 개념으로 바꾸어 계급의 차원에서 규정하고 있으며, 이들이 모두 자본주의에 고유한 사회적인 요인 등에 의해서 규정되는 것으로 보아 대칭을 이루고 있다. 이들은 근대 경제학이 부존자원이라는 개념을 통해서 사회적인 요인에 의해서 규정되는 개인 간의 차이를 자연적인 것으로 만들어 정당화한다는 주장을 내세우며 사회주의 혁명을 통해서 이러한 차등이 혁파될 수 있다고 보는 셈이다. 이들과 비교한다면 롤스의 경우에는 개인 간의 차이가 단순히 사회적인 요인들로 환원될 수 없으나 그렇다고 해서 그러한 자연적인 요인들에 의한 불평등에 대해서 방관하자는 것이 아니라 설령 자연적인 요인들에 의해 결정된 것이라고 하더라도 그로 인한 이익의 증가가 통제의 대상이 된다는 주장을 내세우는 셈이다. 물론 이러한 롤스의 입장은 보다 나은 조건에 있는 개인들에게 이러한 재분배가 유인의 감소나 상실을 가져와 효율성을 부분적으로 손상시키는 것이 아니냐는 반박을 낳게 될 것이다.

셋째, 일차적인 사회적 가치(social primary goods)라는 개념을 통해서 롤스는 선(善; good)이나 재화(goods)에 대한 공리주의 혹은 한계효용학파적인 해석을 배격하고 있다. 롤스의 입장에서는 기본권이나 생활을 위한 기본재화, 그리고 각 개인의 자존심 등 일차적인 사회적 가치들에 대해서는 모든 개인이 더 많은 것을 원하기 때문에 소위 '지수설정의 문제'(indexation problem)가 존재하지 않는다고 본다. 또한 각 개인들은 기타 부차적인 재화들에 대해서는 다르게 느낄 수 있으나 이것은 사회의 기본구조를 규정하는 정의론과는 무관한 것이라고 본다. 욕망이나 필요는 주관적인 것이라기보다는 거꾸로 사회적인 제도에 의해서 규정되는 바가 많고, 주어지는 것이 아니라 각 개인들의 통제하에 있다는 것이 롤스의 생각이다. 이 점에 있어서도 롤스는 공리주의나 근대 경제학과는 차이를 보이고 있으며 오히려 고전 경제학이 제시한 필수품·편의품·사치품이나 생계비라는 개념에 보다 가깝다고 할 수 있다.

넷째, 대부분의 서양 사상가들이 그렇듯이 롤스 역시 각 개별 주체에 대해서 상당 수준의 합리성이나 판단능력이 존재한다는 것과 사회 전체에 대해서도 어느 정도의 문화 수준을 전제로 하고 있다. 특히, 사회 전반의 문화 수준이 전제되지 않을 경우 이러한 문화 수준이 이룩되도록 하기 위해서 자신의 정의론이 유보될 수 있다는 것을 명시하고 있다(Rawls, 1971: 152, 225). 이러한 생각은 그의 후기작에서 더욱 노골적으로 드러나게 된다(Rawls, 1980). 즉, 동등한 정치적 권리가 보다 신속한 경제적인 발전을 위해서는 잠정적으로 억압될 수도 있다는 것이다. 롤스의 경우에도 개도국이나 제3세계에 적용될 수 있는 정의론은 제시되지 않고 있다.

상당수의 공리주의자들과 경제학자들은 루소의 『사회계약론』이나 롤스의 『정의론』에 대해서 원초적인 입장(the original position)이나 무지의 베일(veil of ignorance)이라는 가상적이거나 비역사적인 상황에서 도출된 것이라고 비판하고 있다(Hume, 1875: 443~461; Williams, 1969: 153; Arrow, 1951: 81~88). 또한 평균적인 공리주의자들은 롤스의 차등이론을 미니맥스(Minimax) 원칙으로 해석해 불확실성하에서의 의사결정 논리로서 타당하지 않다는 입장을 내세우고 있다(Harsanyi, 1975). 그러나 철학적이거나 기술적인 문제 이외보다 정의론의 현실성과 관련하여 롤스에 대해서 경제학자들이 쉽게 지적할 수 있는 것은 행동에 대한 유인 없이 이기적인 인간이 롤스가 생각하는 바와 같이 역동적으로 활동할 수 있을 것이냐는 것이다(Arrow, 1973).[10] 가령, 선천적인 능력의 차이를 둔화시키기 위해서 빈부의 차이를 완화시킨다든지 아니면 교육 기회의 평등을 지향하는 경우 혹은 선천적인 능력을 사회 전체의 이익에 봉사하도록 강요하는 경우, 과연 경제주체들이 자신의 능력을 있는 그대로 발휘하거나 이에 대한 개발을 충실히 할 것이냐는 것이다. 이에 대해서 롤스는 일견 자신의 『정의론』, 보다 정확하게 보자면 차등의 원칙에 이기심과 이에 근거한 사회 및 경제의 효율성이 내포되어 있는 것으로 보고 있다(Rawls, 1971: 79~80). 그러나 롤스가 주장하는 『정의론』에서는 실질적으로 성장하는 경제가 전제되어 있으며 이때 요구되는 것은 동태적인 의미의 효율성이다. 그런데 롤스가 원용하는 효율성의 개념은 주어진 시점에서 교환에 근거한 정태적인 효율성과 이에 상응하는 파레토 기준이다. 만약 동태적인 효율성과 형평성을 비교한다면 차등의 원칙은 효율성을 희생시켜 형평을 얻는 또 다른 형태의 절충론이 되어 버릴 것이다. 한 가지 가능성은 인간성이 사회적인 구조에 의해서 규정되므로 정의로운 사회가 설정될 경우 이기심 이외의 유인에 의해서 인간이 움직일 수 있다고 보는 것인데, 이와 같은 생각은 롤스보다는 맑스에 적합한 개념이라고 생각된다. 그러므로 롤스의 『정의론』에서도 형평과 효율 간의 상충은 해결되지 않은 것으로 보인다.

전반적으로 롤스의 논리 역시 자유, 평등, 그리고 효율을 결합하려는 노력으로 볼 수 있다. 정치적인 자유와 평등이 최우선으로 놓이며 경제적인 자유는

10 이러한 이기심을 강조하는 사회이론과 경제학의 성격은 마키아밸리의 『군주론』으로부터 시작된 것으로 알려져 있다(Brentano, 1923; Hirshman, 1977).

정치적인 자유와 평등이 허용하는 한도 내에서 허용된다. 경제적인 자유가 효율성으로 이어진다고 볼 때 롤스는 효율성을 가장 열등한 가치로 전락시키는 셈이다. 특히, 정치적인 자유와 평등을 유지하기 위해서 각 구성원에 대해서 최소한의 부를 보장한다는 생각은 효율성에 배치되는 것으로 생각된다.

린드블롬(Lindblom, 1977)과 다알(Dahl, 1985), 그리고 운거(Unger, 1978)는 민주주의의 장애로서 거대 기업이라는 조직체의 등장을 들고 있다. 이들 모두는 경제적인 자유와 정치적인 자유가 적어도 일치되는 것이 아니거나 아니면 상충관계에 있다고 본다. 이들 중에서 린드블롬은 정치적인 자유가 보다 심층적인 정보와 이에 대한 처리능력을 요하는 것으로서 경제적인 자유보다는 높은 수준의 판단력과 교육을 필요로 하는 것으로 설정하고 있다. 특히, 다알은 미국의 대표적인 다원주의 정치론자인데 경제적인 자유와 정치적인 자유 간의 상충에 대해서 대기업의 등장을 논제로 삼고 있다. 다알은 경제적인 자유에 근거한 대기업의 등장으로 경제, 정치, 그리고 신분적인 불평등이 발생했다는 것과, 대기업 그 자체를 하나의 조직으로 보았을 때 상의하달의 비민주적인 조직이라는 두 가지 점에서 정치적인 자유를 침해하고 있다는 것이다.

첫째, 경제적인 자유를 대기업의 발생과 연결시키는 것은 상당히 타당한 논리라고 생각되나 이것이 각종 불평등의 원인으로 간주되는 것은 다소 문제가 있는 것이 아닌가 생각된다. 대기업의 등장은 여러 불평등 중 산업 내에서 발생하는 한 가지 양상으로 보아야 하는 것이 아닌가 생각된다. 모든 경제적인 불평등을 대기업과 소기업의 발생으로 환원하고 모든 사회적인 불평등을 경제적인 불평등에서 찾는다는 것은 문제가 있는 것으로 생각된다.

둘째, 대기업의 내부 조직이 비민주적이라는 주장은 린드블롬뿐만 아니라 소위 윌리엄슨(O. E. Williamson) 등 조직경제학의 주창자들과 일치되는 것이다. 즉, 시장은 민주적인 데 비해서, 기업 조직은 위계질서를 가진 비민주적인 조직이라는 것이다. 이러한 근거에서 다알은 노동자 자주관리(自主管理)를 통해서 기업의 의사결정 과정을 분권화할 것을 주장하고 있다. 이것은 노동자가 노조나 협상을 통해서 임금의 인상과 근로조건의 개선을 요구하는 경제적인 참여와는 달리 정치적인 참여로 생각된다. 그는 기업이 정부와 동일한 성격의 정치적인 집단이라고 보기 때문에 국가의 의사결정이 이미 민주화되어 있는 것과 같이 기업 내의 의사결정도 민주화되어야 하고 또한 그렇게 될 수 있다는 주장을 내세우고 있다. 그러나 기업이 정부와 동일시될 수 있는 것인지 의심스럽다.

한국 경제에 비추어 보자면, 대기업의 존재는 재벌의 존재와 동일시될 수 있고 이런 대기업은 효율성을 강조하면서 비민주성을 띠고 있다는 것과, 그러한 재벌이 경제에서 차지하는 비중으로 볼 때 재벌의 비민주성은 경제의 비민주성을 논의하는 데 중요한 의미를 지닌다. 그러나 한국의 경우 대기업은 한국 사회의 비민주화를 주도했다기보다는 기존의 비민주성을 흡수한 데 불과하다고 생각된다. 쉽게 말해 한국 사회의 경우에는 기업에서 볼 수 있는 것과 같은 비민주성이 다른 어떤 조직에서도 발견되며 이러한 비민주성이 기업에 의해서 발생했다든지 아니면 조장되었다고 보기 힘들 것이다. 그렇기 때문에 다른 모든 조직은 민주적인 데 비해서, 대기업이 비민주적인 조직으로 등장했다는 발상은 한국 경제에 적용되기 힘들 것이다.

3) 평등주의자와 맑스

윌리암스(Williams, 1969)는 평등과 관련하여 롤스와 유사하게 적극적인 개념을 제시하고 있다. 윌리암스는 평등에 대해서 인간이 단순히 감정을 가지고 있는 존재라든지(common humanity), 사고능력을 가진 존재(moral capacities)라는 의미에서뿐만 아니라 서로 다른 상황에서 비롯되는 불평등에 대해서도 개입하는 것이 타당한 것으로 보고 있다(equality in unequal circumstances). 윌리암스는 개인간에 서로 다른 능력이 나타나는 경우에 대해서 일차적으로 이러한 차등의 기준이 해당 직위에 있어서 적절한 것이어야 하며, 이러한 기준과 상관관계를 갖는 다른 지수의 사용에 대해서도 반대하고 있다. 또한 보다 적극적으로 이러한 기준에 비추어 본 능력의 차이가 동일한 환경에서 발생한 것이 아니라면 타당하지 않다는 점을 지적하고 있다. 그러므로 롤스의 경우와 마찬가지로 윌리암스 역시 기회의 균등이 일관되게 적용되어 직위와 소득의 분배가 이루어져야 한다는 소극적인 의미를 넘어서서 그러한 능력의 형성과정 자체에 대해서 개입해야 한다는 것을 주장하는 셈이다. 예를 들어, 전사(戰士)를 선발하는 경우 신분 등 다른 기준이 아니라 체력이 평가의 기준이 되어야 하며 이것이 모든 사회의 구성원들에게 적용되어야 한다는 것이다. 부의 차이는 전사라는 직위에 요구되는 능력의 차이를 형성하는 것이므로 이에 대해서 적극적으로 개입해 재분배가 이루어져야 한다는 것이다. 또한 체력이 영양 상태에 의해서 결정되고 영양 상태는 다시 부(富)에 의해서 결정된다고 해서 부를 기준으로 전사를 선발해야 한다는 주장은 정당성을 갖지 못한 것이다.[11]

11 이러한 주장은 복잡한 문제를 안고 있다. 현실적으로 사회에서는 어떤 직종에 요구되는 자질을 점검하는 것이

토니(R. H. Tawney)는 대표적으로 형평의 중요성을 일방적으로 강조하는 논자이다. 우선 토니는 *The Acquisitive Society*(1920)에서 자본주의 사회를 탐욕적인 사회로 규정하고 종교나 윤리, 그리고 국가권력이 후퇴하면서 개인의 권리와 사익만을 주장하는 자본주의가 등장했는데, 이러한 자본주의의 방만성이 효율성이나 생산성이 아니라 사회적인 목표에 의해서 규합되어야 한다고 주장하고 있다. 또한 이러한 사회적 목표하에서 노동과 사회적 기능에 합당한 보수와 재산을 허용해야 하며 사회적 기능에 합당하지 않은 보수를 받게 되는 경우 특권(privilege)이 된다. 이렇게 볼 때 토니는 흔히 체제에 관계없이 사회의 정의를 규정하는 한 가지 요소로서 지적되어 온 '동일 노동에 대한 동일 보수'를 지지하는 것으로 볼 수 있다. 그는 사회적으로 유용한 기능을 수행한 노동에 대한 대가와 이것을 뒷받침하기 위한 재산이 허용되어야 하며 그러한 기능을 담당하지 않는 연금생활자(rentier)나 투기자의 재산이 허용되어서는 안 된다고 주장한다. 물론 사회적으로 유용한 기능을 수행하는 자에는 노동자뿐만 아니라 관리자 등 사회적으로 필요한 모든 계층이 포함되기 때문에 사회주의적인 입장과는 다른 것이다. 이러한 주장은 일찍이 고전학파에 있어서 스미스나 리카도가 지주 계급에 대해서 비판하면서 노동자와 자본가를 옹호했던 것과 유사하며, 맬서스(T. R. Malthus)의 입장에 정면으로 배치되는 것이다. 또한 지주 계급이나 연금생활자의 증가에 대해서 지적한다는 점에서 맑스(K. Marx), 부하린

힘들기 때문에 이것을 간략하게 압축하고 있는 대리변수나 지수를 자질에 대한 척도로 사정되는 경우가 많다. 이 경우 해당 지수는 복잡한 여러 가지 정보들을 압축하고 있다는 편리함이 있으나(Spence, 1974), 원래 측정되어야 할 실체와 일대일로 대응하지 못한다는 문제를 안고 있다. 이것은 한 경제의 건전도를 '국민총생산'으로 측정하거나 한 개인의 건강을 '혈압'으로 잴 때 맞게 되는 편리성 및 문제점과 유사한 것이다. 한국 사회에서는 바로 '학교졸업장'이 집단적인 지대추구(rent-seeking)의 기능뿐만 아니라 이러한 역할을 하는 것으로 볼 수 있다.

(N. Bukharin), 베블렌(T. Veblen) 등과 동조하는 것이나 이들이 이러한 증가에 대해서 자본주의의 필연성을 들어 체제상의 문제로 변화시키고 있는 데 비해서, 토니는 이것을 개혁 가능한 부분으로 생각하고 있다는 것이 다르다.

이러한 그의 주장은 사회철학으로 볼 때 재산을 완전히 부정하는 사회주의적인 논리나 모든 재산을 무차별적으로 인정해야 한다는 자유주의적인 발상을 모두 비판하는 것이다. 이 점에서 그는 맑스뿐만 아니라 하이에크나 프리드먼과 대립되어 있다. 특히 오쿤, 하이에크, 그리고 프리드먼이 일관되게 실적에 따른 보수가 불가능하다는 것을 주장하며 그것이 반드시 정당한 것이 아니라는 주장과 정면으로 반대되는 입장에 서 있는 것이다.

논자는 공리주의에 대해서 비판하면서(1920: 29), '최대 다수의 최대 행복'이라는 구호는 결코 자신이 생각하는 공동체 전체의 사회적 목표와는 다르다는 것을 지적하고 있다. 그의 논지는 행복은 결국 개인이 느낄 수 있는 것이기 때문에 이들을 사회 전체로 합산한다고 하더라도 그것이 사회적 목표가 되는 것은 아니라는 것이다. 이런 해석에 따르면 공리주의는 한계효용학파와 근본적으로 다른 점이 없다는 결론이 나오게 된다.

일차적으로 토니가 맞게 되는 문제점은 여전히 다원주의 사회에서 사회적 목적을 누가 결정할 것이냐는 것이다. 사회적 목표가 사전적으로 신에 의해서 혹은 자연적으로 직관에 의해서 발견될 수 있고 이것에 대해서 모든 개인들이 합의할 수 있다면 아무런 문제가 없을 것이다. 그러나 공리주의 및 근대 경제학뿐만 아니라 롤스가 인정하는 것으로서 각 개인은 사회가 추구해야 할 목표에 대해서 서로 다른 의견을 가지고 있고, 이렇게 될 경우 이들을 어떻게 종합해야 하느냐는 문제가 생기게 된다. 토니는 이것에 대해서 도외시하고 있다.

자유주의의 입장에서는 사회적인 목표가 누구에 의해서 주어지는 것이 아니며 사회적으로 유용한 기능이라는 것도 고정된 것이 아니기 때문에 쉽사리 사회의 결집을 제시할 수 없다는 비판을 제기할 것이다. 기실 베르그송이나 애로우가 보여 준 사회적 후생함수 내지 사회적 선택기구의 불완전이나 부재는 바로 이 점을 말해 준다.

이러한 문제가 해소되기 위해서 토니는 사회적 목표나 재화를 관습, 사전적인 합의, 그렇지 않으면 독재자나 엘리트의 결정에 의존할 수밖에 없을 것이다. 경제학 내에서 이러한 토니의 견해와 친화력을 갖는 개념들이 최저생계비, 혹은 필수품·편의품·사치품 등의 구분이라고 생각되는데, 이 역시 근대 경제학이 아니라 고전 경제학의 착상들이기 때문에 고전학파와의 유사성이 두드러진다.

토니는 *Equality*(1964)에서 자본주의 사회에 존재하는 불평등의 신화에 대해서 비판하면서 또 다른 논리로서 인간의 경제적인 평등을 주장하고 있다. 기능과 소득의 연계를 주장하고 불로소득에 대한 비판으로 일관하던 앞선 논조와는 달리 개인 간의 차등이 아니라 노동자와 자본가라는 계급 간의 소득분배에 관심을 기울이고 있다. 또한 앞선 저작에서 주로 법적인 특권에 관해서 비판했다면 경제적인 계급에 대해서 비판하고 있다. 사실 논자는 영국 사회에 귀족주의적인 특권과 자본주의적인 계급이 겹쳐 있는 것으로 규정하고 있다. 인간이 선천적으로 불평등함에도 불구하고 정치적인 평등이 이루어진 것과 같이 이제 경제적인 불평등이 해소될 시점에 와 있다는 주장을 내세우고 있다. 이러한 불평등의 해소가 오히려 경제의 효율을 증가시킬 수 있다고 주장하고 있는데, 이것은 묵시적으로 인간의 행동에 대해서 이기심 이외의 행동준칙을 설정하는 것이다.

토니의 입장에서 새로운 것은 인간이 갖고 있는 선천적인 불평등을 인정하면서도 경제적인 평등이 필요하다는 점이다. 인간의 선천적인 불평등을 인정하면서도 인간의 평등을 주장하는 것은 인간이 선천적으로 차등하느냐가 인간의 평등 여부를 근거 짓는 하나의 준거를 포기하는 것인데, 이것은 하이에크나 프리드먼뿐만 아니라 볼스(S. Bowles) 등에도 대립되는 것이다. 후자들의 경우에는 평등을 주장하기 위해서 인간의 모든 불평등이 후천적이며 사회적인 것이라고 주장하고 있다. 그렇다면 인간은 선천적으로 불평등하게 태어났다고 전제하는 경우에도 인간의 평등이 어떻게 가능할 것인가? 이것은 롤스가 생각하는 것과 같이 인간의 재산이 아니라 능력을 그 사회가 공유하는 것이 될 것이다. 이 경우 롤스와 마찬가지로 각자에게 행동의 유인을 상실하게 만들 것이라는 비판에 대해서 어떻게 방어할 수 있을지 분명치 않다. 토니는 주로 사회적인 요인들에 의한 불평등을 해소해야 한다는 쪽으로 흐르고 있으며 그렇기 때문에 개인적인 차등보다는 계급 간의 차등에 관심을 표시하고 있다. 그렇지만 효율성이 평등에 장애가 된다는 것을 여전히 부인할 수 없을 것이다.

이와 같이 평등론자들은 인간의 평등을 일차적인 가치로 놓고, 이것이 충족되면 자유나 효율성도 증가한다는 주장을 내세우고 있으며 평등이 효율로 이어지기 위해서는 인간이 이기적이라든가 인간들이 경쟁에 의해서 촉발을 받아야 한다는 주장을 회피할 수밖에 없다. 그렇기 때문에 이들이 생각하는 개인의 행동유인은 이기심이나 경쟁이 아니고 공동체 의식, 협동, 그리고 인간으로서의 자존심 등이라고 볼 수 있다. 인간이 반드시 이기적이 아니라는 주장을 뒷받침하기 위해서 이타적이며 윤리적인 존재이기도 하다는 주장과 함께 인간의 행동유인은 그 자체로서 존재하는 것이 아니라 사회의 제도에 의해서 영향을 받는다는 점을 주장하게 될 것이다.

이들 모든 학자들보다 보다 폭넓은 경제 및 사회의 정의를 주장한 학자가 맑스(K. H. Marx)이다. 맑스는 일단 공리주의와 계몽주의는 동일한 것이며 모두 자본주의의 한계를 갖고 있는 부르주아적인 사상으로 간주하고 있다(Marx, 1846: 394~399). 앞서 제기된 갖가지 정의론들이 대체로 이 두 가지 전통에 근거한 것으로 볼 때 이들 사상들은 모두 맑스의 이와 같은 규정에 포함된다고 볼 수 있다.

민주화에 대한 맑스의 생각은 그가 제시하는 경제의 법칙성과 마찬가지로 사회의 역사성을 떠나서는 설정할 수 없다. 마치 자본의 운행법칙이 자본주의 생산양식 내에서만 유효한 것이듯이 자본주의가 제시하는 정의의 기준은 자본주의 내에서만 유효한 것이다. 그렇다고 해서 사회의 민주화나 정의가 순전히 상대적인 것이라면 맑스가 자본주의의 향후에 대해서 어떠한 방향도 제시할 수 없었을 것이다. 그렇기 때문에 맑스에 있어서는 역사적인 것과 보편적인 것의 두 가지 기준이 존재한다고 볼 수 있다. 상대적인 정의의 기준은 생산양식으로 규정되는 각 사회마다 고유한 정의의 기준이 있다고 보는 것이고, 보편적인 정의의 기준은 공산주의 사회에서 실현되는 바가 바로 정의의 기준으로 설정된다. 이러한 상대적인 기준과 보편적인 기준은 자본주의 사회를 놓고 볼 때 자본주의 사회에 정의의 기준이 내재적으로 존재하면서 동시에 자본주의 사회를 뛰어넘는 기준이 따로 존재한다고 볼 수 있다(Buchanan, 1982).

맑스가 이와 같이 이중적인 기준을 제시하게 되는 이유는, 자신의 역사철학에 따라서 인류의 전체 역사가 생산양식, 혹은 생산력 및 생산관계에 의해서 규정된다고 보고 이러한 생산양식은 원시 공동체 사회, 고대 노예제 사회, 아시아적 생산양식, 중세 봉건사회, 그리고 자본주의의 구분을 낳는다고 보기 때문이다. 이러한 모든 사회에 있어서 생산양식은 역사적인 것이고 고유한 것이며(differentia specifica), 그러한 경제관계가 특정 사회의 여타 영역, 정치·법·이념·종교 등을 규정한다고 본다. 그렇기 때문에 각 사회마다 나름대로의 고유한 경제 운행의 법칙을 가지고 있으며 각 사회마다 이에 상응하는 법적· 윤리적인 측면으로서 정의라는 것에 대해서 나름대로 규정하고 있다는 것이다. 논의의 핵심이 되는 자본주의 혹은 시민사회에서도 자본에 의해서 규정되는 생산관계에 상응하는 나름대로의 민주나 정의의 기준이 있다고 본다.

이러한 상대적인 기준 이외에 맑스는 보편적으로 자본주의를 포함한 모든 생산양식에 대해서 공산주의를 규정하고 있다. 쉽게 말해서 공산주의가 정의로운 것이 아니라면 공산주의를 지향해야 할 이유가 없는 것이다. 사실 맑스는 자본주의의 경제적인 법칙성을 보편적인 법칙성으로 생각하는 모든 부르주아 경제학자들에 대해서 비판한 것만큼 자본주의 고유의 경제 및 사회 정의가 보편적인 정의로서 수락되는 것을 비판하고 있다. 특히, 제도적인 차원에서 법으로, 개별 주체의 차원에서 윤리에 의해 보장되는 사회와 경제의 정의란 결코 정의가 될 수 없다는 주장을 내세우고 있다(Buchanan, 1982). 이러한 비판을 가능하게 하는 개념이 자본주의 자체 내에서 재생산되는 이념기구로서 상품물신숭배(der Warenfetisch)이다. 또한 이러한 자본주의 내의 정의론은 상품물신숭배의 도움을 받아서 자본주의 내의 모순을 은폐하게 된다고 주장한다.

우선 이러한 보편적인 기준은 인류의 역사가 계급착취와 투쟁의 역사인데 이것이 공산주의 사회에서는 착취와 투쟁이 종식된다고 본 것에서 찾아볼 수 있다. 특히, 자본주의에 존재하는 노자 계급 간의 착취가 공산주의 사회에 소멸된다고 보았다. 이와 더불어서 공산주의 사회에서는 자본주의의 또 다른 고유성이라고 볼 수 있는 생산의 무정부성이 극복되어 생산이 사회적으로 의식되어 조정된다고 함으로써 생산이 무정부적인 자본주의 경제보다 나은 사회로 규정하고 있다. 이렇게 볼 때 자본주의의 고유성으로서 맑스가 지적한 생산의 무정부성과 노동자, 자본가 간의 계급관계에 근거한 착취는 바로 자본주의 사회가 공산주의라는 이상에 비추어 볼 때 정의의 기준에서 벗어나는 것이라고 볼 수 있다. 그렇다면 자본주의 자체 내에서 내적인 정의의 기준으로 지적하는 것은 자본주의의 생산관계를 유지하는 데 요구되는 정의론이며, 그 한도 내에서만 유효한 기준들이기 때문에 사회주의하에서는 그 의미를 잃게 된다.

착취는 일단 노동과정 속에서 정의되는데 자본주의적인 노동과정은 소외(alienation)와 착취(exploitation)라는 두 가지 개념으로 특징질 수 있을 것이다. 전자는 맑스의 초기작에서 나타났던 대로 사회학적인 측면에서 노동자가 소외된 노동 내지 강제된 노동(forced labor)을 수행한다는 것과, 후자는 『자본론』 등 후기작에서 부각되는 것으로 경제학적인 측면으로서 노동자가 자신이 임금으로 회수되는 것보다 많은 양의 가치를 생산한다는 것이다. 전자는 포괄적인 의미에서 인간의 자유 내지 자율성과 관계되는 것이며 후자는 가치창출 및 분배상의 정의와 연관된다고 볼 수 있다. 인간이 자본주의하에서 소외된 노동을 수행한다는 것은 기든스(Giddens, 1971: 10~16)가 정의하고 있는 대로, 자신의 계획과 통제하에서 생산활동을 수행하고 그러한 생산의 산물을 자신의 소유로 하지 못한다는 것으로 정의되고 있다. 이렇게 볼 때 자본주의하의 노동자는 순전히 생존을 위한 도구로서 자신의 노동력을 판매하는 것이기 때문에 자발적인 노동이 아니라 강제된 노동이며 자신을 타인에 대한 수단으로 전락시키는 것이다. 또한 맑스의 정의에 따르면 노동자는 자신이 임금으로 회수해 가는 것보다 많은 가치를 생산하도록 강요받고 있는데 이것은 두 가지 측면에서 해석될 수 있다. 한편으로 이것은 누구나 자신이 노동한 것에 대한 대가로서 보수를 받는다는 부르주아 사회 자체의 정의론에 모순되는 것이므로 이에 대한 제도적인 개선이 요구된다는 식의 논리가 나오게 된다. 다른 한편으로는 자본주의가 그와 같은 잉여가치의 창출 없이는 자본주의의 존속이 어렵기 때문에 자본주의 자체의 타도를 요구한다는 것이다. 첫 번째 논리는 리카도의 노동가치설에 근거하고 있는 리카도 사회주의자들이 주장한 바이며, 두 번째 논리가 맑스가 추구했던 바이다. 맑스가 후자를 주장한 이유는 맑스의 사회이론과 연결되어 있다. 즉, 맑스에 있어서 경제관계는 단지 경제적인 영역에 머무르는 것이 아니고 다른 영역들을 지배하고 있는 것이므로, 자본주의 경제관계의 핵심을 이루는 노자 계급관계에 근거한 착취는 단지 경제적인 영역에서 등장하는 분배의 문제일 뿐만 아니라 생산과 노동을 내포하는 것이고 정치적인 민주화 등의 기반이 되는 것이다. 맑스에 있어서 노동은 인간 본연의 활동이며 자본주의하에서는 노동자가 얼마큼을 분배 받든 기본적으로 도구적인 노동에 시달리고 있기 때문에 진정으로 자유로울 수 없다는 것이다. 또한 자본주의의 정치나 법적인 문제들은 모두 이러한 경제적인 모순에서 발생하는 것이므로 이에 대한 해결을 요구하는 것이다. 그렇기 때문에 자본주의의 착취를 청산한다고 하는 것은 단지 분배의 문제로 환원될 수 없는 것이다.

분배 자체와 관련해서는 자본주의에서 사회주의로 이행하는 과정에서 제시되는 두 가지 분배의 기준인데, 그 하나는 '노동에 따른 분배'이고 다른 하나는 '능력에 따른 노동과 필요에 따른 분배'이다(『고타강령 비판』). 이것은 맑스에 앞서 루소가 지적했던 정의와 유사한 것으로 노동과 필요가 분배의 기준이 되는 경우 그것이 정의로운 사회일 수 있다는 것이다.

맑스는 자본주의의 내적인 정의의 기준으로 프랑스 혁명의 가치와 벤담(J. Bentham)의 공리주의가 집약하고 있는 자유, 평등, 박애, 그리고 사익추구를 들고 있다. 이것들은 부르주아 사회에서 주장해 왔던 정치적·경제적인 자유와 인간의 평등을 나타내 주는 것이며 당시 고전 경제학이나 사회사상, 그리고 현대의 보수적인 사회과학에 그대로 이어지는 것이다. 누구나 자유롭게 자신의 이익을 위해서 교환 및 경제활동을 벌이며 의회를 통해서 자신의 정치적인 이익을 대변하는 자유와 동등성을 가지는 자본주의적 시민사회의 정의로 되어 있다는 것이다. 이런 입장에서는 사회가 지향해야 할 방향은 언론, 출판, 결사, 집회 등 각종 기본적인 정치적인 권리가 보장되며, 계약이 사기나 강박에 의해서 이루어지거나 부당하게 이행되지 않을 때 이것을 강제할 수 있는 것이라고 주장하게 된다는 것이다. 인간이 자신의 이익을 추구한다는 이기심은 인간의 변치 않는 본성이므로 이것을 부인할 것이 아니라 시장경제에 의해서 좋은 방향으로 유도해야 한다는 것이 이들의 주장이다.

맑스는 이러한 이념 중에서 적어도 자유와 평등에 대해서는 그 자체를 반대하고 있다기보다는 이것들이 단지 형식적인 합리성에 그치고 실질적으로는 이것에 반대되는 착취가 존재해 이것을 허구로 만들며, 이러한 비합리성이 은폐되는 것에 대해서 비판하는 것으로 볼 수 있다(Lewis, 1975). 착취가 존재하는 한 이러한 기준들은 자본가 계급을 위한 논리에 불과하다는 것이다. 그러한 착취의 기반은 바로 자본주의 착취관계이므로 이것에 대한 혁명적인 청산을 통해서만 진정으로 정의로운 사회가 이루어질 수 있다는 것이다. 또한 인간은 본성이 이기적인 것이 아니라 착취관계와 상품생산으로 규정되는 자본주의의 생산양식이 인간을 이기적으로 만드는 것이므로 경제체제가 바뀜으로써 자연스럽게 해소할 수 있는 것이다. 더불어 생산의 무정부적인 성격은 인간의 욕구를 충족시켜 주는데, 고유의 무질서로 인해서 자원의 낭비를 가져오며 불필요한 욕구와 사용가치를 생산케 함으로써 비효율성을 낳게 된다는 것이다. 이러한 생산의 무정부성은 자본주의 사회의 기술발전을 이용하고 공산사회에서 경제를 계획화함으로써 극복될 수 있다고 본다. 그러므로 맑스가 추구했던 가치들은 상당 부분 자본주의가 주장하였으나 실질적으로 보장할 수 없었던 자유, 평등, 그리고 효율성 등으로 나타낼 수 있을 것이다.

맑스가 주장하는 정의론을 종합해 보자면, 자유와 평등이 지배하는 사회가 정의로운 것이며 그러한 사회는 자본주의하에서는 실현될 수 없는 것이기 때문에 생산수단의 공유와 생산의 계획화가 이루어진 사회주의를 지향해야 한다는 것이다. 그렇다면 맑스의 입장에서도 정의로운 사회 혹은 민주화된 사회의 기본 성격은 자율성, 동등성, 그리고 효율성이라는 기준들에 집어넣을 수 있을 것으로 보인다. 보다 넓게 본다면, 착취는 인간이 다른 인간을 수단으로 삼는 것이며 이것은 인간의 자유를 속박하는 것이며 인간의 동동성에 위배되는 것이다. 물론 이러한 이상들은 자본주의 경제가 생산수단 소유에 대한 계급 간 차별과 모든 것을 상품화하는 도구적인 성격 때문에 실현될 수 없다고 생각하며, 경제체제가 단지 경제적인 영역뿐만 아니라 다른 모든 영역을 규정한다는 생각은 다른 점이라고 볼 수 있다.

이제 이들 제반 논자들의 입장을 앞서 제시한 세 가지 가치 혹은 이념, 즉 자유, 평등, 그리고 효율의 관점에서 종합해 보자. 그런데 이들의 논쟁은 쉽게 종식되지 않는 것이다. 여기서는 다만 이들의 견해 차이가 무엇인지 밝히고 이들이 동의하는 전제들이 무엇인지 밝히고자 한다.

우선 공리주의, 후생경제학, 그리고 경제적인 자유주의자들에 있어서는 평등이라는 가치가 도외시되고 자유와 효율성이 강조되며 그중에서 효율성이 강하게 부각된다. 특히, 공리주의와 후생경제학 및 시카고학파를 중심으로 한 자유주의자들은 효율성을 가장 근본적인 가치로 놓고 있다. 이들에게 있어서 자유는 경제적인 자유로 규정되며 이러한 경제적인 자유가 효율성을 낳는다고 보기 때문에 자유는 전제일 뿐 유효한 가치를 발휘하지 못한다. 이 중에서 공리주의자들은 시장론자들과는 달리 평등을 추구할 여지가 있으나 쾌락주의적인 경향으로 인해서 어떤 원칙을 제시하지 못한다. 끝으로 하이에크 등의 경제적인 자유주의자들은 효율보다는 자유 그 자체를 강조하고 있으나 여전히 평등에 대해서는 등한시하고 있다.

이에 비해서 칸트주의자들과 정치적인 자유주의자들은 자유와 평등을 중시하면서 상대적으로 효율성을 경시하고 있다. 이들에게 있어서 자유는 정치적인 자유이며 이것이 평등과 결합될 수 있다고 보고 효율성은 이들 두 가지 가치가 손상되지 않는 범위에서 허용되어야 한다고 본다. 근대 경제학이 흄이나 스미스 등 영국의 경험주의와 공리주의에 따라서 인간의 감정(feeling)과 경제적인 자유를 강조한다면, 이들은 루소나 칸트 등 계약론과 계몽주의의 입장에서 인간의 이성(reason)과 이에 근거한 정치적인 자유를 강조하는 것이다. 자유에 대해서도 정치적인 영역과 경제적인 영역 중 어떤 것과 연관시키느냐에 따라서 그 의미의 견해가 달라지게 된다. 흄이나 스미스 등 영국의 경험주의 입장에서 자신의 이익을 찾는 보다 좁은 의미의 합리성을 강조하는 것이 공리주의, 근대 경제학, 그리고 경제적 자유주의자들이다. 이에 비해 루소나 칸트 등 계약론과 계몽주의의 입장에서 인간의 이성과 이에 근거한 정치적인 자유를 강조하는 것이 센, 롤스, 그리고 정치적 자유주의자들이다. 일반적으로 이들 양자는 다 같은 다원주의이면서도 자유에 대해서 다른 견해를 가지고 있다고 볼 수 있다.[12]

롤스 같은 경우에는 그러한 효율성을 제한하고 있으며 제한의 방식은 효율의 증가로 인한 혜택이 경제의 모든 구성원, 특히 최악의 상황에 있는 구성원에게 적어도 일부라도 확산되어야 한다는 주장을 내세워 형평을 보다 강조하는 쪽이다. 이들이 생각하고 있는 효율과 평등, 혹은 경제와 정치가 연관될 수 있는 방식은 우선 최소한의 생계를 유지할 수 있는 소득과 부가 각자에게 주어져야 한 인간으로서 정치적인 자유에 관심을 둘 수 있다는 의미이다. 이 경우 정치적인 기본권들이 지고의 가치로 규정되고 경제적인 자유는 이들을 해치지 않는 범위에서 허용되는 것이다. 만약 특정 개인들이 자신의 생계를 유지할 수 없을 정도로 빈곤해지는 경우 자신의 정치적인 자유를 지킬 수 없다는

12 그런데 경제학 내에서는 학파에 관계없이 모두 경제의 법칙성에 대한 강한 믿음으로 인해서 이들 양자를 동일시하는 경향이 강하다. 가령, 현대의 대표적인 자본주의 옹호론자들인 하이에크나 프리드먼, 그리고 스티글러 같은 경우 경제적인 자유가 정치적인 자유와 동일한 것이든지 아니면 전자가 후자에 우선되는 필요조건으로 되어 있다. 혹은 그렇게까지 극단적이지는 않다고 하더라도 소위 대부분의 신고전학파 경제학은 정치적인 의사결정과 경제적인 의사결정이 신·왕·독재자·엘리트들에 의한 사전적인 가치결정을 배제한 채 개별 주체들의 자유로운 선택을 허용한다는 점에서 동일한 과정이라고 보는 경향이 강하며, 이런 경향은 후생경제학에서 특히 두드러지게 나타난다. 또한 맑스 같은 경우 자신의 유물론과 자본주의 생산양식에 있어서 경제적인 영역의 돌출성, 그리고 자본주의 내의 변혁능력 결여 등을 신봉하기 때문에 자본주의하에서의 정치 및 정치적인 자유는 경제 및 경제적인 자유에 대한 외피에 불과한 것으로 보고 있다. 맑스가 계몽주의의 최종적인 형태를 공리주의로 보고 있는 것이나 자본주의하에서의 자유, 평등, 사유재산, 이익추구는 교환과정에 집약되어 있다는 논리도(『자본론』 1권: 189~190) 이런 관점에서 이해될 수 있다.

것이다. 이런 관점에서 최소 임금제나 기타 규제 등에 대해서 쉽게 동조할 수 있을 것이다. 경제적인 자유는 빈익빈 부익부를 낳고 이러한 빈부의 격차가 일부 구성원들에게 자신들이 가지고 있는 정치적인 자유, 예를 들어 국민투표권을 매각하는 사태를 가져 오게 되는 경우 반대로 정치적인 자유이나 정치적인 평등을 해치게 될 것이다. 또한 경제적인 이익추구 활동이 비민주적인 절차 속에서 진행되는 경우, 가령 대기업의 출현과 대기업의 의사결정이 상의하달로 이루어지는 경우와 같이 자유로운 경제활동이 거꾸로 민주적인 정치활동에 배치된다고 볼 수 있다.

이들에 비해서 평등주의자들은 정치적인 평등에 이은 경제적인 평등을 주장하면서 효율성에 대해서 적극적으로 반대하고 있다. 이들의 경우에도 자유는 전제되어 있다. 경제적인 자유에 근거해서 효율을 일방적으로 옹호하는 입장에서는 형평을 기하는 것이 개인의 능력을 육성하거나 발휘하는 데 지장을 초래한다는 것이며, 형평을 주창하는 입장에서는 효율성의 추구가 결과적으로 인간의 동등성을 저해한다는 것이다. 전자의 입장에는 인간이 천성적으로 이기적이기 때문에 개인적인 유인이 주어지지 않는 한 효율의 제고란 있을 수 없다는 논리를 펴게 된다. 이러한 입장을 극대화하는 경우 효율성의 둔화가 경제의 침체를 낳아서 전체 소득 자체를 감소시킨다는 논리를 펴게 된다. 나아가서 이것이 대외적인 경쟁력의 상실을 가져와 경제의 존립을 위태롭게 할 경우 형평의 추구란 그 기반 자체를 잃게 된다는 논리를 제시하게 된다. 반면 후자의 입장에서는 인간이 상당 부분 이타적이기도 하며 사회와 경제의 구조에 의해서 이것이 규정되거나 아니면 공동체적인 의식도 함께 가지고 있다는 주장을 내세우게 된다. 그렇기 때문에 형평의 제고가 공동체 의식과 소속감을 강화시켜 거꾸로 효율성의 제고를 가져 오게 한다는 것이다.

맑스의 경우 자유, 평등, 효율이 자본주의적인 한계를 지닌 법적인 가치들이라고 주장하면서 공리주의와 계몽주의에 근거한 모든 정치·경제사상에 대해서 비판하고 있다. 맑스의 입장에서 중요한 것은 생산양식의 이행이며 이것이 이루어진 공산주의 사회에서는 이들이 법적인 보장 없이도 모두 해결되는 것으로 본다. 맑스는 이들이 모두 자본주의 생산양식 내의 정의론임을 주장하면서 혁명에 의해서 자본주의가 공산주의로 이행하면서 착취와 생산의 무정부성이 소멸하여 인간의 자율성은 회복된다고 본다. 또한 맑스가 이상적으로 생각하던 사회주의는 기술발전과 생산의 계획화를 통해서 자본주의의 효율성을 갖추면서도 인간의 평등성을 이룰 수 있는 것으로 생각하는 셈이다.

마지막으로 첨언해야 할 것은 이들 모두는 공통적으로 개인의 합리성을 공유하고 있다는 것이다. 이러한 합리성으로 인해서 부권주의에 의탁하지 않는 다원주의 사회가 존립할 수 있다는 것이다.

이제 남은 과제는 이들의 견해 속에서 한국 경제와 의미 있는 민주화의 구성요소들을 추출해 보는 것이다.

참고문헌

홍 훈(1992), 「근대 경제학 내의 자유주의」, 『사회비평』, 제8호, 51~75.

Akerlof, G.(1976), "The Economics of Caste and of the Rat Race and Other Woeful Tales," *Quarterly Journal of Economics*, 90(6), 599~617.

Arrow, K. J.(1951), *Social Choice and Individual Values*, Yale University Press.

_____(1973), "Some Ordinalist-utilitarian Notes on Rawls's Theory of Justice," *Journal of Philosophy*, May, 70(9), 245~263.

Bentham, J.(1823), *An Introduction to the Principles of Morals and Legislation*, Oxford The Clarendon Press.

Bergson, A.(1969), "A Reformulation of Certain Aspects of Welfare Economics," *Readings in Welfare Economics*, George Allen and Unwin, 26~38.

Blackburn, K. and M. Christensen(1989), "Monetary Policy and Policy Credibility: Theories and Evidence," *Journal of Economic Literature*, Vol. XXVII March, 1~45.

Bowles, S.(1972), "Schooling and Inequality from Generation to Generation," *Journal of Political Economy*, 80(3), S219~S251.

Bowles, S. and H. Gintis(1978), "The Invisible Fist: Have Capitalism and Democracy Reached a Parting of the Ways?," *American Economic Review*, May Papers & Proceedings, 358~363.

Brentano, L.(1923), *Der Wirtschaftende Mensch in der Geschichte*, Verlag von Felix Meiner.

Buchanan, A. E.(1982), *Marx and Justice*, Rowman & Allanheld.

Buchanan, J. M.(1977), "Political Equality and Private Property," G. Dworkin et al. eds., *Markets and Morals*, John Wiley and Sons, 69~84.

_____(1978), "Markets, States, and the Extent of Morals," *American Economic Review*, May Papers & Proceedings, 364~368.

_____(1993), "Property as a Guarantor of Liberty," C. K. Rowley, ed., *Property Rights and the Limits of Democracy*, Edward Elgar, 1~64.

Dahl, R.(1985), *A Preface to Economic Democracy*, University of California Press.

Downs, A.(1957), *An Economic Theory of Democracy*, Harper & Row.

Elster, J.(1982), "Sour Grapes," A. K. Sen and B. Williams, eds., *Utilitarianism and Beyond*,

Cambridge University Press, 219~238.
Etzioni, A.(1988), *The Moral Dimension: Toward a New Economics*, The Free Press.
Fried, C.(1977), "Difficulties in the Economic Analysis of Rights," G. Dworkin et al., eds., *Markets and Morals*, John Wiley and Sons, 175~195.
Friedman, M.(1982), *Capitalism and Freedom*, Phoenix Books: The University of Chicago Press.
Galbraith, J. K.(1970), *The Affluent Society*, Pelican Books.
Giddens, A.(1971), *Capitalism and Modern Social Theory*, Cambridge University Press.
Habermas, J.(1973), *Theory and Practice*, Beacon Press Boston.
Harsanyi, J. C.(1955), "Cardinal Welfare, Individualistic Ethics, and Interpersonal Comparisons of Utility," *Journal of Political Economy*, 63(4), 309~321.
______(1975), "Can the Maxmin Principle Serve as a Basis for Morality? A Critique of John Rawls' Theory," *American Political Science Review*, 69, 594~606.
Hayek, F. A.(1960), *The Constitution of Liberty*, The University of Chicago Press.
______(1978), "Competition as a Dicovery Procedure," *New Studies in Philosophy, Politics, Economics and the History Ideas*, The University of Chicago Press, 179~190.
Hirshman, A. O.(l977), *The Passions and the Interests*, Princeton University Press.
Hume, D.(1875), "Of the Original Contract," T. H. Green and T. H. Grose, eds., *Essays: Moral, Political & Literary*, Vol. I, London, 443~460.
Jevons, W. S.(1965), *The Theory of Political Economy*, Reprints of Economic Classics Augustus M. Kelley New York.
Kaldor, N.(1969), "Welfare Propositions of Economics and Interpersonal Comparisons of Utility," *Readings in Welfare Economics*, George Allen and Unwin, 387~390.
Kant, J.(1973), "Justice," E. Phelps, ed., *Economic Justice*, Penguin Books.
Knight, F.(1976), "The Ethics of Competition," *The Ethics of Competition and Other Essays*, The University of Chicago Press, Reprint, 1~24.
Kornai, J.(1986), "Degrees of Paternalism," *Contradictions and Dilemmas*, The MIT Press, 52~61.
Koslowski, P.(1983), "The Ethics of Capitalism," S. Pejovich, ed., *Philosophical and Economic Foundations of Capitalism*, Lexington Books, 33~64.
______(1992), "Ethical Economy as Synthesis of Economic and Ethical Theory," *Ethics in Economics, Business, and Economic Policy*, Springer-Verlag, 15~56.
Lewis, J.(1975), *Max Weber and Value-free Sociology*, Lawrence and Wishart.

Lindblom, C. E.(1977), *Politics and Markets,* Basic Books.

MacPherson, C. B.(1962), *The Political Theory of Possessive Individualism*, Oxford University Press.

Marshall, A.(1890), *Principles of Economics*, Macmillan.

Marx, K. H.(1843), *Kritik der Hegels Rechtsphilosophie*, MEW, Band I.

_____(1846), *Deutsche Ideologie*, MEW, Band 3.

_____(1867), *Das Kapital*, I, MEW, Band 23.

MEW: Marx-Engels Werke(1987), Dietz Verlag, Berlin.

Mill, J. S.(1882), *Utilitarianism*, Longmans, Green, and Co.

Mirrlees, J. A.(1982), "The Economic Uses of Utilitarianism," A. K. Sen and B. Williams, eds., *Utilitarianism and Beyond*, Cambridge University Press, 63~84.

Myrdal, G.(1953), *The Political Element in the Development of Economic Theory*, Routledge & Kegan Paul.

Nozick, R.(1974), *Anarchy, State, and Utopia*, Basic Books.

Okun, A. C.(1975), *Equality and Efficiency*, The Brookings Institution.

Priddat, B. P.(1992), "Behind the Veil of Time: Rules, Institutions, and Temporal Stability," *Ethics in Economics, Business, and Economic Policy*, Springer-Verlag, 77~81.

Rawls, J.(1971), *A Theory of Justice,* Cambridge: Harvard University Press.

_____(1980), "Kantian Constructivism in Moral Theory," *Journal of Philosophy*, September, 59~89.

_____(1982), "Social Unity and Primary Goods," A. K. Sen and B. Williams, eds., *Utilitarianism and Beyond*, Cambridge University Press, 159~186.

_____(1993), *Political Liberalism*, Columbia University Press.

Rousseau, J. J.(1974), *The Social Contract, in The Essential Rousseau*, New American Library.

Samuelson, P. A.(1983), *Foundations of Economic Analysis*, Harvard University Press.

Schotter, A.(1985), *Free Market Economics*, New York: St. Martin's Press.

Scitovsky, T.(1969), "A Note on Welfare Propositions in Economics," *Readings in Welfare Economics*, George Allen and Unwin, 390~401.

Sen, A. K.(1970), *Collective Choice and Social Welfare*, Holden-Day Inc.

_____(1980), "Equality of What," S. M. McMurrin, ed., The Tanner Lectures on Human Value, Vol, I, Cambridge: Cambridge University Press, 195~220.

_____(1982), "Rational Fools: A Critique of the Behavioral Foundations of Economic Theory," *Choice, Welfare and Measurement*, Basil Blackwell, 84~106.

_____(1984a), "Rights and Capabilities," *Resources, Values and Development*, Basil Blackwell, 307~324.

_____(1984b), "The Living standard," *Oxford Economic Papers*, 36, 74~80.

_____(1985a), *Commodities and Capabilities*, North-Holland.

_____(1985b), "Well-being, Agency and Freedom," *Journal of Philosophy*, 82(4), 169~221.

_____(1987), *On Ethics and Economics*, Basil Blackwell.

Sidgwick, H.(1874), *The Methods of Ethics*, London: Macmillan.

Simon, H. A.(1978), "Rationality as Process and as Product of Thought," *American Economic Review*, May Papers & Proceedings, 1~16.

Spence, M.(1974), *Market Signaling*, Harvard University Press.

Stigler, G. J.(1982), *The Economist as Preacher*, The University of Chicago Press.

Tawney, R. H.(1920), *The Acquisitive Society*, Harcourt, Brace and Company.

_____(1964), *Equality*, London: Unwin Books.

Unger, R. M.(1978), "Illusions of Necessity in the Economic Order," *American Economic Review*, May, Papers & Proceedings, 369~373.

Varian, H.(1978), *Microeconomic Analysis*, New York: W. W. Norton & Company.

Vickrey, W. S.(1973), "Risk, Utility and Social Policy," E. Phelps, ed., *Economic Justice*, Penguin Books, 286~297.

Viner, J.(1973), "Bentham and Mill," E. Phclps, ed., *Economic Justice*, Penguin Books.

Wieser, F. v.(1893), *Natural Value*, Reprints of Economic Classics(l989), August M.

Williams, B.(1969), "The Idea of Equality," J. Feinberg, ed., *Moral Concepts*, Oxford University Press, 158~171.

chapter 12

세계화에 대한 이해

새로운 백년과 새로운 천년에 들어서면서 전 세계와 한반도는 모두 격변에 휘말려 있다. 현상적으로는 세계화(globalization)의 물결이, 이념적으로는 신자유주의(neoliberalism)가 현재 전 세계를 뒤덮고 있다(Gamble, 2001). 이런 상황에서 세계화와 신자유주의가 20세기 말부터 현재까지 인구에 회자하는 유행어가 된 것은 너무도 당연한 일이다. 같은 맥락에서 신자유주의와 세계화의 성격, 영향, 그리고 이에 대한 대안이나 대책을 논의하는 것만큼 전 세계적으로 시사적인 사회과학과 인문과학의 주제는 현재 존재하지 않는다. 그것은 일차적으로 경제학의 주제이면서도, 정치학과 사회학의 주제이고, 문화인류학 등의 주제이기도 하다. 특히, 신자유주의와 세계화가 전통적으로 세계질서를 지배해 온 자유주의(liberalism)와 국제화(internationalization)의 단순한 연장인지, 아니면 이것과는 본질적인 차이를 갖는 역사의 단절인지 규명하는 작업이 가장 시급한 과제이다.

더구나 경제위기, IMF 관리체제, 그리고 구조조정이라는 새로운 경험들을 겪고 있는 우리들에게 세계화와 신자유주의를 보다 근본적으로 파악하는 일은 생존과 직결된 문제이다. 한반도의 역사로 보자면 이와 같은 격변은 개항, 일제지배, 해방, 한국전쟁, 군부독재와 경제성장, 민주화 등과 적어도 같은 수준에서 취급되어야 할 중요한 사태이다.

나아가서 다수의 외국 학자들은 현재 진행되고 있는 세계화가 18세기 말부터 제1차 세계대전 이전의 시기를 지배하던 국제화 혹은 제국주의(imperialism)와 유사한 것으로 파악하고 있다.[1] 같은 시기에 한반도는 개항과 합

1 제1차 세계대전 이전의 시기가 선택되는 이유로 다음과 같은 것들을 지적할 수 있을 것이다. 우선, 1917년에 일어난 볼셰비키 혁명으로 인해 그 이후 사회주의가 전 세계적으로 확산되었다. 또한 1936년 자본주의의 대공황

병으로 이어지는 오욕의 역시를 겪어야 했다. 실로 현재 우리는 과거 개항과 비교될 정도로 엄청난 진통을 겪고 있다. 이런 관점에서 1997년 아시아의 경제공황과 이에 따른 IMF의 처방에 대해 '제2의 아편전쟁'이니 '미국의 제국주의'니 하는 구호가 횡행했다는 것은 시사적이다(Johnson, 1998: 659; Wade and Veneroso, 1998: 14). 서양의 새로운 문물이 강요되고, 그것이 한국의 지배 엘리트들에 의해 도입된다는 점에서 한반도의 상황은 지난 1세기 동안에 크게 바뀐 것이 없는 것 같다.

이 글에서는 신자유주의의 성격을 간단히 기술한 후 이에 근거한 세계화를 좁게는 경제학, 넓게는 사회과학 전체의 관점에서 논의하고자 한다. 이 문제를 다루기 위해서는 찬반의 논쟁에 앞서서 우선 세계화를 좀 더 분명히 이해할 필요가 있다. 그러기 위해 이 글에서는 일차적으로 세계화에 대한 정형화된 사실들을 보다 분석적으로 논의하고자 한다.

1. 신자유주의의 등장

세계화는 신자유주의를 이념으로 삼는다. 그러므로 신자유주의에 대해 간단히 정리할 필요가 있다. 신자유주의는 1980년대 말의 사회주의 몰락에서

과 케인스의 등장으로 인해 그 이후 시장에 대한 정부의 개입이 정당화되었다. 이와 함께 두 차례의 세계대전으로 인해 해당 기간뿐만 아니라 전후에도 상당 기간 각국이 통제경제적인 성격을 버리지 않았다. 끝으로, 독일이나 일본 등 미국과 다른 유형의 자본주의가 1980년대 말까지 번성하였다. 이런 이유들로 인해 20세기의 상당 기간 동안 각국 경제는 경제학에서 주장하는 것과 같은 자유주의를 허용할 수 없는 여러 가지 요인을 안고 있었다고 말할 수 있다.

가장 큰 힘을 얻었다. 사회주의의 몰락은 냉전과 좌우의 이념 대립을 현실 무대에서 종식시켜 '역사의 종언'을 가져왔다고 볼 수 있다는 점에서 20세기의 가장 중대한 역사적 사건이라고 말할 수 있다(Miller, 2002). 이와 더불어 제3세계에서 대안적 제재가 의미를 상실한 것, 스웨덴 등에서 사회민주주의가 퇴조한 것, 1990년대에 미국 경제가 회복되고 독일 및 일본 자본주의가 침체에 빠지면서 대안적 자본주의에 대해 회의가 나타난 것 등도 신자유주의의 부상에 일조하였다. 이런 변화들은 분명히 보수적인 사회과학자들이 민주주의와 시장경제로 규정되는 새로운 보편주의(new universalism)의 등장으로 해석할 만한 것이었다(Bhagwati, 1997: 261~262). 그뿐만 아니라 1971년 변동환율제로의 전환 혹은 브레튼우즈(Bretton Woods) 체제의 붕괴로 인해 인플레이션이 발생하고, 이에 대한 대책으로 통화주의(monetarism)가 세력을 얻은 것도 중요한 요인이었다(Gamble, 2001). 이와 연결된 것으로 1970년대 스태그플레이션으로 인한 케인스주의(Keynesianism)의 퇴조, 케인스주의에 대한 프리드먼(M. Friedman) 등 통화주의자들의 비판, 그리고 사회민주주의 및 사회주의에 대한 하이에크(F. A. Hayek)의 비판도 중요한 몫을 하였다. 현실 정치 속에서는 1980년대에 영국의 대처(M. Thatcher) 수상과 미국의 레이건(R. Reagan) 대통령이 신자유주의 이념을 구체화시켰던 것도 뺄 수 없는 부분이다.[2]

이에 대해 좀 더 논의해 보자. 서양 사회가 지난 수백 년간 추구해 왔고, 동양 등 여타 문화권에 전파시켰던 가장 중요한 가치는 자유였다. 자유는 크게 정치적 자유와 경제적 자유로 나누어 볼 수 있다. 정치적 자유는 주로 국가와

2 남미에 적용된 수입대체전략보다 동아시아의 수출주도 성장전략이 주효했던 것이 신자유주의가 부상한 또 다른 요인이었다는 점을 지적하는 학자도 있다(Bowles, 2000).

타인으로부터 속박 받지 않으면서 자신의 가치나 이념에 따라 스스로 결정하는 것을 말한다. 경제적 자유는 국가와 타인으로부터 속박 받지 않고 자신의 이익에 따라 행동하며, 그 결과 절대적인 빈곤과 상대적인 빈곤으로부터 해방되는 것을 의미한다.

정치적 자유와 경제적 자유는 모두 개인주의를 바탕으로 한다. 근대적인 개인은 자율성을 가지고 자신의 제약조건과 가치 및 기호, 그리고 지식을 합리적으로 이용해 여러 가지 대안들 중에서 최상의 것을 선택한다. 그렇지만 정치적 자유와 경제적 자유 사이에는 애당초부터 대립되는 부분이 있다. 투표에 비유하자면 정치적 자유가 '일인 일표'주의를 추구하는 데 비해, 경제적 자유는 '일달러 일표' 혹은 '일원 일표'주의를 추구하는 것이다. 대통령을 뽑을 때는 기본자격을 갖춘 시민이면 누구나 한 표씩을 행사하는 데 비해, 소비자가 시장에서 물건을 살 때는 몇 원을 가지고 있느냐에 따라 사람마다 구매력에 차이가 있다.

이것은 정치적 자유와 경제적 자유가 자율성을 공통분모로 하면서도, 각기 형평과 효율을 강조하기 때문에 대립한다는 것을 의미한다. 혹은 사회적 결속(social cohesion)에 근거한 정치적 자유와 효율성을 내세우는 경제적 자유가 대립되는 것으로 볼 수도 있을 것이다. 경제적 자유의 지향점은 이와 같이 형평에 대해 이념적으로나 이론적으로 거부감을 가지고 있다.

이 때문에 사회 속의 자유는 정치적 자유와 경제적 자유 간의 끊임없는 길항(拮抗) 속에서 발전해 왔다. 달리 보면 그간의 서양 역사 혹은 근대사는 자율성을 전제로 하면서 형평과 효율을 조화시키는 다양한 이념과 제도들의 명멸로 점철되어 있다(홍훈, 1994: 17~32). 영국과 미국에서는 그러한 조화가 대의제

민주주의와 자본주의라는 체제를 낳았다.

고전적 의미의 자유주의에서는 이런 경제적 자유가 정치적 자유와 조화를 이루었거나 정치적 자유에 의해 제약을 받았다고 말할 수 있다. 특히, 고전적 자유주의는 법률이나 정책을 통해 소득을 재분배하거나 거시경제의 대내적 안정과 대외적 안정을 위해 정부가 개입하는 것에 대해 관용적이었다. 그것은 민주주의와 자본주의의 공존이고 형평과 효율의 조화였다. 누군가 이미 지적했듯이 1776년에 미국의 독립이 선언되었을 뿐만 아니라 스미스의 『국부론』이 출간되었다는 사실이 이것을 상징하고 있다.

이에 비해 신자유주의는 경제적 자유에 확실한 우위를 부여한다. 이와 같은 흐름은 주로 주류경제학을 대표하는 신고전학파 경제학(neoclassical economics)에 담겨져 있다. 신고전학파 경제학은 자본주의 경제 혹은 시장경제를 자연 상태(state of nature)로, 이기심을 인간의 보편적 본성(human nature)으로 상정하고 있다. 이런 흐름을 따르면 시장경제와 자유무역의 논리는 중력의 법칙과 같이 도저히 거역할 수 없는 자연법칙으로 간주된다. 반면 정치적 자유주의는 인위적이고 인공적인 것으로 수세에 몰리게 된다. 일단 사회주의나 사회민주주의 혹은 케인스주의라는 실험을 통해 반증되었다는 생각 때문에 신자유주의 앞에서 국가의 개입을 옹호하는 모든 논리는 보다 완벽하게 격퇴된 것으로 보인다. 이런 맥락에서 신자유주의는 19세기에 존재했던 경제적 자유주의가 정치경제학과 정치적 이념으로 변형되어 등장한 것으로 이해할 수 있다.

2. 세계화

세계화는 신자유주의에 기반을 두고 있다. 세계화에 대한 가장 초보적인 이해로부터 논의를 시작해 보자. 국제화가 한 국가 내에서 생산된 재화와 용역, 그리고 자본이 국가 간에 교환되는 것이라면, 세계화 혹은 초국화(transnationalization)는 재화와 용역의 생산과 자본의 투자가 한 국가 내에 머무르지 않고 국경을 넘어서 분업이 이루어지는 것을 의미한다(Daves, 2000). 이와 같은 세계화로 인해 국민국가(nation state)가 소멸하며, 여러 국가들의 경제활동이나 체제가 역사나 문화와 무관하게 하나로 수렴한다는 예상을 낳고 있다(Christopherson, 2002: 1). 이것은 신자유주의가 새로운 보편주의를 낳는다는 앞선 주장에 상응하는 것이다.

그런데 대다수의 학자들은 세계화가 21세기에 처음 나타난 현상이 아니라고 주장한다. 극단적인 예로 지금까지 여섯 차례의 세계화가 있었다고 주장하는 학자도 있다(Therborn, 2000: 158~166). 첫 번째는 4~7세기에 걸쳐 국가나 종족을 넘어서 몇 개의 세계종교와 문명이 확산되고 정착된 것이다. 두 번째는 15세기 말에서 16세기 말까지 유럽의 해상탐험과 식민지 개척이 일어난 것이다. 이 시기는 경제사상에서 중상주의로 규정된다. 세 번째는 1700년에서 1815년까지 영국과 프랑스를 중심으로 한 유럽 내부의 권력투쟁으로 인한 세계화이다.

네 번째는 19세기 중반부터 1918년까지 지속된 유럽 제국주의의 절정기이다. 이 시기는 여타 학자들에 의해서도 현재의 세계화 시대와 직접 비교가 되는 기간이다. 이 시기에 아편전쟁을 통한 영국의 중국 개방, 영국의 무갈제국 파괴, 미국에 의한 일본 개방이 이루어졌다. 물론 한반도는 같은 시기에 개항,

개화, 합병의 격랑을 거쳤다. 이 시기는 대량이민, 세계 상품시장 형성, 금본위제도의 지배 등을 특징으로 삼고 있다.

다섯 번째는 제2차 세계대전 이후인데, 이 시기에는 통신 및 교통비용의 현저한 하락으로 인해 대외무역의 비중이 크게 상승하게 된다. 주로 이념적이거나 정치적인 대립, 즉 냉전이 첨예화된다. 냉전 속의 세계화는 1970~1980년대에 최고조에 이른다.

여섯 번째 세계화에서는 정치적·군사적 동학이 금융적·문화적 동학으로 바뀌게 된다. 브레튼우즈 체제의 붕괴나 사회주의 몰락 등을 배경으로 하며, 위성방송과 인터넷 등은 이 시기를 상징한다. 또한 영어가 보편적인 언어로 다른 언어들을 점점 압도하게 된다.

이와 같이 세계화를 폭넓게 조망하지 않는 학자들도 위에서 말하는 네 번째와 여섯 번째를 비교하는 것은 의미 있다고 생각한다. 두 시기는 각기 19세기 말부터 제1차 세계대전 이전의 기간과 20세기 말부터 현재에 이르는 기간이다. 기본적으로 두 시기는 자유주의와 신자유주의로 구분될 수 있을 것이다. 또한 자유주의가 경제와 사회의 국제화를 낳는다면, 신자유주의는 세계화 혹은 초국화를 가져온다. 세계화는 국가, 지역, 문화 등을 뛰어넘는 추상성과 익명성을 내세운다는 점에서 자본주의의 존재들 중 상품이나 토지 혹은 노동이 아니라 화폐, 자본, 그리고 궁극적으로는 금융자본에 가장 적합하다.

그런데 금융자본의 침투를 통해 신자유주의 이념에 기초한 세계화가 진행되면서 자본주의는 외연적인 확대뿐만 아니라 기존 자본주의 사회의 내포적인 심화를 이룩하게 된다.

우선 외연적으로는 미국의 자본주의가 전 세계의 다른 경제체제를 포섭하게 된다. 구소련과 동구의 사회주의, 스웨덴식의 사회민주주의, 미국식 자본주의와 다른 유형의 자본주의, 즉 독일이나 일본 등 동아시아의 자본주의, 복지국가형의 자본주의 등이 적어도 부분적으로 미국식 자본주의로 탈바꿈하게 된다(Hirst and Thompson, 1999: 3). 소위 건전한 자본주의와 불건전한 자본주의 혹은 연고자본주의(crony capitalism)의 구분은 바로 영미식 자본주의를 기준으로 한다(홍훈, 1999a). 그리고 제3세계의 비공식 부문이 모두 자본주의 체제로 흡수되는 경향을 보이게 된다. 인식의 차원에서 영미사상이 대륙의 사상을 압도한 것과 유사하게 영미식 자본주의가 독일이나 일본의 자본주의를 압도하고 있는 것이다.

내포적으로는 과거 전혀 상품이 될 수 없었던 것들까지 상품화되고 모든 인간의 행위가 상업화된다. 예를 들어, 교육이나 의료 등 시장 원리가 제한적으로 작동하던 부문들이 보다 완벽하게 시장으로 흡수된다. 더불어 시장 원리가 완전히 작동하도록 탈규제, 국영기업의 민영화, 사회보장의 해체 등이 세계화 과정의 일환으로 진행된다. 또한 행정 부처의 기업화, 국가 행정의 경영화, 충효와 같은 정신적 가치나 사상의 상품화, 문화재의 상품화 등이 일상적인 일로 벌어진다. 통상 윤리와 담을 쌓고 있던 경영자가 기업 윤리를 들고 나오는 것도 외견상 반대이지만 근원적으로는 동일한 현상이다. 좀 더 구체적으로 세계화는 다음과 같은 양상들을 드러내고 있다.

1) 생산자본에 대한 금융자본의 우위

전반적으로 자본가들 사이의 경쟁이 격심해지는 가운데, 금융자본이 생산자본에 대해 우위를 차지하게 된다. 금융자본 중에서도 은행을 매개로 하는 금융자본이 아니라 주식과 채권 등 직접금융을 제공하는 금융자본이 득세하게 된다.[3] 또한 사회주의의 몰락과 냉전의 종식으로 불확실성이 대폭 감소하면서 상대적으로 채권보다 주식의 가격이 크게 상승하여 주식이 더욱 중요해졌다(Miller, 2002).

물론 세계화 반대 운동가들의 주장에서 드러나는 바와 같이 다국적기업을 위시한 생산자본이 세계화에서 차지하는 몫은 여전히 중요하다(Bhagwati, 2002: 2). 그러나 다국적기업은 20세기 말부터 시작된 세계화의 새로운 양상이 아니다. 국제적인 수준에서도 상품의 수출이나 생산자본의 투자가 아니라, 금융자본, 특히 단기적인 투기자금의 이동이 현대 자본주의를 선도한다(Hirst and Thompson, 1999: 52, 202). 이것은 신자유주의의 이론적 요체인 통화주의가 현실적으로 시시하고 있는 바이다. 여러 시장들 중에서 주식시장은 익명성과 단기성이 가장 높기 때문에 주식시장에 의존하는 경제는 교과서적인 자본주의에 훨씬 가까워진다고 말할 수 있다.

이렇게 되면서 투자와 투기 혹은 투자자와 투기자의 구분은 더욱 불분명해지며, 종래 투기로 불리던 '수상스런' 경제활동이 더욱 활개를 치고 칭송을 받는 상황이 전개된다. 물론 이런 상황은 케인스(J. M. Keynes) 같은 경제학자들에 의해 이미 예견된 바 있으나, 예상보다 훨씬 빠르고 무제한적으로 확산되

3 이와 같은 금융자본의 득세를 이 시대에 나타난 특수한 상황으로 볼 것인지 아니면 반복되는 현상으로 볼 것인지에 대해서는 논의가 필요하다. 세계화를 좀 더 넓게 조망하는 아리기(G. Arrighi)와 같은 학자는 자본주의가 매 세기마다 번창기에는 물적 팽창(material expansion)을, 쇠퇴기에는 금융 팽창(financial expansion)을 반복해 왔다는 주장을 내세우고 있다(Pollin, 1996). 왈러스타인은 더 다양한 측면에서 50년 주기의 콘드라디에프 경제변동, 조절학파, 사회적 축적학파의 견해와 좀 더 장기적인 역사적인 관점을 겹쳐서 논의하고 있다(Wallerstein, 2000).

고 있다는 것이 놀라운 점이다.

그런데 금융시장과 선물 등 파생상품시장이 모두 투기를 부추기고, 금융자본이 생산자본으로 전화되는 것을 저해할 가능성이 있다. 금융시장에서 불확실성을 줄이기 위한 헷징의 수단들이 투기의 수단으로 변하고, 파생상품시장이 1차 금융시장에 의해 지배되는 것이 아니라 그 반대인 경우가 적지 않다.[4] 이에 따라 고용이 위축되고, 경제의 불안정성이 가중될 수 있다(Watson, 1999).

이것은 자본 이동에 대한 물리적·지리적·법적인 장애가 완화되고, 전자거래 등을 통해 기술적 장애가 거의 소멸한 상황에서도 (금융)시장에 내재적 장애가 존재한다는 것을 의미한다. 이와 같이 금융자본의 움직임이 활발해지면서 한편으로 국가경제와 세계경제가 좀 더 효율적으로 운영된다고 말할 수도 있지만, 다른 한편으로는 경제가 그만큼 불안정해지고 있다고 볼 수도 있다(Gamble, 1999). 특히, 단기적 투기자본의 급격한 이동으로 인한 고용, 물가, 환율 등의 급변 등 국가경제가 겪는 피해는 1990년대 초부터 말까지 계속된 각국의 금융위기와 한국의 IMF 위기 등을 통해 여실히 실증된 바 있다. 더구나 이런 상황에서 계급이나 계층 사이의 갈등을 해소하기 위해 스톡옵션을 제공하거나 연·기금 등을 주식시장과 연계시킴으로써 불안정성이 더욱 가중되고 있다(Duménil and Lévy, 2001: 14).

그렇기 때문에 좌파 학자들은 아직도 자본주의의 붕괴 가능성을 점치고

4 2차 시장이 1차 시장을 뒤흔드는 현실은 (미국식 표현으로) '개꼬리가 개를 흔드는' 상황에 비유될 수 있을 것이다. 이와 같은 본말전도는 본질에 대한 회의로부터 시작되는 포스트모더니즘의 흐름, 가상공간과 현실공간의 전도, 혹은 백남준의 비디오아트의 주제에 합치되는 것일 수도 있다.

있다. 그러나 세계화를 옹호하는 입장에서도 이런 불안정성을 일정 수준에서 유지하기 위한 조세 부과, 기금 마련 등 국제적인 제도의 구축이나 국가 사이의 협조를 회피할 수 없다(Bhagwati, 1998). 이 점에서 마르크스나 케인스가 예언한 자본주의의 불안정성은 세계화 시대의 근본적인 숙제이다.

2) 노동에 대한 자본의 우위

20세기의 자본주의 경제에서는 개별 자본 혹은 자본가들의 경쟁을 중시하면서도 노동자와 자본가 간의 관계를 특별히 고려하지 않을 수 없었다. 인간과 법적으로 분리될 뿐 물리적으로 분리되지 않으며, 소속 국가와 영토의 역사와 문화에 묻혀 있다는 점에서 노동력은 다른 상품이나 생산요소와 구분되었다. 다른 상품과 달리 노동(력)에 대해 '역사성'이나 '도덕성'을 부여했던 것은 그런 이유이다. 이에 비해 자본, 특히 금융자본이 득세하고 있는 세계화 과정에서는 노동자와 자본가 간의 관계가 더 이상 특별한 의미를 갖지 않는다. 노동자와 자본가 간의 관계는 소비자와 기업 사이의 관계 등 여타 경제관계와 점점 비슷하게 취급되고 있다. 이제 노동력은 다른 상품과 다를 바 없이 사회나 문화적인 문맥에서 벗어나 완전히 '벌거벗은' 상품으로 등장하게 된 것이다(Robinson, 2001: 170~171).

그러므로 노동력의 소유자인 노동자도 다른 생산요소의 소유자들과 다르게 취급되지 않는다. 자본이 격렬하게 이동해야 하는 상황에서 기업주들은 노동자들을 더욱 손쉽게 해고하거나 고용하게 된다. 그렇기 때문에 노동력은 좀 더 완벽한 의미에서 생산에 필요한 여러 가지 투입물들 중 하나로 전락하게 된다. 노동시장의 유연화(labour market flexibility)는 이런 맥락에서 이해되어야 한다. 이런 생각은 이미 신고전학파 경제이론과 이에 근거한 신자유주의 논리에 내재되어 있었다.

자본이 전 지구적으로 이동할 수 있는 것과 대조적으로 전문직 종사자를 제외한 노동자들은 종전보다 더욱 엄격한 이민의 장벽으로 쉽사리 이동할 수 없다.[5] 자본이 화폐의 형태로 움직이게 되면서 최상의 추상성과 익명성을 갖게 되는 데 비해, 노동력은 여전히 지리, 문화, 민족·국가 등의 구체적인 제약 속에 있기 때문에 이런 비대칭성이 과거 어느 때보다 극대화된다. 자본이나 금융자본이 현실의 구체적인 공간에 발을 딛지 않고(foot-loose) 전자거래 등을 통해 가상공간을 넘나드는 데 비해, 노동은 물리적인 공간에 발을 딛지 않고서는 그것의 고유한 역량을 발휘할 수 없다. 교과서에서 말하는 것과 같이 모든 생산요소가 전 세계적으로 이동하는 것이 세계화의 현실이 아니다. 이와 같은 상황은 세계화 과정의 자기모순이라고 말할 수 있다(Streeten, 2001).

좌파 사회과학자들이 지적하고 있는 바와 같이 노동자 계급에 대해 자본가 계급이 과거보다 훨씬 우위를 점하고 있는 것이 현실이라고 말할 수 있다. 이런 문맥에서 세계화를 단순히 시장화로 볼 것이 아니라 생산과 노동과정의 변천이라는 관점에서 바라보아야 할 것이다(Friedman, 2000).[6] 따라서 종래와 같이 노동과 자본이 동등한 차원에서 협상, 투쟁 혹은 타협하는 상황이 사라지

5 이런 중론과 달리 현재의 세계화로 상당한 수준의 이민이 이루어지고 있다고 주장하는 학자(예로서, Therborn, 2000: 163)도 없지 않으나, 근거가 희박한 것으로 보인다.

6 근본적으로 자본주의에 대해 자본가 간의 경쟁이나 국가 간의 경쟁의 관점에서 보느냐, 아니면 노자 계급 간의 투쟁의 관점에서 보느냐의 입장 차이는 세계화 과정을 이해하는 데 있어서도 그대로 재현되고 있다(Foster, 1999; Radcie, 2000). 이에 대해서는 추후에 좀 더 상세한 논의가 필요하다.

고, 자본이 점차 노동을 압도하는 세력관계가 자리 잡아 가고 있다고 말할 수 있다. 1970년대에 미국과 영국에서 시작된 노동에 대한 자본가들의 공략이 현 상황에 이르게 한 것이다(Hirst and Thompson, 1999: 111~112).

같은 상황에서 각국은 조세 감면 등의 정책을 통해 전 지구적으로 이동하는 자본을 붙들어 두기 위해 노력하지 않을 수 없다. 또한 노동시장에서 고용과 해고가 자유롭게 이루어지면서 노동자의 생계 문제는 더욱 심각해진다. 그런데 자유주의뿐만 아니라 신자유주의도 시장경제가 현실적으로 최선일 뿐 완벽하다고 보지 않는다. 결과적으로 고용의 불안정이나 실업 문제에 대한 대책 수립은 세계화된 자본의 몫이 아니라 철저하게 국민정부의 몫이 된다. 즉, 과거 노동자에 대한 고용 및 해고가 일차적으로 특정 기업이나 산업 내의 문제였다면 신자유주의하에서는 경제 전체 수준에서 국가가 처리해야 할 사회 문제가 된다. 특히, 지리적인 차원에서 근대국가를 규정하는 영토를 노동자가 벗어나기 어렵다는 것은 이런 생각을 더욱 강화시켜 준다. 좀 더 넓게 본다면 이로 인해 노동 관행이 지역적으로 지속적인 차이를 보이게 된다는 주장도 제시되고 있다(Christopherson, 2002). 이런 맥락에서 소위 사회적 안전망(social safety net)이 부각되고 있는 것이다.[7]

3) 주주의 부상

기업들이 은행을 통한 간접금융으로부터 벗어나 주식시장에서 조달되는

7 2002년에 이루어진 CEO 포럼에서 볼보사의 한 CEO는 한국에서 사회보장 시스템이 하루속히 정착되어 노동의 유연성이 달성되기를 바란다고 했다(《조선일보》, 2002년 5월 31일: 41).

직접금융에 의존하게 될 것이다. 주식시장 위주로 기업이 운영되면서, 기업의 이해당사자들(stakeholders) 중에서 소비자의 역할은 축소되고 대신 주주의 역할이 증대될 것이다. 기업을 평가하고 기업에 대해 일종의 규율을 가하는 것이 시장인데 전통적으로 이런 시장의 핵심을 이루는 것이 상품시장이었다. 이 때문에 소비자가 특정 기업의 제품을 가격이나 품질 면에서 어떻게 평가하느냐가 자본주의 경제에서 중요한 기능을 발휘하였다. 세계화가 진행되면서 이런 소비자의 역할보다는 주식시장에서 주주들이 주식을 어떻게 평가하느냐가 기업의 이익이나 존립에 점점 더 중요해진다.

이렇게 되면서 소비자의 상품 구매가 아니라 주식 매매나 기업 인수·합병이 기업에 더 영향력을 갖게 된다. 달리 말하자면, 좋은 품질의 저렴한 제품을 생산하는 기업이 도산할 수도 있으며, 그와 반대로 상품시장에서는 별로 호응을 얻지 못하는 기업이 높은 주가를 유지하면서 번창할 수도 있다. 교과서에서는 주가가 채산성 등 기업의 모든 것을 반영하는 것으로 보지만, 적어도 주식시장이 성숙하지 못한 한국과 같은 경제에서 실물과 주가의 괴리가 지속적으로 유지될 가능성은 대단히 높다.

4) 각국 경제 내의 공동체적 요소 약화

세계화는 국가 차원의 개입뿐만 아니라 국가와 개인의 중간에 위치한 공동체나 중간 집단을 약화시킬 것이다. 이미 언급한 대로 자유주의는 국가 개입의 유효성뿐만 아니라 개인의 윤리에 대해 큰 기대를 걸지 않는다. 윤리는 개인들이 소속해 있는 여러 소집단에서 작동한다. 국제화 단계에서는 주로 국가의 정책적 개입과 국가라는 단위에 대한 경제주체의 의무 등이 문제시된다. 이에 비해 경제가 사회의 모든 구석에 침투하는 세계화의 단계에서는 국가라는 거대 단위뿐만 아니라 보다 세부적으로 이웃이나 지역사회 등 소집단과 개인의 연결고리가 해체 또는 약화될 위험에 처하게 된다.

이것은 사회주의와 같은 국가 수준의 경제제도뿐만 아니라 각종 공동체 조직이 위협받는 것을 의미한다. 공동체적인 요소들을 많이 내포하고 있는 것이 독일의 '사회적 시장체제'(die Sozialmarkt)나 일본 및 한국의 자본주의이다. 세계화가 미국식 자본주의를 표준으로 삼기 때문에 세계화가 진행되면서 다른 유형의 자본주의에 내포된 공동체적인 요소들도 공격을 받게 된다(홍훈, 1999a). 독일과 일본 및 한국 등 아시아 자본주의에 나타나는 여러 가지 장기적인 거래관계 혹은 '관계에 기초한'(relationship-based) 경제활동은 바로 이런 소집단이나 공동체에 대한 개인의 의무를 내포하고 있다. 세계화는 모든 경제주체들에게 단기적인 이익을 좇아 부단히 움직이도록 만들어서 공동체에 대한 의무나 윤리를 약화시킬 것이다. 이렇게 되면서 장기적인 거래관계가 단기적인 거래관계로 바뀔 가능성이 높다.

좀 더 구체적으로 정경 유착이라는 부정적인 측면뿐만 아니라 소비자와 상인 사이의 관계에서 단골손님이라는 존재, 노동자와 기업주 사이의 관계에서는 (준)평생 고용이라는 관행, 대기업과 중소기업 사이에서는 지속적인 하도급관계, 그리고 은행과 기업 사이의 주거래은행 제도가 세계화 과정에서 소멸 혹은 약화될 것으로 전망되고 있다. 미국식 자본주의의 입장에서는 이런 기존의 관행이나 제도들이 '도덕적 해이'(moral hazard)를 발생시킬 기능성이 높다고 보는 것이다. 각국 기업의 지배구조와 소유구조에 대한 개혁도 기본적으로 같은 맥락 속에 있다. 달리 보면 세계화는 독일이나 일본, 그리고 한국 기업의 지배 및 소유구조 중 자본, 특히 금융자본의 움직임에 걸림돌이 되는 제도나 규칙을 개편하도록 압박하고 있다.

5) 기업의 사회적 중요성

사회주의의 몰락과 더불어 기업은 단순히 경제적 존재가 아니라 정치적이면서 사회적 존재가 되어 그 중요성을 더하게 될 것이다.[8] 소위 기업의 지배구조라는 학술 용어가 일상어처럼 우리 입에 오르내리게 된 것도 기업이 그만큼 사회경제적으로 중요한 존재가 되었다는 것을 말해 준다. 세계화 시대에 경제 영역이 정치나 문화를 흡수하는 가장 중요한 고리가 기업인 것이다.

이런 이유로 기업은 더 이상 정치나 문화를 의식하거나 이들로부터 제약을 받는 것이 아니라, 거꾸로 자체 내에서 필요한 권력구조와 문화를 창출하여 외부에 전파시키는 존재가 된다. 가령 한국의 경우 대기업 간부들이 새마을 연수원에서 교육을 받던 시절에서 거꾸로 공무원들이 대기업 연수원에서 경영 마인드를 수련하게 된 것이 그런 예이다. 또한 커피전문점 스타벅스(Starbucks)의 예에서와 같이 기업은 마케팅을 통해 종전과 같이 저렴한 가격에 품질 좋은 상품을 제공하는 차원을 넘어서 상품의 문화적 성격이나 지위를 소비자에게 심어 주는 역할까지 발휘하게 될 것이다. 더불어 관광회사는 유적지에 대한 좀 더 깊이 있는 분석과 역사적 배경을 나름대로 각색하여 상품화할

8 기업을 경영자, 노동자, 주주, 소비자, 그리고 지역사회 등 여러 경제주체들의 이해가 얽혀 있는 장(場)으로 보는 이해당사자 자본주의(stakeholder capitalism)가 바로 이런 입장을 반영하고 있다.

것이다.

기업의 역할이 커지면서 기업을 더욱 집중적으로 감시하는 견제 장치가 동원되고, 기업에 대한 견제방식도 과거와 달라질 것이다. 사회주의나 개발독재 체제에서는 국가가 직접 기업을 행정적으로 관리·감독하였다. 이와 달리 세계화 시대에는 주식시장이 일차적으로 기업에 규율을 가하게 될 것이다. 또한 회계나 재무 등과 관련된 규칙을 정해 놓고, 이 규칙을 어기는 경우 사법적인 제재를 가하는 방식으로 국가의 관리·감독이 이루어질 것이다. 더불어 시민이나 경제적 주체들이 기업의 활동에 적극적인 관심을 보이면서 소액주주운동 등을 통해 기업을 견제하게 될 것이다. 이렇게 되면서 대통령 선출 등과 달리 그 자체로서 정치성을 띠지 않았던 먹고사는 문제가 이제 기업에의 참여나 대표성 등 정치적인 색채를 띠게 될 것으로 보인다.

6) 소득 불평등의 증가

세계화가 진행되면서 국가 간이나 한 국가 내에서 계층 및 계급 간의 소득 불평등이 더욱 심화될 것이다(Arrighi, 2001, 2002). 소득의 격차가 벌어지는 것은 경쟁과 효율을 강조하는 자본주의 경제의 피할 수 없는 속성이다. 소득의 격차가 경쟁을 심화시켜 효율을 증대시키고 이런 효율의 증대가 경제 전체로 확산되면서 평균적인 소득이나 후생 수준을 높인다는 것이 자본주의의 기본 논리이다.

그러나 과도한 소득 격차는 사회 구성원들의 자긍심과 상호 간의 기본적인 동등성에 손상을 가하기 때문에 자본주의 경제에서도 현실적으로 무작정 방관할 수 있는 것만은 아니다. 이런 이유로 다수의 주류경제학자들이 자본주의 경제의 고질적인 약점 중의 하나로 소득 불평등을 들었던 것이다. 이에 따라 각종 법률과 재산세나 상속세 등 조세를 통해 소득이나 재산 분배의 불균등을 완화시키려고 했던 것이 20세기 자본주의의 모습이라고 말할 수 있다.

세계화는 과거보다 가일층 경쟁과 효율을 추구하면서 소득과 자산의 불평등을 증대시킬 것이다. 가령 1950~1960년대에 미국 국민의 최상위 1%가 보유한 부는 30%에서 35% 사이였는데 1998년에는 38%를 넘어섰다(Duménil and Lévy, 2001: 12). 특히, 금융자본이 압도하면서 금융자산의 매매를 통한 '불로소득'의 증대는 수없이 많은 졸부를 등장시켜 소득 불평등에 대한 반발을 심각하게 만들고 있다. 결과적으로 빈곤층과 부유층 사이에서 전통적으로 완충역할을 담당했던 중산층이 더욱 얇아지는 것이 각국 경제의 현실이다. 또한 국가 간의 소득 격차 역시 더욱 심화되는 것으로 나타나 세계화가 남북 문제를 더욱 심각하게 만들 것이라는 예측도 나오고 있다(Hirst and Thompson, 1999: 74~75). 이에 따라 소득의 불균등 속에서도 사회를 유지해 나가야 하는 부담이 제3세계 국가에서 특히 가중될 것이다.

7) 유일한 대안으로서의 자본주의

세계화 시대에 들어서면서 현실적으로 자본주의에 저항하는 체제는 존재하지 않는다. 더구나 세계화 과정을 통해 미국식 자본주의가 점점 더 유일한 대안으로 부상하면서 자본주의는 사회나 문화의 다양성과 무관한 존재로 우리에게 다가오고 있다. 그렇기 때문에 자본주의는 모든 경제 및 사회 문제들을 자신의 권리이자 의무로 받아들이게 될 것이다. 이것은 자본주의가 자연과학의 표준 상태에 가까운 상황에서 보다 객관적으로 평가받게 될 것임을 시사한다. 또한 이것은 자본주의가 더 이상 사회주의나 케인스주의 등에게 자신의 문제를 떠넘길 수 없다는 점에서 진정으로 평가받을 상황에 이르렀다는 것을 의미하기도 한다.

자본주의에 대한 진정한 심판이 마르크스(K. Marx)가 생각한 것보다 훨씬 뒤늦게 다가오고 있는 것이라고 말할 수도 있을 것이다. 이런 관점에서 다수의 좌파 사회과학자들은 마르크스가 예언한 전 지구적인 자본주의가 현재 형성되어 가고 있는 것이며, 이에 상응하여 초국적인 정부(transnational state)나 초국적인 자본과 노동(transnational capital and labour)이 형성되고 있다는 주장을 내세우고 있다.

8) 국가 역할의 약화 또는 변형

세계화와 관련된 가장 핵심적인 주제는 국민국가(nation-state)가 존속될 것이냐는 것이다. 그 이유는 국제화 단계에서 국가경제가 자율성을 유지하면서 국가경제들 사이에 교류가 이루어졌다면, 세계화 단계에서는 궁극적으로 국가경제의 존재 자체가 흔들리기 때문이다. 이것은 신자유주의가 경제에 대한 국가의 대내외적인 개입에 대해 반대하는 것과 맥을 같이한다. 이런 이유로 경제학과 정치학, 그리고 경제와 정치 간의 관계에 대해 많은 의문들이 제기되고 있다(Daves, 2000).

현실적으로도 엄청난 속도로 움직이는 금융자본의 이동에 의해 한 국가의 경제와 사회의 운명이 좌우되면서 국가의 거시적인 경제정책이 상당 부분 무력화되고 있다. 더구나 세계화로 인해 자본과 숙련노동이 국가 간에 자유롭게 이동하게 되고 각국이 자본과 숙련노동을 유치하기 위해 조세 인하 등을 통해 경쟁하고 있다. 더구나 국경을 넘나드는 쇼핑, 전자상거래의 증가, 조세 도피처의 증가, 새로운 금융상품과 기관들의 등장, 다국적기업의 내부거래 확대 등이 세원을 더욱 갉아먹고 있다(Wolf, 2001: 4). 이렇게 되면서 각국 정부는 세원을 확보하는 데 어려움을 겪게 되고, 이것이 종전의 복지형 국가에게 상당한 부담을 안겨주고 있다(Hirst and Thompson, 1999: 185~186). 이렇게 본다면 세계화 과정에서 국가는 예산의 지출이나 집행이라는 측면에서뿐만 아니라 예산 혹은 세원 확보라는 측면에서도 그 기능이 약화된다고 말할 수 있다.

그러나 세계화 과정에서 국가의 경제적 역할이 전무하리라고 예상하는 것은 잘못이다. 논자에 따라서는 주권의 소재지, 규칙 제정, 국방의 제공, 최종적인 위험의 사회화, 세계화의 파고에 대한 정책적 대응 등을 국가의 지속적인 역할로 들고 있다(Higgott, 1999: 5). 심지어 세계화 자체가 기술혁신이나 이념에 의해 강요되는 숙명이 아니라 상당 부분 각국의 정책에 의해 그 속도와 수용방식이 결정될 수 있는 선택 사항이라고 주장하는 학자도 있다(Wolf, 2001). 그러나 이렇게까지 보지 않더라도 다음과 같은 점을 주목할 필요가 있다.

우선 세계화가 어느 정도 순조롭게 진행된다고 가정하더라도 각국 정부는 기업이나 은행을 감독하기 위해 국제적으로 제정되거나 합의된 법이나 규칙 혹은 정책(가령 8%의 BIS 비율)을 시행하는 주체로 남게 될 것이다(Therborn, 2000: 174). 구소련 등 이행 경제에 대한 개혁에서 드러났듯이 시장경제가 작동하기 위해서는 여러 가지 법적·제도적 장치가 필요하기 때문이다.

이것은 정부의 역할 중 상당 부분이 법이나 정책을 만들어 내는 것이 아니라 국제기구나 국가 간 협상 등을 통해 합의된 규칙이나 정책을 시행하는 것으로 바뀐다는 것을 의미한다(Robinson 2001: 166). 물론 선진국 기업이나 노동자들이 자신들의 이익을 방어하기 위한 수단으로 높은 수준의 환경기준이나 노동기준을 보편적이고 도덕적인 것으로 둔갑시켜 WTO 등을 통해 제3세계에 강요할 수 있다(Bhagwati, 1997: 271~281).[9] 또한 미국을 중심으로 한 G7 등 선진국의 정부들은 규칙이나 표준을 만들어 내는 데 상당한 영향력을 행사하고 있다. 특히, 미국식 자본주의의 규칙이나 제도들 중 다수가 세계 수준의 규칙이나 제도들로 탈바꿈되고 있다. 그러나 한국을 포함한 대부분 국가의 정부들은 이들이 만든 규칙이나 표준을 일방적으로 수용하고 시행하는 것을 주요 역할로 삼게 될 것이다.

이런 맥락에서 볼 때 세계화로 인해 국가가 발휘하는 경제적인 기능이나 행정적인 개입은 축소되지만, 내부적으로나 대외관계에서 국가가 법과 규칙의 수용자 및 시행자로서 발휘하는 역할은 더욱 강화될 것으로 보인다(Hirst and Thompson, 1999: 278~280). 과거의 국제관계가 당구공이 서로 부딪히는 것과 같은 세계 수준의 무정부적 상태에서 성립되는 것이라면, 현재의 국제관계는 훨씬 밀접한 것일 수 있다. 이런 상황 속에서 국가는 일국 내의 지역이나 집단과 국

9 여기서 제3세계 지식인들의 주장이 본의 아니게 선진국의 기업 및 노동자들의 기득권 유지를 도와주는 복잡한 상황이 발생할 수 있다. 즉, 단순히 보편적인 노동이나 환경기준을 요구하는 지식인들의 순진한 주장이 선진국 일부 경제주체들의 이익과 합치되기 때문이다. 시민단체나 공무원보다는 선진국에서 교육받은 학자들이 이런 어려운 상황에 처하게 될 가능성이 높다. 이 때문에 선진국에서 교육을 받은 후진국의 학자들은 가장 구체적인 현실 속에서 보편성과 특수성이라는 사회과학의 고전적인 문제를 만나게 된다. 이 상황에서 후진국 학자들은 다음과 같은 중대한 진퇴양난에 빠지게 된다. 즉, 한편으로 용감하게 보편성을 주장하는 경우 적어도 '비현실적'이라는, 심하면 '앞잡이'라는 비난을 듣게 되고, 다른 한편으로 구체성을 강조하다 보면 학자로서의 입지를 잃게 된다.

제기구나 블록 사이에서 중개 역할을 맡으면서, 초국적인 기구와 지역적인 단체들이 책임 있는 지배구조를 구성하는 데 기여하게 될 것이다.

또한 세계화 과정에서 증가하게 되는 고용 등의 불안정으로 인해 정부의 역할이 시장의 운행에 대한 개입의 차원에서 시장의 운행으로 발생한 결과를 '뒤처리'하는 차원으로 바뀌게 될 것이다. 이미 언급한 바와 같이 자본이 가속적으로 이동하는 데 비해, 노동은 특정 영토에 묶여 있기 때문에 이와 같은 국가의 역할이 확대될 것이다.

세계화 시대에 자본이나 사상을 국가가 통제하는 데는 커다란 한계가 있을 것이나 노동과 영토는 여전히 국가의 관할로 남게 된다(Hirst and Thompson, 1999: 267). 이 과정에서 선진국가가 노동자에게 제공하는 복지 후생의 층은 얇아지는 반면, 노동자에 대한 최소한의 사회적 안전망은 확산되어 일관되게 적용될 것이다. 특히, 원래부터 노동자에 대한 배려가 소홀했던 후진국의 경우에는 이런 요구가 노동자의 후생에 대한 국가의 책무 증가로 나타날 수도 있다. 종전에 가족이나 공동체의 수준에서 제공되던 각종 보험(예를 들어, 부모봉양, 이윤분할, 하도급업체 지원)이 줄어들면서, 국가가 제공하는 최소한도의 안전망은 좀 더 확고한 것이어야 하기 때문이다.

또한 국가는 세계화 과정에서 발생하는 소득 불평등 속에서 어떻게 정당성을 유지하느냐는 과제를 안게 된다. 다시 말해, 국가는 권위적으로 바뀌지 않으면서도 사회적 결집을 유지해야 한다는 어려움을 안고 있다. 혹은 자본가 계급과 연합하여 어떤 식으로 계급적인 타협을 이루어 내느냐가 중대한 국가의 과제가 될 것이다. 이런 정당성과 신뢰의 확보는 투자 등 기초적인 경제활동이 제대로 진행되기 위한 전제조건이 된다는 점에서 더욱 중요하다(Zalewski,

2000).

더구나 국제관계는 원천적으로 정치, 경제, 사법의 측면에서 무질서 상태에 있다. 이 때문에 세계화 시대에 있어서는 국제적인 경제관계를 뒷받침하기 위한 제도나 규칙들이 적극 모색될 것이다. BIS 비율 같은 국제 규약이 금융기관에 적용된 것은 그런 예이다. 뒤집어 본다면 이런 제도가 보완되기 전에는 국가의 대외적인 역할이 지속된다고 생각할 수 있다.

끝으로 현실적으로 세계화가 단시일 내에 이루어지지 않을 것이므로 개별 국가의 경제 개입은 약화된 형태로 유지될 것이다. 전 세계가 하나의 정부와 하나의 화폐로 통합되는 상황은 현 시점에서 보면 요원하다 못해 거의 불가능한 것처럼 보인다.[10]

이렇게 본다면 각국이 국제화와 세계화의 중간 지점에 머물게 되는 상당기간 동안 국가들 사이에 양자 간 혹은 다자 간 협상이 중요해질 것이다. 같은 이유로 세계화 이전에 지역화가 이루어져 지역별로 자유무역지대, 화폐통합 혹은 경제통합 등 경제블록이 형성될 가능성도 높다. EU나 NAFTA 등은 그런 예이며, 동아시아지역의 경제통합이 논의되고 있는 것도 이런 맥락에서 이해할 수 있다. 이와 함께 지역별 화폐통합 노력도 국가 주도로 이루어질 가능성이 높다. 주목해야 할 것은 지역주의가 특정의 개발전략과 반드시 결합되는 것이 아니며, 과거와 달리 현재의 지역주의가 세계화로 가는 중간단계로 규정된다는 점이다. 이렇게 본다면 동아시아에서도 모종의 지역화를 긍정적으로 검

10 2002년부터 EU는 통합된 화폐를 사용하고 있다. 일부 학자는 세계화폐가 형성되어 있지 않다는 것이 그간 세계경제에 유류 파동 등 여러 가지 문제들을 발생시킨 원인이라고 생각한다. 이런 관점에서 세계화폐는 세계화의 최종목표가 될 수밖에 없을 것이다(Schulmeister, 2000).

토할 필요가 있다(Bowles, 2000). 이와 관련하여 적지 않은 학자들이 국제화의 정도가 심화되고 있다는 것에 대해 동의하면서도 현재의 상황이 국제화와 구분되는 세계화로 규정될 수 있는지에 대해 만만치 않는 반론을 제기하고 있다는 점을 주목할 필요가 있다.

우선, 세계화를 정치나 정책과 무관하게 진행되는 필연적인 과정으로 보느냐, 아니면 정치나 정책에 의존하는 것으로 보느냐에 대해서는 이념상의 갈등과 별도로 이견이 존재한다. 가령 우파적인 입장에서도 세계화가 불가역적인 것이 아니라 민중의 저항이나 정부의 정책에 의해 좌우될 수 있다고 보는 견해를 제시할 수 있다(*The Economist*, 2000: 17~18).

그렇지만 전반적으로 좌파와 우파, 혹은 마르크스 경제학과 신고전학파 경제학은 자본주의의 국내적인 심화와 국제적인 확산이 필연적이라는 데 동의한다. 한 사회에서 자본주의가 심화된다는 것은 모든 물건이 상품이 되고, 모든 사고가 경제적인 차원에서 규정된다는 것을 의미한다. 좌파에서 이에 근거해 유물론을 내세운다면, 우파에서는 이것을 합리성으로 생각한다. 또한 좌파에서는 마르크스가 말하는 자본주의의 전 세계적인 지배가 점점 현실로 다가오고 있다고 생각하는 데 비해, 신고전학파 경제학에서는 시장경제의 전 세계적인 확산을 내세우고 있는 셈이다. 우파 학자들 중에는 후진국이 아니라 오히려 선진국 기업들이나 노동자들이 세계화를 두려워한다는 점을 지적하면서, 세계화가 미국이나 선진국의 정책에 의해 추진되는 것이 아니라 대세라는 점을 강조하는 경우도 있다(Bhagwati, 1997).

물론 정통적인 좌파와 신고전학파는 이런 현상의 최종 결과에 대해 정반대의 입장에 서 있으며, 이런 차이는 전자가 후자와 달리 가치나 계급 개념 등을 통해 사회경제구조를 상정하는 데서 드러난다. 그러므로 전자는 세계화를 새로운 형태의 제국주의로 규정하면서 착취 및 빈곤의 세계화로 규정하고 자본주의의 자기붕괴를 점친다(Choussudovsky, 1997). 이에 비해 후자는 풍요와 합리성의 세계화를 강조하고 있다.

이와 같이 우파적 입장(Bordo et al., 1999)과 좌파적 입장 모두가 세계화의 필연성을 강조하는 데 비해, 중간파의 입장에 있는 허스트와 톰슨(Hirst and Thompson, 1999: 2~3, 18, 262, 274) 및 스트리텐(Streeten, 2001) 등은 세계화가 필연적이라고 보지 않는다.

허스트와 톰슨은 현 시기를 제1차 세계대전 이전의 금본위제도 시행기와 비교하면서, 무역 및 직접투자의 규모, 기업의 행태, 기술 개발 및 확산 등을 기준으로 할 때 현 시기가 예외적이 아니라는 점을 주장하고 있다. 이들은 세계화를 단순한 개방(openness)이 아니라 통합(integration)으로 정의하고 현 상황이 세계화가 아니라 EU, NAFTA, 그리고 동아시아를 세 축으로 하는 지역화(regionalization)에 불과하다고 주장한다. 동시에 이런 지역화 과정에서 국가의 역할이 여전히 중요하다는 점을 강조하고 있다(Hirst and Thompson, 1999: 60; Kleinknecht and Wengel, 1998).[11]

또한 세계화 과정 속에서도 비난의 대상이 되지 않을 환경이나 에너지세 등을 늘려 정부의 세원을 확보할 수 있다는 것이다. 나아가서 세계화의 과정 속에서도 여전히 각 지역에 자연적이거나 사회·역사·문화적으로 존재하는 특수한 편의 등으로 인해 자본이 머무는 경우가 적지 않으며 이에 대해서는 과

11 이에 대한 비판으로는 Perraton(2001)을 들 수 있다.

세가 어렵지 않다고 생각한다(Maskell, 2001: 9). 더불어 세금이 그에 상응하는 혜택을 가져다주는 한 이에 대한 담세자들의 저항이 크지 않을 것이라고 주장하는 학자도 있다(Wolf, 2001: 6). 끝으로 이런 주장은 사회과학 자체의 사고 전환을 요구하는 수준으로까지 나아가고 있다. 즉, 국가를 단위로 국내와 국제로 나누는 사고방식은 근대 국가의 틀에 상응하는 것으로 더 이상 타당하지 않다는 것이다(Bartelson, 2000).[12]

현재의 논의 수준에서 이런 주장에 대해 완전히 동의할 수는 없지만 국가의 역할이 여전히 상당할 것이라는 점은 고려해야 것이다.

9) 선진국형 소비의 외형적 확산

세계화에는 전 세계적인 TV 시청의 증가와 인터넷 등 통신망 확산을 통해 선진국의 소비유형이 개도국으로 전파되는 과정이 수반된다. 이것은 미국 중심의 대중문화가 개도국에 확산되는 것을 의미하기도 한다. 그간에도 미국의 할리우드 문화는 전 세계, 특히 남미와 아시아의 개도국들에 있어서 숭배와 모방의 대상이었다.[13] 후진국의 학자가 선진국 학자의 논리를 흉내 내고, 후진국 연예인이 선진국 연예인의 복장을 흉내 내는 것이 그런 것이다. 그렇지만

12 이 논의에 의하면 세계화는 단순히 주어진 단위들 사이의 교환이나 물체 이동(transference)일 뿐만 아니라 체제의 수준에서 발생하는 변형(transformation)이고, 전체 혹은 내부와 외부의 구분을 극복하는 것(transcendence)이기도 하다.

13 소비활동을 통해 문화가 전파되고 재생산된다고 말할 수 있다. 따라서 이 부분은 단순히 냉장고나 TV의 확산 등을 넘어서 언어, 영화, 의류 유행 등 좀 더 폭넓게 조망되어야 할 것이다. 한국 사회에서도 선진국, 특히 미국의 소비문화에 대한 부유층의 맹목적인 모방은 적지 않은 비난과 질시를 낳고 있다. '과소비'나 '외제선호' 등은 해방 이후 지속되어 온 고질적인 우리의 문제들이다.

세계화로 인해 이런 국제적인 차원의 전시효과(demonstration effect)가 더욱 가속화될 것이다. 문제는 경제적인 차원으로 좁혀 보더라도 이런 확산에 소득 증가, 제도, 기술, 환경 등이 수반되지 않아서 세계화가 진행되면서 제3세계에 여러 가지 악영향을 미치게 될 것이라는 점이다(James, 2000).

선진국 회사들의 선전광고로 인해 개도국의 다수 빈곤층의 욕망이 선진국형으로 변화되지만 소득은 이에 상응하여 증가하지 못함으로써 심리적으로 좌절과 소외가 심각해질 수 있다. 또한 식품이나 의약품 등에 대한 선진국의 선전광고에 담겨져 있는 거짓이나 사기를 감독할 능력이 개도국에게 부족하다. 더불어 개도국 부유층의 선진국형 소비에 수반되는 환경오염 등 외부효과를 주로 빈곤층이 감당하게 될 것이다. 그뿐만 아니라 베블렌(T. Veblen)이 강조한 것과 같이 자신의 신분 확인이나 상승을 위한 소비(가령, 자동차 구입)가 증가하면서 소비활동의 비합리성이 증대될 수 있다. 이런 의미에서 보면 신고전학파 경제학에서 말하는 소비자의 역할은 세계화 시대의 제3세계에서 더욱 비현실적인 것이 된다.

10) 전 세계적 차원에서의 공간 재편

금융자본의 득세로 인해 전 세계적으로 공간이 재편된다고 볼 수 있다. 세계화는 단순히 외연적으로 더 넓은 지역으로 확산되어 가는 것만을 의미하지 않는다. 공간이 물리적으로 주어지는 것이 아니며 자본의 확산과 더불어 공간이 변형되고 그것이 재생산된다고 말할 수 있다. 특히, 근대 국가의 주권 개념에 근거해 나뉘는 영토(territory)라는 단위는 더 이상 의미를 가지지 못한다.

그렇다고 해서 자본의 논리에 따라 모든 영토성(territoriality)이 사라지는 것은 아니다. 자본이 국가가 주는 영토적 제약을 벗어난다고 하더라도 궁극적으로는 어디에서든지 발을 붙이지 않으면 안 된다(Brenner, 1999: 63~64). 다시 말해, 자본은 이전보다 훨씬 더 큰 자율성과 유동성을 가지지만, 그로 인해 자본이 어떤 구체적인 지역의 특정 산업에 전혀 투입되지 않을 수 있는 것은 아니다. 이렇게 본다면 세계화를 세계적 지역화(global localization; glocalization)로 규정하는 것이 더 타당하다.

공간은 물리적으로 주어지는 그릇이 아니라 자본의 논리에 따라 초국가적인 단위에서나 국가보다 작은 단위에서 지속적으로 변형되고 재생산되는 사회적 차원을 가진다고 말할 수 있다. 그러므로 세계화 시대의 공간은 탈영토화(deterritorialization)와 재영토화(reterritorialization)가 복합적으로 반복되면서 구성된다고 말할 수 있다(Brenner, 1999: 43). EU나 NAFTA 등 지역화로 등장한 경제적 블록, 세계적 도시, 실리콘밸리와 같은 산업기지, 바하마 등의 금융기지 등이 세계화의 결과로 나타난 공간적 변화이다.

참고문헌

홍 훈(1994), 「경제민주화의 사상적 배경」, 『연세경제연구』, 제31권(통권 제57호) 별책, 13~77.

_____(1998), 「한국의 경제위기와 IMF 프로그램」, 이병천 · 김균 편, 『위기, 그리고 대전환』, 당대, 342~365.

_____(1999a), 「세계자본주의와 한국의 자본주의」, 『사회비평』, 제19호, 8~32.

_____(1999b), 『한국자본주의의 실제』, 대한상공회의소.

《조선일보》, "CEO들의 포럼," 2002년 5월 31일, 41.

Arrighi, G.(2001, 2002) "Global Capitalism and the Persistence of the North-south Divide," *Science & Society*, 65(4), 469~476.

Bartelson, J.(2000), "Three Concepts of Globalization," *International Sociology*, 15(2), 180~196.

Bhagwati, J.(1997), "The Global Age from a Sceptical South to a Fearful North," *The Raul Prebisch Lecture*, Oxford: Blackwell, 259~283.

_____(1998), "The Capital Myth: The Difference between Trade in Widgets and Dollars," *Foreign Affairs*, 77(3), 7~12.

_____(2002), "Coping with Antiglobalization," *Foreign Affairs*, Vol. 81, No. 1, 2~7.

Bordo, M. D. et al.(1999), "Is Globalization Today Really Different than Globalization a Hundred Years Ago?," Working Paper 7195, National Bureau of Economic Research.

Bowles, P.(2000), "Regionalism and Development after(?) the Global Financial Crises," *New Political Economy*, 5(3), 433~455.

Brenner, N.(1999), "Beyond State-centrism? Space, Territoriality, and Geographi Cal Scale in Globalization Studies," *Theory and Society*, 28, 39~78.

Choussudovsky, M.(1997), *The Globalization of Poverty*, Third World Network.

Christopherson, S.(2002), "Why do National Market Practices Continue to Diverge in the Global Economy? The 'Missing Link' of Investment Rules," *Economic Geography*, 78(1), 1~20.

Daves, B. R.(2000), "A Small World after All?," *Journal of International Studies and World Affairs*, Vol. 42, No. 2, 109~121.

Dieter, H.(2000), "Monetary Regionalism," *CSGR*, University of Warwick.

Duménil G. and D. Lévy(2001), *Neoliberalism*, CEPREMAP-ENS.

Foster, J. B.(1999), "Is Overcompetition the Problem?," *Monthly Review*, 51(2), 28~37.

Friedman, A. L.(2000), "Microregulation and Post Fordism," *New Political Economy*, Vol. 5(1), Mar., 59~76.

Gamble, A.(1999), "Debate: The Regulation of Global Finance," *New Political Economy*, 4(3), 409.

______(2001), "Neo-Liberalism," *Capital & Class*, 75, 127~134.

Higgott, R.(1999), "Economics, Politics and (International) Political Economy," *New Political Economy*, 4(1), 23~36.

Hirst, P. and G. Thompson(1999), *Globalization in Question*, Cambridge: Polity Press.

James, J.(2000), "Do Consumers in Developing Countries Gain or Lose from Globalzation," *Journal of Economic Issues*, Vol. 34, No. 3, 537~551.

Johnson, C.(1998), "Economic Crisis in East Asia: The Clash of Capitalisms," *Cambridge Journal of Economics*, 22, 653~661.

Kleinknecht, A. and J. Wengel(1988), "The Myth of Economic Globalization," *Cambridge Journal of Economics*, 22, 637~647.

Maskell, P.(2001), "The Firm in Economic Geography," *Economic Geography*, 77(4), 329~344.

Miller, M.(2002), "'The End of History' and the Stock Market Boom," *European Business Review*, 14(1), 71~74.

Perraton, J.(2001), "The Global Economy Myths and Realities," *Cambridge Journal of Economics*, 25, 669~684.

Pollin, R.(1996), "Contemporary Economic Stagnation in Historical Perspective," *New Left Review*, No. 219, 109~118.

Radcie, H.(2000), "Responses to Globalisation: A Critique of Progressive Nationalism," *New Political Economy*, 5(1), 5~19.

Robinson, W. I.(2001), "Social Theory and Globalization," *Theory and Society*, 30, 157~200.

Schulmeister, S.(2000), "Globalization without Global Money: The Double Role of Money as National Currency and World Currency," *Journal of Post Keynesian Economics*, 22(3), 365~395.

Streeten, P.(2001), "Integration, Interdependence, Globalization," *Finance & Development*, 38(2), 4~7.

The Economist(2000), "The Case for Globalisation," Sep. 23, 17~18.

Therborn, G.(2000), "Globalizations," *International Sociology*, 15(2), 151~179.

Wade, R. and F. Veneroso(1998), "The Asian Crisis: The High Debt Model versus the Wall Street Treasury-IMF Complex," *New Left Review*, No. 228, 3~23.

Wallerstein, I.(2000), "Globalization or the Age of Transition?," *International Sociology*, 15(2), 249~265.

Watson, M.(1999), "Rethinking Capital Mobility, Re-regulating Financial Markets," *New Political Economy*, 4(1), 55~75.

Wolf, M.(2001), "Will the Nation-state Survive Globalization?," *Foreign Affairs*, Vol. 80, No. 1, 178~190.

Wood, E. M.(1999), "Unhappy Families," *Monthly Review*, 51(3), 1~12.

Zalewski, D.(2000), "Political Confidence and Monetary Stability in the Age of Globalization," *Journal of Economic Issues*, 34(2), 349~375.

제2부

한국 사회, 그리고 거기서의 경제학에 대한 연구

chapter 13

경제학설사

1. 서론

이 글은 해방 이후 현재까지 한국의 학계 혹은 한국인 학자가 이루어 낸 경제사상사 혹은 경제학설사 분야의 연구를 평가하는 데 목적을 두고 있다. 이를 위해서는 몇 가지 점을 짚고 넘어가야 한다.

첫째, 경제사상사나 경제학설사는 경제학의 한 분야이며, 경제학은 학문의 대분류로 보면 사회과학에 속한다. 그러므로 해방 이후 한국의 경제학설사 분야의 동향은 한국의 경제학 전반뿐만 아니라 한국의 사회과학, 그리고 한국 학계 전체의 변화와 무관하지 않다. 더구나 한국의 경제학 연구와 경제사상 연구는 미국을 위시한 선진국의 해당 학문의 영향하에 있었다. 이런 이유로 이후 논의에서 경제학은 물론이고 한국과 서양의 사회과학 심지어 학문 전반에 대한 논의가 어느 정도 불가피하다.

둘째, 경제학설사는 서양에서도 마르크스 연구와 구분되면서도 밀접한 연관을 가지고 있다. 마르크스는 자본주의와 자본주의 경제학에 대해 가장 강력한 대안을 제시한 사람이다. 대안을 제시하기 위해 마르크스가 기존 경제학의 기초에 대해 누구보다 심각하게 고민하였다. 이같이 경제학설사에 정치경제학 분야의 연구가 상당 부분 포함되므로 이후 논의에서 경제학설사뿐만 아니라 정치경제학의 연구를 어느 정도 취급하였다.

셋째, 일반적으로 과거에 대한 평가는 이미 발생한 사실에 대한 단순한 기록이 아니라 미래에 대한 지향을 내포한다. 이에 따라 경제학설사 분야에 있어 한국 학계와 한국 학자들의 연구를 검토한다는 것은 다른 분야에서와 마찬가지로 이에 대한 반성과 개혁을 지향한다. 이런 취지에서 이후 논의에서는 경제학 및 학문 전체에서 경제학설사나 사상사 연구가 차지하는 위치나 경제학설사의 연구방향 등에 관해 나름대로의 견해를 제시하려고 노력하였다.

한국의 경제학은 여타 학문과 마찬가지로 현재까지 서양의 경제학이 수입되어 변형되고 정착된 결과이다. 한국과 동양 전체에서 자연과학을 위시한 과학이나 경제학이 자생적으로 등장하지 않은 데 대한 근거로 사변적인 논리와 실용적인 필요의 융합이 이루어지지 않은 것을 들 수 있다. 보다 구체적으로 서양에서는 철학자의 논리나 사변과 장인의 실험이나 기술혁신이 결합되어 자연과학이 생긴다든지(Patten, 2001: 40~41; Zilsel, 1942: 254~255, 269~270; Zilsel, 2000: 945), 윤리학과 장사 기술이 융합해 경제학이 생기는 과정이 포착된다. 한국과 동양에는 이런 융합과정이 부족했다고 볼 수 있다.[1] 이런 점에서 경제학 교과서에 이론을 제공한 유명 경제학자 중 한국인이 거의 없다는 것은 놀라운 사실이 아니다.

2. 양적 성장

서양의 학문이 한반도에 밀려오기 시작한 것은 19세기 말 개항 이후이다. 경제학의 경우 일제시대에 일본을 통해 걸러진 서양의 경제학이 간접적으로 수입되었다. 해방 이후에는 경제학 등 학문이 서양으로부터 직접 수입되면서

1 질젤(E. Zilsel)은 다빈치, 갈릴레오, 베이컨, 데카르트 등을 이런 관점에서 해석하였다. 또한 경제학에서 흄이나 스미스가 철학과 경제학을 왕복했다는 패튼(S. Patten)의 해석이나 이들보다 커다란 원을 그리며 마르크스가 철학과 경제학을 결합한 것을 주목할 필요가 있다. 한국의 실학이나 북학은 이런 관점에서 의미 있는 것이었으나 역시 충분하지 못했다고 볼 수 있다.

본격적으로 흡수되고 변형되었다. 줄여 말하면, 일제시대에는 일본의 학문 조류에 따라 주로 마르크스 경제학이 수입되어 전파되었고, 해방 이후에는 미국으로부터 신고전학파 경제학(neoclassical economics)이 도입되었다. 해방 이후에도 좌파 경제학에 대한 관심은 지속되었으나 세력면에서 신고전학파가 지배적이었다.

한국의 경제학은 지난 반세기 동안 연구 및 교육의 양적인 측면에서 커다란 성장을 이룩하였다. 대학의 경제학 전공 학생과 대학의 교수를 위시한 연구인력이 크게 늘어났음은 굳이 통계숫자를 들지 않더라도 부인할 수 없는 사실이다. 또한 학사 출신이 교수나 연구원으로 활동했던 시절에서, 석사, 박사, 그리고 외국 대학의 교수 출신이 교수나 연구자로 활동하는 시대에 와 있다.

더구나 SSCI(Social Science Citation Index: 사회과학인용색인)를 중심으로 한 외국의 유명 학술지에 논문을 게재하는 것이 한국의 경제학계에서 점점 보편화되고 있어 연구능력의 향상을 보여 주고 있다. 이 점에서 경제학계는 인문사회과학의 선두이며 자연과학에 버금간다. 특히, 논문의 질이나 수량으로 따져 외국의 유명학자에 근접한 학자들이 없지 않다고 평가된다. 더불어 각급 국책연구소와 민간 연구소에 수없이 많은 박사급 연구원들이 포진하고 있다. 이들은 대학 교수들과 달리 한국 경제 현실과 관련된 구체적인 문제에 초점을 맞추어 많은 논문과 보고서를 만들어 내고 있다. 이같이 양적인 측면에서 보면 한국 경제학계의 성장을 능가하는 것은 한국 경제의 성장뿐이다.

경제학을 이론(미시와 거시), 응용(계량 및 현실 분석), 그리고 역사(경제사 및 경제학설사)로 크게 나누면, 이런 성장은 경제사 및 학설사 분야보다 이론 분야와 응용 분야에서 두드러진다. 이런 차이는 이론 분야가 수학이나 통계학 등 보편적인 인공 언어에 의존하는 데 비해, 경제사나 경제학설사가 인문과학과 유사하게 주로 자연 언어에 의존한다는 데서 비롯된다. 해외 학술지를 대상으로 하는 경우 이런 차이는 더욱 심하게 나타난다. 더불어 경제학설사에 대한 관심이나 연구가 경제사보다 덜하다는 점도 지적되어야 한다.

그러나 연구 인원이나 논문의 숫자에서 볼 때 경제사와 경제학설사 분야에서도 양적 성장이 있었음을 부인할 수 없다. 초기 학설사 저작으로 우리는 최문환(1981)의 『경제학사』, 박기혁(1999)의 『경제학사』, 윤석범(1987)의 『현대경제사상의 재조명』, 그리고 정윤형(1992)의 『서양 경제사상 연구』 등을 들 수 있다. 이를 통해 살펴보면 경제학설사에서는 과거 특정 경제학자의 전기나 일화, 혹은 그가 제시한 개념의 열거나 서술이 해당 사상가에 대한 전반적인 분석이나 평가로 바뀌었다는 점에서 지적 수준의 향상을 엿볼 수 있다. 이 점은 『경제학 연구』(한국경제학회), 『사회경제평론』(한국사회경제학회), 『경제학의 역사와 사상』(한국경제학사학회) 등에 실린 논문들의 주제나 숫자를 보면 확인된다.

우선 한국경제학회에서 1997년에 발간한 『경제학 문헌연보』를 보면, 스미스(A. Smith), 마르크스(K. Marx), 베버(M. Weber), 스톡홀름학파, 시카고학파, 포스트모던, 경제 윤리, 경제 교육 등 다양한 경제사상의 주제들이 취급되고 있다. 이들 논문들은 해당되는 일차 문헌을 직접 논의하거나 그 부문에 있어 서양 권위자의 해석을 직접 인용하고 있다.

경제학의 모든 분야를 망라하는 『경제학연구』에도 경제학설사나 정치경제학 논문들이 꾸준히 실리고 있다. 예를 들어, 1999년 9월에 발간된 제47집 제3호를 보면, 실린 논문 14편 중 자연법 사상에 관한 논문과 마르크스의 전형 문제에 관한 논문 등 적어도 2편이 경제학설사와 정치경제학 분야에 속한다. 또 다른 예로 2004년 3월에 발간된 제52집 제1호에 실린 9편의 논문 중 제도주의 연구와 노동가치이론의 정합성 등에 관한 두 편을 관련 논문으로 꼽을 수 있다. 해방 직후 『경제학연구』에 실린 논문들이 이론, 응용, 역사 및 사상의 구분조차 어려웠던 과거 실정에 금석지감을 느끼게 한다. 또한 『경제학연구』의 편집위원회는 10여 개 이상의 분야로 나뉘어 각 분야마다 2~3명의 편집위원들을 두고 있을 정도이며, 이 중에서 경제학설사와 정치경제학이 두 개 분야로 포함되어 있다.

그뿐만 아니라 『사회경제평론』에는 마르크스의 이론과 철학에 대한 논의가 서양의 좌파 학술지에 버금가는 넓이와 깊이로 이루어지고 있다. 예를 들어, 2001년 제16호와 2002년의 제18호를 보면, 경제학과 인류학의 관계, 관습에 대한 경제학적 연구, 비판적 실재주의, 마르크스의 가치, 기술발전, 화폐이론 등 다수가 학설사 연구로 간주될 수 있다. 분명히 이런 논의의 수준은 일제 식민지시대에 이순탁(李順鐸)이 동아일보에 연재한 마르크스의 유물사관에 대한 소개나 윤행중(尹行重)이 책으로 펴낸 케인스 비판 등과 비교할 때 진전된 것이다.

본격적인 경제사상 전문지로 1998년에 발간된 『경제학의 역사와 사상』 창간호에 실린 논문들은 페티(W. Petty), 스미스(A. Smith), 리카도(D. Ricardo), 마르크스(K. Marx), 왈라스(L. Walras), 피셔(I. Fisher), 클라크(J. B. Clark), 케인스(J. M. Keynes), 하이에크(F. A. Hayek) 등 자못 방대한 범위의 사상가들을 서양 유명학자들의 해석에 근거해 다루고 있다. 이 점은 이미 한국의 경제학계에 다양한 사상가들을 다룰 역량이 배양되어 있음을 보여 준다. 끝으로 *Cambridge Journal of Economics*, *History of Political Economy*, *Science and Society*, *Review of Radical*

Political Economics, *Journal of Post-Keynesian Economics* 등 관련 분야의 외국 학술지에 적지 않은 한국인들이 논문을 게재했다는 것도 무시할 수 없는 성장이다.

3. 질적인 답보

이같이 주로 양적 측면에서 한국의 학계, 경제학계, 그리고 이 중 경제학설사 분야가 성장했음을 부인할 수 없다. 그러나 한국의 경제학과 경제학설사나 사상사 분야의 변화를 평가하기 위해 보다 근본적인 측면을 지적하지 않을 수 없다. 우선 객관적인 사실로 아직까지 한국의 경제학계는 선진국에 이론을 수출하기보다 일방적으로 수입하는 형편에 있다. 또한 한국의 경제학계는 내세울 만한 학파나 관점을 가지고 있지 못할 뿐만 아니라 아직 미국과 서양의 이론을 완전히 소화하기도 힘겨운 상황에 있다. 보다 심각한 문제는 학문의 자생력이나 토착화라는 관점에서 한국 학계의 현실이 암담하다는 점이다. 심지어 내면을 들여다보면 한반도에 경제학계라는 것이 존재하는지 의심스럽다. 통상 보편성을 갖는 물리학을 위시한 자연과학은 그렇다 치더라도 다수의 인문과학과 절대 다수의 사회과학이 미국을 중심으로 한 서구의 관점에 지배받고 있음은 심각한 문제이다. 이 문제를 중심으로 나타나는 여러 가지 증상들은 다음과 같다.

첫째, 한국 경제학계는 학문적으로 거의 재생산 능력을 상실하였다. 우선 대학의 교수를 위시한 연구자들이 대부분 외국 대학에서 훈련받은 박사들이다. 특히, 국내 대학의 교수들 중 미국 대학의 박사학위 소지자가 다수를 차지하고 이들이 전적으로 우대 받는 실정이다. 학설사나 사상사의 연구자나 교육자도 대부분 외국에서 학위를 받은 사람들이어서 여타 경제학 분야와 정도에 있어 차이가 있을 뿐 특별히 다르지 않다.

이 때문에 현 상황에서 한국경제사 분야를 제외하고 국내에서 경제학 박사학위를 받은 사람이 대학에 교수직을 획득한다는 것은 거의 불가능하다. 한국 고유의 학벌주의가 낳은 외국 유명 대학의 졸업장에 대한 숭배가 겹쳐, 이제 외국 유수 대학의 박사학위는 한국 학계에서 활약하기 위한 필수조건이 되고 있다. 양적 성장에 있어 경제학이 사회·인문과학의 선두이기 때문에 이런 부정적인 측면에 있어서도 경제학이 선두를 달리고 있다.

경제학 분야에서 한국 대학원 출신 석사나 박사가 대학의 교수로 취직하기 힘들다는 것은 한국의 대학원 교육이 존재 이유를 상실해 가고 있음을 의미한다. 이제 상당수의 대학에서 대학원 교육은 연구능력의 배양이 아니라 석사나 박사의 간판획득이나 학벌 위장에 활용되는 경향이 높다. 보다 심각한 것은 외국 학위를 가진 교수들이 스스로의 교육에 대해 자신을 갖지 못하고, 한국의 대학원 교육을 국제 수준으로 만들려고 노력하기보다 학생들에게 자신과 마찬가지로 외국 유학을 강력히 권고하고 있다는 사실이다. 이념이나 입장을 떠나 이런 태도는 한국 학계의 미래를 암울하게 만드는 부분이다. 더구나 1990년대 이후 진행되고 있는 세계화는 미국과 영어의 우위를 절대적으로 만들어 미국 유학의 폭주와 국내 대학원의 공동화를 가속화시키고 있다. 이 모든 점에서 한국의 대다수 학문에서 같은 상황이 벌어지는 것으로 보인다.

둘째, 한국 경제의 현실 문제들이 외면당하고 있다. 외국 대학의 학위 소지자들이 대학을 메우면서 주요 대학의 소위 일류 경제학자의 연구일수록 외국 학술지를 지향해 한국 경제의 현실 문제들을 고려하지 않고 있다. 현재 한국의 학계에서 외국 학술지 게재를 위한 압박은 한국사를 연구하는 학자에게까지 미칠 정도로 강력하고 폭력적이다. 전반적으로 수학과 통계학에 크게 의존하는 경제학은 다른 학문에 비해 외국 학술지에 대한 접근이 용이하기 때문에 이런 압박이 더욱 강력하게 실현되고 있다. 이 때문에 미국, 독일 및 일본보다 한국 학계에 이론을 연구하는 학자에 대비한 현실 경제 연구자의 비율이 훨씬 적다.

현재 채용과 승진 등 제반 평가에 있어 한국 대학의 교수에게 SSCI는 한국의 고교생에게 수능점수가 갖는 의미만큼 절대적이다. 이로 인해 경제학계에서 한국 내의 학술지와 유명 외국 학술지는 확연히 차별되고 있다. 한국 학술지가 기고의 장소일 뿐 결코 탐독의 대상이 되지 못하는 병리현상이 여기서 나온다. 앞서 지적한 양적 성장이 이같이 해외 유명 학술지 게재로 나타났으므로 한국 경제학계의 양적 성장은 한국 경제학계의 비현실성이나 의존성과 동전의 양면을 이룬다. 한국 경제에 대해 종속이론의 적용을 부인할 수는 있어도 한국의 경제학에 종속이론의 적용을 거부하기는 힘들다.

한국의 학문 전반과 경제학은 서양에 의존해 왔으나 해방 이후에는 이런 의존성이 직접적인 것으로 바뀌었고 의존도도 심화되었다. 인문과학보다 자연과학에서 이런 경향이 두드러지며, 사회과학 중에서는 경제학에서 가장 정도가 심하다. 물론 국제적인 학술 교류의 필요성을 부인할 사람은 아무도 없다. 그러나 경제학자 중에 한국 경제와 사회를 염두에 두고 학문 교류를 위해 외국 학계의 동향에 관심을 두는 사람이 많지 않다는 점에서, 한국 학계의 의존을 언급하지 않을 수 없다.

한국의 학문이 해방 이후 미국에 의존하면서 경제학계도 미국 학계의 변화에 예민하게 움직여 왔다. 20세기 중반 이후 정치와 경제의 중심이 미국으로 넘어가고 상당수 학문의 중심 역시 미국으로 이전했으며 세계의 경제학계가 현재 미국에 의해 지배되고 있다는 객관적인 사실도 이런 경향을 강화시키고 있다. 경제학은 내내 영미계통의 학문이었지만, 20세기 중엽까지 영국이 주도했다면, 그 이후는 확연하게 미국이 압도하고 있다. 외국 학계에 대한 의존이나 미국 학계로부터 받는 영향이라는 점에서 경제학 중에서 이론 분야가 가장 심각하지만 경제학설사 및 사상사 연구도 이로부터 자유롭지 못하다.

이런 흐름은 이념에 있어 시장경제에 대한 극단적인 신봉, 방법론에 있어 행동주의나 경험주의의 경향, 그리고 수리적 분석 및 계량적 방법에 대한 의존 등으로 규정된다. 이런 요인들은 자본주의 경제에 대한 자부심과 함께 신고전학파 경제학에 대한 신뢰를 높이게 되었다. 여기에 1990년 소련과 동구의 몰락과 세계화의 파도는 이런 변화를 심화시켰다.

이런 요인들로 인해 경제학의 현재 상태에 대해 만족하게 되면서, 과거 경제학의 흐름에 대해 상대적으로 소홀히 하는 경향이 생겼다. 따라서 미국 학계를 중심으로 경제사상이나 철학에 대한 관심이 상대적으로 줄어들었고 경제학설사나 사상사에 대한 연구를 위축시키는 결과를 초래하였다. 물론 과거에도 학설사에 대한 관심은 신고전학파가 지배하는 미국보다 신고전학파에 대한 비판이 저류를 형성해 온 영국, 프랑스, 일본 등에서 두드러졌다. 그런데 현재 상황에서는 이런 경향이 더욱 심화되고 있다. 다만, 미국 경제학계의 규모가 워낙 커서 여러 가지 주제들이 수용될 여지가 많다는 것이 그나마 학설사 연구가 급격히 감소하지 않는 상쇄요인으로 작용하고 있다.

또한 미국의 경제학설사 연구는 전통적인 경제사상보다 현대의 경제학자나 현대 경제학의 방법 및 철학 등 미국의 경제학에 상응하는 대상에 초점을 두고 있다. 보다 구체적으로 스미스나 마르크스 등 18세기나 19세기의 경제사상가보다 20세기 미국의 경제이론과 밀착된 경제학자(예를 들어, 프리드먼의 방법론)에 관심을 두거나 수리경제학이나 계량경제학의 역사에 관심을 두는 경향이 생겼다. 이것은 미국의 영문학계에서 셰익스피어보다 미국의 작가에 관심을 두는 경향이 생긴 것과 유사하다.

압도적으로 미국의 경제학에 의존하는 한국 학계에서도 이런 경향이 재현되어, 경제학설사 분야에서도 미국을 위시한 서양 학계의 연구대상이 중요 주제로 등장한다. 가령, 합리적 기대 가설과 그 근거가 되는 확률론이 우리의 거시경제와 연결되지 않은 채 논의되고 있다. 20~30년 전 한국 경제에서 총수요 부족을 핵심으로 삼는 케인스의 이론이 생경하였듯이, 여러 가지 기대 개념에 의존하는 거시경제학의 입장 차이는 여전히 한국의 경제주체의 행동에 비추어 생경하다. 다만, 경제학설사는 경제이론이나 응용 분야에 비해 보다 넓은 관점을 유지하고 서양의 경제이론에 어느 정도 거리를 유지하고 있다.

이런 상황은 한국 대학의 교육 전반과 경제학 교육에서도 재확인된다. 가령, 경제학 교육에 있어 한국 경제의 현실은 간헐적으로 예시되는 데 그친다. 더구나 경제학설사 교육은 인물이나 일화 위주로 진행되고 있다. 가령, 애덤 스미스는 현재의 경제이론과 무관하게 우리의 머리를 맴도는 유명인사 정도로 남아 있다. 또한 미시경제학에서 가르치는 시장경제의 균형이나 효율성이라는 주제와 연결되지 않은 채 스미스의 사상이 전달된다. 물론 한국의 경제학

교육과 교육 전반의 근저에는 학벌사회 속에서 입시경쟁으로 인해 학생 대다수가 지적 호기심을 상실했다는 고질병이 자리 잡고 있다.

셋째, 외국 학계에 대한 추종은 우리 자신의 문제의식 결핍과 연결되어 있다. 경제학 전반과 경제학설사에 있어 연구 대상이나 방향에 관해 학계에 최소한도의 합의가 형성되어 있지 않다. 학문의 다양성을 추구한다고 하나 최소한의 공통분모가 확보되어야 다양성이 추구될 수 있다고 볼 때 한국 학계의 현 상황은 무질서에 가깝다. 이런 의미에서 앞서 언급된 바와 같이 사상사 부문의 연구 주제가 다양하다는 것도 역설적으로 산만함이나 무질서를 표현한다.

현실에 대한 무관심은 이론 연구의 추상성이나 학자의 중립성 등으로 위장될 수 없다. 사회과학뿐만 아니라 인문과학, 심지어 철학에서조차 현실과 완전히 괴리된 이론이란 존재할 수 없다. 현실에 근거한 이론과 이론에 근거한 이념이나 입장이 서로 삼투하고 영향을 주고받는 것이 사회과학이다. 그러므로 한국 현실에 대한 무관심과 해외 학계에 대한 일방적인 추종은 정당화하기 힘들다. 물론 학생에게 수능점수 이상으로 교수에게 일방적으로 SSCI를 강요하는 현실, 교육부 등이 한국 대학의 재정 상태에 비추어 막대한 자금에 의존해 개발독재를 방불케 하는 연구역량 강화 및 대학 통폐합을 시도하고 있다는 사실, 그리고 이에 부응해 대학들이 경쟁을 자임하고 나서는 것 등이 상황을 더욱 악화시키고 있다.

이 점에서 한국의 경제학계만 아니라 한국 학계 전체가 비슷한 상황에 놓여 있다. 말하자면, 한국 학계는 해방 이후 현재까지 서양의 갖가지 이론과 사상에 대해 대단히 수용적이면서, 동시에 그중 어느 것도 확실하게 소화하지 못하는 실정에 있다. 경제학 내에서는 통화주의와 케인스주의, 마르크스주의,

후기 케인스학파와 신리카도학파, 제도학파 등이 상호 교류 없이 공존하며, 경제학을 넘어서면 전통적인 사상들과 신자유주의, 포스트모더니즘 등 새로운 사조가 서로 접촉 없이 공존하고 있다.

이같이 어떤 현실, 어떤 이론, 그리고 어떤 사상이나 학파가 중요한지 한국 학계에는 합의가 이루어지지 않아 학문 연구의 방향도 설정되어 있지 않다. 대체로 이런 방향의 결여는 연구논문의 숫자나 질이 아니라 연구의 절박성이나 의미, 혹은 연구자의 힘이나 열정의 결핍으로 나타난다. 또한 이런 공통분모의 부재로 인해 특정 가설이나 담론에 대한 여과 장치나 판단기준도 상당히 박약하다. 누가 어떤 주장을 했다고 할 때 이에 대한 평가가 제대로 이루어지지 않는다. 최근의 예로, 아파트 건축 원가의 공개가 시장경제에 배치되는지에 대해 설득력 있는 판정이 내려지지 않았다. 사실 경제학계의 유일한 판단기준은 SSCI뿐이다. 이같이 문제 상황이나 문제 틀과 평가기준에 있어 경제학계가 동의하는 바가 거의 없다.

그러므로 한국 경제학자들의 특징은 열정, 흥미, 애정 혹은 지적인 호기심이 상대적으로 부족한 근면함이나 성실함으로 규정된다. 연구 수명이 길지 못한 것도 이와 관련이 있다. 한국의 경제학계에는 특정 이론에 대한 성숙한 애정과 이해나 특정 사상에 대해 오래 가꾸어 온 애정이나 이해가 부족하다. 상황이 이렇기 때문에 논문이나 글에 대한 진정한 평가가 이루어지지 않은 채, 외국 학술지 게재, 단순한 다작, 외국 논문의 해석이나 모작 등이 우리의 주위를 뒤덮고 있다. 이런 점에서 좁게 잡아 경제학설사 분야와 넓게 잡아 한국의 인문·사회과학 전체가 동일한 질병을 겪고 있다.

현실로부터의 괴리나 분석대상에 대한 합의의 결여, 혹은 이념적 경직성은 해방 이후 한국의 학계와 경제학계의 지배적인 특징이었다(한국경제학회, 1991: 26~27). 예를 들어, 제3공화국에서 국가의 역할이 현저했음에도 불구하고, 이를 인정하고 이를 분석하거나 이에 대한 외국의 문헌을 검토한 연구를 찾기 힘들다. 또한 IMF 외환공황 시에도 국내 학계에서 이에 대한 적절한 설명과 처방은 이루어지지 않았다. 한국의 다른 학문에서도 상황은 비슷했다고 생각된다. 경제학 전반에서 그렇듯이 경제학설사에서도 서양 경제학계에서 논의대상이 되면 그것이 학계의 논의거리가 될 뿐 한국의 현실에 비추어 연구가 요망되는 사상이나 사상가가 누구인지 합의가 형성되어 있지 않다.

이런 상황에서 경제학의 과학적인 분석과 현실의 경제 문제에 대한 이해 사이에 상당한 괴리가 남아 있다. 달리 말해, 한국의 경제학은 한국의 경제와 지속적으로 유리되어 있다. 이런 이유로 한국의 경제학은 관료나 기업들과 진정으로 대화하지 못하며 한국의 경제학자들은 한국의 경제 문제에 대한 진정한 전문가로 자처하기 힘들다. 여기서 진정한 학문 연구의 실적 대신 졸업장, 학벌, 관록 등이 학자의 발언권이나 권력을 결정하는 병적인 구조가 기생하게 된다. 서양에서 자연과학과 경제학 등의 등장에 수반되었던 사변과 실용적인 필요의 융합이 한국과 동양에 충분치 않았음을 앞서 지적한 바 있다. 이 문제가 아직까지 현재성을 가진다는 것을 알 수 있다.

넷째, 한국의 정부출연 연구소나 대기업 연구소는 대학과 달리 한국 경제의 현실에 초점을 맞춘다는 강점을 가지고 있다. 주로 학교에서 경제학자들이 수행하는 연구활동이 현실 경제와 상당한 거리를 두고 진행되기 때문에, 현실 문제에 대한 논의나 이해는 관료, 연구소, 언론, 여타 경제주체들 사이에 진행된다.

연구소의 논문들이 현실 문제의 해결이라는 목표를 가지고 있기 때문에 대학의 연구가 갖지 못한 강점을 가지고 있지만 나름대로 약점도 있다. 대학의 연구가 지나치게 추상적이어서 현실로부터 유리되어 있다는 문제를 안고 있다면, 연구소의 논문이나 보고서는 구체적인 문제에 매몰되어 일반적인 원리를 추구하지 않는다. 또 다른 문제는 정부출연 연구소와 대기업 연구소가 각기 정부의 입장과 대기업의 입장을 대변하는 데 급급해 중립적인 입장에서 경제 현상을 바라보지 못하는 경우가 많다. 연구소의 경우 기관장들이 논문이나 보고서의 주제나 결론을 나름대로 관리하는 것으로 알려져 있다. 또한 출연 기관들은 예산지원을 입장에 대한 통제권과 동일시하고 있다.

경제학설사 분야와 관련해서는 최근에 대기업들이 만든 몇 개 연구소에서 시장경제의 원리와 대기업 및 기업 옹호의 논리를 홍보하고 있음을 주목할 필요가 있다. 이들은 대학에 강의 개설을 추진할 정도로 적극적이다. 그런데 이들은 한국 경제에 대한 연구소의 실증 연구와 마찬가지로 어느 정도의 객관성을 유지하지 않은 채 일방적으로 이념을 전파하는 경향을 보이고 있다.

예를 들어, 한 기관의 경우 "시장경제 사랑단"을 조직해 놓았고, 이 기관의 대학 추천 강좌는 "사회현장에 나가 진정한 시장경제를 이룩하기 위해 노력하는 일꾼으로 거듭나도록 도와주는 데" 목표를 두고 있다. 더불어 이 강좌는 표준적인 독서목록에 하이에크, 포퍼, 프리드먼 등 자유방임주의자만을 일방적으로 등재해 균형을 잃고 있으며 논리가 아닌 신앙이나 믿음으로 시장경제를 전파하는 것 같다. 이들은 초·중등교육에서 자본주의에 반하거나 기업에 반하는 정서가 이식된다고 주장하나 사회주의가 붕괴된 시점에서, 더구나 전 세계를 지향하는 스스로의 포부에 비추어, 이런 편협함은 쉽게 이해할 수 없다.

또한 이들은 보편적인 시장 원리와 한국의 특수한 사정 사이의 갈등에 대해 충분히 고민하지 않고 있다.

최근의 이런 상황변화는 대학이 경제원론, 미시경제학, 거시경제학 이외에 시장경제나 자본주의 원리에 대한 사회철학 및 방법론적 논의를 벌써부터 제공해야 했음을 의미한다. 신고전학파 위주의 경제원론이나 미시경제학 강의에서 이런 주제가 취급되지 않는다는 점에서도 이런 강의는 경제사상 전공자들의 몫이다. 가령, 경제인이 이기적이라면 그 이기심은 합리성으로 해석되어야 하고, 그런 합리성이 유권자의 합리성과 어떻게 다르고 같은지, 그리고 시장경제가 민주주의와 어떻게 연결되는지가 전달되어야 한다.

이제 경제학설사 혹은 경제사상사로 좁혀 보면, 첫째 이 분야에서 연구대상의 정체성 결여나 빈약성이 보다 절실하다는 것을 알 수 있다. 서양 경제학에서와 같이 한국 학계에서도 사상사 분야가 미국 주도의 신고전학파 지배로 인해 약화되고 있다. 그뿐만 아니라 한국 학계에서 경제사상 분야는 경제이론이나 응용 분야, 심지어 경제사와 달리 인식대상 자체의 혼란을 겪고 있다.

경제이론이나 응용 분야가 특정 경제의 현실을 대상으로 삼고, 경제사가 특정 경제의 과거 경제현상을 확고한 대상으로 삼는다. 특히, 경제이론과 경제사는 한국 경제의 현재와 과거를 당당한 대상으로 삼아 왔다. 이에 비해 경제학설사는 한국 현실의 경제사상이나 이념을 문제로 설정하는 데 상당한 어려움을 겪고 있다. 아마도 한국의 경제학자, 사회과학자, 인문과학자들은 손질해 주지 않은 자료나 문제를 다룰 만큼 현장성을 갖추지 못한 것으로 보인다. 이로 인해 한국의 학자들은 유교, 실학, 제3공화국의 경제 이념, 북한의 주체사상 등을 거의 도외시 한 채 서양 사상 연구에만 전념해 왔다.

그런데 서양 경제사상에 대한 연구는 그 문맥을 제대로 파악하지 않으면 공상의 나락으로 전락할 위험을 안고 있으며, 이 점에서 경제이론에 대한 연구보다 문제가 심각하다. 달리 보면, 경제이론보다 경제사상에 대한 연구는 낯선 고장에서 생겨난 생경한 사상에 대한 연구로 그 의욕을 쉽게 상실할 수 있다. 그러므로 스미스, 리카도, 마르크스, 케인스 등이 존재한다고 해서 경제학설사의 대상이 널려 있다고 자부할 수는 없다. 더구나 익히 알려진 10명 내외의 경제사상가를 제외한 여타 서양의 사상가에 대한 연구는 보다 심각한 어려움을 안고 있다.

한국의 경제 현실에 대해 서양의 경제이론에 비춘 설명과 경제주체의 상식적인 설명이 마주치듯이, 경제학설사에서도 한국의 특정 사상이나 이념이 서양의 특정 사상이나 이념과 마주쳐야 한다. 그런데 이런 충돌이 한국의 경제사상 분야에서는 별로 일어나지 않고 있다.

또한 경제학설사는 경제주체의 사고나 관념에 앞서 경제학자의 사고나 관념을 다룬다. 이렇게 보면 현상을 설명하는 이론을 다시 해명하는 경제사상 연구는 어느 정도 확고한 이론활동이 존재하지 않는 한 그 존립에 어려움이 있다. 한국 경제의 현실이 엄연히 존재하는 데 비해, 이에 대한 이론 작업이 확고하지 않다는 의미에서도 한국 학계에서 경제학설사의 대상은 견고하지 않다. 같은 이유로 한국에서 경제사상 연구자들은 살아 있는 현실에 대해 보다 근본적인 문제를 던지기보다 과거의 골동품을 손질하거나 이를 보고 감탄하는 데 그치는 경우가 많다. 한국의 경제학자에게 어떤 문제를 왜 다루는지 묻는 경우 쉽게 답할 수 없는데, 이런 경향이 경제사상 분야에서는 보다 심각하다.

이 점에서 한국의 경제사상 연구는 한국의 정치사상 연구나 사회사상 연구와 다른 어려움을 안고 있다. 이는 제반 사회과학에서 사상과 이론이 차지하는 비중이 어느 정도인지 검토하면 확인된다. 정치학이나 사회학에서 사상이 이론에 대해 차지하는 비중이 경제학에서 사상이 이론과 비교해 차지하는 비중보다 훨씬 크다. 가령, 정치학에서 아리스토텔레스는 정치이론의 지속적인 주제이지만, 경제학에서 스미스는 경제사상의 주제이지 경제이론의 주제가 아니다. 같은 이유로 사상 분야의 논문의 수나 종사자의 비율로 보아도 경제사상 연구는 다른 학문의 사상 연구에 비해 확연히 열세이다.

다른 사회과학에 비해 경제학에는 이론 분야가 견고한 위치를 차지하고 있기 때문에 이런 차이가 발생한다. 달리 말해, 경제학에서 확연히 사상으로 분류될 만한 대상이 정치학이나 사회학에서는 이론으로 분류되곤 한다. 더구나 정치사상과 사회사상 연구에서는 한국의 사상이 주제로 연구되는 데 비해, 경제사상과 관련해서는 이런 일이 흔치 않다는 점에서도 경제사상의 연구대상은 빈약하다.

둘째, 경제학에서 경제학설사는 여타 학문과의 연결고리가 되어야 하는데, 그런 역할을 제대로 담당하지 못하고 있다. 사상의 불가분성이나 사상 연구가 갖는 인문학적 성격으로 볼 때 사상사 분야는 이론 분야와 달리 학문의 고착화된 분업에 안주할 수 없다. 쉽게 말해, 같은 대상을 놓고 여러 학문이 전혀 다른 주장을 할 때 이들을 연결시켜 비교할 수 있게 해주는 것이 경제학에서는 사상사이다. 가령, 후생경제학과 윤리학의 비교 연구를 위한 공리주의 연구가 그런 것이다.

특히, 경제학이 주로 가정하는 인간 자체와 관련된 인문과학과 경제학의 연결고리는 경제사상이 될 수밖에 없다. 가령, 인간의 이기심에 대한 논의를 동정심, 이타심, 그리고 인간의 본능 및 이성 등과 연결시켜 논의하는 것이 사상사의 주제이다. 그런데 전반적으로 한국의 학문들이 개항 이후 분리된 채 수입되어 상호 연계가 없으며, 여기에 앞서 지적된 여러 가지 한계들이 겹쳐, 정치사상이나 사회사상뿐만 아니라 경제사상 분야도 여타 학문의 연결에 도움이 되지 못하고 있다. 따라서 경제사상 분야를 매개로 경제학과 정치학, 사회학, 사학, 철학, 심리학 등의 학제 간 연구가 거의 이루어지지 않고 있다. 특히, 한국의 정치가, 관료들이 과연 어떤 생각을 가지고 있으며, 어떤 유인에 따라 경제주체들이 소비나 저축 등 경제행위를 수행하는지 등의 경제심리학(Economic Psychology) 주제들을 경제학계에서 학문적으로 설정하고 논의한 적이 없다.

셋째, 학제 간 연구의 결핍과 연결해 경제사상 연구에 있어 여러 주제들에 대한 적절한 분업의 결여도 지적되어야 한다. 경제학설사 및 사상사의 연구대상들로 특정 사상가나 학파, 과거와 현재에 있어 지배층 및 일반 대중의 경제관념과 이념, 경제학과 사회과학의 방법론과 인식론, 그리고 현대 경제이론에 대한 부문별 검토 및 평가 등을 들 수 있다. 한국 학계가 안고 있는 문제들로 인해 이 주제들 중 해방 이후 50여 년 동안 한국 학계에서 전혀 다루어지지 않은 것도 있다. 학제 간 연구가 가능했다면 이런 문제는 어느 정도 해소되었을 것이다.

근본적인 문제는 이 다양한 주제들에 대한 균형 잡힌 접근이 현재 거의 불가능하다는 점이다. 사실 경제학 전반에서나 경제학설사에 있어서나 우리의 연구 주제는 화석화되어 있다. 학문의 분류나 세부 분야, 각 분야가 다루어야 할 문제와 방법 등이 모두 서양에서 다소 피상적으로 수입되었으며, 서양에서의 변화가 상당한 시차를 두고 한국 학계에 도입된다. 모방도 배움의 형식이기는 하나 어느 정도의 깊이와 시차를 갖는 모방인지가 문제이다. 이런 점에서도 한국의 학계, 경제학이나 경제학설사는 생동하고 있지 않다.

서양 학계에서는 학문의 분업과 전문성을 유지하면서도 현상을 설명하고 분석한다는 궁극적인 목표를 위해 수시로 학문 간 교류가 이루어진다(Hirshleifer, 1985). 예를 들어, 새로운 정치경제학에서 정치학자와의 교류, 실험경제학 등과 관련된 심리학자와의 교류, 제도나 생태계와 관련된 생물학자와의 교류 등을 들 수 있다. 이들은 *American Political Science Review*, *Experimental Economics*, *Journal of Ecological Economics* 등에서 확인된다. 한국의 경우에는 전문성이 부족하면서도 분업에 대한 고집으로 학문 간 교류는 어렵다. 이 문제 역시 학계의 관련 당사자들이 지속적인 논의를 통해 합의를 이루지 않으면 해결될 수 없다.

이런 관점에서 보면, 한국 학계에서 경제학설사의 중요한 임무 중 하나는 서양의 경제이론을 수입하는 데 있어 이론이 가진 문맥을 드러내 이론을 제대로 이해하고 적용하도록 도와주는 데 있다. 단순히 미시경제학과 거시경제학이 개념 위주로 전달될 때 부족한 부분을 보완하는 역할이다. 가령, 소비자잉여라는 개념을 이해하는데 소비자잉여라는 개념이 왜 필요한지, 지불할 의사(willingness to pay)라는 부속 개념에 숨어 있는 이념적 그림은 무엇인지, 그리고 주관적으로 규정되는 신고전학파의 잉여 개념에 대한 대안으로 어떤 이론이 있는지 등을 설명해야 한다. 또한 이런 점에서 적어도 미시 분야나 거시 분야에 있어 일정 기간을 두고 지속적으로 서양의 이론적인 발전을 정리하는 작업이 이루어져야 한다. 이 작업의 결과는 미국 경제학회의 *Journal of Economic*

*Literature*와 유사할 것이다. 이런 작업이 본격적으로 이루어지지 않고 있다는 것도 한국의 경제학설사 분야의 또 다른 결함이다.

넷째, 비록 과거보다 경제학설사의 연구 수준이 진일보했으며 문헌에 대한 분석능력이 향상되었다고 하나 여전히 미국, 유럽이나 일본의 수준에 미치지 못한다. 이런 평가는 여러 군데에서 확인된다. 우선 과거 사상가들이 저술한 원전이 한국 경제학계에서 어느 정도 해독되고 분석되었는지 확신할 수 없다. 보다 구체적으로 한국 학계의 경제학자 혹은 사회과학자 전체 중에서 『자본론』을 있는 그대로 놓고 나름대로 주해할 수 있는 학자가 몇이나 될까? 경제학자 중에서 새뮤엘슨(P. A. Samuelson)의 『경제 분석의 기초』나 애로우(K. J. Arrow)의 『사회적 선택이론』을 일차문헌으로 읽은 사람은 몇인가? 또한 하이에크(F. A. Hayek), 프리드먼(M. Friedman), 베커(G. Becker), 코즈(R. L. Coase), 뷰캐넌(J. Buchanan), 센(A. K. Sen), 그리고 롤스(J. Rawls)의 주요 저작은 얼마나 해득되었는가?

여전히 우리 학계는 이런 수준의 학자를 배출할 수 없을 뿐만 아니라 이들의 새로운 논리를 습득하기에도 힘겨운 수준에 있다. 그렇기 때문에 우리의 경제학 및 사상 연구는 미국뿐만 아니라 유럽이나 일본보다 확연히 뒤진다. 부분적으로 이런 이유로 인해 현재 한국의 경제학계에는 경제사상에 대한 전문 학술지가 없다. 또한 경제사상에 대해 정기적으로 발표하고 논의하는 학회도 변변히 존재하지 않는다. 그나마 사상 연구에 관심을 가지고 있던 좌파 학회들이 경제사상과 사회사상에 대한 관심을 유지하고 있다. 이런 상황 속에서 한국에서 경제학설사 연구는 그다지 전망이 밝지 않다.

이렇게 된 또 다른 이유는 우리에게 영어와 산수가 교육될 뿐 문헌 분석의 훈련을 거치거나 정교한 수리적 추론의 훈련이 이루어지지 않기 때문이다. 이 문제를 해결하기 위해 대학의 경제학 교육이나 교육 전반을 개념 이해에서 경제학적인 사고의 훈련으로 전환시킬 필요가 있다. 경제학 교육에 있어 구체적으로 한국 경제를 위시한 현실 경제의 문제들에 대한 분석이 경제학 교육의 기초 자료가 되어야 한다. 또한 서양 경제학의 이론을 도입할 때 이론의 문맥에 대한 학설사적인 이해와 이에 대한 전달이 필수적이다. 특히, 경제학설사나 사상을 위해서는 수리적이거나 통계적 분석뿐만 아니라 인문학에서와 같은 고전이나 문헌 분석의 능력이 배양되어야 한다. 보다 궁극적으로 대학교육뿐만 아니라 초·중등교육을 하루속히 입시지옥에서 해방시켜야 한다.

요약하면 학문의 의존성, 현실과의 괴리, 연구대상의 모호성, 연구의 깊이 부족, 조악한 이념의 지향 등이 경제학이 전반적으로 안고 있는 문제이고, 그 중에서 현실과의 괴리나 연구대상의 모호함은 경제학설사에서 더욱 심하게 나타난다. 이런 요인들은 보다 근본적으로 문제의식의 박약함 혹은 문제 자체에 대한 확신의 결핍과 연결되어 있다. 이것은 왜 어떤 현상을 분석하는지 혹은 왜 어떤 접근이나 이론을 논하는지에 대해 한국의 경제학자들이 쉽게 대답하지 못하는 것으로 나타난다.

4. 결어

이런 상황에서 우리는 연구와 교육에 각기 어느 정도의 비중을 두어야 할지, 그리고 연구 중 해외 학술지 중심의 연구와 한국 경제에 대한 연구 등에 각기 어떤 비중을 두어야 할지 재고해야 한다. 현재 학계를 지배하는 연구 중심의 가치는 한국 학계의 수준에 비추어 상당히 과장되어 있으며, 외국 학술지 중심의 연구도 과도하다. 현재 한국 학계는 외국 이론과 그의 배경에 대한 폭넓은 이해나 한국 경제에 대한 애정이 부족하면서도 다수의 외국 학술지에 논문을 게재한 학자들을 다수 배출하고 있다. 우리에게는 아직도 외국 이론의 특정 부위에 대한 미세하고 정교한 공헌보다 이론 자체에 대한 폭넓은 이해와 이에 대한 전달이 더 중요하다고 생각된다.

이 점에서 경제학이나 사회과학과 자연과학과의 차이를 반복해서 지적하지 않을 수 없다. 다수의 시민이 자연현상에 대한 인식이 없더라도 출중한 몇 명의 과학자가 우리의 물질문명을 발전시킬 수 있다. 그러나 정치와 경제에서는 몇몇 탁월한 정치학자나 경제학자가 사회를 발전시킬 수 없다. 정치제도와 경제체제에 대한 어느 정도 수준의 이해가 모든 시민에게 요구되며, 이것이 보다 나은 사회를 위해 필수적이다. 그런데 우리 경제학계와 대학의 상황은 이런 과제를 수행하기에 부적절하다. 심하게 말하면, 경제학계의 담론들은 대부분 일반 대중에게 전달되기에는 너무 추상적이고 현실과 유리되어 있으면서도 연구논문이 되기에는 단편적이다.

추측하건대 한국의 경제학계가 제대로 자리 잡기 위해서는, 한국의 경제현실에 대한 기초적인 자료 분석과 역사 분석, 그리고 서양이론에 대한 보다 넓고 깊은 이해가 부각되어야 한다. 이를 위해서는 한국 경제 및 사회에 대한 이해와 경제학설사에 대한 이해가 불가피하다. 이런 것들이 특정 경제학 분야의 대상이 아니라 모든 경제학 분야의 공통분모가 되어야 비로소 한국의 경제학이 자생력을 갖게 될 것이다.

이를 위해 한국의 경제학계에서는 적어도 10년 주기로 미국을 위시한 서양 경제학의 변동에 대해 학계의 합의된 보고서가 작성될 필요가 있다. 또한 경제사상 연구는 서양사상에 대한 연구와 한국의 경제사상에 대한 연구를 겸비해야 한다. 가령, 해방 이후 현재까지 한국 경제의 성장이나 발전을 뒷받침해 온 이념이나 사상에 대해 이제 진단할 시점에 와 있다고 생각된다. 이런 연구가 가령, 신고전학파의 합리성 개념에 대한 연구와 병행될 수밖에 없다. 그런데 자생적인 학문활동이 이루어지지 않는다고 보면 한국의 경제학자들이 학설사의 대상이 되기는 힘들다. 그러므로 한국의 경제사상 연구는 현재와 과거의 경제주체나 사회주체가 가지고 있는 가치, 사상, 관념 등을 주제로 삼아야 한다.

더불어 경제사상은 경제학과 심리학, 역사, 철학 등 인문과학과의 교량 역할을 피할 수 없다. 그렇지 않을 경우 한국 사회의 복합적인 현실을 파악할 수 있는 사회과학을 우리는 기약할 수 없다. 더구나 자생적인 이론활동이 누적되지 않는 상황에서 경제사상 연구는 정치사상과 사회사상 연구와 연결될 필요가 있다. 이렇게 할 때 경제학의 다른 분야를 되살리고, 여타 학문과 경제학을 연결시키며, 한국의 현실과 부합되는 연구가 가능할 것이다. 보다 현실적으로 하루속히 겉치레가 아니라 진정한 경제사상을 위한 연구회가 재건되어야 한다. 만약 그렇지 못하다면, 미국이나 유럽에 이어 아시아의 경제사상 연구회가 필요하지 않을까 생각된다.

참고문헌

박기혁(1999), 『경제학사』, 법문사.
윤석범(1987), 『현대경제사상의 재조명』, 현상과 인식.
정윤형(1992), 『서양 경제사상 연구』, 창작과 비평사.
최문환(1981), 『경제학사』, 일신사.
한국경제학사학회(1998), 『경제학의 역사와 사상』, 창간호.
한국경제학회(1991), 『한국경제학회 약사(1953-1989)』.
______(1997), 『경제학문헌연보』.
______(1999), 『경제학연구』, 제47집 제3호.
______(2004), 『경제학연구』, 제52집 제1호.
한국사회경제학회(2001), 『사회경제평론』, 제16호.
______(2002), 『사회경제평론』, 제18호.
Hirshleifer, J.(1985), "The Expanding Domain of Economics," *American Economic Review*, 75(6), 53~68.
Patten, S.(2001), *The Development of Economic Thought*, Batoche Books, Kitchener.
Zilsel, E.(1942), "The Genesis of the Concept of Physical Law," *The Philosophical Review*, 51(3), 245~279.
______(2000), "The Sociological Roots of Science," *Social Studies of Science*, 30(6), 935~949.

chapter 14

신고전학파 경제학의 변화와 한국 학계의 수용 (1960~2006년)

1. 서론

이 글은 신고전학파의 최근 변화를 살펴보고, 이에 대한 한국 학계의 수용 정도를 진단하는 데 목표를 두고 있다. 구체적인 내용은 다음과 같이 요약될 수 있다. 일반균형에 의존하는 신고전학파의 특징은 이론에서 합리적 개인과 시장기구로, 방법론에서 개체주의와 반증주의로, 사회철학에서 자연 상태와 최소한의 정부로 규정된다. 최근 신고전학파는 선호나 기술 등 외생변수들을 내생화하고, 여타 학문의 대상들을 자신의 영역으로 흡수하고 있다. 무엇보다 행동경제학 등이 새로 생겨나 인간의 합리성과 이에 근거한 기대효용이론에 강한 의문을 제기하고 있다. 일반균형 분석과 게임이론을 관통하는 기대효용이론과 달리 행동경제학은 인간의 행위에 있어 무의식적인 과정과 감성을 강조하고, 판단이나 의사결정이 준거점이나 문맥에 의존한다고 주장한다. 한국의 학계는 이런 변동을 별로 수용하지 못하고 있다.

2. 신고전학파 경제학의 전통적인 특징

신고전학파, 마르크스학파, 스라피언 학파·포스트케인지언 학파 등 근대 경제학의 세 부류 중 신고전학파는 미국을 중심으로 자본주의 논리를 생산해 내는 주류경제학이다. 이론, 방법론, 사회철학의 세 가지를 중심으로 1970년대까지 나타났던 신고전학파의 특징을 정리해 보자.

1) 이론: 합리적 개인과 시장기구

신고전학파는 이론적으로 한계효용학파와 케인스(J. M. Keynes)에 대한 보수적인 해석의 결합이다. 무엇보다 신고전학파는 시장경제의 효율성을 주장하기 위해 개인의 합리성과 가격의 신축성에 의존한다(홍훈, 1992). 게임이론이 등장하기 이전까지 왈리지언 일반균형체계가 이 입장을 대변하였다.[1]

먼저 미시경제학에 반영된 이 체계에서 개인의 합리적 선택(rational choice)과 시장의 가격은 상호작용한다. 개인은 효용극대화나 이윤극대화를 위해 선택한다. 선택과 가격이 영향을 주고받는 과정이 반복되어 수요와 공급이 일치되는 고정점에 이르면서 시장은 균형을 이룬다. 모든 개인의 적정화와 모든 시장의 균형이 동시에 달성되기 때문에 이를 일반균형이라고 부른다. 여기서 가상적인 존재인 왈리지언 경매인이 가격을 변화시켜 개인들의 선택들과 수요·공급을 사전에 조정한다.

시장의 균형가격이 특정 재화나 생산요소의 사회적 가치와 사회적 비용을 반영하므로, 균형은 주어진 선호, 기술, 부존자원하에서 경제가 다다를 수 있는 최상의 상태이다. 외부효과나 독점은 정상적인 상태에 대한 소수의 예외일 뿐이다.

거시경제학에서는 시장이 보다 크게 나뉘지만, 일반균형의 틀은 그대로 유지된다. 재화, 노동, 화폐, 그리고 채권시장의 상호작용에 의해 물가, 고용

1 애로우(K. J. Arrow)는 20세기 경제학의 다섯 가지 이론적 발전으로 불완전경쟁 및 게임이론, 정보경제학, 일반균형이론, 국민소득계정, 경제성장 및 발전이론을 꼽고 있다(Arrow, 2001). 이 중 일반균형이론이 20세기 전반과 중반의 핵심이라면, 게임이론이나 정보이론 등은 중후반에 부상하였다.

및 국민소득, 임금, 이자율이 동시에 결정된다. 그렇지만 거시경제학에 케인지언과 통화주의의 대립이 존재한다는 점은 인정해야 한다. 케인스는 일견 개인의 합리적 선택으로 분해되지 않는 거시변수들을 받아들였고, 독점으로 인한 가격과 임금의 비신축성을 중시하였다. 이에 비해 통화주의는 미시적으로 완전경쟁과 일반균형이론에 대한 신뢰와 정부 개입에 대한 거부 및 자유방임주의를 특징으로 한다.

좀 더 넓게 조망하면, 첫째 경제에 존재하는 안정성이나 질서를 균형으로 파악한다는 것이 신고전학파의 특징이다. 균형에 의존하므로 동태적인 과정보다 선택이나 가격변동의 여지가 없는 상태나 정태적인 결과를 강조한다. 왈라지언 체계는 선택과정이든 교환과정이나 시장의 조정과정이든 모든 과정을 평면화하거나 축소시키는 경향이 있다.

균형이라는 결과를 강조하려면 수렴과정과 조정과정에 경제의 여건들이 변동하지 않는다는 전제가 필요하다. 다른 조건이 같다는 전제(*ceteris paribus*)는 이같이 정태적 성격을 유지하기 위한 방책이다. 또한 균형은 자기교정적인 과정만 허용하고 순환적이거나 누적적인 과정, 불균형, 반균형을 배제한다. 이런 균형이나 안정성 등은 물리적인 유추로서 발생, 재생산, 진화 등 생물학적인 유추와 대립된다.

둘째, 신고전학파는 공리주의의 영향으로 쾌락이나 후생의 증대를 지향하고 소비를 경제의 목표로 삼는다. 이에 따라 생산재뿐만 아니라 화폐, 그리고 소득으로서 이윤이나 지대, 심지어 주가나 채권가격 등도 모두 소비나 효용의 관점에서 파악한다(Lucas, 1978). 재화나 서비스 이외에 화폐나 도덕 등 온갖 것을 효용함수에 집어넣으려는 욕구도 같은 맥락에서 파악된다.

이 입장에서 합리적인 선택과 균형이 성립하기 위해서는 먼저, (1) 개인이 재화들(intrapersonal) 사이에 효용을 일관되고 안정적으로 설정할 수 있어야 한다($U_i=U_i(x_i)$). 또한 (2) 저축이나 이자율과 관련해, 현재와 미래라는 시점 간의 (intertemporal) 비교가 안정되게 이루어져야 한다(U_t/U_{t+1}). 그리고 (3) 시장 전체의 결과를 판정하기 위해 효용의 대인(interpersonal) 비교도 요구된다($w_1U_1+w_2U_2+ \cdots +w_nU_n$). 여기서는 경제 전체의 상황을 판단하기 위해 효용의 합산이 요구되므로 서수적 효용과 기수적 효용이 갈등이 노골화된다. 이것이 신고전학파가 개체와 전체의 관계를 설정하는 방식이다.

셋째, 신고전학파에서 경제의 최종목표는 소비이지만 소비에 이르게 하는 활동이 교환이다. 소비가 결과라면 교환은 과정이며 개인의 선택들이 만나는 과정이다. 개인주의 관점에서도 개인들의 사회적 활동을 부인할 수 없다. 그런데 교환이 이런 사회성을 가지고 있으며, 자발성과 동등성에 기초하고 있기 때문에 신고전학파에게 중요하다.

교환을 중시하면서 반대로 소비 이외에 생산이나 분배 등 거의 모든 경제활동을 교환(이나 자원배분)으로 환원해 그들의 존재나 사회성을 부정한다. 분배를 재화의 가격결정과 동일시하며, 생산을 노동과 임금의 교환으로 규정한다. 이에 따라 기업을 생산자와 동일시하며, 생산함수를 상정해 생산과정을 기술적인 공정으로 파악한다. 나아가 통치관계나 기업 내의 위계를 포함한 모든 인간관계를 교환으로 치환해 생각하면서 이들이 모두 수평적이라고 주장한다.

넷째, 신고전학파는 화폐를 경시해 화폐경제를 실물경제로 바꾸어 생각한다. 일반적으로 화폐는 그 자체로서 존재할 뿐만 아니라 모든 변수를 화폐변수로 전환시킨다. 이같이 화폐에 대한 경시로 인해 화폐가 재화로 환원되고 화폐변수가 실질변수로 전환된다.

먼저 교환을 강조하면서도 교환이 소비로 이어진다고 보아, (중상주의와 달리) 화폐획득을 경제활동의 궁극적인 목표로 삼지 않는다. 이 때문에 화폐를 경시하고 인간의 축적욕구와 화폐의 퇴장기능을 부정하면서 교환수단기능에 집착한다. 또한 제도로서 화폐를 주어진 것으로 받아들여 화폐의 발생에 관심을 기울이지 않으며, 화폐공급의 외생성을 강조한다. 이런 생각들이 화폐수량설에 함축되어 있다.

화폐변수들 중 쉽게 상대가격으로 환산되는 재화가격보다 물가가 화폐변수로서 독자성이 더 크다. 이에 따라 거시적으로 합리성에 근거해 경제주체가 물가를 예측할 수 있다고 주장하게 된다. 예측을 통해 화폐변수로부터 실질변수들을 추출할 수 있으면, 개인들이 실질변수에 따라 움직일 수 있다. 이렇게 되면 화폐환상이 사라질 뿐만 아니라 현실 경제가 화폐 없는 경제가 된다.

위의 논의에서 신고전학파의 핵심은 경제주체를 위시한 개인의 합리적 선택이다. 그런데 여기에는 몇 가지 요건이 있다. 첫째, 개인들은 양적으로 서로 다른 소득이나 능력 등 제약조건하에 놓여 있으며, 사전적으로 우열을 가리기 힘든 다양한 대안들과 선호들을 가지고 있다. 둘째, 개인은 자신이 원하는 바를 잘 알며, 최상의 대안을 선택할 수 있다. 재화들로부터 기대되는 효용(expected utility)의 할인과 미래에 대한 확률적인 예측을 위해 계산능력이 요구된다. 또한 가격을 위시해 계산에 필요한 정보는 공정한 경쟁을 위한 기회균등의 원칙에 따라 모두에게 동등하게 제공된다. 셋째, 도덕이나 규범, 그리고 본능, 감정, 습관 등 비합리적인 요인들은 배제되거나 쾌락이나 고통으로 환원된다.

쾌락·고통이라는 획일적인 잣대를 들이대므로 도덕의 차이나 진화가 들어설 자리가 없다.

2) 방법론: 개체주의와 반증주의

신고전학파의 방법론은 개체주의와 반증주의로 규정된다. 우선 신고전학파는 방법론적인 개체주의에 의존해 사회구조와 사회관계, 계급이나 계층 혹은 집단 등을 모두 개인들의 의지나 이익의 합으로 간주한다. 나아가 합으로 환원되지 않는 부분은 설명할 수 없거나 설명할 필요가 없는 잔여로 처리한다.

그런데 방법에 있어서도 케인지언은 현실성을, 시카고학파는 일관성을 각기 우선시한다(Reder, 1982: 11, 13, 16). 그러나 개체주의에 대한 모호성은 합리적 기대가설을 통해 어느 정도 해소되고 있다. 새 케인지언은 시장의 불완전함과 정부정책의 유용성, 그리고 이론의 현실성을 고집하면서도, 옛 케인지언과 달리 미시적 기초의 필요성을 인정하고 있다. 그 결과 새 케인지언과 새 고전학파는 개체주의를 공유하게 되었다.

방법론에서 신고전학파는 관찰 가능한 것에 집착하기 때문에 포퍼(K. R. Popper)의 비판적 합리주의에 의존한다. 이에 따라 경험적인 규칙성의 검증이나 반증에 중점을 두며, 계량적 방법을 강조한다. 이 입장에서는 자연과학과 같이 경제학에서도 사회나 역사로부터 독립된 학자집단의 토론과 객관적인 검증이 가능하다고 본다.

이같이 가치중립성과 자연과학적인 엄밀성을 신뢰하면서 신고전학파는 규범성을 세척해 낸 실증경제학을 내세웠다. 이를 위해 수리적 방법에 의존하면서 일반균형체계의 구축에 몰두하였다. 실증경제학은 (시장 이념 이외의) 제반 가치들에 대해 무차별하기 때문에 정치적 입장이나 정책의 제시를 회피하는 경향이 있다. 이는 모든 것을 동질적인 가격으로 환산하는 시장의 현실이나 인간의 다양한 욕망들을 우선순위 없이 무차별적으로 취급하는 공리주의와 친화력을 갖는다.

면밀히 관찰하면 방법론에서도 신고전학파 내에 프리드먼의 실증경제학 방법론과 같은 이견이 존재한다. 그는 이론의 목표를 설명이 아니라 예측에 두고, 행동주체의 준칙 등 이론의 가정에 대해 현실성을 요구하지 않는다. 예를 들어, 해바라기가 실제로 효용을 극대화하지 않더라도, 마치 그렇게 하는 것처럼(as if) 상정해 해바라기의 성장 방향이나 속도를 예측할 수 있으면, 이론은 의미를 갖는다.

흥미롭게도 이런 도구주의가 시장에 대한 믿음으로 정당화된다. 실제 경제주체가 비합리적이더라도 시장에서는 극대화하는 합리적인 경제주체만이 살아남기 때문에 합리성의 공준이 무방하다. 이 논리는 시장이나 합리성을 옹호할 수 있는 범위 내에서만 자연선별이나 진화를 인정하는 셈이다. 가치중립을 표방하는 신고전학파에서도 방법론이 시장주의라는 사회철학과 연결되어 있다.

이같이 방법론적인 개체주의에 도구주의와 결합되면, 인지, 심리, 기호 등 인간의 구체적인 내용이 경시될 수밖에 없다. 현시선호이론에서 확인되듯이, 이 점에서 케인지언인 새뮤엘슨(P. A. Samuelson)과 통화주의자인 프리드먼(M. Friedman) 사이에 아무런 차이가 없다.[2] 그럼에도 불구하고 새뮤엘슨은 프리드먼의 방법론을 프리드먼 특유의 왜곡(F-twist)이라고 비판하였다. 사실 이론의 현실성을 강조하는 케인지언이 정합성을 강조하는 통화주의자보다 가정의 현실성이나 이론의 설명력을 중시할 가능성이 있다.

결과적으로 비록 신고전학파가 외견상 전반적으로 포퍼의 방법론에 동의하지만, 그의 방법론은 신고전학파의 이상에 가까운 것 같다. 반면 겉으로는 시카고학파를 위시한 일부 학자들만이 프리드먼의 방법론에 동의하는 것처럼 보이지만, 실제로는 훨씬 더 많은 숫자의 신고전학파 학자들이 이 방법론에 경도되어 있는 것 같다.

3) 사회철학: 자연 상태와 최소한의 정부

신고전학파는 이기심이나 합리성을 인간 본성(human nature)으로, 이런 본성이 허용되는 시장을 자연 상태(state of nature)로 간주한다. 본성과 자연으로 이기심과 시장이 태초부터 존재했기 때문에 이를 설명할 필요가 없다. 그러므로 이 학파에게 개인의 합리성과 가격기구는 신앙에 가깝다.

합리성과 시장이 원초적이므로 다른 모든 것은 부차적이거나 이로부터 파생된다. 화폐나 기업이 시장거래에서 발생하는 비용을 줄이기 위해 생겨난다고 보는 거래비용이론은 그 예이다. 더구나 합리성과 시장이 믿음으로서 현실이자 이상이므로, 개인과 시장 사이에 끼어 있는 국가, 계층이나 계급 등을 유해하거나 부차적이라고 생각한다.

2 포퍼나 하이에크(F. A. Hayek)의 방법론도 시장과 무관하지 않으나 이와 같이 연결되지는 않는다. 이들에게는 상품의 경쟁과 의견의 경쟁 등 시장과 토론장의 유추가 존재할 뿐이다. 인간에 대해 이들은 구체적인 내용을 부여한다.

시장주의는 인간 본성과 자연 상태에 의존하므로 보편성을 자부한다. 공간적인 보편성으로 인해 공존하는 시장경제의 다양성이나 도덕이나 규범, 그리고 문화의 차이를 부정한다. 이에 따라 신고전학파는 모종의 개인주의와 세계주의의 결합으로 나타난다. 시간적인 보편성으로 인해 시장경제의 과거와 미래 등 변화가 축약되고 대안체제의 전망이 배제된다.

합리성과 시장은 처음부터 주어져 있으므로 이들의 출현은 성경의 천지창조와 비슷하다. 성경에서 말씀으로 인간과 동물이 생겨나고 번성하는 것과 신고전학파가 인간의 합리성이나 시장의 자연스러움을 선언하는 것 사이에 큰 차이가 없다.[3] 이런 선언은 다윈(C. Darwin)의 진화에 적대된다. 또한 보편성에 대한 믿음은 반증주의에 근거해 과학성을 자부하면서 시장경제의 논리를 자연과학의 수리적인 이론과 비슷하게 취급하는 경향에 부합된다.

시장이 자연스러우므로 경제 문제의 원인은 경제 내부가 아니라 외부에 있다. 단적으로 경기변동은 순항하는 경제에 태양흑점, 선호나 기술변동 등 외적인 충격이 가해져 발생한다. 또한 시장 내외의 변동이 개인의 합리적 판단과 가격변동을 통해 쉽게 흡수되므로 지속적이거나 누적적인 이탈을 일으키지 않는다. 나아가 외적인 충격에 대한 시장의 자기조정이나 교육 및 법을 통한 개선은 개체 차원에서 한계적으로 이루어진다. 한계조정은 점진주의에 부합되어 혁명적인 변화나 사회적 합의를 전체주의와 동일시한다.

3 하이에크의 진화는 마르크스의 혁명, 기독교의 창조, 왈라지언 경제학의 균형, 그리고 케인스의 개입과 구분된다. 보다 상세히 보면, 진화는 혁명보다는 창조나 균형과 더욱 대립되는 것 같다. 전체적으로 하이에크는 시장주의와 점진주의에 있어서는 왈라지언 일반균형에 근거한 신고전학파와 차이가 없다. 그러나 균형이 아니라 진화를 강조한다는 점, 이론의 목적을 예측이 아니라 설명에 둔다는 점, 그리고 공리주의를 구성주의로 간주해 비판한다는 점 등에서 신고전학파에서 벗어나 있다. 여기서 아리스토텔레스, 아퀴나스, 마르크스, 다윈, 하이에크, 그리고 프리드먼 등의 비교검토가 추후 작업으로 요구된다.

시장이 현실적으로 최상이므로 국가 개입을 최소화해야 한다. 여기서 시장과 국가는 거의 모든 좋음을 가진 자연(physis)과 거의 모든 나쁨을 가진 인공(nomos)으로 양분된다. 그러므로 이상적인 정부는 계약이행 등을 위한 중립적인 심판관으로 기능하고, 외부효과 등 시장이나 가격의 불완전성으로 인해 조세정책 등을 통해 개입한다. 그리고 재정·금융정책과 기초생계 해결과 사회적 안전망의 제공이 정부가 가진 역할의 최대한이다.

이런 역할은 다원주의 국가이론에 합당하다. 다원주의는 국가권력이 사회의 다양한 분야로부터 모아지므로 특정 계급이나 계층에 치우지지 않는다고 주장한다. 사회구조나 계급 등 고착된 집단을 부정한다는 점에서 다원주의는 방법론이나 사회철학으로서 개인주의와 부합된다. 또한 여러 가치들을 무차별하게 취급하는 가치중립성이 다원주의와 친화력을 갖는다. 결과적으로 신고전학파는 가치중립적이고, 화폐뿐만 아니라 국가도 중립적이라고 생각한다.

시장주의와 다원주의는 자본주의와 민주주의로 영미사회 체제의 쌍두마차를 이루었다. 이런 이유로 소비와 투표는 동일한 차원에 놓인다. 그렇지만 투표와 달리 소비에서는 소득이나 재산의 차이가 영향을 미친다. 이 때문에 시장자유주의는 일인 일표와 다수결에 대해 유보적이다. 이같이 신고전학파는 사회가 추구할 가치 중 자율성이나 형평성보다 효율성에 기울어져 있다.

종합적으로 보면, 신고전학파는 상당히 견고한 공통분모를 유지하면서도 이론과 사회철학에서 케인지언과 통화주의의 대립을 겪고 있으며, 방법론에서 비판적 합리주의와 도구주의 사이의 긴장을 내포하고 있다.

3. 신고전학파 경제학의 변화

앞서 논의된 신고전학파의 전통적인 특징에 비추어 지난 30년 동안 발생한 신고전학파의 변화를 살펴보자.[4] 미시경제학의 변화는 선호의 발생 및 변화와 시간선호, 합리성과 인지, 불완전한 계약, 기업과 제도, 자본시장과 기업의 재무구조, 게임이론, 정보경제, 행동경제, 실험경제로 나눌 수 있다. 거시경제학의 변화는 합리적 기대, 실물경기 변동, 내생적 성장, 거시 행동경제로 나눌 수 있다. 여기서 다음과 같은 줄거리를 찾아낼 수 있다.[5]

첫째, 일반균형이론에서 그간 외생적이라고 간주했던 것들을 내생화하고 있다. 선호와 기술의 내생화나 기업이나 제도에 대한 설명이 그런 예들이다. 이는 내적인 정합성을 공고히 하려는 노력으로 간주된다.

둘째, 베커(G. Becker) 등이 신고전학파의 입장과 방법을 여러 여타 학문에 적용하고 있다(Lewin, 1996: 1313~1314). 내생화가 내부를 공고히 하는 것이라면 대상의 확대는 팽창의지를 보여 준다. 대상의 확대는 경제논리의 확산이라는 점에서 20세기 후반부터 급속하게 진행되는 세계화와 맥을 같이한다(홍훈, 2004). 대상의 확대로 인해 경제학과 정치, 법, 사회, 교육, 문화 및 종교 등을 다루는 여타 학문과의 관계가 변동하고 있다(Hirshleifer, 1985). 특히, 새로운 정치경제학이 등장하고, 시카고학파 중심의 법경제학이 부상했으며, 사회학의 위기가 인

4 저자는 20여 년 만에 다시 신고전학파의 동향에 대해 돌아보게 되었다. 이 때문에 논문의 주요 항목을 잡는 데, 정태영(University of Western Ontario), 김영세(연세대학교), 한종희(연세대학교) 제 교수들로부터 도움을 받았다. 비록 전반적으로 입장에 차이가 있지만, 이들의 호의와 도움에 감사드린다.

5 정보의 부족이나 비대칭성에서 출발하는 정보경제학도 중요한 변화이나 신고전학파와의 친화력 때문에 부차적으로 취급하였다(Stiglitz, 2000).

구에 회자되고 있다.

셋째, 이런 흐름에 수반되거나 이에 대항하여, 합리성 공준 등 경제학의 인간관에 대한 비판적인 검토가 진행되고 있다. 행동(behavioral)경제학, 실험(experimental)경제학, 신경경제학(neuroeconomics), 진화(evolutionary)경제학 등이 이런 역할을 담당하고 있다. 이와 함께 종전의 수리적인 방법, 게임이론, 그리고 계량경제학적인 방법 이외에 동물과 인간을 대상으로 한 실험, 설문조사, 현장조사 등이 실험경제학이나 신경경제학에서 활용되고 있다.

이 논문은 세 번째, 그중에서도 행동경제학에 초점을 맞추고자 한다. 먼저 최근의 연구에서 경제인의 선호가 원래 생각했던 바와 같이 안정적이지 않다는 사실이 드러났다. 또한 인간의 이기심이 다양하며, 이기심뿐만 아니라 이타심이 함께 작동하고 있다는 이의가 제기되었다. 보다 중요하게 인간의 계산능력이나 인지능력이 제한되어 있고, 인간의 판단이나 의사결정이 이성뿐만 아니라 감성, 그리고 의식하지 못하는 과정에 의해 지배되고 있다는 주장이 대두되었다.[6]

본격적인 논의를 위해 과연 신고전학파의 핵심이 무엇인지 규명할 필요가 있다. 대상이 확대되고 일반균형에서 게임이론으로 움직이면서도 유지된 핵심은 기대효용이론(expected utility theory)이다.[7] 폰 노이만(E. v. Neumann)이나 새비지(L. Savage)가 정식화한 이 이론은 선호의 이행성(transitivity), 연속성(continuity), 독립성(independence), 단조성(monotonicity) 등을 가정한다.

6 이런 점에서 "장사에는 피도 눈물도 없다"(There is no room for sentiment in business.)는 속설이 재고될 필요가 있다.

7 사회과학 전체 수준에서는 합리적 선택이론(rational choice theory)으로 불리고, 심리학이나 확률이론 등이 포함되어 더 넓어지면 고전적 결정이론(classical decision theory)으로 불리기도 한다.

이 이론은 개체주의와 합리성을 전제로 하는 기존의 선택이론에서 출발한다. 그러나 종전의 공리주의나 기수적 효용이론에서 벗어나 인간의 내용을 제거하고 선택을 형식논리로 만들기 때문에 경제학의 도구주의에 부합된다. 이런 이유로 보편성을 자부할 수 있으므로 소비자 선택뿐만 아니라 투표 등 여타 선택을 포용할 수 있고 다원주의나 확대된 대상들을 수용할 수 있다. 또한 시장의 불완전성과도 병존할 수 있다. 사실 가격의 신축성과 개인의 합리성 중 택일하라고 강요한다면, 신고전학파는 합리성을 선택할 수밖에 없다. 더불어 일반균형이 아니라 게임이론에서 제시하는 다른 유형의 균형들과도 배치되지 않는다.

1) 선호의 발생 및 변화

일반균형이론은 수요함수의 선호와 공급함수에서 기술이 주어져 있다는 가정하에 움직였다. 물론 이런 가정은 현실 경제를 반영한다기보다 일반균형의 틀에 근거해 엄밀한 논리를 전개하고 파레토 적정을 결론으로 얻으려는 목적을 가지고 있었다. '경제의 이론'이 아니라 '이론의 경제'를 지향한 것이다.

그런데 최근 들어 신고전학파의 주변에서 선호와 기술의 외생성이 재검토되고 있다. 특히, 선호를 보다 적극적으로 설명하거나, 그 의미를 제한하거나, 그것의 변동을 설명해 내생적으로 만들고 있다. 나아가 선호의 안정성이나 불변성을 부인하거나, 심지어 수요로부터 독립적인 선호의 존재 자체에 의문을 던지고 있다.

이것은 선택대안의 부재, 선호에 대한 무지, 정보의 부족이나 비대칭성보다 신고전학파에 더 근본적인 문제 제기이다. 여기서 개인과 전체의 관계와 관련된 대인 비교가 아니라 개인 자체와 관련된 재화 사이의 비교나 시점 사이의 비교가 주요 논의대상이다.

우선 스티글러(G. Stigler)와 베커는 일반균형을 방어하려는 입장에서 비합리적인 기호나 기호의 변동으로 해석될 수 있는 현상들에 합리성이나 안정성을 부여하려고 시도하였다(Stigler and Becker, 1977). 점입가경(漸入佳境)의 중독(예, 마약과 고전음악, '짬짜' 대신 '짜장면 곱배기'), 습관이나 관습(음주와 독서), 광고에 의한 세뇌(프리미엄 맥주와 전원주택), 유행(영화와 옷) 등이 그런 현상이었다.

핵심은 소비 속에서 생산을 발견한 가계생산이다. 이 개념에 의하면 소비자가 시장에서 구입한 재화(예, 배추)를 그대로 소비하지 않고 가정에서 소비될 수 있는 물건(김치)으로 가공한다. 이렇게 되면 효용함수에 들어가는 물건(김치) 자체에 대한 수요나 선호는 안정적이지만, 가공기술이나 자본의 변동으로 가계생산함수가 변동해 재화(배추)에 대한 수요가 불안정하게 나타날 수 있다. 가령, 고전음악(예, 브람스)에 대한 수요는 감상능력에 의존하며, 감상능력이 변해 수요(브람스 CD)의 지속성이나 중독성이 나타날 수 있다.

이보다 비판적인 흐름으로서, 한편으로 질투, 후회, 절망 등 인간이 가진 감정의 역할을 강조하고, 다른 한편으로 규범의 역할을 강조하는 주장들이 나타났다(Elster, 1989, 1998). 특히, 인간행위의 결정요인으로 윤리나 도덕을 강조하는 경향이 두드러진다(Hausman and McPherson, 1993).

가장 중요한 것은 신고전학파 주변에서 행동경제학 등이 인간의 심리적 기반을 전면 재검토하고 있다는 사실이다. 행동경제학은 신고전학파의 핵심인 기대효용이론의 가정이나 공준들을 거의 모두 부정한다.

먼저 선호가 선택 상황에 대한 전달이나 표현방식(elicitation)에 따라 바뀐다. 극단적으로는 이미 존재하였던 선호가 시장에서 단순히 드러나는 것이 아니라 원래는 없다가 구체적인 선택 상황에서 수시로 구성(construct)된다.

중간적인 논리로 선호역전(preference reversal)이 나타나 선호의 일관성이나 불변성이 반박된다. 가령, 아침에는 저녁에 있을 회식에서 술을 안마시겠다고 결심하지만, 정작 회식 때가 다가오면 음주로 선회한다. 행동경제학은 선호역전과 연관되어 있는 주저함(procrastination)이나 자기통제(self-control)의 부족에도 주목한다.

특히, 시간선호 및 이자율과 관련해 기존 이론에 대한 반발이 강하다. 원래 재화와 화폐에 대한 시간선호와 이자율에 대한 주관적인 설명은 래(J. Rae), 시니어(N. Senior), 제번스(W. S. Jevons), 뵘바베르크(E. v. Bomb-Bawerk), 피셔(W. Fisher)로 이어지는데, 이들은 그나마 다양한 심리적·사회적 요인들에 의존하였다. 그런데 새뮤엘슨이 1937년에 할인효용(discounted utility)모형을 제시하면서 다양한 요인들을 할인율이라는 하나의 요인으로 환원하였다. 그의 모형은 단순성과 조작의 용이성 때문에 신고전학파의 지배적인 논리가 되었다.

그런데 최근의 현장조사나 실험 등은 할인율이라는 하나의 요인에 의존하는 이론이 타당하지 않음을 보여 준다. 미래의 새로운 소비계획과 현재 소비계획의 분리, 시간 사이의 효용이나 소비의 독립성, 시점 사이의 효용함수의 불변성, 시점 간 할인율의 불변성 등이 기대효용이론의 비현실성으로 지적되고 있다(Frederick et al., 2002: 356~359). 결과적으로 불변의 할인율을 상정하는 지수형(exponential) 할인이론 대신에 할인율의 하락을 상정하는 쌍곡형(hyperbolic) 할인이론이 제시되었다.

시간선호와 관련된 이런 반박은 개인의 심리를 구성하는 다양한 요소들을 들추어내는 데 편중되어 있다. 그렇지만 여기서 폭넓게 문화나 역사를 읽어낼 수도 있다. 우선 게임이론에서 선호체계의 문화적이거나 생물학적인 진화가 인정되고 있으며, 게임이론과 무관하게 비슷한 기반을 제공하려는 노력도 등장하였다(Rogers, 1994; Robson, 2001).[8] 예를 들어, 경영학의 '사바나 원리'(the savanna principle)에 의하면 단 것에 대한 인류의 기호가 과거 수렵채취시대에 초원에서 빨리 영양을 흡수해 생존하려는 목적으로 진화되었다. 그런데 이 기호가 현재까지 힘을 잃지 않아 당뇨병 등에도 불구하고 단 것에 대한 과도한 욕구와 수요를 낳고 있다.

시간선호는 사회의 성격과도 밀접한 관계에 있다. 경제나 사회에 공동체적인 성격이 강하면 강할수록 공시적으로 이타심이 커질 뿐만 아니라 통시적으로 과거, 현재, 그리고 미래를 연속적으로 생각할 것이다. 연장하면 이는 인간이 자신과 자신의 조상, 그리고 후손을 연결시켜 생각한다는 의미가 된다(Parfit, 1971).[9] 이렇게 되면 할인율, 이자율, 저축 성향 등이 변동할 것이다.

2) 이기심과 이타심

신고전학파는 최근 왈라지언 일반균형이론에서 벗어나 제한된 범위에서

8 이 과정에서 흔히 혼동되기도 했던 영국의 통계학자 겸 다윈주의 생물학자 피셔(R. A. Fisher)와 미국의 경제학자 피셔(I. Fisher)가 나란히 등장하기도 한다.

9 한국이나 일본 등에 있어 공간적인 의미의 개인 간 선호의 유사성이나 공동체적 가치의 존재, 그리고 시간적으로 현재에 비해 과거와 미래 혹은 조상과 자손의 중요성 등은 문화·역사적 요소를 담고 있는 것으로 보인다. 공동체적 가치가 줄어들면 타인의 선호에 비해 본인의 선호가 더욱 중요해지고, 현재가 과거나 미래와 단절되면 미래의 가치가 떨어져 저축은 줄어들 것이다.

나마 보다 다양하게 인간의 행위와 경쟁을 설정하고 있다. 먼저 경제주체의 이기심은 계몽된 사익의 추구로 해석한다. 이렇게 해석하면, 개인의 이기심과 시장기구는 상호 의존적이어서 이기심의 계몽 정도가 떨어질수록, 외부효과와 시장경제의 불완전함이 더 크게 나타난다. 또한 게임이론에서는 일반균형이론에서 주어진 것으로 받아들였던 규칙이나 관습 등을 합리적인 경제주체의 장기적인 이익을 촉진시키는 존재로 설명하고 있다(Lewis, 1969).

더불어 인간의 이기적이고 합리적인 행위를 넓게 해석해 창조적인 행위와 기회주의적인 행위를 포용하고 있다(Makowski and Ostroy, 2001: 493). 창조적인 행위는 오스트리아학파와 슘페터(J. A. Schumpeter)가 강조한 기업가의 혁신으로 예시된다. 기회주의적인 행위는 윌리엄슨 등이 계약의 불이행이나 정보왜곡 등으로 개념화하였다. 후자에는 도덕적 해이와 연관된 은폐된 행위와 역선택과 관련된 은폐된 정보가 포함되어 있다.

이런 변화로 가격순응이나 완전탄력적인 수요 등 신고전학파의 공리들이 재고되고, 분산되어 가격에 담겨 있지 않은 지식이나 정보 등이 인정된다. 나아가 대체성에 비해 보완성을 중시하며, 완전경쟁 대신에 독점적 경쟁이나 불완전 경쟁을 고려해 균형 개념을 폭넓게 상정하고 있다. 그렇지만 상품이 아니라 개인이 강조되어 개체주의는 유지된다.

이기적인 행위의 내용이 다양해질 뿐만 아니라 이기심의 범위가 폭넓게 해석되고 있다. 이기적인 행위에는 자신을 위한 행위뿐만 아니라 가족이나 친족(kin)을 위한 행위가 포함된다. 생물학과 결합된 최근의 경제이론에 의하면, 인간이 유전자를 생존시키려는 경향이 있어 가족이나 친족을 위해 자신을 희생한다. 여기서 자식이나 친족을 위한 희생은 혈연관계의 친소나 거리에 의해

결정된다(Hirshleifer, 1978).

또한 선물주기에서와 같이 인류학과의 연계 속에서 호혜성에 따라 장기적으로 타인이 자신에게 이익을 줄 것으로 기대하고 현재 타인에게 이익을 주는 경우도 이기주의에서 벗어나지 않는다. 예를 들어, 효율임금 가설에 의하면 기업주가 불황에도 노동자의 사기를 생각해 임금을 삭감하지 않고, 노동자는 장기적으로 열심히 일해 이에 화답한다.

이와 관련해 소비행위 등에 있어 공정성에 대한 판단이 경제활동에 개입된다는 주장도 주목할 만하다. 카너먼(D. Kahneman) 등의 연구에 의하면, 제설기 판매가게의 가격인상 행위를 놓고 폭설이 있은 다음 날 수요가 급증한 상태에서 가격을 인상하는 경우 대부분 부당하다고 생각하였다. 이에 반해 공장도 가격 상승으로 인한 가격인상은 대부분 정당하다고 생각하였다(Kahneman et al., 1986).

결론적으로 친족 이외의 타인에 대해 호혜주의를 전제하지 않는 희생에 국한해 이타주의를 상정할 수 있다. 이렇게 보면 이타주의의 근거로 남는 것은 집단선택(group selection)이다(Jeroen et al., 2003: 297~300).

3) 인지능력과 행위

경제학은 현재 단순히 상인이나 사업가가 아니라 인간 그 자체를 다루고 있다. 이는 경제를 여타 사회 부문으로부터 구분하지 않고 모든 사회현상을 대상으로 삼는 경제학의 흐름과 상통한다. 그런데 인간 연구의 선두에 있는 행동경제학은 인간의 정보처리 능력이 부족하다는 사이먼(H. A. Simon)의 제한된 합리성(bounded rationality)에서 출발해, 인간의 심리와 인지능력, 그리고 행동유인을 적극적으로 분석해 비판적인 관점을 제시하고 있다. 이 흐름은 인간의 심리를 암실로 놓아 자극과 반응에만 관심을 두는 스키너(B. F. Skinner)나 왓슨(J. B. Watson)의 행동주의(behaviorism)와 이에 근거한 새뮤엘슨의 현시선호이론 등에 대립된다(Camerer et al., 2005: 53).

구체적으로 행동경제학은 인간의 인지능력이 가지는 한계로서 다음과 같은 것들을 지적하였다. 준거 의존성(reference-dependence), 고정관념과 비슷한 액자(framing) 효과, 손실회피(loss aversion) 경향, 현재보다 나빠지는 것에 예민한 현상유지(status quo) 효과, 현재의 자산이나 소유물에 집착하는 부존자원(endowment) 효과, 문맥의 고유성(context-specificity) 등이다(Tversky and Kahneman, 1986; Kahneman et al., 1991; Kahneman, 2003; Samuelson, 2005: 93, 99).

카너먼 등은 가치함수(value function)와 결정가중치(decision weight)라는 개념에 이들을 반영하였다(Kahneman and Tversky, 1979). 먼저 가치함수는 세 가지 특징을 가지고 있다.

첫째, 가치함수($v(x)$)는 특정 준거점에서 따진 이득이나 손실의 함수이다. 이는 수준이 아니라 차이에 의해 (주관적인) 가치가 규정된다는 것을 의미한다. 예를 들어, 1,000달러이나 1,100달러 자체가 아니라 100달러라는 변화나 차이가 중요하다. 이 점에서 가치(함수)는 효용(함수)과 확연히 다르다.

둘째, 이득과 손실은 모두 늘어날수록 그 민감도가 떨어진다. 가령, (−)1,000달러와 (−)1,100달러의 차이는 (−)100달러와 (−)200달러의 차이보다 적게 느껴진다. 이에 따라 가치함수는 이득에 있어서는 오목하고 손실에 있어서는 볼록하다. 이것은 베버-페히너(Weber-Fechner) 법칙에 의존해 설명되므로 효용이론과 크게 다르지 않은 것 같다.

셋째, 이득획득 욕구보다 손실회피 경향이 훨씬 강력하다. 이들의 조사에 의하면 100달러의 손실은 100달러가 아니라 250달러이나 200달러의 이득으로 상쇄된다. 부존자원과 현상에 집착해 사람들이 위험을 회피하는 경향이 있기 때문에 가치함수가 이와 같은 모양을 가지게 된다. 이는 이득과 손실의 대칭성을 전제로 기대치를 따지는 이윤극대화나 손실극대화, 그리고 이에 근거한 기대효용이론에서 벗어난다.

가중치($\pi(p)$)는 확률의 함수이지만 확률 자체는 아니며, 그 합이 1이 아니라 1보다 작다. 이에 따라 가치함수는 $V(x, p; y, q)=\pi(p)\upsilon(x)+\pi(q)\upsilon(y)$가 된다.

우선 준거점의 중요성은 유기체가 항상성에 적응되어 있다는 것을 의미한다. 이는 인간이 내재적으로 안정을 지향하는 보수성을 갖고 있어 습관이 형성된다는 점을 나타내기도 한다. 이에 따라 변화에 대해 한계반응이 체감하며, 고통이 쾌락보다 급박해진다.

준거점이 중요하기 때문에 무엇을 기준이나 귀무가설(H_0)로 삼느냐에 따라서 선택이 달라진다. 예를 들어, 보험료가 높으면서 보험범위가 넓은 자동차보험과 보험료가 낮으면서 범위가 좁은 보험을 놓고 선택하는 상황에서 어떤 것을 기준으로 먼저 제시하느냐에 따라 미국에서 주마다 결과가 달리 나타났다.

준거 의존성은 기대효용이론의 적정화나 극대화가 아니라 사이먼이 제시한 기대 수준(aspiration level)의 만족(satisficing)과 부합된다. 예를 들어, 뉴욕의 운전기사들은 미리 세워 놓은 하루의 소득목표를 달성하면 귀가한다. 비가 오는 날에 손님이 더 많으므로 돈을 더 벌 수 있음에도 불구하고 이런 준칙에 따라 기사들은 평소보다 더 일찍 퇴근하게 된다. 이런 이유로 손님들은 비 오는 날에 더욱 차 잡기가 힘들다.

여기서 선택이 동시에(simultaneous) 일어나 가역적인가, 아니면 시간의 흐름 속에서 연달아(sequential) 일어나 비가역적인가도 문제가 된다. 기대효용이론에 근거한 소비자 선택에서는 주어진 재화나 기술의 집합을 상정해 전자를 강조하지만, 후자가 더 현실적이다.

가령, 아파트 구입에서는 전에 본 아파트를 구입하려고 되돌아오면 이미 팔리고 없는 경우가 많다. 이 때문에 아파트를 하나씩 보면서 그때마다 가부를 결정해야 한다. 이 상황에서는 사지선다형과 달리 가능한 모든 대안들이 한꺼번에 주어지지 않아 근원적인 정보부족에 시달리게 된다. 인간의 결혼이나 동물의 짝짓기도 이와 유사하다.

준거 의존성에서 파생되는 손실회피 경향은 다음의 예에서 확인된다. 합산하면 동일액수이지만 점증하는 임금지급 제안(20달러, 30달러, 40달러)과 점감하는 제안(40달러, 30달러, 20달러)을 놓고 선택하게 하면, 대부분이 전자를 선택하였다. 사람들이 자신의 상황이 개선되기를 바라며, 상황이 악화되면서 생기는 손실을 견디기 힘들어 하기 때문에 이런 결과가 나왔다. 기대효용이론에 의하면 미래에 대한 할인이나 미리 받은 임금의 투자 가능성 등을 놓고 볼 때 후자를 택했어야 한다.[10]

10 인간뿐만 아니라 비둘기를 대상으로 이와 관련된 실험 결과가 나와 있어 조삼모사(朝三暮四)의 고사를 되새기게 만든다. “아침에 세 개이냐 저녁에 네 개이냐”는 (시간선호나 할인율뿐만 아니라) 준거의 변화가 내포하고 있다. 할인효용모형은 점감하는 흐름의 선택을 합리적이라고 보아 원숭이들의 선택에 부합되나, 최근의 실험은 이와 반대로 나타났다. 고사의 화자는 양자 사이에 무차별을 주장한 셈인데, 이를 이해하기 위해서는 당시의 사회경제적 배경을 검토할 필요가 있다.

이와 연결된 부존자원 효과는 더욱 흥미롭다. 머그잔을 얻기 위한 지불의사(willingness to pay)와 일단 소유한 머그잔을 포기하도록 만드는 수용의사(willingness to accept)를 비교하면, 수용의사가 지불의사보다 훨씬 높게 나타났다. 동일한 물건이라도 시장에 나돌 때보다 자신이 일단 소유했을 때 집착이 생기기 때문에 그 가치가 높아진다.[11] 교과서에서는 지불할 의사와 수용할 의사를 동일시하면서, 이들과 가격의 차이에 초점을 둔다.

행동경제학은 화폐환상도 통화주의자나 케인지언과 다른 방식으로 설명한다. 행동경제학에 의하면 대부분의 경제주체들이 특정 사물에 대해 하나가 아니라 여러 가지 서술들(representations)이나 준거들에 동시에 접하게 된다(Shafir et al., 1997: 346~348). 좁혀서 이들은 일상적으로 실질변수의 준거와 명목변수의 준거를 동시에 접하게 된다. 이 상황에서 이들은 어느 하나에 일방적으로 매달리지 않고 이들의 교차나 혼합에 근거해 행위를 결정한다.

구체적으로 봉급수령이나 부동산 및 주식투자 등에서 명목변수를 준거로 삼거나 실질변수가 감소하면 명목변수의 증가로 이를 상쇄시켜 손실회피를 기도한다. 예를 들어, 물가상승률이 4%이면서 봉급이 2% 인상된 경우와 물가상승률이 0%이면서 봉급이 2% 삭감된 경우를 비교하면, 후자에 비해 전자에 대해 거부감이 적다. 여기서 실질과 명목뿐만 아니라 절대와 상대, 차이와 변

11 이와 관련해 효용가치 이외에 소유가치가 등장하는데, 이것이 사용가치와 교환가치의 구분과 어떻게 연결될지 연구할 필요가 있다. 또한 재화가 아니라 서비스는 소유가 불가능하므로 수용의사를 설정하기 힘들다. 더구나 소유로 인한 집착을 가장 강력하게 낳는 화폐에 대해서는 이런 논리의 상정이 불가능한 것 같다. 화폐는 동질적이므로 지불(의사)과 수용(의사)의 구분이 어렵거나 지불의사조차 설정하기 힘들다. 구체적으로 내 손 안의 100달러와 시장에 있는 100달러에 차이가 있는지, 100달러를 포기하게 만드는 재화나 서비스의 종류와 수량은 어떻게 산정할지 등 만만치 않은 문제들이 도사리고 있다. 이같이 지불과 수용의 구분은 서비스업이나 금융이나 재무보다 소비재화 마케팅에 타당하다.

화, (루카스의) 국부와 전체, 장기와 단기가 혼합될 수 있다(Shafir et al., 1997: 353).

나아가 동물과 인간이 진짜와 가짜를 혼동한다는 사실이 실험을 통해 확인되었다(Samuelson, 2005: 94~95). 예를 들어, 암컷 새는 생식 등과 관련해 꼬리가 긴 수컷을 좋아하는 경향이 있다. 그런데 암컷 새는 흔히 진짜 수컷의 꼬리와 인간이 부착시킨 인공 꼬리를 혼동한다. 이와 비슷하게 인간도 모래시계형의 실물 미인과 잡지에 나오는 미인의 사진 모두에게서 성적인 욕구를 느낀다. 여기서는 실질임금과 명목임금의 구분에서 중요한 양적인 차이뿐만 아니라 유명무실(有名無實)의 질적인 구분도 중요하기 때문에 포스트모더니즘의 색채가 엿보인다.

이런 인지의 한계가 일시적인 실수나 오류가 아니며 실험의 보상액을 늘리더라도 사라지지 않았다. 또한 경제학자나 대학생 등 지식인을 대상으로 하는 경우에도 크게 달라지지 않았으며, 일상적인 상황에서 흔히 발견되었다.

행동경제학에서 선택은 편집과정(editing)과 평가과정(evaluation)으로 구성되어 있다. 실제로 선택이 이루어지는 평가과정 이전에 존재하는 편집과정은 선택 상황이 언제나 자명하거나 객관적으로 주어지지 않고 의사결정자의 이해에 따라 달라진다는 것을 뜻한다. 기대효용이론은 편집과정은 무시하고 평가과정에 집중한다.[12]

구체적으로 선택의 상황을 서술하거나 전달하는 방식 혹은 선택을 이끌어 내는 방식에 따라 결과가 달라졌다. 예로서, 6백 명 중 "2백 명이 살아남는다"는 전달방식과 "4백 명이 죽는다"는 방식은 동일한 내용을 담고 있음에도

12 포퍼의 상황논리(situational logic)도 상황이 객관적으로 주어진다고 보기 때문에 행동경제학보다 기대효용이론에 부합된다. 이는 포퍼가 신고전학파와 궁합이 맞는다는 기존의 생각을 강화시킨다.

불구하고 선택에 차이를 가져왔다.

보다 중요한 것으로 편집과정에 문맥(context)이 작용한다. 현실적인 예로 고급호텔이 들어서 잘 개발된 해변과 인적이 드문 허름한 해변에서 동일한 맥주에 대한 지불의사를 조사했더니, 전자에서 액수가 현저히 높게 나타났다. 기대효용이론은 편집과정을 인정하지 않기 때문에 이런 문맥의 차이를 고려할 수 없다.

간단하지만 추상적인 예로, B(13)는 A와 C 사이에 있을 때는 B로 읽히지만, 12와 14 사이에 있을 때는 13으로 읽힌다. 또한 철학자 비트겐슈타인(L. v. Wittgenstein)에 나오는 지극히 간단한 예 "물!"을 보자. 홍수 때문에 오랫동안 방주에 갇혀 있던 노아에게는 이것이 "또 물이야?"에 가깝다. 그렇지만 사막에서 물을 찾아 헤매던 자에게는 "오! 물이여!"이다. 또한 양반이 하인에게 이같이 말했다면, 이것은 "물 가져와!"가 된다.

약간 다른 예로, 960K의 기억력을 가진 1,200달러짜리 컴퓨터와 640K의 기억력을 가진 1,000달러짜리 컴퓨터를 놓고 고민하는 상황을 살펴보자. 이 경우 세 번째 대안으로 200K에 800달러인 컴퓨터가 고려대상으로 함께 제시되면, 960K에 1,200달러의 컴퓨터가 선택된다. 질과 가격이 상충되는 상황에서 질이 크게 낮으면서도 가격은 크게 낮지 않은 추가적인 대안이 함께 제시되면, 가격보다 질이 부각된다(Simonson et al., 1992: 282).

이 경우 관심의 대상은 A와 B이고 C는 어떤 경우에도 선택되지 않지만, C가 선택집합에 포함되어 있는지 여부가 A와 B 중 어떤 것을 선택하느냐에 영향을 준다. 국회에서 원래 무관했던 의제들이 이리저리 묶인다는 사실을 보면, 이것을 쉽게 이해할 수 있다. 이 예는 문맥의 중요성을 보여 줄 뿐만 아니라 무관한 대안으로부터 선택이 독립적이라는 기대효용이론의 공준을 반박한다.

여기서 문맥의 중요성은 경제이론의 목적이 예측이 아니라 이해라는 아우만(R. J. Aumann) 등 일부 신고전학파 이론가들의 주장이나 경제주체의 주관적인 인식에 대한 새로운 강조와 상통한다(Samuelson, 2005: 74, 92~95). 물론 이런 논리는 통상 게임이론에서 강조했던 경로의존성이나 습관의 역할 등을 넘어서는 이론의 수정을 요구한다. 문맥의 중요성은 선택행위에 추가적인 변수를 고려하는 수준을 넘어서 선택 상황 자체를 문제 삼기 때문이다.

준거나 문맥이 중요하다면 경제학도 인문학이나 인류학에서 강조하는 베버의 이해방법(das Verstehen)이나 해석학을 도입해야 한다(Lewin, 1996: 1312~1313). 이는 비트겐슈타인이 인공 언어인 수학의 분석에 의존했던 초기에서 자연 언어의 게임을 강조했던 후기로 이동한 것과 같은 수준의 변화일 수 있다. 이렇게 되면 경제학은 계량경제학에 의존하는 기존의 가설연역적인 모형(H-D Model)이나 반증주의를 더 이상 유일한 기반으로 생각할 수 없다.

행동경제학은 이미 현실 경제와 기업의 구체적인 문제들에도 적용되고 있다. 소비재 선택과 관련해 세일러(R. Thaler, 1999)의 심적 회계(mental accounting)라는 개념을 언급할 필요가 있다. 이 개념에 의하면 기업의 회계와 비슷하게 소비자가 소득이나 지출을 계정별로 구분해, 계정들 사이에 전용 가능성(fungibility)이 별로 존재하지 않는다.

기대효용이론은 화폐의 전용 가능성을 전제로 하며, 이런 전제는 재화들의 대체 가능성이나 생산요소의 산업 간 이동성에 부합된다. 심적 회계는 가격변동 등에 따라 재화가 대체되고 동질적인 소득이 여러 용도에 수시로 전용될 수 있다고 보는 효용이론에 대립된다.[13]

가령, 술을 마시기 위해 자녀의 등록금을 깎아 먹지 않는다고 보면, 교육비와 유흥비는 서로 전용되기 힘들다. 같은 이유로 고급 포도주와 같은 사치스런 선물이 사회적 기능을 가진다. 이런 선물은 수혜자가 현금을 가지고 스스로 선택했을 때 겪게 될 지출의 고통을 덜어준다. 또한 클럽메드를 위시한 패키지 여행의 강점은 여러 번 겪을 지출의 고통을 줄여주는 데 있다. 효용이론은 이런 상황을 설명할 수 없다. 이 이론에 의하면, 소비자잉여 면에서 각자 선호에 따른 선택을 최대한 허용하는 현금이 최상이고 다음으로 상품권과 상품의 순서이다.

약간 다른 예로, 음악회 입장권을 잃어 버렸을 때 자신의 돈을 들여 구입한 것이면 오락비 계정에 한도가 있기 때문에 다시 사지 않는다. 반면 누가 사준 것이면 다시 사서 관람할 가능성이 높다. 전자의 경우 과거는 흘러갔다고 주장하는 교과서의 매몰비용 개념이 적용되지 않는다. 이와 비슷하게 자신의 생돈을 주고 야구경기 입장권을 샀고 이 경기장에 운전해서 갈 수밖에 없다고 하자. 이런 상황에서 경기 당일 눈보라가 뿌리고 있다면 사고위험이 높을지라도 기필코 차를 몰고 경기장에 간다. 또 어쩌다 발에 안 맞는 구두를 샀고 환불이 불가능한 경우, 이 구두를 당장 내다 버리지 않고 그 구두에 발을 적응시키기 위해 상당 기간 동안 모진 애를 쓰게 된다.

소비재 구입에서 선택이 동시에 이루어지느냐 아니면 연달아 이루어지느냐에 따라 결과가 달라지기도 한다. 예를 들어, 일주일에 한 번씩 만나는 모임

13 화폐의 전용 가능성은 신고전학파의 화폐뿐만 아니라 파인(B. Fine)이 강조하는 마르크스의 동질적인 화폐와도 친화력을 가진다. 이에 비해 세일러의 주장은 사회학자 젤리저(V. Zeliser)가 강조하는 이질적인 화폐들('용돈', '쌈짓돈', '비상금' 등)의 공존에 부합된다. 이는 케인스와 달리 마르크스와 신고전학파가 외견상 자원의 이동성을 공유하는 것과 유사하다.

에서 한 달 동안의 점심식사를 선택하는데, 미리 한꺼번에 정하는 경우와 매주 결정하는 경우를 비교해 보자. 전자에서는 비빔밥, 짜장면, 설렁탕, 칼국수 등 다양하게 선택되는 데 비해, 후자에는 이들 중 어느 하나로 몰린다(Read and Loewenstein, 1995). 전자는 소비자의 다양화를 실제보다 과장하는 다양화의 편견(diversification bias)을 내포하고 있기 때문에 현실 경제와 거리를 두고 있다. 기대효용이론은 주어진 재화나 기술의 집합을 상정하므로 전자로 기울어져 있다.

행동경제학은 주식시장에서 위력적이다. 전통적으로 밀러(M. Miller), 모딜리아니(F. Modigliani), 머튼(R. Merton), 마코위츠(H. Markowitz), 블랙(F. Black)과 숄스(M. Scholes), 파마(E. Fama) 등은 기존의 표준금융이론(standard finance)을 통해 효율적인 자본시장을 강조하고 시장효율성 가설(market efficiency hypothesis)을 제시하였다. 물론 이런 주장들은 일반균형, 합리적 기대, 특히 기대효용이론에서 파생된다.

이 가설에 의하면 개인들이 안정적인 선호하에서 합리적으로 주식을 구입하며, 주가나 수익률은 궁극적으로 경제의 기초 여건에 의해 결정되는 내재적인 '가치'를 반영한다. 표준이론에 의하면 소비재의 시장가격에 그것의 품질이나 사람들의 평가가 포함되어 있듯이, 주가가 이미 시장의 모든 정보를 반영하고 있기 때문에 투자가가 시장을 능가해 차익을 얻을 수 없다. 또한 유행이나 변덕 등 비합리적인 행위는 소멸하고, 실물과 지속적으로 무관한 주가나 수익률이 존속할 수 없다. 주가가 1/3이나 폭락한 1987년의 검은 월요일이나 1999년의 인터넷 버블조차도 합리적인 근거에 따라 설명할 수 있다고 본다.

이에 대해 행동금융이론(behavioral finance)은 시장효율성 가설이 주식시장 등에서 나타나는 과도한 변동성(excess volatility)을 설명할 수 없다고 반박한다

(Shiller, 2003: 86~87). 구체적으로 표준이론은 다음과 같은 것들을 고려하지 못한다. 문제해결을 위한 축약형 의사결정(decision heuristics), 감정과 본능적 욕구의 작용, 선택항의 제시범위에 따라 달라지는 결과(choice bracketing), 확률적이거나 문맥에 의존적인 선호, 그리고 준거의존성 등이다(Stracca, 2004: 379~380).

축약형 의사결정에는 적은 표본에서 과도하게 유추하는 '소수의 법칙'(law of small number) 등 기존 확률이론에 대한 위반, 대표성(representativeness)의 편견과 고정관념의 효과(anchoring effects), 집중력의 한계로 인한 돌출적인(salient) 측면에 대한 집착, 정보의 제공방식에 따라 속아 넘어갈 가능성, 그리고 모호성(ambiguity)에 대한 과도한 회피 등이 포함되어 있다. 투자행위에 날씨나 숙면 여부가 영향을 주는 이유는 자긍심이나 자신감 유지 혹은 정서적 안정 등을 위해 감정이나 본능이 동원되기 때문이다. 선택범위 제시에 따른 민감성은 국부와 전체나 단기와 장기의 차이에서 나타난다. 이는 화폐환상에서와 같이 물가가 크게 상승하지 않으면 단기적으로 명목변수에 의존해 계산하는 데서도 나타난다. 무엇보다 확률적이거나 문맥의존적인 선호는 기대효용이론이 가정한 선호의 안정성, 독립성, 외생성에 대한 반증이다.

전체적으로 카너먼 등은 인간의 판단에 이성이 개입되는 추론 이외에 직관과 통찰이 존재한다고 주장한다. 추론이 사려에 근거해 느리게 움직이는 데 비해, 직관은 연상에 따라 자동적으로 신속하게 움직인다(Kahneman, 2003: 1452). 기대효용이론은 합리성에 근거해 전자만을 강조한다.

뇌파를 관찰하는 신경경제학에서도 비슷한 결론이 나왔다. 인간은 인지적이거나 이성적일 뿐만 아니라 감성적이며, 양자 모두에 스스로 통제할 수 있는 과정과 통제할 수 없는 자동적인 과정이 공존한다(Camerer et al., 2005). 예를 들어, 바퀴벌레 모양의 초콜릿에 손을 대지 않는 것은 감성적이고 자동적이어서 이성적이고 의식적인 계산과 무관하다. 전통적인 신고전학파는 네 가지 중 이성에 의존하며 통제할 수 있는 과정만 강조한다.

이외에 뇌신경 부위들 사이의 분업이나 협업과 경쟁, 비용편익 분석이 아니라 유형에 따른 파악, 자기신호(self signalling)나 자기조작(self manipulation)이나 자기기만(self deception) 등은 추가적인 시사점을 주고 있다(Camerer et al., 2005: 24~25, 38~39). 가령, 주식시장에서 자신의 실수를 인정하지 않기 위해 가망이 없는 주식을 팔지 않고 붙들고 있는 경우가 자기기만이나 자기신호에 해당된다.

물론 행동경제학과 행동금융이론, 그리고 신경경제학에 대해 아직 논란이 많다. 무엇보다 준거나 문맥의 차이나 변동에 대한 설명이 결여되어 있다. 또한 행동경제학의 설명력이 다음과 같은 상황에 국한되어 있다는 주장도 있다(Laibson et al., 1998: 27~29).

(1) 걸린 몫이 적을 경우(주택거래가 아니라 점심식사)
(2) 과거에 반복되지 않았던 상황(장보기가 아니라 자녀교육, 결혼 및 은퇴자금 마련)
(3) 타인을 모방하거나 충고를 받을 수 없는 경우(냉장고 구입이 아니라 반려자 구하기)
(4) 차익거래가 어려울 경우(추가로 갖고 있는 주택이 아니라 현재 살고 있는 집)
(5) 불확실성이나 무지가 지배하는 경우(중년부부의 노후가 아니라 신혼부부의 미래)
(6) 비시장적인 재화가 거래의 대상인 경우(돈과 사랑)

(7) 가격보다 수량과 관련된 것(가족의 식사가 아니라 단체급식)

(8) 다차원적인 문제(품질, 사용의 용이성, 보증서 부착 여부)

(9) 가격순응적이 아니어서 협상과 흥정이 요구되는 경우

(10) 집계나 집단의 역할이 중요할 때

이런 논란에도 불구하고 행동경제학은 좁은 의미에서나마 이성이 인간의 행위를 자극하는 유일한 기제가 아님을 인정했다는 데 의의가 있다.[14] 사실 신고전학파 주변에서 맴도는 완전한 합리성과 제한된 합리성의 갈등은 '제한된' 갈등일 수 있다. 합리성이 제한되어 있다기보다 합리성과 비합리성 혹은 이성과 감성의 갈등을 고려해야 한다.

오랫동안 철학자들이 주장했던 바와 같이, 인간이 단순히 의식적으로 계산하는 존재가 아니라 원초적인 본능과 학습에 의한 습관에 의존하며 이성과 감성이 복합되어 있는 다차원적이고 다층적인 존재임을 이제 인정해야 한다. 이 과정에서 문맥을 강조하고 해석을 위주로 하는 이해의 방법을 긍정적으로 검토하고, 기대효용이론의 물리학적인 유추로부터 거리를 두어야 한다.

14 기대효용이론에 내포된 합리성은 도구적이어서 가치합리성 등 넓은 의미의 이성과 일치되지 않는다. 철학자들은 일찍부터 넓은 의미의 이성조차 인간을 완전히 지배하지 못한다고 생각하였다.

4. 평가 및 수용

1) 신고전학파 주변의 변화에 대한 평가와 비판

신고전학파는 세계화나 신자유주의의 흐름과 엇물려 적어도 이전과 같은 수준의 시장주의와 방법론적인 개체주의를 고집하고 있다. 그렇지만 최근 신고전학파 부근에서 형식논리로 전락한 선택이론을 비판하면서 인간의 판단과 행위의 내용을 채워 넣으려는 흐름이 대두되었다. 이 흐름은 신고전학파의 합리성 공준에 직격탄을 날리고 있다. 신고전학파의 이론, 방법론, 사회철학이 합리성에 의존하므로, 이런 공격은 이 모든 측면에 대한 대폭 수정이나 부정을 의미한다.

우선 인간이 어느 정도 비합리적이라면 개인의 선택이 불안정할 것이며, 선택이 불안정하면 선택들이 모여 나타나는 시장의 결과도 신뢰하기 힘들다. 이렇게 되면 보다 근본적으로 시장기구에 대한 신앙이 흔들리는 반면, 비합리성을 보완하는 제도나 시장의 결과를 교정하는 정부의 개입이 보다 정당화될 것이다.

방법론에서도 행동경제학은 비판적 합리주의가 신뢰하는 검증이나 계량적 방법 대신에 현장조사나 설문조사, 실험이나 검사 등을 활용한다. 더구나 현실의 인간에 근거한 실재주의적인 설명을 시도한다는 점에서 가상적인 인간에 근거해 예측에 만족하는 도구주의와 완전히 대립된다. 이렇게 보면 기대효용이론과 행동경제학을 각기 기수적 효용과 서수적 효용과 각기 연결시키는 것은 변화를 축소시키는 것 같다. 서수적 효용과 달리 기수적 효용에 인간에 대한 내용이 담겨 있다. 그러나 담겨 있는 내용이 쾌락과 고통의 산술에 치우쳐 있어 행동경제학과 다르다. 또한 이들을 각기 규범적인 합리성과 서술적인 합리성으로 규정하는 것도 양자의 불연속성을 희석시키는 것 같다.

뿐만 아니라 프리드먼과 같이 규범적 합리성을 시장의 선별로 해명한다면, 이는 시장 이념을 부당하게 전제하는 순환논리에 불과하다. 이어 정보경제학도 마음의 적극성을 고려하지 않으며, 감각자료, 정보, 그리고 지식을 구분하지 못하기 때문에 행동경제학의 기치를 뒷받침하지 못하고 있다(Twomey, 1998: 442~444).

나아가 행동경제학은 케인스주의나 리카도주의보다 더 근본적이다. 케인스는 주로 개인의 합리적인 선택이 모여 시장이나 사회에서 나타나는 결과의 비합리성에 집중하였다. 이에 비해 행동경제학은 개인 자체의 합리성에 의문을 던지고 있다. 다만, 현실성을 강조한다는 점에서 행동경제학은 통화주의보다 케인지언과 약간 친화력을 갖는다.

자본논쟁에서 신리카도학파가 신고전학파의 자본이론을 공박하기 위해 제시한 자본역전(capital reversing)은 자본시장에서 이자율과 자본집약도 사이에 나타나는 정의 관계로서 신고전학파 이론에 반한다. 이에 비해 행동경제학의 선호역전은 시장 수준이 아니라 미시적 기초와 직접 연결되어 자본역전보다 더 근본적이다.

보다 비판적으로 이런 변화를 이해해 보자. 첫째, 방법론적 개체주의의 다양화에도 불구하고 집단 차원의 선택이나 미시 단위의 점진적인 변화나 진화에 배치되는 단절된 균형(punctuated equilibrium) 등을 고려해야 한다(Bergh and Gowdy, 2003). 나아가 경제현상을 집계나 대표행위자 등을 매개로 개체 수준으로 환원하지 말고 여러 단위의 공존이나 상향·하향의 다양한 인과관계를 상정해 볼 필요가 있다. 이는 행위에 이기심뿐만 아니라 규범이 작동하고 있다는 생각과 합치된다.

둘째, 행동경제학을 포함한 현재의 흐름은 사회학보다 심리학으로 기울어 균형을 잃고 있다(Lewin, 1996: 1295, 1320). 이는 사이먼이 지적한 제한된 합리성이라는 '열린 상자'를 채우기 위해 제시된 방식들을 보면 확인된다. 기대 수준의 충족 이외에 탐색비용, 선호나 판단의 무작위성, 경로의존성, 습관, 비합리성, 감성이나 무의식적인 과정의 존재 등이 그런 것이다. 준거점이나 문맥에 대한 강조조차도 이런 흐름에서 완전히 자유롭지 못하다.

이런 편향을 생산적으로 재구성하는 방법은 개체주의와 반대로 나아가 기존 연구에서 개인의 사회성이나 내면화된 사회구조를 읽어내는 것이다. 즉, 개인적인 심리나 행위에서 문맥을 찾아내 해석한 후, 이를 이성과 감성의 갈등으로 전환해, 사회제도나 응결한 사회구조를 찾아내는 것이다(Myerson, 1999: 1069, 1078; Guerin, 2001: 406~428).

가령, 눈뜨기라는 일상적이고 개인적인 행위에서 상하관계(눈 부릅뜨기), 연인관계(눈 맞추기), 교우관계(눈길 보내기), 거래관계(눈동자 굴리기) 등을 읽어낼 수 있다. 이런 작업은 개체의 합리성과 전체의 비합리성, 표면적인 합리성과 본질적인 비합리성의 공존에 익숙한 프랑크푸르트학파의 사회이론과 비판적 실재주의에 친화적이다.

이런 방식으로 준거나 문맥의 차이나 변화를 설명하지 못하는 행동경제학의 약점이 보완될 가능성이 있다. 사실 인지나 심리에 대한 그간의 논의가 반드시 개체주의를 전제하는 것은 아니다(Earl, 2005: 912~913). 구체적으로 생물학적인 기반뿐만 아니라 문화나 역사, 그리고 사회구조에 따라 심리가 다르게 나타날 수 있다.

예를 들어, 생존을 위한 음식섭취와 같은 차원에서 돈에 집착한다는 신경경제학의 결과는 신고전학파에 배치될 뿐만 아니라 사회주의로 해석될 수 있다(Camerer et al., 2005: 35~36). 세일러의 소유가치, 심적 회계, 지출의 고통도 자본주의 체제와 기업의 지배로 해명될 수 있다. 이들은 마르크스, 베블렌, 그리고 케인스와 결합될 가능성이 높다.[15]

셋째, 이런 변동들을 진화이론의 관점에서 재구성할 필요가 있다. 현재 게임이론, 행동경제학, 실험경제학, 생물경제학, 그리고 심리학, 생물학 및 생태학 등 여러 분야에서 다윈의 진화를 강조하는 보편적 다윈주의(Universal Darwinism)가 부상하고 있다(Stiglitz, 2000: 1448; Samuelson, 2005: 96~100).

신고전학파가 상정한 인간 본성이나 자연 상태 등은 성경의 천지창조에 가깝다. 그런데 베블렌이 예상했던 대로, 이제 주류경제학의 '시장창조론'이 '시장진화론'의 도전을 받고 있다. 이 과정에서 공진화의 출현적(emergent) 성격과 복잡계에 대한 관심으로 인해 경제, 정치, 문화, 종교, 자연을 연결하는 총제적인 시각이 회복될 수도 있다. 나아가 경제학을 중심으로 사회과학이 통합되거나 학문이 전반적으로 재편성되어 마르크스의 총체적인 시각과 접합될 가능성도 있다.

15 물론 음식섭취가 제1의 자연이라면 돈벌이는 제2나 제3의 자연이므로, 이들이 서로 어떤 층위에서 연결되는지에 대해 생각해야 한다. 만약 양자가 등등한 차원에서 영향을 준다고 손쉽게 상정하면, 계량경제학에서 모든 설명변수들을 동등하게 취급하는 것과 같이 근거 없는 평면화가 될 것이다.

2) 신고전학파에 대한 한국 학계의 수용

전통적으로 신고전학파 경제학은 시장주의를 지향해 이념적으로 폐쇄적이라는 점, 수학이나 계량적인 방법에 집착해 인간과 사회를 보는 좁은 시야와 피상적인 분석에 만족한다는 점, 이로 인해 현실 경제와 사회로부터 상당한 거리를 두고 있다는 점 등에서 비판을 받아 왔다(홍훈, 2005). 그런데 한국 학계는 경제학을 수용하는 과정에서 추가적으로 다음과 같은 문제들을 노정하고 있다.

첫째, 한국 경제학계는 학문적으로 재생산 능력에 있어 여전히 빈약하다. 우선 대학의 교수를 위시한 연구자들이 대부분 외국 대학에서 훈련받은 박사들이다. 이 때문에 현재 한국경제사 분야를 제외하고 국내에서 박사학위를 받은 사람이 대학에 교수직을 획득한다는 것은 거의 불가능하다. 보다 심각한 것은 외국 학위를 가진 교수들이 스스로의 교육에 대해 자신을 갖지 못하고 있다는 점이다. 세칭 일류 대학들은 진정한 의미에서 한국의 대학원 교육을 국제수준으로 만들려고 노력하기보다 유명 교수의 영입에 몰두하거나 학생들에게 자신과 마찬가지로 외국에 유학을 가도록 권고하고 있다.

둘째, 경제학 전반에 있어 연구대상이나 방향에 관해 학계에 최소한의 합의가 형성되어 있지 않다. 어떤 현실, 어떤 이론, 그리고 어떤 사상이나 학파가 중요한지 한국 학계에 진정한 합의가 이루어지지 않아 학문연구의 방향도 설정되어 있지 않다. 학문이 다양성을 추구한다고 하나 최소한의 공통분모가 확보되어야 진정으로 다양성도 추구될 수 있다고 볼 때, 한국 학계의 현 상황은 무질서에 가깝다.

합의가 없기 때문에 한국 경제의 현실 문제들이 외면당하고 있다. 이런 외면에는 인문학이나 여타 사회과학과 달리 신고전학파가 자부하는 보편성이나 자연과학적 성격도 한몫을 하고 있다. 이런 특징이 한국 경제학계에 더욱 강하게 각인되어, 경제학자 특히 수리경제학자가 물리학자나 공학자와 비슷한 방식으로 사회현실에 대한 무감각을 드러낼 수 있다.

그런데 현실에 대한 무관심은 이론연구의 추상성이나 학자의 중립성 등으로 위장될 수 없다. 사회과학뿐만 아니라 인문과학, 심지어 철학에서조차 현실과 완전히 괴리된 논리란 존재할 수 없다. 현실에 근거한 이론과 이론에 근거한 이념이나 입장이 서로 삼투하고 영향을 주고받는 것이 사회과학이고 학문이다. 그러므로 한국 현실에 대한 무관심과 해외 학계에 대한 일방적인 추종은 정당화하기 힘들다. 이 때문에 미국, 독일 및 일본에 비해 한국 학계가 현실 경제에 대한 연구능력에서 뒤진다.

셋째, 서양 이론을 비판적으로 수용하지 못하고 있다. 해방 이후 한국의 경제학계는 분야별로나 전체적으로 미국을 위시해 외국에서 수입한 경제학 이론들을 검토하고 비판하는 노력을 기울이지 않았다. 보다 정확히 말하면, 인문과학적인 기초와 경제학설사적인 조망이 박약해 경제학이 진정한 의미에서 소화되거나 이식되지 못하였다.

예를 들어, 경제학의 합리성에 대해 과연 우리가 제대로 이해하고 있는지 되물어 볼 필요가 있다. 이런 상황에서 이론들이 단편적으로 연구되거나 개별적으로 현실에 적용되고 있을 뿐이다. 같은 이유로 미국 학계의 변화는 우리에게 항상 충격으로 다가왔으며 유연하게 흡수되지 못하였다. 다른 예로서, 합리적 기대 개념이 전파되기까지 얼마나 많은 시간이 걸렸는지 생각해 볼 필요가 있다.

넷째, 문제의식의 결핍과 비판능력의 부족은 외국 학계에 대한 추종으로 이어진다. 외국 대학의 학위소지자들이 대학을 메우면서 모두 그런 것은 아니지만 주요 대학의 소위 일류 경제학자의 연구일수록 외국 학술지를 지향해 한국 경제의 현실 문제들을 고려하지 않고 있다. 그리고 이런 지향이 사회의 관행이나 구조로 정착되었다. 현재 한국의 학계에서 외국 학술지 게재를 위한 압박은 한국사를 연구하는 학자에게까지 미칠 정도로 폭력적이다. 다른 학문에 비해 주로 수학과 통계학에 크게 의존해 외국 학술지에 대한 접근이 용이한 경제학에서 이런 압박이 더욱 강력하게 실현되고 있다.

다섯째, 공통분모의 부재와 연구방향의 결여로 인해 가설이나 담론에 대한 여과 장치나 판단기준도 박약하다. 누가 어떤 주장을 했을 때 이에 대해 진정한 감동이나 절망, 혹은 진정한 동의나 반대도 일지 않는다. 상황이 이렇기 때문에 논문이나 글에 대한 진정한 평가가 이루어지지 않은 채, 외국 학술지 게재, 단순한 다작, 외국 논문의 해석 등이 우리의 주위를 뒤덮고 있다.

이 문제는 연구논문의 숫자나 질보다는 연구의 절박성이나 의미 상실, 혹은 연구자의 힘이나 열정의 결핍, 그리고 짧은 연구수명으로 나타난다. 이에 따라 한국 경제학자의 특징은 열정, 흥미, 애정 혹은 지적인 호기심이 수반되지 않은 단기간의 근면함이나 성실함으로 규정된다. 한국의 경제학계에는 특정 이론이나 사상에 대해 오래 물을 주며 가꾸어 온 애정이나 이해가 부족하다.

사실 현실로부터의 괴리나 분석대상에 대한 합의의 결핍과 이념적 경직성은 해방 이후 한국 경제학계와 한국 학계의 지배적인 특징이었다. 이런 상황에서 경제학의 과학적인 분석과 현실의 경제 문제에 대한 이해 사이에 상당한 괴리가 남아 있다. 달리 말해, 한국의 경제학은 한국의 경제와 지속적으로 유리되어 있다.

이런 이유로 한국의 경제학은 관료나 기업들과 진정으로 대화하지 못하며, 한국의 경제학자들은 한국의 경제 문제에 대한 진정한 전문가로 자처하기 힘들다. 여기서 진정한 연구실적 대신 졸업장, 학벌, 관록 등 학자의 발언권이나 권력을 결정하는 병적인 구조가 기생하게 된다.

이런 상황은 해방 이후 현재까지 더욱 심화되고 있다. 이런 문제들은 경제학이 한국의 현실과 유리되어 정착되지 못했음을 의미한다. 이 문제들을 해결하기 위해서는 한국 경제에 경제이론이 어느 정도 적용될 수 있는지 지속적으로 검토하는 작업과 거꾸로 한국 경제의 성장 등 현실을 이론화하는 작업이 병행되어야 한다. 양자 모두에 있어 인간의 심리, 선호, 의사결정 등에 대한 최근 논의와 경제학을 중심으로 한 최근의 학제 간 연구가 고려될 필요가 있다.

그런데 이런 문제들은 한국의 학문과 경제학의 고질적인 병폐이다. 이제 신고전학파의 최근 변동과 연관 지어 한국의 경제학계를 평가할 필요가 있다.

첫째, 미국 경제학에 대한 비판적인 수용이라는 당위성에 비추어 나아진 것이 없으며, 심지어 더 악화된 것으로 짐작된다. 사회주의의 몰락과 세계화 추세는 미국 중심의 신고전학파의 영향력을 강화시켰다. 이로 인해 가뜩이나 무비판적으로 미국의 경제이론을 수입하던 한국 학계는 더욱 무력해졌다.

이는 미국의 경제학계가 이론을 자체에서 창출하면서도 *Journal of Economic Literature* 등을 통해 지속적으로 자신들의 작업에 대한 조망이나 시각을 잃지 않으려고 노력하는 것과 대조적이다. 이론을 스스로 생산하는 미국보다 이론을 수입하는 한국 학계에 이런 종합적이고 비판적인 검토가 더욱 절실함에도 불구하고 현실은 그와 정반대이다.

둘째, 미국의 경제학과 한국의 경제학이 과거에 보였던 거리나 시차가 현재 더욱 벌어졌거나 적어도 줄어들지 않고 있다. 단적인 증거로 이미 미국 경제학계에서 20~30년 전부터 논의되어 주요 학술지를 뒤덮고 있는 실험경제학, 행동경제학, 신경경제학, 심리경제학, 생물경제학 등 제 분야가 학부는 물론이고 대학원 수준에서도 거의 강의되지 않고 있다. 물론 이 분야를 가르칠 경제학자가 한국에는 거의 없으며 이 분야에 논문이 제출되고 있지도 않다. 이것은 이념과 무관하게 신고전학파의 변해 가는 이론들을 신속하게 도입해야 한다는 당연한 목표가 성취되지 못하고 있음을 보여 준다. 앞으로 행동경제학과 실험경제학이 전달되는 데 얼마만큼의 시간이 걸릴지 상상에 맡긴다.

이런 점에서 한국의 경제학은 유럽이나 일본의 경제학보다 뒤져 있다. 국제 간의 우열이 문제가 아니라 나름대로 학문이 재생산되고 있지 않다는 것이 문제이다. 한국의 대학이 배출한 석사나 박사가 연구인력으로 정착하기가 쉽지 않다는 것이 문제의 표면이다. 문제의 본질은 한국의 경제학계가 나름대로 다룰 경제와 사회의 문제들을 공유하고 이런 문제들을 해결하기 위해 여러 가지 방법을 구사할 동력을 아직도 갖추고 있지 못하다는 데 있다.

한국의 경제학계는 앞으로도 상당 기간 동안 미국 신고전학파 경제학의 변화를 주목하고 이를 비판적으로 수용해야 할 위치에 있다. 현재와 같이 경제학의 이론을 도식적으로 이해하고 교육하는 한 이론에 대한 비판적인 수용은 달성될 수 없다. 서양 전체에 대한 폭넓은 이해가 제공되고 기술적인 방법 위주가 아니라 문제나 개념 위주로 교육이 이루어져야 한다. 이런 관점에서 세계화 등의 상황에 비추어 경제학의 학문적인 위치를 다시 조망하고, 입시 위주의 한국 교육을 타파해야 비로소 우리 학문의 자생력을 되살릴 수 있을 것이다.

참고문헌

홍 훈(1992), 「근대경제학 내의 자유주의」, 『사회비평』, 51~75.

_____(2004), 「세계화에 대한 이해」, 『세계화와 남북한 사회경제 구조변화』, 아르케, 17~45.

_____(2005), 「경제학설사」, 『한국의 학술연구: 경제학』, 대한민국학술원, 188~204.

Akerlof, G. A.(1982), "Labor Contracts as Partial Gift Exchange," *Quarterly Journal of Economics*, Vol. 97, No. 4, 543~569.

Arrow, K. J.(2001), "The Five Most Significant Developments in Economics of the Twentieth Century," *European Journal of the History of Economic Thought*, Vol. 8, No. 3, 298~304.

Becker, G. S.(1976), *The Economic Approach to Human Behavior*, Chicago: The University of Chicago Press.

Bergh, J. C. J. M. van den and J. M. Gowdy(2003), "The Macrofoundations of Macroeconomics: An Evolutionary Perspective," *Cambridge Journal of Economics*, Vol. 27, 65~84.

Bergh, Jeroen C. J. M. van den and Sigrid Stagl(2003), "Coevolution of Economic Behavior and Institutions," *Journal of Evolutionary Economics*, Vol. 13, No. 3, 289~317.

Camerer, C., G. Loewenstein, and D. Prelec(2005), "Neuroeconomics," *Journal of Economic Literature*, Vol. 43, No. 1, 9~64.

Earl, P. E.(2005), "Economics and Psychology in the Twenty-first Century," *Cambridge Journal of Economics*, Vol. 29, No. 6, 909~926.

Elster, J.(1989), "Social Norms and Economic Theory," *Journal of Economic Perspectives*, Vol. 3, No. 4, 99~117.

_____(1998), "Emotions and Economic Theory," *Journal of Economic Literature*, Vol. 36, No. 1, 47~74.

Frederick, S., G. Loewenstein, and T. O'Donoghue(2002), "Time Discounting and Time Preference: A Critical Review," *Journal of Economic Literature*, Vol. 40, No. 2, 351~401.

Guerin, B.(2001), "Individuals as Social Relationships," *Review of General Psychology*, Vol. 5(4), 406~428.

Hausman, D. M. and M. S. McPherson(1993), "Taking Ethics Seriously," *Journal of Economic Literature*, Vol. 31, No. 2, 671~731.

Hirshleifer, J.(1978), "Natural Economy Versus Political Economy," *Journal of Social and Biological Structures*, Vol. 1, 319~337.

_____(1985), "The Expanding Domain of Economics," *American Economic Review*, Vol. 75, No. 6, 53~68.

Kahneman, D.(2003), "Maps of Bounded Rationality: Psychology for Behavioral Economics," *American Economic Review*, Vol. 93, No. 5, 1449~1775.

Kahneman, D., J. L. Knetsch, and R. Thaler(1986), "Fairness as a Constraint on Profit Seeking," *American Economic Review*, Vol. 76, No. 4, 728~741.

_____(1991), "Anomalies: The Endowment Effect, Loss Aversion, and Status Quo Bias," *Journal of Economic Perspectives*, Vol. 5, No. 1, 193~206.

Kahneman, D. K. and A. Tversky(1979), "Rospect Theory: An Analysis of Decision under Risk," *Econometrica*, 47(2), 263~292.

Laibson et al.(1998), "Amos Tversky and the Ascent of Behavioral Economics," *Journal of Risk and Uncertainty*, Vol. 16, No. 1, 7~47.

Lewin, S.(1996), "Economics and Psychology," *Journal of Economic Literature*, Vol. 34, No. 3, 1293~1323.

Lewis, D. K.(1969), *Convention*, Cambridge: Harvard University Press.

Lucas, R.(1978), "Asset Prices in an Exchange Economy," *Journal of Political Economy*, Vol. 46, No. 6, 1429~1445.

Makowski, L. and J. M. Ostroy(2001), "Perfect Competition and the Creativity of the Market," *Journal of Economic Literature*, Vol. 39, No. 2, 479~535.

Myerson, Roger B.(1999), "Nash Equilibrium and the History of Economic Theory," *Journal of Economic Literature*, Vol. 37, No. 3, 1067~1082.

Parfit, D.(1971), "Personal Identity," *Philosophical Review*, Vol. 80, No. 1, 3~27.

Read, D. and G. Loewenstein(1995), "Diversification Bias," *Journal of Experimental Psychology*, Applied, Vol. 1, No. 1, 34~49.

Reder, M. W.(1982), "Chicago Economics: Permanence and Change," *Journal of Economic Literature*, Vol. 20, No. 1, 1~38.

Robson, A. J.(2001), "The Biological Basis of Economic Behavior," *Journal of Economic Literature*, Vol. 39, No. 1, 11~33.

Rogers, A. R.(1994), "Evolution of Time Preference by Natural Selection," *American Economic*

Review, Vol. 84, No. 3, 460~481.

Samuelson, L.(2005), "Economic Theory and Experimental Economics," *Journal of Economic Literature*, Vol. 43, No. 1, 65~107.

Shafir, E., P. Diamond, and A. Tversky(1997), "Money Illusion," *Quarterly Journal of Economics*, Vol. 112, No. 2, 341~374.

Shiller, R.(2003), "From Efficient Markets Theory to Behavioral Finance," *Journal of Economic Perspectives*, Vol. 17, No. 1, 83~104.

Simonson, I. and A. Tversky(1992), "Choice in Context," *Journal of Marketing Research*, Vol. XXIX, 281~295.

Starmer, C.(2000), "Developments in Non-Expected Utility Theory: The Hunt for a Descriptive Theory of Risk," *Journal of Economic Literature*, Vol. 38, No. 2, 332~382.

Statman, M.(1999), "Behavioral Finance: Past Battles and Future Engagements," *Financial Analysts Journal*, Vol. 55, No. 6, 18~27.

Stigler, G. J. and G. S. Becker(1977), "De Gustibus Non Est Disputandum," *American Economic Review*, Vol. 67, No. 2, 76~90.

Stiglitz, J.(2000), "The Contribution of the Economics of Information to Twentieth Century Economics," *Quarterly Journal of Economics*, Vol. 115, No. 4, 1441~1478.

Stracca, L.(2004), "Behavioral Finance and Asset Prices: Where do We Stand," *Journal of Economic Psychology*, Vol. 25, 373~405.

Thaler, R.(1999), "Mental Accounting Matters," *Journal of Behavioral Decision Making*, Vol. 12, 183~206.

Twomey, P.(1998), "Reviving Veblenian Economic Psychology," *Cambridge Journal of Economics*, Vol. 22, 433~448.

chapter 15

The Diffusion of Western Economics in South Korea

1. Introduction

South Korea not only industrialized but also democratized during the last half a century or so. During the same period, it had been absorbing economic ideas from the Western world – as it had done earlier. This coincidence motivates us to suspect that there may have been significant interactions between its socio-economic development and its adoption of Western economic ideas.

New economic ideas, as have been the case with other socio-cultural things (bicycles) and thoughts (Christianity), go through a few stages until they are incorporated into everyday language: *introduction*, *rejection or acceptance*, *transformation*, *diffusion*, *final settlement* and so on. Given this background, this chapter examines how Western Economics has been reshaped and transformed in South Korea. This task starts with introducing a brief history of importing Western Economic Ideas (Lee, 1985; Cho, 2005).

2. A Short History of Imported Economic thought in Korea

Western ideas started to land on the Korean peninsula from the end of the nineteenth century onwards (see Chang, 2004). Initially most of them had been imported indirectly via Japan – during the colonial period. The same holds true of the initial spread of Economic ideas. At that time, Japanese scholars were more advanced in absorbing Western thought, primarily by means of translating Western socio-economic concepts and classics into Japanese (Morris-Suzuki, 1989) – see also (Warner, 2016: chaps. 2, 4, 7). For this purpose, they relied heavily on Chinese classics and characters.[1] Western Economic ideas in particular were imparted by Japanese scholars residing in Korea and Korean scholars who had studied in Japan.[2] Moreover, economic classics such as by Adam Smith (1723~1790), Karl Marx (1818~1883) and John Maynard Keynes (1883~1946) were read in Japanese editions.[3]

During this period, Western Economics, as interpreted by Japanese scholars and imported via Japan, was imbued with Historical and the Marxian perspectives. Thus, we can say that it was *holistic* and *interdisciplinary* in its approach. *It was not introduced as Economics in its narrow sense but as Political Economy or Social Economics embedded in philosophy and ethics.* Moreover, Korean intellectuals seemed to be sympathetic to this viewpoint. Given this, Political Economy was concerned not merely with commodity or goods, money, capital or market, but also with values of civil society and ultimate goals of human beings. For this reason, it placed equal weight on economic theory, economic history and history of economic thought. A real economist was required to be equipped with *balanced* knowledge of those sub-fields.

1 Some of the examples can be found in the respective sources translated.

2 To mention a few Korean scholars, Namwoon Baek, Soontak Lee and Hangjung Yoon were teaching at Yonhee College (Yonsei University) or Bosung College (Korea University) (KEA, 1991: 2).

3 Major classical works such as Smith's *Wealth of Nations*, Malthus' *Essay on the Principle of Population*, J. S. Mill's *Principles of Political Economy*, List's *Das Nationale System der Politischen Ökonomie* and so on were already translated into Japanese around the 1880s (Morris-Suzuki, 1989: 50, 60). But the Japanese edition of *Das Kapital* was completed only in 1924 (Hoston, 1984; see also Warner, 2016: chap. 4).

Neither a specialization within Economics nor a division of labour among social sciences was appreciated. Every economist was supposed to be a social scientist, at least, to some extent. It is not analytical power or rigour – but broad and comprehensive knowledge that was taken as a primary virtue for scholars, including economists. Political Economy viewed in this way remained connected with laymen's common sense or intuition and its concepts shared many common aspects with their counterparts in everyday use. At that time, emphasis on common sense *à la* Malthus gained supremacy over Ricardian rigour (Malthus, 1827: 4~5).

All this underwent gradual changes after 1945, as Western Economic ideas began to be imported directly from the countries in the West (Hong, 2005). As a result, in 1993, foreign-trained economists already accounted for over half of all the Korean economists and for seven out of ten of all those teaching in Seoul (Choi, 1996: 97). Economists who were trained in foreign countries, especially in the US, began to concentrate on specific areas. Moreover they prioritized analytical power and rigour with the aid of mathematical and econometric tools, gaining ground in competition with the *holistic* viewpoint. *As a result, the hardcore of economics was reconceived as economic theory which was reformulated and redefined independently of economic history and history of economic thought. Economics, in this narrow sense, stood aloof from common sense and its definitions became alienated from their counterparts in everyday use. Now, analytical power became dominant over common sense.*

This account is not meant to suggest that Neoclassical Economics swept the academic circles – as soon as it arrived in South Korea. It was not until the end of the twentieth century that such a school of Economics prevailed over the other streams of thought. Up to this time, the holistic perspective of Political Economy had vied with the analytical perspective of the Neoclassical school. In particular, *Marxism* has survived underground among progressive intellectuals and antigovernment activists, although it was oppressed in the public after the Korean War (1950~1953). Moreover, it has been taught, albeit in its adulterated version, as part of the history of Economic Thought at most universities. Furthermore, after the restoration of democracy in 1987, it even enjoyed the short period of time to flourish in full bloom as an alleged alternative to Neoclassical economics (Lee, 1993; Hong, 2000, 2002; Jeong, 2007).

Amidst this rivalry, classics as well as textbooks, such as Samuelson's *Economics* ([1948] 1973) were to be held in high esteem. Among these classical economists were counted Smith, Ricardo, [J. S.] Mill, Marx and Keynes. As a result, they were translated into Korean, often with reference to their Japanese editions. Some of the first editions would be *The Wealth of Nations* (Choi and Cheung, 1960), *Principles of Political Economy and Taxation* (Choi, 1959), *On Liberty* (Sung, 1946), *Das Kapital* (Jeon and Choi, 1947), *Income* (Choi, 1954), *The General Theory* (Kim, 1955) and so on (see the References).

Mercantilism (Mun, Petty), the German Historical School (List, Roscher, Schmoller) and the Austrian School (Menger, Böhm-Bawerk, Wieser) had been neither discussed nor considered very extensively, even though they have been mentioned from time to time in classes in the history of thought. Among others, lack of interest in the Historical School is noteworthy, even odd, since the 'Developmental State' of Korea which had pursued export-drive growth during the 1960s and 1970s was to bear a close resemblance to the position of the Historical School. One is tempted to suspect that there may be some scholars or bureaucrats who had read into the classics of the German Historical School, at least into the works of Friedrich List (1789~1846), in order to obtain insights about economic development (see Warner, 2016: chap. 10). However, it comes as a surprise to find that few papers published in Korea at that time dealt with the Historical School (KEA, 1991: 26~27).

Other Western economists (such as Marshall, Veblen, Schumpeter, Hayek and Galbraith) were available as sources of economic thinking, even if some of them had *not* been translated into Korean. Nobel Laureate, Milton Friedman (1912~2006) was much less renowned as a preacher of market ideology than as a theorist. Unlike Friedrich Hayek's (1899~1992) *The Road to Serfdom* (1944), his *Capitalism and Freedom* ([1962] 1982) was not to be seen as a familiar item on the book-shelf of a serious Korean economist until recent decades.

Consequently, for more than half a century the two streams of economic thought have existed in conflict and often intermingled in the Korean intellectual circles. Moreover, although Korean economists recently educated in the US seem to be, in appearance, more attached to Economics in its 'narrow' sense, they seem to constantly fall into a conflict between the different perspectives of thought 'deep down' in their minds. The two streams do not correspond, on a one-to-one basis, to Market Ideology and Socialism. Rather their difference meshes more with the distinction between Dialectics and Holism, on the one hand, and Formal Logic and Individualism, on the other (Peng and Nisbett, 1999; Nisbett et al., 2001). Needless to say, this conflict goes deeper than the typical 'micro-macro' divergence of economics.

3. Duality in the Korean Academic Community

In recent decades, most Western Economic ideas have been introduced into Korea through universities and colleges – by a large number of foreign-trained professors and from foreign sources. Once introduced, such ideas have, explicitly or implicitly, been interpreted in light of *domestic knowledge* available to lay-persons. Moreover, they have interacted with contemporary common sense and prevalent worldviews held by the public. *In general, Western ideas tend to be conceptual, abstract, explicit and global, whereas domestically held knowledge and common sense are likely to be practical, concrete, tacit and local* (Bellussi, 1999: 734; Gertler, 2003; Kleinknecht et al., 2014: 1208~1209). For this reason, there have been discrepancies and conflicts between the two domains of knowledge. Moreover, the academic community has suffered from divergences between imported concepts/methods and real domestic issues.

The discrepancies and conflicts apparently have divided the Korean academic community into at least *two* groups. One group has laid more emphasis on imported concepts, methods and techniques, whereas the other has highlighted domestic empirical questions and issues. The former is more likely to have studied in the US, to hold jobs at major universities and to publish their papers in SSCI journals than the latter. The former has the merit of being more advanced in Economic theories and Econometric tools but at the same time the demerit of being less sensitive to specificities and peculiarities of the Korean socio-economic system. The opposite is true of the latter group. For instance, standard issues such as entry barriers have been handled by foreign-trained professors (Lee and Wang, 2007), whereas issues specific to the Korean economy such as *Chaebol* giant firms have been handled by domestically educated scholars (Kim, 2005).

In recent decades, however, the balance between the two groups has been decidedly shifting in favour of the foreign-trained scholars. The contributing factors can be enumerated as: a rapid increase in the number of foreign PhD holders; their contributions to SSCI journals: their landing jobs at some prestigious US universities and at major Korean universities; dominance of market ideology since the 1990s. For this reason, most Korean universities have been more dependent on US graduate programmes for the supply of professors and researchers. In parallel, education at Korean graduate schools has been on the decline. The Korean scientific community, as far as the field of Economics is concerned, has experienced difficulties in reproducing itself.

In line with the duality in scientific community and labour market for economists, some economic doctrines may lead a 'dual life' in that they are taught and learnt in the classroom but at the same time they are ill-suited for real issues and unwelcome in the real world. In a broader context, the role of applying economic doctrines to empirical issues and spreading them are frequently not assigned to university professors but to those intellectuals who have more practical interests. The latter includes policy-makers, especially government officials, economists affiliated with research institutes, journalists, businesspersons and intelligent lay-agents. Although these people share a common interest in current issues, rather than in academic cases, each of them has its own specific features.

As government officials are interested in coming up with policies in various fields, they interpret and apply economic theories in order to address current economic and social issues. Moreover, they are sensitive to government policies but also to the current and daily economic problems of the general public. For this reason, both government officials and journalists are conscious of the cases of other regions and countries. Researchers at government institutes address policy issues with the budget provided by various branches of the government. They often assist government officials with designing policies. In more recent decades, private research institutes, founded or sponsored by major firms, have dealt with current social and economic issues in order to rationalize market ideology.

For this reason, in evaluating theories these people tend to prioritize relevance or simplicity to rigour or profundity. This is to be contrasted with the position of university scholars who would give priority to rigour and refinement. For instance, in the minds of journalists and lay persons, competition which punctuates the market system and the educational infrastructure of Korea is hardly understandable with the sophisticated notion of perfect competition. With another example, it is often said that going beyond the OLS method of regression would be a luxury for researchers at the institutes, not to mention for government officials.

By focusing on the relevance of theories, government officials, researchers and journalists, intentionally or unintentionally, contribute towards reducing the gap between *imported theories* and the real economy. Moreover, they mediate between academicians and the general public. Businessmen and lay-agents on their own play the role of reducing the discrepancy between theory and reality by means of their responses and (implicit) criticism. Needless to say, this process is very often accompanied with the cost of diluting or distorting the original meaning of theories and concepts.

This significant *duality* in the Scientific community and in Economics may account for intervention of the government into the scientific community in diverse ways. The most salient form of intervention was that the government organization called the *Korean Research Fund* initiated a general system of refereed journals. This system named KRI was designed to standardize academic papers and to enhance research capability of scholars. As is well-known, the Korean government has introduced institutional reforms in many fields of the society including economy and education over more than half a century. A typical example is found in structural reforms carried out after the outbreak of the economic crisis in 1997. In a similar vein, the 'referee system' was introduced by the government more than a decade ago and has now been taken as 'given' in the Scientific community. It goes without saying that the quality of the Korean journals within the system is yet to be improved – in order to be on an equal footing with journals indexed in SSCI or SCOPUS.

Given this background, it is not surprising to find that the spread of standard Economics has met difficulties. It may be useful to examine the ways in which new concepts are understood or misunderstood and how they are transformed and twisted. Clearly, the more an idea has affinity with the reality of the Korean society, the more chances it has to get disseminated. But in order to start with the task at hand, we have to find out the criteria which have functioned, in an explicit or implicit way, in the process of transformation of foreign ideas. *For this purpose, it is necessary to outline basic features of both Neoclassical Economics and Korean society.*

At some risk of oversimplification, it can be argued that Neoclassical Economics is built on two basic tenets: (1) rational choices on the part of individuals and (2) efficient market system based on price mechanism (Hong, 2007: 90~91). The first tenet can be analysed and operationalized as individualism. Individualism as a social philosophy is featured by the importance of choices, cool-headed calculation, pursuit of self-interest including maximization of utility and profits. Methodological individualism which postulates that a maximizing individual is the basic unit of analysis has been expanding its domains into law, voting, marriage, childbirth and crime by means of rational choice theory. It can be operationalized by such terms as market, price, demand and supply, and efficiency.

Korean society, especially during the 1960s and the 1970s, has been characterized by the nationwide goal of economic development under the authoritarian rule of the Park regime (see Amsden, 1989; Wade, 2003). Contemporary Korea is associated with such slogans as: *modernization*, *better-life*, *economic growth*, *export target*, *new village movement, leadership and solidarity*.

Second, it has been punctuated by social relationships and collective thinking. Dependence on social relationships and on frequent group-activities constitutes a cultural dimension of East Asia. In fact many cultural psychologists endorse the view that East Asians rely heavily on 'human relations' (Markus and Kitayama, 1991, 2010; Markus and Schwartz, 2010). Other strands of thought go so far as to claim that social relationships are fundamental to human existence. These range from Aristotle and Marx to self-determination theory (Ryan and Deci, 2000; Ryan et al., 2013) and economics of human relations (Sacco et al., 2006). Dependence on informal social relationships has contributed towards formation of social capital and networks, despite its downsides such as corruption or collusion.

Third, it has been attached to context-specific and holistic ways of thinking. This can be considered the Eastern socio-cognitive system, distinct from the Western system (Nisbett et al., 2001). The system which depends heavily on teamwork and groupthink seems to have been *functional* in achieving export-targets and absorbing or innovating technologies (Nonaka and Konno, 1998; Nonaka and Toyama, 2002; Nonaka et al., 2014). Physical-training at the top of a mountain at the dawn for developing the initial type of DRAM (dynamic random-access memory) is a striking example (Sohn and Kenney, 2007; Song, 2012).

Last, the Korean economy has been embedded in ethics and politics as was conceived by Karl Polanyi (1886~1964). Whenever Korean economic agents make decisions about 'purchase and sale', they are prone to take 'fairness and justice' into account (Fehr and Gächter, 2000; Cohn et al., 2015). For this reason, heuristics involving reciprocity must be working along the lines of behavioural economics (Kahneman and Tversky, 1984).

4. The Major Obstacle to the Spread of Economic Concepts

The most formidable obstacle to proper diffusion and education of Economic concepts in South Korea seems to be *Methodological Individualism*. Although individualism may go some way towards depicting the American society as it is, it is not realistic enough to account for diverse aspects of socio-economic phenomena in Korea. *Of paramount importance, for this argument, is the view that two or three kinds of self-construal, such as independent self and interdependent self* (*relational and collective*) *might coexist* (Brewer and Gardner, 1996; Howell and Shamir, 2005; Tabellini, 2008; Alesina and Giuliano, 2016: 13).

When an individual pursues his/her private goal or interests, the personal self is activated. By contrast, when he/she focuses on human relations or on the goals and interests of a collective where he/she belongs, the relational self or collective self is activated. During the period of Economic growth, the relational or collective self of Koreans as well as their personal self has been in operation. The relational self or collective self has been prompted by means of setting goals at the level of an organization or by means of offering slogans stimulating group-identity (Shin et al., 2013).

Since different types of ego are activated in diverse social contexts, individuals as units of analysis are not as dominant in Korean society, as is assumed by Neoclassical Economics. Especially, standard economic theory assumes that the only thing an Economic agent does is to maximize her utility or profits. However, to the extent that social relationships and collectives compete with personal egos social preferences and social comparisons would prevail. Advocates of social preferences argue that people are interested in consumption and utility of their close others as well as their own consumption and utility (Fehr and Schmidt, 1999). Similarly, proponents of social comparison suggest that lay agents are accustomed to comparing themselves to their close others in terms of income or consumption and obtain utility from their relative position or ranking (Festinger, 1954; Frank, 1985; Frank et al., 2014). This perspective originates from the idea of 'keeping up with the Joneses' which runs from Veblen through Galbraith to Duesenberry (see Veblen, 1899; Duesenberry, 1949; Galbraith, 1976).

Korean consumers, workers and students have very strong social preferences in that they are very conscious of their close others as regards their income, houses, cars, clothes, grade, school credentials, social status and so on. Various types of pro-social behaviours on the part of Koreans arise from the fact that the Korean socio-economic system is relational (see Kim, 1999). In particular, prevalence of positional goods in diverse domains of the Korean society lends support to the perspective of social comparison. It is obvious that social preference and social comparison are incompatible with Neoclassical Economics but cohere with Behavioural Economics.

Kinds of motivation and types of organization as well as types of 'ego' are relevant for the Korean society, although all of these are foreign to standard economics. As to kinds of motivation, one has to make distinction between intrinsic and extrinsic motivation, i.e., between work or study for its own sake and work or study for the sake of money or grades. Between two extreme forms may be posited two intermediate forms of motivation called 'introjective' and 'identified'. Introjection is a controlled form of regulation in which behaviours are performed to avoid guilt or anxiety but which is not fully accepted as one's own. 'Identification reflects a conscious valuing of a behavioral goal or regulation, such that the action is accepted or owned as personally important' (Ryan and Deci, 2000: 72; Gerhart and Fang, 2015). In Korea, the relational self or collective self has often been stimulated by intrinsic motivation and identified motivation (Brewer and Gardner, 1996; Kark and Shamir, 2002; Howell and Shamir, 2005). It is to be noted that Neoclassical Economics places a one-sided emphasis on extrinsic motivation (Iyengar and Lepper, 1999; Bénabou and Tirole, 2003).

As to types of organization, informal relationships and groups reinforce attachment of individuals with the formal organization by means of reducing impersonality. This also gives salience to their relational self and collective self and activates the intrinsic or identified forms of their motivation. Moreover, activation of their relational and collective self, unlike that of their personal self, is very often made into intrinsic motivation for them by social framing (Sunstein, 2003; Sunstein and Hastie, 2014). Goals or extrinsic incentives for a group might turn into intrinsic motivation for its group members and might inspire their devotion to their tasks. Social framing serves to internalize group goals into the minds of people and to identify themselves with their group. This framing and contextualization has taken place through a socio-political process rather than through a cognitive process on the part of individuals. At the outbreak of economic crisis in 1997, the nationwide sale of gold was framed as a patriotic action to save the country from the crisis rather than as a rational choice to compensate for a fall in one's income.

5. Examples of Difficulties in the Spread of Concepts

1) Demand and Supply

The concepts of price, demand and supply, and market seem to have been quickly absorbed into a daily set of words. By contrast, changes in quantities demanded and supplied in reaction to price changes and the subsequent equilibrium have not been fully understood. Especially, *tâtonnement* (meaning a process of 'search by trial and error') is very often misunderstood as taking place in real time, as this way of understanding it is more appealing to common sense. Moreover, supply and demand and prices have frequently been misconceived as being decoupled from rational choices on the part of individual agents. Consequently, individualism and market mechanism are often treated as two separate things. It is suspected that these aspects of twisted understanding could be attributed to the prevalence of relationships and collectives in South Korea. For lay-agents, market order, in distinction from equilibrium as economists conceive it, may well build on social structure or social relationships as well as on rational choices of individuals.

2) Substitutability and Complementarity

The jargon of substitution (or complementarity) is often confused with substitution (or complementarity) in its everyday use. However, they are to be distinguished from each other. The former is inseparably linked with prices and income in contrast with the latter. According to the former, a house and a refrigerator could be substitutes or complements depending on their prices and the income of the consumer in question. By contrast, the latter highlights functional aspects of houses and refrigerators without taking into account (changes in) their prices and income. Coffee and milk could be substitutes or complements, if their prices and income of consumers are considered. However, if they are viewed in light of their functions, they may be complements all the time.

The point that the notions of substitutability and complementarity rest upon rational choices and the price mechanism is neither clearly stated nor conveyed in the classroom. This may be also the case in some US universities – since the concepts have flaws serious enough to be admitted by one of its major proponents in his later years (Samuelson, 1974: 1255). Still, part of the difficulty in understanding these concepts could be attributed to the divergence between Individualism assumed in Economic theory, on the one hand – and the significance of relationships and ethics/politics in the Korean economy, on the other.

3) Trade-off or Conflict

Trade-offs between bundles of goods or between two different kinds of value in economics not only stand for conflicts in choices over alternatives – but also for quantitative exchange ratios between them. In this regard, trade-off entails 'trade' in the minds of economic agents which leads to the consequent substitution or combination at the margin. Simply put, a trade-off includes quantitative aspects whereas conflict remains purely qualitative. This distinction between trade-off and conflict in choices is made more explicit by behavioural economists (Shafir et al., 1993; Dietrich and List, 2013). In Korean intellectual circles, the meaning of trade-off is often diluted and confused with conflict per se or misunderstood as an either/or question. This confusion stands in the way of application of trade-off and substitution to a wider range of socio-economic issues. This could be ascribed to the finding that social and political factors have impacted the Korean economy.

4) Utility Function and Production Function

Utility function as used in Economics does not describe the activity of consumption, per se, as it goes on in a family. Instead, it serves to explain rational choices of consumers about consumption bundles, which are aggregated to constitute market demand curves. Moreover, consumption function which addresses the issue of the determinants of consumption levels in macroeconomics is much less concerned with consumption behaviour of a micro-unit. These aspects of utility function and consumption function are not easily conveyed to Korean students.

In parallel, production function as an academic term is designed to explain rational choices about quantities of outputs and inputs on the part of producers, which are aggregated to form market supply curves. It would be mistaken if one expects the function to say something substantial about what is actually taking place in a factory or in a firm. However, lay agents are prone to misidentify it with production-process which unfolds itself in real time.

Korean students very often fail to conceive utility function and production function in terms of rational choices and price mechanisms. They do not fully endorse general equilibrium system, which is built on utility function and production function. Instead, they implicitly feel more sympathetic to the classical view that the economy goes periodically through the stages of production, distribution, exchange and consumption.

5) Perfect Competition

Perfect competition, roughly defined as price-taking behaviour on the part of a large number of small firms, is one of the hardest concepts to be taught due to its being static and unrealistic. Even apart from the age-old controversy over this notion, for many reasons it is less appealing to Koreans than to Americans. It is especially far-fetched in the eyes of Koreans who observe that their economy has been dominated by *Chaebol* conglomerates. The giant firms which have been fostered by the decade-long government policies for economic development appear obviously monopolistic in the domestic economy. This contradicts price-taking behaviour of atomic agents as defined by perfect competition. Moreover, this offers a critique of the traditional dichotomy between market and the state and suggests the existence of empire-type organizations as a third sector.

In a similar vein, the Berle and Means (1967) thesis of the separation of ownership and management which has been influential for nearly a century in the Anglo-Saxon academic community is highly misleading, when it is applied to Korean firms (Berle and Means, 1967; Cheffins and Bank, 2009). It is now widely known that a large number of Korean and Asian firms (as well as many Latin European firms) are either owned or managed by the families of their founders. This gap between the thesis and the reality has brought about confusions and distortions in the Korean academic circles. Sometimes, the tenet has been conveniently misunderstood as a normative rule for firms rather than as a description about the existing firms.

Koreans are more habituated to associating competition with entrance examination or with sports, than with firms in the market. Thus the notion of prefect competition is not comprehended fully, although it has been taught from generation to generation. 'Perfect competition' is irreconcilable with competition in Korean schools as well. Exams and entrance into universities constitute critical parts of the Korean society, as they lay the groundwork for social status and social networks (*Hakbol*). Fierce competition for participation in the higher education very often ends up with formation of rent-seeking associations of alumni in the labour market. In a word, competition in the educational system provides the basis for monopolies or monopolistic competition in the socio-economic system. Observance of procedural rules could be the only possible similarity between competition in Korean schools and perfect competition.

In order to account for competition in Korea, which spans from schools to markets and organizations, one needs a more dynamic and holistic concept of competition instead of the notion of perfect competition. This explains why perfect competition turns out to be one of the most inapplicable Neoclassical concepts in the Korean society.

6) Moral Hazard

'Moral hazard' is concerned with an incentive system of insurance and is closely tied up with the market system. However, it is very often misunderstood as 'moral decay' which has neither to do with incentives nor with economic activity in the market per se. Rather this concept is often associated with corruption of government officials or with lack of filial piety or of marital faithfulness. One of the reasons for this association is that these ethical problems have been more familiar to Koreans. This misunderstanding may lend support to the view that the Korean economy is more seriously embedded in morality than is the US economy. In fact, presidents of Korean firms are more reticent about their profit-seeking goal and more vocal about the goal of employment or of national economic growth. This is a far cry from the fundamentalist market ideology which advocates that all that a firm is supposed to do is to maximize profits (Friedman, [1962] 1982).

7) Classification of Goods

Economics textbooks tend to group goods into *four* distinct kinds by the two criteria of excludability and rivalry. This standard classification of economics is founded on its misleading dichotomy between the market and the government. According to this dichotomy, the market system which is composed of decentralized individuals allocates and distributes private goods, whereas the government as a central authority supplies public goods. This standard argument fudges distinctions among different levels of government. More important, it pays little attention to the role of human relationships. The prevalence of human relationships in Korean society motivates us to reconsider this traditional distinction, since facilitation and reproduction of relationships require relational-goods, club-goods or toll-goods instead of private-goods or public-goods (Ostrom, 2010). In parallel, the significance of human relationships and toll goods stands for community and civil society which lie between the market system and the government.

8) Criteria for Evaluation

Belief in the market system that consumers are ultimate judges of goods and services is often accompanied with the idea that rules evolve spontaneously in the market (Hayek, 1979). However, this idea clashes with the perennial role of the Korean government in standardizing and certifying the quality of goods and services. Not only schools, lawyers, doctors and accountants but also hotels, restaurants, agricultural produce have been evaluated and qualified on the basis of criteria initially proposed by the government. The Korean government intervenes, to a stronger extent, into the educational system. It has imposed even on schools for tertiary education a set of strict regulations with respect to: establishment of institutes and departments; enrolment quotas; student admission procedures; tuitions; issuance of diplomas (Kim and Lee, 2006). All this may well place limits on, or replace, market valuation. This reality makes it difficult for the alleged efficiency of market mechanism and for the assumed validity of standard economic theory to gain ground.

9) The 45-degree Line and the 'Keynesian Cross'

The 45-degree line which represents the level of aggregate demand and determines the level of GNP in macroeconomics used to distinguish Keynesian Economics from Neoclassical tradition at most Korean Economics classes in the 1970s (Weber, 1974; Garrison, 1995). By contrast, the Korean economy during the same period was embroiled in the export drive propelled by the Park regime and suffered from obstacles on the supply side, not on the demand side. Nevertheless, this Keynesian line has been repeatedly drawn to emphasize the importance of demand gap and the need for macroeconomic policies. Moreover, Keynesian macroeconomic policies were not clearly distinguished from contemporary Korean government policies for export drive and economic growth. Keynesianism was taken for granted unconditionally. It was not made explicit that it specifically addressed the issue of unemployment in a deep depression with little possibility of inflation. Nor was it necessarily accompanied with the reservation that Keynes did not have in mind structural unemployment of underdeveloped countries but involuntary unemployment of the industrialized countries. These bear witness to the lag between Western Economic theory and the reality of the Korean economy and to the consequent difficulty of the theory in gaining currency in Korea, unlike as in China or Japan.

10) Rational Expectations and Perceived Inflation

The 'rational expectations' hypothesis which lays the groundwork for neoclassical macroeconomics collides blatantly with the socio-economic phenomena of Korea. This hypothesis assumes an extreme level of rationality and predictive capability on the part of lay agents. On this basis, it declares Keynesian macroeconomic policy, especially monetary policy, as ineffective. Korean economic agents would not be persuaded of their own capability to forecast price levels or interest rates, comparable to econometricians or economic research institutes such as SERI. Moreover, since they have been accustomed to various government interventions under the regimes of state development, they would not come to believe in the alleged ineffectiveness of government policies. Among others, Korean government officials are devoted to discarding this hypothesis.

In spite of this hiatus, this hypothesis, along with natural rate of unemployment, is one of the most favourite concepts in the classrooms of Korean universities. It may even be the case that knowing the concept proves one's attendance at a macroeconomics class. A more reasonable way out of this pitfall could be not merely to revert to Keynesian economics, but also to consider behavioural economics which advocates bounded rationality and allows for nudges.

The divergence between the official rate of inflation and the rate of perceived inflation refutes the hypothesis of rational expectation in another way. The rate of perceived inflation denotes the rate of inflation that economic agents perceive to be prevalent in the economy. The divergence has been one of the major macroeconomic issues for decades in Korea. Moreover, controversy over this issue is still going on, as it was addressed in the most recent report of the Bank of Korea (July, 2015). A similar case came to the fore in the EU after its monetary unification (Brachinger, 2008).

Perception of inflation is backward looking, whereas expectation of inflation is forward looking (Ranyard et al., 2008). Standard economic theory is forward looking in that it focuses on expectation about prices which may be either rational (monetarist) or adaptive (Keynesian). The issue of perceived inflation seems incompatible with the concept of expectation itself, be it rational or adaptive. In view of the Korean economic history it can be attributed to decades of distrust coming from frequent price freezes and discretionary monetary policies which the Korean government had exercised for the purpose of achieving economic growth. Or it can be ascribed to loss aversion on the part of consumers, following the perspective of behavioural economics (Brachinger, 2008; Dräger et al., 2014). That is, they are allegedly prone to overestimate inflation rates, because they are more sensitive to price rises than to price falls.

6. Conclusions

To conclude, Korean social scientists including economists have been faced with the difficult task of reducing the chasm between theories and socio-economic reality. Given the fact that most theories are imported, tackling this task requires making it a rule to carry out critical reinterpretation and holistic contextualization of the Western theories on a constant basis.

Results of this interpretation would take the form of either a theoretical survey or a doctrinal history. It is only after the theories are reinterpreted and contextualized that they can be applied to domestic issues. Without this prior stage, application of a theory may degenerate into a mechanical imposition of Western theories on the Korean soil, as is currently very often the case. For the same purpose, it may be desirable for

Economics teachers to prioritize reasoning via basic concepts on the basis of real world cases and data to training in mathematical or econometric techniques.

Clearly, the foregoing examination is not concerned with the entire Korean peninsula, but with its Southern half. It may be worthwhile to add a few words about its Northern one. The North Korean regime adopted Marx-Leninism as its ideological basis long ago (Hong, 2001: 138~143; Park, 2013: 23~27). A number of Communist scholars who chose to move to North Korea during the 1950s also contributed to establishing the North Korean system. Whilst the market economy and Neoclassical Economics advocate the price-mechanism and individualism, Marx-Leninism there is founded on planning and collectivism, as it was once so in the PRC. Along this line of thought, North Korea set up the goal of nurturing 'Communist' human beings who are accustomed to cooperating with others and to sacrificing their self-interests or desires for the collective will. This must have reinforced the *relational* or *interdependent* self of Koreans. This is to be contrasted with South Koreans who, due to their living in the capitalist economy, have a *hybrid* type of ego – which is made up of independent self and relational self.

Later, North Korea supplemented Marxist-Leninist ideology with its endogenous thought called *Ju-che Sa Sang* (meaning identity and autonomy). This pattern of thought was designed to protect people from Capitalist Ideology and from American Imperialism. Thus, it has laid strong stress on self-reliance and self-subsistence.

Given this thought, the North Korean economy, for decades, has struggled to minimize its dependence on foreign trade and to substitute domestically produced coal for imported oil. However, in the most recent decade, North Korea, owing to its serious economic difficulties, has slowly attempted to introduce 'deeper' reforms. Moreover, it has started to learn and teach the principles of 'market economy', at least in theory. Last but not least, it has made efforts to accommodate foreign capital, including joint ventures with the South, partly in imitation of the past Chinese reforms (Gray and Lee, 2015) but it is, as yet, too early to say where this may lead.

References

Alesina, A. and P. Giuliano (2016), "Culture and Institutions," *Journal of Economic Literature*, 53, 898~944.

Amsden, A. (1989), *Asia's Next Giant: South Korea and Late Industrialization*, Oxford: Oxford University Press.

Belussi, F. (1999), "Policies for the Development of Knowledge-intensive Local Production Systems," *Cambridge Journal of Economics*, 23, 729~747.

Bénabou, R. and J. Tirole (2003), "Intrinsic and Extrinsic Motivation," *Review of Economic Studies*, 70, 489~520.

Berle, A. and G. Means (1967), *The Modern Corporation and Private Property*, New York, NY: Harcourt, Brace and World.

Brachinger, H. W. (2008), "A New Index of Perceived Inflation: Assumptions, Method and Application in Germany," *Journal of Economic Psychology*, 29, 433~457.

Brewer, M. B. and W. Gardner (1996), "Who is This 'We'? Levels of Collective Identity and Self Representations," *Journal of Personality and Social Psychology*, 71, 83~93.

Chang, K. (2004), "Experience in the West and the Understanding of Modernity of Korean Intellectuals in the Late 19th Century," *Studies in Modern Korean History*, 28, 7~37 (in Korean).

Cheffins, B. and S. Bank (2009), "Is Berle and Means Really a Myth?," *Business History Review*, 83, 443~474.

Cho, S. (2005), *History of Academic Research in Korea*, Economics, Chapter 1, Theory in General, Section I, 3~22 (*Hankook Eui Hak Sool Yoen Koo*), Seoul: The National Academy of Sciences, Republic of Ka (in Korean).

Choi, Y. B. (1996), "The Americanizaoretion of Economics in Korea," *History of Political Economy*, Special Issue, 95~120.

Cohn, A., E. Fehr, and L. Goette (2015), "Fair Wages and Effort Provision: Combining Evidence from a Choice Experiment and a Field Experiment," *Management Science*, 61, 1777~1794.

Dietrich, F. and C. List (2013), "A Reason-Based Theory of Rational Choice," *Noûs*, 47, 104~134.

Dräger, L., J.-O. Mentz, and U. Fritsche (2014), "Perceived Inflation Under Loss Aversion," *Applied Economics*, 26, 482~493.

Duesenberry, J. (1949), *Income, Savings and the Theory of Consumer Behavior*, Cambridge, MA: Harvard University Press.

Fehr, E. and S. Gächter (2000), "Fairness and Retaliation: The Economics of Reciprocity," *Journal of Economic Perspectives*, 14, 159~181.

Fehr, E. and K. Schmidt (1999), "A Theory of Fairness, Competition, and Cooperation," *Quarterly Journal of Economics*, 114, 817~868.

Festinger, L. (1954), "A Theory of Social Comparison Processes," *Human Relations*, 7, 117~140.

Frank, R. (1985), "The Demand for Unobservable and Other Nonpositional Goods," *American Economic Review*, 75, 101~116.

Frank, R., A. S. Levine, and O. Dijk (2014), "Expenditure Cascades," *Review of Behavioral Economics*, 1, 55~73.

Friedman, M. [1962] (1982), *Capitalism and Freedom*, Chicago, IL: The University of Chicago Press.

Galbraith, J. K. (1976), *The Affluent Society*, Boston, MA: Houghton Mifflin Company.

Garrison, R. (1995), "Linking the Keynesian Cross and the Production Possibilities Frontier," *Journal of Economic Education*, 26, 122~130.

Gerhart, B. and M. Fang (2015), "Pay, Intrinsic Motivation, Extrinsic Motivation, Performance, and Creativity in the Workplace: Revisiting Long-Held Beliefs," *Annual Review of Organizational Psychology and Organizational Behavior*, 2, 489~521.

Gertler, M. S. (2003), "Tacit Knowledge and the Economic Geography of Context, or the Undefinable Tacitness of Being (There)," *Journal of Economic Geography*, 3, 75~99.

Gray, K. and J. Lee (2015), "Following in China's Footsteps: The Political Economy of North Korean Reform," *The Pacific Review*(www.tandfonline.com/action/showCitFormats?doi=l0.1080/09512748.2015.1100666, accessed 21 October 2016).

Hayek, F. A. (1944), *The Road to Serfdom* , London: Routledge.

_____ (1979), *Law, Legislation and Liberty*, Chicago, IL: The University of Chicago Press.

Hong, H. (2000), "Marx and Menger on Value: As Many Similarities as Differences," *Cambridge Journal of Economics*, 24, 87~105.

_____ (2001), "Possible Ideological Conflicts upon the Reunification of the Korean Peninsula," *Korean Unification Studies*, 5, 119~155 (in Korean).

_____ (2002), "Marx's Value Forms and Hayek's Rules: A Reinterpretation in the Light of the Dichotomy between *Physis* and *Nomos*," *Cambridge Journal of Economics*, 26, 613~635.

_____ (2005), *History of Academic Research in Korea*, Economics, Chapter I, Theory in General, Section V, 188~204, The Seoul National Academy of Sciences, Republic of Korea (in Korean).

_____ (2007), "Recent Shifts in the Paradigm of Neoclassical Economics (1960-2006): Their Implications for Korean Mainstream Economics," *Review of Social and Economic Studies*, 29, 89~129 (in Korean).

Hoston, G. A. (1984), "Marxism and National Socialism in Taisho Japan: The Thought of Takabatake Motoyuki," *Journal of Asian Studies*, 44, 43~64.

Howell, J. M. and B. Shamir (2005), "The Role of Followers in the Charismatic Leadership Process: Relationships and their Consequences," *Academy of Management Review*, 30, 96~112.

Iyengar, S. S. and M. R. Lepper (1999), "Rethinking the Value of Choice: A Cultural Perspective on Intrinsic Motivation," *Journal of Personality and Social Psychology*, 76, 349~366.

Jeong, S. J. (2007), "Marxist Economics in South Korea since 1987," *Review of Social and Economic Studies*, 29, 49~88 (in Korean).

Kahneman, D. and A. Tversky (1984), "Choices, Values, and Frames," *American Psychologist*, 39, 341~350.

Kark, R. and B. Shamir (2002), "The Influence of Transformational Leadership on Followers' Relational versus Collective Self-Concept," *Academy of Management, Proceedings*, OB, DI~D6.

KEA (1991), *A Short History of Korean Economic Association (1953~1989)*, Seoul: Taejin (in Korean).

Kim, K. D. (1999), "Toward Culturally 'Independent' Social Science: The Issue of Indigenization in East Asia, Chapter 5," *East Asia: Sociology in East Asia and Its Struggle for Creativity*, 63~72, Regional Volumes, 'Social Knowledge: Heritage, Challenges, Perspectives' , Volume 2, International Sociological Association, Proceedings of the ISA Regional Conference for *Eastern Asia*, Seoul, Korea.

Kim, S. J. (2005), "Changes of Corporate Governance and Financial System in Korea after the 1997 Crisis," *Journal of Asiatic Studies*, 121, 7~42 (in Korean).

Kim, S. and J. Lee (2006), "Changing Facets of Korean Higher Education: Market Competition and

the Role of the State," *Higher Education*, 52, 557~587.
Kleinknecht, A., F. N. van Schaik, and H. Zhou (2014), "Is Flexible Labour Good for Innovation? Evidence from Firm-level Data," *Cambridge Journal of Economics*, 38, 1207~1219.
Lee, C. (1993), "Marx's Labour Theory of Value Revisited," *Cambridge Journal of Economics*, 17, 463~478.
Lee, J. and G. Wang (2007), "The Comparison of Entry Deterrence between Bertrand and Cournot Competition," *Korean Economic Review*, 23, 33~48.
Lee, K. J. (1985), *Historical Research into the Adoption of Western Economics around the End of the Lee Dynasty* (*Suh Ku Gyoung Je Hak Do Ip Sa*), Seoul: Il Jo Gak (in Korean).
Malthus, T. (1827), *Definitions in Political Economy*, London: John Murray.
Markus, H. R. and B. Schwartz (2010), "Does Choice Mean Freedom and Well-Being?," *Journal of Consumer Research*, 37, 344~355.
Markus, H. R. and S. Kitayama (1991), "Culture and the Self: Implications for Cognition, Emotion and Motivation," *Psychological Review*, 98, 224~253.
______ (2010), "Cultures and Selves: A Cycle of Mutual Constitution," *Journal/Perspectives on Psychological Science*, 5, 420~430.
Morris-Suzuki, T. (1989), *A History of Japanese Economic Thought*, London and New York, NY: Routledge.
Nisbett, R., K. Peng, I. Choi, and A. Norenzayan (2001), "Culture and Systems of Thought: Holistic Versus Analytic Cognition," *Psychological Review*, 108, 291~310.
Nonaka, I. and N. Konno (1998), "The Concept of 'Ba': Building a Foundation for Knowledge Creation," *California Management Review*, 40, 40~54.
Nonaka, I. and R. Toyama (2002), "A Firm as a Dialectical Being: Towards a Dynamic Theory of a Firm," *Industrial and Corporate Change*, 11, 995~1009.
Nonaka, I., R. Chia, R. Holt, and V. Peltokorpi (2014), "Wisdom, Management and Organization," *Management Learning*, 45, 365~376.
Ostrom, E. (2010), "Beyond Markets and States: Polycentric Governance of Complex Economic Systems," *American Economic Review*, 100, 1~33.
Park, C. (2013), *A Study on Education in North Korea*, Seoul: Hankook Haksul Jeongbowon (in Korean).
Peng, K. and R. Nisbett (1999), "Culture, Dialectics, and Reasoning about Contradiction," *American*

Psychologist, 54, 741~754.

Ranyard, R., F. Del Missier, N. Bonini, D. Duxbury, and B. Summer (2008), "Perceptions and Expectations of Price Changes and Inflation: A Review and Conceptual Framework," *Journal of Economic Psychology*, 29, 378~400.

Ryan, R. and E. Deci (2000), "Self-Determination Theory and the Facilitation of Intrinsic Motivation, Social Development and Well-Being," *American Psychologist*, 55, 68~78.

Ryan, R. M., R. R. Curren, and E. L. Deci (2013), "What Humans Need: Flourishing in Aristotelian Philosophy and Self-determination Theory," Alan S. Waterman, ed., *The Best Within Us: Positive Psychology Perspectives on Eudaimonia*, Washington, DC: American Psychological Association, 57~75.

Sacco, P. L., P. Vanin, and S. Zamagni (2006), "The Economics of Human Relationships," Chapter 9, Vol. I, S.-C. Kolm and J. M. Ythier, eds., *Handbook of the Economics of Giving, Altruism and Reciprocity*, London: Elsevier B.V.

Samuelson, P. A. ([1948] 1973), *Economics*, New York, NY: McGraw-Hill.

______ (1974), "Complementarity: An Essay on the 40th Anniversary of the Hicks-Allen Revolution in Demand Theory," *Journal of Economic Literature*, 12, 1255~1289.

Shafir, E., I, Simonson, and A. Tversky (1993), "Reason-based Choice," *Cognition*, 49, 11~36.

Shin, T., J. Park, S. Lee, and H. Hong (2013), "Towards a Socioeconomic Model of Technical Change: A Comparative Analysis of Korea and the USA," presented at *25th Annual Conference, SASE*: Milan, Italy.

Sohn, D. and M. Kenney (2007), "Universities, Clusters, and Innovation Systems: The Case of Seoul, Korea," *World Development*, 35, 991~1004.

Song, S. (2012), "An Analysis on the Characteristics of Technological Development in Korea: Focusing on POSCO and Semiconductor in Samsung," *Korean Journal for the History of Science*, 34, 109~138 (in Korean).

Sunstein, C. (2003), "What's Available? Social Influences and Behavioral Economics," *Northwestern University Law Review*, 97, 1295~1314.

Sunstein, C. and R. Hastie (2014), "Making Dumb Groups Smarter," *Harvard Business Review*, 92, 90~98.

Tabellini, G. (2008), "Institutions and Culture," *Journal of the European Economic Associations*, 6, 255~294.

Veblen, T. (1899), *The Theory of the Leisure Class*, New York, NY, London: Macmillan.

Wade, R. H. (2003), *Governing the Market: Economic Theory and the Role of Government in East Asia's Industrialization*, Princeton, NJ: Princeton University Press.

Warner, M. ed. (2016), *The Diffusion of Western Economic Ideas in East Asia*, London: Routledge.

Weber, W. (1974), "Government Spending in a Neo-Walrasian Economy: An Alternative to the Keynesian Cross Analysis," *Southern Economic Journal*, 41, 10~24.

Selected translations in Korean

Choi, H. (1954) *Income* [1948], Arthur Cecil Pigou, Seoul: Jeongyeonsa.

_____ (1959), *Principles of Political Economy and Taxation* [1817], David Ricardo, Seoul: Bomoongak.

Choi, H. and H. Cheung (1960), *The Wealth of Nations* [1776], Adam Smith, Seoul: Choonjosa.

Jeon, S. and Y. Choi (1947), *Das Capital* [1867], Karl Marx, Seoul: Seoulchulpansa.

Kim, D. (1955) *The General Theory* [1936], John Maynard Keynes, Seoul: Minioongsuhkwan.

Sung, I. (1946), *On Liberty*, John Stuart Mill [1859], Seoul: Daesungchulpansa.

[초록]

한국에서의 서양 경제학 전파

한국은 지난 반세기 동안에 산업화와 민주화를 이루었다. 같은 기간에 한국은 서양으로부터 경제이론과 개념을 받아들여 양자 사이의 상호작용이 있었다고 추정할 수 있다. 자전거나 기독교 등 다른 사회문화적인 사물들과 마찬가지로 새로운 경제사상도 일상 언어로 자리를 잡을 때까지 몇 단계를 거치게 된다. 도입, 거부 혹은 수용, 변형, 확산, 그리고 정착이 그것이다. 이런 배경하에서 이 글은 서양 경제학이 한국에 수입된 과정을 살펴보는 데 목적을 두고 있다. 특히, 이 글은 서양 경제학이 도입된 역사에 대한 검토로 시작해 서양 경제학이 한국에서 어떻게 재구성되고 변형되었는지 그 일단을 보여 주려는 시도이다.

보다 구체적으로 19세기 말부터 일본을 매개로 수입된 서양 경제학은 한반도에서 좁은 의미의 경제학이라기보다 넓은 의미의 정치경제학이나 사회경제학으로 이해되었다. 이것은 경제사 및 경제사상과 연결되어 있었고, 철학이나 윤리학과 연결되어, 경제에 대한 총체적인 파악에 기여하였다.

반면 해방 이후에 수입된 서양 경제학은 좁은 의미의 경제학으로 재편되어 경제사나 경제사상과 분리되고, 상식이나 일상용어와도 점차 격리되기 시작하였다. 이로 인해 경제학과 일상적인 경제 사이의 괴리가 생겼다. 수입된 서양 이론은 개념적이고, 추상적이고, 명시적이며, 세계적인 데 비해, 일상적인 경제용어와 상식은 실질적이고, 구체적이며, 묵시적이고, 지역적이다.

한국에서 경제학 개념이 확산되는 데 특히 장애가 되었던 것은 방법론적인 개인주의였던 것 같다. 그 이유는 현실 경제에서는 개인적인 자아뿐만 아니라 관계적인 자아와 집단적인 자아가 공존하고 있기 때문이다. 이런 이유 등으로 인해 발생한 이해와 오해의 예로 다음을 들 수 있는데 이런 상황을 개선하려면 앞으로도 경제이론에 대한 사상적인 조망이 필요하다.

- 수요·공급이 개인의 합리적 선택과 무관하게 이해된다.
- 대체와 보완도 가격변동과 소득변동에 따른 개인의 선택과 밀접하게 연결되지 않는다.
- 상충관계(tradeoff)가 양적인 비율이라기보다 질적인 갈등으로 이해된다.
- 효용함수와 생산함수가 합리적 선택을 위한 도구라기보다 소비나 생산 자체로 이해된다.
- 완전경쟁은 현실의 독과점이나 재벌기업, 그리고 한국인에게 익숙한 입시 경쟁과 합치되지 않아 잘 수용되지 않는다.
- 도덕적 해이가 도덕적 타락과 동일시된다.
- 1970년대 총수요의 중요성을 보여주기 위한 케인스의 45도선 분석에서 물가불변이라는 가정이 명시적으로 지적되지 않았다.

chapter 16

학벌·학력의 정치경제학: 시론

이 글은 한국 사회에서 학벌·학력 문제가 가지는 심각성으로부터 출발한다. 한국 사회에서 학벌·학력과 관련된 문제 상황은 다음과 같다. 한국에서 학력에 대한 맹종과 학벌에 대한 추종은 권력, 돈, 명예를 분배하는 데 있어 사회적 불평등과 소외를 낳는다. 또한 그것은 고착화된 대학의 서열에 근거하며, 이같이 고착화된 대학의 서열이 사활을 건 입시경쟁을 낳는다. 이 같은 사회·교육 구조로 인해 인문학의 몰락 등으로 상징되는 대학교육의 공동화, 중등교육의 황폐화, 고시 숭상, 이공계 경시, 사교육비의 급증, 아파트 가격의 비정상적인 변동, 조기 유학 및 세칭 "기러기 아빠", 청소년의 자살, 인구 감소 등 여러 가지 사회·경제의 병리현상이 빚어지고 있다.

이런 상황 속에서 한국 사회에서 학력과 학벌은 다른 국가에서는 찾아볼 수 없는 사회경제적 가치를 갖게 되었다. 또한 학력과 학벌을 쟁취하기 위해 지출되는 사교육비는 연간 16조 원에 이르러 이미 교육부 예산의 60%를 넘어섰다. 이런 사회적 가치와 비용은 독특한 우리 사회의 구조가 낳은 결과이자 전제이다.

이런 문제의식에서 출발해 이 글은 학벌 문제를 정치경제학적으로 이론화하는 데 목표를 두고 있다. 우선 이 글은 경제학의 가치이론에 대한 기존 연구에 기초해 현상적으로 사회경제의 구조라는 질적인 측면과 사회경제적 가치(량)라는 양적인 측면에서 학벌·학력 문제를 논의하고자 한다. 또한 어떤 근거에서 그런 가치가 상당 부분 부당한 것인지 보이고자 한다.

이 글은 이념적으로 신고전학파 경제학과 신자유주의 입장에 대한 비판을 근저에 깔고 있다. 또한 이 문제에 대해 정형화된 이론이 없다는 점에서 이 글은 일종의 암중모색과 같아 현 수준에서는 느슨한 논리에 머무를 수밖에 없었음을 미리 언급하고자 한다. 더불어 이론 차원의 서론으로서 경험적 분석을 후일의 과제로 삼는다는 한계를 가지고 있다.

1. 학력·학벌과 가치에 대한 정의

1) 학력, 학연, 학벌에 대한 정의

학력·학벌의 사회경제적 가치에 관해 논의하기 위해서는 학력·학벌과 사회경제적 가치를 보다 명확하게 정의해야 한다. 우선 학력·학벌과 관련된 용어들을 열거하면 학력, 학연, 학벌, 학풍, 학파 등을 들 수 있다. 이 중에서 학파(學派)나 (이보다 약한 의미의) 학풍(學風)은 학문 자체와 관련해 이념이나 이론 혹은 방법의 질적 또는 양적인 차이로 모든 학문에 생겨나는 건전한 다양성이다. 우리 사회에서 학파나 학풍은 있어서가 아니라 오히려 없어서 문제가 된다. 한국 사회에 학파나 학풍이 없다는 것은 우리 학문이 자생력을 갖지 못하고 극도로 대외 의존적이라는 것을 반영하며, 한국 사회에 이념이나 문화의 다양성이 존재하지 않는 것과 무관하지 않다.

우리 학계나 사회에서 학파나 학풍을 대신하는 것이 학력, 학연, 그리고 학벌이다.[1] 한국의 학계에서는 학사보다 박사가 거의 모든 분야에서 항상 더

1 학파나 학풍 대신 학연이나 학벌이 지배하는 한국 학계의 현실은 이념 중심의 정당 대신 인물 중심의 정파(政派)가 지배하는 한국 정치의 현실에 상응한다. 또한 교리, 교파, 교회 중에서 어느 것이 가장 한국인의 종교생활을 지배하느냐에 대해서도 유사한 상황이 확인될 것으로 보인다. 이들 모든 집단들은 불확실성(uncertainty)을 줄이는 기능을 한다는 점에서 재벌(財閥)과도 유사하다. 다만, 재벌의 형성이 경제성장 과정에서 국가에 의해 조장된 것인 데 비해, 학벌은 거의 자생적(spontaneous)이었다는 점을 주목해야 한다.

큰 발언권을 가지며, 특정 대학교 출신들 사이의 개인적 친분이 학문적 관심을 압도하고, 대학교별 집단 형성이 이념에 따른 학회나 토론의 구성보다 우선된다.

학계뿐만 아니라 여타 사회 분야에서도 교육 수준이나 특정 학교에 근거한 학연이나 학벌 등이 능력이나 노력과 별도의 영향력을 가진다. 이와 같이 우리 사회에는 전반적으로 수직적인 서열이나 가족적 유대가 수평적인 다양성을 대체하고 있다.

학력, 학연, 학벌은 모두 졸업장에 기반을 두고 있지만 나름대로 차이를 가지고 있다. 우선 학력(學歷)은 초등, 중등, 고등, 대학 혹은 그 이상으로 구분되는 교육의 수준을 나타낸다. 기본적으로 학력은 중졸, 고졸, 대졸 등 교육 정도를 개인 차원에서 규정하는 개념이다. 이같이 학력은 동일한 교육 수준에서 특정 학교나 학교들 사이의 서열이나 차이를 시사하지 않는다.

학연(學緣)은 특정 학교의 졸업자들 사이에 생기며 이들 각 개인의 목적이나 수단이 되는 연결망(network)을 의미한다. 이런 연결망은 학교를 통해 맺어진 개인적인 친소관계에 따라 형성된다. 그런데 특정 교육 수준을 가진 사람들 모두가 이와 같은 연대감을 가질 수 없으므로 학연은 학력과 달리 학교들 사이의 차이나 우열을 시사하고 있다.[2] 그러나 학연은 순전히 개인이나 집단 차원에서 규정되지 않으며, 정치, 경제, 문화, 그리고 의식을 포괄하는 애매한 존재이다.

학벌(學閥)은 단순히 같은 교육 수준이 아니라 같은 학교 졸업생들이 하나

2 이것은 한국의 노조가 산업별로 구분되기보다 단위 사업장별로 구분되는 경향과 유사하다.

의 집단을 이루어 다른 집단과 다툼을 벌인다는 의미를 담고 있다. 학연이라는 표현은 연결망을 이용하는 것이 개인이라는 의미를 담고 있는 데 비해, 학벌이라는 개념은 그 개인이 속한 집단의 의지가 개인의 의지보다 우선한다는 것을 시사하고 있다. 또한 학연이 단순히 개인적인 친소관계에 의존한다면, 학벌은 선후배라는 상하관계를 내부의 조직원리로 삼는다. 그렇지만 학연과 학벌은 모두 각 개인이 자신의 능력이나 노력보다 타인과의 관계나 집단에 속해 있다는 사실에 의존해 권력, 돈, 그리고 명예를 추구한다는 의미를 담고 있다.

이와 같이 학력>학연>학벌의 순서로 개인의 의지나 이익이 크게 나타나며, 집단의 의지나 이익은 그와 반대 순서로 나타난다. 또한 학력이 모든 서양 사회에서 나타나는 보편적인 문제라면, 학벌은 보다 한국 혹은 동양 사회의 고유성을 담고 있는 문제로 추정된다. 더구나 학력이 무언가 증가시킨다는 점을 강조하는 데 비해, 학벌은 주어진 전체 양을 놓고 투쟁한다는 점을 강조하는 경향이 크다. 학연은 학력과 학벌의 복합 혹은 양자의 중간이다.[3] 이런 의미에서 학연은 개인적이면서 보편적인 학력과 집단적이면서 특수성을 지닌 학벌 양자에 의해 포괄된다고 볼 수 있다.

이같이 학력은 학벌과 개념적으로 구분된다. 그렇지만 두 가지 이유로 한국 사회에서 학력은 학벌에 상당 부분 포섭되어 있다. 우선, 1981년의 졸업정

3 GDP 등 경제의 양이나 경제적 가치에 대해서는 분배만큼이나 성장도 중요하다. 이에 비해 권력은 그 전체 양이 고정되어 있어 단순히 분배 문제만을 안고 있는 것 같다. 따라서 학력이 베커(G. Becker)의 인적자본이론 등 주류경제학의 흐름과 친화력을 갖는다면, 학벌은 정치학이나 마르크스(K. Marx)적인 좌파 정치경제학과 친화력을 갖는다. 이와 더불어 중간에 놓여 있는 학연은 베버(M. Weber)적 관점의 사회과학이나 문화주의와 연결될 가능성이 높으며 연결망 이론을 통해서도 분석이 가능할 것으로 보인다. 그렇지만 서양의 노동경제학이나 교육사회학이 주로 학력 문제에 초점을 맞추고 있기 때문에 학벌이라는 우리의 문제를 다루는 데 나름대로 한계를 안고 있을 것이다. 보다 넓게 본다면 학력, 학연, 학벌 중 어떤 것을 강조하느냐는 사회와 교육의 관계에 대한 관점이나 이념의 차이를 내포하고 있다.

원제 등을 통해 대학의 정원과 대학의 숫자가 늘어나면서 고졸과 대졸의 구분이 훨씬 연속적인 것이 되었다. 말하자면, 소위 낮은 서열의 대학 졸업자는 전문대학이나 고교 졸업자와 커다란 차이가 없다는 것이다. 또한 우리 사회에서 대학에 입학하는 것과 높은 서열의 대학에 입학하는 것이 중상위권의 학생들에 국한된 것이나 학부모의 입장에서는 모든 계급이나 계층에 닥치는 문제이다. 비록 부모의 재산이나 소득이 자식의 대학 입학에 커다란 영향을 미치며 그 영향이 더욱 커지고 있지만, 대학 입학이 원칙적으로 빈부에 관계없이 모든 국민에게 개방되어 있다. 이런 이유로 학벌 쟁취를 위한 입시경쟁은 노동자나 교육을 별로 받지 않은 학부모에게도 엄연히 자식의 문제이고, 그렇기 때문에 자신의 문제가 된다. 이렇게 본다면, 한국 사회에서 학벌 문제는 부분적으로 학력 문제를 포섭한다.

2) 사회경제적 구조와 가치

마르크스는 가치이론을 가지고 경제와 사회를 분석했는데, 그의 가치이론은 두 가지 차원을 가지고 있다. 하나는 사회구조와 사회관계의 재생산 및 가격의 성격을 규명하는 측면이고, 다른 하나는 수량적인 차원에서 가격을 설명하는 것이다. 가치는 본질적인 것으로 구조 및 계급과 같은 차원에 있고, 가격은 가치의 형태로서 개별 사회주체의 행동을 유도하며, 수요·공급에 의해 영향을 받아 어느 정도의 독자성을 갖는다. 이런 관점에서 가치(value)를 사회구조와 사회관계로 규정하고, 이 사회관계를 재생산하는 구체적이고 자연스러운 고리로 가치형태(value forms)를 상정하는 논리가 설득력을 가진다(Hong,

2002: 615~618).[4] 이런 관점에서 학벌과 학력의 사회경제적 구조를 논의할 필요가 있다.

수량적인 차원에서는 마르크스가 재생산표식(reproduction scheme)에서 제시한 것과 같이 사용가치의 재생산과 수요·공급을 고려하면서 논의할 필요가 있다. 그렇지만 마르크스에 있어 사회구조와 가치의 수량이 명확히 연결되지 않은 것이나 가치의 수량을 노동가치로 규정하려 했던 것에 대해서는 유보가 불가피하다.

가치 및 가격과 관련해 우선, 신고전학파 등 근대 주류경제학은 가치와 가격을 구분하지 않으나, 고전경제학과 마르크스 경제학은 가치와 가격을 엄밀하게 구분하였다. 후자가 가치를 가격으로부터 구분한 이유는 가치가 가격과 독립적으로 존재하며 이것이 가격을 설명하는 보다 근본적인 존재라고 생각했기 때문이다. 특히, 마르크스 경제학에 있어 가치는 사회구조나 계급과 연결되고, 가격은 그런 가치의 형태로 규정된다. 학벌·학력과 관련해서도 직위나 임금 혹은 교육비 등의 가격들과 가치를 구분할 필요가 있다. 이후에 설명되는 바와 같이 학벌·학력 문제는 교육과 사회가 연결되는 사회구조와 계급 혹은 신분과 연결되며, 이런 것들이 입시비용이나 임금 등 가격의 변동을 낳는다고 볼 수 있다.

이와 연결된 것으로 학력·학벌의 사회경제적 가치에 대해 윤리적 가치 혹은 정당한 가치와 존재적 가치 혹은 경제적 가치를 구분해야 한다. 윤리적 가

4 이런 생각은 주로 교육사회학에서 보울스와 진티스(S. Bowles and H. Gintis), 콜린스(R. Collins, 1979)나 부르디외(P. Bourdieu)의 재생산이론과 유사하다(김천기, 2001: 3장). 대체로 모든 종류의 재생산이론은 마르크스(K. Marx)에서 시작되는데 현대의 철학적 조류로는 '비판적 실재론'(critical realism)과 친화력이 강하다.

치는 인간이 누리거나 물체에 마땅히 부여되어야 할 가치이며, 경제적 가치는 인간이나 물체가 현실적으로 누리거나 부여받고 있는 가치이다. 가령, 시장에서 사과가 하나에 1,000원에 팔린다면 그 현상 자체는 경제적 가치에 속하며, 그것에 대해 대부분의 소비자들이 너무 비싸다고 한다면 그 가치는 정당하지 못한 것이다. 물론 학력·학벌은 물적인 상품과 달리 인간의 후천적 속성이므로 여기서 문제되는 것은 노동 혹은 노동력의 가치와 관련된다.

대부분의 경제학자들은 현상적으로 부여되는 가치에 초점을 맞추며 이것에 필연성을 부여하기 때문에 윤리적 가치에 대해 무관심하다. 이런 점에서 경제학자는 철학자보다 자연과학자에 가깝다. 특히, 주류경제학자들은 시장에서 형성되는 가치와 가격에 대해 윤리나 사회 정의를 논할 수 없다고 보거나 심지어 시장의 가치나 가격이 그 자체로 윤리적이거나 정의롭다고 생각한다. 따라서 경제학자들은 사회와 경제 속에서 현상적으로 학력·학벌에 부여되는 가치를 그대로 받아들이는 경향이 있다. 그러나 학력·학벌이 사회적 병폐라고 보는 관점에서는 경제적 가치와 윤리적 가치를 구분하지 않을 수 없다.

끝으로, 학력·학벌의 가치는 권력, 돈, 명예 등으로 다양하므로 단순히 금전적으로 환산되지 않는다는 점에서 순전히 경제적이라기보다 사회경제적이다. 즉, 학력·학벌의 가치는 경제학자들이 주로 말하는 가치와 달리 그것의 소유자가 얼마큼의 임금을 받느냐로 완전히 표현되지 않는다. 보다 구체적으로 특정 분야나 조직에 진입할 수 있는가, 일단 특정 분야나 조직에 진입했더라도 그 조직 내에서 어떤 직책이나 직급까지 승진할 수 있는가 등 비금전적인 요인들도 그 가치를 구성한다. 따라서 학벌·학력의 가치는 임금이나 소득 등 하나의 변량이 아니라 상식적으로 사회적 지위를 결정하는 것으로 알려진 권

력, 돈, 명예 등 다변량의 벡터로 표현된다.[5]

2. 학벌·학력의 사회경제적 구조

한국 사회와 교육의 기본 구조를 보면, 학력·학벌에 의존한 사회경제적 불평등과 차등이 대학의 서열에 의해 뒷받침되고, 이런 대학서열이 입시경쟁을 통해 유지되며, 다시 입시경쟁을 위해 중·고등교육이 존재한다. 학벌에 의한 사회의 차등으로 인해 대학은 자신의 서열을 유지하기 위한 모든 노력을 기울이게 된다. 또한 중등 수준의 공교육과 사교육은 보다 높은 서열의 대학에 보다 많은 학생들을 진학시키는 데 집중되어 필사적인 입시경쟁을 낳고 있다. 뒤집어 중등교육에서 치열한 입시경쟁을 받은 학생들과 학부모들은 대학의 서열로 보상받기를 원하고, 특정 대학의 졸업자는 자신의 서열에 상응하는 보상을 사회에서 구하게 된다. 이런 과정을 통해 사회의 학벌구조, 고착화된 대학의 서열, 그리고 입시교육이 연계되어 서로를 유지시키고 재생산한다.

해방 이후로 학력·학벌로 인한 사회의 불평등은 더욱 심화되었고, 대학교의 서열은 보다 공고해졌으며, 입시경쟁은 훨씬 더 치열하고 심각하게 변했다고 진단할 수 있다. 이런 이유로 사각모로 상징되는 대졸자와 고졸자의 구분은

5 이 점은 한국 자본주의의 전근대성에 의해 강화되고 있다(홍훈, 1999). 좌파와 우파의 경제학이 모두 당연시하는 사회 및 경제의 전면적 상품화와 현금고리(cash nexus)는 한반도와 아직 상당한 거리를 두고 있다. 물론 특정 학벌을 얻게 된다면 얼마를 지불할 용의가 있느냐고 한국인들에게 물어 본다면 학벌의 가치를 순전히 화폐로 표시할 수 있을 것이다. 사실 기여입학제가 거론되고 있는 시점에서 이런 방식의 조사는 단순한 공상이 아니라 점차 현실화되어 가고 있다는 주장도 가능하다.

한국 사회에서 학력과 학벌에 결부된 문제 중 일부에 불과하다. 서울대학교와 연세대학교 혹은 고려대학교, 서울 소재 유명 대학과 여타 대학, 서울 소재 대학과 지방대, 대학과 전문대학 등 섬세하고 견고한 서열의 탑이 그간의 변동을 통해 형성되었다. 이런 과정에서 각 대학교가 그나마 유지해 오던 전공이나 분야별 특색은 완전히 서열체계에 흡수된 것으로 보인다. 가령, ○○ 대학의 법과대학, 상경대학, 미술대학, 축산학과 등은 그 의미를 상당 부분 상실하였다. 이와 같이 우리 사회의 학벌구조는 단순재생산이 아니라 확대재생산의 길을 걸어 왔다.

대신, 대학교의 서열과 함께 이것의 부산물로서 일부 전공의 서열이 형성되었다. 과거 법대, 상대, 공대 등이 이끌었던 유명 전공이 노동시장의 변동, 세계화, 인문학의 붕괴로 인해 한의학, 의학, 경영학, 영문학 등으로 바뀌고 있다. 이과계열에서는 전공 서열이 부분적으로 대학교의 서열을 파괴하는 부분도 있다. 그렇지만 이것은 학생들의 자발적인 선택에 의한 인기도를 나타낸다기보다는 전공의 수평적인 다양성과 대립되는 수직적인 서열로서 한국 교육의 또 다른 병폐라고 말할 수 있다. 이런 병적인 전공서열은 학벌에 근거한 대학교가 노동시장의 변동을 왜곡해 온 것에 대한 학생들의 반발로 생각할 수 있다.

학력·학벌과 관련되어 재생산되는 사회구조 및 사회관계로 우선 학벌구조와 사회 구성원 사이의 차등관계와 대학의 서열구조를 들 수 있다. 이와 더불어 조직 내부의 구조로 중·고등학교의 교장·교감·교사의 관계, 학부모와 학생의 관계, 그리고 교사와 학생의 관계, 대학교의 지배구조와 의사결정체계 등을 지적할 수 있다.[6] 또한 이런 사회구조나 관계가 나타나는 형태로 수능점수, 졸업장, 그리고 권력과 임금 등을 들 수 있을 것이다.

이같이 학력·학벌로 규정된 사회경제적 가치는 객관적 실체로서 존재할 뿐만 아니라 졸업장, 특정의 직위나 특정 수량의 화폐라는 구체적 형태로 등장해 사회 구성원의 의식과 행동을 지배한다. 이것은 시장에서 특정 상품의 가격이 해당 기업의 향후 생산이나 투자에 영향을 주는 것과 유사하다. 즉, 특정 대학 졸업이 부여하는 학력·학벌의 가치가 그 대학교 졸업자의 의식에 내면화되어 그의 행동을 규정하는 요인이 된다. 사회 구성원이 특정 대학교 출신이기 때문에 이에 걸맞게 행동해야 한다든지 대우받아야 한다는 의식을 갖는 것이다.[7] 그뿐만 아니라 특정 대학교의 가치는 사회의 여타 구성원들에게도 확산되어 그 대학교의 졸업자에 대한 기대나 태도를 형성한다.

그런데 여기서 학력보다 학벌이 더 문제시되고 학력이 직접 권력이나 돈과 연결되지 않으면서 이들 사이에 대학의 서열이 개입된다는 것이 한국적인 특징이다. 이에 근거해 한국 사회와 교육의 보다 특수한 측면을 지적할 필요가 있다.

한국 사회의 학벌은 서양의 지식과 학문을 받아들인다는 근대성을 담고 있으면서도, 집단을 구성해 다른 사회 구성원들을 배제하는 폐쇄성과 전근대성을 가지고 있다. 또한 치열한 경쟁을 바탕으로 하면서도, 궁극적으로 경쟁을 배제하고 독점적인 특권의 향유를 목표로 한다. 더불어 봉건사회가 안고 있는 신분제의 질곡을 깨뜨리고 모든 사회 구성원의 동등한 참여를 주창하면서

6 추후에 보다 상세한 논의를 필요로 하나 이들의 다양한 관계를 분석하는 데 있어서는 마르크스뿐만 아니라 아리스토텔레스 『윤리학』의 필리아(philia) 편과 『정치학』에 의존할 필요가 있다.

7 공개토론장에 나서면서도 자신과 '등급'이 비슷한 사람들이 동참하는지 따져보는 실태도 이런 상황에서 비롯되는 것이다.

도, 대학의 서열을 통해 대부분 구성원들의 자긍심을 손상시키는 것이 학벌이다. 과거 양반 중심 사회에서 태어나면서 결정되었던 사회신분을 10대 후반으로 미루어 놓은 것에 지나지 않으면서도 능력주의나 개인주의 등 근대적 이념을 갖추고 있는 양 과시하는 것이 우리의 학벌이다.

뿐만 아니라 완벽한 절차적 합리성을 자랑하는 입학시험에 의존하면서도 부정으로 언제 붕괴될지 모르고 사회 속에서는 타인을 무시하고 배제하며 때로는 부정부패를 낳는 것이 학벌이다. 나아가 입시의 철저한 절차적 합리성은 부정부패 등 사회의 비합리성을 은폐하고 왜곡하며, 그것을 조장하기까지 한다. 끝으로, 학벌은 학문과 학교가 지닌 신성함을 외피로 하면서도, 처절한 경쟁, 군대식 훈련, 과도한 사교육비 지출, 자살, 패거리 짓기, 권력과 돈의 쟁탈 등을 그것의 내용으로 삼는다.

이같이 학력·학벌은 사회 구성원들 사이에 존재하는 봉건적 서열과 근대적 동등성의 모순적 결합이라고 말할 수 있다.[8] 학벌은 참여와 배제, 동등함과 서열, 경쟁과 독점, 사회적 이동성과 계층, 능력주의와 신분의식, 개인주의와 혈연주의 및 집단주의, 합리성과 비합리성, 신성과 세속 등의 복합이다. 이같이 학벌은 봉건성의 실체와 근대성의 외피가 결합된 복합체로 우리 사회의 모순을 가장 극명하게 드러내는 사회적 존재이다. 달리 말해, 학벌은 가장 견고한 근대성의 옷을 입고 있기 때문에 가장 강한 전근대성이 자리잡을 수 있는

8 이와 관련하여 우리는 '동등한 인간'과 '서열화된 인간'을 구분한 프랑스의 경제인류학자 뒤몽(L. Dumont)을 주목해야 할 것이다(Dumont, 1977, 1980). 혹은 아리스토텔레스가 주장한 다양한 인간관계에 대한 분석이 이 상황에 보다 적합할 수 있다. 서양의 관점에서 보면 서열화된 인간의 존재는 자아(ego)의 박약함에서 비롯된 것인데, 이것은 학력이나 학벌이 우리 사회에서 개인의 자긍심을 손상시키고 있다는 사회적 결과와 합치된다. 나아가서 미시적으로 그것은 프로이트(S. Freud)의 개념으로 초자아와 본능, 혹은 교과서적인 엄격함과 무절제한 발산의 지속적인 충돌을 의미하며, 거시적으로는 우리 사회 내부에서 문명과 야만의 끊임없는 충돌을 의미한다.

집과 같다.

학벌이 가지고 있는 이런 근대성의 외피를 지연과 혈연은 가지고 있지 않다. 이런 관점에서 학연이나 학벌을 지연이나 혈연과 동일한 범주로 취급하는 것은 인식의 오류를 낳는다. 한편, 학벌을 지연이나 혈연으로부터 구분하지 않는 경우 학벌을 지연이나 혈연과 동일하게 단순히 전근대적인 것으로 규정하는 오류를 범하게 된다. 이렇게 되면 현재 한국 사회에서 학연이나 학벌이 혈연이나 지연을 능가하는 사회적 영향력을 가지는 이유를 설명할 수 없다. 또한 혈연이나 지연과 달리 학벌이나 학연이 가진 이념적 성격을 파악하거나 설득할 수 없다. 이와 같이 오해하는 경우 학연이나 학벌이 가진 외피인 근대성에 기대어 혈연이나 지연보다는 그나마 학연이 낫다는 논리로 이어져 학연과 학벌을 옹호하는 근거를 제공하게 된다.

이같이 상당수의 사람에게 강력한 이념의 외피로 무장하고 등장하는 것이 우리 사회의 학벌이다. 한국 사회에서 학벌 문제가 크게 부각되지 않았고 심지어 문제가 아닌 것처럼 오인된 이유는 학벌이나 학력이 바로 근대성의 외피를 입고 있기 때문이다. 여기에 상당수의 지식인들이 세계화 및 신자유주의 이념, 그리고 이것의 핵심인 경쟁논리를 입시경쟁과 동일시하면서 우리의 현실을 피할 수 없는 자연 상태로 간주하는 경향이 생기게 되었다.

넓게 보면 한반도에서는 개항 이래 서양의 문물이 자립적으로 수용되기보다 외세에 의해 강요되고 지식인과 지배층에 의해 민중에게 일방적으로 이식되었다. 이같이 진정한 근대화나 민주화가 이루어지지 않은 상태에서 종래의 전근대적 신분사회의 파편들이 근대적 시민사회와 결합하게 되었다. 이로써 형태상으로는 근대적이나 내용상으로는 전근대적인 복합적·사회적 존재가 여러 군데에서 형성되었다. 학력, 특히 학벌은 그 대표적 예로서 봉건적 독점과 근대적 경쟁이 결합해 낳은 사회적 존재이므로, 사회적 과정의 전제이자 이를 통해 재생산되는 결과이다. 학벌은 지배층의 인적 구성이 과거와 달리 경쟁적으로 이루어진다는 합리성에 기대어 한국 사회의 구조적인 비민주성과 신분적 독점을 그대로 유지시키는 이중성을 갖는다.

이렇게 보면 학력·학벌이라는 존재는 단순히 경쟁이나 효율성의 관점에서 논의될 문제가 아니다. 더구나 교육은 효율성뿐만 아니라 사회 구성원의 자율성이나 자긍심, 그리고 사회 구성원들의 형평을 지향한다. 그런데 한국의 학력·학벌은 근대적인 평등을 외피로 삼으면서도 실질적으로는 봉건적인 서열을 공고히 한다. 특히, 학벌이라는 존재는 시장경제의 기본적인 행위인 교환과 계약이 전제로 하는 사회 구성원의 사전적인 평등성에 위배된다. 또한 한국의 학벌은 형평이나 효율의 전제이며 사회 구성원으로서 당연히 갖추어야 할 자긍심(self-respect)에 손상을 주고 있다(홍훈, 1994).

보다 중요한 것은 학벌이나 학력, 대학서열, 그리고 수능점수가 인간에 대한 다양한 평가의 기준들이나 인간관계를 이루는 여러 기반들을 대부분 흡수해 버렸다는 것이다. 학벌과 학력은 마치 고대의 철학자들이 추구해 왔던 최고의 선이나 공통선 혹은 마르크스가 말한 자본주의의 가치나 화폐와 마찬가지로 한국 사회에서 다른 모든 선이나 가치들을 굴복시키고 흡수하는 전제적 폭력을 발휘하고 있다. 한국의 경제성장 과정이 한편으로 시장에서 화폐와 자본이 점점 더 모든 것을 획일적인 기준으로 흡수하는 과정이었다면, 다른 한편으로 학교에서는 수능점수가 모든 교육의 이념과 가치들을 용광로처럼 녹여 버리는 과정이었다. 그리고 화폐로 표시된 가격과 수능점수가 만나는 지점이 서열을 본질로 하는 한국의 대학이다.

여기서 화폐 또는 가치와 수능점수의 유사성과 차이점에 대해 논의할 필요가 있다. 마르크스는 필연적으로 화폐로 전환되어야 하는 상품의 '운명'을 필사적 도약(salto mortale)이라 표현했는데, 한국 입시준비생의 '운명'이 이와 유사하다(Marx, 1967: 106). 상품이 특정 수량의 화폐로 전환되는 것과 마찬가지로 입시생들은 수능점수를 획득함으로써 사회적으로 승인(social validation)받는 셈이다. 가격이 자본주의의 보편적 현상인 데 비해, 수능점수가 부분적으로 한국의 고유성을 가지고 있다는 차이에도 불구하고, 가격과 수능점수는 사회적 행위의 결과가 구체적 숫자로 등장한다는 점에서 유사하다. 화폐와 경제적 가치가 인간과 물체를 시장(市場)에서 동질적으로 만들면서 양적으로 규정한다면, 수능점수와 학벌은 인간들을 입시의 장(場)에 끌어들여 특정 차원에서 동질화하면서 양적으로 구분한다.

또한 마르크스에 있어 무정형의 화폐나 가치가 모든 경제관계와 결합해 그 성격을 변화시키듯이, 수능점수와 학벌은 한국 사회의 모든 인간관계에 개입해 그 성격을 변화시킨다. 가령, 높은 수능점수와 좋은 학벌은 부모와 자식의 관계, 부부관계, 남녀관계, 친구관계, 노사관계 등에서 당사자의 여타 모든 결함을 보완해 줄 정도로 강력한 힘을 발휘한다. 단적으로 상대방의 돈으로 인해 허구적인 인간관계가 유지될 수 있는 것과 마찬가지로 한국 사회에서는 상대방의 학벌로 인해 허구적인 인간관계가 유지될 수도 있다.

뿐만 아니라 시장주의자들이 화폐추구로 특징지을 수 있는 시장경제를 자연질서처럼 여기듯이, 우리 사회에서 많은 사람들이 학벌구조, 대학서열, 입시경쟁을 자연스런 것으로 받아들이고 있다. 모든 학생들을 수능점수로 늘어세우는 것, 일렬로 늘어선 대학의 서열과 이런 대학의 서열이 학생들의 입학 성적으로 결정되는 것, 인간관계에서 언제나 학력과 학벌이 개입되는 것, 출신 학교별로 동창회를 만들고 이에 상응하는 권력, 돈, 명예를 추구하는 것 등 보편성을 갖지 않는 현상들을 모두 자연스럽게 여기는 오류가 한국 사회에서 존재한다. 이것은 시장주의자들이 이기적인 행위와 시장을 자연스럽게 생각하는 것과 거의 마찬가지이다. 더구나 숫자로 표시된 수능점수는 시장의 가격이 가지는 만큼 혹은 그 이상의 객관성이나 자연성을 누린다. 시장의 상품가격에 대해 불가피하다고 생각하는 만큼이나 한국 사회에서 수능점수는 불가피한 것처럼 오인되고 있다.

이런 가격이나 수능점수의 유사성과 무관하지 않은 것이 최근 대학 교수의 평가에 있어 SSCI(Social Sciences Citation Index, 사회과학 주요 학술지 목록)나 SCI(Science Citation Index, 자연과학 주요 학술지 목록)가 유일한 기준으로 부상한 것이다. 교육계의 수능점수가 우회적으로 일반 노동시장에서 학생들의 권력이나 임금으로 이어진다면, SSCI나 SCI는 교육계의 노동시장에서 보다 직접적으로 교수의 권력이나 임금으로 이어지게 된 것이다.

이런 유사성에도 불구하고 수능점수와 학벌은 권력이나 화폐로부터 어느 정도의 독립성이나 자율성을 가지고 있다. 학벌은 궁극적으로 권력이나 돈, 그리고 명예로 이어지지만, 이런 것들과 다른 독자적인 요인으로 작동하고 있다. 어느 정도 독립성을 유지하기 때문에 학벌이 자신의 신성함이나 순수함을 내세우면서 부패나 타락을 들어 때때로 권력이나 돈과 대립해 온 것이 사실이다. 더구나 돈이 인간의 소유물로서 물적인 데 비해, 학벌은 보다 인적이어서 특정인 자체 혹은 그의 능력이나 노력과 동일시된다. 쉽게 말해, 부자에 대해서는 본인의 능력이나 노력 이외에 사기나 부패가 개입되었을 것으로 의심하는 사람도 학벌에 대해서는 그런 의구심을 갖지 않는 경우가 많다. 학교, 특히 유명 대학들은 '빛나는' 졸업장이 매매의 대상이 아니라는 점을 분명히 함으로써 학벌과 학력의 신성함을 과시하려고 노력해 왔다.

돈이 철저하게 물질적이고 세속적인 가치의 형태인 데 비해, 수능점수와 학벌은 외견상 정신적이고 신성하며 상징적인 가치의 형태이다. 돈과 자본으로부터 사업과 장사와 심지어 사기와 천박함이 연상된다면, 학벌에는 유교와 사대부의 존재, 개항 후 배움과 개화, 진리와 자유 등 외견상 고상한 가치가 연상된다. 이런 의미에서 학벌에는 순전히 경제적이고 물질적인 것으로 환원되지 않는 신성함이 결부되어 있다. 이 점은 돈이 한국 사회의 근대성과 주로 연상되는 데 비해, 학벌이 전근대성과 연결될 수 있다는 사실과 무관하지 않다. 그뿐만 아니라 학벌이 돈이라는 획일적인 척도로 환산되지 않고 권력이나 명예와도 연결되지 않는 것은 그것에 담겨 있는 봉건성을 반영한다.

한국에서 학벌의 기반인 대학은 처절한 입시경쟁 및 사교육 현장과 치열한 노동시장 사이에 개입하여 사교육비와 권력 및 돈을 격리시킴으로써 교육의 신성함을 유지하고 동시에 교육의 실상을 은폐하는 제단(祭壇)의 역할을 발휘하고 있다. 물론 이 제단은 수많은 학생들을 제물(祭物)로 삼고 있다. 우리 사회의 학벌과 대학이 서양의 대학이 가질 수 없는 기능을 발휘하고 있다는 것을 의미한다. 한국의 학연이나 학벌은 국민총생산이나 권력을 분배할 뿐만 아니라 명예를 나누고 개인의 생활 자체를 규정하는 일상성을 갖는 이유가 여기에 있다. 이런 맥락에서 대학의 서열과 무관하게 교육 수준을 가지고 직접 임금을 설명할 수 있다고 보는 서양의 경제학이나 사회학이 학벌 문제와 거리를 두고 있는 것은 당연하다.

이런 상징성은 한국의 학벌과 외국 대학에 대한 숭상을 연속적으로 만든다. 개항 이래 심화되고 있는 유학과 외국 대학 졸업장에 대한 숭상은 학벌이 갖는 상징성과 동일하다. 현재 외국 대학에 대한 숭상은 외국 대학의 학사에서 석사로, 석사에서 박사로, 박사에서 외국 대학의 교수로 더욱 승격되고 있다. 또한 대학 졸업 이전의 조기 유학의 열풍을 낳고 있다.

이런 차이에도 불구하고 소유한 돈이 인격이나 인간 자체와 거리를 두고 있는 것과 마찬가지로 학벌 역시 인격이나 지식이 아니라 간판이나 집단의 신호라는 점에서 양자 모두 본질이나 실체와 거리를 두거나 이에 모순되는 사회 형태이다. 그러므로 학벌은 궁극적으로 권력, 돈, 명예와 유착될 수밖에 없다. 상상력을 발휘한다면, 개항 이후 한국 사회의 한쪽 끝에서 철저하게 세속적인 가치로서의 화폐와 자본이 점점 고상해지고, 다른 한쪽에서 교육과 학교로 연상되는 정신적이고 고상한 가치가 졸업장 등을 통해 점차 세속화되었다고 말할 수 있다. 이렇게 되면서, 지식인이 일차 권력과 결혼하고, 이어 화폐 및 자본과 거의 결혼한 것이 현재 한국의 학벌이다.

이 점에서 서양의 기독교 혹은 유태교와 화폐의 접근을 간파한 마르크스를 참고할 필요가 있다. 마르크스는 신이나 노동의 생산물 혹은 화폐에 보다 많은 것을 부여할수록 인간은 더욱 고갈된다고 생각하였다. 이것을 치환하면, 한국 사회에서 학부모와 학생들은 학벌에 보다 많은 것을 부여하면서 자신은 더욱 고갈되고 있다고 생각할 수 있다.

Money is the jealous God of Israel, ··· Money is the universal and self-sufficient value of all things. It has, therefore, deprived the whole world, both the human world and nature, of their own proper value. The bill of exchange is the real god of the Jew. His god is only an illusory bill of exchange. That which is contained in an abstract form in the Jewish religion—contempt for theory, for art, for history, and for man as an end himself—is the real, conscious standpoint and the virtue of the man of money(Marx, 1963a: 37).

This fact simply implies that the object produced by labour, its product, now stand opposed to it as an alien being, as a power independent of the producer. … the worker is deprived of the most essential things not only of life but also of work. … the more powerful becomes the world of objects which he creates in face of himself, the poorer he becomes in his inner life, and the less he belongs to himself. … The more of himself man attributes to God the less he has left in himself(Marx, 1963c: 122).

3. 학벌·학력의 사회경제적 가치와 가격

학벌과 학력에는 이미 논의한 사회구조 및 사회관계의 재생산뿐만 아니라 수량적으로 측정될 수 있는 가치의 생산, 분배, 교환, 소비가 수반된다. 질적인 차원에서 사회적 존재로서는 학벌·학력이 근대성과 봉건성, 그리고 종교와 속세의 결합체로 개념화된다면, 양적인 가치로는 권력, 경제적 가치, 그리고 문화적 가치의 합으로 정의될 수 있다. 이런 학력·학벌의 가치는 사회 구성원이 자신의 능력이나 노력, 그리고 행운·불운과 무관하게 자신의 졸업장으로 인해 개인적으로 혹은 집단적으로 얻거나 잃게 되는 권력, 돈, 명예로 정의된다. 또한 각급 학생의 '수요·공급'과 다양한 노동력의 '수요·공급'이 문제되면서 이런 가치는 재생산 과정에서 가격과 비용의 형태로 등장한다. 이렇게 되면서 이 가치는 사회 구성원들의 활동으로 인해 빚어진 결과이면서, 동시에 구체적 형태와 수량으로 나타나 구성원들의 동인이나 유인으로 작용하게 된다.

학벌과 학력의 가치를 결정짓는 요인을 분리해 내기 위해 사회 구성원의 지위, 재산 및 소득, 그리고 명예를 결정짓는 요인들을 열거해 보자. 그것은 우선 사회현장에서 개인이 발휘한 노력 및 시간, 그리고 자원뿐만 아니라 학력·학벌의 서열, 해당 학벌집단의 응집력을 들 수 있다. 또한 학력이나 학벌을 획득하기 위해서도 선천적이거나 후천적인 능력, 노력과 지출된 시간, 금전적 자원 혹은 사교육비 등이 요구된다. 그리고 금전적 자원에 있어 계급이나 계층마다 차이가 있다.

그러므로 초·중·고등학교의 공교육비와 사교육비, 대학등록금과 하숙비용, 직장의 초임, 최종 임금과 직책 등이 학벌·학력과 관련된 가격이다. 그런데 교육과 경제·사회가 얽혀 있는 학벌의 재생산에는 가치 및 가격뿐만 아니라 '수학능력' 혹은 학력(學力)과 점수가 개입되어 있다. 각급 학교의 성적과 내신, 수능점수, 대학의 학점, 입사시험 성적이나 고시 성적 및 연수원 성적, 승진 요건 및 인사고과 점수 등이 그런 것이다. 여기서 가장 중요한 것은 수능점수이며, 나머지는 부차적이다.

학력·학벌의 가치는 일차적으로 대학의 서열이나 교육 수준에 의해 결정되며, 대학의 서열이나 교육 수준은 수능점수와 내신성적에 의해 결정된다. 사회적 지위나 화폐의 액수 등으로 표시된 학벌이나 학력의 가격은 이런 가치에 의해 궁극적으로 결정되면서도, 각급 학교의 입학생, 각급 학교의 졸업생 숫자, 노동시장의 수요 변동에 따라 변한다.

우선 학력의 가치는 현실 사회에서 본인이 발휘하는 능력이나 노력에서 벗어나는 독자적인 가치를 가진다. 거기에는 졸업장이라는 상징이 갖는 갖가지 비합리적인 요소들도 개입되어 있다.[9] 가령, 국산 상품보다 외국 상품을 무조건적으로 선호하는 것과 같이 국내 학위 소지자보다 외국 학위 소지자를 무조건 선호하는 것을 주목할 필요가 있다. 또한 학력 인플레이션으로 분야나 직종과 무관하게 무조건 고졸보다 학사가, 학사보다 석사가, 그리고 석사보다 박사가 낫다고 생각하는 것도 그런 예이다.[10]

학력이 아니라 학벌과 관련해서는 별도의 요인들이 고려되어야 한다. 학력의 가치가 각 개인에게 직접적으로 부여되는 것이라면, 학벌의 가치는 특정 집단에게 부여된 후 각 개인에게 간접적으로 할당된다. 평균적으로 일정 수준의 가치가 특정 학벌집단에게 부여된다고 말할 수 있다. 물론 특정 학벌을 소유한 개인들이 모두 동일한 학벌의 가치를 누리는 것은 아니며, 개인의 차이나 개인의 집단 활용도에 의해 그것의 가치가 개인별로 차이가 날 것이다.

특정 학벌의 평균적 가치는 학벌로 규정되는 특정 집단의 구성원들이 그 집단의 가치를 높이는 데 어느 정도 성공하느냐에 달려 있다. 가령, 특정 학벌의 구성원들 중 유명인사가 많이 배출되었다는 것이 그 집단의 가치를 끌어올

9 이런 맥락에서 본다면 학벌의 사회경제적 가치에 대한 설명으로 일차적으로 적절한 관점은 좌파적인 마르크스의 노동가치이론이나 우파적인 신고전학파의 한계효용가치이론이 아니라 중간적인 베블렌(T. Veblen)의 가치이론이 될 것이다.

10 비록 학문적인 수준으로 승격되지는 못했지만 한국 사회가 이와 같이 허명(虛名)으로 움직이고 있다는 것에 대해 대다수 지식인들이 동의할 것이다.

리는 데 기여하게 된다. 뒤집어 이런 기대로 인해 특정 집단이 그 집단의 유망한 사람을 요직에 앉히기 위해 노력하는 일도 생긴다. 그러므로 학벌의 가치를 유지하거나 끌어올리는 과정은 경제적이면서 동시에 정치적이다.[11]

집단의 결속 정도도 학벌의 사회경제적 가치를 결정하는 또 다른 요인이다. 결속이 약한 경우에는 학벌이 학연의 성격을 띠거나 아니면 학력으로 분해될 것이다. 아직 그 원인이 분명하지는 않으나 '비슷한 수준'의 대학이지만 결속 정도가 다른 경우를 찾아 낼 수 있다. 끝으로 학벌로 형성되는 집단의 규모도 학벌의 가치를 결정하는 데 영향을 미칠 것이다. 규모가 커지면서 여러 영역에 구성원들이 확산되어 학벌의 가치를 상승시키는 경향도 있지만, 반대로 희소성이나 결속력을 저하시켜 집단의 가치를 떨어뜨릴 수도 있다.

이런 이유로 특정인이 특정 동창회에 속할 자격이 있는가에 대해 병적으로 엄밀하게 따지는 것이 우리 사회의 현실이다. 또한 자신이 속해 있는 집단에 누가 속해 있는가를 서로 확인하기 위해 동창회 명부를 만들고 그것을 열심히 개정하는 것도 이런 현실의 또 다른 모습이다. 이런 명단을 반복해서 살펴보면서 각자는 자신의 학벌이 갖는 가치를 확인하고, 이에 걸맞는 행동을 해야 한다고 다짐하게 된다.

학벌·학력의 재생산이 입시경쟁, 고착화된 대학의 서열, 학벌과 학력에 의한 차별이므로 이에 상응해 가치가 재생산되는 과정도 몇 단계로 나뉜다. 우선 입시교육비용이 수능점수라는 동질적이며 기수적이거나 연속적인 수량으

11 서양적인 관점에서 보면 한국 사회의 공적 영역(예를 들어, 선거나 투표, 외교)에서는 정치가 상대적으로 빈약한 대신, 각급 중간 조직(예를 들어, 중앙정부나 대기업의 인사)에서는 훨씬 '정치'가 활발하다. 후자는 사회 구성원들에게 건실한 직무수행보다는 갖가지 부정적 활동을 자극하게 된다.

로 전환된다. 여기서 학생들의 소양, 적성, 개성 등 모든 차이는 하나의 양적 척도로 획일화된다. 이미 논의한 바와 같이 모든 학생들을 하나의 척도로 환원한다는 점에서 수능점수는 모든 상품을 하나의 척도로 환원하는 가격과 유사하다.

이어서 수능점수(와 내신 성적)가 대학의 서열이라는 서수적이거나 불연속적인 수량으로 변환된다. 학생들의 수능점수가 모든 학생들을 획일화한다면, 이 변환은 단순한 수량이나 정도의 차이를 질이나 종류의 차이로 바꾸는 차별화의 과정이다. 이것은 마치 점수가 학점으로 변환되는 것(예로서, 90점은 A, 89점은 B)이나 거리의 명칭이 숫자가 아니라 고유명사인 것(예, 종로1가가 아니라 광화문)과 유사하나 이보다 훨씬 강한 차별화이다. 또한 이것은 파리 소재 대학들의 명칭이 고유명사에서 숫자로 바뀐 것(예, 소르본 대학이 파리1 대학으로)과 반대 방향으로의 움직임이다. 이 시점에서부터 특정 학생은 몇 점의 수능점수가 아니라 특정 대학 소속의 특정 전공자로 규정된다. 동시에 이 변환과정은 처절한 입시경쟁을 마감하면서 이것을 신성한 것으로 만드는 과정이기도 하다.

끝으로 대학의 서열이 다시 사회 구성원의 직위나 임금 등 연속적이거나 불연속적인 수량으로 바뀐다. 특정 대학의 졸업장은 공적 영역에서 진출할 수 있는 사회 분야나 승진할 수 있는 직책, 그리고 받을 수 있는 임금을 제한하며, 사적 영역에서는 갖가지 명예나 오명을 결정하고 결혼 상대자의 범위까지 규정한다.

정리하면 한국의 경제와 교육은 수량적인 측면에서 (입시교육비용)→(수능점수)→(대학서열)→(직위 및 임금)으로 파악할 수 있다. 여기서 우선 입시교육비용은 공교육비용과 사교육비용을 모두 포함한다. 다른 국가에 비해 한국에서 사교육비의 비중이 높다는 것은 익히 알려진 바와 같다.[12] 물론 입시교육에서 사교육비의 비중은 더욱 크다. 또한 입시비용에는 단순히 화폐로 표시된 것 이외에 학생과 부모의 노력, 시간, 그리고 기도가 포함되어 있다.[13] 현재 한국의 교육체계에서 고등학교뿐만 아니라 중등학교, 초등학교, 그리고 유치원이나 태교(胎敎)까지 모두 입시의 일환이라고 볼 수 있으므로 거의 모든 수준의 학교에서 공적·사적으로 지출되는 비용이 여기에 포함되어야 한다. 계층별로는 경제성장과 더불어 소득과 재산의 차이가 확고해지면서 사교육비의 비중이 높다는 요인과 겹쳐 부모들의 소득과 재산이 입시비용에 있어 커다란 차이를 가져오고 있다. 이 때문에 강남지역을 포함한 부유층의 자식일수록 다른 모든 요인과 무관하게 보다 높은 서열의 대학에 진학할 가능성이 높아지고 있다.

부차적이지만 대학의 서열을 결정하는 데는 수능점수 이외에 내신성적과 고교등급이라는 요인이 고려되고 있다. 또한 대학의 서열이 사회의 권력이나 임금으로 전환되는 데는 지연이나 혈연 등이 추가요인으로 작용할 것이다. 끝으로 대학의 서열이 권력이나 돈으로 환산되는 과정에는 신규채용뿐만 아니라 내부 승진이 포함된다. 왜냐하면 학벌이나 학력에 의한 차별은 채용할 때뿐만 아니라 오히려 승진과정에서 더 심각하고 은폐되는 경향이 보다 크기 때문이다.

12 예를 들어, GDP에 대비한 교육비의 비율이 2001년에 OECD 전체로 6.2%이며 공교육비와 사교육비의 비중이 각기 4.8%와 1.4%인 데 비해, 한국은 8.2%, 4.8%, 그리고 3.4%였다.

13 과거 자식의 과거급제를 빌던 기원은 현재도 지속되고 있다. 입시경쟁의 신앙적인 측면은 교회와 절에서 입시가 다가오면 치러지는 백일기도회 등에서 확인된다. 이것은 다분히 구복을 위한 것으로 과거 알성급제(謁聖及第)를 비는 행사와 다를 바 없다.

학벌구조, 고착화된 대학의 서열, 그리고 입시경쟁이 상호 연결되어 서로를 재생산하고 있듯이, 학력·학벌의 가치, 수능점수와 대학의 서열, 그리고 대학 입학으로 이어 주는 사교육 등 입시교육의 가치 및 비용이 상호 영향을 주고 있다. 학력·학벌의 가치, 수능점수 및 대학의 서열, 그리고 입시교육의 가치가 상호작용하면서 서로를 재생산하는 셈이다. 여기서 학력뿐만 아니라 학벌의 가치가 문제되며 학력의 가치가 교육비와 직접 연결되지 않고 수능점수 및 대학의 서열에 의해 매개되어 학벌을 형성한다는 것이 한국 경제와 교육의 특징이라는 것을 확인할 수 있다.

여기서 우리는 권력이나 임금으로 표시된 학벌이나 학력의 가치, 대학의 서열, 그리고 입시교육비용이 모두 같은 방향으로 움직일 것이라고 추정할 수 있다. 또한 해방 이후 현재까지 사회의 학벌구조와 대학의 서열체계가 확대재생산되고 있기 때문에 이들 가치도 가속적으로 증가했으리라고 기대할 수 있다.[14] 이것은 시장에서 상품의 가치척도로서 화폐가 섬세하게 양적으로 규정되는 것만큼 수능점수가 교육현장에서 학생의 특정 능력에 대한 정교한 척도가 될 것을 요구한다. 사실상, 한국의 입시제도는 해방 이후 보다 섬세하게 학생들을 변별해야 한다는 압박을 지속적으로 받아 왔으며, 이로 인해 실질적인 변화 없이 그 외형의 순환적인 변동을 겪어 왔다. 또한 전국의 모든 상품이 화폐라는 척도로 상세하게 평가될 수 있듯이, 수능점수는 한국의 학생들에게 전국적으로 석차를 부여해 왔다. 물론 수능점수로 전국 학생들의 석차를 매기는

14 여기서 졸업장의 가치는 현재까지 있는 그대로 측정되지 않았다. 사실 '빛나는' 졸업장을 정치·경제적인 가치로 노골적으로 드러내는 것은 현 시점에서 교육의 신성함을 가장하는 많은 사람들에게 감당하기 어려운 일이다. 그렇지만 기여입학제 등을 운운하면서 회자되는 불확실한 정보 등을 참고한다면 이것이 상승해 왔다는 것을 확인할 수 있다.

것은 전 세계적으로 유례가 없는 일이다.

보다 구체적으로 사회적·개인적으로 입시교육비 혹은 사교육비가 전반적으로 증가하고, 이에 상응하여 수능시험을 위한 입시의 변별력을 강화시키려는 노력이 가속화되었고, 대학의 서열은 더욱 공고해졌으며, 학벌과 학력에 따라 분배되는 직위, 임금, 혹은 문화적 자산의 가치가 계속 증가했다고 예상할 수 있다. 또한 개인이나 계층별로 교육비, 진학 대학의 서열, 분배되는 권력과 돈 등이 더욱 차등되고 있다.

그런데 학벌·학력의 사회경제적 가치(가치), 수능점수 및 대학의 서열(점수 및 서열), 그리고 입시교육비(교육비)는 어느 정도 독립성을 가진다. 학벌집단이 독자적으로 가치를 높인다든지, 대학이 자신의 서열을 변경시키려고 노력한다든지, 입시교육비의 독자적인 변동도 완전히 배제할 수 없다. 그러나 기본적으로 이들이 상호 연관되어 있다면, 이들 사이의 인과관계를 보다 분명히 할 필요가 있다.

첫째, 점수 및 서열이 가치와 교육비의 매개변수라는 것은 분명하다. 일견 가치와 교육비 중 어느 것이 독립변수이고 어느 것이 종속변수인지 일률적으로 말할 수 없다. 어떤 경우에는 특정 대학이 사회에서 누리는 특권이 대학의 서열을 공고히 하고, 이 대학에 진학하기 위한 입시경쟁과 비용을 가중시켰다. 그러나 특정 서열의 특정 대학교 졸업자들이 자신들이 지출한 교육비와 자신들의 서열을 받기 위해 동창회 등을 통해 자신들의 특권을 늘리기 위해 노력하는 경우도 있다. 역사적으로 해방 직후에는 대학 전체의 정원도 많지 않았고, 각 대학의 서열도 확고하지 않았으며, 동창회도 활발하지 않았다. 그러다가 점차 학벌·학력의 가치가 확고해지면서, 이것이 입시경쟁과 비용을 끌어올리고 대학의 서열과 수능점수의 중요성을 강화시킨 것으로 볼 수 있다. 그러므로 현재 상황에서는 학벌의 가치가 교육비용을 끌어올리는 인과관계를 설정해야 할 것이다.

그런데 이와 관련해 학벌이 일반 상품이나 상표와 구분되는 특징을 가지고 있음을 지적해야 한다. 우선 학벌이나 학력의 가치를 표현하는 졸업장의 매매가 정상적인 상황에서 이루어지지 않는다. 졸업장의 매매는 법적으로 제재를 받는다. 그뿐만 아니라 입시전쟁과 사교육으로 얼룩져 있음에도 불구하고 대학 입학 허가 및 졸업장이 학생의 노력과 능력에 의해 얻어진 값진 열매이며 매매의 대상이 아니어서 신성하다는 강력한 허위의식으로 뒷받침된다.

둘째, 대학교의 입학 허가 및 졸업장에 대한 수요·공급은 가격에 대해 상당히 '비탄력적'이다. 그 이유는 한국 사회에서 대학교육에 대한 대체재가 거의 존재하지 않기 때문이다. 그러므로 일반 상품이나 서비스와 달리 한국에서 대학교육의 수요와 공급이 등록금 등 가격에 의해 별로 조절되지 않는다. 더구나 대학의 서열로 인해 졸업장들이 질적으로 구분되어 시장이 '분단'되어 있다. 이것은 대학교육 자체에 대한 대체재가 존재하지 않을 뿐만 아니라 유명 대학의 입학 허가나 졸업장을 대신할 재화나 서비스가 존재하지 않는다는 것을 의미한다. 물론 유명 대학의 교육은 수요와 공급 양 측면에서 등록금 등에 거의 완전히 비탄력적이다. 뒤집어 본다면, 대학교육에 대한 수요가 등록금 등에 비탄력적이기 때문에 대학의 등록금 인상은 수요량의 변동이라는 경제적 행위가 아니라 등록금 투쟁이라는 정치적 행위로 이어진다.

셋째, 학벌 및 학연에는 교육시장과 노동시장이 결부되어 있는데 양자의 수급 조절에 있어 불균형이 장기적으로 지속될 수 있다. 이런 조정기간은 물론

고전학파에서 상정한 것과 같은 출산 및 인구 조절에 의한 임금변동보다는 짧을 것이다. 그러나 흔히 교과서에서 말하는 일반 상품의 가격과 요소시장의 가격의 관계에서보다 길 것으로 짐작된다. 이런 추정의 근거는 학벌집단과 대학이 개입되어 있어 서양의 선진 경제에서처럼 노동시장의 반응이 즉각 교육시장에 전달되지 않는다는 것이다. 한국의 경우 노동시장과 교육시장 사이에 학벌집단과 대학이 끼어 들어 노동시장의 변화를 나름대로 왜곡하고 변조할 능력을 가지고 있다.

보다 구체적으로 특정 대학교가 사회에서 어느 정도 특권을 누리는가가 동창회를 통해 과장되거나 적극적으로 은폐되어 생기는 오차나 교란이 적지 않다. 또한 특정 학과에서 육성하는 능력이 더 이상 노동시장에서 요구되지 않음에도 불구하고 대학 교수들의 기득권으로 인해 이런 사실이 은폐되어 이 분야에 학생들이 변함 없이 모여들 수 있다. 이런 상황에서 현재와 같이 특정 학과로의 폭주나 그로부터의 대거 이탈이라는 불안정한 움직임이 나타나게 된다. 이런 관점에서 보면 한국의 대학에서의 전공별 학생 배분은 주류경제학에서 말하는 것처럼 순조롭게 진행되는 미세한 조정이라고 볼 수 없다. 이 점에서 비록 학벌과 대학의 기득권을 비판하지 않고 자신들이 원하는 인재의 상이 어떤 것인지 알지 못한다는 점을 감안하더라도 대학에 대한 기업의 불만은 어느 정도 이해할 수 있다.

넷째, 졸업장의 공급 혹은 졸업생의 증가가 상품의 경우와 달리 다른 조건이 변하지 않더라도 반드시 가치나 가격의 하락을 가져오지 않는다. 한편으로 상품과 같이 특정 대학 졸업생의 증가가 이 대학 졸업생의 희소성을 감소시켜 이 대학에 부여되는 학벌의 가치와 가격을 하락하게 만든다고 주장할 수 있다.

일반적으로 학생이나 학부모 개인은 보다 높은 서열의 대학에 들어가기 위해 해당 대학이 정원을 늘리기를 원하지만, 이 대학의 동창회에서는 학벌의 가치를 낮춘다고 보아 이에 반대할 수 있다. 여기서 변호사나 회계사 시험에서 드러나는 개인과 집단 전체 혹은 내부자와 외부자의 길항(拮抗)이 존재해 왔다고 볼 수 있다.

그러나 다른 한편으로 졸업생의 증가가 동창회의 규모를 늘려 특정 분야에서 '규모의 경제'를 낳을 수 있다. 학벌은 명시적 혹은 묵시적으로 집단의 형성을 통해 이익을 추구하므로 그 집단의 규모 증가가 집단의 이익을 규모 증가 비율 이상으로 늘릴 수 있다. 특히, 이 규모가 특정 분야에서 일정한 비율을 넘어서는 경우 대학의 서열에 따른 가치 자체에 변동을 낳을 수도 있다. 앞서 희소성의 감소로 인한 가치와 가격의 하락이 학벌이나 학연에 고유한 것이라면, 규모의 경제는 학벌이나 학연이 지연이나 혈연과 공유하고 있는 것이다.

전반적으로 학부모와 학생은 높은 서열의 대학이 정원이 늘어나기를 바라고, 동창회에서는 양면적이며, 각 대학 당국은 재정 문제로 인해 정원증가에 전반적으로 동의한 것으로 보인다. 그렇지만 교육부가 대학, 특히 수도권 대학의 정원을 결정할 수 있는 상황에서 정원은 각 대학의 결정사항이 아니라고 말할 수 있다.

4. 학벌·학력의 사회경제적 가치의 정당성

경제학자들은 가치의 결정 요인에 대해 객관적 이론과 주관적 이론으로 나뉘어 논쟁을 벌였다.[15] 전자는 상품에 투입된 노동 혹은 생산비가 그것의 가치와 가격을 결정한다고 보는 데 비해, 후자는 사회 구성원들이 개별적으로 평가한 것이 모여 특정 상품의 가치와 가격을 결정한다고 생각한다. 예로서, 객관적 가치이론에 의하면 사과가 비싼 것은 그것을 생산하는 데 많은 노동이나 생산비가 투입되었기 때문이며, 주관적 가치이론에 의하면 대다수의 소비자들이 그것을 높이 평가하기 때문이다.

객관적 가치이론에 따르면 교육과 입시경쟁에 많은 노동과 비용이 투입되었기 때문에 학력·학벌이 높은 사회경제적 가치를 갖는다. 임금이나 직위의 차이가 이런 노동이나 비용의 차이에서 비롯된다는 것이다. 우리나라에서 대학에 입학하기 위해 엄청난 비용이 투입된다는 것은 부인할 수 없는 사실이다. 또한 사교육비가 유명 대학 입학 여부를 결정하는 데 점점 더 중요한 요인이 되고 있다는 점도 부인할 수 없다.

그러나 현상적으로 노동과 비용이 많이 투입되었다고 해서 높은 가치를 가져야 할 정당성은 존재하지 않는다. 또한 단순히 다른 사람들이 그렇게 하기 때문에 따라가는 것이라면 개인적으로 건전한 선택일 수 없다. 더구나 개인적으로는 합리적이며 유용한 노력이거나 지출이라고 하더라도 그것이 반드시 사회적으로 유용하다고 단정할 수 없다.[16] 입시경쟁을 위한 과외공부는 이런 관점에서 건전한 선택이라고 보기 힘들며, 사회적으로 유용한 결과를 가져온

15 이에 대한 논의로는 홍훈(2000b)이나 Hong(2000)을 참조할 수 있다.

16 물론 '사회적 유용성'이라는 기준에 대해 여러 견해가 있을 수 있다. 주류경제학이나 보수적 사회과학에서 사회는 개인들의 집합에 불과하며, 이들과 독립적으로 존재하지 않는다. 같은 논리에 따라 사회적 유용성은 개인들의 기호나 선호의 단순한 합에 불과하다. 따라서 이들 입장에서는 개인들의 교육열이 가져오는 사회적 결과를 그대로 받아들이게 된다. 이 글은 한국의 현실로 볼 때 적어도 교육에 관해 이와 같은 개인주의가 허용될 수 없음을 전제로 한다.

다고 볼 수도 없다. 그러므로 입시경쟁을 통해 얻은 학력·학벌의 사회경제적 가치도 상당 부분 부당하다. 나아가서 한국 사회에서 교육은 더 이상 사회계층 간의 이동을 도와주거나 사회적 불평등을 해소하는 장치가 아니라 반대로 계층을 공고히 하고 불평등을 심화시키는 장치로 변했다고 말할 수 있다.

주류경제학과 신자유주의의 뒷받침이 되고 있는 주관적 가치이론은 학력·학벌의 가치가 높은 이유를 한국인의 높은 교육열에서 찾는 논리와 합치된다. 모든 사람이 보다 높은 수준의 교육을 원하고 학교 졸업장에 높은 가치를 부여하기 때문에 학력·학벌의 가치도 높다는 것이다. 이런 논리에 따르면, 한국인이 타고났거나 역사적으로 형성되었지만 현재는 주어진 기호나 선호(preference)에 바탕을 두고 있다는 이유 때문에 학력·학벌이 갖는 가치를 그대로 인정해 주어야 한다. 이런 논리와 동전의 양면을 구성하는 것이 한국인의 기호나 선호가 비합리적이거나 비정상적이라 규정하고 이것을 의식개혁이라는 막연한 방법을 통해 개선하자고 주장하는 것이다.

그러나 한국 사회의 교육열을 단순히 선호로 간주하기에는 여러 가지 난점이 있다. 한국인 누구에게나 교육은 여러 가지 선택대상 중의 하나가 아니라 다른 모든 대안을 압도하는 절대적 재화이다. 그래서 조기 취직보다 높은 수준의 교육이 언제나, 그리고 누구에게나 우월한 선택이 된다.[17] 다른 재화로 대체될 수 없다는 점에서 한국에서 교육에 대한 수요는 등록금 등 가격에 비탄력적인 재화나 서비스이다. 더구나 교육열을 강조하는 논리는 기호나 선호가 어떻

17 경제학 교과서는 경제인의 선호를 상당히 다양하고 '수평적'인 것으로 상정하고 있다(홍훈, 1992: 55). 이에 비하면 대학서열 등 교육에 대해서뿐만 아니라 전반적으로 한국인의 기호나 선호는 순서나 우열이 중요한 '수직적' 체계를 가지고 있다.

게 형성되는지 묻지 않고 있다. 유교문화로 인해 교육에 대한 열정이 중요한 변수로 작용했다는 식의 논리가 과거 한국 사회에서 타당한 것일 수 있다. 그렇지만 현 시점에서 우리의 교육열은 자식이 향후에 누리게 될 사회경제적 가치를 목표로 하는 계산적인 투자이다. 다시 말해, 대학서열에 의존해 거의 불확실성 없이 예측되는 학벌의 사회경제적 가치를 겨냥해 교육에 대한 투자가 수행되고 여기서 교육에 대한 수요가 발생한다. 한국 경제에서 그것은 주식 등 금융자산이나 부동산보다 훨씬 수익성과 안정성이 높은 투자이다.[18]

이런 문맥에서 보면 한국의 교육열을 비정상적인 기호라고 규정하는 경우에도 그 근원을 한국인의 한 맺힌 의식에서 찾기보다 비정상적인 한국의 사회구조에서 찾아야 할 것이다. 비정상적인 사회를 주어진 것으로 보면 개인의 입장에서 교육열은 아주 자연스러운 '기호'라고 말할 수밖에 없다. 이렇게 본다면 교육열에 의존하는 주관적 가치이론은 학력·학벌의 사회경제적 가치를 설명하는 궁극적인 설명이 될 수 없다.

주류경제학과 이에 근거한 신자유주의는 주관적 가치이론보다 느슨한 수요·공급의 원리에 의존하기도 한다. 이 원리에 의하면 우리나라의 학력, 그리고 심지어 학벌의 가치는 현실의 근거를 가진 존재가 된다.[19] 모든 가치를 수요와 공급에 따라 설명하고 정당화하므로, 학력·학벌의 가치도 같은 방식으로

18 최강식 등(2003)에 의하면 임금과 교육기간의 인과관계를 나타내는 한국의 교육투자 수익률은 선진국에서와 같은 속도로 하락하지 않고 있으며 동일소득 수준의 다른 국가에 비해 높게 나타나고 있다.

19 학력에 대한 주류경제학이나 신자유주의의 입장은 분명하지만 재벌뿐만 아니라 학벌에 대한 이들의 입장은 이중적이다. 한편으로 주류경제학은 카르텔이나 봉건적 독점을 거부하고 세계주의를 지향한다는 점에서 학벌에 반대할 것이다. 그러나 다른 한편으로 주류경제학은 어떤 사회에서든 현존하는 존재나 가치에 대해 옹호하는 보수성을 가지고 있다. 한국 사회에서 시장을 옹호하면서 학벌을 비판하는 사람들은 전자에 속하고, 시장과 학벌 모두를 옹호하는 사람들은 후자를 따르는 것이다. 물론 시장주의자들의 학벌 비판은 효율성과 경쟁이라는 이념에 함몰되어 있어 여러 가지 한계를 안고 있다.

설명하고 정당화할 수 있다.[20] 특정 학력·학벌이 높은 가치를 가지며, 그것의 가치로 인해 특정 대학의 졸업장에 대한 수요가 형성되고, 제한된 공급량으로 인해 입시경쟁이 발생한다고 보게 된다. 또한 입시경쟁을 위해 사교육에 대한 수요가 높으며, 이로 인해 사교육비의 지출도 정당한 것이 된다. 더구나 입시경쟁은 철저한 절차적 합리성을 유지하고 있으므로 합당한 것이 된다.

이 논리에 의하면 고용주는 특정 학교의 졸업장이 그 소유자의 과거 노력이나 능력을 압축해 나타내 주는 신호(signal)라고 생각한다(Spence, 1973). 다시 말해, 특정인에 대해 그의 여러 가지 측면을 복잡하게 고려할 필요 없이 졸업장 하나로 간단히 평가할 수 있다는 것이다. 이것은 소비자가 특정 제품에 대해 여러 가지로 따져볼 필요 없이 유명 상표(brand)를 택하는 것과 같다. 여러 소비자가 사용해 본 제품의 상표나 여러 기업주가 고용해 본 특정 대학 졸업생의 졸업장이나 모두 평판(reputation)에 근거하고 있다. 졸업장의 가치가 해당 학교 졸업자들의 사회적 지위나 임금 등을 통해 시장에서 자동적으로 조절되면서 학력·학벌의 가치도 사회적으로 적정한 균형을 유지한다고 본다. 이같이 수요·공급의 원리에 의존하면 학벌이 엄청난 가치를 갖는 한국의 현실 역시 효율적이며 정당한 것이 된다.

더불어 IMF 위기 이후 우리 사회와 교육계를 지배하고 있는 신자유주의는 교육이 사회 구성원들을 기술과 지식을 갖춘 인적 자본(human capital)으로 변화시켜 효율성을 제고시킨다는 근거에서 학력과 입시경쟁을 정당화한다(Rosen,

20 주류경제학자들은 이기심이라는 '인간의 본성'(human nature)에 따라 벌이는 개인들의 행위가 모여 시장에서 자연 상태(the state of nature)를 이룬다고 주장한다(홍훈, 2000a). 이 논리에 의하면 학벌의 높은 가치와 엄청난 사교육비는 모두 자연스러운 것이 된다. 문제는 주류경제학이 특정 사회구조의 가변성이나 역사성을 전혀 고려하지 않는다는 것이다. 이 글은 바로 학벌로 규정되는 한국 사회의 역사적 한계를 지적하고 있다.

1987). 더구나 우수한 학생들을 모아 놓아야 훌륭한 인재가 발굴된다는 논리에 따라 그로 인해 발생하는 학벌을 중요한 사회 문제로 간주하지 않으며 기껏해야 피할 수 없는 부산물 정도로 생각한다.

이런 관점에서 고교 평준화나 대학 평준화에 대한 본능적 거부감이 파생된다. 또한 이런 관점의 주창자들은 학력·학벌이 근대화 이후 서양의 역사를 통해 지속적으로 등장하였고, 마치 도심의 교통체증과 같이 어디서나 발생한다는 보편주의에 기대어 이것이 사회 문제가 아니며 이에 대한 손쉬운 대책도 없다고 주장한다.[21] 최대한 양보해 학벌의 폐해를 인정하는 경우에도 신자유주의의 신봉자들은 의식개혁이나 세계화의 추세로 인한 자동적인 학벌 해체라는 안일한 방책들에 만족하게 된다.

신고전학파에서는 입시비용, 대학서열, 그리고 이에 상응하는 권력의 크기와 돈의 액수 사이에 '균형'이 존재하며, 그 균형가격이 계속 증가해 온 것으로 해석할 것이다. 그런데 신고전학파는 긍정적으로 해석하더라도 입시비용, 대학서열, 그리고 권력과 임금 사이에 상호 의존성을 제시할 뿐이다. 흔히 왈라지언 일반균형이 동시결정(simultaneous determination)의 체계라는 해석에서 확인되듯이, 신고전학파는 사교육비나 입시비용이 높은 이유를 대학에 서열이 존재하는 것으로 설명하고, 대학의 서열로 권력 차등이나 임금 격차를 설명하며, 거꾸로 뒤집어 권력 차등이나 임금 격차로 대학서열을 혹은 입시비용을 설명한다.

21 온갖 종류의 보수주의는 시간이나 공간상의 보편성, 즉 보편주의를 내세워 사회 문제를 없애고 현상(status quo)을 정당화한다. 이것은 주류경제학이 시장이 역사상 언제나 존재하였고, 잠재적으로나마 어디든 존재한다고 주장하는 것과 일치된다.

그러나 신고전학파의 가격이론은 입시비용이 왜 높고 상승했는지, 대학의 서열이 왜 더욱 강화되었는지, 그리고 이에 근거한 권력의 차등이나 임금 차등이 왜 생기는지에 대해 근본적인 이유를 제시하지 못한다. 더구나 이들은 현실적으로 나타난 가치나 가격에 대해 무조건 정당하다고 판단하거나 아니면 이에 대한 판단을 회피한다.

전반적으로 학력·학벌로 규정되는 한국 사회와 교육 현실이 효율적이거나 정당하다고 생각하는 한국인은 많지 않을 것이다. 사회 문제의 존재 여부를 결정하는 일차적인 기준이 사회 구성원들의 감정이나 태도라고 본다면 학력·학벌은 우리 사회의 중요한 문제임에 틀림없다. 객관적으로 한국 대학의 졸업장이 선진국의 유명 대학 졸업장 앞에서 그 가치를 상실한다는 사실에서도 우리가 학력·학벌에 부여하는 가치가 보편성을 가지지 못함을 확인할 수 있다. 이것은 달러화와 영어 앞에서 원화나 우리말이 무력해지는 것과 유사할 것이다.[22]

이와 같이 우리 사회에서 학력이나 학벌의 가치는 단순히 주관적 가치이론이나 객관적 가치이론으로 설명하기 힘들다. 무엇보다 이들 가치이론들은 모두 경쟁을 전제로 깔고 있는데, 우리의 입시경쟁은 이런 경쟁과 근본적인 차이를 지니고 있다. 여기서 학벌과 학력의 사회경제적 가치가 도덕성이나 정당성을 가지는지 논의할 수 있다.

우선 학력·학벌을 쟁취하려는 한국의 입시경쟁은 일생을 통해 거치는 여

22 수요·공급 이론은 스키너(B. F. Skinner)의 행동심리학에 의존해 한편으로 자극과 반응 사이의 관계, 다른 한편으로 사회적 결과와 행동의 변화 사이의 관계에 대해 두 가지 이론적 공백을 남기고 있다(Pribram, 1996: 42). 이런 이유로 이 이론은 한국의 학력·학벌 문제에 대해 궁극적인 설명을 제시할 수 없다. 이런 논리보다 의식이나 기호와 제도나 사회구조 양자 사이의 공진화(coevolution)를 설정하는 논리가 가능성을 가지고 있다.

러 차례의 경쟁들 중 하나가 아니다. 우리 사회에서 입시경쟁은 일생에 있어서 거의 단 한 번 있는 '필사적 도약'이다. 이것은 입시를 통해 대학 진학 여부와 특정 대학의 진학이 결정되어 권력, 돈, 명예 상의 몫이 정해지면 이후에 이것을 번복하기 힘들다는 사실에서 드러난다.

이런 의미에서 우리 사회의 입시경쟁은 사회 속에서 마땅히 있어야 할 각종의 경쟁들을 모두 흡수하여 대신하고 있다. 수능점수를 놓고 벌이는 학생들의 경쟁이 대학 진학 후의 학업경쟁과 노동시장에서의 경쟁을 대체하며, 전공 내에서 벌어져야 할 교수들의 경쟁을 대신한다. 대학의 서열이 고착되어 있어 미국에서처럼 우수 학생을 유치하기 위한 대학교의 노력이 활발하게 일어날 수도 없으며, 우수 교수를 유치하는 등 대학을 발전시키겠다는 노력도 고착된 대학의 서열 앞에서 무력해진다. 그렇기 때문에 우리의 입시는 경쟁의 끝이자 독점의 시작을 의미한다(홍훈, 2002b: 35~36).

이것은 여러 차례의 경쟁을 통해 누적된 결과로 인생의 후반에 나타나야 할 사회 구성원의 '성적'이 20대 이전에 한꺼번에 나타나는 것을 의미한다. 그렇기 때문에 입시경쟁의 결과인 학력·학벌의 사회적 가치도 그만큼 커질 수밖에 없으며, 철옹성의 진입 장벽으로 보호되는 지대(rent)의 성격을 갖게 된다.[23] 사회경제적 가치가 지대의 성격을 띠게 되면서 한편으로 입시에서 성공한 사회 구성원들은 이름뿐인 엘리트로 변신해 자기 희생이나 의무가 수반되지 않은 권리를 주장하게 된다. 이것이 권력형 부패로 이어지게 된다. 다른 한편으로 입시에서 좋은 학력이나 학벌을 쟁취하지 못한 사회 구성원들은 사회

23 이런 관점에서 경제학의 지대추구이론(DUP)을 우리 사회의 학력·학벌 문제에 적용할 필요가 있다.

경제적 유인을 제공받지 못하기 때문에 자신의 능력을 키우거나 노력을 경주하지 않게 된다.

이렇게 되면서 수능점수의 차이가 사회현장에서 실적의 차이로 나타나고 수능점수의 차이가 권력이나 부의 차이로 나타나게 된다. 결과적으로 사회의 불평등한 구조가 스스로를 실현하게 된다. 따라서 입시는 단순히 주어진 능력을 확인하는 정태적인 과정이 아니라 능력의 차이를 특정 방향으로 빚어내는 동태적인 역할을 하게 된다. 그러므로 학벌이 없는 사람들이 노력을 통해 사회에서 진정으로 자신이 능력 있음을 보여 주는 것만이 학벌을 타파할 수 있는 길이라고 주장하는 사람들은, 바로 경쟁이나 능력의 동태적인 성격이나 사회구조의 자기실현(self-fulfillment)을 간과한 것이다.[24]

같은 문맥에서 단순히 변별력이라는 관점에서 입시 문제를 논의하는 것이 우리 사회에서 입시가 발휘하는 사회적 기능을 제대로 파악하지 못하는 것임을 알 수 있다. 변별력 운운하는 사람들은 대부분 학생들의 능력이 주어져 있으며, 수능시험의 목적이 이런 능력의 차이를 단순히 밝혀내는 데 있다고 생각한다. 그러나 이런 생각은 입시제도가 학생들의 능력을 잘못된 방향으로 육성하는 동태적인 측면을 가지고 있음을 간과하고 있다.

이 생각은 대체로 인간의 본성이나 물체의 자연적 속성에 의존해 사회를 설명하는 사고방식, 즉 조악한 자연주의(crude naturalism)에서 발생하는 것인데, 앞서 언급된 보수주의나 보편주의와 궤를 같이한다. 이런 자연주의의 성향은

24 과거 양반사회에서 태어날 때 아무런 차이가 없는 양반의 자식과 평민의 자식이 결국 사회구조가 바라는 차이를 보이게 되는 것이나, 한 가족 내에서 마찬가지 상황에 있는 장남과 차남, 남아와 여아가 결국 가부장적 질서에 합당한 '형질'을 갖게 되는 것과 마찬가지이다. 이에 대해서는 신고전학파에서도 이미 인정하고 있다(Becker, 1993: 388).

우리의 교육 문제를 교육열에 의존해 설명하고, 수능점수의 차이를 타고난 능력의 차이로 간주하며, IQ 등의 지수나 수능점수 등에 매료되는 것, 교수의 능력을 SSCI나 SCI 게재 논문 수와 동일시하는 것 등에서 발견된다. 이런 흐름 속에서는 입시경쟁이 자연의 법칙과 같이 필연적으로 통과해야 할 인생의 관문이 된다.

또한 기존 경제학에서 상정하는 경쟁은 기술혁신 등을 통해 사회 전체의 파이가 증가한다는 전제를 달고 있다. 교육과 연관 짓는다면 경쟁이 인격의 도약, 공동체 의식이나 시민의식의 함양, 학문적 소양의 연마 혹은 기능적 지식의 획득 등 여러 목표들을 달성하는 결과를 가져올 것으로 기대한다. 그러나 우리의 입시교육은 이런 결과를 거의 기대할 수 없는 상황에 처해 있다. 입시경쟁이 요구하는 주입식 교육은 전통적인 교육의 숭고한 가치를 도외시할 뿐만 아니라 산업사회에서 요구되는 실용적인 지식을 제공하지도 못한다. 쉽게 말해, 세계적으로 요구되는 것은 달리기인데, 우리의 입시교육은 학생들에게 턱걸이를 잘 하라고 강요하는 것일 수 있다.

한국의 각 사회 구성원은 본인의 능력이나 노력이 부여하는 가치 이외에 학력이 부여하는 가치, 그리고 소속 학벌에 부여되는 가치를 누리게 된다. 보다 높은 교육 수준을 추구하는 과정에서 전문기술 획득이라는 효과가 어느 정도 발생한다는 점에서 학력의 획득과 재생산은 완전히 비생산적이라고 말할 수 없을 것이다. 그러나 학벌획득이나 재생산에 수반된 행위는 이런 소양이나 기술과 무관한 것이라고 볼 때 완전히 비생산적이다. 달리 본다면, 학력은 그 형성과정에서 무언가 증가시키는 것이 있다면, 학벌 형성은 무언가 증가시키지 않으면서 오로지 주어진 것을 나누는 데 자원을 낭비하는 것이라고 말할 수 있다.

이렇게 본다면 졸업장을 단순히 해당인의 능력과 노력에 대한 신호로 간주하는 논리도 성립하기 힘들다. 한국의 노동시장에서도 졸업장이 고용주에게 일종의 신호로 작용하는 것은 사실일 것이다. 그렇지만 한국 사회에서 졸업장에 담겨 있는 정보는 특정인의 과거 노력이나 이에 의해 축적된 능력뿐만 아니라 학벌이 내포하고 있는 힘에 관한 것이다. 예를 들어, 언론사에서 유명 대학 출신자를 기자로 채용할 때 그 언론사는 이 기자가 동창회의 인맥을 통해 다른 대학 출신보다 공무원들에게 쉽게 접근할 수 있으리라고 기대한다. 한국의 졸업장은 이런 측면을 신호해 주는 것이다. 이런 기능에 근거해 형성되는 졸업장과 학벌의 사회경제적 가치가 부당하다는 것은 자명하다.

이와 같이 한국 사회에서 입시경쟁이 근대성의 확보라는 무거운 짐을 혼자 짊어지면서 학력·학벌이 과도하거나 부당한 가치를 가지게 되었다. 우리 사회에서 학력·학벌의 가치는 진정한 의미의 효율성뿐만 아니라 자율성과 형평성을 희생하면서 존재하는 것이다. 그렇기 때문에 한국 사회에서 학력, 그리고 더욱 심각하게 학벌의 사회경제적 가치는 엄연한 현실로 존재하지만 정당한 것이 아니다. 우리는 학력의 가치가 대폭적으로 축소되고, 학벌의 가치가 영(零)이 되는 사회를 지향해야 한다.

참고문헌

김천기(2001), 『교육의 사회학적 이해』, 학지사.

최강식·정진호(2003), 「한국의 학력간 임금 격차 추세 및 요인분해」, 『國際經濟硏究』, 제9권 제3호, 183~208.

홍 훈(1992), 「근대경제학 내의 자유주의」, 『사회비평』, 제8호, 51~75.

_____(1994), 「경제 민주화의 사상적인 배경」, 『연세경영연구』, 제31권 제2호, 13~77.

_____(1999), 『한국 자본주의의 실체』, 대한상공회의소.

_____(2000a), 「경제, 자연, 그리고 문화와 제도」, 『제도연구』, 4, 103~140.

_____(2000b), 『마르크스와 오스트리아학파의 경제사상』, 대우학술총서, 아카넷.

_____(2002a), 「외국의 학벌문화: 名門은 있으되 패거리는 없다」, 『新東亞』, 3월.

_____(2002b), 학벌, 과연 새로운 신분인가?, 학력·학벌주의 극복을 위한 정책협의회 발표문, 한국교육개발원.

Becker, G. S.(1993), "Nobel Lecture: The Economic Way of Looking at Behavior," *Journal of Political Economy*, 101(3), 385~409.

Collins, R.(1979), *The Credential Society*, New York: Academic Press.

Dumont, L.(1977), *From Mandeville to Marx*, Chicago: The University of Chicago Press.

_____(1980), *On Value, Radcliffe-Brown Lecture*, London: The British Academy, Oxford University Press.

Hong, H.(2000), "Marx and Menger on Value: As Many Similarities as Differences," *Cambridge Journal of Economics*, 24(1), 87~105.

_____(2002), "Marx's Value Forms and Hayek's Rules: A Reinterpretation in the Light of the Dichotomy between Physis and Nomos," *Cambridge Journal of Economics*, 26(5), 613~635.

Marx, K.(1963a), "On the Jewish Question," *Karl Marx: Early Writings*, T. Bottomore, ed., New York: McGraw Hill, 1~40.

_____(1963b), "Contribution to the Critique of Hegel's Philosophy of Right," *Karl Marx: Early Writings*, 41~59.

_____(1963c), "Economic and Philosophical Manuscripts," *Karl Marx: Early Writings*, 61~219.

_____(1967), *Capital*, Vol. 1, New York: International Publishers.

Pribram, K. H.(1996), "Interfacing Complexity at a Boundary between the Natural and Social Sciences," *Evolution, Order and Complexity*, London: Routledge, 40~60.

Rosen, S.(1987), "Human Capital," *The New Palgrave: A Dictionary of Economics*, Vol. 2, London: Macmillan, 681~690.

Spence, A. M.(1973), *Market Signalling*, Cambridge, Mass.: Harvard University Press.

chapter 17

교육은 상품이 될 수 있는가?

1. 머리말

서양의 자본주의 사회에서는 적어도 19세기 중엽에 노동시장이 정착된 데 이어, 20세기 초부터 미국을 필두로 시장이 학교를 변형시키기 시작하였다 (Veblen, 1918). 이에 따라 20세기 후반에는 교육과 시장이 결합되어 교육시장이 형성되었으며, 교육시장, 노동시장, 상품시장이 상호 영향을 주고받아 왔다. 그럼에도 불구하고 교육 부문에서는 최근까지 평등 혹은 적어도 기회균등이라는 가치가 강조되어 가격기구나 사유재산의 역할이 제한되어 있었다.

그런데 20세기 말부터 우리는 세계화와 신자유주의의 시대에 접어들었다. 신자유주의는 모든 경제 문제, 나아가 모든 사회 문제를 시장원리에 입각해 해결하려고 노력한다. 또한 세계화는 금융자본을 위시한 자본이 노동을 제압하는 결과를 가져왔다(홍훈, 2004). 이와 평행으로 시장이 교육을 위시한 여타 부문들에 파고드는 경향이 두드러지게 나타나고 있다(Glennerster, 1991; Broadbent and Laughlin, 1997). 여기에 교사의 노동에 의존하는 교육의 노동집약적 성격이 교육과 생산의 유추를 강화시키고 있다(Longhurst, 1996).

과거 19세기 초에서 20세기 초에 등장했던 독일의 역사학파는 경제주체들의 윤리성을 강조하면서 '시장을 교육하려고' 노력하였다. 또한 아직도 아리스토텔레스 등에 의존해 시장의 윤리성을 강조하는 학자들이 없지 않다. 그러나 현재는 시장을 윤리화하고 교육하기보다 시장 자체가 교육적이므로 여기서 교육을 받고 거꾸로 '교육장(教育場)이 시장(市場)과 같이' 변해야 한다는 입장이 훨씬 더 호응을 얻고 있다.

대처 정부가 신자유주의를 주도한 영국의 경우, 1993년이 이런 의미의 교육 재편에 분기점을 제공하고 있다. 이런 맥락에서 교육과 시장 혹은 학교와 기업 사이의 유사성이나 연관성이 전례 없이 부각되고 있다. 현대의 탈근대적인 대학이 전통적인 의미의 연구와 교육이 아니라 다목적의 기술을 훈련시키는 공리주의적인 목표를 지향한다는 지적도 이런 상황을 반영하고 있다(Tribe, 2004: 611).

한국 사회에서도 그간 어느 정도 거리를 두고 있던 학교와 시장이 1997년의 경제공황과 IMF 개입 이후 완전히 뒤섞이고 있다(홍훈, 2005). 대학에서 연구비의 액수와 논문의 숫자를 나란히 계산하는 의연함이 이에 대한 증거이다. 한국의 자본주의와 시장은 지연, 혈연, 학연에 의해 지배된다는 특징을 가지고 있으며, 한국의 교육기관, 특히 대학은 이 중에서도 학연이나 학벌로 점철되어 있다(홍훈, 1999). 학벌사회의 이 같은 특수성 때문에 한국의 학교와 시장은 특별한 방식으로, 그리고 보다 손쉽게 결합되고 있다.

그러나 학교가 시장이 되고 순종적인 노동자의 양성소가 되는 이런 흐름에 대해 상당한 비판이 일고 있다. 이런 비판은 전반적으로 세계화와 신자유주의에 대한 국내외의 반발을 배후에 깔고 있다.

이런 배경 속에서 이 글은 정치경제학적인 관점에서 교육과 교육장을 상품일반과 시장과 대비시켜, 이들 사이의 차이점을 제시하는 데 목표를 두고 있다. 이 목표를 위해 이 글은 신자유주의 교육 이념을 뒷받침하는 신고전학파의 경제학 이론을 비판적으로 고찰하였다.

보다 구체적으로 이 글은 먼저 신고전학파가 어떤 방식으로 교육과 상품의 교환, 소비, 생산을 동일시하는지 논의하였다. 이어서 교육과 상품을 등치시키려는 신고전학파의 입장에 대해 교육이 가지는 특수성을 위주로 다각적으로 비판하였다. 끝으로 이 논의에 근거해 한국의 교육현실에 대한 함의를 도출하였다.

2. 신고전학파의 입장에서 보는 교육과 상품의 유사성

일반적으로 교육이 상품화되려면 사용가치뿐만 아니라 교환가치로 존재해야 한다. 이는 교육이 일상적인 교환의 대상이 되고, 교육이 가격에 따라 수요·공급된다는 뜻이 된다. 그렇다면 자본주의를 뒷받침하는 신고전학파 경제학은 과연 어떤 의미에서 교육이 통상적인 상품과 마찬가지로 교환의 대상이 될 수 있다고 생각하는가? 또한 같은 입장에서 어떤 방식으로 교육과정(educational process)을 이윤을 목표로 삼는 상품의 생산과정(production process)과 동일시하는가?[1] 이 두 가지를 중심으로 신고전학파가 지적하는 교육과 통상적인 상품 사이의 유사성을 논의해 보자.

먼저 교육이 상품화될 가능성은 두 가지로 나뉜다. 하나는 지식을 전달하는 교육자 혹은 교사의 행위나 서비스이고, 다른 하나는 그런 행위의 결과로서 피교육자 혹은 학생에게 체현된 지식이다. 전자는 소위 '교육시장'에서 학생 혹은 (예비)노동자에게 상품으로 매매되고 학교나 교육장에서 제공된다. 교육 서비스가 제공되는 교육과정은 노동력의 생산이나 형성과정이기도 하다.

1 원래 교육과정(敎育課程: curriculum)은 교과목의 내용이나 편성 자체를 의미한다. 그러나 여기서 교육과정(敎育過程)은 이를 포함하면서도 보다 넓게 학생들을 육성하는 과정 전체를 의미한다. 따라서 이 글에서 교육과정은 생산과정과 같은 위치에 있다. 또한 학교나 교육장은 시장, 토론장, 정치의 장과 마찬가지로 구체적인 교육의 현장이나 교실 자체가 아니라 추상적인 의미를 가진다.

후자는 노동력에 포함되어 노동시장에서 매매된 후 공장이나 회사에서 벌어지는 통상적인 상품의 생산과정에서 활용된다.

이 글은 교육시장에 중점을 두고 있으므로 먼저 노동시장에 대해 짧게 논의한 후 교육시장에 대한 상세한 논의로 넘어가고자 한다.

먼저 잘 알려진 바와 같이 신고전학파는 노동시장과 관련해 교육을 받은 노동력에 대한 정보가 완전하지 못하다는 점을 지적한다. 또한 교육을 통해 얻는 지식이 (부분적으로) 배타성이나 경합성을 가지지 않는다고 주장한다. 그럼에도 불구하고 신고전학파는 여전히 노동(력)이나 지식은 상품으로 간주한다.

교육시장과 관련해 신자유주의를 뒷받침하는 신고전학파는 몇 가지 특수성을 인정하면서도 기본적으로 교육을 일반 재화나 서비스와 동일하게 취급한다.[2] 이 때문에 교육이 다른 재화나 서비스와 마찬가지로 선택과 매매의 대상이자 상품이라고 단정한다. 따라서 이 입장에서 교육은 사과나 이발과 본질적으로 다르지 않다.

신고전학파가 인정하는 교육의 특수성은 초중등교육의 경우 학생이 미성년자이어서 교육에 대해 제대로 판단할 수 없다는 것, 고등교육에서와 같이 학생이 미성년자가 아니더라도 교육을 받기 전에는 교육의 효과를 판단하기 힘들다는 것, 그리고 교육, 특히 중등교육에 외부효과가 있다는 것 등이다.

또한 신고전학파는 교육을 통해 얻는 지식이 (부분적으로) 배타성이나 경합성을 가지지 않는다고 주장한다. 예를 들어, 특정인이 만유인력의 법칙을 알고 활용한다고 해서 타인이 동일한 법칙을 활용하는 것이 불가능해지거나 방

2 자유주의와 신고전학파의 철학적 기반에 대해서는 홍훈(1992, 1994)을 참조할 수 있다.

해받지 않는다. 이 점에서 지식의 소유나 소비는 사과의 소유나 소비와 구분된다. 나아가 의료나 법률상담과 같이 교육은 서비스를 받은 후에도 그 질을 소비자가 판단하기 힘들다는 점도 흔히 지적한다(Scott, 1999: 199~200).

이런 이유로 교육 부문에 있어 개인의 선택, 수요·공급의 원리, 그리고 가격기구는 완벽하게 작동할 수 없다. 또한 교육, 특히 초중등교육에 대한 보조금 지급 등 정부의 개입이 이론적으로 용인된다.

이런 특수성에도 불구하고 신고전학파는 교육이 근본적으로 통상적인 상품과 다르지 않다고 주장한다. 적어도 고등교육 수준에서는 교육이 학생이나 학부모의 합리적인 선택대상이라고 본다. 또한 정부가 도와주면 교육 서비스의 수급과 여타 상품의 수급 사이에 차이가 없어진다고 주장한다. 이렇게 해서 등록금이나 학비가 교육 부문에서 여타 상품의 가격과 비슷한 역할을 발휘한다고 신고전학파는 믿고 있다.

신고전학파 입장에서는 교육이 통상적인 상품과 마찬가지 의미의 선택대상이므로 상품과 같이 교육에도 마케팅이 요구된다. 이에 따라 학생이나 학부모는 대리점의 자동차 구입자와 마찬가지 의미의 소비자(consumer), 특히 고객(customer)으로 취급된다(Broadbent and Laughlin, 1997: 285~287).

최근 들어 미국을 중심으로 학교의 선전 및 광고가 빈번해지고, 학생들에 대한 가격차별(등록금 차등)이 심화되며, 철학이나 정치에 대한 학생들의 관심이 줄어들고 있다. 현실에서 나타나는 이런 변화들은 학생들을 고객으로 취급하려는 경향과 부합된다.

최근 들어 부상하고 있는 고객주의는 미국의 교육 역사에서 연구편중주의로 인한 교육 경시에서 어느 정도 벗어나게 했고, 대학 진학자들을 증대시켰다는 긍정적인 평가를 받고 있다. 또한 교육과 관련된 개인의 책임을 강조하고, 권위적인 관계를 청산해 학생을 생산물이 아니라 인간으로 취급하게 만들었다는 평가도 받고 있다(Clayson and Haley, 2005: 2).

특히, 고객주의는 한국에서 투박하게 나타나는 바와 같이 학생에 대한 교사의 부당한 지배관계나 권위관계를 타파해 교사가 학생을 소중하게 취급하는 경향을 가져다준다고 신고전학파는 주장한다. 이는 시장과 소비자 개념을 도입하는 경우 환자에 대한 의사의 부당한 권위나 피고인에 대한 판검사나 변호사의 부당한 위압이 타파된다는 주장과 유사하다.

신고전학파에 의하면 교사나 교수, 의사, 판사들이 시장으로부터 교육을 받아 자신들의 전통적인 윤리관을 버리고 시장의 보다 '얇은 윤리'를 수용하게 된다. 이런 점에서 신자유주의는 시장에 대한 교육자 및 교육계의 교육을 거부하는 수준을 넘어서 거꾸로 시장이 교육자 및 교육계를 교육해야 한다고 생각하는 셈이다.

그런데 고객주의의 관점에서는 식당의 손님들이 식사를 대접받듯이 학생들이 수업을 받아먹거나 지식을 흡수한다고 본다. 또한 교사는 교육을 고객을 만족시키는 서비스로 간주하면서 학생에게 지식을 친절하게 주입하는 존재가 된다. 이런 생각은 교환을 경제의 중심에 놓고 다른 활동을 교환으로 환원하는 신고전학파의 전반적인 경향에 부합된다.

구체적으로 신고전학파는 교환을 인간의 경제행위뿐만 아니라 인간행위 전체의 표준으로 삼기 때문에 시장의 교환관계가 인간관계나 사회관계의 모범이라고 생각한다. 그런데 교환관계는 당사자들의 선택에 의존해 수시로 생성되거나 소멸하는 단기적인 성격을 지닌다. 이 때문에 신고전학파는 계약관계뿐만 아니라 자본가와 노동자의 관계, 부부 및 남녀 관계, 부자관계, 교우관계 등 모든 인간관계를 단기적인 교환관계로 분해(decomposition)하는 경향을 보인다.

이렇게 분해된 인간관계는 당사자들의 자발적인 선택을 통해 성립, 갱신, 소멸된다. 가령 평생고용제도나 주거래은행제도 등도 단기적인 관계로 분해해 파악하면서 당사자들의 선택대상으로 규정한다. 이렇게 되면서 장기적인 관계는 단기적인 관계나 거래의 갱신, 즉 반복게임(repeated game)의 결과로 나타나게 된다.[3]

일반적으로 상품을 공장에서 만드는 행위가 자본주의의 생산이라면, 학생들에게 학교에서 지식을 체현해 육성하는 행위가 교육이다. 교육시장이 상품시장에 상응한다면, 교육과정은 상품의 생산과정에 상응한다. 그런데 신고전학파는 생산도 교환의 관점에서 파악해 교환이 이루어지면 생산이든 소비든 거의 자동적으로 굴러간다고 생각한다.

이런 맥락에서 교환 이후에 발생하는 부차적인 문제들은 교환에 따른 계약을 완료하는 데 수반되는 어려움이나 비용으로 간주한다. 정보의 부족이나 비대칭성, 계약의 이행비용(enforcement cost), 불완전계약, 배달(delivery) 사고 등 일련의 개념들은 이런 입장을 반영한다.

교환을 중시하는 신고전학파가 이같이 시간의 흐름 등을 배제하고 생산을 축약해 파악하는 개념이 생산함수이다. 이에 따라 일반 재화와 마찬가지로 교육에 대해서도 신고전학파는 교육생산함수(educational production function)를 설

3 인간관계와 사회관계에 대한 보다 포괄적인 논의는 홍훈(2006a, 2006b) 참조.

정한다(Hanushek, 1986: 1150~1155, 1162~1163). 생산함수 개념이 투입된 원료를 생산물로 전환하는 과정으로서 생산과정을 블랙박스로 취급하듯이, 교육생산함수 개념도 교육과정을 알 수 없고 또한 알 필요 없는 그런 과정으로 간주한다.

그럼에도 불구하고 생산함수에는 교환과 선택만을 고려할 때와 다른 교육의 측면이 내포되어 있다. 생산에 초점을 맞추면 학생은 작업을 위한 원료(raw material)이고 동시에 그런 작업의 결과로 생산물(product)이 된다(Glennerster, 1991: 1272). 이에 따라 학교의 신입생은 '원료'이고, 재학생은 '중간제품'이며, 졸업생은 '생산물'이 된다. 같은 맥락에서 교사는 사회에 필요한 지식을 학생들에게 일방적으로 주입하는 생산자나 노동자가 된다.

앞서와 같이 교육 서비스를 교환의 대상으로 보면 학부모와 학생은 고객이나 소비자 혹은 구매자, 교사는 공급자나 판매자가 된다. 이와 달리 생산의 독자성을 어느 정도 인정하면, 학생은 원료나 생산물이 되며, 교사는 생산자나 노동자가 된다. 전자는 소비자주의나 고객주의를, 후자는 생산주의를 낳는다. 미국의 경우 학부모와 학생은 양자 중에서 고객주의를 지지하고, 교사는 생산주의를 옹호하는 경향이 있다(Obermiller et al., 2005).

생산함수 개념에 따라 학생을 소비자나 구매자가 아니라 원료나 생산의 대상으로 보면 다른 상품과의 유사성이 늘어난다. 특히, 상품의 제조에서 원료의 선택이 중요하듯이 교육과정에서는 학생의 선발이 중요해진다. 종자나무가 사과의 품질을 결정하며, 빵을 만드는 데 밀가루가 중요하듯이, 좋은 신입생이 좋은 졸업생이 된다. 한국 사회에서 전통적으로 학생을 씨앗이나 떡잎에 비유했던 것은 이런 생각과 친화력을 가지고 있다.

물론 교육생산함수는 가정 배경이나 학생의 누적된 학습을 추가적인 투입물로 고려한다. 또한 교육비 지출이 반드시 수학능력에 유의미한 차이를 가져오지 않는다는 특수성도 있다. 더불어 신고전학파도 교육이 유형적인 재화가 아니라 무형적인 서비스라는 데서 생기는 특수성을 인정한다.

일반적으로 재화와 달리 서비스는 생산과 소비의 동시성, 소멸 가능성, 포착의 불가능성, 비분리성, 표준화의 어려움 등을 특징으로 지니고 있다. 특히, 서비스에서는 소비와 생산이 동시에 일어나기 때문에 소비자나 수요자가 필연적으로 원료나 생산조건의 일부를 제공할 수밖에 없다.[4] 재화든 서비스든 일반적으로 원료의 상태나 질은 제품의 질에 영향을 준다. 그렇지만 위와 같은 이유로 유형적인 재화보다 무형적인 서비스의 경우 원료의 상태나 질이 제품에 미치는 영향이 더 크다.

더불어 기계 대신 인간이 고용될 가능성이나 고객의 개인적인 연루 등도 서비스의 특징이다(Stell and Donoho, 1996). 이에 따라 서비스 제공에는 여러 가지 위험(risk)이 가중되고 제공의 결과가 가변적이다(Murray and Schlachter, 1990: 53~54; Obermiller et al., 2005: 34).

구체적으로 수리 수선(repair service)에서는 자동차나 집의 상태가 수리 결과에 영향을 준다. 또한 교육(educational service)에 있어 피교육자인 학생의 수학능력이 교육의 결과에 영향을 미친다. 이는 의료행위(medical service)에서 환자의 육체적·정신적 건강이나 체력이나 체질이 문제되는 것과 비슷하다. 가령 성형수술의 경우 고객의 초기 상태가 결과에 영향을 준다. 그리고 예배(service)에서 교화의 대상인 신도의 정신 상태나 자세 등이 모두 넓은 의미에서 '원료'에

4 재화 생산에서도 소비자가 원료를 제공하는 경우가 있다. 가령 과거의 생산방식에서 떡을 주문한 고객이 쌀을 제공하거나 양복 주문자가 옷감을 제공할 수 있다. 그러나 현대의 재화 생산에서는 이런 상황이 흔치 않다.

해당된다.

결과적으로 신고전학파도 서비스 부문에서 정보의 부족이나 계약의 이행 비용 등을 보다 중요한 문제로 취급한다. 이런 특수성에도 불구하고 교육이나 지식의 생산이 재화의 생산과 본질적으로 다르지 않으며 교육 등 서비스의 상품화에 근본적인 장애가 없다는 입장을 신고전학파는 고수한다.

보다 발전된 신고전학파 이론에서는 교육이 서비스임을 주목할 뿐만 아니라 교육과정의 존재를 수용해서 나름대로 개념화한다. 이 이론은 교육과정이 교육 서비스의 배달이나 거래계약의 이행이 아니라 교환이면서 동시에 생산이라고 해석한다. 이 이론에 따르면 소비자인 학생이 원료를 제공할 뿐만 아니라 동료효과(peer effects)를 통해 다른 소비자 겸 학생의 학업이나 인적 자본 형성에 영향을 미친다(Arrow, 1993; Rothschild and White, 1995).[5]

이 해석에 의하면 학생은 교육 서비스의 생산원료를 제공해 교육의 결과에 영향을 미칠 뿐만 아니라 나름대로 교육과정에 참여한다. 이에 따라 한편으로 학생은 교사가 공급하는 서비스에 대한 대가로 등록금을 지불하고, 다른 한편으로 자신이 제공한 원료와 각 생산단계의 중간제품이나 반제품에 대한 대가로 장학금을 받는다. 물론 교육 서비스의 질과 양에 따라 등록금에 차이가 있고, 학생들의 능력과 성취도에 따라 장학금에도 차이가 있다.

5 넓은 범위의 서비스에 적용된다는 점에서 원료의 제공이나 동료효과는 배제성이나 경합성과 같은 수준에서 서비스를 분류하는 또 다른 기준이 될 수도 있다. 그런데 동료효과는 생각보다 복잡해서 논란이 많다(Geothals et al., 1999). 어떻든 동료효과가 존재하더라도 반드시 한국에서 고교평준화를 비판하거나 대학서열을 정당화하는 근거로 활용되기는 힘들다. 우수한 학생이 열등한 학생과 같이 있을 때 동료효과로 인해 우수 학생의 성취도 감소보다 열등한 학생의 성취도 증가가 크다면 평준화가 정당하기 때문이다. 더구나 동료효과는 기숙사 동숙 등 소집단 내의 대면 접촉이나 대화를 전제로 한다(Stinebrickner et al., 2006). 그러므로 프랑스의 그랑제콜 등과 달리 여러 전공자들을 묶어 서열과 학벌을 낳은 한국의 대학교를 정당화하기 힘들다. 교육에 관한 한국의 보수주의는 이보다는 엘리트주의에 대한 숭상과 이들의 기득권에 기반을 두고 있다.

이 이론의 핵심은 교육을 파악하는 데 있어 교육시장과 교육공장 혹은 학교의 이분법에서 벗어나 교육을 생산과 교환의 복합으로, 학교를 공장 겸 시장으로 이해한다는 데 있다. 이 이론은 기업에 내부노동시장을 상정하듯이 학교에 '내부교육시장'을 설정하고 있다. 이 이론은 제한적으로나마 교육과정의 의미를 인정한다는 점에서 생산함수 개념에 의존해 교육과정을 자동적이며 기술적이라고 보는 견해보다 진보했다고 평가할 수 있다.

지금까지의 논의를 통해 교육에 대한 신고전학파의 입장을 살펴보았다. 신고전학파는 교환과 선택을 강조하면서 학생을 고객으로 취급하거나, 생산함수에 의존해 학생을 원료, 중간생산물, 완제품으로 취급한다. 혹은 서비스로서 교육의 특수성을 인정하고 내부교육시장을 설정해 학생의 능력을 상품으로 취급하기도 한다. 그런데 한 가지 점은 변하지 않는다. 신고전학파는 학생을 교육과정 본연의 적극적인 참여자로 파악하지 못한다. 이 점을 신고전학파적인 교육관의 핵심적인 특징이자 약점으로 기록해 둘 필요가 있다.

3. 신고전학파의 교육관에 대한 비판

1) 교육 서비스의 매매와 소득 및 가격

그런데 상품과 교육 사이에는 신고전학파에서 인정하는 것보다 더 근본적인 차이점들이 있다. 먼저 교육에서는 여타 상품과 달리 수혜자와 지출의 주체가 분리될 수 있다. 교육에 있어 예산제약은 상당 부분 교육의 수혜자인 학생이 아니라 부모의 속성이다. 부모와 학생인 자식이 본능적인 혈연관계에 얽혀 있으므로, 부모의 소득 차이가 자식의 교육비 차이로 나타난다. 이렇게 되면 신고전학파가 강조하는 합리적인 선택이 자유주의가 강조하는 기회균등이라는 가치와 충돌할 수 있다.

자유방임주의자인 프리드먼조차 이런 충돌로 고민하였다. 그는 교육에 있어 정부의 역할을 줄이자는 입장에서 국공립학교와 관련해 주민에게 학교의 선택을 허용하는 교육상환권(voucher)을 주어 학교들 사이의 경쟁을 유도하자고 주장하였다. 그런데 그는 부모의 재산이나 소득이 이런 학교 선택에 동원되어 자식의 교육기회에 미치는 영향이 부당함을 인정하였다.

이에 따라 그는 빈곤층의 교육기회를 넓히기 위해 미래 임금을 근거로 하는 학자금 융자펀드를 제안하였다(Friedman, 1962: Chapter VI). 그는 교육의 결과가 피교육자의 장래 소득으로 거의 완전히 전환되어 외부효과와 장학금이 거의 없는 경영대학원과 법과대학원을 염두에 두고 있었다.

이같이 사회 구성원의 소득이나 재산, 그리고 이에 수반된 힘을 존중하는 시장경제에서도 기회균등이라는 가치 때문에 부모의 소득이나 재산이 자식의 미래에 미치는 차등적인 영향을 쉽게 정당화할 수 없다. 이는 교육의 수요와 공급을 시장에 맡기는 경우 주류경제학이 신뢰하는 개인주의나 능력주의 등에 모순될 수 있음을 의미한다.

교육의 이 같은 특수성은 한국 사회에서 보다 두드러지게 나타난다. 한국 사회에서는 서양보다 부모와 자식의 유대가 강하므로 부모의 예산제약이 자식인 학생의 교육 수준이나 대학서열과 보다 밀접한 연관을 맺고 있다. 특히, 초중등교육뿐만 아니라 학생이 거의 성인에 가까운 고등교육에서도 이런 영향이 적지 않다. 이같이 부모의 예산이나 재산이 미치는 영향력이 보다 중요하다는 점에서 신자유주의 교육이론은 한국 사회에서 보다 심각한 모순에 부딪히게 된다.

이와 다른 측면으로 교육 서비스 구입에 있어 가격의 역할이 제한적이다. 교육 수준이나 분야마다 학생이 특정 기준에 따라 선발되므로 학생이나 학부모가 가격을 지불한다고 무조건 교육의 수혜자가 되지 않는다. 교육 서비스 구입에서는 가격의 지불이 필요조건이지만 충분조건은 아니다. 이 점은 상품화가 가장 진전되어 있는 미국의 교육에서조차 부인할 수 없는 사실이다.

그런데 이와 같이 교육에 있어 부모의 소득이나 가격뿐만 아니라 학생의 능력이나 노력이 중요하다는 점에 의존해 교육의 기회나 결과로 본 차등을 정당화하려는 입장도 있다. 소득·재산의 역할에 비해 능력·노력의 역할을 극대화하면 교육 수준이나 학교서열의 차등이 정당화한 것처럼 보인다. 특히, 선행학습에서의 기회가 균등하게 부여되었다고 보면 고등교육에서 학생들의 능력 차이가 기회균등의 가치를 손상하지 않는 것처럼 보인다.

그러나 소득·재산의 힘이 학생 자신의 능력·노력을 압도한다고 보거나, 소득·재산이 학생의 능력 자체를 설명한다고 보면 앞서 제시한 기회균등과의 모순은 여전히 유효하다. 전자는 미국 사립대학이나 법학전문대학원의 높은 등록금으로 예시되며, 후자는 한국에서 강남지역 학생들의 세칭 일류대학 진학률에서 확인된다. 어떻든 교육이 상품화되면 될수록 소득이나 재산의 역할이 더욱 커져 기회균등과의 모순은 보다 심각해진다.

2) 교육 서비스의 매매와 교육과정

교육과 상품의 유추가 안고 있는 보다 근본적인 어려움은 교육이 "완제품"으로 매매되지 않아 매매에 이어 제품을 만드는 교육과정이 수반된다는 사실에서 비롯된다. 또한 이로 인해 상품의 생산과정과 달리 교육과정에 소비자나 구매자인 학생의 적극적인 참여나 활동이 요구되고, 교육과정이 장기적인 인간관계에 의존하게 된다.

우선 냉장고는 완제품으로 사서 소비하면 되는 데 비해, 교육은 완제품으로 살 수 없다. 냉장고의 매매에서는 계약과 함께 거래가 즉각 완결되지 않더라도 대금지불과 상품인도라는 계약의 이행이나 사후서비스(after-sale service)가 이어질 뿐이다. 이와 달리 교육에서는 학교에 등록금을 내고 입학한다고 거래가 종결되지 않는다. 또한 이 미진한 부분을 단순히 계약이행이나 사후서비스로 취급할 수 없다. 나아가 이를 후불이 아니라 선불이라는 지불방식의 문제로 간주할 수도 없다.

단적으로 교육에는 입학한 이후 '물건'을 만드는 과정이 반드시 뒤따른다. 입학은 교육의 시작에 불과하며, 교육 서비스의 매입은 언제나 미완성품이나 생산참여 권리의 매입 정도에 해당된다. 구체적으로 사과나 냉장고와 달리 교육에서는 교환과 생산이 분리되지 않아 교육시장이 필연적으로 교육과정으로 이어진다.

이같이 교육의 매매와 교육과정이 쉽게 분리되지 않는다는 점에서 교육 서비스의 매매는 마르크스의 관점에서 파악하는 노동력의 매매와 일견 유사하다. 노동력의 매매가 생산과정으로 이어지듯이, 교육 서비스의 매매는 교육과정으로 이어진다.

그런데 생산과정에 불확실성(uncertainty), 다양성(diversity), 그리고 가변성(variability)이 상존해 사전적인 통제나 계산이 어렵듯이, 교육과정에서도 사전적인 통제나 계산이 힘들다. 이 때문에 벌어질 수 있는 모든 정황들(contingencies)을 교환과정 단계에서 미리 파악하고 이들에 확률을 부여하기가 쉽지 않다. 그러므로 교육 서비스의 생산과 교환은 신고전학파의 기반인 기대효용이론(expected utility theory)이 상정하는 선택의 조건들을 대부분 충족시키지 못한다.

물론 사과를 구입할 때도 사과의 품질에 대해 완전한 정보를 획득할 수 없다는 의미에서 위험이 있다. 이런 위험은 냉장고나 자동차 등 내구재를 구입할 때 더욱 크다. 냉장고 중에는 불량품이 있고 그 품질이 모종의 확률분포를 이루므로 특정 냉장고의 품질을 정확하게 알 수 없다. 더구나 내구재의 경우 소비자의 사용방법에 따라 제품으로부터 얻는 서비스나 제품의 수명이 달라지기도 한다.

그러나 내구재라도 그 품질이 알려지지 않았을 뿐 대체로 주어져 있고 제품의 수명도 물리적 요인에 의해 지배되므로 소비자에 따른 편차가 크지 않다. 이에 비해 교육 서비스의 경우 공급자인 교사와 수요자인 학생이 서로 잘 모를 뿐만 아니라 교사와 학생이 어떻게 하느냐에 따라 교육의 결과가 유의미하게 달라진다. 이 점에서 교육과정은 진정으로 불확실하며 그 결과가 다양하고 가변적이다.

교육과정에 수반된 불확실성뿐만 아니라 가변성과 다양성을 고려할 때 신고전학파와 같이 학교교육을 입학 수준에서 파악해 시장에서 선택되고 매매되는 상품으로 취급하는 것은 역동적인 교육과정을 정태적인 교환으로 환원하는 오류이다. 이런 환원에는 생산과정을 축소시켜 노동력을 노동시장의 매매대상으로 처리하는 데 따르는 어려움과 유사한 어려움이 담겨 있다.

교육이 선택의 대상이라고 고집하더라도 그것은 소비(학교 입학)와 노동 및 생산(입학 후 학습)의 복합체에 대한 선택이다. 교육의 소비와 생산에 대한 예측이나 통제의 어려움을 고려한다면, 이 선택은 여타 상품의 선택과 구분된다. 당연히 교육의 복합성으로 인해 생기는 계산이나 예측의 어려움이 교육에서 개인의 합리성이 발휘하는 역할을 축소시킨다. 이를 고려할 때 돈만 내면 졸업장을 내주는 비정상적인 교육이 신고전학파의 교환중심주의에 가장 부합된다.

이같이 교육과정은 교육의 매매와 쉽게 분리되지 않을 뿐만 아니라 불확실하고 가변적이다. 상품의 교환과정과 생산과정이 명확히 구분되는 데 비해, 교육 서비스의 교환과정과 생산과정, 즉 교육과정은 불가분의 관계에 있다. 노동력과 관련된 가정, 학교, 병원이 모두 '후방의' 노동시장으로 이어지므로 노동력의 교환과 연결되어 있다. 그러나 오로지 학교 혹은 교육과정만이 '전방의' 교육시장과 결합되어 있다.[6]

6 출산이라는 생물학적인 과정과 양육과정이 가정에서 진행된다고 보면, 결과적으로 노동자는 가정, 학교, 공장과 관련된다. 마르크스에 의존하면, 자본의 전체 회로에서 학교는 가정이나 병원과 함께 노동력과 관련되고 모두 노동시장으로 이어져 유사한 위치에 놓인다. 또한 학교, 가정, 병원은 각기 노동력의 형성과정, 생산 및 재생산과정, 노동력의 보존과정을 담당한다는 점에서 서로 구분된다. 이들은 모두 노동시장으로 이어지므로 후방의 노동시장에 대한 예상에 의해 영향을 받는다. 그런데 마르크스의 생각을 발전시켜, 이들 모두에 모종의 생산과정을 설정할 수 있다. 교육과정뿐만 아니라 (베커나 스티글러와 다른 방식으로) 가정에 (음식 등의) 생산과정을 설정할 수 있고, 병원의 환자 진료도 의료 서비스의 생산과정으로 취급할 수 있다. 그리고 각 조직에서 이해당사자들 사이의 생산관계나 사회관계도 설정할 수 있다. 병원의 의사, 간호사, 환자, 가정의 부, 모, 자식, 그리고 학교에서는 교주, 교사, 직원, 학생 등이 그것이다. 나름대로의 특징으로 인해 이들의 사회관계는 각기 독특한 모습을 취한다. 이 중에서 가정의 사회관계는 시장이나 계약 및 자본주의 생산과정과 상당한 거리가 있다. 병원은 그와 반대로 계약이나 생산과정의 범위 속에 거의 잠겨 있어 진료가 제대로 이루어지지 않으면, 의료사고로 간주된다. 같은 의미에서 결혼사고를 설정하기는 힘들다. 학교는 이들 양자의 중간이기 때문에 교환과 생산의 결합이 가장 두드러진다. 그러므로 교육은 후방의 노동시장으로부터 영향을 받을 뿐만 아니라 전방의 교육시장과 생산

과정의 복합성을 보여 준다.

보다 구체적으로 상품시장에는 일반적으로 중간상인(예, 도매점)이 개입하지 않더라도 생산과 소비가 확연히 분리되고 구매자나 판매자가 소비자나 생산자와 명확히 구분된다. 이에 따라 상품시장에서는 어떤 경우에도 판매자나 구매자가 함께 생산에 돌입하지 않는다.

가령 냉장고의 구매자는 소비자이며, 판매자는 냉장고의 제조회사이거나 대리점이다. 여기서 소비자와 생산자 혹은 구매자와 판매자가 냉장고의 생산과정에 다시 돌입할 이유가 없다. 더구나 구매자가 생산자가 되거나 판매자가 소비자가 될 수는 없다. 가전제품시장에서는 구매자든 판매자든 이미 완성된 냉장고를 거래하기 때문이다.

물론 구매자와 판매자가 거래를 이행하거나 사후서비스를 제공하기 위해 다시 만나거나 고객과 판매자의 거래관계를 유지할 수 있다. 그러나 구매자와 판매자 혹은 소비자와 생산자가 만나 생산과정에, 그것도 본연의 생산과정에, 다시 참여하는 일은 결코 있을 수 없다.

이에 비해 교육에서는 등록금을 지불하고 입학한 학생과 등록금을 받은 학교장이나 그를 대리하는 교사가 교실에서 만나 교육과정에 공동으로 참여한다. 이는 교환과 생산이 분리되지 않으며, 교환의 당사자와 생산자가 인적으로 분리되지 않음을 말해 준다. 심지어 학생을 소비자로 보면 (교사뿐만 아니라) 학생이 교육과정에 참여한다는 것은 소비자가 다시 생산자가 되는 셈이다. 이같이 교육에서는 교환과정에 상응하는 교육시장의 당사자들이 생산과정에 상응하는 교육과정의 당사자가 된다. 이 점은 중간상인(예, 유학 대행업체)이 개입하더라도 여전히 유효하다.

일반 상품의 경우 교환에 앞서, 그리고 교환과 분리된 상태에서 생산과정을 통해 제품이 완성된다. 이에 비해 교육에서는 교환을 통해 본질적으로 미완의 상품 혹은 이런 상품의 생산계약을 거래한 후 이와 불가분의 관계 속에 있는 교육과정을 거쳐 완제품이 만들어진다. 이에 따라 학생이 소비자나 구매자이면서, 동시에 교육과정의 참여자이고, 교사들도 판매자일 뿐만 아니라 생산자로서 교육과정에 참여한다. 이 점에서 교육과정은 상품의 생산과정과 다르다.

이런 이유로 인해 상품시장에서와 달리 '교육시장'에서는 지속적인 인간관계나 모종의 사회관계가 형성될 가능성이 높다. 심각한 역기능에도 불구하고 지연, 혈연, 학연이 강한 한국 사회에서 등장하는 끈끈한 사제관계(師弟關係)나 동창회라는 복잡한 조직 등은 교육의 이런 성격과 무관하지 않다.

앞 절에서 논의한 신고전학파의 고객주의나 생산주의는 모두 여타 상품과 마찬가지로 교육에 대해서도 교환과 생산 혹은 교육 서비스의 매매와 교육과정을 확연히 분리시킨다.

첫째, 고객주의는 권위주의 청산이라는 호평에도 불구하고 교육과정을 생략하는 본질적인 오류를 범하고 있다. 우선 수업을 학생의 구미에 맞추면서 교육의 내용이 줄고 교육의 질이 수준 이하로 낮아지는 경향이 있다. 또한 수업준비시간이나 수업시간 자체가 줄어드는 경향이 나타났다. 더불어 이런 경향은 학습과 관련된 학생의 노력을 돈으로 대체하는 결과를 낳고 있다.

그뿐만 아니라 학생을 고객으로 취급하는 경우 교육과정에 판매자·구매자의 관계가 겹치면서 이해당사자가 스스로를 평가해 일종의 이익충돌이 발생한다. 학생이 고객이라면 교사가 고객으로서 자신을 평가할 학생들의 성적을 객관적으로 평가하리라고 기대할 수 없다. 뒤집어서 이해당사자인 학생들이 자신을 평가할 선생의 수업을 객관적으로 평가하리라고 기대할 수도 없다. 교사의 성적평가와 학생의 수업평가는 이런 복잡한 상황 속에서 이루어진다. 이는 통상적인 상품에 대해 소비자가 평가하고 이에 대해 생산자나 판매자가 부응하는 단순한 상황과 대비된다.

이런 상황에서 학업을 증진시킨 교사일수록 학생들로부터 낮은 평가를 받는 경향마저 나타나고 있다(Clayson and Haley, 2005: 8). 또한 최소의 노력으로 최상의 학점을 얻으려는 학생들이 늘어나고 학점 남발이나 학점 인플레이션이 확산되고 있다. 입시로 인해 불구화된 한국의 교육현장에서 이런 경향은 더욱 두드러진다.

또한 구매자와 판매자가 자동적으로 생산에 연루되고 교환에서부터 생산으로 이어지는 지속적인 사회관계에 의존한다는 점에서 교육과정은 신고전학파의 교환과 거리가 멀다. 앞서 논의한 바와 같이 신고전학파는 단기적인 교환관계를 인간관계의 중심에 놓는다. 교환에 연결되어 생산과정에서 다시 만나야 하는 교사와 학생의 관계를 이같이 분해해 파악하는 것은 비현실적이다. 교육은 단기적인 교환이라기보다 장기적인 생산에 가깝다. 여기서 교육과정을 교육시장에서 거래된 서비스를 배달하거나 계약이 이행되는 과정으로 파악하는 주류경제학의 논리에 문제가 있다는 점이 재확인된다(Umashankar, 2001: 129).

교육이 제품으로 거래되지 않기 때문에 판매자(학교나 선생)는 구매자(학생)가 구매한 물건(입학)으로부터 예정된 이익을 얻도록 도와주고 관리하며, 구매자도 그 방향으로 노력해야 하는 특수성을 가진다(George, 2007: 8~9). 같은 이유로 분업의 발전과 상품화에도 불구하고 교육과정에 있는 학생은 자신을 위한 모종의 생산이나 학습을 회피할 수 없다.[7] 뒤집어서 교육의 결과로 나타나는 학생의 학업 성취를 교사와 학생 중 누구 한쪽의 공적이나 책임으로 분명히 갈라낼 수 없다.

보다 포괄적으로 전통적인 교육관에서는 권위적인 사제관계에 의존해 학생을 일방적으로 '훈련받는' 편달의 대상으로 삼으면서 수동적인 존재로 간주해 왔다. 위의 논의를 보면 고객주의는 일견 이에 대립하면서도 학생을 '대접받는' 존재로 규정해 또 다른 종류의 수동적 존재로 취급하고 있다.

이같이 교육시장과 교육과정의 불가분성을 수용하기 위해서는 선생뿐만 아니라 학생도 적극적으로 교육과정에 참여할 필요가 있다. 이에 따라 선생과 학생의 관계를 개선된 의미의 장기적인 장인·도제관계로 보고 학교를 모종의 공동체로 간주할 필요가 있다(George, 2007).

둘째, 학생을 원료나 생산물로 취급하는 생산주의는 교육시장보다 교육과정이 중요하다고 생각한다는 점에서 고객주의보다 낫다. 교육이라는 서비스의 구입은 소비를 시사하지만 교육과정은 소비가 아니라 창출이나 생산을 의미한다.

7 학생이 아니라 학부모가 교육비를 지불하고 교사가 아니라 학교장 등이 교육비를 받은 경우, 교환의 당사자가 직접 생산의 당사자가 되지 않는 것처럼 보인다. 이 경우 주인·대리인 관계가 수요 측면과 공급 측면에서 다르게 나타난다. 학부모와 학생의 관계가 혈연에 의존한다면, 교사와 이사장의 관계는 통상적인 고용관계에 가깝다. 통상적인 고용관계에 의존해 학교장의 역할을 교사들이 대신한다고 보면, 남는 문제는 부모가 자식의 학비를 대주는 경우이다. 학생이 초중등교육의 대상이며 미성년자일 때 부모가 학생을 대신해 교환당사자로 등장한다. 이 경우 학부모는 직접 학업에 참여하지 않지만 교육과정에 교사와의 상담 등을 통해 영향을 미친다. 고등교육의 경우에도 학부모와 학생이 혈연관계에 있으므로, 학생이 아니라 학부모가 교환당사자라는 사실이 교육 서비스의 구입과 교육과정의 연결고리를 끊지 못한다. 어떻든 교환의 당사자는 아니더라도 교육의 수혜자인 학생이 교육과정이라는 생산에 참여해야 한다. 부모가 자식에게 자동차를 사 준 경우와 교육을 위한 학비를 대준 경우를 비교하면 쉽게 이해된다. 이같이 교육에 있어 교환과 생산은 쉽게 분리되지 않는다.

이런 강점에도 불구하고 생산주의는 교육과정을 생산공정과 비슷하게 취급하는 편향을 내포하고 있다. 공장에서는 시간의 흐름 속에서 직공의 관리를 받아 원료가 생산과정의 정해진 공정들을 거치면 자동적으로 제품이 완성된다. 이와 마찬가지로 학년이 지나면서 교사의 관리를 받아 신입생이 교육과정의 여러 단계들을 통과하면서 졸업생이 배출된다고 생산주의는 생각한다.

원료나 생산물의 비유에서 드러나듯이 이 견해는 학생을 생산의 대상이나 교사의 피조물 등 수동적인 존재로 간주한다. 문제는 종자와 밀가루는 생산자의 가공에 의해 일방적으로 변형되지만, 학생은 아무리 수동적이라도 이같이 변형될 수 없다는 데 있다. 생산자뿐만 아니라 생산의 '대상'이 인간이라는 점이 교육과정의 근본적인 특징이다. 이 점에서 교육은 사과 등 사적인 재화뿐만 아니라 공공재나 기술혁신과도 구분된다.

더불어 생산주의는 학생을 원료로 간주해 교사와 학생 사이에 일방적인 권위관계나 위계질서를 인정하는 입장과 친화력이 있다. 이 견해는 교사가 현실의 교육과정을 일방적으로 주도하고 또한 그렇게 해야 한다고 보는 문제를 안고 있다. 자본주의의 정상적인 생산과정에서는 노동자와 자본가가 일방적인 상하관계에 놓인다. 그렇지만 자본주의에서조차 정상적인 교육과정은 교사와 학생의 일방적이거나 권위적인 관계와 부합되지 않는다.

정상적인 교육과정에서는 선생뿐만 아니라 학생의 적극적인 참여가 필수적이다. 설령 교육과정에서 선생과 학생이 인적으로 우열관계나 상하관계에 있더라도 물적인 교류에서는 이런 관계에 들어 있지 않다. 교육과정에서 선생은 학생을 가르칠 뿐만 아니라 학생으로부터 배우며, 학생은 선생에게 배울 뿐만 아니라 선생을 가르치기도 한다. 가르치면서 배우고 배우면서 가르치므

로 교육은 배움과 가르침의 변증법적인 결합이다.[8]

이같이 정당한 의미의 사제지간은 일방이 주고 타방이 받는 권위적인 관계가 아니라 모종의 동등함을 유지하면서 지식을 주고받는 관계이다. 이런 이유로 문화의 전파나 병의 전염과 관련해 부모와 자식의 관계가 수직선으로, 시민들 사이의 관계가 수평선으로 각기 규정된다면, 교사와 학생의 관계는 대각선으로 규정된다.

또한 교육과정에서 학생은 교사에 의존하지만 수동적으로 지식을 전달받지 않고 반복된 행위(practice)를 통해 스스로를 가르치면서 사고방식이나 지적인 덕성을 함양한다(Potts, 2005: 59). 끝으로 정상적인 교육에서는 교육대상인 학생들 사이에 상호 배움과 가르침이 활발하다(Scott, 1999: 199, 201).

이런 의미에서 선생과 학생, 학생과 학생 자신, 학생들 사이에 벌어지는 상호작용은 교육과정이 순전히 생산이 아니라 생산과 교류의 복합이라는 사실을 말해 준다. 이 때문에 교육과정은 일반적인 상품의 생산과정보다 더 큰 폭의 다양성과 가변성을 지니게 된다.

그렇다고 교육과정에서 자생적으로 생겨나는 교류를 시장의 화폐적인 교환으로 환원할 수 없다. 굳이 경제적인 유추를 강요하더라도, 이 교류는 화폐를 매개로 하지 않는 물물교환이며, 학생의 재학기간 동안 존속하는 장기적인 관계에 의존하는 선물교환에 가깝다. 또한 교류를 통해 주고받는 대상도 선생이나 특정 학생에게 귀속시키기 어렵기 때문에 사적 재화라기보다 공공재나

8 아리스토텔레스가 생각한 지배관계나 마르크스가 상정하는 교환관계에서보다 이런 교육과정에서 변증법적인 성격이 더욱 두드러진다. 아리스토텔레스는 지배관계가 현실적으로는 수직관계이지만 잠재적으로는 수평관계라고 보았다. 마르크스는 자본주의에서 상품과 화폐의 교환관계가 표면적으로는 수평관계이지만 실체적으로는 능동·수동관계라고 설명하였다. 이들 모두를 관통하는 "관계의 변증법"에 대해서는 별도의 연구가 필요하다.

공유자원(예, 여러 사람들의 동시적인 깨달음)에 해당된다. 이런 점들에 있어 학교에서 자생적으로 생기는 '생각의 시장'(market for ideas)은 상품의 시장과 구분된다.

이런 이유로 교육에 있어 계약이나 정보의 불완전성과 미시적인 불확실성은 극에 달한다. 이런 극도의 불완전성과 불확실성은 모종의 장기적인 관계나 교육공동체를 통해 해소될 수밖에 없다. 또한 학생을 원료나 생산물로 보지 않고 생산자나 참여자로 볼 때 비로소 교육과정이 정상화된다.

물론 교사와 학생의 변증법적인 상호작용은 정상적으로 진행되는 교육과정에서만 관찰된다. 한국의 중등교육은 입시 위주이고 대학의 입학허가가 졸업장과 거의 동일하므로 이런 상호작용이 극도로 억제되어 병적이다. 입시교육이나 주입식 교육에서도 교사와 학생의 노력이나 능력에 따라 결과에 차이가 나타난다. 그렇지만 수능시험 성적이나 내신 결과 혹은 학점 따기로 규정되는 획일적인 차이를 교육 본연의 상호작용이나 다양성으로 간주할 수 없다.

최소한의 요건을 갖춘 정상적인 교육에서는 가르침과 배움이 선생과 학생에게 배타적으로 분할되기보다 상호 결합되어 있다. 극단적으로 말해, 전혀 배움이 없는 가르침이나 전혀 가르침이 없는 배움은 죽은 교육이다. 이와 대조적으로 일반 상품의 생산과정에서는 어떤 경우에도 판매자와 구매자 혹은 소비자와 생산자 사이에 이런 교류가 일어나지 않는다.

이같이 교육과정에서는 소비자이면서 생산자이고 수요자이면서 공급자인 복합적인 존재로 선생과 학생이 등장한다. 달리 말해, 교육에서는 사는 행위와 파는 행위가 구분되지 않을 뿐만 아니라 소비와 생산도 구분되지 않는다.[9] "사람 만들기"와 "상품 만들기"의 이 같은 차이를 자본주의 경제도 제거할 수 없다.

마르크스는 생산과정 속에서 사회관계를 인정해 교육과정에 대한 위의 해명에 근접한다. 그렇다고 교육과정을 마르크스적인 생산과정과 동일시할 수도 없다. 먼저 생산과정에서는 노동의 대상이 노동자나 생산자를 생산한다거나 생산과정에서 여러 대상들이 생산자로 변한다고 상정할 수 없다. 혹은 이런 상정이 가능하더라도 비유나 유추 혹은 상징의 수준을 넘어서지 않는다. 교육과정에서는 선생과 학생 혹은 생산자와 소비자가 결합되고 생산의 대상이 생산자나 참여자가 된다는 점에서 상품의 생산과정과 구분된다. 생산과정에서 노동의 대상이 무언가 생산한다는 주장이 비유나 억지에 불과하다면, 교육과정에서는 오히려 학생을 생산의 대상으로 취급하는 것이 무리한 경제학적인 유추나 억지에 해당된다.

또한 이 점은 생산과정에서 노력이 추출된다거나 노동자에 대한 착취가 일어난다는 최근의 기업이론으로도 담아내기 힘들다. 단적으로 교육과정에서는 생산과정에서와 같은 노동자와 자본가의 관계를 설정하기 힘들다. 학교장이나 교주와 교사 사이에 노자관계를 설정할 수 있으나, 교주는 교육과정과 실질적으로 거리가 멀다. 무엇보다 교사와 학생의 관계는 노자관계와 차이를 보인다.

마르크스적인 입장에서 보면 시장에서 상품(냉장고)을 판매하는 생산자는 화폐를 얻기 위해 능동적이고 적극적이나 화폐의 소유자에 비해 상대적으로

9 우리말이나 한문에는 사는 행위와 파는 행위(賣買, 沽)가 엄밀하게 구분되지 않음을 주목할 필요가 있다. 이에 비해 서양의 영어와 프랑스어에서는 사는 행위(purchase, achat)와 파는 행위(sale, vent)가 엄밀하게 구분된다. 다만, 독일어에서는 이보다 구분이 불분명하다(Kauf/ Verkauf).

열위에 있다. 이에 비해 화폐소유자인 소비자는 수동적이면서도 화폐를 보유하고 있어 자유로우며 자신의 화폐를 갈구하는 상품생산자나 상인보다 우위에 있다.

노동자는 노동시장에서 노동력이라는 상품의 소유자나 판매자로서뿐만 아니라 생산과정에서 착취되거나 노동 추출의 대상으로서도 열위에 있다. 반면 자본가는 노동시장에서 화폐소유자이자 구매자로서뿐만 아니라 생산과정의 주도자로서도 우위에 있다. 이같이 노자관계에서는 교환과정의 우열이 생산과정의 우열로 이어져 노동자와 자본가의 상하관계가 강화된다.

학생이나 학부모는 교육시장에서 화폐의 소유자이자 구매자이며, 교사는 상품 혹은 서비스의 소유자이자 판매자이다. 그런데 교사가 지식에 근거해 교육과정을 주도하면서 이런 우열은 뒤바뀐다. 구매자로서 학생의 우위는 피교육자로서의 열위로 바뀌고 판매자로서 교사의 열위는 교육자로서의 우위로 뒤바뀐다. 물론 이런 우열의 전도는 교육영역에서 완제품이 거래되지 않고 교환이나 거래가 교육과정으로 이어져야 하고 이 과정에 교사뿐만 아니라 학생이 참여한다는 사실을 전제로 한다.

이런 교육의 특징 때문에 화폐소유자인 학부모나 학생은 고객으로 대접받거나 수탈의 대상이라기보다 인질(hostage)이 될 가능성이 높다. 정도의 차이는 있으나 병원에 입원해 진료과정에 있는 환자나 법원에서 소송과정에 들어있는 피고나 소송의뢰인도 이와 비슷한 상황에 처해 있다. 환자나 소송의뢰인도 화폐의 소유자이지만 의사나 변호사에게 끌려다니기 일쑤이다. 교사와 학생이나 학부모 사이에도 이런 상황이 벌어질 수 있으며, 이 점에서 사제관계는 노자관계와 구분된다.

그뿐만 아니라 생산과정에서는 협동의 결과이든 착취의 결과이든 생산물이 자본가나 사주의 소유인 데 비해, 교육과정의 결과는 좋든 나쁘든 학생의 소유이다. 노동시장에서 노동력의 구매자이자 화폐소유자는 자본가이므로 생산과정의 결과가 자본가의 소유가 된다. 이에 비해 교육시장에서 교육 서비스의 구매자인 화폐소유자는 학생이나 학부모이므로 교육과정의 결과가 학생의 소유가 된다. 더구나 교육의 결과는 학생과 불가분의 관계에 있어 불량교육의 경우 불량상품이나 서비스와 달리 환불이나 되팔기가 쉽지 않다.

이같이 교육과정은 교육 서비스의 매매와 불가분하게 연결되어 있고, 교사와 학생이나 학생들 사이의 상호 교환이나 상호 교류를 낳는다. 그런데 교육과정은 교환에 연결된 생산이면서 동시에 소비이기도 하다. 교육과정에는 인격이나 노동력의 육성이라는 생산의 측면뿐만 아니라 피교육자의 지식 향유라는 소비적인 측면이 개입되어 있다. 이런 이유로 자본주의 경제학이나 경영학에서 상정하는 생산과 소비의 이분법이 교육에는 쉽게 적용되지 않는다.

원래 고대에서 중세에 이르기까지 노동에 대해 여가(schole)가 우위에 있고 노동과 여가가 양분되지 않았다. 그러다가 프로테스탄트 윤리가 등장하면서 노동이 여가를 압도하고 노동과 여가가 분리되었다. 주류경제학에서는 공리주의에 따라 노동과 여가를 각기 고통과 쾌락으로 연결해 편입시켰다. 여기서 생산-노동-비용-고통의 고리와 소비-여가-편익-쾌락의 고리가 등장한다.

그런데 현실 속에서는 쾌락과 고통 혹은 적어도 노동과 여가가 명확하게 구분되지 않는다(Beatty and Torbert, 2003). 세계 최고의 부자인 빌 게이츠나 워렌 버핏은 평균 16시간씩 일하고 있어 노동시간이 줄어들지 않고 오히려 더 많은 놀이형의 노동에 종사하고 있다는 연구가 있다(Rojek, 2000: 9~12). 이들의 노동과 놀이가 모범은 아니나 남들보다 제약이 없는 상태에서 선택한 상황이므로 인간의 본성에 근접할 가능성이 있다.

노동과 여가의 이분법이 지닌 허구성은 무엇보다 교육에서 확연히 드러난다. 등록금을 지불한다는 사실을 보면, 교육은 정상적인 경우 학생이 구입해 소비하는 서비스이며 지적인 쾌락이 수반되는 놀이나 여가활동이다. 반면 입학 후 학업을 위해 학생이 노력하는 것을 보면 고통이 수반되는 노동이나 생산이다.

경제학의 전통적인 분류로 경제활동은 생산, 분배 및 교환, 소비로 나뉘고 이들은 각기 공장, 시장, 그리고 가정에서 진행된다. 위의 논의를 통해 교육이 교환, 생산, 소비의 복합이며, 학생은 교환의 당사자이면서 생산자이자 소비자라는 점을 확인할 수 있다(Litten, 1980: 47~49). 이런 이유로 자본주의의 교육장이나 학교를 공장, 시장, 가정 어느 하나로 환원할 수 없다.

신고전학파가 교육을 소비나 여가활동으로 규정하다가 다시 학생의 노동이 요구되고 인적 자본을 형성하는 생산으로 규정하는 혼란은 교육이 이런 이분법에 들어맞지 않음을 보여 준다. 반면 한국의 노동현장이나 입시현장은 이런 이분법에 가장 근접해 있다. 뒤집어서 우리의 노동현장이나 입시현장은 이상적인 노동과 여가의 관계로부터 가장 이탈해 있다고 판정할 수 있다.

그렇다면 학교에 공장과 시장이 공존한다고 보는 내부교육시장의 논리는 기존 신고전학파 이론보다 나은가? 이를 논의하기 위해 먼저 서비스로서 교육이 갖는 특징을 살펴보자. 우선 소비자가 자신의 노력으로 적극적으로 결과에 영향을 주는 서비스와 그렇지 못한 서비스를 구분해야 한다. 물체는 스스로 노력할 수 없는 데 비해, 인간은 노력할 수 있다. 이 때문에 대상이 물체인 경우와 달리 인간인 경우 대상의 노력이 서비스의 결과에 영향을 준다.

예를 들어, 자동차나 집이 수리공의 서비스에 부응하는 노력을 기울일 수 없지만, 학생·환자·신도 등은 교사·의사·목사에 부응해 노력할 수 있다. 당연히 이런 노력이 결과에 현저한 영향을 미친다. 또한 대상이 인간의 육체일 때보다 인간의 정신일 때 그 영향이 더 크다. 가령 맹장 수술할 때보다 정신병을 치료할 때 환자의 역할이 더 중요하다.

교육에서도 소비자인 학생이 원료를 제공할 뿐만 아니라 (생산에 상응하는) 교육과정에 참여한다. 그뿐만 아니라 교육에 있어 학생의 역할은 예배에 있어 신자나 진료에 있어 환자의 역할보다 더 적극적이다. 질병을 가진 환자의 상태와 생존의지가 진료에서 중요하고, 신자의 신앙심이 종교에 있어 중요하다. 그렇지만 이들이 교육에 있어 학생의 상태나 학습만큼 중요하지는 않다.

우선 교육에서는 인적인 상호작용(personal-interactive)이 두드러지기 때문에 학생의 역할이 중요하다(Mills and Margulies, 1980: 262). 정신병 진료나 설교에서는 환자나 신자의 역할이 유의미하면서도 의사나 설교자의 역할에 비해 소극적이고 부차적이다. 연극이나 음악회의 감동은 관객의 감상능력에 의존하지만, 그런 감상능력은 감정에 호소하는 수동성을 지니며 그 시점에서 노력한다고 향상되지도 않는다. 이와 달리 교육과정에서 학생의 역할은 동감하거나 공감하는 감상자가 아니라 교실이라는 현장에서 노력이나 활동을 통해 능동적으로 참여하는 생산자에 가깝다.

이같이 교육에 있어 학생은 원료의 제공자나 생산물, 혹은 감상자가 아니라 적극적인 참여자이다. 사실상 교육의 성공 여부는 학생의 참여와 자발적인 노력을 어느 정도 끌어내느냐에 달려 있다. 환자의 노력과 고통을 덜어 줄수록 좋은 의사이고, 고객의 노동을 줄여 줄수록 좋은 식당이며, 노력 없이 절로 흥이 나게 만들수록 좋은 음악회이다. 그러나 교육에서는 학생의 노력이나 노동을 줄여 주는 학교나 선생이 반드시 좋은 학교나 교사가 아니다.

내부교육시장 이론은 원료의 상태나 질이 제품의 질에 영향을 준다는 서비스에 대한 일반론에서 출발한다. 그러면서도 이 이론은 일반론을 넘어서 교육과정의 존재를 인정하고 모종의 방식으로 교육과정에서 학생의 역할을 고려하고 있다. 그럼에도 불구하고 이 이론은 다음과 같은 문제들을 안고 있다.

이 이론의 일차적인 문제는 학생의 역할을 부분적으로 인정하면서도 이를 가격과 연결시켜 교육과정 내부에 가격기구가 작동한다고 보는 데 있다. 이 논리에 의하면 학생이 소비자이면서 생산자라는 교육의 특수성으로 인해 학생이 소비자로서 등록금 등 학비를 지불할 뿐만 아니라 생산자로서 교육과정에 공헌하는 바에 따라 장학금을 받는다. 이 입장에서 등록금은 교육 서비스에 대한 가격이고 장학금은 학생에 대한 임금이다.

이에 대해 비용과 편익이 뒤섞인다는 문제를 차치하자. 그렇게 하더라도 교육과정 속에서 학년별로 지급되는 장학금을 학생노동자에 대한 임금으로 간주하기 위해서는 생산단계마다 가격이 매겨지는 정교한 공장과 시장의 혼합을 상정해야 한다. 그러나 이런 혼합이 현실적으로 가능한지 의심스럽다. 내구재에 대해 시장가격과 중고가격이 존재하고, 자본재에 대해 구입가격과 임대료를 구분할 수 있다. 또한 주식에 대해 주가와 수익률을 구분할 수 있으며, 현물가격과 선물가격을 상정할 수 있다. 그러나 생산과정의 단계별로 완성도에 따라 별개의 제품으로 취급해 가격이 달리 매겨지는 재화나 서비스는 현실적으로 찾기 힘들다.[10]

또한 이미 언급한 바와 같이 경제학적인 유추를 극대화하더라도 선생과 학생 사이나 학생들 사이에 발생하는 지적인 교류나 자극은 화폐나 가격을 매개로 하지 않는 물물교환이고 장기적인 관계에 의존하는 선물교환에 가깝다. 그뿐만 아니라 교육과정에서는 각자가 자신의 사유재산으로 삼기 힘든 공공재가 생산되고 소비된다. 교회의 신앙도 합동으로 생산되거나 공동으로 체험되지만 교육에 있어 학생들 사이의 상호작용만큼 공개적이라고 볼 수 없다. 이런 이유로 특정 학년에 있는 특정 학생이 특정 과목에서 낳은 한계생산물을 정의할 수 없을 것이다.

장학금이 임금이고 학생이 노동자나 생산자라는 논리가 타당하다고 하더라도 이 논리는 교육과정에서 나타나는 학생의 역할 중 타 학생에게 미치는 영향만을 강조하고 있다. 앞서 논의한 바에 의하면 학생은 이외에도 자신의 노력이나 활동을 통해 자신을 가르치고 심지어 교사에게 도움을 준다. 내부교육시장의 논리는 이 두 가지를 간과하고 있다. 물론 이 부분은 해당 학생에 대한 장학금으로 포착되지 않는다.

이같이 내부교육시장 이론도 교육과정에서 참여자로서 요구되는 학생의 적극적인 역할을 충분히 고려하지 못하고 있다. 교육현장에서는 가격으로 환산되지 않는 부분이 너무 많으며, 좋은 교육과정일수록 이런 부분이 더욱 많아진다. 더불어 이미 언급한 바와 같이 구입자가 들이는 노력에 따라 교육의 효과가 달라진다는 점에서 구입자가 지불하는 가격이 교육의 질이나 수량과 일치되지 않는다.

10 석유화학 공정이나 정교한 국제 하청관계에서 이런 예를 발견할 수 있으나 재화의 선물시장보다 더 희귀하다.

등록금과 교육의 효과가 일대일로 대응하지 않는 것은 임금이 노동의 질과 수량에 일대일로 대응하지 않는 것과 유사하다. 그렇지만 교육과정에 있어 이런 괴리가 더 크다고 볼 수 있다. 또한 생산과정에서는 노동자에 대한 '관리'방식에 따라 결과가 가변적이라면, 교육과정에서는 일방적인 관리가 아니라 학생의 참여방식이나 정도가 중요하다.

3) 교육과정과 상품의 생산과정

지금까지의 논의에서 교육과정이 상품의 생산과정에 상응하나 단순히 생산이 아니라 교환과 불가분의 관계에 있으며, 생산과 소비의 복합이고, 상당한 불확실성과 가변성을 지니고 있음을 지적하였다.

그런데 교육의 소비는 또 따른 의미를 지니고 있다. 이미 논의한 첫 번째 의미의 소비는 인문학자들이 강조하는 바와 같이 피교육자가 교육장에서 지식을 획득하고 그런 지식의 획득이나 깨달음을 즐기며 이 자체를 목적으로 삼는 것을 의미한다. 이런 특징은 교육장에서 지식의 생산과 전수가 동시에 진행된다는 점에서 교육이 무형의 서비스임을 다시 확인시켜 준다.

그런데 일반 서비스와 달리 지식의 향유는 단순한 쾌락을 넘어서 획득된 지식을 결과로 남긴다는 점에서 차이가 있다. 이런 이유로 교육에 관해서는 두 번째 의미의 소비가 존재한다. 이런 의미의 소비는 학생이 졸업한 후 노동자로 고용되어 기업의 공장에서 교육과정을 통해 얻은 지식을 활용하는 과정으로 상품을 생산하는 기업의 생산과정과 일치된다.

앞서 교육과 상품을 비교하면서, 교육과정과 생산과정을 비슷한 위치에 설정하였다. 이제 기존 경제학이 중점을 두는 바로서 체현된 교육이 노동시장에서 매매되고 생산과정에서 활용되는 상황을 논의해 보자. 결론부터 말하면, 교육은 학교의 교육과정을 통한 지식의 '생산' 뿐만 아니라 공장의 생산과정을 통한 '소비'에 있어서도 일반적인 상품과 차이를 보인다.

첫째, 교육은 그 자체로서뿐만 아니라 그것이 낳은 결과인 체현된 지식으로서도 상품과 대비된다. 배타성이나 경합성에 대한 신고전학파의 주장은 그 자체로서는 타당하나 선택과 교환에 초점을 두고 있어 한계가 있다. 보다 주목할 특징은 완성된 교육이 일반 상품과 달리 수요자로부터 쉽게 분리되지 않는다는 점이다. 사과는 사과의 소유자로부터 쉽게 분리되나, 교육의 결과는 학교 졸업자로부터 쉽게 분리되지 않는다.

또한 완성된 교육은 여러 차례 활용되어 내구재나 자본과 유사하다. 이 점에서 교육은 한 번에 소모되는 사과와 다르며 냉장고나 기계에 가깝다. 그렇지만 감가상각되지 않고 오히려 질적으로 개선되고 양적으로 늘어날 수 있다는 점에서 교육은 내구재와도 다르다. 예를 들어, 지식은 활용해도 줄지 않는 데 비해, 냉장고는 시간이 지나면서 소모되어 사라진다. 나아가 냉장고나 자동차와 달리 지식은 시간이 지나면서 성장하거나 발전할 수 있다.

둘째, 교육은 (지식의 생산과정인) 교육과정에서뿐만 아니라 (지식의 소비과정인) 상품의 생산과정에서도 불확실성과 가변성을 보인다. 주지하듯이 생산과정에서 노동자를 어떻게 짜내느냐 혹은 '관리'하느냐에 따라 생산과정의 결과나 실적이 달라진다. 이는 일찍이 마르크스가 착취(exploitation) 개념을 통해 지적한 바 있다. 그렇지만 전통적인 신고전학파를 조금 벗어나 사이먼(H. A. Simon)이나 현대의 기업이론에 이르면, 착취는 노동·노력 추출(labor · effort extraction)이라는 약화된 형태로 다시 등장한다(Simon, 1951; Putterman and Kroszner, 1996). 이같이 노동력의 '구입'은 기계의 구입과 달리 어떻게 관리하느냐에 따라 그 결과가 가변적이기 때문에 기업경영과 경영학에 인사관리라는 분야가 존재한다(홍훈, 1998).

이런 불확실성이나 가변성은 일반 상품의 소비에서는 찾아보기 힘들다. 일반 소비재의 품질은 알 수 없을 뿐 이미 주어져 있으므로 가변적이 아니다. 냉장고나 자동차와 같은 내구재도 어떻게 사용하느냐에 따라 거기서 제공되는 서비스나 재화의 수명이 달라진다. 그렇지만 이 역시 냉장고에 교육이나 노동력과 같은 정도의 가변성을 부여할 근거가 되지 못한다.

냉장고 소비의 가변성은 물리적으로 결정되며 변동의 폭이 제한적인 데 비해, 교육 소비의 가변성은 사회적으로 결정되며 그 변동의 폭이 크다. 무엇보다 냉장고는 인간의 소비나 관리에 적응하거나 대응하지 않는 데 비해, 노동자는 타인의 관리에 적응하거나 대응하면서 가변성이 커진다. 냉장고의 소비에는 확률분포를 알고 있는 위험(risk)이 개입된다면, 노동력의 소비에는 확률분포로 규정할 수 없는 원초적인 불확실성(uncertainty)이 존재한다.

뒤집어서 교육을 받은 노동력이 범용적으로 소비되는 과정이 냉장고 등 상품의 생산과정이다. 그런데 냉장고의 생산과정에서 생기는 가변성은 다른 자본의 구성요소나 생산요소가 아니라 노동자나 노동과 관련되어 있다.

나아가 노동현장이 교육장이 되기도 해 교육의 생산과 소비는 명확히 갈라지지 않는다. 교육장이 교사에게 일차적으로 노동현장이고 교사는 교육이라는 노동을 제공한 대가로 임금을 받는다. 그런데 교사가 학교라는 노동현장에서 무언가 배운다면 학교는 이 교사에게 동시에 교육장이 될 수 있다.

보다 중요하게 통상적인 의미의 공장이나 기업이 학교 졸업자의 노동현장이다. 그렇지만 이들이 노동현장에서 숙련도를 늘리는 등 작업을 통한 학습(learning by doing)을 경험한다면 노동현장은 동시에 이들에게 교육장이기도 하다. 여기서 학교뿐만 아니라 공장과 회사, 그리고 삶의 모든 부문에서 배움이 가능하다는 경구가 타당성을 얻는다.

경제학적으로 표현한다면, 노동자는 학교에서 배운 지식을 공장에서 '소비'하면서, 동시에 실용적인 지식을 '생산'한다. 이 역시 생산과 소비가 명확히 구분되는 일반 상품과 교육의 차이이다. 일반 상품에 대해 이와 유사한 비유로 음식의 '소비'가 영양을 공급해 건강을 '생산'한다는 논리를 제시할 수 있다. 그러나 여기서 건강은 이미 재화나 자원이 아니므로 배움의 생산과 그 성격이 다르다.

조금 과장한다면 일반 상품과 달리 교육과 관련해서는 학교와 공장 모두에서 생산이 소비이고 소비가 생산이다. 노동과정에서나 교육과정에서나 과정의 결과로 원래 투입물이 단순히 소멸하지 않고 무언가 산출물이나 부산물 혹은 결합생산물을 낳는다. 이같이 학교와 공장 모두에 불확실성과 가변성이 개입되어, 학생이나 노동자에 대해서는 한 시점에서 내리는 정태적인 평가가 한계를 지니기 마련이다. 아무리 정교하게 수량적인 지표를 설계하더라도 우수한 학생이나 훌륭한 노동자를 골라내는 일은 좋은 상품을 골라내는 일만큼 쉽지 않다.

이같이 교육에서는 소비(자)와 생산(자) 혹은 수요(자)와 공급(자)이 분명히 구분되지 않으므로 시장원리에 입각해 교육을 운영하는 데 문제가 있다고 연역할 수 있다. 신고전학파는 비용과 가격 및 가치나 수요와 공급의 확연한 구분에 의존하므로 교육을 설명하는 데 근본적인 어려움을 겪는다고 추론할 수 있다.

4. 요약과 의미

지금까지의 논의를 통해 교육이 일반적인 상품으로 간주되기 어려운 이유로 다음과 같은 점을 지적하였다. 일반 상품과 달리 교육에 있어서는 생산·교환·소비가 분리되지 않으며, 소비자와 생산자, 판매자와 구매자 등의 기능이 겹쳐 나타난다. 이에 따라 교육의 생산·교환·소비에는 불확실성과 가변성이 본질적으로 내재되어 있다.

생산과 소비의 분리가 어렵다면 비용과 편익이나 가치의 분리가 어렵다. 또한 생산자와 소비자의 분리가 어렵다면 개인들에게 비용과 수익을 분할해 귀속시키는 데 어려움이 있다. 더구나 불확실성과 가변성은 가격기구의 기능을 약화시킨다. 나아가 소비(자)와 생산(자)이 명확히 구분되지 않는다면 소비에 기반을 둔 수요곡선과 생산에 기반을 공급곡선이 상호 독립적이지 않다는 결과가 나온다. 수요곡선과 공급곡선의 독립성이 신고전학파 이론의 전제라면, 신고전학파의 가격 결정 원리를 교육에 적용하거나 전면적으로 시장 원리에 입각해 교육 문제를 해결하는 데 무리가 따른다고 판단할 수 있다.

여기서 신자유주의 교육관이나 신고전학파의 교육이론에 따라 교육을 상품화하려고 노력하는 경우 교육이 망가질 수밖에 없다는 결론이 나온다. 전통적으로 영국을 포함한 유럽에서 상당 기간 동안 의료와 함께 교육을 시장에 완전히 내맡기지 않았던 근거를 여기서 확인하게 된다.

이에 따라 학생을 교육과정의 적극적인 참여자나 공동의 생산자로 설정하는 교육공동체를 구상할 필요가 있다. 이렇게 하면 가격기구나 화폐에 의존하지 않으면서 권위적인 사제관계도 청산될 수 있을 것이다. 이런 생각은 학교와 기업 모두에 적용될 수 있으나 지금까지 제시된 교육의 특징을 놓고 볼 때 학교에 보다 적절하다.

구체적으로 기업이 소비자뿐만 아니라 경영자, 노동자, 주주, 은행, 지역사회 등의 이해당사자들로 구성되어 있다고 상정할 수 있다. 학교도 학생뿐만 아니라 학부모, 이사, 교사, 동창, 기업, 대학의 경우 학자집단, 지역사회 등의 이해당사자들로 구성된다고 말할 수 있다(Scott, 1999: 196; Obermiller et al., 2005: 33). 나아가 교사와 학생을 위시해 학교와 관련된 이해당사자들은 기업의 당사자들보다 훨씬 긴밀하게 상호 간에 얽혀 있다. 이런 교육의 본질을 반영하는 사회체제는 이해당사자 자본주의나 공동체주의라고 생각된다.

이런 관점에서 조망하면 해방 이후 입시경쟁, 대학서열, 학벌구조에 의존해 온 한국 사회의 교육은 한편으로 신고전학파 경제학에서 벗어나는 여러 가지 특징을 지니고 있다. 다른 한편으로 한국 사회는 교육을 쉽게 상품화할 수 있는 여러 가지 병증을 지니고 있다.

우선 시민의 소양이나 사회 구성원으로서의 교양을 목적으로 삼는 초중등교육은 선택사항이 아니라 의무인 데 비해, 전문지식을 육성하는 교육은 선택사항이라고 신고전학파는 말한다. 그러나 한국과 같이 대학 졸업과 유명 대학 졸업 여부가 사회적 지위나 신분에 절대적인 영향을 미치는 경우에는 대학마저도 선택사항이 아니다. 한국 사회에서 대학 그것도 일류대학 진학은 복잡한 계산 없이도 누구나 동의하는 인생의 방책이어서 선택의 대상이라고 보기 힘들다. 한국의 경우 대학과 좋은 대학 입학은 명목상으로만 선택의 대상이다.

그뿐만 아니라 한국에서 대학 교육이나 특정 대학 입학에 대한 '선호'는 대학의 서열로 인해 사전표기식 순서에 의존하며, 개인들의 주관적인 평가나 다양성이 개입될 여지가 없이 미리 주어져 있다. 이런 상황에서는 여러 대안을 놓고 고민하거나 개인의 다양한 가치가 개입될 여지가 별로 없으므로 개인의 노력이나 능력과 부모의 재력이 문제될 뿐이다. 단순화하면 선호를 나타내는 무차별곡선이 거의 하나의 점으로 축소되어 예산제약이 중요할 뿐이다. 이는 마치 강남의 아파트가격이 상승하리라는 기대들이 극단적으로 수렴해 누구에게나 자금의 확보만이 문제되는 상황과 비슷하다.

이런 이유로 한국 사회에서 대학 진학 여부나 유명 대학 입학 여부는 대다수 사회 구성원의 선호와 거의 무관하며 예산이나 수능시험 점수라는 제약에 의해 압도적으로 결정된다. 사교육비의 증가와 사교육에 있어 강남 등 특정 지역의 우월성 등은 모두 학생 자신이 아니라 부모의 예산상 차이가 대학 입학에 영향을 미친다는 사실을 여지없이 보여 준다. 또한 이에 근거해 나타나는 수능시험 성적과 이에 따른 전국 학생들의 서열화는 대학 진학에 대한 결정이나 대학이나 전공의 선택을 거의 무의미하게 만든다. 이는 돈이 없어 택시를 타지 못하고 버스를 탄 경우에 버스를 교통수단으로 선택했다고 말할 수 없는 것과 마찬가지이다.[11]

대학이 고착화된 서열을 가지고 있고 학벌구조가 견고한 한국 사회에서

11 부차적이지만 한국 사회에서 수도권 지역이나 유명 대학에 대한 정원 제한은 공급에 대한 억제정책으로서 개인의 선택과 수요·공급의 원리에 추가적인 유보를 낳는다.

는 교육과정이 황폐화되어 있어 교육과정에 마땅히 수반되어야 할 불확실성, 다양성, 혹은 가변성, 학생의 능동적인 참여 등을 발견하기 힘들다. 교육과정 본연의 이런 특성을 졸업장이나 동창회가 대신해 주기 때문에 한국에서는 특히 대학에 입학한 후 능력을 키울 여지가 별로 없다.

대표적으로 한국 대학의 경우 입시경쟁을 통한 학생 선발과 시간만 지나면 거의 자동으로 획득되는 졸업장을 강조할 뿐, 입시와 졸업 사이에 존재하는 교육과정을 중시하지 않는다. 이같이 교육과정이 축소되거나 경시되면서 앞서 언급한 교육시장과 교육과정의 연결이나 교육과정의 다양성 및 가변성이 약화된다. 이런 이유로 한국의 교육은 다른 어떤 국가에서보다 더 손쉽게 상품화될 가능성이 높다. 여기서 한국 교육이 신자유주의의 온상이 될 위험성이 엿보인다.

이같이 부모의 부존자원이 압도적인 영향을 미치고 교육의 건설적인 가변성이 줄어들면서 한국의 교육은 선진국의 교육보다 이미 훨씬 더 일반 상품에 근접해 있다. 특히, 학벌주의로 교육이 간판이나 상표로 간주되는 경향은 입학 후의 진정한 교육과정을 생략하고 학생의 노력을 극소화한다. 이렇게 되면 교육이 졸업장 교환, 인증서 획득, 혹은 상표 구입으로 축소되고 가격기구의 역할이 극대화된다. 물론 이런 한국의 현실은 교육을 상품이나 시장에서의 선택대상으로 삼는 기존 경제학을 정당화하는 근거가 아니라 한국 사회와 한국 교육의 병리로 진단되어야 한다.[12]

12 한국 교육에 관한 본격적인 논의는 교육의 상품화 문제에 학벌 문제를 결합시켜야 하는데 별도의 연구를 필요로 한다.

참고문헌

홍 훈(1992), 「근대경제학 내의 자유주의」, 『사회비평』, 제8권, 51~75.

_____(1994), 「경제 민주화의 사상적인 배경」, 『연세경영연구』, 제31권 제2호, 13~77.

_____(1998), 「현대적인 기업이론과 맑스적인 관점」, 『산업노동연구』, 제3권 제1호, 229~254.

_____(1999), 『한국 자본주의의 실체』, 대한상공회의소.

_____(2004), 「세계화에 대한 이해」, 『세계화와 남북한 사회경제 구조변화』, 아르케, 17~45.

_____(2006a), 「사회관계에 관한 아리스토텔레스의 사상」, 『마르크스주의 연구』, 제3권 제1호, 185~231.

_____(2006b), 「마르크스에 있어서 사회관계와 물리적 비율의 갈등」, 『마르크스주의 연구』, 제3권 제2호, 230~265.

Ames, C.(1992), "Classrooms: Goals, Structures, and Student Motivation," *Journal of Educational Psychology*, 84(3), 261~271.

Arrow, K. J.(1993), "Excellence and Equity in Higher Education," *Education Economics*, 1(1), 5~12.

Beatty, J. E. and W. R. Torbert(2003), "The False Duality of Work and Leisure," *Journal of Management Inquiry*, 12(3), 239~252.

Broadbent, J. and R. Laughlin(1997), "Contracts and Competition? A Reflection on the Nature and Effects of Recent Legislation on Modes of Control in Schools," *Cambridge Journal of Economics*, 21(2), 277~290.

Clayson, D. E. and D. A. Haley(2005), "Marketing Models in Education: Students as Customers, Products, or Partners," *Marketing Education Review*, 15(1), 1~10.

Friedman, M.(1962), *Capitalism and Freedom*, Phoenix Books, Chicago: The University of Chicago Press.

George, D.(2007), "Market Overreach: The Student as Customer," *The Journal of Socio-Economics*, 36(6), 965~977.

Geothals, G., G. Winston, and D. Zimmerman(1999), "Students Educating Students," *Williams Project of the Economics of Higher Education*, Discussion Paper No. 50.

Glennerster, H.(1991), "Quasi-Markets for Education," *The Economic Journal*, 101(408), 1268~1276.

Hanushek, E. A.(1986), "The Economics of Schooling," *Journal of Economic Literature*, 24(3), 1141~1177.

Holmstrom, B. and P. Milgrom(1991), "Multi-Task Principle-Agent Analysis," *Journal of Law, Economics, & Organization*, 7, 24~52.

Lemann, N.(1995a), "The Structure of Success in America," *The Atlantic Monthly*, 276(2), 41~60.

_______(1995b), "The Great Sorting," *The Atlantic Monthly*, 276(3), 84~100.

Litten, L. H.(1980), "Marketing Higher Education," *Journal of Higher Education*, 51(1), 40~59.

Longhurst, R. J.(1996), "Education as a Commodity: The Political Economy of the New Further Education," *Journal of Higher and Further Education*, 20(2), 49~66.

Marx, K.(1967), *Capital*, Vol. 1, New York: International Publishers.

Mills, P. and N. Margulies(1980), "Toward a Core Typology of Service Organizations," *The Academy of Management Review*, 5(3), 255~265.

Murray, K. B. and J. L. Schlachter(1990), "The Impact of Services versus Goods on Consumers' Assessment of Perceived Risk and Variability," *Journal of the Academy of Marketing Science*, 18(1), 51~65.

Obermiller, C., P. Fleenor, and P. Raven(2005), "Students as Customers or Products," *Marketing Education Review*, 15(2), 27~36.

Potts, M.(2005), "The Consumerist Subversion of Education," *Academic Questions*, 18(3), 54~64.

Putterman, L. and R. S. Kroszner(1996), "The Economic Nature of the Firm," Introduction, *The Economic Nature of the Firm*, Cambridge: Cambridge University Press.

Rojek, C.(2000), "Leisure and the Rich Today: Veblen's Thesis after a Century," *Leisure Studies*, 19(1), 1~15.

Rosen, S.(1987), "Human Capital," *The New Palgrave: A Dictionary of Economics*, 2, London: Macmillan, 681~690.

Scott, S. V.(1999), "The Academic as Service Provider: Is the Customer 'Always Right'?," *Journal of Education Policy and Management*, 21(2), 193~202.

Simon, H. A.(1951), "The Formal Theory of the Employment Relation," *Econometrica*, 19(3), 293~305.

Spence, A. M.(1973), *Market Signalling, Cambridge*, Mass.: Harvard University Press.

Stell, R. and C. L. Donoho(1996), "Classifying Services from a Consumer Perspective," *Journal of Services Marketing*, 10(6), 33~44.

Stinebrickner, R. and T. R. Stinebrickner(2006), "What Can be Learned about Peer Effects Using College Roommates? Evidence from New Survey Data and Students from Disadvantaged Backgrounds," *Journal of Public Economics*, 90, 1435~1454.

Tribe, K.(2004), "Educational Economies," *Economy and Society*, 33(4), 605~620.

Umashankar, V.(2001), "The Importance of Managing Points-Of-Marketing in Marketing Higher Education Programmes," *Journal of Services Research*, 1(1), 122~137.

Veblen, T.(1918), *The Higher Learning in America*(http://homepage.newschool.edu/het/).

Winston, G. and C. Subsidies(1999), "Hierarchy and Peers," *Journal of Economic Perspectives*, 13(1), 13~36.